駿台

JN082943

東大入試詳解 25年
現代文
第3版

2023~1999

問題編

駿台文庫

◇目次◇

二〇二三年

第一問（文理共通）

次の文章を読んで、後の設問に答えよ。

いまさらいうまでもなく、仮面はどこにでもあるというものではない。日本の祭に常に仮面が登場するわけではない。世界に視野を広げても、仮面を有する社会は、一部の地域にしか分布しない。オセアニアでは、メラネシアでしか、仮面はつくられていない。アフリカなら赤道をはさんで南北に広がる熱帯雨林やウッドランド、サヴァンナ地帯だけで仮面がつくられている。南北アメリカやユーラシアでは広い範囲で仮面の制作と使用が確認できるが、それでもすべての社会に仮面が存在するというわけではない。いまひとつ、仮面が農耕やａシュリョウ・漁撈《ぎょろう》・採集を主たる生業とする社会にはみられても、牧畜社会にはみられないという点も忘れてはならない。いずれにせよ、仮面は、人類文化に普遍的にみられるものではけっしてない。

ただ、世界の仮面の文化を広くみわたして注目されるのは、仮面の造形や仮面の制作と使用を支える組織のありかたに大きな多様性がみられる一方で、随所に、地域や民族の違いを越えて、驚くほどよく似た慣習や信念がみとめられるという事実である。相互に民族移動や文化の交流がおこったとは考えられない、遠く隔たった場所で酷似した現象がみとめられるというのは、やはり一定の条件のもとでの人類に普遍的な思考や行動のありかたのあらわれだと考えてよい。アその意味で、仮面の探求は、人間のなかにある普遍的なもの、根源的なものの探求につながる可能性をもっている。

地域と時代を問わず、仮面に共通した特性としてあげられるのは、それがいずれも、「異界」の存在を表現したものだという点である。ヨーロッパでいえば、ギリシアのディオニソスの祭典に用いられた仮面から、現代のカーニヴァルに登場する異形の仮面や魔女の仮面まで、日本でいえば、能・狂言や民俗行事のなかで用いられる神がみや死者の仮面から、現代の月光仮面（「月からの使者」といわれる）やウルトラマン（M78星雲からやって来た人類の味方）に至るまで、仮面はつねに、時間の変わり目や危機的な状況において、異界から一時的に来たり、人びとと交わって去っていく存在を可視化するために用いられてきた。それは、アフリカやメラネシアの葬儀や成人儀礼に登場する死者や精霊の仮面についてもあてはまる。そこにあるのは、異界を、山や森に設定するか、月に設定するか、あるいは宇宙の果てに設定するかの違いだけである。たしかに、知識の増大とともに、人間の知識の及ばぬ世界＝異界は、村をとりまく山や森から、月へ、そして宇宙へと、どんどん遠くへ退いていく。しかし、世界を改変するものとしての異界の力に対する人びとの憧憬《しょうけい》、異界からの来訪者への期待が変わることはなかったのである。

ただ、忘れてならないのは、人びとはその仮面のかぶり手を、あるときは歓待し、あるときは慰撫《いぶ》し、またあるときは痛めつけてきたということである。仮面は異界からの来訪者を可視化するものだとはいっても、それはけっして視《み》られるためだけのものではない。それは、あくまでもいったん可視化した対象に人間が積極的にはたらきかけるための装置であった。仮面は、大きな変化や危機に際して、人間がそうした異界の力を一時的に目にみえるかたちにし、それにはたらきかけることで、その力そのものをコントロールしようとして創《つく》りだしてきたもののように思われる。そして、テレビの画面のなかで繰り広げられる現代の仮面のヒーローたちの活躍もまた、それと同じ欲求に根ざしているのである。

ここでは、仮面が神や霊など、異界の力を可視化し、コントロールする装置であることを強調してきた。しかし、そのような装置は少なくとももうひとつある。神霊の憑依《ひょうい》、つまり憑霊である。しかも、仮面は、これまで、憑依の道具として語られることが多かった。いちいち引用の出典を記すまでもない。仮面をかぶった踊り手には、霊が依り憑《つ》き、踊り手はその霊になりきるのだ。あるいは、仮面をかぶった踊り手はもはや仮面をかぶる前の彼ではない、それは神そのものだといった議論は、世界各地の仮面についての民族誌のなかに数多く見いだされる。

たしかに、神や精霊に扮《ふん》した者は、少なくとも何がしか神や精霊の属性を帯びることになるという信念が維持されていなければ、彼らとかかわることで福や幸運が享受できるかもしれないという、かすかな期待を人びとが抱くことすら不可能になる。その意味で、儀礼における仮面と憑依との結びつきは、動かしえない事実のようである。

しかし、その一方で神事を脱し芸能化した仮面や子どもたちが好んでかぶる仮面に、憑依という宗教的な体験を想定することはできない。仮面のありかたの歴史的変化が語っているのは、イ仮面は憑依を前提としなくなっても存続しうるという事実である。そしてその点で、仮面は決定的に霊媒と異なる。霊媒は憑依という信念が失われた瞬間、存立しえなくなるからである。

仮面と憑依の相同性を強調した従来の議論に反して、民族誌的事実と歴史的事実は、このように、ともに仮面と憑依との違いを主張している。仮面は憑依と重なりあいつつも、それとは異なる固有の場をもっているのである。では、その固有性とは何か。それを考えるには、顔をもうひとつの顔で覆うという、仮面の定義に戻る以外にないであろう。そして、その定義において、仮面が人間の顔ないし身体をその存立の与件としている以上、仮面の固有性の考察も、私たちの身体とのかかわりにおいて進められなければならない。以下では、仮面を私たちの身体的経験に照らして考察することにする。

仮面と身体とのかかわり。それはいうまでもなく、仮面が顔、素顔の上につけられるものだという単純な事実に求められる。もちろん、世界を広くみわたしたとき、顔の前につける仮面は、必ずしも一般的だとはいえない。むしろ、顔と体の全体を覆ってしまうかぶりもののほうが多数を占めるかもしれない。しかし、その場合でも、顔が隠されることが要件であることは間違いない。

変身にとって、顔を隠すこと、顔を変えることが核心的な意味をもつ理由をはじめて明確に示したのは、和辻《わつじ》哲郎であった。私たちは、たとえ未知の他人《ひと》であっても、その他人の顔を思い浮かべることなしに、その他人とかかわることはできない。また、肖像画や肖像彫刻にみるように、顔だけで人を表象することはできても、顔を除いて特定の人物を表象することはできない。このような経験をもとに、和辻は「人の存在にとっての顔の核心的意義」を指摘し、顔はたんに肉体の一部としてあるのでなく、「肉体を己れに従える主体的なるものの座、すなわち人格の座」を占めていると述べたのであった。

この和辻の指摘の通り、確かに私たちの他者の認識の方法は顔に集中している。逆にいえば、他者もまた私の顔から私についてのもっとも多くの情報を得ているということになる。しかし、他者が私を私として認知する要《かなめ》となるその顔を、私自身は見ることができない。自分の身体でも他の部分なら鏡を使わずになんとか見えるのに、顔だけは絶対に見ることができないのである。和辻の言葉を借りていえば、顔は私の人格の座であるはずなのに、その顔は私にとってもっとも不可知な部分として、終生、私につきまとうことになる。

顔は、しかも身体のなかでも、時々刻々ともっとも大きな変化をトげている部分であろう。喜ぶとき、悲しむとき、笑うとき、苦しむとき、顔はひとときとして同じ状態でそこにあることはない。

もっとも他者から注目され、もっとも豊かな変化を示すにもかかわらず、けして自分ではみることのできない顔。仮面は、まさにそのような顔につけられる。そして、他者と私とのあいだの新たな境界となる。

ここで仮面が、木製のものと繊維製のものとを問わず、それぞれにほぼ定まった形をもったものだという点を忘れてはならない。そのうえ、私たちは、その仮面、自分と他者との新たな境界を、自分の目で見て確かめることができる。仮面は、変転きわまりない私の顔に、固定し対象化したかたどりを与えるのである。したがって、「仮面をかぶると、それまでの自分とは違った自分になったような気がする」という、人びとが漏らす感想も、固定された素顔から別のかたちに固定された顔への変化にともなう感想なのではない。それはむしろ、常に揺れ動き定まることのなかった自身の可視的なありかたが、はじめて固定されたことにともなうショウゲキの表明としてうけとられるべきである。また、精霊の仮面をかぶった男が精霊に憑依されたと確信するのも、そしてウルトラマンの仮面をかぶった少年がウルトラマンに「なりきれる」のも、仮面によってかぶり手の世界に対する関係がそのかたちに固定されてしまうからにほかならない。

仮面は、私たちにとって自分の目ではけっしてとらえられない二つの存在、すなわち「異界」と自分自身とを、つかの間にせよ、可視的なかたちでつかみ取るための装置なのである。

（吉田憲司「仮面と身体」による）

〔注〕　○ディオニソス――ギリシア神話の酒の神。
○和辻哲郎――日本の倫理学者（一八八九～一九六〇）。

設問

(一) 「その意味で、仮面の探求は、人間のなかにある普遍的なもの、根源的なものの探求につながる可能性をもっている」(傍線部ア)とはどういうことか、説明せよ。

(二) 「仮面は憑依を前提としなくなっても存続しうる」(傍線部イ)とはどういうことか、説明せよ。

(三) 「他者と私とのあいだの新たな境界となる」(傍線部ウ)とはどういうことか、説明せよ。

(四) 「『異界』と自分自身とを、つかの間にせよ、可視的なかたちでつかみ取るための装置」(傍線部エ)とはどのようなことを言っているのか、本文全体の趣旨を踏まえて一〇〇字以上一二〇字以内で説明せよ(句読点も一字と数える)。

(五) 傍線部a・b・cのカタカナに相当する漢字を楷書で書け。

a　シュリョウ　　b　トげて　　c　ショウゲキ

(解答枠は(一)〜(三)＝13.5センチ×2行)

第四問（文科）

次の文章を読んで、後の設問に答えよ。

それぞれに独自の、特殊な、具体的な経験の言葉を、「公共」の言葉や「全体」の意見というレベルに抽象して引きあげてしまうとき、そうした公準化の手つづきのうちにみうしなわれやすいのは、それぞれのもつとりかえのきかない経験を、それぞれに固有なしかたで言葉化してゆく意味＝方向をもった努力なのだ。たとえどのように仮構の言葉であっても、言葉は、その言葉をどう経験したかという一人の経験の具体性の裏書きなしには、その額面がどんなにおおきくとも割れない手形でしかない、ただ「そうとおもいたい」言葉であるしかできない。

たとえば、「平和」や「文化」といったような言葉に、わたしはどんなふうに出会ったかをおもいだす。「平和」も「文化」も、どのようにも抽象的なしかたで、誰もが知ってて誰もが弁《わきま》えていないような言葉として、ア観念の錠剤のように定義されやすい言葉だけれども、わたしがはじめてそれらの言葉をおぼえたのは、子どものころ暮らしていた川のある地方都市に新しくつくられた「平和通り」「文化通り」という二つの街路の名によって、日々の光景のなかに開かれた街路の具体的な名をとおしてだった。

「舟場町」といった江戸以来の町名、「万世町」といった明治以来の町名をもつ古い小都市にできた「平和通り」「文化通り」といった人通りのおおい新しい街路の名は、いかにも戦後という時代をかんじさせるものだった。たかが街の通りの名というだけにすぎないかもしれないが、しかしわたしたちが戦後という一つの時代を経験することがなかったならば、そうした言葉をそんなふうなしかたで知るということはおそらくなかっただろう。「平和」という言葉、「文化」という言葉についてかんがえるとき、いまもまずおもいうかぶのは、わたしのそだった地方の小都市の、殺風景だったが、闊然《かつぜん》としていた街路のイメージである。

一つの言葉がじぶんのなかにはいってくる。そのはいってくるきかたのところから、その言葉の一人のわたしにとっての関係の根をさだめてゆくことをしなければ、イ言葉にたいする一人のわたしの自律をしっかりとつくってゆくことはできない。言葉にたいする一人のわたしの自律がつらぬかれなければ、「そうとおもいたい」言葉にじぶんを預けてみずからあやしむことはないのだ。「そうとおもいたい」言葉にくみするということは、言葉を一人のわたしの経験をいれる容器としてでなく、言葉を社会の合言葉のようにかんがえるということである。

わたしたちの戦後の言葉が、たがいにもちあえる「共通の言葉」をのぞみながら、そのじつウ「公共」の言葉、「全体」の意見というような口吻《こうふん》をかりて合言葉によってかんがえる、一人のわたしの自律をもたない言葉との関係を、社会的につくりだしてきたということがなかったか、どうなのか。合言葉としての言葉は、その言葉によってたがいのあいだに、まずもって敵か味方かという一線をどうしようなく引いてしまうような言葉である。しかし、言葉を合言葉としてつかって、逆に簡単に独善の言葉にはしって、たがいのあいだに敵か味方かというしかたでしか差異をみない、あるいはみとめないような姿勢が社会的につくられてゆくことへの怖《おそ》れが、わたしのなかには打ち消しがたくあり、わたしは言葉というものを先験的に、不用意に信じきるということはできない。

言葉というものを、それを信じるものとしてでなく、むしろそれによってみずから疑うことを可能にするものとしてかんがえたい。わたしたちはふつう他者を、じぶんとの平等においてみとめるのではなく、じぶんとの差異においてみとめる。この単純な原理を活《い》かすすべを、わたしたちの今日の言葉の大勢はどこか決定的に欠いているのではないか。「私」については饒舌《じょうぜつ》に語りえても、他者について非常にまずく、すくなくしか語ることのできない言葉だ。そうしたわたしたちのもつ今日の言葉の足腰のよわさは、「共通の言葉」をのぞんでいまだそれをじゅうぶんに獲得しえないでいる結果であるというよりは、むしろ、わたしたちの言葉がみずから「差異の言葉」であることを正面きって受けいれることができないままできたことの必然の結果、なのではないだろうか。

たがいのあいだにある差異をじゅうぶん活かしてゆけるような「差異の言葉」をつくりだしてゆくことが、ひつようなのだ。わたしたちはたがいに現にさまざまなかたち、位相で、差異をもちあっているのだから、一つひとつの言葉をとおして、わたしたちがいま、ここに何を共有しえていないかを確かめてゆく力を、じぶんにもちこたえられるようにする。言葉とはつまるところ、一人のわたしにとってひつような他者を発見することなのだ、とおもう。わたしたちは言葉をとおして他者をみいだし、他者をみいだすことによって避けがたくじぶんの限界をみいだす。一つの言葉は、そこで一人のわたしが他者と出会う場所である。たいせつなのは、だから、わたしたちの何がおなじか、をでなく、何がちがうかを、まっすぐに語りうる言葉なのだ。

（長田弘『詩人であること』による）

〔注〕○割れない手形——現金化できない証券。

設問

㈠「観念の錠剤のように定義されやすい」（傍線部ア）とはどういうことか、説明せよ。

㈡「言葉にたいする一人のわたしの自律」（傍線部イ）とはどういうことか、説明せよ。

㈢「『公共』の言葉、『全体』の意見というような口吻をかりて合言葉によってかんがえる」（傍線部ウ）とはどういうことか、説明せよ。

㈣「一つの言葉は、そこで一人のわたしが他者と出会う場所である」（傍線部エ）とはどういうことか、説明せよ。

（解答枠は㈠～㈣＝13.5センチ×2行）

二〇二二年

第一問（文理共通）

次の文章を読んで、後の設問に答えよ。

五年ほど前の夏のことだ。カイロの考古学博物館で私はある小さな経験をした。一人で見学をしていたとき、ふと見ると日本のツアー団体客がガイドの説明に耳を傾けていた。私は足を止め、団体の後ろで何とはなしにその解説を聞いていた。その前にすでに、仕事柄多少は理解できる他の言葉、英語やフランス語で他の国々の団体客向けになされていた解説もそれとなく耳に入っていたから、私にはそれは、ごく自然な、行為ともいえないような行為だった。ところが、日本人のガイドはぴたりと説明を止め、私を指差してこう言ったのだ。「あなたこのグループの人じゃないでしょ。説明を聞く資格はありません！」

要するに、あっちに行けということである。エジプトの博物館で、日本人が日本人に、お前はそこにいる権利はないと言われたのである。そのとき自分がどんな表情をしていたか、われながら見てみたいものだと思う。むっとしていたか、それともきまり悪そうに小さな笑みを浮かべていたか。少なくとも、とっさに日本人でないふりをすることはできなかった。

この状況は、ちょっと考えてみるとなかなか奇妙なものだ。というのも、私がこんな目に遭う危険は、日本以外の国のツアー客に「パラサイト」しているときにはまずありえないからだ。英語やフランス語のガイドたちは自分のグループのそばに「アジア人」が一人たたずんでいても気にも止めないだろう。それに、顧客以外の誰かが自分の説明に耳を傾けていたとして、それがガイドにどんな不都合になるというのか。博物館内の、障壁のない、公的な空間で、自分の言葉を対価を払った人々の耳だけに独占的に届けよう、どんなにおとなしくしていても「たかり」は「たかり」、「盗み聞き」は断固許すまじという使命感。それは空しい使命感にちがいない。日本語の分かる非日本人はいまではどこにでもいるし、私のような顔をしていないかもしれないし、まして私のような反応は、おそらく誰もしないだろうから。

しかし、その日ガイドの「排外神経」の正確な標的になったのは私だった。彼女は私が日本人であることを見切り、見とがめられたのちの私の反応も読んでいた。私は自分の油断を反省した。日本人がこのような状況でこのように振る舞いうることをうっかり忘れていたのである。日本にいるときはこちらもそれなりに張りつめている神経が、外国だからこそユルんでいたらしい。日本のなかでは日本人同士種々の集団に分かれてたがいに壁を築く。しかし、ひとたび国外に出れば……。だがそれは、菊の紋章付きの旅券を持つ者の、無意識の、甘い想定だったようだ。その「甘さ」において私はまぎれもなく「日本人」だった。「日本人」だったからこそ日本人にパラサイトの現場を押さえられ、追い払われ、そして、逆説的にも、その排除を通じてある種の帰属を確認することを余儀なくされたのである。

　この些細《ささい》でコッケイな場面が、このところ、「ナショナルな空間」というものの縮図のように思えることがある。ときどき考えるのだが、このときの私とガイドを較《くら》べた場合、どちらがより「ナショナリスト」と言えるだろう。「同じ日本人なんだからちょっと説明を聞くくらい……」と、「甘えの構造」の「日本人」よろしくどうやら思っていたらしい私の方だろうか。それとも、たとえ日本人でも「よそ者」は目ざとく見つけ容赦なく切り捨てるガイドの方だろうか。確かだと思えるのは、私のような「日本人」ばかりではナショナリズムを「立ち上げる」のは容易ではないだろうということ、日本のナショナリズムは、かつても現在も、このガイドのようにきちんと振る舞える人々を欠かせない人材として要請し、養成してきたに違いないということである。少なくとも可能的に、「国民」の一部を「非国民」として、「獅子《しし》身中の虫」として、摘発し、切断し、除去する能力、それなくしてナショナリズムは「外国人」を排除する「力」をわがものにできない。それはどんなナショナリズムにも共通する一般的な構造だが、日本のナショナリズムはこの点で特異な道を歩んでもきた。この数十年のあいだ中流幻想に浸っていた日本人の社会は、いまふたたび、急速に階級に分断されつつある。それにつれてナショナリズムも、ふたたび、その残忍な顔を、〈外〉と〈内〉とに同時に見せ始めている。

　もちろん私は、この出来事の後、外国で日本人の団体ツアーにはけっして近づかないようにしている。「折り目正しい」日本人でないことが、いつ、なぜ、どうして「ばれる」か知れたものではないからだ。しかし、外国では贅沢《ぜいたく》にも、私は日本人の団体に近づかない「自由」がある。でも、日本ではどうだろう。日本人の団体の近くにいない「自由」があるだろうか。この「自由」がないかきわめて乏しいことこそは、近代的な意味で「ナショナルな空間」と呼ばれるものの本質ではないだろうか。

子供も、大人も、日本にいる人はみな、たとえ日本で生まれても、日本人の親から生まれても、ただひとり日本人に取り囲まれている。生まれてから死ぬまで。そして、おそらく、死んだあとも。「ただひとり」なのは、生地も血統も、その人の「生まれ」にまつわるどんな「自然」も、自然にその人を日本人にはしてくれないからだ。

ナショナリズム nationalism というヨーロッパ起源の現象を理解しようとするなら、nation という言葉の語源だけは知っておきたい。それはラテン語で「生まれる」という意味の nasci という動詞である。この動詞から派生した名詞 natio はまず「出生」「誕生」を意味するが、ラテン語のなかですでに「人種」「種族」「国民」へと意味の移動が生じていた。一方、「自然」を意味するラテン語、英語やフランス語の nature のもととなった natura も、実は同じ動詞から派生したもう一つの名詞なのだ。この言葉もやはりまず「出生」を意味する。そして英語で naturally と言えば、「自然に」から転じて「当然に」「自明に」「無論」という意味になる。

「生まれ」が「同じ」者の間で、「自然」だからこそ「当然」として主張される平等性。そして、それと表裏一体の、「生まれ」が「違う」者に対する排他性。歴史的状況や文化的文脈によってナショナリズムにもさまざまな異型があるが、この性格はこの政治現象の不変の核と言っていいだろう。だからいまも、世界のほとんどの国で、国籍は生地か血統にもとづいて付与されている。

しかし、生地にしても血統にしても、「生まれ」が「同じ」とはどういう意味だろう。ある土地の広がりが「フランス」とか「日本」という名で呼ばれるかどうかは少しも「自然」ではない。ウ文字通りの「自然」のなかには、もともとどんな名も存在しないからだ。また両親が「同じ」でも、たとえ一卵性双生児でも、人は「ただひとり」生まれることにかわりはない。私たちは知らないうちに名を与えられ、ある家族の一員にされる。それがどのようになされたかは、言葉を身につけたのち、人づてに聞くことができるだけだ。親が本当に「生みの親」かどうか、自然に、感覚的確信に即して知っている人は誰もいない。苗字《みょうじ》が同じであることも、母の言葉が母語になったことも、顔が似ていることも、何も私の血統を自然にはしない。

一言で言えば、あらゆるナショナリズムが主張する「生まれ」の「同一性」の自然的性格は仮構されたものなのだ。それは自然ではなく、ひとつの制度である。ただし、他のどんな制度よりも強力に自然化された制度である。日本語で「帰化」（もともとは天皇の権威に帰順するという意味）と呼ばれる外国人による国籍の取得は、フランス語や英語では naturalis (z) ation、「自然化」と呼ばれる。この言葉は意味シンチョウだ。なぜなら、外国人ばかりでなく、たとえば血統主義の国籍法を採用する日本で日本人の親から生まれた人でも、その人に国籍が付与されるとき、あるいはその人がなにがしかの国民的同一性を身につけるとき、それはいつでも、自然でないものを自然なものとする操作、つまり「自然化」によってなされるしかないからだ。

「自然化」とは、繰り返すが、自然でないものを自然なものとする操作のことである。言い換えれば、この操作はけっして完了することがない。そして、いつ逆流するか分からない。「非自然化」はいつでも起こりうる。昨日まで自然だったこと、自然だと信じていたことが、突然自然でなくなることがある。だから、日本人であることに、誰も安心はできない。

（鵜飼哲「ナショナリズム、その〈彼方〉への隘路《あいろ》」による）

〔注〕　○パラサイト――寄生。
○菊の紋章付きの旅券――日本国旅券（パスポート）のこと。表紙に菊の紋章が印刷されている。
○「甘えの構造」――ここでは、精神分析学者の土居健郎が提唱した著名な日本人論を指す。日本人の心性の大きな特徴として「甘え」の心理を論じた。

設　問

㈠　「その『甘さ』において私はまぎれもなく『日本人』だった」（傍線部ア）とはどういうことか、説明せよ。

㈡　「その残忍な顔を、〈外〉と〈内〉とに同時に見せ始めている」（傍線部イ）とはどういうことか、説明せよ。

㈢　「文字通りの『自然』のなかには、もともとどんな名も存在しない」(傍線部ウ)とはどういうことか、説明せよ。

㈣　「日本人であることに、誰も安心はできない」(傍線部エ)とはどういうことか、本文全体の趣旨を踏まえて一〇〇字以上一二〇字以内で説明せよ(句読点も一字と数える)。

㈤　傍線部a・b・cのカタカナに相当する漢字を楷書で書け。

a　ユルんで　b　コッケイ　c　シンチョウ

(解答枠は㈠～㈢＝13.5センチ×2行)

第四問（文科）

次の文章を読んで、後の設問に答えよ。

私がこれまでに作曲した音楽の量は数時間あまりにすぎない。たぶんそれは、私がひととしての意識を所有しはじめてからの時間の総量に比べれば瞬間ともいえるほどに短い。しかもそのなかで他人にも聴いて欲しいと思える作品は僅か数曲なのである。私は、今日までの全ての時間を、この無にも等しい短い時のために費やしたのであろうか。あるいは、私が過ごした時の大半が、宇宙的時間からすれば無にちかい束《つか》の間であり、この、惑星のただ一回の自転のために必要な時間にも充《み》たない数時間の作品と、これからの僅かな時が、ひととしての私を定めるのであろうか、などと考えるのであるが、それは、もうどうでも良いことであり、いずれにせよ私がすることなどはたかが知れたことであり、それだから後ろめたい気分にたえず落ちいることもなしにやっても行けるのだろう、と思うのである。

寒気の未だ去らない信州で、棘《とげ》のように空へ立つ裸形の樹林を歩き、頂を灰褐色の噴煙にかくした火山のそこかしこに雪を残した黒々とした地表を凝視《みつ》めていると、知的生物として、宇宙そのものと対峙《たいじ》するほどの意識をもつようになった人類も、結局は大きな、眼《め》には感知しえない仕組の内にあるのであり、宇宙の法則の外では一刻として生きることもなるまいと感じられるのである。

生物としての進化の階梯《かいてい》を無限に経て、然《しか》し人間は何処《どこ》へ行きつくのであろうか。

八年程前、ハワイ島のキラウェア火山にのぼり、火口に臨むロッジの横長に切られた窓から、私は家族と友人たち、それに数人の泊り客らとぼんやりと外景を眺めていた。日没時の窓の下に見えるものはただ水蒸気に煙る巨大なクレーターであった。朱の太陽が、灰色の厚いフェルトを敷きつめた雲の涯《はて》に消えて闇がたちこめると、クレーターはいっそう深く黯《くら》い様相をあらわにしてきた。それは、陽のあるうちは気づかずにいた地の火が、クレーターの遥《はる》かな底で星のように輝きはじめたからであった。

誰の仕業であろうか、この地表を穿《うが》ちあけられた巨大な火口は、私たちの空想や思考の一切を拒むもののようであった。それはどのような形容をも排《しりぞ》けてしまう絶対の力をもっていた。今ふりかえって、あの沈黙に支配された時空とそのなかに在った自分を考えると、そこでは私のひとりとしての意識は少しも働きはしなかったのである。しかし私は言いしれぬ力によって突き動かされていた。あの時私の意識が働かなかったのではなく、意識は意識それ自体を超える大いなるものにとらえられていたのであろうと思う。私は意識の彼方《かなた》からやって来るものに眼と耳を向けていた。私は何かを聴いたし、また見たかも知れないのだが、いまそれを記憶してはいない。

その時、同行していた作曲家のジョン・ケージが私を呼び、かれは微笑しながらnonsense！と言った。そして日本語で歌うようにバカラシイと言うのだった。そこに居合せた人々はたぶんごく素直な気持でその言葉を受容《うけい》れていたように思う。そうなのだ、これはバカラシイことだ。私たちの眼前にあるのは地表にぽかっと空いたひとつの穴にすぎない。それを気むずかしい表情で眺めている私たちはおかしい。人間もおかしければ穴だっておかしい。だが私を含めて人々はケージの言葉をかならずしも否定的な意味で受けとめたのではなかった。またケージはこの沈黙の劇に註解《ちゅうかい》をくわえようとしたのでもない。周囲の空気にかれはただちょっとした振動をあたえたにすぎない。

昨年の暮れから新年にかけて、フランスの学術グループに加わり、インドネシアを旅した。デンパサル（バリ島の中心地）から北西へ四十キロほど離れた小さなヴィレッジへガムランの演奏を聴きに行った夜のことだ。寺院の庭で幾組かのグループが椰子《やし》油を灯《とも》してあちこちで一斉に演奏していた。群衆はうたいながら踊りつづけた。私は独特の香料にむせながら、聴こえてくる響きのなかに身を浸した。そこでは聴くということは困難だ、音の外にあって特定のグループの演奏する音楽を択《えら》ぶことなどはできない。「聴く」ということは（もちろん）だいじなことには違いないのだが、私たちはともすると記憶や知識の範囲でその行為を意味づけようとしがちなのではないか。ほんとうは、聴くということはそうしたことを超える行為であるはずである。それは音の内に在るということで音そのものと化すことなのだろう。

フランスの音楽家たちはエキゾチックなガムランの響きに夢中だった。かれらの感受性にとってそれは途方もない未知の領域から響くものであった。そして驚きのあとにウかれらが示した反応は〈これは素晴らしい新資源《ニュー・ソース》だ〉ということだった。私は現地のインドネシアの人々とも、またフランスの音楽家たちとも異なる反応を示す自分を見出していた。私の生活は、バリ島の人々のごとくには、その音楽と分《わか》ちがたく一致することはないだろう。かといってフランスの音楽家のようには、その異質の音源を自分たちの音楽表現の論理へ組みこむことにも熱中しえないだろう。

通訳のベルナール・ワヤンが寺院の隣の庭で影《ワヤン・クリット》絵が演じられているというので、踊る人々をぬけて石の門をくぐった。急に天が低く感じられたのは、夜の暗さのなかで星が砂礫《されき》のように降りしきって見えたからであった。庭の一隅の、そこだけはなおいっそう夜の気配の濃い片隅で影《ワヤン・クリット》絵は演じられていた。奇異なことに一本の蠟燭《ろうそく》すら点《とも》されていない。影《ワヤン・クリット》絵は精緻に切抜かれた型をスクリーンに映して宗教的な説話を演ずるものである。事実、その後ジャワ島のどの場所で観た影《ワヤン・クリット》絵も灯を用いないものはなかった。私は、演ずる老人のまぢかに寄ってゆき、布で張られたスクリーンに眼をこらした。無論なにも見えはしない。老人の側に廻《まわ》ってみると、かれは地に坐《ざ》し、組まれた膝の前に置かれた多くの型のなかからひとつあるいはふたつを手にとっては呟《つぶや》くように説話を語りながらスクリーンへ翳《かざ》していた。私は通訳のワヤンに訊《たず》ねた、老人は何のためにまた誰のために行なっているのか。ワヤンの口を経て老人は、自分自身のためにそして多くの精霊のために星の光を通して宇宙と会話《コレスポンデンス》しているのだと応えた。そして何かを、宇宙からこの世界《ユニヴァース》へ返すのだと言ったらしいのだ。たぶん、これもまたバカラシイことかもしれない。だがその時、私は意識の彼方からやってくるものがあるのを感じた。私は何も現われはしない小さなスクリーンを眺めつづけた。エそして、やがて何かをそこに見出したように思った。

（武満徹「影《ワヤン・クリット》絵の鏡」）

〔注〕○ジョン・ケージ――John Milton Cage Jr.（一九一二～九二）。アメリカの作曲家。
○ガムラン――インドネシアの民族音楽。さまざまな銅鑼《どら》や鍵盤打楽器で行われる合奏。
○影《ワヤン・クリット》絵――インドネシアの伝統芸能で、人形を用いた影絵芝居。

設問

㈠「私のひととしての意識は少しも働きはしなかったのである」（傍線部ア）とあるが、それはなぜか、説明せよ。

㈡「周囲の空気にかれはただちょっとした振動をあたえたにすぎない」（傍線部イ）とはどういうことか、説明せよ。

㈢「かれらが示した反応は〈これは素晴らしい新資源《ニュー・ソース》だ〉ということだった」（傍線部ウ）とはどういうことか、説明せよ。

㈣「そして、やがて何かをそこに見出したように思った」（傍線部エ）とはどういうことか、説明せよ。

（解答枠は㈠〜㈣＝13.5センチ×2行）

二〇二一年

第一問（文理共通）

次の文章を読んで、後の設問に答えよ。

「近代化」は、それがどの範囲の人びとを包摂するかによって異なる様相を示す。「第一の近代」と呼ばれるフェーズでは、市民権をもつのは一定以上の財産をもつ人にかぎられている。それは、個人の基盤が私的所有におかれており、財の所有者であってはじめて自己自身を所有するという意味での自由を有し、ゆえに市民権を行使することができるとみなされたからである。この制限は徐々に取り払われ、成人男子全員や女性に市民権が拡張されていく。市民権の拡張とともに今度は、社会的所有という考えにもとづき財を再配分する社会保障制度によって、「第一の近代」から排除されていた人びとが包摂され、市民としての権利を享受できるようになる。これがいわゆる福祉国家であり、人びとはそこで健康や安全など生の基盤を国家によって保障されることになったのである。それでも、理念的には国民全体を包摂するはずの福祉国家の対象から排除される人びとはつねに存在する。

人類学者が調査してきたなかには、国家を知らない未開社会の人びとだけではなく、すでに国民国家という枠組みに包摂されたなかで生きる人たちもいる。ただそこには、なんらかの理由で国家の論理とは別の仕方で生きている人たちがいて、国家に抗したり、その制度を利用したりしながら生きており、そうした人たちから人類学は大きなインスピレーションを得てきた。ここでは、国家のなかにありながら福祉国家の対象から排除された人びとが形づくる生にまつわる事例を二つ紹介しておこう。

第一の例は、田辺繁治が調査したタイのＨＩＶ感染者とエイズを発症した患者による自助グループに関するものである。タイでは一九八〇年代末から九〇年代初頭にかけてＨＩＶの爆発的な感染が起こった。そのなかでタイ国家がとった対策は、感染していない国民の感染予防であり、その結果すでに感染していた者たちは逆に医療機関から排除され、さらには家族や地域社会からも差別され排除されることになった。孤立した感染者・患者たちは互いに見知らぬ間柄であったにもかかわらず、生き延びるために、エイズとはどんなものでそれをいかに治療するか、この病気をもちながらいかに自分の生を保持するかなどをめぐって情報を交換し、徐々に自助グループを形成していった。

　ＨＩＶをめぐるさまざまな苦しみや生活上の問題に耳を傾けたり、マッサージをしたりといった相互的なケアのなかで、感染者たちは自身の健康を保つことができたのだ。それは「新たな命の友」と呼ばれ、医学や疫学の知識とは異なる独自の知や実践を生み出していく。そこには非感染者も参加するようになり、ア ケアをする者とされる者という一元的な関係とも家族とも異なったかたちでの、ケアをとおした親密性にもとづく「ケアのコミュニティ」が形づくられていった。「近代医療全体は人間を徹底的に個人化することによって成立するものであるが、そこに出現したのはその対極としての生のもつ社会性」（田辺）だったのである。

　こうした社会性は、福祉国家における公的医療のまっただなかにも出現しうる。たとえば筆者が調査したイタリアでは、精神障害者は二〇世紀後半にいたるまで精神病院に隔離され、市民権を剝奪され、実質的に福祉国家の対象の埒外《らちがい》に置かれていた。なぜなら精神障害者は社会的に危険であるとみなされていて、彼らから市民や社会を防衛しなければならないと考えられていたからである。精神病院は治療の場というより、社会を守るための隔離と収容の場であった。

　しかしこうした状況は、精神科医をはじめとする医療スタッフと精神障害をもつ人びとによる改革によって変わっていく。一九六〇年代に始まった反精神病院の動きは一九七八年には精神病院を廃止する法律の制定へと展開し、最終的にイタリア全土の精神病院が閉鎖されるまでに至る。病院での精神医療に取って代わったのは地域での精神保健サービスだった。これは医療の名のもとで病院に収容する代わりに、苦しみを抱える人びとが地域で生きることを集合的に支えようとするものであり、イ「社会」を中心におく論理から「人間」を中心におく論理への転換であった。精神医療から精神保健へのこうした転換は公的サービスのなかで起こったことであり、それは公的サービスのなかに国家の論理、とりわけ医療を介した管理と統治の論理とは異なる論理が出現したことを意味している。

　その論理は、私的自由の論理というより共同的で公共的な論理であった。たとえば、病院に代わって地域に設けられた精神保健センターで働く医師や看護師らスタッフは、患者のほうがセンターにやってくるのを待つのではなく、自分たちの方から出かけて行く。たとえば、地域に住む若者がひきこもっているような場合、個人の自由の論理にしたがうことで状況を放置すると、結局その若者自身と家族は自分たちではどうすることもできないところまで追い込まれてしまうことになる。そのような事態を回避し、地域における集合的な精神保健の責任をスタッフは負うのである。そこにはたしかに予防的に介入してリスクを管理するという側面がともないはするが、そうした統治の論理を最小限化しつつ、苦しむ人びとの傍らに寄り添い彼らの生の道程を共に歩むというケアの論理を最大化しようとするのである。

二つの人類学的研究から見えてくるのは、個人を基盤にしたものとも社会全体を基盤におくものとも異なる共同性の論理である。この論理を、明確に取り出したのがアネマリー・モルである。モルはオランダのある町の大学病院の糖尿病の外来シンサツ室でフィールドワークを行い、それにもとづいて実践誌を書いた。そのなかで彼女は、糖尿病をもつ人びとと医師や看護師の協働実践に見られる論理の特徴を「ケアの論理」として、「選択の論理」と対比して取り出してみせた。

選択の論理は個人主義にもとづくものであるが、その具体的な存在のかたちは市民であり顧客である。この論理の下で患者は顧客となる。医療に従属させられるのではなく、顧客はみずからの欲望にしたがって商品やサービスを主体的に選択する。医師など専門職の役割は適切な情報を提供するだけである。選択はあなたの希望や欲望にしたがってご自由に、というわけだ。これはよい考え方のように見える。ただこの選択の論理の下では、顧客は一人の個人であり、孤独に、しかも自分だけの責任で選択することを強いられる。インフォームド・コンセントはその典型的な例である。しかも選択するには自分が何を欲しているかあらかじめ知っている必要があるが、それは本人にとってもそれほど自明ではない。

対してケアの論理の出発点は、人が何を欲しているかではなく、何を必要としているかである。それを知るには、当人がどういう状況で誰と生活していて、何に困っているか、どのような人的、技術的リソースが使えるのか、それを使うことで以前の生活から何をアキラめなければならないのかなどを理解しなければならない。重要なのは、選択することではなく、状況を適切に判断することである。

そのためには感覚や情動が大切で、痛み苦しむ身体の声を無視してたとえば薬によっておさえこもうとするのではなく、身体に深く棲《す》みこむことが不可欠である。脆弱《ぜいじゃく》であり予測不可能で苦しみのもとになる身体は、同時に生を享受するための基体でもある。この薬を使うとたとえ痛みが軽減するとしても不快だが、別のやり方だと痛みがあっても気にならず心地よいといった感覚が、ケアの方向性を決めるラシン盤になりうる。それゆえケアの論理では、身体を管理するのではなく、身体の世話をし調《ととの》えることに主眼がおかれる。そこではさらに、身体の養生にかかわる道具や機械、他の人との関係性など、かかわるすべてのものについて絶え間なく調整しつづけることも必要となる。つまりケアとは、「ケアをする人」と「ケアをされる人」の二者間での行為なのではなく、家族、関係のある人びと、同じ病気をもつ人、薬、食べ物、道具、機械、場所、環境などのすべてから成る共同的で協働的な作業なのである。それは、人間だけを行為主体と見る世界像ではなく、関係するあらゆるものに行為の力能を見出す生きた世界像につながっている。

（松嶋健「ケアと共同性――個人主義を超えて」による）

設　問

㈠「ケアをする者とされる者という一元的な関係とも家族とも異なったかたちでの、ケアをとおした親密性」（傍線部ア）とはどういうことか、説明せよ。

㈡「『社会』を中心におく論理から『人間』を中心におく論理への転換」（傍線部イ）とはどういうことか、説明せよ。

㈢「選択の論理は個人主義にもとづくものである」（傍線部ウ）とはどういうことか、説明せよ。

㈣「それは、人間だけを行為主体と見る世界像ではなく、関係するあらゆるものに行為の力能を見出す生きた世界像につながっている」(傍線部エ)とはどういうことか、本文全体の趣旨を踏まえて一〇〇字以上一二〇字以内で説明せよ(句読点も一字と数える)。

(五)　傍線部a・b・cのカタカナに相当する漢字を楷書で書け。

a　シンサツ　　b　アキラめ　　c　ラシン

(解答枠は(一)～(三)＝13.5センチ×2行)

第四問（文科）

次の文章は、夏目漱石が正岡子規を偲《しの》んで記したものである。子規は闘病のかたわら「写生」を唱えて短歌・俳句の革新運動を行い、三十代半ばで逝去した。これを読んで、後の設問に答えよ。

余は子規の描いた画《え》をたった一枚持っている。亡友の記念《かたみ》だと思って長い間それを袋の中に入れてしまって置いた。年数の経つにつれて、ある時はまるで袋の所在を忘れて打ち過ぎることも多かった。近頃ふと思い出して、ああして置いては、転宅の際などに何処《どこ》へ散逸するかも知れないから、今のうちに表具屋へやって懸物《かけもの》にでも仕立てさせようという気が起こった。渋紙の袋を引き出して塵《ちり》をはたいて中を検《しら》べると、画は元のまま湿っぽく四つ折りに畳んであった。画のほかに、無いと思った子規の手紙も幾通《いくつう》か出て来た。余はその中《うち》から子規が余に宛てて寄こした最後のものと、それから年月の分からない短いものとを選び出して、その中間に例の画を挟んで、三つを一まとめに表装させた。

画は一輪ざしに挿した東菊《あずまぎく》で、図柄としては極めて単簡《たんかん》なものである。傍《わき》に「これは萎《しぼ》みかけた所と思いたまえ。ア下手《まず》いのは病気の所為《せい》だと思いたまえ。嘘《うそ》だと思わば肱《ひじ》をついて描いて見たまえ」という註釈《ちゅうしゃく》が加えてある所を以《もっ》て見ると、自分でもそう旨《うま》いとは考えていなかったのだろう。子規がこの画を描いた時は、余はもう東京にはいなかった。彼はこの画に、東菊活《い》けて置きけり火の国に住みける君が帰り来るかなという一首の歌を添えて、熊本まで送って来たのである。

壁にかけて眺めて見るとイいかにも淋《さび》しい感じがする。色は花と茎《くき》と葉と硝子《ガラス》の瓶とを合わせてわずかに三色《みいろ》しか使ってない。花は開いたのが一輪に蕾《つぼみ》が二つだけである。葉の数を勘定して見たら、すべてでやっと九枚あった。それに周囲が白いのと、表装の絹地が寒い藍《あい》なので、どう眺めても冷たい心持ちが襲って来てならない。

子規はこの簡単な草花を描くために、非常な努力を惜しまなかったように見える。わずか三茎の花に、少なくとも五六時間の手間をかけて、どこからどこまで丹念に塗り上げている。これほどの骨折りは、ただに病中の根気仕事としてよほどの決心を要するのみならず、いかにも無雑作《むぞうさ》に俳句や歌を作り上げる彼の性情からいっても、明らかな矛盾である。思うに画ということに初心《しょしん》な彼は当時絵画における写生の必要を不折などから聞いて、それを一草一花の上にも実行しようと企てながら、彼が俳句の上で既に悟入した同一方法を、この方面に向かって適用することを忘れたか、または適用する腕がなかったのであろう。

東菊によって代表された子規の画は、拙《まず》くてかつ真面目である。才を呵《か》して直ちに章をなす彼の文筆が、絵の具皿に浸ると同時に、たちまち堅くなって、穂先の運行がねっとり竦《すく》んでしまったのかと思うと、ウ余は微笑を禁じ得ないのである。虚子が来てこの幅《ふく》を見た時、正岡の絵は旨いじゃありませんかといったことがある。余はその時、だってあれだけの単純な平凡な特色を出すのに、あのぐらい時間と労力を費やさなければならなかったかと思うと、何だか正岡の頭と手が、いらざる働きを余儀なくされた観がある所に、隠しきれない拙《せつ》が溢《あふ》れていると思うと答えた。馬鹿律儀なものに厭味《いやみ》も利《き》いた風《ふう》もありようはない。そこに重厚な好《こう》所《しょ》があるとすれば、子規の画はまさに働きのない愚直ものの旨さである。けれども一線《せん》一画《かく》の瞬間作用で、優に始末をつけられべき特長を、咄嗟《とっさ》に弁ずる手際がないために、やむを得ず省略の捷径《しょうけい》を棄《す》てて、几帳面《きちょうめん》な塗抹主義を根気に実行したとすれば、拙の一字はどうしても免れ難い。

子規は人間として、また文学者として、もっとも「拙」の欠乏した男であった。永年彼と交際をしたどの月にも、どの日にも、余はいまだかつて彼の拙を笑い得るの機会を捉え得たためしがない。また彼の拙に惚《ほ》れ込んだ瞬間の場合さえもたなかった。彼の歿後《ぼつご》ほとんど十年になろうとする今日《こんにち》、彼のわざわざ余のために描いた一輪の東菊の中《うち》に、確かにこの一拙字を認めることのできたのは、その結果が余をして失笑せしむると感服せしむるとに論なく、余にとっては多大の興味がある。ただ画がいかにも淋しい。できうるならば、子規にこの拙な所をもう少し雄大に発揮させて、エ淋しさの償いとしたかった。

（夏目漱石「子規の画」による）

〔注〕○東菊――キク科の多年草。切り花として好まれる。
○火の国――熊本。漱石は熊本の第五高等学校に赴任していた。
○不折――中村不折（一八六六～一九四三）。洋画家・書家。漱石と子規の共通の友人。
○虚子――高浜虚子（一八七四～一九五九）。俳人。
○才を呵して直ちに章をなす――才能のおもむくままに作品ができあがる。
○捷径――ちかみち。

設問

㈠「下手《まず》いのは病気の所為《せい》だと思いたまえ」（傍線部ア）にあらわれた子規の心情について説明せよ。

㈡「いかにも淋《さび》しい感じがする」（傍線部イ）とあるが、それはなぜか、説明せよ。

㈢「余は微笑を禁じ得ないのである」（傍線部ウ）とあるが、それはなぜか、説明せよ。

㈣「淋しさの償いとしたかった」（傍線部エ）にあらわれた「余」の心情について説明せよ。

（解答枠は㈠～㈣＝13.5センチ×2行）

二〇二〇年

第一問（文理共通）

次の文章を読んで、後の設問に答えよ。

学校教育を媒介に階層構造が再生産される事実が、日本では注目されてこなかった。米国のような人種問題がないし、英国のように明確な階級区分もない。エリートも庶民もほぼ同じ言語と文化を共有し、話をするだけでは相手の学歴も分からない。「一億総中流」という表現もかつて流行した。そんな状況の中、教育機会を均等にすれば、貧富の差が少しずつ解消されて公平な社会になると期待された。しかし、ここに大きな落とし穴があった。

機会均等のパラドクスを示すために、二つの事例に単純化して考えよう。ひとつは戦前のように庶民と金持ちが別々の学校に行くやり方。もうひとつは戦後に施行された一律の学校制度だ。どちらの場合も結果はあまり変わらない。見かけ上は自由競争でも、実は出来レースだからだ。それも競馬とは反対に、より大きなハンディキャップを弱い者が背負う競争だ。だが、生ずる心理は異なる。貧乏が原因で進学できず、出世を断念するならば、当人のせいではない。不平等な社会は変えるべきだ。批判の矛先が外に向く。対して自由競争の下では違う感覚が生まれる。成功しなかったのは自分に能力がないからだ。社会が悪くなければ、変革運動に関心を示さない。

アファーマティブ・アクション（積極的差別是正措置）は、個人間の能力差には適用されない。人種・性別など集団間の不平等さえ是正されれば、あとは各人の才能と努力次第で社会上昇が可能だと信じられている。だからこそ、弱肉強食のルールが正当化される。ア不平等が顕著な米国で、社会主義政党が育たなかった一因はそこにある。

子どもを分け隔てることなく、平等に知識をaツチカう理想と同時に、能力別に人間を格付けし、差異化する役割を学校は担う。そこに矛盾が潜む。出身階層という過去の桎梏《しっこく》を逃れ、自らの力で未来を切り開く可能性として、能力主義（メリトクラシー）は歓迎された。そのための機会均等だ。だが、それは巧妙に仕組まれた罠《わな》だった。「地獄への道は善意で敷き詰められている」という。平等な社会を実現するための方策が、かえって既存の階層構造を正当化し、永続させる。社会を開くはずのメカニズムが、逆に社会構造を固定し、閉じるためのイデオロギーとして働く。しかし、それは歴史の皮肉や偶然のせいではない。近代の人間像が必然的に導く袋小路だ。

親から子を取り上げて集団教育しない限り、家庭条件による能力差は避けられない。そのような政策は現実に不可能であるし、仮に強行しても遺伝の影響はどうしようもない。身体能力に恵まれる者も、そうでない者もいるように、勉強のできる子とそうでない子は必ず現れる。算数や英語の好きな生徒がいれば、絵や音楽あるいはスポーツに夢中になる子もいる。それに誰もが同じように努力できるわけではない。

近代は神を棄て、〈個人〉という未曾有《みぞう》の表象を生み出した。自由意志に導かれる主体のbタンジョウだ。所与と行為を峻別《しゅんべつ》し、家庭条件や遺伝形質という〈外部〉から切り離された、才能や人格という〈内部〉を根拠に自己責任を問う。

だが、これは虚構だ。人間の一生は受精卵から始まる。才能も人格も本を正せば、親から受けた遺伝形質に、家庭・学校・地域条件などの社会影響が作用して形成される。我々は結局、外来要素の沈殿物だ。確かに偶然にも左右される。しかし偶然も外因だ。能力を遡及的に分析してゆけば、いつか原因は各自の内部に定立できなくなる。社会の影響は外来要素であり、心理は内発的だという常識は誤りだ。認知心理学や脳科学が示すように意志や意識は、蓄積された記憶と外来情報の相互作用を通して脳の物理・化学的メカニズムが生成する。外因をいくつ掛け合わせても、内因には変身しない。したがってイ自己責任の根拠は出てこない。

遺伝や家庭環境のせいであろうと、他ならぬ当人の所与である以上、当人が責任を負うべきであり、したがって所与に応じて格差が出ても仕方ない。そう考える人は多い。では身体障害者はどうするのか。障害は誰のせいでもない。それでも、不幸が起きたのが、他でもない当人の身体であるがゆえに自業自得だと言うのか。能力差を自己責任とみなす論理も、それと同じだ。

封建制度やカースト制度などでは、貧富や身分を区別する根拠が、神や自然など、共同体の〈外部〉に投影されるため、不平等があっても社会秩序は安定する。人間の貴賤《きせん》は生まれで決まり、貧富や身分の差があるのは当然だ。平等は異常であり、社会の歯車が狂った状態に他ならない。

　対して、自由な個人が共存する民主主義社会では平等が建前だ。人は誰もが同じ権利を持ち、正当な理由なくして格差は許されない。しかし現実にはヒエラルキーが必ず発生し、貧富の差が現れる。平等が実現不可能な以上、常に理屈を見つけて格差を弁明しなければならない。だが、どんなに考え抜いても人間が判断する以上、貧富の基準が正しい保証はない。下層に生きる者は既存秩序に不満を抱き、変革を求め続ける。〈外部〉に支えられる身分制と異なり、人間が主体性を勝ち取った社会は原理的に不安定なシステムだ。近代の激しい流動性の一因がここにある。

　支配は社会および人間の同義語だ。子は親に従い、弟子は師を敬う。部下が上司に頭を垂れ、国民が国家元首に恭順の意を表す。「どこにもない場所」というギリシア語の語源通り、支配のないユートピアは建設できない。ところでドイツの社会学者マックス・ヴェーバーが『経済と社会』で説いたように、支配関係に対する被支配者の合意がなければ、ヒエラルキーは長続きしない。強制力の結果としてではなく、ウ正しい状態として感知される必要がある。支配が理想的な状態で保たれる時、支配は真の姿を隠し、自然の摂理のごとく作用する。先に挙げたメリトクラシーの詭弁《きべん》がそうだ。

　近代に内在する瑕疵《かし》を理解するために、正義が実現した社会を想像しよう。階層分布の正しさが確かな以上、貧困は差別のせいでもなければ、社会制度にCケッカンがあるからでもない。まさしく自分の資質や能力が他人に比べて劣るからだ。格差が正当ではないと信ずるおかげで、我々は自らの劣等性を認めなくて済む。しかし公正な社会では、この自己防衛が不可能になる。底辺に置かれる者に、もはや逃げ道はない。理想郷どころか、人間には住めない地獄の世界だ。

　身分制が打倒されて近代になり、不平等が緩和されたにもかかわらず、さらなる平等化の必要が叫ばれるのは何故か。人間は常に他者と自分を比較しながら生きる。そして比較は必然的に優劣をつける。民主主義社会では人間に本質的な差異はないとされる。だからこそ人はお互いに比べあい、小さな格差に悩む。そして自らの劣等性を否認するために、社会の不公平を糾弾する。〈外部〉を消し去り、優劣の根拠を個人の〈内部〉に押し込めようと謀る時、必然的に起こる防衛反応だ。

自由に選択した人生だから自己責任が問われるのではない。逆だ。格差を正当化する必要があるから、人間は自由だと社会が宣言する。努力しない者の不幸は自業自得だと宣告する。エ近代は人間に自由と平等をもたらしたのではない。不平等を隠蔽し、正当化する論理が変わっただけだ。

（小坂井敏晶「『神の亡霊』6　近代の原罪」による）

設　問

㈠「不平等が顕著な米国で、社会主義政党が育たなかった一因はそこにある」（傍線部ア）とあるが、なぜそういえるのか、説明せよ。

㈡「自己責任の根拠は出てこない」（傍線部イ）とあるが、なぜそういえるのか、説明せよ。

㈢「先に挙げたメリトクラシーの詭弁《きべん》がそうだ」（傍線部ウ）とはどういうことか、説明せよ。

㈣「近代は人間に自由と平等をもたらしたのではない。不平等を隠蔽し、正当化する論理が変わっただけだ」（傍線部エ）とはどういうことか、本文全体の趣旨を踏まえて一〇〇字以上一二〇字以内で説明せよ（句読点も一字と数える）。

㈤傍線部a・b・cのカタカナに相当する漢字を楷書で書け。

a　ツチカう　　b　タンジョウ　　c　ケッカン

（解答枠は㈠〜㈢＝13.5センチ×2行）

第四問（文科）

次の文章を読んで、後の設問に答えよ。

「あなたが何を考えているのか知りたい」小田久郎さんはそうおっしゃった。電話口を通してぼそぼそと響いてきたその肉声だけが、私にとってこんな文章を綴《つづ》ろうとする唯一の理由だと、そんなふうに私は感じている。

編集者である小田さんの背後に、無限定な読者を想定することは、今の私にはむずかしい。私の考えることが、その人たちにとってどれだけ意味のあることか、私には確信がない。私の書くことはみな、まったく私的なことで、それを公表する理由がどこにあるのか見当がつかない、それが私の正直な気持ちだ。が、それでも私は電話口で小田さんの肉声に自分の肉声でためらいながらも答えたのである。

原稿を注文され、それをひきうけるという一種の商取引に私たち物書きは慣れ、その行為の意味を深く問いつめる余裕も持てないでいるけれど、その源にそんな肉声の変換があるとするならば、それを信じてみるのもいいだろう。

作品をつくること、たとえば詩であると自分でやみくもに仮定してかかっているある多くない分量のことばをつなぎあわせること、また歌や、子どもの絵本のためのことばを書くことと、このような文章を書くことの間には、私にとっては相当な距離がある。

ア作品をつくっているとき、私はある程度まで私自身から自由であるような気がする。自分についての反省は、作品をつくっている段階では、いわば下層に沈澱《ちんでん》していて、よかれあしかれ私は自分を濾過《ろか》して生成してきたある公的なものにかかわっている。私はそこでは自分を私的と感ずることはなくて、むしろ自分を無名とすら考えていることができるのであって、そこに私にとって第一義的な言語世界が立ち現れてくると言ってもいいであろう。

見えがかり上、どんなにこのような文章と似ていることばを綴っているとしても、私には作品と文章（適当なことばがないから仮にそう区別しておく）のちがいは、少なくとも私自身の書く意識の上では判然と分かれている。そこからただちにたとえば詩とは何かということの答えにとぶことは私には不可能だが、その意識のうえでの差異が、私に詩のおぼろげな輪郭を他のものを包みこんだ形で少しでもあきらかにしてくれていることは否めない。

もちろん私が仮に作品（創作と呼んでもいい）と呼ぶ一群の書きものから、詩と呼ぶ書きものを分離するということはまた、別の問題なので、作品中には当然散文も含まれてくるから、作品と文章の対比を詩と散文の対比に置きかえることはできない。強いていえば、虚構と非虚構という切断面で切ることはできるかもしれぬが、そういう切りかたでは余ってしまうものもあるにちがいない。作品においては無名であることが許されると感じる私の感じかたの奥には、詩人とは自己を超えた何ものかに声をかす存在であるという、いわば媒介者としての詩人の姿が影を落としているかもしれないが、そういう考えかたが先行したのではなく、言語を扱う過程で自然にそういう状態になってきたのだということが、私の場合には言える。

真の媒介者となるためには、その言語を話す民族の経験の総体を自己のうちにとりこみ、なおかつその自己の一端がある超越者（それは神に限らないと思う。もしかすると人類の未来そのものかもしれない）に向かって予見的に開かれていることが必要で、私はそういう存在からはほど遠いが作品をつくっているときの自分の発語の根が、こういう文章ではとらえきれないアモルフな自己の根源性（オリジナリティ）に根ざしているということは言えて、イそこで私が最も深く他者と結ばれていると私は信じざるを得ないのだ。

そこには無論のこと多量のひとりよがりがあるわけだが、そういう根源性から書いていると信ずることが、私にある安心感を与える。これは私がこういう文章を書いているときの不安感と対照的なものなのだ。自分の書きものに対する責任のとりかたというものが、作品の場合と、文章の場合とでははっきりちがう。

これは一般的な話ではなくて、あくまで私個人の話だが、作品に関しては、そこに書かれている言語の正邪真偽に直接責任をとる必要はないと私は感じている。正邪真偽でないのなら、では美醜かとそう性急に問いつめる人もいるだろうが、美醜にさえ責任のとりようはなく、私が責任をとり得るのはせいぜい上手下手に関してくらいのものなのだ。創作における言語とは本来そのようなものだと、個人的に私はそう思っている。もしそういうものとして読まぬならば、その責任は読者にあるので、私もまた創作者であって同時に読者であるという立場においてのみ、自分の作品に責任を負うことができる。

逆に言えばそのような形で言語世界を成立させ得たとき、それは作品の名に値するので、現実には作家も詩人も、創作者としての一面のみでなく、ある時代、ある社会の一員である俗人としての面を持つものだから、彼の発言と作品とを区別することは、とくに同時代者の場合、困難だろうし、それを切り離して評価するのが正しいかどうか確言する自信もないけれど、離れた時代の優れた作品を見るとき、あらゆる社会的条件にもかかわらずその作品に時代を超えてある力を与えているひとつの契機として、ウその ような作品の成り立ちかたを発見することができよう。

〈作品〉と〈文章〉の対比を、言語論的に記述する能力は私にはない。私はただ一種の貧しい体験談のような形で、たどたどしく書いてゆくしかないので、初めに述べた私のこういう文章を書くことへのためらいもそこにある。エ作品を書くときには、ほとんど盲目的に信じている自己の発語の根を、文章を書くとき私は見失う。作品を書くとき、私は他者にむしろ非論理的な深みで賭けざるを得ないが、文章を書くときには自分と他者を結ぶ論理を計算ずくでつかまなければならない、そういうふうに言うこともできる。

どんなに冷静にことばを綴っていても、作品をつくっている私の中には、何かしら呪術的な力が働いているように思う。インスピレーションというようなことばで呼ぶと、何か上のほうからひどく気まぐれに、しかも瞬間的に働く力のように受けとられるかもしれないが、この力は何と呼ぼうと、むしろ下のほうから持続的に私をとらえる。それは日本語という言語共同体の中に内在している力であり、私の根源性はそこに含まれていて、それが私の発語の根の土壌となっているのだ。

（谷川俊太郎『詩を考える──言葉が生まれる現場』による）

〔注〕　○アモルフな──一定の形を持たない。

設　問

㈠「作品をつくっているとき、私はある程度まで私自身から自由であるような気がする」（傍線部ア）とあるが、それはなぜか、説明せよ。

㈡「そこで私が最も深く他者と結ばれている」（傍線部イ）とはどういうことか、説明せよ。

㈢「そのような作品の成り立ちかた」（傍線部ウ）とはどういうことか、説明せよ。

㈣「作品を書くときには、ほとんど盲目的に信じている自己の発語の根を、文章を書くとき私は見失う」（傍線部エ）とあるが、それはなぜか、説明せよ。

（解答枠は㈠〜㈣＝13.5センチ×2行）

二〇一九年

第一問（文理共通）

次の文章を読んで、後の設問に答えよ。

「カオスの縁《ふち》」という言葉をご存知だろうか？　この「カオスの縁」とは、一九六〇年代から行われているセル・オートマトンと呼ばれるコンピューター上のプログラムを使った研究が端緒となり提唱された概念である。とても大雑把に言えば、二つの大きく異なった状態（相）の中間には、その両側の相のいずれとも異なった、複雑性が非常に増大した特殊な状態が現れる、というようなことを指している。

身近なイメージで言えば、〝水〟を挙げられるだろうか。ご存知のように、水は気体・液体・固体という三つの形態をとる。たとえば気体の水蒸気は、水分子の熱運動が大きくなり、各分子が分子同士の結合力の束縛から放たれ、空間の中で自由気ままに振舞っている非常に動的な姿である。一方、氷は水分子同士が強固に結合し、各分子は自身が持つ特性に従って規則正しく配列され、理にかなった秩序正しい形を保っている静的な状態だ。

その中間にある液体の、いわゆる〝水〟は、生命の誕生に大きくaコウケンしたと考えられる、柔軟でいろんな物質と相互作用する独特な性質を多数持っている。水蒸気とも氷ともかなり異なった特性である。この〝水〟の状態で水分子が存在できる温度範囲は、宇宙のスケールで考えるなら、かなり狭いレンジであり、実際〝水〟を湛《たた》えた星はそうそう見つからない。巨視的に見れば〝水〟は分子同士が強固に束縛された氷という状態から、無秩序でカオス的に振舞う水蒸気という状態への過渡期にある特殊な状態、すなわち「カオスの縁」にある姿と言えるのかもしれない。

この「カオスの縁」という現象が注目されたのは、それが生命現象とどこかつながりを感じさせるものだったからである。生き物の特徴の一つは、この世界に「形」を生み出すことだ。それは微視的には有機物のような化学物質であり、少し大きく見れば、細胞であり、その細胞からなる我々人間のような個体である。そして、さらに巨視的に見れば、その個体の働きの結果できてくるアリ塚であったり、ビーバーのダムであったり、東京のような巨大なメガロポリスであったりする。

しかし、こういった生物の営みは、ア自然界ではある意味、例外的なものである。何故なら、この世界は熱力学第二法則（エントロピー増大の法則）に支配されており、世界にある様々な分子たちは、より無秩序に、言葉を変えればカオスの方向へと、時間と共に向かっているはずだからである。そんなカオスへ向かいつつある世界の中で、「形あるもの」として長期間存在できるのは、一般的に言えば、それを構成する原子間の結合が極めて強いものであり、鉱物や氷といった化学的な反応性に乏しい単調な物質が主なものである。

ところが、生命はそんな無秩序へと変わりつつある世界から、自分に必要な分子を取り入れ、そこに秩序を与え「形あるもの」を生み出していく。その姿はまるで「カオスの縁」にたたずみ、形のないカオスから小石を拾い、積み上げているかのようである。また、その積み上げられる分子の特徴は、鉱石などと違い、反応性に富んだ物質が主であり、〝不動〟のものとして作り出されるのではなく、偶発的な要素に反応し、次々に違う複雑なパターンとして、この世に生み出されてくる。そして、それらは生命が失われれば、また形のない世界へと飲み込まれ、そこへと還《かえ》っていくのだ。それは分子の、この世界における在り方という視点で考えれば、〝安定〟と〝無秩序〟の間に存在する、極めて特殊で複雑性に富んだ現象である。

また、生命の進化を考えてみよう。進化は、自己複製、つまり「自分と同じものを作る」という、生命の持続を可能とする静的な行為と、変異、つまり「自分と違うものを作る」という、秩序を破壊する、ある種、危険を伴った動的な行為の、二つのベクトルで成り立っている。現在の地球上に溢《あふ》れる、大きさも見た目も複雑さもその生態も、まったく違う様々な生命は、その静的・動的という正反対のベクトルが絶妙なバランスで作用する、その〝はざま〟から生まれ出てきたのだ。

生命は、原子の振動が激しすぎる太陽のような高温環境では生きていけないし、逆に原子がほとんど動かない絶対零度のような静謐《せいひつ》な結晶の世界でも生きていけない。この単純な事実を挙げるまでもなく、様々な意味で生命は、秩序に縛られた静的な世界と、形を持たない無秩序な世界の間に存在する、イ何か複雑で動的な現象である。「カオスの縁」、つまりそのはざまの空間こそが、生命が生きていける場所なのである。

「生きている」科学にも、少しこれと似た側面がある。科学は、混沌《こんとん》とした世界に、法則やそれを担う分子機構といった何かの実体、つまり「形」を与えていく人の営為と言える。たとえば、あなたが街を歩いている時、突然、太陽がなくなり、真っ暗になってしまったとする。一体、何が起こったのか、不安に思い、混乱するだろう。実際、古代における日食や月食は、そんな出来事だった。不吉な出来事の予兆とか、神の怒りとして、恐れられてきた歴史がある。

しかし、今日では日食も月食も物理法則により起こる現象であることが科学によって解明され、何百年先の発生場所、その日時さえ、きちんと予測することができる。それはある意味、人類が世界の秩序を理解し、変わることない〝不動〟の姿を、つかんだということだ。何が起こったのか訳が分からなかった世界に、確固とした「形」が与えられたのだ。

一方、たとえばガンの治療などは、現在まだ正答のない問題として残されている。外科的な手術、抗ガン剤、放射線治療。こういった標準治療に加えて、免疫療法、鍼灸《しんきゅう》、食事療法などダイタイ[b]医療と呼ばれる療法などもあるが、どんなガンでもこれをやれば、まず完治するというような療法は存在しない。そこには科学では解明できていない、形のはっきりしない闇のような領域がまだ大きく広がっている。しかし、この先、どんなガンにも効果があるような特効薬が開発されれば、ガンの治療にはそれを使えば良い、ということになるだろう。

それは、かつてサイキン[c]の感染症に対して抗生物質が発見された時のように、世界に新しい「形」がまた一つ生まれたことを意味することになる。このように人類が科学により世界の秩序・仕組みのようなものを次々と明らかにしていけば、世界の姿は固定され、新たな「形」がどんどん生まれていく。それは人類にもたらされる大きな福音だ[ウ]。

しかし、また一方、こんなことも思うのだ。もし、そうやって世界の形がどんどん決まっていき、すべてのことが予測でき、何に対しても正しい判断ができるようになったとして、その世界は果たして、人間にとってどんな世界なのだろう？　生まれてすぐに遺伝子診断を行えば、その人がどんな能力やリスクを持っているのか、たちどころに分かり、幼少時からその適性に合わせた教育・訓練をし、持ち合わせた病気のリスクに合わせて、毎日の食事やエクササイズなども最適化されたものが提供される。結婚相手は、お互いに遺伝子型の組合せと、男女の相性情報の膨大なデータベースに基づいて自動的に幾人かの候補者が選ばれる。

科学がその役目を終えた世界。病も事故も未知もない、そんな神様が作ったユートピアのような揺らぎのない世界に、むしろ「息苦しさ」を感じてしまうのは、私だけであろうか?

少なくとも現時点では、この世界は結局のところ、「分からないこと」に覆われた世界である。目をつぶって何かに、それは科学であれ、宗教であれ、すがりつく以外、心の拠《よ》りどころさえない。しかし、物理的な存在としての生命が、「カオスの縁」に立ち、混沌から分子を取り入れ「形」を作り生きているように、知的な存在としての人間はこの「分からない」世界から、少しずつ「分かること」を増やし「形」を作っていくことで、また別の意味で「生きて」いる。その営みが、何か世界に〝新しい空間〟を生み出し、その営みそのものに人の〝喜び〟が隠されている。そんなことを思うのだ。

だから、世界に新しい「形」が与えられることが福音なら、実は「分からないこと」が世界に存在することも、また福音ではないだろうか。目をつぶってしがみつける何かがあることではなく。

「分からない」世界こそが、人が知的に生きていける場所であり、世界が確定的でないからこそ、人間の知性や「決断」に意味が生まれ、そして「アホな選択」も、また許される。エいろんな「形」、多様性が花開く世界となるのだ。それは神の摂理のような〝真実の世界〟と、混沌が支配する〝無明の世界〟とのはざまにある場所であり、また「科学」と、まだ科学が把握できていない「非科学」のはざま、と言い換えることができる空間でもある。

（中屋敷均「科学と非科学のはざまで」による）

設問

㈠「自然界ではある意味、例外的なものである」（傍線部ア）とはどういうことか、説明せよ。

㈡「何か複雑で動的な現象」（傍線部イ）とはどういうことか、説明せよ。

㈢「人類にもたらされる大きな福音」（傍線部ウ）とはどういうことか、説明せよ。

㈣「いろんな『形』、多様性が花開く世界」（傍線部エ）とはどういうことか、本文全体の趣旨を踏まえて一〇〇字以上一二〇字以内で説明せよ（句読点も一字として数える）。

㈤傍線部a・b・cのカタカナに相当する漢字を楷書で書け。

a　コウケン　　b　ダイタイ　　c　サイキン

（解答枠は㈠〜㈢＝13.5センチ×2行）

第四問（文科）

次の文章を読んで、後の設問に答えよ。

迷い子になった。

僕が六歳か七歳の時だったと思う。母とふたりで買いものに出掛けた帰り途《みち》。乗り慣れた東武東上線の電車の中での出来事だった。車窓の風景を見るのが何より好きだった僕は、座っている母から少し離れたドアの前に立ち、夕暮れの街並みを目で追っていた。風景が止まり、又動き出す、その繰り返しに夢中になっていた僕は視界から遠ざかっていく「下赤塚」という駅名に気付いて凍りついた。それは僕たちが降りるはずの駅だった。あわてて車内を振り返ったが、母の姿は既にそこには無かった。あとになってわかったことだが、乗降客の波に一瞬僕を見失った母は、下赤塚で降りた別の少年を僕と見間違い、改札の外まで追い掛けてしまったらしい。

次の駅で降りれば、そこから家までは小学校の通学路だ。ひとりでもなんとか家に辿《たど》り着けるだろう。母はそう考えて、そのまま家へ戻り、夕飯を作りながら僕の帰りを待つことにしたようだ。しかし、車内に残された僕がそのことに気付いたのは、既に電車が次の駅を通過した後だった。その二度目の失敗に余程動揺したのだろう、僕は会社帰りのサラリーマンでほぼ座席の埋まった車内をウロウロと歩き始めた。

（どうしようどうしよう）じっとしていることに耐えられず、僕は途方に暮れてただ右往左往を繰り返した。その時の、僕の背負い込んだ不幸には何の関心も示さない乗客たちの姿が強く印象に残っている。それはぞっとするくらい冷たい風景だった。ア その風景の、僕との無縁さが不安を一層加速させた。そのまま放って置いたら、終点の池袋まで連れて行かれてしまったと思うのだが、途中でひと組の母娘《おやこ》が僕に声を掛けてくれたらしい。らしい、というのはその瞬間は僕の記憶からはスッポリと抜け落ちてしまっているからだ。

記憶の中の次のシーンでは、僕は駅のホームに設けられた薄暗い駅員室のような場所にポツンと座っている。恐らく彼らがかわいそうに思って僕を連れて電車を降り、駅員を呼んでくれたのだろう。僕はその部屋で母の迎えを待つことになったのだ。すっかり暗くなってしまった風景の中、恩人のふたりが、再び電車に乗って去っていく姿を覚えている。窓ガラス越しに見えた中学生くらいの女の子は(もう大丈夫よ)というように少し微笑《ほほえ》んでいた。

母を待っている姿があんまり寂しそうだったからか、そばにいた駅員が僕の手のひらに菓子をひとつ握らせてくれた。ヌガーだった。キャラメルのような歯ごたえの、あの白いやつだ。駅員の顔は覚えていない。恥ずかしくてたぶん見られなかったのだろう。僕はお礼も言わずに、そのヌガーをほおばった。しばらく噛《か》んでいると甘さの奥にピーナッツの香《こう》ばしさが口いっぱいに広がった。美味《おい》しかった。あぁ……今度このお菓子を母親に買ってもらおうと、その時思った。イその瞬間、僕の中から不安は消えていた。

迷い子になったときにその子供を襲う不安は、両親を見失ったというような単純なものでは恐らくない。それは、僕のことなど誰も知ることのない「世界」と、そしてその無関心と、否応《いやおう》なく直面させられるという大きな戸惑《とまど》いである。その疎外感の体験が少年を恐怖の底につき落とすのだろう。自分を無条件に受け入れ庇護《ひご》してくれる存在の元を離れ、ウ「他者」(それが善意であれ悪意であれ)としての世界と向き合う――人が大人になっていく過程でいずれは誰もが経験しなくてはいけないこのような邂逅《かいこう》を、予行演習として暴力的に体験させられる――それが迷い子という経験なのではないだろうか。だからこそ迷い子は、産まれたての赤ん坊のように泣き叫ぶのだ。たったひとりで世界へ放り出されたことへの恐怖から、これでもかと泣くのだ。そして、どんなに泣いても、もう孤独に世界と向き合っていかなくてはいけないのだと悟った時、少年は迷い子であることと訣別《けつべつ》し、大人になるのだと思う。その時を境にして、母は、自分を包み込んでくれる世界そのものではなく、世界の片隅で自分を待っていてくれるだけの小さな存在に変質してしまう――。かつて迷い子だった大人は、そのことに気付いた時、エ今度はこっそりと泣くのである。

あの日の夜、駅まで迎えに来てくれた母のことはどうしたわけか、全く覚えていない。ただ、今でも一緒に電車に乗ると、母はこの時のことを思い出しては「でもほんとうにお前に似た子だったんだよ、後ろ姿が……」と、申し訳無さそうな顔を僕へ向けるのである。

(是枝裕和「ヌガー」)

設問

㈠「その風景の、僕との無縁さが不安を一層加速させた」(傍線部ア)とはどういうことか、説明せよ。

㈡「その瞬間、僕の中から不安は消えていた」(傍線部イ)とあるが、それはなぜか、説明せよ。

㈢「このような邂逅を、予行演習として暴力的に体験させられる」(傍線部ウ)とはどういうことか、説明せよ。

㈣「今度はこっそりと泣くのである」(傍線部エ)とあるが、それはなぜか、説明せよ。

(解答枠は㈠〜㈣＝13.5センチ×2行)

二〇一八年

第一問（文理共通）

次の文章を読んで、後の設問に答えよ。

余りに単純で身もフタ[a]もない話ですが、過去は知覚的に見ることも、聞くことも、触ることもできず、ただ想起することができるだけです。その体験的過去における「想起」に当たるものが、歴史的過去においては「物語り行為」であるというのが僕の主張にほかなりません。つまり、過去は知覚できないがゆえに、その「実在」を確証するためには、想起や物語り行為をもとにした「探究」の手続き、すなわち発掘や史料批判といった作業が不可欠なのです。

そこで、過去と同様に知覚できないにも拘《かかわ》らず、われわれがその「実在」を確信して疑わないものを取り上げましょう。それはミクロ物理学の対象、すなわち素粒子です。電子や陽子や中性子を見たり、触ったりすることはどんなに優秀な物理学者にもできません。素粒子には質量やエネルギーやスピンはありますが、色も形も味も匂いもないからです。われわれが見ることができるのは、霧箱や泡箱によって捉えられた素粒子の飛跡にすぎません。それらは荷電粒子が通過してできた水滴や泡、すなわちミクロな粒子の運動のマクロな「痕跡」です。[ア]その痕跡が素粒子の「実在」を示す証拠であることを保証しているのは、量子力学を基盤とする現代の物理学理論にほかなりません。その意味では、素粒子の「実在」の意味は直接的な観察によってではなく、間接的証拠を支えている物理学理論によって与えられていると言うことができます。逆に、物理学理論の支えと実験的証拠の裏づけなしに物理学者が「雷子」なる新粒子の存在を主張したとしても、それが実在するとは誰も考えませんし、だいいち根拠が明示されなければ検証や反証のしようがありません。ですから、素粒子が「実在」することは背景となる物理学理論のネットワークと不即不離なのであり、それらから独立に存在主張を行うことは意味をなしません。

科学哲学では、このように直接的に観察できない対象のことを「理論的存在（theoretical entity）」ないしは「理論的構成体

(theoretical construct)」と呼んでいます。むろん理論的存在と言っても^イ^「理論的虚構」という意味はまったく含まれていないことに注意してください。それは知覚的に観察できないというだけで、れっきとした「存在」であり、少なくとも現在のところ素粒子のような理論的存在の実在性を疑う人はおりません。しかし、その「実在」を確かめるためには、サイクロトロンを始めとする巨大な実験装置と一連の理論的手続きが要求されます。ですから、見聞臭触によって知覚的に観察可能なものだけが「実在」するという狭隘《きょうあい》な実証主義は捨て去らねばなりませんが、他方でその「実在」の意味は理論的「探究」の手続きと表裏一体のものであることにも留意せねばなりません。

以上の話から、物理学に見られるような理論的「探究」の手続きが、「物理的事実」のみならず「歴史的事実」を確定するためにも不可欠であることにお気づきになったと思います。そもそも「歴史(history)」の原義が「探究」であったことを思い出してください。歴史的事実は過去のものであり、もはや知覚的に見たり聞いたりすることはできませんので、その「実在」を主張するためには、直接間接の証拠が必要とされます。また、歴史学においては史料批判や年代測定など一連の理論的手続きが要求されることもご存じのとおりです。その意味で、歴史的事実を一種の「理論的存在」として特徴づけることは、抵抗感はあるでしょうが、それほど乱暴な議論ではありません。

実際ポパーは、『歴史主義の貧困』の中で「社会科学の大部分の対象は、すべてではないにせよ、抽象的対象であり、それらは理論的構成体なのである(ある人々には奇妙に聞こえようが、「戦争」や「軍隊」ですら抽象的概念である。具体的なものは、殺される多くの人々であり、あるいは制服を着た男女等々である)」と述べています。同じことは、当然ながら歴史学にも当てはまります。歴史記述の対象は「もの」ではなく「こと」、すなわち個々の「事物」ではなく、関係の糸で結ばれた「事件」や「出来事」だからです。「戦争」や「軍隊」と同様に、^ウ^「フランス革命」や「明治維新」が抽象的概念であり、それらが「知覚」ではなく、「思考」の対象であることは、さほど抵抗なく納得していただけるのではないかと思います。

「理論的存在」と言っても、ミクロ物理学と歴史学とでは分野が少々かけ離れすぎておりますので、もっと身近なところ、歴史学の^b^リンセツ分野である地理学から例をとりましょう。われわれは富士山や地中海をもちろん目で見ることができますが、同じ地球上に存在するものでも、「赤道」や「日付変更線」を見ることはできません。確かに地図の上には赤い線が引いてありますが、太平洋を航行する船の上からも赤道を知覚的に捉えることは不可能です。しかし、船や飛行機で赤道や日付変更線を「通過」することは可能ですから、その意味ではそれらは確かに地球上に「実在」しています。その「通過」を、われわれは目ではなく六分儀などの「計器」によって確認します。計器による計測を支えているのは、地理学や天文学の「理論」にほかなりません。ですから赤道や日付変更線は、直接に知覚することはできませんが、地理学の理論によってその「実在」を保証された「理論的存在」と言うことができます。この「理論」を「物語り」と呼び換えるならば、われわれは歴史的出来事の存在論へと一歩足を踏み入れることになります。

　具体的な例を挙げましょう。仙台から平泉へ向かう国道四号線の近くに「衣川の古戦場」があります。ご承知のように、前九年の役や後三年の役の戦場となった場所です。僕も行ったことがありますが、現在目に見えるのは草や樹木の生い茂った何もないただの野原にすぎません。しかし、この場所で行われた安倍貞任《あべのさだとう》と源義家の戦いがかつて「実在」したことをわれわれは疑いません。その確信は、言うまでもなく『陸奥話記《むつわき》』や『古今著聞集《ここんちょもんじゅう》』をはじめとする文書史料の記述や『前九年合戦絵巻』などの絵画資料、あるいは武具や人骨などの発掘物に関する調査など、すなわち「物語り」のネットワークに支えられています。このネットワークから独立に「前九年の役」を同定することはできません。それは物語りを超越した理想的年代記作者、すなわち「神の視点」を要請することにほかならないからです。だいいち「前九年の役」というCコショウそのものが、すでに一定の「物語り」のコンテクストを前提としています。つまり「前九年の役」という歴史的出来事はいわば「物語り負荷的」な存在なのであり、その存在性格は認識論的に見れば、素粒子や赤道などの「理論的存在」と異なるところはありません。言い換えれば、エ歴史的出来事の存在は「理論内在的」あるいは「物語り内在的」なのであり、フィクションといった誤解をあらかじめ防止しておくならば、それを「物語り的存在」と呼ぶこともできます。

（野家啓一『歴史を哲学する――七日間の集中講義』による）

〔注〕○霧箱――水やアルコールの蒸気で過飽和の気体の中を荷電粒子が通過するとき、進路に沿って発生する霧滴によって、粒子の飛跡を観測する装置。
○泡箱――沸点以上に加熱された液体の中を荷電粒子が通過するとき、進路に沿って発生する微小な気泡によって、粒子の飛跡を観測する装置。
○サイクロトロン――荷電粒子を加速する円形の装置。原子核の人工破壊や放射性同位体の製造に利用する。
○ポパー――Karl Raimund Popper（一九〇二～一九九四）。イギリスの哲学者。
○六分儀――天体などの目標物の高度や角度を計測する器具。外洋を航行するとき現在地を知るためなどに用いる。
○安倍貞任――平安時代中期の武将（?～一〇六二）。
○『陸奥話記』――平安時代後期に書かれた軍記。

設問

㈠「その痕跡が素粒子の『実在』を示す証拠であることを保証しているのは、量子力学を基盤とする現代の物理学理論にほかなりません」（傍線部ア）とはどういうことか、説明せよ。

㈡「『理論的虚構』という意味はまったく含まれていない」（傍線部イ）とはどういうことか、説明せよ。

㈢「『フランス革命』や『明治維新』が抽象的概念であり、それらが『知覚』ではなく、『思考』の対象であること」（傍線部ウ）とはどういうことか、説明せよ。

㈣　「歴史的出来事の存在は『理論内在的』あるいは『物語り内在的』なのであり、フィクションといった誤解をあらかじめ防止しておくならば、それを『物語り的存在』と呼ぶこともできます」(傍線部エ)とあるが、「歴史的出来事の存在」はなぜ「物語り的存在」といえるのか、本文全体の論旨を踏まえた上で、一〇〇字以上一二〇字以内で説明せよ(句読点も一字と数える)。

㈤　傍線a・b・cのカタカナに相当する漢字を楷書で書け。

a　フタ　　b　リンセツ　　c　コショウ

(解答枠は㈠〜㈢＝13.5センチ×2行)

第四問（文科）

次の文章を読んで、後の設問に答えよ。

有袋類は胎生であって胎盤がない。そのために胎児は不完全な発育状態で生まれてしまう。カンガルウは受胎してから約四十日後には生まれるが、そのままでは育たないので、育児嚢《のう》という袋があって、生まれた子供は多分自力でその袋の中にもぐり込んで発育を続ける。

これは動物学の復習である。どうして同じ哺乳類でありながら胎盤のない種類がいるのか。これは動物学では考えないことにしている問題である。それは専門を決めた学者にとっては、用心しなければならない穽《おとしあな》である。それに動物学の中でもこれに似た奇妙な例はいくらでも挙げられる。そして人間だけには、理解しにくいような奇妙な器官がないなどと思ってはならない。

鳥類は卵を産み、それを放っておけば孵化《ふか》しない。それを抱きあたためるために、鳥には抱卵斑《ほうらんはん》というものがある。そこには綿毛や脂肪がなくて血管が集まり、卵をあたためるのに都合がいいように皮膚の温度が高くなっている。

その他、自分の子供を育てるために、また敵から子供を守るために、どれほどの配慮が行われているか、それらの書かれている動物の本は興味を持たれ、感動を与える。

親は自分の少年少女時代の感動を蘇《よみがえ》らせて、ある機会にそれらの話を子供に聞かせ、動物の生活を書いた本を読ませる。人間はこうして教育の材料を見付け出すのが巧みである。それに効果も期待できる。

ア しかしお膳立てのでき過ぎた与え方は効果が薄れ、時には逆の効果の現われる虞《おそ》れもある。

それよりも、子供はある機会に、動物の生活の一部分に出会うことが必ずあると信じよう。その時には余計な口出しをしてはならない。たとい、いきなり残酷に見える行動に出ても、それも黙って見ている忍耐を養っておかなければならない。自分が産み、自分が育てている子供のことは、自分以上に知っている者はいないという自信は必要だが、自信は思い上がりに変貌しやすい。

親の眼に残酷に映る子供の行動には必ず何か別の意味が含まれている。残酷な行為だと親に教えられるよりも、自分からそれを感得する方がどれほど値打ちがあるかをまず考えることである。それが親にとっては一番難しいところかもしれない。

動物と子供との間には、特殊な対話がある。だが、それを題材にして大人が創った物語にはかなり用心しなければならない。それらの大部分はイ人間性の匂い豊かな舞台で演じられた芝居のように書かれているからだ。シートンの『動物記』を子供に与えていいものかと躊躇《ちゅうちょ》している親は、この本をかなりよく読み、大事なところを読み落としていない。

ファーブルは子供のような人であった。昆虫の気持ちを知ろうとしてしばしば苛立《いらだ》ち、プロヴァンスの畑の中で、時々は残酷とも見えることをしていた。

動物をじっと見ている子供に、最初から何が何でも動物愛護の精神を期待したり、生命の尊重を悟らせようとしてもそれは無理である。蚤《のみ》を飼育してみようと思い立ったある少年は、蚤の食事の時間を決めて、自分の腕にとまらせて血を与えた。その方法は自分の皮膚の最もやわらかい部分を毒虫に提供し、時計を見ながら何分後には虫が毒針を刺した部分がどんな変化を見せたかを記録しているファーブルの思いつきによく似ている。

ウこの少年を動物愛護の模範生のように扱う人がいたら、その思い違いを嘲《あざわら》う。それよりも蚤を飼育する子供を黙って見護《みまも》っていた親を讃《ほ》めなければならない。

親はしばしば子供に玩具の一つとして小動物を与える。愛玩用として選ばれたさまざまの小動物の多くは、その親子の犠牲になる。犠牲のすべてを救い出そうとする憐愍《れんびん》の情は、直接何の関係もない第三者が抱いて、それによって批評をするものである。その批評に耳を傾けてみると、子供と動物との間での対話がどの程度大切なものかを忘れているか、さもなければ見誤っている。

対話という言葉もある雰囲気は持っているがそれだけにごまかしが含まれていてあまり使いたくない。玩具の一種として親は動物を与える。子供は掌《てのひら》に乗るほどの小型自動車と、一日中車を回転させている二十日鼠《はつかねずみ》とはきちんと区別をしている。本来はどちらかを選ばせるということのできない別種のものである。小型自動車とは子供は対話をしない。そこまで言うと、エ子供がしている小動物との対話の意味がそろそろ理解されてくる。人形に向って子供はよく話しかけるが、それは大人の真似《まね》に過ぎない。動物との大切な対話は沈黙のうちに行われているのが普通である。名前をつけてその名をよび、餌を与えたり叱ったりしている時は人形への話しかけと同じである。それは大した問題にはならない。

その、沈黙の間に行われる対話の聞こえる耳を持っている者は、残念ながら一人もいない。

（串田孫一『緑の色鉛筆』による）

〔注〕○シートン――Ernest Thompson Seton（一八六〇～一九四六）。アメリカの作家・博物学者。
○ファーブル――Jean-Henri Fabre（一八二三～一九一五）。フランスの昆虫学者。
○プロヴァンス――Provence　フランスの南東部の地方の名。

設問

(一)「お膳立てのでき過ぎた与え方は効果が薄れ、時には逆の効果の現われる虞れもある」（傍線部ア）とあるが、それはなぜか、説明せよ。

(二)「人間性の匂い豊かな舞台で演じられた芝居のように書かれている」（傍線部イ）とはどういうことか、説明せよ。

(三)「この少年を動物愛護の模範生のように扱う人がいたら、その思い違いを嘲う」（傍線部ウ）とあるが、なぜ嘲うのか、説明せよ。

(四)「子供がしている小動物との対話」（傍線部エ）とはどういうことか、説明せよ。

（解答枠は(一)～(四)＝13.5センチ×2行）

二〇一七年

第一問（文理共通）

次の文章を読んで、後の設問に答えよ。

与えられた困難を人間の力で解決しようとして営まれるテクノロジーには、問題を自ら作り出し、それをまた新たな技術の開発によって解決しようとするというかたちで自己展開していく傾向が、本質的に宿っているように私には思われる。科学技術によって産み落とされた環境破壊が、それを取り戻すために、新たな技術を要請するといった事例は、およそ枚挙にいとまないし、感染防止のためのワクチンに対してウィルスがタイセイ(a)を備えるようになり、新たな開発を強いられるといったことは、毎冬のように耳にする話である。東日本大震災の直後稼働を停止した浜岡原発に対して、中部電力が海抜二二メートルの防波堤を築くことによって、「安全審査」を受けようとしているというニュースに接したときも、同じ思いがリフレインするとともに、こうした展開にはたして終わりがあるのだろうかという気がした。技術開発の展開が無限に続くとは、たしかにいい切れない。次のステージになにが起こるのか、当の専門家自身が予測不可能なのだから、先のことは誰にも見えないというべきだろう。けれども科学技術の展開には、人間の営みでありながら、有無をいわせず人間をどこまでも牽引《けんいん》していく不気味なところがある。(ア)いったいそれはなんであり、世界と人間とのどういった関係に由来するのだろうか。

医療技術の発展は、たとえば不妊という状態を、技術的克服の課題とみなし、人工受精という技術を開発してきた。その一つ体外授精の場合、受精卵着床の確率を上げるために、排卵誘発剤を用い複数の卵子を採取し受精させたうえで子宮内に戻す、といったことが行なわれてきたが、これによって多胎妊娠の可能性も高くなった。多胎妊娠は、母胎へのフィジカルな影響や出産後の経済的なことなど、さまざまな負担を患者に強いるため、現在は子宮内に戻す受精卵の数を制限するようになっている。だが、この制限によっても多胎の「リスク」は、自然妊娠の二倍と、なお完全にコントロールできたわけではないし、複数の受精卵からの選択、また選択されなかった「もの」の「処理」などの問題は、依然として残る。

いずれにせよ、こうした問題に関わる是非の判断は、技術そのものによって解決できる次元には属していない。体外授精に比してより身近に起こっている延命措置の問題。たとえば胃瘻《いろう》などは、マスコミもとりあげ関心を惹《ひ》くようになったが、もはや自ら食事をとれなくなった老人に対して、胃に穴をあけるまでしなくても、鼻からチューブを通して直接栄養を胃に流し込むことは、かなり普通に行なわれている。このような措置が、ほんのその一部でしかない延命に関する技術の進展は、以前なら死んでいたはずの人間の生命を b キュウサイし、多数の療養型医療施設を生み出すに到っている。

しかしながら老齢の人間の生命をできるだけ長く引き伸ばすということは、可能性としては現代の医療技術から出てくるが、現実化すべきかどうかとなると、その判断は別なカテゴリーに属す。「できる」ということが、そのまま「すべき」にならないのは、核爆弾の技術をもつことが、その使用を是認することにならないのと一般である。テクネー(τέχνη)である技術は、ドイツ語Kunstの語源が示す通り、「できること(können)」の世界に属すものであって、「すべきこと(sollen)」とは区別されねばならない。

テクノロジーは、本質的に「一定の条件が与えられたときに、それに応じた結果が生ずる」という知識の集合体である。すなわち、「どうすればできるのか」についての知識、ハウ・トゥーの知識だといってよい。それは、結果として出てくるものが望ましいかどうかに関する知識、それを統御する目的に関する知識ではないし、またそれとは無縁でなければならない。その限りのところでは、テクノロジーは、ニュートラルな道具だと、いえなくもない。ところが、こうして「すべきこと」から離れているところに、イ それが単なる道具としてニュートラルなものに留まりえない理由もある。

テクノロジーは、実行の可能性を示すところまで人間を導くだけで、そこに行為者としての人間を放擲《ほうてき》するのであり、放擲された人間は、かつてはなしえなかったがゆえに、問われることもなかった問題に、しかも決断せざるをえない行為者として直面する。

妊婦の血液検査によって胎児の染色体異常を発見する技術には、そのまま妊娠を続けるべきか、中絶すべきかという判断の是非を決めることはできないが、その技術と出会い行使した妊婦は、いずれかを選び取らざるをえない。いわゆる「新型出生前診断」が二〇一三年四月に導入されて以来一年の間に、追加の羊水検査で異常が認められた妊婦の九七％が中絶を選んだという。

療養型医療施設における胃瘻や経管栄養が前提としている生命の可能な限りの延長は、否定しがたいものだし、それを入所条件として掲げる施設があることも、私自身経験して知っている。だが、飢えて死んでいく子供たちが世界に数えきれないほど存在している現実を前にするならば、自ら食事をとることができなくなった老人の生命を、公的資金の投入まで行なって維持していくことが、社会的正義にかなうかどうか、少なくとも私自身は躊躇《ちゅうちょ》なく判断することができない。

ここで判断の是非を問題にしようというのでは、もちろんないし、選択的妊娠中絶の問題一つをとってみても、最終的な決定基準があるなどとは思えない。むしろ肯定・否定を問わず、いかなる論理をもってきても、それを基礎づけるものが欠けていること、そういう意味でウ実践的判断が虚構的なものでしかないことは明らかだと、私は考えている。

たとえば現世代の化石燃料の消費を将来世代への責任《レスポンシビリティー》によって制限しようとする論理は、物語としては理解できるが、現在存在しないものに対する責任など、応答《レスポンス》の相手がいないという点で、想像力の産物でしかないといわざるをえない。同じ想像力を別方向に向ければ、そもそも人類の存続などといったことが、この生物種に宿る尊大な欲望でしかなく、人類が、他の生物種から天然痘や梅毒のように根絶を祈願されたとしても、かかる人類殲滅《せんめつ》の野望は、人間がこれら己《おの》れの敵に対してもっている憎悪と、本質的には寸分の違いもないといいうるだろう。その他倫理的基準なるものを支えているとされる概念、たとえば「個人の意思」や「社会的コンセンサス」などが、その美名にもかかわらず、虚構性をもっていることは、少しく考えてみれば明らかである。主体となる「個人」など、確固としたものであるはずがなく、その判断が、時と場合によって、いかに動揺し変化するかは、誰しもが経験することであり、そもそも「個人の意思」を書面で残して「意思表明」とするということ自体、かかる「意思」なるものの可変性をまざまざと表わしている。また「コンセンサス」づくりの「公聴会」なるものが権力関係の追認でしかないことは、私たち自身、いやというほど繰り返し経験していることではなかろうか。

だが、行為を導くものの虚構性の指摘が、それに従っている人間の愚かさの摘発に留まるならば、それはほとんど意味もないことだろう。虚構とは、むしろ人間の行為、いや生全体に不可避的に関わるものである。人間は、虚構とともに生きる、あるいは虚構を紡ぎ出すことによって己れを支えているといってもよい。問題は、テクノロジーの発展において、虚構のあり方が大きく変わったところにある。テクノロジーは、それまでできなかったことを可能にすることによって、人間が従来それに即して自らを律してきた虚構、しかもその虚構性が気づかれなかった虚構、すなわち神話を無効にさせ、もしくは変質をヨギなくさせた。それは、不可能であるがゆえにまったく判断の必要がなかった事態、「自然」に任すことができた状況を人為の範囲に落とし込み、これに呼応する新たな虚構の産出を強いるようになったのである。そういう意味でテクノロジーは、人間的生のあり方を、その根本のところから変えてしまう。

（伊藤徹『芸術家たちの精神史』一部省略）

〔注〕○排卵誘発剤――卵巣からの排卵を促進する薬。
○多胎妊娠――二人以上の子供を同時に妊娠すること。
○胃瘻――腹壁を切開して胃内に管を通し、食物や水、薬などを流入させる処置。

設問

(一)「科学技術の展開には、人間の営みでありながら、有無をいわせず人間をどこまでも牽引していく不気味なところがある」（傍線部ア）とはどういうことか、説明せよ。

(二)「単なる道具としてニュートラルなものに留まりえない理由」（傍線部イ）とはどういうことか、説明せよ。

(三)「実践的判断が虚構的なものでしかないことは明らかだ」（傍線部ウ）とあるが、なぜそういえるのか、説明せよ。

㈣　「テクノロジーは、人間的生のあり方を、その根本のところから変えてしまう」（傍線部エ）とはどういうことか、本文全体の論旨を踏まえた上で、一〇〇字以上一二〇字以内で説明せよ（句読点も一字と数える）。

㈤　傍線部a・b・cのカタカナに相当する漢字を楷書で書け。

a　タイセイ　　b　キュウサイ　　c　ヨギ

（解答枠は㈠〜㈢＝13.5センチ×2行）

第四問（文科）

次の文章を読んで、後の設問に答えよ。

住む所に多少の草木があったのは、郊外の農村だったからである。もちろん畑たんぼの作物があり、用水堀《ぼり》ぞいに雑木の藪《やぶ》もあり、植木屋の植溜《うえだめ》もいくつかあったし、またどこの家にもたいがい、なにがしか青いものが植えてあった。子供たちはひとりでに、木や草に親しんでいた。

そういう土地柄のうえに、私のうちではもう少しよけいに自然と親しむように、ア<u>親が世話をやいた</u>。私は三人きょうだいだが、めいめいに木が与えられていた。不公平がないように、同じ種類の木を一本ずつ、これは誰のときめて植えてあった。だから蜜柑《みかん》も三本、柿《かき》も三本、桜も椿《つばき》も三本ずつあって、持主がきまっていた。持主は花も実も自由にしていいのだが、その代り害虫を注意すること、施肥をしてもらうとき、植木屋さんに礼をいっておじぎをすること等々を、いいつかっていた。敷地にゆとりがあったから、こんなこともできたのだろうが、花の木実の木と、子供の好くように配慮して、関心をもたせるようにしたのだとおもう。

父はまた、木の葉のあてっこをさせた。木の葉をとってきて、あてさせるのである。その葉がどの木のものか、はっきりおぼえさせるためだろう。姉はそれが得意だった。枯れ葉になって干からびていても、虫が巣にして筒のように巻きあげているのも、羽状複葉の一枚をとってきたのでも、難なく当ててしまう。まだ葉にひらいていない、かがまった芽でさえ、ぴたりとあてた。私もいくつかは当てることができるのだが、干からびたのなどだされると、つかえてしまう。そこを横から姉が、さっと答えて、父をよろこばす。私はいい気持ではなかった。姉のその高慢ちきがにくらしく、口惜《くや》しかった。しかし、どうやっても私はかなわなかった。そんなにくやしがるなら、自分もしっかり覚えればいいものを、そこが性格だろうか、どこか締りがゆるいとみえて、不確かにずっこけた。ここが出来のいい子と出来のわるい子との、別れ道だった。

出来のいい姉を、父は文句なくよろこんで、次々にもっと教えようとした。姉にはそれが理解できるらしかったが、私はそうはいかなかった。姉はいつも父と連立ち、妹はいつも置去《おきざ》りにされ、でも仕方がないから、うしろから一人でついていく。イ嫉妬の淋《さび》しさがあった。一方はうまれつき聡《さと》いという恵まれた素質をもつ上に、教える人を喜ばせ、自分もたのしく和気あいあいのうちに進歩する。一方は鈍いという負目《おいめ》をもつ上に、教える人をなげかせ、自分も楽しまず、ねたましさを味《あじわ》う。まことに仕方のない成りゆきである。環境も親のコーチも、草木へ縁をもつ切掛《きっか》けではあるが、姉への嫉妬がその切掛けをより強くしているのだから、すくなからず気がさす。

しかし、姉は早世した。のちに父は追憶して、あれには植物学をさせてやるつもりだったのに、としばしば残念がってこぼしていたところをみると、やはり相当の期待をもっていたことがわかるし、その子に死なれてしまって気の毒である。

出来が悪くても子は子である。姉がいなくなったあとも、父は私にも弟にも、花の話木の話をしてくれた。教材は目の前にたくさんある。大根の花は白く咲くが、何日かたつうちに花びらの先はうす紫だの、うす紅だのに色がさす。みかんの花は匂《にお》いがいいばかりではない、花を裂いて、花底をなめてみれば、どんなにかぐわしい蜜《みつ》を貯《たくわ》えていることか。あんずの花と桃の花はどこがちがうか。いぬえんじゅ、猫《ねこ》やなぎ、ねずみもち、なぜそんなことというのか知ってるか。蓮《はす》の花は咲くとき音がするといわれているが、嘘《うそ》かほんとか、試してみる気はないか——そんなことをいわれると、私は夢中になって早起きをした。私のきいた限りでは、花はポンなんていわなかった。だが、音はした。こすれるような、ずれるような、かすかな音をきいた。あの花びらには、ややこわい縦の筋が立っていて、ごそっぽい触感がある。開くときそれがきしんで、ざらつくのだろうか。

ウこういう指示は私には大へんおもしろかった。うす紫に色をさした大根の花には、畑の隅《すみ》のしいんとしたうら淋しさがあり、虻《あぶ》のむらがる蜜柑の花には、元気にいきいきした気分があり、蓮の花や月見草の咲くのには、息さえひそめてうっとりした。ぴたっと身に貼《は》りつく感動である。興奮である。子供ながら、それが鬼ごっこや縄《なわ》とびのおもしろさとは、全くちがうたちのものだということがわかっていた。

ふじの花も印象ふかかった。いったいに蝶形《ちょうがた》の花ははなやかである。ましてそれが房になって咲けば、また格別の魅力がある。子供たちが見逃すわけがない。ただこの花は取ることができにくかった。川べりの藪に這《は》いかかっているのは危《あぶな》くてだめだし、野生のせいか花房も短い。庭のものは長い房で美しいが、勝手にとるわけにはいかない。そこで空家の軒とか、廃園の池とかの花の下を遊び場にする。私もそこへ行きたかった。けれども父親からきびしく禁止されていた。そんな場所の藤棚《ふじだな》は、一見なんでもなく見えて、実はもう腐れがきていることが多く、ひょっとした弾みに一度につぶれるから危険だ、という。ことに水の上へさし出して作った棚は、植木屋でさえ用心するくらいで、子供は絶対に一人で行ってはいけない、といい渡されていた。

荒れてはいるが留守番も置いて、門をしめている園があった。藤を藤をと私がせがむので父はそこへ連れていってくれた。俗にひょうたん池と呼ばれる中くびれの池があって、くびれの所に土橋がかかっていた。だがかなり大きい池だし、植込みが茂っていて、瓢簞《ひょうたん》というより二つの池というような趣《おもむ》きになっていた。藤棚は大きい池に大小二つ、小さい池に一つあってその小さい池の花がひときわ勝《すぐ》れていた。紫が濃く、花が大きく、房も長かった。棚はもう前のほうは崩れて、そこの部分の花は水にふれんばかりに、低く落ちこんで咲いていた。いまが盛りなのだが、すでに下り坂になっている盛りだったろうか。しきりに花が落ちた。ぽとぽとと音をたてて落ちるのである。落ちたところから丸い水の輪が、ゆらゆらとひろがったり、重なって消えたりする。明るい陽《ひ》がさし入っていて、そんな軽い水紋のゆらぎさえ照り返して、棚の花は絶えず水あかりをうけて、その美しさはない。沢山《たくさん》な虻が酔って夢中なように飛び交う。羽根の音が高低なく一つになっていた。しばらく立っていると、花の匂いがむうっと流れてきた。誰もいなくて、陽と花と虻と水だけだった。虻の羽音と落花の音がきこえて、ほかに何の音もしなかった。ぼんやりというか、うっとりというか、父と並んで無言で佇《たたず》んでいた。エ飽和というのがあの状態のことか、と後に思ったのだが、別にどうということがあったわけでもなく、ただ藤の花を見ていただけなのに、どうしてああも魅入られたようになったのか、ふしぎな気がする。

（幸田文「藤《ふじ》」）

設問

㈠「親が世話をやいた」（傍線部ア）とはどういうことか、説明せよ。

㈡「嫉妬の淋しさ」（傍線部イ）とはどういうことか、説明せよ。

㈢「こういう指示は私には大へんおもしろかった」（傍線部ウ）とあるが、なぜおもしろかったのか、説明せよ。

㈣「飽和というのがあの状態のことか、と後に思った」（傍線部エ）とあるが、どう思ったのか、説明せよ。

（解答枠は㈠〜㈣＝13.5センチ×2行）

二〇一六年

第一問（文理共通）

次の文章を読んで、後の設問に答えよ。

ホーフスタッターはこう書いている。

反知性主義は、思想に対して無条件の敵意をいだく人びとによって創作されたものではない。まったく逆である。教育ある者にとって、もっとも有効な敵は中途半端な教育を受けた者であるのと同様に、指折りの反知性主義者は通常、思想に深くかかわっている人びとであり、それもしばしば、a チンプな思想や認知されない思想にとり憑《つ》かれている。反知性主義に陥る危険のない知識人はほとんどいない。一方、ひたむきな知的情熱に欠ける反知識人もほとんどいない。

（リチャード・ホーフスタッター『アメリカの反知性主義』田村哲夫訳、強調は引用者）

この指摘は私たちが日本における反知性主義について考察する場合でも、つねに念頭に置いておかなければならないものである。反知性主義を駆動しているのは、単なる b タイダや無知ではなく、ほとんどの場合「ひたむきな知的情熱」だからである。

この言葉はロラン・バルトが「無知」について述べた卓見を思い出させる。バルトによれば、無知とは知識の欠如ではなく、知識に飽和されているせいで未知のものを受け容《い》れることができなくなった状態を言う。実感として、よくわかる。「自分はそれについてはよく知らない」と涼しく認める人は「自説に固執する」ということがない。他人の言うことをとりあえず黙って聴く。聴いて「得心がいったか」「腑《ふ》に落ちたか」「気持ちが片づいたか」どうかを自分の内側をみつめて判断する。ア そのような身体反応を以《もっ》てさしあたり理非の判断に代えることができる人を私は「知性的な人」だとみなすことにしている。その人においては知性が活発に機能しているように私には思われる。そのような人たちは単に新たな知識や情報を加算しているのではなく、自分の知的な枠組みそのものをそのつど作り替えているからである。知性とはそういう知の自己刷新のことを言うのだろうと私は思っている。個人的な定義だが、しばらくこの仮説に基づいて話を進めたい。

「反知性主義」という言葉からはその逆のものを想像すればよい。反知性主義者たちはしばしば恐ろしいほどに物知りである。一つのトピックについて、手持ちの合切袋《がっさいぶくろ》から、自説を基礎づけるデータやエビデンスや統計数値をいくらでも取り出すことができる。けれども、それをいくら聴かされても、私たちの気持ちはあまり晴れることがないし、解放感を覚えることもない。というのは、イこの人はあらゆることについて正解をすでに知っているからである。正解をすでに知っている以上、彼らはことの理非の判断を私に委ねる気がない。「あなたが同意しようとしまいと、私の語ることの真理性はいささかも揺るがない」というのが反知性主義者の基本的なマナーである。「あなたの同意が得られないようであれば、もう一度勉強して出直してきます」というようなことは残念ながら反知性主義者は決して言ってくれない。彼らは「理非の判断はすでに済んでいる。あなたに代わって私がもう判断を済ませた。だから、あなたが何を考えようと、それによって私の主張することの真理性には何の影響も及ぼさない」と私たちに告げる。そして、そのような言葉は確実に「呪い」として機能し始める。というのは、そういうことを耳元でうるさく言われているうちに、こちらの生きる力がしだいに衰弱してくるからである。「あなたが何を考えようと、何をどう判断しようと、それは理非の判定に関与しない」ということは、ウ「あなたには生きている理由がない」と言われているに等しいからである。

私は私をそのような気分にさせる人間のことを「反知性的」と見なすことにしている。その人自身は自分のことを「知性的」であると思っているかも知れない。たぶん、思っているだろう。知識も豊かだし、自信たっぷりに語るし、反論されても少しも動じない。でも、やはり私は彼を「知性的」とは呼ばない。それは彼が知性を属人的な資質や能力だと思っているからである。だが、私はそれとは違う考え方をする。

知性というのは個人においてではなく、集団として発動するものだと私は思っている。知性は「集合的叡智《えいち》」として働くのでなければ何の意味もない。単独で存立し得るようなものを私は知性と呼ばない。

わかりにくい話になるので、すこしていねいに説明したい。

私は、知性というのは個人に属するものというより、集団的な現象だと考えている。人間は集団として情報を採り入れ、その重要度を衡量し、その意味するところについて仮説を立て、それにどう対処すべきかについての合意形成を行う。エその力動的プロセス全体を活気づけ、駆動させる力の全体を「知性」と呼びたいと私は思うのである。

ある人の話を聴いているうちに、ずっと忘れていた昔のできごとをふと思い出したり、しばらく音信のなかった人に手紙を書きたくなったり、凝った料理が作りたくなったり、家の掃除がしたくなったり、たまっていたアイロンかけをしたくなったりしたら、それは知性が活性化したことの具体的な徴候である。私はそう考えている。「それまで思いつかなかったことがしたくなる」というかたちでの影響を周囲にいる他者たちに及ぼす力のことを、知性と呼びたいと私は思う。

知性は個人の属性ではなく、集団的にしか発動しない。だから、ある個人が知性的であるかどうかは、その人の個人が私的に所有する知識量や知能指数や演算能力によっては考量できない。そうではなくて、その人がいることによって、その人の発言やふるまいによって、彼の属する集団全体の知的パフォーマンスが、彼がいない場合よりも高まった場合に、事後的にその人は「知性的」な人物だったと判定される。

個人的な知的能力はずいぶん高いようだが、その人がいるせいで周囲から笑いが消え、疑心暗鬼を生じ、勤労意欲が低下し、誰も創意工夫の提案をしなくなるというようなことは現実にはしばしば起こる。きわめてcヒンパンに起こっている。その人が活発にご本人の「知力」を発動しているせいで、彼の所属する集団全体の知的パフォーマンスが下がってしまうという場合、私はそういう人を「反知性的」とみなすことにしている。これまでのところ、オこの基準を適用して人物鑑定を過ったことはない。

（内田樹《たつる》「反知性主義者たちの肖像」）

〔注〕○リチャード・ホーフスタッター——Richard Hofstadter（一九一六～一九七〇）。アメリカの歴史学者・思想家。

○ロラン・バルト——Roland Barthes（一九一五～一九八〇）。フランスの哲学者・批評家。

設問

㈠「そのような身体反応を以てさしあたり理非の判断に代えることができる人」（傍線部ア）とはどういう人のことか、説明せよ。

㈡「この人はあらゆることについて正解をすでに知っている」（傍線部イ）とはどういうことか、説明せよ。

㈢「『あなたには生きている理由がない』と言われているに等しい」（傍線部ウ）とはどういうことか、説明せよ。

㈣「その力動的プロセス全体を活気づけ、駆動させる力」（傍線部エ）とはどういう力のことか、説明せよ。

㈤「この基準を適用して人物鑑定を過ったことはない」（傍線部オ）とはどういうことか、本文全体の趣旨を踏まえた上で一〇〇字以上一二〇字以内で説明せよ（句読点も一字と数える）。

㈥傍線a、b、cのカタカナに相当する漢字を楷書で書け。

a　チンプ　　b　タイダ　　c　ヒンパン

（解答枠は㈠～㈣＝13.5センチ×2行）

第四問（文科）

次の文章を読んで、後の設問に答えよ。

その日、変哲もない住宅街を歩いている途中で、私は青の異変を感じた。空気が冷たくなり、影をつくらない自然の調光がほどこされて、あたりが暗く沈んでゆく。大通りに出た途端、鉄砲水のような雨が降り出し、ほぼ同時に稲光をともなった爆裂音が落ちてきた。電流そのものではなく、来た、という感覚が身体の奥の極に流れ込んで、私は十数分の非日常を、まぎれもない日常として生きた。雨が上がり、空は白く膨らんでまた縮み、青はその縮れてできた端の余白から滲《にじ》み出たのちに、やがて一面、鮮やかな回復に向かった。

青空の青に不穏のにおいが混じるこの夏の季節を、私は以前よりも楽しみに待つようになった。平らかな空がいかにかりそめの状態であるのか、不意打ちのように示してくれる午後の天候の崩れに、ある種の救いを求めていると言っていいのかもしれない。強烈な夏の陽射《ひざ》しと対になって頭上に迫ってくる空が、とつぜん黒々とした雲に覆われ、暗幕を下ろしたみたいに世の中が一変するさまに触れると、そのあとさらになにかが起きるのではないかとの期待感がつのり、嵐の前ではなく後でなら穏やかになると信じていた心に、それがちょっとした破れ目をつくる。

このささやかな破れ目につながる日々の感覚は、あらかじめ得られるものではない。自分のアンテナを通じて入って来た瞬間にそれが現実の出来事として生起する、つまり予感とほとんど時差のないひとつの体験であって、なにかが起こってから、あれはよい意味での虫の知らせだったとするのはどこか不自然なのだ。予報は、ときに、こちらの行動を縛り、息苦しくする。晴れわたった青空のもと街を歩いていて、すれちがいざま、これから降るらしいよといった会話を耳に挟んだりすると、ア何かひどく損をした気さえする。

空の青が湿り気を帯び、薄墨を掃いたように黒い雲をひろげる。ひんやりした風があしもとに流れて舞いあがり、頬《ほお》をなでる。来る、と感じた瞬間に最初の雨粒が落ち、稲光とともに雷鳴が響いたとき、日常の感覚の水位があがる。ずぶ濡《ぬ》れになったらどうしよう、雨宿りをして約束に遅れたらどうしようなどとはなぜか思わない。それを一瞬の、ありがたい仕合わせと見なし、空の青みの再生に至る契機を、一種の恩寵《おんちょう》として受けとめるのだ。

しばらくのあいだ青を失っていた空の回復を、私は待つ。崩れから回復までの流れを、予知や予報を介在させず、日々の延長のなかでとらえてみようとする。

イ青は不思議な色である。海の青は、手を沈めて水をすくったとたん青でなくなる。あの色は幻だといってもいい。しかし海は極端に色を変えたとき、幻を重い現実に変える力を持つ。海の青を怖《おそ》れるのは、それを愛するのと同程度に厳しいことなのだ。

空の青も、じつは幻である。天上の青はいったん空気中の分子につかまったあと放出された青い光の散乱にすぎないから、他の色を捨てたのではなく、それらといっしょになれなかった孤独な色でもある。その色に、私たちは背伸びをしても手を届かせることができない。

いつも遠い。当たり前のように遠い。それが空である。飛行機で空を飛んだら、それは近すぎてもう空の属性を失っている。遠く眺めて、はじめてその乱反射の幻が生きる。空の青こそが、いちばん平凡でいちばん穏やかな表情を見せながら、弾《はじ》かれつづける青の粒の運動を静止したひろがりとして示すという意味において、日常に似ているのではないか。

単調な日々を単調なまま過ごすには、ときに暴発的なエネルギーが必要になる。しかしその暴発は、あくまで自分の心のなかで静かに処分するものだから、表にあらわれでることはない。心の動きは外から見るかぎりどこまでも平坦《へいたん》である。内壁が劣化し、全体の均衡を崩す危険性があれば、気づいた瞬間に危ない壁を平然と剝《は》ぎとる。ウそういう裏面のある日常とこの季節の乱脈な天候との相性は、案外いいのだ。

青空の急激な変化を待ち望むのは、見えるはずのない内側の崩れの兆しを、天地を結ぶ磁界のなかで一挙に中和するためでもある。そのようにして中和された青は、もうこれまでの青ではない。ぽおっと青を見上げている自分もまた、さっきまでの自分ではない。この小さな変貌の断続的な繰り返しが体験の質を高め、破れ目を縫い直したあとでまた破るような、べつの出来事を呼び寄せるのだ。

天気の崩れと内側の暴発を経たのちにあらわれた新しい空。雨に降られたあと、たちまち乾いた亜熱帯の大通りを渡るために、私は目の前の歩道橋の階段をのぼりはじめた。事件は、そこで起きた。いちばん上から、人の頭ほどの赤い生きものが、ふわりふわりと降りてきたのである。

風船だった。糸が切れ、飛翔《ひしょう》の力を失った赤い風船。一段一段弾むようにそれは近づき、すれちがったあともおなじリズムで降りて行く。私は足を止め、振り向いて赤の軌跡を眼《め》で追った。貴重な青は、天を目指さない風船の赤に吸収され、空はこちらの視線といっしょに地上へと引き戻される。エ青の明滅に日常の破れ目を待つという自負と願望があっさり消し去られたことに奇妙な喜びを感じつつ、私は茫然《ぼうぜん》としていた。再び失われた青の行方を告げるように、遠く、雷鳴が響いていた。

（堀江敏幸「青空の中和のあとで」）

設　問

(一)　「何かひどく損をした気さえする」（傍線部ア）とあるが、なぜそういう気がするのか、説明せよ。

(二)　「青は不思議な色である」（傍線部イ）とあるが、青のどういうところが不思議なのか、説明せよ。

(三)　「そういう裏面のある日常」（傍線部ウ）とはどういうことか、説明せよ。

(四)　「青の明滅に日常の破れ目を待つという自負と願望があっさり消し去られた」（傍線部エ）とはどういうことか、説明せよ。

（解答枠は(一)～(四)＝13.5センチ×2行）

第一問（文理共通）

次の文章を読んで、後の設問に答えよ。

昨日机に向かっていた自分と現在机に向かっている自分、両者の関係はどうなっているのだろう。身体的にも意味的にも、昨日の自分と現在の自分とが微妙に違っていることは確かである。しかし、その違いを認識できるのは、その違いにもかかわらず成立している不変の自分なるものがあるからではないのか。こういった発想は根強く、誘惑的でさえある。だが、アこのような見方は出発点のところで誤っているのである。このプロセスを時間的に分断し、対比することで、われわれは過去の自分と現在の自分とを別々のものとして立て、それから両者の同一性を考えるという道に迷いこんでしまう。過去の自分と現在の自分という二つの自分があるのではない。あるのは、今働いている自分ただ一つである。生成しているところにしか自分はない。

過去の自分は、身体として意味として現在の自分のなかに統合されており、その限りで過去の自分は現在の自分と重なることになる。身体として統合されているとは、たとえば、運動能力に明らかである。最初はなかなかできないことでも、訓練を通じてわれわれはそれができるようになる。そして、いったん可能となると、今度はその能力を当たり前のものとしてわれわれは使用する。また、意味として統合されているとは、われわれが過去の経験を土台として現在の意味づけをなしていることに見られるとおりである。現在の自分が身体的、意味的統合を通じて、結果として過去の自分を回収する。換言すれば、回収されて初めて、過去の自分は「現在の自分の過去」という資格をaカクトクできるのである。

統合が意識されている場合もあれば、意識されていない場合もある。したがって、現在の自分へと回収されている過去の自分が、それとして常に認識されているとは限らない。むしろ、忘れられていることの方が多いと思われる。二十年前の今日のことが記憶にないからといって、それ以前の自分とそれ以後の自分とが断絶しているということにはならない。第一、二十年前から今日現在までのことを、とぎれることなく記憶していること自体不可能である。重要なのは、何を忘れ、何を覚えているかである。つまり、自分の出会ったさまざまな経験を、どのようなものとして引き受け、意味づけているかである。そして、そのような過去への姿勢を、現在の世界への姿勢として自らの行為を通じて表現するということが、働きかけるということであり、他者からの応答によってその姿勢が新たに組み直されることが、自分の生成である。そしてこの生成の運動において、いわゆる自分の自分らしさというものも現れるのである。

イこの運動を意識的に完全に制御できると考えてはならない。つまり、自分の自分らしさは、自らがそうと判断すべき事柄ではないし、そうあろうと意図して実現できるものでもない。具体的に言えば、自分のことを人格者であるとか、bコウケツな人柄であるとか考えるなら、それはむしろ、自分がそのような在り方からどれほど遠いかを示しているのである。また、人格者となろうとする意識的努力は、それがどれほど真摯なものであれ、いや、真摯なものであればあるほど、どうしてもそこには不自然さが感じられてしまう。ここには、自分の自分らしさは他人によって認められるという逆説が成立する。このことは、とりわけ意識もせずに、まさに自然に為《な》される行為に、その人のその人らしさが紛《まご》う方なく認められるという、日常の経験を考えてみても分かるだろう。

自分とはこういうものであろうと考えている姿と、現実の自分とが一致していることはむしろ稀《まれ》である。それは、現実の自分とはあくまで働きであり、その働きは働きの受け手から判断されうるものだからである。しかし、そうであるならば、自分の自分らしさは他人によって決定されてしまいはしないか。ここが面倒なところである。自分らしさは他人によって認められるのではあるが、決定されるわけではない。自分らしさは生成の運動なのだから、固定的に捉えることはできない。それでも、自分らしさが認められるというのは、自分について他人が抱いていた漠然としたイメージを、一つの具体的行為として自分が現実化するからである。しかし、ウその認められた自分らしさは、すでに生成する自分ではなく、生成する自分の残した足跡でしかない。

いわゆる他人に認められる自分の自分らしさは、生成する自分という運動を貫く特徴ではありえない。かといって、自分で自分の自分らしさを捉えることもできない。結局、生成する自分の方向性などというものはないのだろうか。

生成の方向性は生成のなかで自覚される以外にない。ただこの場合、何か自分についての漠然としたイメージが具体化することで、生成の方向性が自覚されるというのではない。というのは、ここで自覚されるのはcイゼンとして生成の足跡でしかないからである。生成の方向性は、棒のような方向性ではなく、生成の可能性として自覚されるのである。自分なり、他人なりが抱く自分についてのイメージ、それからどれだけ自由になりうるか。どれだけこれまでの自分を否定し、逸脱できるか。この「……でない」という虚への志向性が現在生成する自分の可能性であり、方向性である。そして、これはまさに自分が生成する瞬間に、生成した自分を背景に同時に自覚されるのである。

　このような可能性のどれかが現実のなかで実現されていくが、それもわれわれの死によって終止符を打たれる。こうして、自分の生成は終わり、後には自分の足跡だけが残される。

　だが、本当にそうか。なるほど、自分はもはや生成することはないし、その足跡はわれわれの生誕と死によってはっきりと限られている。しかし、働きはまだ生き生きと活動している。ある人間の死によって、その足跡のもっている運動性も失われるわけではない。つまり、エ残された足跡を辿《たど》る人間には、その足の運びの運動性が感得されるのであり、その意味で足跡は働きをもっているのである。われわれがソクラテスの問答に直面するとき、ソクラテスの力強い働きをまざまざと感じるのではないか。

　自分としてのソクラテスは死んでいるが、働きとしてのソクラテスは生きている。生成する自分は死んでいるが、その足跡は生きている。正確に言おう。自分の足跡は他人によって生を与えられる。われわれの働きは徹頭徹尾他人との関係において成立し、他人によって引き出される。そして、自分が生成することを止めてからも、その働きが可能であるとするならば、その可能性はこの現在生成している自分に含まれているはずである。そのように、自分の可能性はなかば自分に秘められている。オこの秘められた、可能性の自分に向かうのが、虚への志向性としての自分の方向性でもある。

（池上哲司『傍らにあること――老いと介護の倫理学』）

設問

㈠「このような見方は出発点のところで誤っているのである」（傍線部ア）とあるが、なぜそういえるのか、説明せよ。

㈡「この運動を意識的に完全に制御できると考えてはならない」（傍線部イ）とあるが、なぜそういえるのか、説明せよ。

㈢「その認められた自分らしさは、すでに生成する自分ではなく、生成する自分の残した足跡でしかない」（傍線部ウ）とはどういうことか、説明せよ。

㈣「残された足跡を辿る人間には、その足の運びの運動性が感得される」（傍線部エ）とはどういうことか、説明せよ。

㈤「この秘められた、可能性の自分に向かうのが、虚への志向性としての自分の方向性でもある」（傍線部オ）とあるが、どういうことか。本文全体の論旨を踏まえた上で、一〇〇字以上一二〇字以内で説明せよ（句読点も一字と数える）。

㈥傍線a、b、cのカタカナに相当する漢字を楷書で書け。

a　カクトク　　b　コウケツ　　c　イゼン

（解答枠は㈠～㈣＝13.5センチ×2行）

第四問（文科）

次の文章を読んで、後の設問に答えよ。

私はここ十数年南房総と東京の間を行ったり来たりしているのだが、南房総の山中の家には毎年天井裏で子猫を産む多産猫がいる。人間の年齢に換算すればすでに六十歳くらいになるのだがいまだに産み続けているのである。さすがに一回に産む数は少なくなっているが、私の知る限りかれこれ総計四、五十匹は産んでいるのではなかろうか。猫の子というよりまるでメンタイコのようである。

そういった子猫たちは生まれてからどうなったかというと、このあたりの猫はまだ野生の掟《おきて》や本能のようなものが残っていて、ある一定の時期が来ると、とつぜん親が子供が甘えるのを拒否しはじめる。それでもまだ猫なで声で体をすりよせてきたりすると、威嚇してときには手でひっぱたく。そのような過程を経て徐々に子は親のもとを離れなければならないのだという自覚が生まれる。

親から拒絶されて行き場のなくなった直後の子猫というものは不安な心許《こころもと》ない表情を浮かべ、痛々しさを禁じえないが、これがいざ自立を決心したとき、その表情が一変するのに驚かされる。徐々にではなくある日急変するのである。目つきも姿勢も急に大人っぽくなって、その視線が内にでなく外に向けられはじめる。それから何日かのちのこと、不意に姿を消している。帰ってくることはまずない。

一体それが何処《どこ》に行ったのか、私はしばし対面する山影を見ながらそのありかを想像してみるのだが、こころ寂しい半面ア なにか悠久の安堵《あんど》感のようなものに打たれる。見事な親離れだと思う。親も見事であれば子も見事である。子離れ、親離れのうまくいかない人間に見せてやりたいくらいだ。

かえりみるに、私はそういった健気《けなげ》な猫たちの姿をすでに何十と見てきているわけだが、それらの猫に餌をやったという経験は一度しかない。釣ってきた魚をつい与えてしまい、その猫が餌づいてしまったのである。しかしその猫も野生の血が居残っていると見え、ある年の春不意に姿を消した。それ以降私は野良《のら》猫には餌をやらないことにしている。それはこれらの猫は都会の猫と違って自然に一体化したかたちで彼らの世界で自立していると思っているからだ。自分の気まぐれと楽しみで猫の世界に介入することによってそのような猫の生き方のシステムが変形していくことがあるとすれば、それは避けなければならないということがよくわかったのである。

ところが私は再びへまをした。イ死ぬべき猫を生かしてしまったのだ。

二年前の春のことである。すでに生まれて一年になる四匹の子猫のうちの一匹が死にそうになったときのことである。

遅咲きの水仙がずいぶん咲いたので、それを親戚に送ろうと思い、刈り取って玄関わきの金盥《かなだらい》に生かしていた。二、三百本もの束の大きなやつだ。

朝刈り取り、昼になにげなく窓から花の束に目をやったとき、一匹の野良猫の子が盥に手をかけて一心にその水を飲んでいる姿が見えた。その子猫は遺伝のせいか外見的にはあきらかに病気持ちである。体が痩せ細っていて背骨や肋骨《ろっこつ》が浮き出ている。汚い話だがいつもよだれを垂らし、口の回りの毛は固くこびりついたようになっている。右手に血豆のように腫れた湿瘡《しっそう》が出来ており、判コのように膿《うみ》まじりの血の手形をあちこちにつけながら歩き、これが一向に治る気配がない。口の中にも湿瘡ができており、食べ物がそれに触れると痛がる。近くに寄るとかなり強烈な腐ったような臭いがする。一年も生きているのが不思議なくらい、この子猫はあらゆる病気を抱え込んでいるように見えた。

しかしそれも宿命であり、野生の掟にしたがってこの猫は短い寿命を与えられているわけだから、私がそれに手を貸すことはよくないことだと思い、そのまま生きるように生きさせておいた。

この猫が盥の水を飲んでいたわけだが、飲んでから、四、五分もたったときのことである。七転八倒で悶《もだ》えはじめた。そしてよだれまじりの大量の嘔吐物《おうとぶつ》を吐き苦しそうに唸《うな》りはじめる。はじめ私は猫に一体なにが起こったのかさっぱりわからなかった。一瞬、死期がおとずれたのかなと思った。しかしそれにしては壮絶である。

そのとき私の脳裏にさきほどこの猫が盥の水をずいぶん飲んでいた、あの情景が過《よぎ》ったのである。ひょっとしたら、と思う。あの水は有毒なものに変化していたのかも知れないと。球根植物にはよくアルカロイド系の毒素が含まれていることがあるものだ。以前保険金殺人の疑惑のかかったある事件もトリカブトという植物が使用されたという推測がなされたし、また秋の彼岸花などにもこの毒がある。水仙に毒があるということは聞いたことがないが、ひょっとしたらこの植物もアルカロイド系の毒を含んでいるのではないか。私は猫の苦しむ様子をみながら、そのようなことを思いめぐらし、間接的にその苦しみを私が与えたような気持ちに陥った。

そのような経緯で私はつい猫を家に入れてしまったのである。猫がぐったりしたとき、私は洗面器の中に布を敷き、それを抱いて寝かせた。せめて虫の息の間だけでも快適にさせてやりたかったのである。

ところがこの病猫、元来病気持ちであるがゆえにしぶといというか、再び息を吹き返したのである。二日三日はふらふらしていたが、四、五日目にはもとの姿に戻った。そしてそのまま家に居着いてしまった。立ち直ったときにまた外に出せばよかったのだが、このそんなに寿命の長そうではない病猫につい同情してしまったのが運のつきである。可愛い動物も人の気持ちを虜《とりこ》にするものだが、こういった欠陥のある動物もべつの意味で人の気持ちを拘束してしまうもののようだ。ときに人がやってきたとき、家の中にあまり芳しくない臭気を漂わせながら、あたりかまわずよだれを垂らし、手からは血膿の判コを押してまわるこの痩せ猫を見てよくこんなものの面倒をみているなぁとだいたい感心する。その感心の中にはときに私のボランティア精神に対する共感の意味も含まれているわけだが、ウ私はそれはそういうことではない、と薄々感じはじめていた。

人間に限らず、その他の動物から、そしてあるいは植物にいたるまで、およそ生き物というものはエゴイズムに支えられて生きながらえていると言っても過言ではない。無償の愛、という美しい言葉があるが、それは言葉のみの抽象的な概念であって、そこに生き物の関係性が存在するかぎり完璧な無償というものはなかなか存在しがたい。

以前アメリカのポトマック川で航空機が墜落したとき、ヘリコプターから降ろされた命綱をつぎつぎと他の人に渡して自分は溺死してしまったという人がいた。この人が素晴らしい心の持ち主であることは疑いようがない。本音優先の東洋人の中ではなかなか起こらない出来事である。彼はほとんど無償で自分の命を他者に捧げたわけだが、敬虔《けいけん》なクリスティアンである彼が、彼が習ってきた教義の中に濃厚にある他者のために犠牲心を払うということによる〝冥利《みょうり》〟にまったく触れなかったとは考えにくい。

そういうものと比較するのは少しレベルが違うが、私が病気の猫を飼いつづけたのは他人が思うような自分に慈悲心があるからではなく、その猫の存在によって人間であるなら誰の中にも眠っている慈悲の気持ちが引き出されたからである。つまり逆に考えればその猫は自らが病むという犠牲を払って、他者に慈悲の心を与えてくれたということだ。誰が見ても汚く臭いという生き物が、他のどの生き物よりも可愛《かわい》いと思いはじめるのは、その二者の関係の中にそういった輻輳《ふくそう》した契約が結ばれるからである。

この猫は、それから二年間を生き、つい最近、眠るように息をひきとった。あの体では長く生きた方であると思う。

死ぬと同時に、あの肉の腐りかけたような臭気が消えたのだが、誰もが不快だと思うその臭気がなくなったとき、エ不意にその臭いのことが愛《いと》しく思い出されるから不思議なものである。

（藤原新也「ある風来猫の短い生涯について」）

設問

㈠「なにか悠久の安堵感のようなものに打たれる」（傍線部ア）とあるが、どういうことか、説明せよ。

㈡「死ぬべき猫を生かしてしまったのだ」（傍線部イ）とあるが、どういうことか、説明せよ。

㈢「私はそれはそういうことではない、と薄々感じはじめていた」（傍線部ウ）とあるが、どういうことか、説明せよ。

(四)　「不意にその臭いのことが愛しく思い出されるから不思議なものである」(傍線部エ)とあるが、どういうことか、説明せよ。

(解答枠は(一)〜(四)=13.5センチ×2行)

二〇一四年

第一問（文理共通）

次の文章は、ある精神分析家が自身の仕事と落語とを比較して述べたものである。これを読んで、後の設問に答えよ。

いざ仕事をしているときの落語家と分析家に共通するのは、まず圧倒的な孤独である。落語家は金を払って「楽しませてもらおう」とわざわざやってきた客に対して、たった一人で対峙《たいじ》する。多くの出演者の出る寄席の場合はまだいいが、独演会になるとそれはきわだつ。他のパフォーミングアート、たとえば演劇であれば、うまくいかなくても、共演者や演出家や劇作家や舞台監督や装置や音響のせいにできるかもしれない。落語家には共演者もいないし、みんな同じ古典の根多《ねた》を話しているので作家のせいにもできず、演出家もいない。すべて自分で引き受けるしかない。しかも落語の場合、反応はほとんどその場の笑いでキャッチできる。残酷なまでに結果が演者自身にはねかえってくる。受ける落語家と受けない落語家ははっきりしている。その結果に孤独に向き合い続けて、ともかくも根多を話し切るしかない。

分析家も毎日自分を訪れる患者の期待にひとりで対するしかない。そこには誰《だれ》もおらず、患者と分析家だけである。私のオフィスもそうだが、たいてい受付も秘書もおらず、まったく二人きりである。そこで自分の人生の本質的な改善を目指して週何回も金を払って訪れる患者と向き合うのである。分析料金はあまり安くない。普通の医者が一日数十人相手にできるのに対して、七、八人しか会えないので、一人の患者からある程度いただかないわけにはいかないからだが、たいてい高いと思われる。真っ当な鮨屋《すし》が最初高いように思えることと似ている。そういう料金を払っているわけであるから、患者たちは普通もしくは普通以上にカセい[a]でいる。社会では一人前かそれ以上に機能しているのだが、パーソナルな人生に深い苦悩や不毛や空虚を抱えている人たちである。こういう人たちに子どもだましは通用しない。単なるナグサ[b]めや励ましはかえって事態をこじらす。そうしたなかで、分析家はひとりきりで患者と向き合うのである。何の成果ももたらさないセッションも少なくない。それでもそこに五十分座り続けるしかない。

多くの観衆の前でたくさんの期待の視線にさらされる落語家の孤独。たったひとりの患者の前でその人生を賭《か》けた期待にさらされる分析家の孤独。どちらがたいへんかはわからない。いずれにせよ、彼らは自分をゆすぶるほど大きなものの前でたったひとりで事態に向き合い、そこを生き残り、なお何らかの成果を生み出すことが要求されている。それに失敗することは、自分の人生が微妙に、しかし確実にオビヤかされることを意味する。客が来なくなる。患者が来なくなる。

おそらくこのこころを凍らせるような孤独のなかで満足な仕事ができるためには、ある文化を内在化して、それに内側からしっかりと抱えられる必要がある。濃密な長期間の修業、パーソナルでジョウショ的なものを巻き込んでの修業の過程は、それに役立っているだろう。落語家も分析家も文化と伝統に抱かれて仕事をする。しかし、そうした内側の文化がそのままで通用することは、落語でも精神分析でもありえない。ただ、根多を覚えたとおりにやっても落語にはならないし、理論の教えるとおりに解釈をしても精神分析にはならない。観客と患者という他者を相手にしているからだ。

演劇などのパフォーミングアートにはすべて、何かを演じようとする自分と見る観客を喜ばせようとする自分の分裂が存在する。それは「演じている自分」とそれを「見る自分」の分裂であり、世阿弥が「離見の見」として概念化したものである。落語、特に古典落語においては、習い覚えた根多の様式を踏まえて演《や》りながら、たとえばこれから自分が発するくすぐりをいま目の前にいる観客の視点からみる作業を不断に繰り返す必要がある。昨日大いに観客を笑わせたくすぐりが今日受けるとは限らない。彼はいったん今日の観客になって、演じる自分を見る必要がある。完全に異質な自分と自分との対話が必要なのである。

しかも落語という話芸には、他のパフォーミングアートにはない、さらに異なった次元の分裂のケイキがはらまれている。それは落語が直接話法の話芸であることによる。落語というものは講談のように話者の視点から語る語り物ではない。言ってみれば地の文がなく、基本的に会話だけで構成されている。端的に言って、落語はひとり芝居である。演者は根多のなかの人物に瞬間瞬間に同一化する。根多に登場する人物たちは、おたがいにぼけたり、つっこんだり、だましたり、ひっかけたりし合っている。そうしたことが成立するには、おたがいがおたがいの意図を知らない複数の他者としてその人物たちがそこに現れなければならない。落語が生き生きと観客に体験されるためには、この他者性を演者が徹底的に維持することが必要である。落語家の自己はたがいに他者性を帯びた何人もの他者たちによって占められ、分裂する。私の見るところ、優れた落語家のパフォーマンスには、この他者性の維持による生きた対話の運動の心地よさが不可欠である。それはある種のリアリティを私たちに供給し、そのリアリティの手ごたえの背景でくすぐりやギャグがきまるのである。

おそらく落語という話芸のユニークさは、こうした分裂のあり方にある。もっと言えば、そうした分裂を楽しんで演じている落語家を見る楽しみが、落語というものを観《み》る喜びの中核にあるのだと思う。そして、人間が本質的に分裂していることこそ、精神分析の基本的想定である。意識と無意識でもいい、自我と超自我とエスでもいい、精神病部分と非精神病部分でもいい、本当の自己と偽りの自己でもいい、自己のなかに自律的に作動する複数の自己があって、それらの対話と交流のなかにウひとまとまりの「私」というある種の錯覚が生成される。それが精神分析の基本的な人間理解のひとつである。落語を観る観客はそうした自分自身の本来的な分裂を、生き生きとした形で外から眺めて楽しむことができるのである。分裂しながらも、ひとりの落語家として生きている人間を見ることに、何か希望のようなものを体験するのである。

エ精神分析家の仕事も実は分裂に彩られている。分析家が患者の一部分になることを通じて患者を理解することを前に述べた。たとえば、こころのなかに激しく自分を迫害する誰かとそれにおびえてなすすべもない無力な自分という世界をもっている患者は、分析家に期待しながらも、迫害されることにおびえて、分析家を遠ざけ絶えず疑惑の目を向け拒絶的になる。分析家はやがてそのような患者を疎ましく感じ、苛立《いらだ》ち、ついに患者に微妙につらく当たるようになる。こうした過程を通して分析家はまさに患者のこころのなかの迫害者になってしまう。さらに別のことも起きる。分析家は何を言っても患者にはねかえされ、どうしようもないと感じ、なすすべもない無力感を味わう。それは患者のこころのなかの無力な自己になってしまったということである。こうして患者のこころの世界が精神分析状況のなかに具体的に姿を現し、分析家は患者の自己の複数の部分に同時になってしまい、その自己は分裂する。

もちろん、そうして自分でないものになってしまうだけでは、精神分析の仕事はできない。分析家はいつかは、分析家自身の視点から事態を眺め、そうした患者の世界を理解することができなければならない。そうした理解の結果、分析家は何かを伝える。

そうして伝えられる患者理解の言葉、物語、すなわち解釈というものに患者は癒《いや》される部分があるが、おそらくそれだけではない。分裂から一瞬立ち直って自分を別の視点から見ることができる生きた人間としての分析家自身のあり方こそが、患者に希望を与えてもいるのだろう。自分はこころのなかの誰かにただ無自覚にふりまわされ、突き動かされていなくてもいいのかもしれない。ひとりのパーソナルな欲望と思考をもつひとりの人間、自律的な存在でありうるかもしれないのだ。

（藤山直樹『落語の国の精神分析』）

〔注〕○根多——「種《たね》」を逆さ読みにした語。
○くすぐり——本筋と直接関係なく挿入される諧謔《かいぎゃく》。
○自我と超自我とエス——フロイト（Sigmund Freud　一八五六～一九三九）によって精神分析に導入された、自己に関する概念。

設　問

㈠「このこころを凍らせるような孤独」（傍線部ア）とはどういうことか、説明せよ。

㈡「落語家の自己はたがいに他者性を帯びた何人もの他者たちによって占められ、分裂する」（傍線部イ）とはどういうことか、説明せよ。

㈢「ひとまとまりの「私」というある種の錯覚」（傍線部ウ）とはどういうことか、説明せよ。

㈣「精神分析家の仕事も実は分裂に彩られている」（傍線部エ）とはどういうことか、説明せよ。

㈤「生きた人間としての分析家自身のあり方こそが、患者に希望を与えてもいる」（傍線部オ）とあるが、なぜそういえるのか、落語家との共通性にふれながら一〇〇字以上一二〇字以内で説明せよ（句読点も一字と数える）。

㈥ 傍線ａ、ｂ、ｃ、ｄ、ｅのカタカナに相当する漢字を楷書で書け。

ａ　カセ（いで）　ｂ　ナグサ（め）　ｃ　オビヤ（かされる）　ｄ　ジョウショ　ｅ　ケイキ

（解答枠は㈠〜㈣＝13.5センチ×２行）

第四問（文科）

次の文章を読んで、後の設問に答えよ。

仕事の打ち合わせでだれかとはじめて顔を合わせるとき。そんなときには、互いに、見えない触角を伸ばして話題を探すことになる。もともとは苦手だったそういう事柄が、いつからか嫌でなくなり、いまでは愉《たの》しいひとときにすらなってきた。どのみち避けられないから、嫌ではないはずと自己暗示を掛けているだけかもしれない。いずれにしても、初対面の人と向かい合う時間は、ア日常のなかに、ずぶりと差しこまれる。

先日は、理系の人だった。媒体が児童向けで、科学関係の内容を含むためだった。もちろん、それは対話を進めているうちにわかってくることだ。互いに、過不足のない自己紹介をしてから本題に入る、などということは起こらない。相手の話を聞いているうちに、ずいぶん動植物に詳しい人だなという印象が像を結びはじめる。もしかして、理系ですか、と訊《き》いてみる。

「ええ、そうです。いまの会社に来る前は、環境関係の仕事をしていました。それもあって、いまの仕事でも植物や動物を取材することが多いんです。この前は蓮田《はす》に行ってきました。蓮根を育てている蓮田です。蓮って、水の中の根がけっこう長いんですよ。思ったよりずっと長くて、びっくり。動物園に行くこともありますよ。撮影にゾウの糞が必要で、ゾウがするまで、じっと待っていたりして」。嬉々《きき》として説明してくれる。だれと会うときでも、相手がどんなことにどんなふうに関心をもっているのか、知ることは面白い。自分には思いもよらない事柄を、気に掛けて生きている人がいると知ることは、知らない本のページをめくる瞬間と似ている。

私たちの前にはカフェ・ラテのカップがあった。その飲み物の表面には、模様が描かれていた。その人は、自分のカップの上へ、首を伸ばすようにした。そして、のぞき見ると「あ、柄が崩れてる」といった。「残念、崩れてる」と繰り返す。私の方は崩れていない。崩れていても一向に構わないので、それならこちらのカップと交換しようと思った瞬間、その人は自分の分を持ち上げて、口をつけた。申し出るタイミングを失う。相手への親近感が湧いてくる。以前から知っている人のような気がしてくる。

「台風の後は、植物園に直行するんです」。相手は、秘密を打ち明けるように声をひそめる。「その植物園には、いろんな種類の松が植わっていて。台風の後は、こんな大きい松ぼっくりが拾えるんです」。両手で大きさを示しながら説明してくれる。「それを、リュックに入れて、もらってくるんです」。いっしょに行ったわけではないのに、いつか、そんなことがあった気がする。いっしょに、松ぼっくりを拾った気がする。植物園もまた本に似ている。イ風が荒々しい手つきでめくれば、新たなページが開かれて、見知らぬ言葉が落ちている。植物園への道を幾度も通うその人のなかにも、未知の本がある。耳を傾ける。生きている本は開かれないときもある。こちらの言葉が多くなれば、きっと開かれない。

その人の話を、もっと聞いていたいと思った。どんぐりに卵を産みつける虫の名前を、いくつも挙げられるような人なのだ。打ち合わせだから当然、雑談とは別に本題がある。本題が済めば、店を出る。都心の駅。地下道に入ると、神奈川県の海岸の話になった。相手は、また特別な箱から秘密を取り出すように、声をひそめた。「あのあたりでは、馬の歯を拾えるんです。海岸に埋められた中世の人骨といっしょに、馬の骨も出てくるんです。中世に、馬をたくさん飼っていたでしょう。だからです。私、拾いましたよ、馬の歯」。

「それ、本当に馬の歯ですか」。思わず問い返す。瞬間、相手は、ううんと唸《うな》る。それから「あれは馬です、馬の歯ですよ。本当に、出るんです」。きっぱり答えた。記憶と体験を一点に集める真剣さで、断言した。その口からこぼれる言葉が、一音、一音、遠い浜へ駆けていく。たてがみが流れる。大陸から輸送した陶器のかけらが出るという話題なら珍しくない。事実なのだ。けれど、馬の歯のことは、はじめて聞いた。それから、とくに拾いたいわけではないなと気づく。拾えなくてもいい。ただ、その内容そのものが、はじめて教えられたことだけが帯びるぼんやりとした明るさのなかにあって、心ひかれた。

拾えなくていいと思いながら、馬かどうか、時間が経っても気になる。その人とは、本題についてのやりとりで手いっぱいで、馬の歯のことを改めて訊く機会はない。脇へ置いたまま、いつまでも、幻の馬は脇に繋《つな》いだままで、別の対話が積み重なっていく。馬なのか、馬だったのか、確かめることはできない。

ある日、吉原幸子の詩集『オンディーヌ』（思潮社、一九七二年）を読んでいた。これまで、吉原幸子のよい読者であったことはないけれど、必要があって手に取った。愛、罪、傷など、この詩人の作品について語られるときには必ず出てくる単語が、結局はすべてを表しているように思いながら読み進めるうち、あるページで手がとまった。「虹《にじ》」という詩。その詩は、次のようにはじまる。

どうしたことか　雨のあとの
立てかけたやうな原っぱの斜面に
ぶたが一匹　草をたべてゐる
電車の速さですぐに遠ざかった
（うしでもやぎでもうさぎでもなく）
あれは　たしかにぶただったらうか

なんとなく笑いを誘う。続きを読んでいくと「こころのない人間／抱擁のない愛――」という言葉が出てきて、作者らしさを感じさせる。周囲に配置される言葉も、その重さのなかでぴしりと凍るのだけれど、それでも、第一連には紛れもない可笑《おか》しみがあって、この六行だけでも繰り返し読みたい気もちになる。あれは、なんだったのだろう。そんなふうに首を傾《かし》げて脳裡《のうり》の残像をなぞる瞬間は、日常のなかにいくつも生まれる。多くのことは曖昧《あいまい》なまま消えていく。足元を照らす明確さは、いつでも仮のものなのだ。そして、だからこそ、輪郭の曖昧な物事に輪郭を与えようと一歩踏み出すことからは、光がこぼれる。ウその一歩は消えていく光だ。「虹」という詩の終わりの部分を引用しよう。

いま　わたしの前に
一枚のまぶしい絵があって
どこかに　大きな間違ひがあることは
わかってゐるのに
それがどこなのか　どうしてもわからない

消えろ　虹

言葉の上に、苛立《いらだ》ちが流れる。わかることとわからないことのあいだで、途方に暮れるすがたを刻む。鮮度の高い苛立ちがこの詩にはあり、それに触れれば、どきりとさせられる。わからないこと、確かめられないことで埋もれている日々に掛かる虹はどんなだろう。それさえも作者にとっては希望ではない。消えろ、と宣告するのだから。

拾われる馬の歯。それが本当に馬の歯なら、いつ、だれに飼われていたものだろう。どんな毛の色だったか。人を乗せていただろうか。あるいは荷物を運んだのだろうか。わかることはなにもない。その暗がりのなかで、ただひとつ明らかなことは、これはなんだろう、という疑問形がそこにはあるということだ。問いだけは確かにあるのだ。

問いによって、あらゆるものに近づくことができる。だから、問いとは弱さかもしれないけれど、同時に、もっとも遠くへ届く光なのだろう。「馬の歯を拾えるんです」。その言葉を思い出すと、蹄《ひづめ》の音の化石が軽快に宙を駆けまわる。遠くへ行かれそうな気がしてくる。松ぼっくり。馬の歯。エ掌にのせて、文字のないそんな詩を読む人もいる。見えない文字がゆっくりと流れていく。

（蜂飼耳「馬の歯」）

設問

(一)「日常のなかに、ずぶりと差しこまれる」(傍線部ア)とはどういうことか、説明せよ。

(二)「風が荒々しい手つきでめくれば、新たなページが開かれて、見知らぬ言葉が落ちている」(傍線部イ)とはどういうことか、説明せよ。

(三)「その一歩は消えていく光だ」(傍線部ウ)とはどういうことか、説明せよ。

(四)「掌にのせて、文字のないそんな詩を読む人もいる」(傍線部エ)とはどういうことか、説明せよ。

(解答枠は(一)〜(四)＝13.5センチ×2行)

二〇一三年

第一問（文理共通）

次の文章を読んで、後の設問に答えよ。

詩人―作家が言おうとすること、いやむしろ正確に言えば、その書かれた文学作品が言おう、言い表そうと志向することは、それを告げる言い方、表し方、志向する仕方と切り離してはありえない。人々はよく、ある詩人―作家の作品は「しかじかの主張をしている」、「こういうメッセージを伝えている」、「彼の意見、考え、感情、思想はこうである」、と言うことがある。筆者も、ときに（長くならないよう、短縮し、簡潔に省略するためにせよ）それに近い言い方をしてしまう場合がある。しかし、実のところ、ある詩人―作家の書いた文学作品が告げようとしているなにか、とりあえず内容・概念的なものとみなされるなにか、言いかえると、その思想、考え、意見、感情などと思われているなにかは、それだけで切り離され、独立して自存していることはないのである。〈意味され、志向されている内容〉は、それを〈意味する仕方、志向する仕方〉の側面、表現形態の面、意味するかたちの側面と一体化して作用することによってしか存在しないし、コミュニケートされない。だから〈意味されている内容・概念・イデー〉のみを抜き出して「これこそ詩人―作家の思想であり、告げられたメッセージである」ということはできないのだ。

それゆえまた、詩人―作家のテクストを翻訳する者は、次のような姿勢を避けるべきだろう。つまり翻訳者が、むろん原文テクストの読解のために、いったんそのテクストの語り方の側面、意味するかたちの側面を経由して読み取るのは当然なのであるが、しかしこのフォルム的側面はすぐに読み終えられ、通過されて、もうこの〈意味するかたちの側面〉を気づかうことをやめるという姿勢は取るべきでない。ア もっぱら自分が抜き出し、読み取ったと信じる意味内容・概念の側面に注意を集中してしまうという態度を取ってはならない。そうやって自分が読み取った意味内容、つまり〈私〉へと伝達され、〈私〉によって了解された概念的中身・内容が、それだけで独立して、まさにこのテクストの〈言おう、語ろう〉としていることをなす〈このテクストの志向であり、意味である）とみなしてはならないのである。

翻訳者は、このようにして自分が読み取り、了解した概念的中身・内容が、それだけで独立して（もうそのフォルム的側面とは無関係に）、このテクストの告げる意味であり、志向であるとみなしてはならず、また、そういう意味や志向を自分の母語によって読みやすく言い換えればよいと考えてはならないだろう。

自分が抜き出し、読み取った中身・内容を、自らの母語によって適切に言い換えれば[a]シュビよく翻訳できると考え、そう実践することは、しばしば読みやすく、理解しやすい翻訳作品を生み出すことになるかもしれない。ただし、そこには、大きな危うさも内包されているのだ。原文のテクストがその独特な語り口、言い方、表現の仕方によって、きわめて微妙なやり方で告げようとしているなにかを十分に気づかうことから眼をそらせてしまうおそれがあるだろう。

少し極端に言えば、たとえばある翻訳者が「これがランボーの詩の日本語訳である」として読者に提示する詩が、ランボーのテクストの翻訳作品であるというよりも、[イ]はるかに翻訳者による日本語作品であるということもありえるのだ。

それを避けるためには、やはり翻訳者はできる限り原文テクストを[b]チクゴ的にたどること、〈字句通りに〉翻訳する可能性を追求するべきだろう。原文の〈意味する仕方・様式・かたち〉の側面、表現形態の面、つまり志向する仕方の面に注意を凝らし、それにあたうかぎり忠実であろうとするのである。

その点を踏まえて、もう一度考えてみよう。ランボーが、《Tu voles selon……》（……のままに飛んでいく）と書いたことのうちには、つまりこういう語順、構文、語法として〈意味する作用や働き〉を行なおうとし、なにかを言い表そうと志向したこと、それをコミュニケートしようとしたことのうちには、なにかしら特有な、独特なもの、密かなものが含まれている。翻訳者は、この特有な独特さ、なにか密かなものを絶えず気づかうべきであろう。なぜならそこにはランボーという書き手の（というよりも、そうやって書かれた、このテクストの）独特さ、特異な単独性が込められているからだ。すなわち、通常ひとが〈個性〉と呼ぶもの、芸術家や文学者の〈天分〉とみなすものが宿っているからである。

こうして翻訳者は、相容《い》れない、両立不可能な、とも思える、二つの要請に同時に応えなければならないだろう。その一つは、

2013

原文が意味しようとするもの、言おうとし、志向し、コミュニケートしようとするものをよく読み取り、それをできるだけこなれた、達意の日本語にするという課題・任務であり、もう一つは、そのためにも、原文の〈かたち〉の面、すなわち言葉づかい〈その語法、シンタックス、用語法、比喩法など〉をあたう限り尊重するという課題・任務である。そういう課題・任務に応えるために、翻訳者は、見たとおり、原文＝原語と母語との関わり方を徹底的に考えていく。翻訳者は、原文の〈意味する仕方・様式・かたち〉の側面、表現形態の面、つまり志向する仕方の面を注意深く読み解き、それを自国語の文脈のなかに取り込もうとする。しかし、フランス語における志向する仕方は、日本語における志向する仕方と一致することはほとんどなく、むしろしばしば食い違い、齟齬《そご》をきたし、ｃマサツを起こす。それゆえ翻訳者は諸々の食い違う志向する仕方を必死になって和合させ、調和させようと努めるのだ。あるやり方で自国語（自らの母語）の枠組みや規範を破り、変えるところまで進みながら、ハーモニーを生み出そうとするのである。

こうして翻訳者は、絶えずウ原語と母語とを対話させることになる。この対話は、おそらく無限に続く対話、終わりなき対話であろう。というのも諸々の食い違う志向の仕方が和合し、調和するということは、来るべきものとして約束されることはあっても、けっして到達されることや実現されることはないからだ。こうした無限の対話のうちに、まさしく翻訳の喜びと苦悩が表裏一体となって存しているだろう。

もしかしたら、エ翻訳という対話は、ある新しい言葉づかい、新しい文体や書き方へと開かれているかもしれない。だからある意味で原文＝原作に新たな生命を吹き込み、成長をｄウナガし、生き延びさせるかもしれない。翻訳という試み、原文と（翻訳者の）母語との果てしのない対話は、ことによると新しい言葉の在りようへとつながっているかもしれない。そう約束されているかもしれない。こういう約束の地平こそ、ベンヤミンがｅシサした翻訳者の使命を継承するものであろう。

そしてこのことは、もっと大きなパースペクティブにおいて見ると、諸々の言語の複数性を引き受けるということ、他者（他なる言語・文化、異なる宗教・社会・慣習・習俗など）を受け止め、よく理解し、相互に認め合っていかねばならないということ、そのためには必然的になんらかの「翻訳」の必然性を受け入れ、その可能性を探り、拡《ひろ》げ、掘り下げていくべきであるということに結ばれているだろう。翻訳は諸々の言語・文化・宗教・慣習の複数性、その違いや差異に細心の注意を払いながら、自らの母語（いわゆる自国の文化・慣習）と他なる言語（異邦の文化・慣習）とを関係させること、対話させ、競い合わせることである。そうだとすれば、オ翻訳という営為は、諸々の言語・文化の差異のあいだを媒介し、可能なかぎり横断していく営みであると言えるのではないだろうか。

（湯浅博雄「ランボーの詩の翻訳について」）

〔注〕○フォルム――forme（フランス語）、form（英語）に同じ。
○ランボー――Arthur Rimbaud（一八五四〜一八九一）フランスの詩人。　○シンタックス――syntax　構文。
○ベンヤミン――Walter Benjamin（一八九二〜一九四〇）ドイツの批評家。

設　問

㈠「もっぱら自分が抜き出し、読み取ったと信じる意味内容・概念の側面に注意を集中してしまうという態度を取ってはならない」（傍線部ア）とあるが、それはなぜか、説明せよ。

㈡「はるかに翻訳者による日本語作品である」（傍線部イ）とはどういうことか、説明せよ。

㈢「原語と母語とを対話させる」（傍線部ウ）とはどういうことか、説明せよ。

㈣　「翻訳という対話は、ある新しい言葉づかい、新しい文体や書き方へと開かれている」（傍線部エ）とあるが、なぜそういえるのか、説明せよ。

㈤　「翻訳という営為は、諸々の言語・文化の差異のあいだを媒介し、可能なかぎり横断していく営みである」（傍線部オ）とあるが、なぜそういえるのか、本文全体の趣旨を踏まえた上で、一〇〇字以上一二〇字以内で説明せよ。

㈥　傍線部a、b、c、d、eのカタカナに相当する漢字を楷書で書け。

a　シュビ　　b　チクゴ　　c　マサツ　　d　ウナガ（し）　　e　シサ

（解答枠は㈠～㈣＝13.5センチ×2行）

第四問（文科）

次の文章を読んで、後の設問に答えよ。

知覚は、知覚自身を超えて行こうとする一種の努力である。この努力は、まったく生活上のものとして為《な》されている。実際、私は今自分が見ているこの壺《つぼ》が、ただ網膜に映っているだけのものだとは決して考えない。私からは見えない側にある、この壺の張りも丸みも色さえも、私は見ようとしているし、実際見ていると言ってよい。見えるものを見るとは、もともとそうした努力なのだ。なるほど、ア その努力には、いろいろな記憶や一般観念がいつもしきりと援助を送ってくれるから、人は一体どこで見ることが終わり、どこから予測や思考が始まるのか、はっきりとは言うことができなくなっている。けれども、見ることが、純粋な網膜上の過程で終わり、後には純粋な知性の解釈が付け加わるだけだと思うのは、行き過ぎた主知主義である。

主知主義の哲学者たちは、精神による知覚の解釈こそ重要なのだと主張した。知覚の誤謬《ごびゅう》を救うものは悟性しかないと。日本で一頃《ひところ》はやりの映画批評は、視《み》えるものの表層に踏みとどまることこそが重要だ、映画を視る眼《め》に必要な態度だと主張していた。これはある点までもっともな言い分だが、これも行き過ぎれば主知主義のシニカルな裏返しでしかなくなるだろう。視えるとは何なのか。たとえば、モネのような画家はこの問題を突き詰めて、恐ろしく遠くにまで行った。光がなければ物が視えないと人は言うが、視えているのは物ではない、刻々に変化する光の分散そのものである。あとは頭脳の操作に過ぎないではないか。むろん、こういうモネの懐疑主義と、彼の手が描いた積み藁《わら》の美しさとはまた別ものだろう。彼は視ただけではない、視えていると信じたものを描いたのだ。当然ながら、描くことは視ることを大きく超えていく、あるいは超えていこうとする大きな努力となるほかない。

メルロ＝ポンティの知覚の現象学は、視えることが〈意味〉に向かい続ける身体の志向性と切り離しては決して成り立たないことを実に巧みに語っていた。W・ジェームズやJ・ギブソンの心理学にあるのも結局は同じ考え方だと言ってよい。私は自分が登っている丘の向こうに見える一軒家が、一枚の板のように立っているとは思いはしない。家の正面はわずかに見えてくる側面と見えないあちら側との連続的な係《かか》わりによってこそ正面でありうる。歩きながら、私はそういう全体を想像したり知的に構成したりするのではない、丘を見上げながら坂道を行く私の身体の上に、家はそうした全体として否応《いやおう》なくその奥行きを、〈意味〉を顕《あら》わしてくるのである。イ家を見上げることは、歩いている私の身体がこの坂道を延びていき、家の表面を包んでその内側を作り出す流体のようになることである。流体とは、私の身体がこの家に対して持つ止めどない行動可能性にほかならない。

十九世紀後半から人類史に登場してきた写真、そして映画は、見ることについての長い人類の経験に極めて深い動揺を与えた。むろん、この事実に敏感に応じた者も、そうでなかった者もいる。けれども、動揺は測り知れず深かったと言えるのだ。機械が物を見る、それは一体どういうことなのか。肉も神経系もなく、行動も努力もしない機械が物を見る時、何が起こってくるのか。これは単なるレトリックではない。実際、リュミエール兄弟たちが開発した感光板「エチケット・ブルー」によって驚くべきスナップ写真が生まれてきた時、人はそれまで決して見たことのなかった世界の切断面、たとえばバケツから飛び出して無数の形に光る水を見たのである。それは身体が知覚するあの液体だとか固体だとかではない、何かもっと別なもの、しかもこの世界の内に確実に在るものだった。

いや、スナップ写真でなくともよい。写真機が一秒の何千分の一というようなシャッタースピードを持つに至れば、肖像写真は静止した人の顔を決して私たちが見るようには顕わさない。写真機で撮ったあらゆる顔は、どこかしら妙なものである。職業的な写真家やモデルは、そこのところをよく心得ていて、その妙なところを消す技術を持っている。けれども、それはうわべのごまかしに過ぎない。顔は刻々に動き、変化している。変化は無数のニュアンスを持ち、ニュアンスのニュアンスを持ち、静止の瞬間など一切ない。私たちの日常の視覚は、そこに相対的なさまざまの静止を持ち込む。それが、生活の要求だから。従って、私たちのしかじかの身体が、その顔に向かって働きかけるのに必要な分だけの静止がそこにはある。写真という知覚機械が示す切断はそんなものではない。この切断は何のためでもなく為され、しかもそれはウ私たちの視覚が世界に挿し込む静止と較《くら》べれば桁《けた》外れの速さで為される。

写真のこの非中枢的な切断は、私たちに何を見させるだろうか。持続し、限りなく変化しているこの世界の、言わば変化のニュアンスそれ自体を引きずり出し、一点に凝結させ、見させる。おそらく、そう言ってよい。私たちの肉眼は、こんな一点を見たことはない、しかし、持続におけるそのニュアンスは経験している。生活上の意識がそれを次々と闇《やみ》に葬るだけだ。写真は無意識の闇にあったそのニュアンスを、ただ一点に凝結させ、実に単純な視覚の事実にしてしまう。これは、恐ろしい事実である。

（前田英樹『深さ、記号』）

〔注〕○モネ——Claude Monet（一八四〇～一九二六）　フランスの画家。
○メルロ＝ポンティ——Maurice Merleau-Ponty（一九〇八～一九六一）　フランスの哲学者。
○W・ジェームズ——William James（一八四二～一九一〇）　アメリカの哲学者・心理学者。
○J・ギブソン——James Gibson（一九〇四～一九七九）　アメリカの心理学者。
○リュミエール兄弟——オーギュスト・リュミエール Auguste Lumière（一八六二～一九五四）とルイ・リュミエール Louis Lumière（一八六四～一九四八）の兄弟。フランスにおける映画の発明者。
○エチケット・ブルー——étiquette bleue（フランス語）「青色のラベル」の意味。

設　問

㈠ 「その努力には、いろいろな記憶や一般観念がいつもしきりと援助を送ってくれる」（傍線部ア）とはどういうことか、説明せよ。

㈡　「家を見上げることは、歩いている私の身体がこの坂道を延びていき、家の表面を包んでその内側を作り出す流体のようになることである」（傍線部イ）とあるが、家を見上げるときに私の意識の中でどのようなことが起きているというのか、説明せよ。

㈢　「私たちの視覚が世界に挿し込む静止」（傍線部ウ）とはどういうことか、説明せよ。

㈣　「これは、恐ろしい事実である」（傍線部エ）とあるが、なぜこの前の文にいう「視覚の事実」が「恐ろしい事実」だと感じられるのか、説明せよ。

（解答枠は㈠〜㈣＝13.5センチ×2行）

二〇一二年

第一問（文理共通）

次の文章を読んで、後の設問に答えよ。

環境問題は、汚染による生態系の劣悪化、生物種の減少、資源のコカツ、廃棄物の累積などの形であらわれている。その原因は、自然の回復力と維持力を超えた人間による自然資源の搾取にある。環境問題の改善には、思想的・イデオロギー的な対立と国益の衝突を超えて、国際的な政治合意を形成して問題に対処していく必要がある。

しかしながら、環境問題をより深いレベルで捉《とら》え、私たちの現在の自然観・世界観を見直す必要性もある。というのも、自然の搾取を推進したその理論的・思想的背景は近代科学の自然観にあると考えられるからだ。もちろん、自然の搾取は人間社会のトータルな活動から生まれたものであり、環境問題の原因のすべてを近代科学に押しつけることはできない。

しかしながら、近代科学が、自然を使用するに当たって強力な推進力を私たちに与えてきたことは間違いない。その推進力とは、ただ単に近代科学がテクノロジーを発展させ、人間の欲求を追求するためのコウリツ的な手段と道具を与えたというだけではない(テクノロジーとは、科学的知識に支えられた技術のことを言う)。それだけではなく、近代科学の自然観そのものの中に、生態系の維持と保護に相反する発想が含まれていたと考えられるのである。

近代科学とは、一七世紀にガリレオやデカルトたちによって開始され、次いでニュートンをもって確立された科学を指している。近代科学が現代科学の基礎となっていることは言うまでもない。近代科学の自然観には、中世までの自然観と比較して、いくつかの重要な特徴がある。

第一の特徴は、機械論的自然観である。中世までは自然の中には、ある種の目的や意志が宿っていると考えられていたが、近代科学は、自然からそれら精神性を剝奪《はくだつ》し、定められた法則どおりに動くだけの死せる機械とみなすようになった。

第二に、原子論的な還元主義である。自然はすべて微少な粒子とそれに外から課される自然法則からできており、それら原子と法則だけが自然の真の姿であると考えられるようになった。

ここから第三の特徴として、ア物心二元論が生じてくる。二元論によれば、身体器官によって捉えられる知覚の世界は、主観の世界である。自然に本来、実在しているのは、色も味も臭《にお》いもない原子以下の微粒子だけである。知覚において光が瞬間に到達するように見えたり、地球が不動に思えたりするのは、主観的に見られているからである。自然の感性的な性格は、自然本来の内在的な性質ではなく、自然をそのように感受し認識する主体の側にある。つまり、心あるいは脳が生み出した性質なのだ。

真に実在するのは物理学が描き出す世界であり、そこからの物理的な刺激作用は、脳内の推論、記憶、連合、類推などの働きによって、cチツジョある経験（知覚世界）へと構成される。つまり、知覚世界は心ないし脳の中に生じた一種のイメージや表象にすぎない。物理学的世界は、人間的な意味に欠けた無情の世界である。

それに対して、知覚世界は、「使いやすい机」「嫌いな犬」「美しい樹木」「愛すべき人間」などの意味や価値のある日常物に満ちている。しかしこれは、主観が対象にそのように意味づけたからである。こうして、物理学が記述する自然の客観的な真の姿と、私たちの主観的表象とは、質的にも、存在の身分としても、まったく異質のものとみなされる。

これが二元論的な認識論である。そこでは、感性によって捉えられる自然の意味や価値は主体によって与えられるとされる。いわば、イ自然賛美の抒情詩《じょじょうし》を作る詩人は、いまや人間の精神の素晴らしさを讃《たた》える自己賛美を口にしなければならなくなったのである。こうした物心二元論は、物理と心理、身体と心、客観と主観、自然と人間、野生と文化、事実と規範といった言葉の対によって表現されながら、私たちの生活に深く広くdシントウしている。日本における理系と文系といった学問の区別もそのひとつである。二元論は、没価値の存在と非存在の価値を作り出してしまう。

二元論によれば、自然は、何の個性もない粒子が反復的に法則に従っているだけの存在となる。こうした宇宙に完全に欠落しているのは、ある特定の場所や物がもっているはずの個性である。時間的にも空間的にも極微にまで切り詰められた自然は、場所と歴史としての特殊性を奪われる。近代的自然科学に含まれる自然観は、自然を分解して利用する道をこれまでないほどに推進した。最終的に原子の構造を砕いて核分裂のエネルギーを取り出すようになる。自然を分解して(知的に言えば、分析をして)、材料として他の場所で利用する。近代科学の自然に対する知的・実践的態度は、ウ自然をかみ砕いて栄養として摂取することに比較できる。

近代科学が明らかにしていった自然法則は、自然を改変し操作する強力なテクノロジーとして応用されていった。しかも自然が機械にすぎず、その意味や価値はすべて人間が与えるものにすぎないのならば、自然を徹底的に利用することに躊躇《ちゅうちょ》を覚える必要はない。本当に大切なのは、ただ人間の主観、心だけだからだ。こうした態度の積み重ねが現在の環境問題を生んだ。

だが実は、この自然に対するスタンスは、人間にもあてはめられてきた。むしろその逆に、歴史的に見れば、人間に対する態度が自然に対するスタンスに反映したのかもしれない。近代の人間観は原子論的であり、近代的な自然観と同型である。近代社会は、個人を伝統的共同体の桎梏《しっこく》から脱出させ、それまでの地域性や歴史性から自由な主体として約束した。つまり、人間個人から特殊な諸特徴を取り除き、原子のように単独の存在として遊離させ、規則や法に従ってはたらく存在として捉えるのだ。こうした個人概念は、たしかに近代的な個人の自由をもたらし、人権の概念を準備した。

しかし、近代社会に出現した自由で解放された個人は、同時に、ある意味でアイデンティティを失った根無し草であり、誰《だれ》とも区別のつかない個性を喪失しがちな存在である。そうした誰ともeコウカン可能な、個性のない個人(政治哲学の文脈では「負荷なき個人」と呼ばれる)を基礎として形成された政治理論についても、現在、さまざまな立場から批判が集まっている。物理学の微粒子のように相互に区別できない個人観は、その人のもつ具体的な特徴、歴史的背景、文化的・社会的アイデンティティ、特殊な諸条件を排除することでなりたっている。

だが、そのようなものとして人間を扱うことは、本当に公平で平等なことなのだろうか。いや、それ以前に、近代社会が想定する誰でもない個人は、本当は誰でもないのではなく、どこかで標準的な人間像を規定してはいないだろうか。そこでは、標準的でない人々のニーズは、社会の基本的制度から密《ひそ》かに排除され、不利な立場に追い込まれていないだろうか。実際、マイノリティに属する市民、例えば、女性、少数民族、同性愛者、障害者、少数派の宗教を信仰する人たちのアイデンティティやニーズは、周辺化されて、軽視されてきた。個々人の個性と歴史性を無視した考え方は、ある人が自分の潜在能力を十全に発揮して生きるために要する個別のニーズに応《こた》えられない。

近代科学が自然環境にもたらす問題と、これらの従来の原子論的な個人概念から生じる政治的・社会的問題とは同型であり、並行していることを確認してほしい。

自然の話に戻れば、分解して個性をなくして利用するという近代科学の方式によって破壊されるのは、生態系であることは見やすい話である。自然を分解不可能な粒子と自然法則の観点のみで捉えるならば、自然は利用可能なエネルギー以上のものではないことになる。そうであれば、自然を破壊することなど原理的にありえないことになってしまうはずだ。

しかし、そのようにして分解的に捉えられた自然は、生物の住める自然ではない。自然を原子のような部分に還元しようとする思考法は、さまざまな生物が住んでおり、生物の存在が欠かせない自然の一部ともなっている生態系を無視してきた。

生態系は、そうした自然観によっては捉えられない全体論的存在である。生態系の内部の無機・有機の構成体は、循環的に相互作用しながら、長い時間をかけて個性ある生態系を形成する。エコロジーは博物学を前身としているが、博物学とはまさしく「自然史（ナチュラル・ヒストリー）」である。ひとつの生態系は独特の時間性と個性を形成する。そして、そこに棲息《せいそく》する動植物はそれぞれの仕方で適応し、まわりの環境を改造しながら、個性的な生態を営んでいる。自然に対してつねに分解的・分析的な態度をとれば、生態系の個性、歴史性、場所性は見逃されてしまうだろう。これが、環境問題の根底にある近代の二元論的自然観（かつ二元論的人間観・社会観）の弊害なのである。自然破壊によって人間も動物も住めなくなった場所は、そのような考え方がもたらした悲劇的帰結である。

（河野哲也『意識は実在しない』）

設問

㈠「物心二元論」(傍線部ア)とあるのはどういうことか、本文の趣旨に従って説明せよ。

㈡「自然賛美の抒情詩《じょじょうし》を作る詩人は、いまや人間の精神の素晴らしさを讃《たた》える自己賛美を口にしなければならなくなった」(傍線部イ)とあるが、なぜそのような事態になるといえるのか、説明せよ。

㈢「自然をかみ砕いて栄養として摂取することに比較できる」(傍線部ウ)とあるが、なぜそういえるのか、説明せよ。

㈣「従来の原子論的な個人概念から生じる政治的・社会的問題」(傍線部エ)とはどういうことか、説明せよ。

㈤「自然破壊によって人間も動物も住めなくなった場所は、そのような考え方がもたらした悲劇的帰結である」(傍線部オ)とはどういうことか、本文全体の論旨を踏まえた上で、一〇〇字以上一二〇字以内で説明せよ。(句読点も一字として数える。)

㈥傍線部a、b、c、d、eのカタカナに相当する漢字を楷書で書け。

a　コカツ　b　コウリツ　c　チツジョ　d　シントウ　e　コウカン

(解答枠は㈠〜㈣＝13.5センチ×2行)

第四問（文科）

次の文章は歌人の河野裕子の随筆「ひとり遊び」で、文中に挿入されている短歌もすべて筆者の自作である。これを読んで、後の設問に答えよ。

熱中、夢中、脇目もふらない懸命さ、ということが好きである。

下の子が三歳で、ハサミを使い始めたばかりの頃のことである。晩秋の夕ぐれのことで部屋はもううす暗かった。四畳半の部屋中に新聞紙の切りくずが散乱し、もう随分長いこと、シャキシャキというハサミを使う音ばかりがしていた。下の子は、切りくずの中に埋まって、指先だけでなく身体ごとハサミを使っていた。道具ではなくて、ハサミが身体の一部のようにも見えた。自分のたてるハサミの音のリズムといっしょに呼吸しながら、ただただ一心に紙を切っているのである。呼んでも振り向く様子ではなかった。熱中。胸を衝《つ》かれた。ア私は黙って障子を閉めることにした。夕飯は遅らせていい。

このようなことは、日常の突出点などでは決してなく、むしろ子供にとってはあたりまえのことなのではないだろうか。大人の側が、それを見過ごしているのである。大人たちは、子供の熱中して遊ぶ姿にふと気づくことがある。そして胸を衝かれたりもするのである。

しかし、と私は思う。大人の私が、子供たちが前後を忘れて夢中になって遊ぶ姿を、まま見落としているにしても、当節の、すこしも遊ばなくなった、といわれる子供たちに較《くら》べれば格段によく遊ぶうちの子供たちにしても、私自身の子供時代に較べれば、やはり今の子供たちは、遊びへの熱意が稀薄《きはく》なように思われてならないのである。

子供時代に遊んだ遊びを思い出す。罐《かん》蹴り、影ふみ、輪まわし、石蹴り、砂ぞり遊び、鬼ごっこ、花いちもんめ、下駄《げた》かくし、数えあげればきりもない。これらはいずれも多くの仲間たちと群れをなして遊んだ遊びである。集団の熱気に統べられて遊んだ快い興奮を忘れることができない。

より多く思い出すのは、ひとり遊びのあれこれである。私が真に熱中して遊んだのは、ひとり遊びの時だったからである。集団遊びの場合は、何何遊びとか、何何ごっこと、れっきとした名前がついているのに、ひとり遊びは、ひとり遊びとしか言いようがない。よそ目には何をしているふうにも見えないが、その子供には結構楽しい遊びであることが多いからである。

しらかみに大き楕円《だえん》を描きし子は楕円に入りてひとり遊びす　（『桜森』）

おそらく子供は、ひとり遊びを通じて、それまで自分の周囲のみが仄《ほの》かに明るいとだけしか感じられなかった得体の知れない、暗い大きな世界との、初めての出逢《であ》いを果たすのであろう。世界といってしまっては、あまりに漠然と、大づかみに過ぎるというなら、人間と自然に関わる諸々の事物事象との、なまみの身体まるごとの感受の仕方ということである。その時の、鮮烈な傷のような痛みを伴った印象は、生涯を通じて消えることはない。生涯に何百度サルビアの緋《ひ》を愛《め》でようとも、幼い日に見た、あの鮮紅には到底及ぶものではないのと同じように。

ひとり遊びとは、自分の内部に没頭するという以上に、対象への没頭なのであろうと思う。川底の小蟹《こがに》を小半日見ていてなお飽きない、というようなことがよくあった。時間を忘れ、周囲を忘れ、一枚の柿の葉をいじったり、雨あがりのなまあったかい水たまりを裸足《はだし》でかきまわしたり、際限もなく砂絵を描いたりするのが子供は好きなのである。なぜかわからない。けれどそれらは何と深い、他に較べようもないよろこびだったことだろう。

菜の花かのいちめんの菜の花にひがな隠れて鬼を待ちゐき
ウ鬼なることのひとり鬼待つことのひとりしんしんと菜の花畑なのはなのはな　（『ひるがほ』）

菜の花畑でかくれんぼをしたことがあった。菜の花畑は、子供の鬼には余りに広すぎた。七歳の子供の探索能力を超えていたのである。私は鬼を待っていた。もう何十分も何時間も待っていたのだった。待つことにすら熱中できた子供時代。今始まったばかりの子供時代の、ゆっくりゆっくり動いてゆく時間に身を浸しているという、識閾《しきいき》にすらのぼらない充足感があったにちがいない。時代もまたそのように大どかに動く時間の中にたしかに呼吸していたのである。今日のように、自然性を分断された風景というものはなかった。大きな風景の中に、人間も生きていられたのである。菜の花畑のむこうにれんげ畑、れんげ畑のむこうに麦畑があり、それらは遠くの山のすそまで広がっているはずだった。

子供時代が終わり、少女期が過ぎ、大人になってからも、エずっと私はひとり遊びの世界の住人であった。何かひとつのことに熱中し、心の力を傾けていないと、自分が不安で落着かなかった。こうした私の性癖は、生き方の基本姿勢をも次第に決定して行ったようである。考え、計算しているより先に、ひたぶるに、一心に、暴力的に対象にぶつかって行く。幸か不幸か、現在の私は、実人生でよりも、歌作りの上で、はるかに強く意識的に、このことを実践している。歌作りの現場は、意志と体力と集中力が勝負である。歌作りとは、力業である。しかし一首の歌のために幾晩徹夜して励んだとしても、よそ目には遊びとしか見えないだろう。然《しか》り、と私は答えよう。一見役に立たないもの、無駄なもの、何でもないものの中に価値を見つけ出しそれに熱中する。ひとり遊びの本領である。

（『たったこれだけの家族』）

設　問

㈠　「私は黙って障子を閉めることにした」（傍線部ア）のはなぜか、考えられる理由を述べよ。

(二)「それまで自分の周囲のみが仄《ほの》かに明るいとだけしか感じられなかった得体の知れない、暗い大きな世界との、初めての出逢《であ》いを果たす」（傍線部イ）とはどういうことか、説明せよ。

(三)文中の短歌「鬼なることのひとり鬼待つことのひとりしんしんと菜の花畑なのはなのはな」（傍線部ウ）に表現された情景を、簡潔に説明せよ。

(四)「ずっと私はひとり遊びの世界の住人であった」（傍線部エ）とはどういうことか、説明せよ。

（解答枠は(一)〜(四)＝13.5センチ×2行）

二〇一一年

第一問（文理共通）

次の文章を読んで、後の設問に答えよ。

河川は人間の経験を豊かにする空間である。人間は、本質的に身体的存在であることによって、空間的経験を積むことができる。このような経験を積む空間を「身体空間」と呼ぼう。河川という空間は、「流れ」を経験できる身体空間である。

河川の体験は、流れる水と水のさまざまな様態の体験である。と同時に、身体的移動のなかでの風景体験である。河川の整備と河川を活《い》かした都市の再構築ということであれば、流れる水の知覚とそこを移動する身体に出現する風景の多様な経験を可能にするような整備が必要だということである。

河川整備の意味は、河川の整備が同時に、河川に沿う道の整備でもあるという点に関わっている。場合によって、道は、水面に近いことも、あるいは水面よりもずいぶんと高くなっていることもある。どちらにしても、ひとは歩道を歩きながら、川を体験し、また川の背景となっている都市の風景を体験し、そしてまた、そこを歩く自己の体験を意識する。

河川の体験とは、河川空間での自己の身体意識である。風景とはじつはそれぞれの身体に出現する空間の表情にほかならないからである。風景の意味はひとそれぞれによって異なっている。河川の空間が豊かな空間であるということは、何かが豊かに造られているから豊かだ、ということではない。とりわけて何もつくられていなくても、たとえば、ただ川に沿って道があり、川辺には草が生えていて、水鳥が遊び、魚がハねる、ということであっても、そのような風景の知覚がひとそれぞれに多様な経験を与える。体験の多様性の可能性が空間の豊かさである。

豊かさの内容が固定化された概念によって捉《とら》えられると、その概念によって空間の再編が行われる。たとえば「親水護岸」は水に親しむという行為を可能にするように再編された空間であるから、空間を豊かにすることであるように思われるが、その空間は

「水辺に下りる」「水辺を歩く」というコンセプトを実現する空間にすぎない。そこでひとは、たしかに水辺に下りること、水辺を歩くことはできるが、それ以外のことをする可能性は排除されてしまう。この排除は川という本来自然のものが概念という人工のものによって置換されるということを意味している。それは本来身体空間であるべきものが概念空間によって置換されている事態と捉えることができる。

たとえば、流れに沿って歩いていくと、河川整備の区間によってそれを整備した事業者の違いによって、景観がちぐはぐになっていることがある。もちろんこれは同じ風景が連続していることがよいということではない。問題なのは、土を中心につくられている上流の景観が下流にいくに従って、大きな石によって組み立てられているような場合である。これは、川の相を無視し、事業主体の概念が流れる川を区分けし、その区分けされた川のダンペンを概念化した結果である。

川は、流れ来る未知なる過去と流れ去る未知なる未来とを結ぶ現在の風景である。この風景を完全に既知の概念によって管理すること、コントロールすることは、川の本質に逆らうことになる。「河川の空間デザイン」という言い方には、危ういところが感じられるが、それは川のもつ未知なるものを完全に人間の概念的思考によってコントロールしうるもの、すべきものという発想が隠れているからである。

完全にコントロールされた概念空間に対して、河川の空間にもとめられているのは、新しい体験が生まれ、新しい発想が生まれ出るような創造的な空間である。川は見えない空間から流れてきて、再び見えない空間へと流れ去る。だから川は人生に喩《たと》えられる。人生は、概念で完全にコントロールできるようなものではない。川が完全にコントロールされた存在であるならば、川の風景に出会うひとには、そのコントロールされた概念に出会うだけであろう。そうなると、川は、訪れた人びとそれぞれの創造性とは無縁のものとなってしまう。

都市空間は、設計から施工、竣《しゅん》工のプロセスで完成する。建造物が空間をセッティングして、そこで人びとの生活と活動が行われる。空間の創造は、その生活と活動の空間の創造である。人びとの活動の起点は建造物の建築の終点であるが、都市計画そのものは竣工の時点が終点である。しかし、河川空間の事情は異なっている。竣工の時点が河川空間の完成時ではない。むしろ河川工事の竣工は、河川の空間が育つ起点となる。ウそれは庭園に類似している。樹木の植栽は、庭の完成ではなく、育成の起点だからである。

だから、河川を活かした都市の再構築というとき、時間意識が必要である。川は長い時間をかけて育つもの、自然の力によって育つものであり、人間はその手助けをすべきものである。自然の力と人間の手助けによって川に個性が生まれる。時間をかけて育てた空間だけが、その川の川らしさ、つまり、個性をもつことができる。

エ河川の空間は、時間の経過とともに履歴を積み上げていく。その履歴が空間に意味を与えるのである。では、この時間にもとづく意味付与は、概念的コントロールによる意味付与とどこが異なるのだろうか。概念的コントロールによる意味付与は、河川空間の設計者の頭のなかにある空間意味づけであり、河川とはこういうものであるべきだ、という強制力をもつ。そのような概念によってつくられた空間に接するとき、風景はcヨクアツ的なものになってしまう。風景に接したひとが自由な想像力のもとでそれぞれの個性的な経験を積み、固有の履歴を積み上げることをdソガイしてしまう。

流れる水が過去から流れてきて、未来へと流れ去るように、河川の空間は、本来、時間を意識させる空間として存在する。つまり川の空間は、独特の空間の履歴をもつ。履歴は概念のコントロールとは違って、一握りの人間の頭脳のなかに存在するものではない。多くの人びとの経験の蓄積を含み、さらに自然の営みをも含む。こうして積み上げられた空間の履歴が、その空間に住み、またそこを訪れるそれぞれのひとが固有の履歴を構築する基盤となる。

人間はいま眼の前に広がる風景だけを見ているのではない。たとえば、わたしは昔の清流を知っているので、いまの川の水の色を見れば、どれほど空間が貧しくなったかを想像することができる。その人の経験の積み重ね、つまり、そのひとの履歴と空間に蓄積された空間の履歴との交差こそが風景を構築するのである。一人ひとりが自分の履歴をベースに河川空間に赴き、風景を知覚する。だからその風景は人びとに共有される空間の風景であるとともに、そのひと固有の風景でもある。オ風景こそ自己と世界、自己と他者が出会う場である。空間再編の設計は、ひとにぎりの人びとの概念の押しつけであってはならない。

（桑子敏雄『風景のなかの環境哲学』）

設問

㈠「身体的移動のなかでの風景体験」（傍線部ア）とはどういうことか、説明せよ。

㈡「本来身体空間であるべきものが概念空間によって置換されている事態」（傍線部イ）とはどういうことか、説明せよ。

㈢「それは庭園に類似している」（傍線部ウ）とあるが、なぜそういえるのか、説明せよ。

㈣「河川の空間は、時間の経過とともに履歴を積み上げていく」（傍線部エ）とあるが、どういうことか、説明せよ。

㈤「風景こそ自己と世界、自己と他者が出会う場である」（傍線部オ）とはどういうことか、本文全体の論旨を踏まえた上で、一〇〇字以上一二〇字以内で説明せよ。（句読点も一字として数える。）

㈥傍線部a、b、c、dのカタカナに相当する漢字を楷書で書け。

a　ハ（ねる）　b　ダンペン　c　ヨクアツ　d　ソガイ

（解答枠は㈠〜㈣＝13.5センチ×2行）

第四問（文科）

次の文章を読んで、後の設問に答えよ。

石狩アイヌの豊川重雄エカシ（長老）の自宅脇にある素朴な作業小屋のなかは、燃える薪のなつかしい匂いがした。あたりには、エカシが彫ったばかりの儀礼具の見事なマキリ（小刀）の柄やイナウ（御幣《ごへい》）が無造作に置かれ、それらに使われたクルミやヤナギ材の香りが淡く漂っている。

立派な顎髭《あごひげ》のエカシは火のそばに座り、鋭い眼光に裏打ちされた人懐っこい微笑をうかべながら、おもむろに、壮年のころの熊狩りの話をはじめていた。アイヌの聖獣である熊とのあいだに猟師が打ち立てる、繊細な意識と肉体の消息をめぐる豊かな関係性の物語である。エカシにとっての熊は、幼少の頃から、コタン（聚落《しゅうらく》）の外部にひろがる「山」という異世界をつかさどる神＝異人として、人間が人間を超えるものとのあいだに創りあげる物質的・精神的交渉、すなわち「普遍経済」と呼ぶべき統合的なコミュニケーションの世界を、凝縮して示す存在だった。その驚くべき話のなかでも私がとりわけ興味を惹《ひ》かれたのは、エカシが「無鉄砲」という日本語をたびたび援用しながら語る、丸腰での熊狩りの冒険譚《たん》だった。

古くは弓矢、近代になれば鉄砲を武器として山に入り、アイヌはヒグマを狩った。いうまでもなく、アイヌ（人間）とカムイ（熊）との関係は捕食者と獲物という一方的な搾取関係ではなく、互酬性の観念にもとづく純粋に贈与経済的な民俗信仰のなかにあった。そこでは熊の肉体とは神の地上での化身であり、毛皮や肉を人間へと贈り届けるために神はヒグマの姿をとって人間の前に姿をあらわすのだった。熊狩りによって人間はその贈与をありがたく戴《いただ》き、感謝と返礼の儀礼として熊神に歌や踊りを捧げることで、熊の魂を天上界へとふたたび送りかえすことができると考えられていた。そして熊をめぐるこうした信仰と丁重な儀礼の継続こそが、熊の人間界への継続的な来訪を保証するための、アイヌの日常生活の基盤でもあった。

豊川エカシもまた、こうしたアイヌの熊狩りの伝統に深く連なり、また自ら石狩アイヌの長老として、すなわちもっとも徳ある狩人の一人として、神の化身たる熊と山のなかで対峙《たいじ》してきた。炉端の話のなかで、アイヌの熊獲《と》りたちの潜在的な意識のどこかに、武器無しで熊と闘い、これを仕留めるという深い欲望が隠されていたことをエカシは私に示唆した。現にエカシ自身が、意図的に鉄砲を持たずに山へ入ることがままあったというのである。その場合でも、熊との遭遇をことさら避けたわけではない。むしろどこかに、遭遇への強い期待があった。鉄砲を持つことで自らの生身の身体を人工的に武装し、そのことによって狩るものと狩られるもの、すなわち猟師と獲物という一方的な関係に組み込まれることを潔しとしない、すなわち搾取的関係から離脱して、熊にたいして自律的な対称性と相互浸透の間柄に立とうとする無意識の衝動を、私はエカシの口ぶりから感じとって、ひどく興味をそそられた。

そのとき、エカシはさかんに「無鉄砲」ということばを使うのだった。あの日、山に入ったときは「無鉄砲」だったから、いつもより心のなかが騒いでいた……。「無鉄砲」のときだから、とりわけ丹念に熊の足跡を探り、土や草についた獣の匂いをかぎ分け、不意に熊のテリトリーに踏み込まないよう注意した……。「無鉄砲」の熊狩りが報われて、熊と諸手で格闘して仕留めたこともある……。山を「無鉄砲」に歩くことほど、深く豊かな体験はない……。

こうした奔放な語り口に惹き込まれつつ、ア私のなかに奇妙な違和感が湧いてくる。丸腰で熊の棲《す》む山に入ることはきわめて危険なことであり、すなわち「無鉄砲」であることは、まさに字義通り、後先を考えない「向こう見ず」で「強引」な行為であるはずだった。ところがエカシの使う「無鉄砲」ということばを、そうした「無謀」さという意味論のなかで理解しようとしても、不思議な齟齬《そご》感が残るのだった。いやむしろ、エカシは「無鉄砲」なる語彙を、「きわめて慎重」で「繊細な感覚」という正反対の意味で使用しているのだ、とわかったとき、私の理解のなかにあらたな光が射し込んできた。「無鉄砲」という和人の言葉をあえて借用しながら、イ熊と人間のあいだに横たわる「鉄砲」という武器の決定的な異物性を、エカシはパロディックに示唆していた。しかも、鉄砲を放棄することで、アイヌの猟師がいかに繊細な身体感覚を通じて熊の野生のリアリティにより深く近づいてゆくかを、エカシの物語は繰り返し語ろうとしていた。「無鉄砲」であることは、必然的に、人間の意識と身体を、裸のまま圧倒的な野生のなかにひとおもいに解放し、異種間に成立しうる前言語的・直覚的な関係性に自らを開いてゆくための、いわば究極の儀式であった。無鉄砲とはすなわち、人間が野生にたいして持ちうる、もっとも繊細で純粋な感情と思惟の統合状態を意味していたのである。

「無鉄砲」という日本語表現は、それじたいは「無点法」ないし「無手法」(方法無しに、手法を持たずに)という用語の音変化とされる一種の当て字である。だがこの用語は、近代日本文学の聖典ともいうべき夏目漱石の『坊ちゃん』冒頭のあまりにも良く知られた「親譲りの無鉄砲で小供の時から損ばかりして居る」という一節によって、その意味論を封鎖されてきた。豊川エカシは、近代文学の正統によるこの語彙の意味論の固定化の歴史など素知らぬふりをしながら、見事に、「無鉄砲」なる語彙にかかわる私の言語的先入観を粉砕した。そのうえで、武器を持たない熊狩りの繊細な昂揚《こうよう》感を、エカシは転意された「無鉄砲」という言葉の濫用によって私に刺激的に示したのである。個人の意思や行動の持つ強引さ、無謀さの印象はたちまち消え、北海道の山野のなかに身体ごと浸透してゆく集団としての人間たちの慎重で謙虚で強靱《きょうじん》な意識の風景が、私の脳裡《り》に立ち現れてきた。鉄砲を持とうが持つまいが、アイヌたちが熊と対峙するときつねに参入しているにちがいない、象徴的な交感と互酬的な関係性の地平が、奥山にかかる靄《もや》の彼方《かなた》から少しずつ近づいてくるようだった。

(今福龍太「風聞の身体」)

設　問

㈠ 「私のなかに奇妙な違和感が湧いてくる」(傍線部ア)とあるが、どういうことか、説明せよ。

㈡ 「熊と人間のあいだに横たわる「鉄砲」という武器の決定的な異物性」(傍線部イ)とあるが、どういうことか、説明せよ。

㈢ 「その意味論を封鎖されてきた」(傍線部ウ)とあるが、どういうことか、説明せよ。

㈣　「象徴的な交感と互酬的な関係性の地平」（傍線部エ）とあるが、どういうことか、説明せよ。

（解答枠は㈠～㈣＝13.5センチ×2行）

二〇一〇年

第一問（文理共通）

次の文章を読んで、後の設問に答えよ。

個人の本質はその内面にあると見なす私たちの心への（あるいは内面への）信仰は、私生活を重要視し、個人の内面の矛盾からも内面を推し量ろうと試みてきた。もちろん、このような解釈様式そのものは近代以前からあったかもしれない。しかし、近代ほど内面の人格的な質が重要な意味をもち、個人の社会的位置づけや評価に大きな影響力をもって作用したことはなかっただろう。個人の内面が、社会的重要性をもってその社会的自己と結び付けられるようになるとき、[ア]内面のプライバシーが求められるようになったのである。

プライバシー意識が、内面を中心として形成されてきたのは、この時代の個人の自己の解釈様式に対応しているからだ。つまり、個人を知る鍵はその内面にこそある。たしかに自己の所在が内面であるとされているあいだは、プライバシーもまた、そこが拠点になるだろう。社会的自己の本質が、個人のうちにあると想定されているような社会文化圏では、プライバシーのための[a]ボウヘキは、私生活領域、親密な人間関係、身体、心などといった、個人それ自体の周囲をとりまくようにして形づくられる。つまり、個人の内面を中心にして、同心円状に広がるプライバシーは、人間の自己の核心は内面にあるとする文化的イメージ、そしてこのイメージにあわせて形成される社会システムに対応したものである。

個人の自己が、その内面からコントロールされてつくられるという考え方は、自分の私生活の領域や身体のケア、感情の発露、あるいは自分の社会的・文化的イメージにふさわしくないと思われる表現を、他人の目から隠しておきたいと思う従来のプライバシー意識と深くかかわっている。このような考え方のもとでは、個人のアイデンティティも信用度も本人自身の問題であり、鍵はすべてその内面にあるとされるからである。

これは個人の自己の統一性というイデオロギーに符合する。自己は個人の内面によって統括され、個人はそれを一元的に管理することになる。このような主体形成では、個人は自分自身の行為や表現の矛盾、あるいは過去と現在との矛盾に対し、罪悪感を抱かされることになる。というのも自分自身のイメージやアイデンティティを守ることは、ひたすら個人自らの責任であり、個人が意識的におこなっていることだからだ。このとき個人の私生活での行動と公にしている自己表現との食い違いや矛盾は、他人に見せてはならないものとなり、もしそれが暴露されれば個人のイメージは傷つき、そのアイデンティティや社会的信用もダメージを受ける。

ただし[イ]このような自己のコントロールは、他人との駆け引きや戦略というよりは、道徳的な性格のものであり、個人が自らの社会向けの自己を[b]イジするためのものである。だからこのことに関する個人の隠蔽や食い違いには他人も寛容であり、それを許容して見て見ぬふりをしたり、あるいはしばしば協力的にさえなる。アーヴィング・ゴフマンはこうした近代人の慣習を、いわゆる個人の体面やメンツへの儀礼的な配慮として分析し、その一部をウェスティンなどのプライバシー論が、個人のプライバシーへの配慮や思いやりとしてとらえた。

だが人びとは、他人のプライバシーに配慮を示す一方で、その人に悪意がはたらくときには、その行為の矛盾や非一貫性を欺瞞《ぎまん》ととらえて[c]コウゲキすることもできる。たとえばそれが商業的に利用されると、私生活スキャンダルの報道も生まれてくるのだ。

しかし、もし個人の内面の役割が縮小し始めるならば、プライバシーのあり方も変わってくるだろう。[ウ]情報化が進むと、個人を知るのに、必ずしもその人の内面を見る必要はない、という考えも生まれてくる。たとえば、個人にまつわる履歴のデータさえわかれば十分だろう。その方が手軽で手っ取り早くその個人の知りたい側面を知ることができるとなれば、個人情報を通じてその人を知るというやり方が相対的にも多く用いられるようになる。場合によっては知られる側も、その方がありがたいと思うかもしれない。自分自身を評価するのに、他人の主観が入り交じった内面への評価などよりも個人情報による評価の方が、より客観的で公平だという見方もありうるのだ。だとすれば、たとえ自己の情報を提供し、管理を受け入れなければならないとしても、そのメリットはある。

2010

「人に話せない心の秘密も、身体に秘められた経験も、いまでは情報に吸収され、情報として定義される」とウィリアム・ボガードはいう。私たちの私生活の行動パターンだけではなく、趣味や好み、適性までもが情報化され、分析されていく。「魅惑的な秘密の空間としてのプライヴァシーは、かつてはあったとしても、もはや存在しない」。ボガードのこの印象的な言葉は、現に起こっているプライバシーの拠点の移行に対応している。個人の身体の周りやヒフの内側とその私生活のなかにあったプライバシーは、いまでは個人情報へと変換され、個人を分析するデータとなり、情報システムのなかで用いられる。ボガードはいう。「観察装置が、秘密のもつ魅惑を観察社会のなかではぎとってしまった」。そして「スクリーンは、人びとを「見張る」のでも、プライヴァシーに「侵入する」のでもなく、しだいにスクリーンそのものがプライヴァシーになりつつある」と。

スクリーンとは、ジョージ・オーウェルの小説『一九八四年』に登場するあのスクリーン、すなわち人びとのありとあらゆる生活を監視するテレスクリーンのことである。この小説では、人びとは絶えずテレスクリーンによって監視されていることが、プライバシーの問題になっていた。しかし今日の情報化社会では、プライバシーは監視される人びとの側にあるのではなく、むしろ監視スクリーンの方にある。つまり個人の内面や心の秘密をとりまく私生活よりも、それを管理する情報システムこそがプライバシーホゴの対象となりつつある。

「今日のプライヴァシーは、管理と同様、ネットワークのなかにある」とボガードはいう。だからプライバシーの終焉《しゅうえん》は妄想であると。だが、それでもある種のプライバシーは終わった。ここに見られるのは、プライバシーと呼ばれるものの中身や性格の大きな転換である。「今日、プライヴァシーと関係があるのは、「人格」や「個人」や「自己」、あるいは閉じた空間とか、一人にしてもらうこととかではなく、情報化された人格や、ヴァーチャルな領域」なのである。そして、情報化された人格とは、ここでいうデータ・ダブルのことである。

（阪本俊生『ポスト・プライバシー』）

〔注〕○アーヴィング・ゴフマン――Erving Goffman（一九二二～一九八二）アメリカで活躍したカナダ人の社会学者。
○ウェスティン――Alan F. Westin（一九二九～　）アメリカの公法・政治学者。
○ウィリアム・ボガード――William Bogard（一九五〇～　）アメリカの社会学者。
○ジョージ・オーウェルの小説『一九八四年』――イギリスの小説家George Orwell（一九〇三～一九五〇）が著した*Nineteen Eighty-Four*（一九四九年発表）。

設問

㈠「内面のプライバシー」（傍線部ア）とはどういうことか、説明せよ。

㈡「このような自己のコントロール」（傍線部イ）とあるが、なぜそのようなコントロールが求められるようになるのか、説明せよ。

㈢「情報化が進むと、個人を知るのに、必ずしもその人の内面を見る必要はない、という考えも生まれてくる」（傍線部ウ）とあるが、それはなぜか、説明せよ。

㈣「ボガードのこの印象的な言葉は、現に起こっているプライバシーの拠点の移行に対応している」（傍線部エ）とはどういうことか、説明せよ。

㈤　傍線部オの「データ・ダブル」という語は筆者の考察におけるキーワードのひとつであり、筆者は他の箇所で、その意味について、個人の外部に「データが生み出す分身(ダブル)」と説明している。そのことをふまえて、筆者は今日の社会における個人のあり方をどのように考えているのか、一〇〇字以上一二〇字以内で述べよ。

㈥　傍線部a、b、c、d、eのカタカナに相当する漢字を楷書で書け。

a　ボウヘキ　　b　イジ　　c　コウゲキ　　d　ヒフ　　e　ホゴ

(解答枠は㈠〜㈣＝13.5センチ×2行)

第四問（文科）

次の文章を読んで、後の設問に答えよ。

極めて常識的なことだが、もし詩人が自ら体験し、生活してきた事からだけ感動をひきだし、それを言葉に移すことに終始していたならば、ア詩人なんてものは、人間にとって、あってもなくても一向にさしつかえのないつまらないものになるだろう。詩が私たちに必要なのは、そこに詩人の想像力というものがはたらいているからであって、それが無いと、謂《い》うところの実感をも普遍的なものにすることはできない。しかし、場合によっては、その想像力が、作者よりも読者の方により多くあってそのはたらきかけによって、作者をはなれて、作者と読者の中間に、あらかじめ計画されたものではないという意味において、一つの純粋な詩の世界をかいま見せるときがある。生なままで放り出されている実感が、受けとる側に、構築されたものとして、たしかな手ごたえをあたえるのはそういう場合である。私たちは、読者にあるこのような想像力の作用が、ときに、眼前にある物や、日常次元にある平凡な実感に、積極的な詩の力をあたえ、それらを変質させてしまう場合があることをみとめなければならない。それと同時に、またこの関係が逆になっているときのことも考えることができる。すなわち、一見、豊富な想像力と、多彩なイメージによって構築されているように見える作品が、これも読者に想像力があるために、そのはたらきかけによって、内質は日常次元の平凡な生活感情の表現にすぎないことを、たちどころに看破されている場合もあるのである。現代詩は難解だなどと云《い》って、詩を理解する力のないことを、さも謙虚そうに告白している人が、イまったく嘘《うそ》をついているように私に思えるのは、それによって、彼らがすべての作品の質を習慣的に選別し、自らの立場においてそれを受け入れたり、突き放したりしている、この彼らの中にある想像力に対する自信を喪失してしまった形跡が見えないからだ。それはときに、すきまもなく重層して硬く鱗質《りんしつ》化してしまったようなイメージの中へ浸透していって、それをぐらぐらに壊体させる。

想像力は、それが外見は恣意《しい》的に八方に拡散しているように見えるときでも、必ずある方向性を持っている。ただそれは明白な観念や思想のように、直線コースにおいて目標を指示していないから、ときに無方向に見えたり、無統一に見えたりするだけである。詩における想像力は、目標に向かって直進する時期においてよりも、むしろ目標から逆行する時間もふくんだ極端なジグザグコースにおいて、その本来の機能を発揮するものだとさえ考えてよいだろう。想像力の中にある方向とは、このような蛇行状態の中にある意志のようなものであって、目標から背を向けて動いている筋肉のある部分において、その目標をより確実にひきつけているのである。あたかもガラガラ蛇の行進のごとくにだ。現代詩が、一たび、イメージによって考えるということを重視したからには、イメージとイメージがぶつかり、屈折して進行してゆく状態の中に、思想や観念によって考える場合にかんたんに切りすてられているこの目標から背馳《はいち》する力が作用しながら、それが、究極において、作者の想像力に一定の方向と思想性をさえあたえるというこの関係を、ウ詩の力学として、詩人はしっかりとつかんでいなければならない。個別的に分析すると、救いがたいニヒリズムに通じるような否定的な暗いイメージの一つ一つが、重層し、錯綜《さくそう》し、屈折しながら進行してゆく過程で総合され、最後的に読者の精神にそれが達するときは、ケミカルな変化をとげていて、逆に人間に大きな希望と勇気をあたえる要素となっている場合を考えれば、凡《およ》そ詩において、想像力というものはいかなるはたらきをしているかが理解できるだろう。しかし、この否定的なモメントの中に肯定的なモメントを、暗さの中に明るさを（その逆の場合もあるが）、それをとらえることができるのも、詩人の方だけでなく読者の側にもその想像力というものがあるからで、むしろ重大なのはこの方ではないだろうか。私は、現代の詩人は、読者もまた持っているところのこの想像力という能力の計量を、その方法の出発においていくらかあやまっているように思えてならない。

ここにおいて、再び問題になってくるのは経験である。あるいは経験の質だと云おう。強烈な想像力は、直接経験したことがらを超越するという意味において、現実の次元からとび出すことは可能であっても、エその現実の中での経験の質的な核を破壊することはできない。かりに宇宙というイデーをそこにぶっつけても、想像力の行動半径は、この経験の質的な核によって限定される。そして限定されているものであるために、私たちは、その想像力の実体というものを正確に計量することができるのである。どのような詩人の持っている想像力も、その意味で、いついかなる場合においても現実をふんまえ、敢《あ》えていえば、生活をひきずっているものであるといってよいだろう。したがって、想像力の実体をつきとめるということは、それがふんまえている現実を、生活現実をあからさまにするということに他《ほか》ならない。

（小野十三郎「想像力」）

設　問

㈠　「詩人なんてものは、人間にとって、あってもなくても一向にさしつかえのないつまらないものになるだろう」（傍線部ア）とあるが、それはなぜか、説明せよ。

㈡　「まったく嘘をついているように私に思える」（傍線部イ）とあるが、それはなぜか、説明せよ。

㈢　「詩の力学」（傍線部ウ）とはどういうことか、説明せよ。

㈣　「その現実の中での経験の質的な核を破壊することはできない」（傍線部エ）とあるが、それはなぜか、説明せよ。

（解答枠は㈠～㈣＝13.5センチ×2行）

二〇〇九年

第一問（文理共通）

次の文章を読んで、後の設問に答えよ。

白は、完成度というものに対する人間の意識に影響を与え続けた。紙と印刷の文化に関係する美意識は、文字や活字の問題だけではなく、言葉をいかなる完成度で定着させるかという、情報の仕上げと始末への意識を生み出している。白い紙に黒いインクで文字を印刷するという行為は、不可逆な定着をおのずと成立させてしまうので、未成熟なもの、[a]ギンミの足らないものはその上に発露されてはならないという、暗黙の了解をいざなう。

推敲《すいこう》という言葉がある。推敲とは中国の唐代の詩人、賈島《かとう》の、詩作における逡巡《しゅんじゅん》の逸話である。詩人は求める詩想において「僧は推《お》す月下の門」がいいか「僧は敲《たた》く月下の門」がいいかを決めかねて悩む。逸話が逸話たるゆえんは、選択する言葉のわずかな差異と、その微差において詩のイマジネーションになるほど大きな変容が起こり得るという共感が、この有名な逡巡を通して成立するということであろう。月あかりの静謐《せいひつ》な風景の中を、音もなく門を推すのか、あるいは静寂の中に木戸を敲く音を響かせるかは、確かに大きな違いかもしれない。いずれかを決めかねる詩人のデリケートな感受性に、人はささやかな同意を寄せるかもしれない。しかしながら一方で、推すにしても敲くにしても、それほどの逡巡を生み出すほどの大事でもなかろうという、微差に執着する詩人の神経質さ、[b]キリョウの小ささをも同時に印象づけているかもしれない。[ア]これは「定着」あるいは「完成」という状態を前にした人間の心理に言及する問題である。

白い紙に記されたものは不可逆である。後戻りが出来ない。今日、押印したりサインしたりという行為が、意思決定の証として社会の中を流通している背景には、白い紙の上には訂正不能な出来事が固定されるというイマジネーションがある。白い紙の上に朱の印泥《いんでい》を用いて印を押すという行為は、明らかに不可逆性の象徴である。

思索を言葉として定着させる行為もまた白い紙の上にペンや筆で書くという不可逆性、そして活字として書籍の上に定着させるというさらに大きな不可逆性を発生させる営みである。推敲という行為はそうした不可逆性が生み出した営みであり美意識であろう。このような、イ達成を意識した完成度や洗練を求める気持ちの背景に、白という感受性が潜んでいる。

子供の頃、習字の練習は半紙という紙の上で行った。黒い墨で白い半紙の上に未成熟な文字を果てしなく発露し続ける、その反復が文字を書くトレーニングであった。取り返しのつかないつたない結末を紙の上に顕《あらわ》し続ける呵《か》責《しゃく》の念が上達のエネルギーとなる。練習用の半紙といえども、白い紙である。そこに自分のつたない行為の痕跡《こんせき》を残し続けていく。紙がもったいないというよりも、白い紙に消し去れない過失を累積していく様を把握《はあく》し続けることが、おのずと推敲という美意識を加速させるのである。この、ウ推敲という意識をいざなう推進力のようなものが、紙を中心としたひとつの文化を作り上げてきたのではないかと思うのである。もしも、無限の過失をなんの代償もなく受け入れ続けてくれるメディアがあったとしたならば、推すか敲くかを逡巡する心理は生まれてこないかもしれない。

現代はインターネットという新たな思考経路が生まれた。ネットというメディアは一見、個人のつぶやきの集積のようにも見える。しかし、ネットの本質はむしろ、不完全を前提にした個の集積の向こう側に、皆が共有できる総合知のようなものに手を伸ばすことのように思われる。つまりネットを介してひとりひとりが考えるという発想を超えて、世界の人々が同時に考えるというような状況が生まれつつある。かつては、百科事典のような厳密さの問われる情報の体系を編むにも、個々のパートは専門家としての個の書き手がこれを担ってきた。しかし現在では、あらゆる人々が加筆訂正できる百科事典のようなものがネットの中を動いている。間違いやいたずら、思い違いや表現の不的確さは、世界中の人々の眼に常にさらされている。印刷物を間違いなく世に送り出す時の意識とは異なるプレッシャー、良識も悪意も、嘲笑《ちょうしょう》も尊敬も、揶揄《やゆ》も批評も一緒にした興味と関心が生み出す知の圧力によって、情報はある意味で無限に更新を繰り返しているのだ。無数の人々の眼にさらされ続ける情報は、変化する現実に限りなく接近し、寄り添い続けるだろう。断定しない言説にcシンギがつけられないように、その情報はあらゆる評価をdカイヒしながら、エ文体を持たないニュートラルな言葉で知の平均値を示し続けるのである。明らかに、推敲がもたらす質とは異なる、新たな知の基準がここに生まれようとしている。

しかしながら、無限の更新を続ける情報には「清書」や「仕上がる」というような価値観や美意識が存在しない。無限に更新され続ける巨大な情報のうねりが、知の圧力として情報にプレッシャーを与え続けている状況では、情報は常に途上であり終わりがない。

一方、紙の上に乗るということは、黒いインクなり墨なりを付着させるという、後戻りできない状況へ乗り出し、完結した情報をeジョウジュさせる仕上げへの跳躍を意味する。白い紙の上に決然と明確な表現を屹立《きつりつ》させること。不可逆性を伴うがゆえに、達成には感動が生まれる。またそこには切り口の鮮やかさが発現する。その営みは、書や絵画、詩歌、音楽演奏、舞踊、武道のようなものに顕著に現れている。手の誤り、身体のぶれ、鍛錬の未熟さを超克し、失敗への危険に臆《おく》することなく潔く発せられる表現の強さが、感動の根源となり、諸芸術の感覚を鍛える暗黙の基礎となってきた。音楽や舞踊における「本番」という時間は、真っ白な紙と同様の意味をなす。聴衆や観衆を前にした時空は、まさに「タブラ・ラサ」、白く澄みわたった紙である。

弓矢の初級者に向けた忠告として「諸矢《もろや》を手挟《たばさ》みて的に向かふ」ことをいさめる逸話が『徒然草』にある。標的に向かう時に二本目の矢を持って弓を構えてはいけない。その刹那《せつな》に訪れる二の矢への無意識の依存が一の矢への切実な集中を鈍らせるという指摘である。この、オ矢を一本だけ持って的に向かう集中の中に白がある。

（原研哉『白』）

〔注〕　○タブラ・ラサ――tabula rasa（ラテン語）　何も書いてない状態。

設問

㈠「「定着」あるいは「完成」という状態を前にした人間の心理」（傍線部ア）とはどういうことか、説明せよ。

㈡「達成を意識した完成度や洗練を求める気持ちの背景に、白という感受性が潜んでいる」（傍線部イ）とはどういうことか、説明せよ。

㈢「推敲という意識をいざなう推進力のようなものが、紙を中心としたひとつの文化を作り上げてきた」（傍線部ウ）とはどういうことか、説明せよ。

㈣「文体を持たないニュートラルな言葉で知の平均値を示し続ける」（傍線部エ）とはどういうことか、説明せよ。

㈤「矢を一本だけ持って的に向かう集中の中に白がある」（傍線部オ）とはどういうことか。本文全体の論旨を踏まえた上で、一〇〇字以上一二〇字以内で説明せよ。（句読点も一字として数える。なお採点においては、表記についても考慮する。）

㈥傍線部a、b、c、d、eのカタカナに相当する漢字を楷書で書け。

a　ギンミ　b　キリョウ　c　シンギ　d　カイヒ　e　ジョウジュ

（解答枠は㈠〜㈣＝13.5センチ×2行）

第四問（文科）

次の文章を読んで、後の設問に答えよ。

いなかに百一歳の叔母がいる。いなかは奥会津である。若い日には山羊《やぎ》を飼って乳などを搾っていたので山羊小母《めんこばんば》と呼ばれている。山羊小母の家に行ったことは二、三度しかないが説明するとなると結構たいへんである。

一見、藁葺《わらぶき》屋根のふつうの農家だが、入口を入ると土間があって、その土間を只見川の支流から引き入れた水が溝川をなして流れている。台所の流しから流れ出る米の磨《と》ぎ汁をはじめ、米粒、野菜の切り屑《くず》などはこの溝川を流れて庭の池に注ぎこむ。池には鯉《こい》がいて、これを餌《えさ》にしている。

土間から上った板敷には囲炉裏が切ってあり、冬場は薪がぼんぼん焚《た》かれ、戦前までは小作の人たちが暖を取っていたという。板敷につづく少し高い板の間にはぶ厚い藁茣蓙《わらござ》が敷かれていて、大きな四角い火鉢が置かれ、太い炭がまっかに熾《おこ》され鉄瓶の湯が煮えたぎっていた。そのまた奥に一段高い座敷があり、そこが仏壇のある当主の居間であった。当主は仏壇を背にして坐《すわ》り、ここにも大きな火鉢がある。隠居の老人は口少なに控え目の姿でこの部屋に坐っていた。

土間からの上がり框《かまち》には腰かけて休息の湯を飲む忙しい日の手伝い人もいたり、囲炉裏のまわりの人の中にはすぐ立てるように片膝《かたひざ》を立てて坐っている若い者もあったという。ア農業が盛んだった頃の一風景が、段差のある家の構造自体の中に残っているのだ。

戦後六十年以上たって農村はまるで変ったが、家だけは今も残っていて、山羊小母はこの家に一人で住んでいた。夫は早くなくなり、息子たちも都会に流出し、長男も仕事が忙しく別居していた。私がこの叔母の家に行ったのはその頃だった。家は戸障子を取りはずして、ほとんどがらんどうの空間の中に平然として、小さくちんまりと坐っている。

「さびしくないの」ときいてみると、何ともユニークな答えがかえってきた。「なあんもさびしかないよ。この家の中にはいっぱいご先祖さまがいて、毎日守っていて下さるんだ。お仏壇にお経は上げないけれど、その日にあったことはみんな話しているよ」というわけである。家の中のほの暗い隈々にはたくさんの祖霊が住んでいて、今やけっこう大家族なのだという。それはどこか怖いような夜に思えるが、長く生きて沢山《たくさん》の人の死を看取《みと》ったり、一生という命運を見とどけてきた山羊小母にとっては、イ温《ぬく》とい思い出の影がその辺いっぱいに漂っているようなもので、かえって安らかなのである。

私のような都会育ちのものは、どうかすると人間がもっている時間というものをつい忘れて、えたいのしれない時間に追いまわされて焦っているのだが、山羊小母の意識にある人間の時間はもっと長く、前代、前々代へと溯《さかのぼ》る広がりがあって、そしてその時間を受け継いでいるいまの時間なのだ。

築百八十年の家に住んでいると、しぜんにそうなるのだろうか。村の古い馴染《なじ》みの家の一軒一軒にある時間、それは川の流れのようにあっさりしたものではなく、そこに生きた人間の貌《かお》や、姿や、生きた物語とともに伝えられてきたものである。破滅に瀕《ひん》した時間もあれば、興隆の活力をみせた時間もある。そんな物語や逸話を伝えるのが老人たちの役割だった。

冬は雪が家屋の一階部分を埋めつくした。今は雪もそんなには降らなくなり、道にも融雪器がついて交通も便利になった。それでも一冬に一度ぐらいは大雪が降り車が通らなくなることがある。かつてこの村の春は、等身大の地蔵さまの首が雪の上にあらわれる頃からだった。長靴でぶすっぶすっと膝まで沈む雪の庭を歩いていると、山羊小母はそのかたわらを雪下駄を履いてすいすいと歩いてゆく。ふしぎな、妖《あや》しい歩行術である。そういえば、ある夏のこと、蛍の青い雫《しずく》をひょいと手に掬《すく》い取り、何匹も意のままに捕まえてみせてくれたが、いえば、どこか山姥《やまうば》のような気配があった。

こういう「ばっぱ」とか「おばば」と呼ばれているお年寄がどの家にもいて、長い女の時間を紡いでいたのだ。もう一軒、本家と呼ばれる家にも年齢不詳の綺麗《きれい》なおばばがいて、午後には必ず着物を替えるというほどお洒落《しゃれ》なおばばだった。何でも越後から六十六里越えをして貰《もら》われてきた美貌《びぼう》の嫁だったという。物腰優美で色襟を指でもてあそびながら、絶えまなく降る雪をほうと眺めていた。

越後の空を恋うというのでもなく、実子を持たなかったさびしさをいうのでもなく、ただ、ただ、雪の降る空こそがふるさとだというように、曖昧《あいまい》なほほえみを漂わせて雪をみている。しかし、決して惚けているのではない。しゃもじをいまだに嫁に渡さないと囁《ささや》く声をどこかできいた。命を継ぎ、命を継ぐ、そして列伝のように語り伝えられる長い時間の中に存在するからこそ安らかな人間の時間なのだということを、私は長く忘れていた。

長男でもなく二男でもない私の父は、ウこんな村の時間からこぼれ落ちて、都市の一隅に一人一人がもつ一生という小さな時間を抱いて終った。私も都市に生れ、都市に育って、そういう時間を持っているだけだが、折ふしにこの山羊小母たちが持っている安らかな生の時間のことが思われる。エそれはもう、昔語りの域に入りそうな伝説的時間になってしまったのであろうか。

（馬場あき子「山羊小母たちの時間」）

設　問

㈠　「農業が盛んだった頃の一風景が、段差のある家の構造自体の中に残っているのだ」（傍線部ア）とはどういうことか、説明せよ。

㈡　「温《ぬく》とい思い出の影がその辺いっぱいに漂っているようなもので、かえって安らかなのである」（傍線部イ）とはどういうことか、説明せよ。

㈢　「こんな村の時間からこぼれ落ちて、都市の一隅に一人一人がもつ一生という小さな時間を抱いて終った」（傍線部ウ）とはどういうことか、説明せよ。

㈣　「それはもう、昔語りの域に入りそうな伝説的時間になってしまったのであろうか」（傍線部エ）とあるが、文中の「私」はなぜそう思うのか、本文全体を踏まえて説明せよ。

（解答枠は㈠～㈣＝13.5センチ×2行）

二〇〇八年

第一問（文理共通）

次の文章を読んで、後の設問に答えよ。

いまここであらためて、歴史とは何か、という問いをたてることにする。大きすぎる問いなので、問いを限定しなくてはならない。中島敦が「文字禍」で登場人物に問わせたように、歴史とはあったことをいうのか、それとも書かれたことをいうのか、ともう一度問うてみよう。この問いに博士は、「書かれなかった事は、無かった事じゃ」と断定的に答える。すると博士の頭上に、歴史を刻んだ粘土板の山が崩れおちてきて命を奪ってしまうのだった。あたかも、そう断定した博士の誤りをただすかのように。こういう物語を書いた中島敦自身の答は、宙づりのままである。

たしかに、書かれなくても、言い伝えられ、記憶されていることがある。書かれたとしても、サンイツし、無に帰してしまうことがある。たとえば私が生涯に生きたことの多くは、仮に私自身が「自分史」などを試みたとしても、書かれずに終わる。そんなものは歴史の中の微粒子のような一要素にすぎないが、それがナポレオンの一生ならば、もちろんそれは歴史の一要素であるどころか、歴史そのものということになる。ナポレオンについて書かれた無数の文書があり、これからもまだ推定され、確定され、新たに書かれる事柄があるだろう。だから「書かれなかった事は、無かった事じゃ」と断定することはできない。もちろん「書かれた事は、有った事じゃ」ということもできないのだ。

さしあたって歴史は、書かれたこと、書かれなかったこと、あったこと、ありえたこと、なかったことの間にまたがっており、画定することのできないあいまいな霧のような領域を果てしなく広げている、というしかない。歴史学が、そのようなあいまいな領域をどんなに排除しようとしても、歴史学の存在そのものが、この巨大な領域に支えられ、養われている。この巨大な領域のわずかな情報を与えてきたのは、長い間、神話であり、詩であり、劇であり、無数の伝承、物語、フィクションであった。

歴史の問題が「記憶」の問題として思考される、という傾向が顕著になったのはそれほど昔のことではない。歴史とはただ遺跡や史料の集積と解読ではなく、それらを含めた記憶の行為であることに注意がむけられるようになった。史料とは、記憶されたことの記録であるから、記憶の記憶である。歴史とは個人と集団の記憶とその操作であり、記憶するという行為をみちびく主体性と主観性なしにはありえない。つまり出来事を記憶する人間の欲望、感情、身体、経験をチョウエツ(b)してはありえないのだ。

歴史を、記憶の一形態とみなそうとしたのは、おそらく歴史の過大な求心力から離脱しようとする別の歴史的思考の要請であった。歴史は、ある国、ある社会の代表的な価値観によって中心化され、その国あるいは社会の成員の自己像(アイデンティティ)を構成するような役割をになってきたからである。歴史とは、そのような自己像をめぐる戦い、言葉とイメージの闘争の歴史でもあった。歴史における勝者がある以前に、イ歴史そのものが、他の無数の言葉とイメージの間にあって、相対的に勝ちをおさめてきた言葉でありイメージなのだ。

あるいは情報技術における記憶装置(メモリー)の役割さえも、歴史を記憶としてとらえるために一役買ったかもしれない。熱力学的な差異としての物質の記憶、遺伝子という記憶、これらの記憶形態の延長上にある記憶として人間の歴史を見つめることも、やはり歴史をめぐる抗争の間に、別の微粒子を見出し、別の運動を発見するキカイ(c)になりえたのだ。量的に歴史をはるかに上回る記憶のひろがりの中にあって、歴史は局限され、一定の中心にむけて等質化された記憶の束にすぎない。歴史は人間だけのものだが、ウ記憶の方は、人間の歴史をはるかに上回るひろがりと深さをもっている。

エ歴史という概念そのものに、何か強迫的な性質が含まれている。歴史は、さまざまな形で個人の生を決定してきた。個人から集団を貫通する記憶の集積として、いま現存する言語、制度、慣習、法、技術、経済、建築、設備、道具などのすべてを形成し、保存し、破壊し、改造し、再生し、新たに作りだしてきた数えきれない成果、そのような成果すべての集積として、歴史は私を決定する。私の身体、思考、私の感情、欲望さえも、歴史に決定されている。人間であること、この場所、この瞬間に生まれ、存在することと、あるいは死ぬことが、ことごとく歴史の限定(シンコウ(d)をもつ人々はそれを神の決定とみなすことであろう)であり、歴史の効果、作用であるといえる。

にもかかわらず、そのようなすべての決定から、私は自由になろうとする。死ぬことは、歴史の決定であると同時に、自然の決定にしたがって歴史から解放されることである。いや死ぬ前にも、私は、いつでも歴史から自由であることができた。私の自由な選択や行動や抵抗がなければ、そのような自由の集積や混沌《こんとん》がなければ、そもそも歴史そのものが存在しえなかった。

たとえばいま、私はこの文章を書くことも書かないこともできる、という最小の自由をもっているではないか。生活苦を覚悟の上で、私は会社をやめることもやめないこともできるというような自由をもち、自由にもとづく選択をしうる。そのような自由は、実に乏しい自由であるともいえるし、見方によっては大きな自由であるともいえる。そのような大小の自由が、歴史の中には、歴史の強制力や決定力と何らムジュンすることなく含まれている。歴史を作ってきたのは、怜悧《れいり》な選択であると同時に、多くの気まぐれな、盲目の選択や偶然でもあった。

歴史は偶然であるのか、必然であるのか、そういう問いを私はたてようとしているのではない。歴史に対して、私の自由はあるのかどうか、と問うているのだ。そう問うことにはたして意味があるのかどうか、さらに問うてみるのだ。けれども、決して私は歴史からの完全な自由を欲しているのではないし、歴史をまったく無にしたいと思っているのでもない。歴史とは、無数の他者の行為、力、声、思考、夢想の痕跡にほかならない。それらとともにあることの喜びであり、苦しみであり、重さなのである。

（宇野邦一『反歴史論』）

〔注〕　○「文字禍」――中島敦（一九〇九～一九四二）の短編小説。

設　問

㈠　「歴史学の存在そのものが、この巨大な領域に支えられ、養われている」（傍線部ア）とあるが、どういうことか、説明せよ。

㈡　「歴史そのものが、他の無数の言葉とイメージの間にあって、相対的に勝ちをおさめてきた言葉でありイメージなのだ」（傍線部イ）とあるが、どういうことか、説明せよ。

㈢　「記憶の方は、人間の歴史をはるかに上回るひろがりと深さをもっている」（傍線部ウ）とあるが、それはなぜか、説明せよ。

㈣　「歴史という概念そのものに、何か強迫的な性質が含まれている」（傍線部エ）とあるが、どういうことか、説明せよ。

㈤　筆者は「それらとともにあることの喜びであり、苦しみであり、重さなのである」（傍線部オ）と歴史についてのべているが、どういうことか、一〇〇字以上一二〇字以内で説明せよ。（句読点も一字として数える。なお採点においては、表記についても考慮する。）

㈥　傍線部a、b、c、d、eのカタカナに相当する漢字を楷書で書け。

a　サンイツ　　b　チョウエツ　　c　キカイ　　d　シンコウ　　e　ムジュン

（解答枠は㈠〜㈣＝13.5センチ×２行）

第四問（文科）

次の文章を読んで、後の設問に答えよ。

二流の役者がセリフに取り組むと、ほとんど必ず、まずそのセリフを主人公に吐かせている感情の状態を推測し、その感情を自分の中にかき立て、それに浸ろうと努力する。たとえば、チェーホフの『三人姉妹』の末娘イリーナの第一幕の長いセリフの中に「なんだってあたし、今日はこんなに嬉《うれ》しいんでしょう？」（神西清訳）ということばがある。女優たちは、「どうもうまく『嬉しい』って気持ちになれないんです」といった言い方をする。もっといいかげんな演技者なら、なんでも「嬉しい」って時は、こんなふうな明るさの口調で、こんなふうにはずんで言うもんだ、というパターンを想定して、やたらと声を張り上げてみせる、ということになる。「嬉しい」とは、主人公が自分の状態を表現するために探し求めて、取りあえず選び出して来たことばである。その〈からだ〉のプロセス、選び出されてきた〈ことば〉の内実に身を置くよりも、まずア「ウレシソウ」に振舞うというジェスチュアに跳びかかるわけである。

もっと通俗的なパターンで言うと、学校で教員たちがよく使う「もっと感情をこめて読みなさい」というきまり文句になる。「へえ、感情ってのは、こめたり外したりできる鉄砲のタマみたいなものかねえ」というのが私の皮肉であった。その場にいた全員が笑いころげたが、では、感情とはなにか、そのことばを言いたくなった事態にどう対応したらいいのか、については五里霧中なのである。

この逆の行為を取り上げて考えるともう少し問題がはっきりするかも知れない。女優さんに多い現象だが、舞台でほんとうに涙を流す人がある。私は芝居の世界に入ったばかりの頃《ころ》初めてこれを見てひどく驚き、同時に役者ってのは凄《すご》いものだと感動した。映画『天井桟敷の人々』の中に、ジャン・ルイ・バロー演じるパントマイム役者に向かって、「役者はすばらしい」「毎晩同じ時刻に涙を流すとは奇蹟《きせき》だ」と言う年寄りが出てくる。若い頃はナルホドと思ったものだが、この映画のセリフを書いている人も、これをしゃべっている役柄も役者も、一筋縄ではいかぬ連中であって、イ賛嘆と皮肉の虚実がどう重なりあっているのか知れたものではない。

数年演出助手として修業しているうちにどうも変だな、と思えてくる。実に見事に華々しく泣いて見せて、主演女優自身もいい気持ちで楽屋に帰ってくる――「よかったよ」とだれかれから誉《ほ》めことばが降ってくるのを期待して浮き浮きとはずんだ足取りで入ってくるのだが、共演している連中はシラーッとして自分の化粧台に向かっているばかり。シーンとした楽屋に場ちがいな女優の笑い声ばかりが空々しく響く、といった例は稀《まれ》ではないのだ。「なんでえ、ウ自分ひとりでいい気持ちになりやがって。芝居にもなんにもなりやしねえ」というのがワキ役の捨てゼリフである。

実のところ、ほんとに涙を流すということは、素人が考えるほど難しいことでもなんでもない。主人公が涙を流すような局面まで追いつめられてゆくまでには、当然いくつもの行為のもつれと発展があり、それを役者が「からだ」全体で行動し通過してくるわけだから、リズムも呼吸も昂《たかぶ》っている。その頂点で役者がふっと主人公の状況から自分を切り離して、自分自身がかつて経験した「悲しかった」事件を思いおこし、その回想なり連想に身を浸して、「ああ、なんて私は哀《かな》しい身の上なんだろう」とわれとわが身をいとおしんでしまえば、ほろほろと涙は湧《わ》いてくるのだ。つまりその瞬間には役者は主人公の行動の展開とは無縁の位置に立って、わが身あわれさに浸っているわけである。このすりかえは舞台で向かいあっている相手には瞬間に響く。「自分ひとりでいい気になりやがって」となる所以《ゆえん》である。

本来「悲しい」ということは、どういう存在のあり方であり、人間的行動であるのだろうか。その人にとってなくてはならぬ存在が突然失われてしまったとする。そんなことはありうるはずがない。その現実全体を取りすてたい、ないものにしたい。「消えてなくなれ」という身動きではあるまいか、と考えてみる。だが消えぬ。それに気づいた一層の苦しみがさらに激しい身動きを生む。だから「悲しみ」は「怒り」ときわめて身振りも意識も似ているのだろう。いや、もともと一つのものであるのかも知れぬ。

それがくり返されるうちに、現実は動かない、と少しずつ〈からだ〉が受け入れていく。そのプロセスが「悲しみ」と「怒り」の分岐点なのではあるまいか。だから、受身になり現実を否定する闘いを少しずつ捨て始める時に、もっとも激しく「悲しみ」は意識されて来る。

とすれば、本来たとえば悲劇の頂点で役者のやるべきことは、現実に対する全身での闘いであって、ほとんど「怒り」と等しい。「悲しみ」を意識する余裕などないはずである。ところが二流の役者ほど「悲しい」情緒を自分で十分に味わいたがる。だからすりかえも起こすし、テンションもストンと落ちてしまうことになる。「悲しい」という感情をしみじみ満足するまで味わいたいならば、たとえば「あれは三年前……」という状態に身を置けばよい。

こういう観察を重ねて見えてくることは、感情の昂《たか》まりが舞台で生まれるには「感情そのもの」を演じることを捨てねばならぬ、ということであり、本源的な感情とは、激烈に行動している〈からだ〉の中を満たし溢《あふ》れているなにかを、外から心理学的に名づけて言うものだ、ということである。それは私のことばで言えば「からだの動き」＝action そのものにほかならない。ふつう感情と呼ばれていることは、これと比べればかなり低まった次元の意識状態だということになる。

（竹内敏晴『思想する「からだ」』）

設　問

㈠　「「ウレシソウ」に振舞うというジェスチュアに跳びかかる」（傍線部ア）とあるが、どういうことか、説明せよ。

㈡　「賛嘆と皮肉の虚実がどう重なりあっているのか知れたものではない」（傍線部イ）とあるが、どういうことか、説明せよ。

㈢　「自分ひとりでいい気持ちになりやがって。芝居にもなんにもなりやしねえ」（傍線部ウ）とあるが、どういうことか、説明せよ。

㈣　「「感情そのもの」を演じることを捨てねばならぬ」（傍線部エ）とあるが、どういうことか、説明せよ。

（解答枠は㈠〜㈣＝13.5センチ×2行）

二〇〇七年

第一問（文理共通）

次の文章を読んで、後の設問に答えよ。

創作がきわだって個性的な作者、天才のいとなみであること、したがってそのいとなみの結実である作品も、かけがえのない存在、唯一・無二の存在であること、このことは近代において確立し、現代にまでうけつがれている[a]ツウネンといっていい。一方、このいとなみと作品のすべてが、芸術という独自の、自律的な文化領域に包摂されていることも、同じように近代から現代にかけての常識だろう。かけがえのない個性的ないとなみと作品、それらすべてをつつみこむ自律的な――固有の法則によって完全に[b]トウギョされた――領域。しかしよく考えてみれば、このふたつのあいだには、単純な連続的関係は成立しがたい、というより、むしろ対立する、あるいはあい矛盾する関係のみがある、というべきだろう。したがって近代的な芸術理解にとっては、このふたつの対立し矛盾する――個と全体という――項を媒介し、連続的な関係にもたらすものとして、さまざまなレヴェルの集合体(l'ensemble)を想定することが、不可欠の操作であった。[ア]芸術のジャンルが、近代の美学あるいは芸術哲学のもっとも主要な問題のひとつであったのも、むしろ当然だろう。個別的ないとなみや作品と全体的な領域のあいだに、多様なレヴェルの集合（ジャンル）を介在させ、しかもそれぞれのジャンルのあいだに、一定の法則的な関係を設定することによって、芸術は、ひとつのシステム（体系）としてとらえられることになるだろう。近代の美学において、「芸術の体系」がさまざまな観点から論じられたのも、これまた当然であった。

ジャンルは、個々の作品からなる集合であると同時に、個々の作品をそのなかに包摂し、規定する全体としての性質をもつ。個々の作品は、あるジャンルに明確に所属することによって、はじめて芸術という自律的な領域のなかに位置づけられるが、この領域の自律性こそが、芸術に特有の価値（文化価値）の根拠でもあるのだから、ジャンルへの所属は、作品の価値のひとつの根拠ともなるだろう。ある作品のジャンルへの所属が曖昧《あいまい》であること、あるいはあるジャンルに所属しながら、そのジャンルからの規定にそぐわないこと――ジャンルの特質を十分に具体化しえていないこと――、それは、ともに作品の価値をおとしめるものとして、きびしくいましめられていた。

近代から区別された現代という時代の特徴としてしばしばあげられるものに、あらゆる基準枠ないし価値基準の、ゆらぎないし消滅がある。芸術も、その例外ではない。イかつては、芸術の本質的な特徴として、その領域の自律性と完結性があげられ、とくに日常的な世界との距離ないし差異が強調されることがおおかった。しかし現在、たとえば機械的な媒体をとおして大量にcルフする イメージなどのために、その距離や差異は解消の傾向にあるといわれる――芸術の日常化、あるいは日常の芸術化という現象――。芸術の全体領域そのものが曖昧になっているとすれば、その内部に想定されるジャンルのあいだの差異も、解消しつつあるのだろうか。たしかに、いまの芸術状況をみれば、かつてのような厳密なジャンル区分が意味を失っていることは、いちいち例をあげるまでもなくあきらかである。理論の面でも、芸術ジャンル論や芸術体系論が以前ほど試みられないのも、むしろ当然かもしれない。しかしすべての、あらゆるレヴェルのジャンルが、その意味(意義)を失ったのではないだろう。無数の作品が、おたがいにまったく無関係に並存しているのではなく、なんらかの集合をかたちづくりながら、いまなお共存しているのではないだろうか。コンサート・ホールでの演奏を中止し、ラジオやテレヴィジョンあるいはレコードという媒体を介在させて、自分と聴衆の直接的な関係を否定したとしても――聴衆にたいして、自分を「不在」に転じたとしても――、グレン・グールド(Glenn Gould, 1932–82)を、ひとはすぐれたピアニスト(音楽家)とよぶのだし、デュシャン(Marcel Duchamps, 1887–1968)の「オブジェ」のおおくは、いま美術館に保存され、陳列されている。変わったのは、おそらく集合の在り方であり、集合相互の関係とそれを支配する法則である。たとえば、プラトンに端を発し、ヘーゲルなどドイツ観念論美学でその頂点に達した感のある芸術の分類、超越的ないし絶対的な原理にもとづいて、いわば「うえから」(von oben)芸術を分類し、ジャンルのあいだに一定の序列をもうけるという考え方は、すくなくとも現在のアクチュアルな芸術現象に関しては、その意義をほぼ失ったといっていいだろう。たしかに、「分類」は近代という時代を特徴づけるものだったかもしれないが、理論的ないとなみが、個別的、具体的な現象に埋没せずに、ある普遍的な法則をもとめようとするかぎり、「分類」は――むしろ、「区分」といったほうがいいかもしれないが――欠かすことのできない作業（操作）のはずである。

解説書風のきまり文句を使っていえば、グールドもデュシャンも、ともに「近代の枠組をこえようとする尖鋭《せんえい》ないとなみ」という点で、同類――同じ類（集合）に区分される――ということになるが、にもかかわらず、グールドが音楽家であり、デュシャンが美術家であることを疑うひとはいないだろう。演奏するグールドの姿をヴィデオ・ディスクで見ることはできるが――そしてこのことは、グールドの理解にとっては、その根本にかかわることなのだが――、それとともに、録音・再生された彼の「音」を聞かなければ、彼特有のいとなみにふれたことにはならないだろう。モニターの画面を消して、音だけに聞きいるとき、いくぶんかグールドの意図からははなれるにしても、そのいとなみにふれていることはたしかである。「聞く」という行為、あるいは「聴覚的」な性質を、彼のいとなみとその結果（作品）の根本と見なすからこそ、ためらわず彼を音楽家に分類するのだろう。同じように、「見る」という行為と「視覚的」な性質が、デュシャンを美術家に分類させるのだろう。社会の構造がどのように変化し、思想的な枠組がいかに変動したとしても、「感性」にもとづき、「感性」に満足を与えることを第一の目的とするいとなみが――それを芸術と名づけるかどうかにはかかわりなく――ひとつの文化領域をかたちづくることは否定できないだろうし、その領域が、「感性」の基礎となる「感覚」の領域にしたがって区分されるのも、ごく自然なことであるにちがいない。ところで、同じ「色彩」という視覚的性質であっても、もちいる画材――油絵具、泥絵具、水彩絵具など――によって、かなりの――はっきりと識別できる――ちがいが生じるだろう。「色彩」という感覚的性質によって区分される領域――絵画――の内部に、使用する画材による領域――油絵、水彩画など――をさらに区分することには、十分な根拠がある。「感覚的性質」と、それを支える物質――「材料」（la matière, the material）――を基準とする芸術の分類は、芸術のもっとも基本的な性質にもとづいた、その意味で、時と場所の制約をこえた、普遍的なものといえるだろう。もちろん、人間の感覚は、時と場所にしたがって、あきらかに変化を示すものだし、技術の展開にともなって新しい「材料」が出現することもあるのだから、この分類を固定されたものと考えてはならないだろう。もっとも普遍的であるとともに、歴史のなかで微妙な変動をみせるこのジャンル区分は、芸術の理論的研究と歴史的研究のいずれにとっても重要な意義をもつのかもしれない。あるいは、従来ともすれば乖離《かいり》しがちであった理論と歴史的研究を、新たなユウワにもたらす手がかりを、ここに求めることすら可能なのかもしれない。個別的な作家や作品は、実証的な歴史的研究の対象となるだろうし、本質的ないし普遍的な性質は、いうまでもなく理論的探究の対象だが、個別と普遍を媒介する――個別からなり、個別を包摂する――集合としてのジャンルの把握には、厳密な理論的態度とともに、微妙な変化を識別する鋭敏な歴史的なまなざしが要請されるにちがいない。いずれにしても、近代的なジャンル区分に固執して、アクチュアルな現象をハイジョすることが誤りであるように、分類の近代性ゆえに、ジャンル研究の現在における意義を否定しさることもまちがいだろう。

（浅沼圭司『読書について』）

［注］　○グレン・グールド――カナダのピアニスト。実験的な手法で注目されたが、一九六四年以後コンサート活動を止め、複製媒体のみの表現活動を行った。

○デュシャン――マルセル・デュシャン。フランスの美術家。「美術」という概念そのものを問い直す、多くの前衛的作品を発表した。

設　問

㈠　「芸術のジャンルが、近代の美学あるいは芸術哲学のもっとも主要な問題のひとつであったのも、むしろ当然だろう」（傍線部ア）とあるが、なぜそのようにいえるのか、説明せよ。

㈡　「かつては、芸術の本質的な特徴として、その領域の自律性と完結性があげられ」（傍線部イ）とあるが、どういうことか、説明せよ。

㈢「欠かすことのできない作業（操作）のはずである」（傍線部ウ）とあるが、それはなぜか、説明せよ。

㈣「『感性』の基礎となる『感覚』の領域にしたがって区分される」（傍線部エ）とあるが、どういうことか、説明せよ。

㈤「厳密な理論的態度とともに、微妙な変化を識別する鋭敏な歴史的なまなざしが要請される」（傍線部オ）とあるが、どういうことか、全体の論旨に即して一〇〇字以上一二〇字以内で述べよ。（句読点も一字として数える。なお、採点においては、表記についても考慮する。）

㈥傍線部a、b、c、d、eのカタカナに相当する漢字を楷書で書け。

a　ツウネン　b　トウギョ　c　ルフ　d　ユウワ　e　ハイジョ

（解答枠は㈠〜㈣＝13.5センチ×2行）

第四問（文科）

次の文章を読んで、後の設問に答えよ。

詩におけるさりげない一つの言葉、あるいは絵画におけるさりげない一つのタッチ、そうしたものに作者の千万無量の思いが密《ひそ》かにこめられたとしても、そのように埋蔵されたものの重みは、容易なことでは鑑賞者の心に伝わるものではあるまい。作品と鑑賞者がなんらかの偶然によってよほどうまく邂逅《かいこう》しないかぎり、アその秘密の直観的な理解はふつうは望めない。

しかし、そうした表現と伝達の事情において、やはり比較的深くといった段階にとどまるものではあるが、例外的と言っていい場合もいくらかはないわけではないだろう。そこでは、時代と個人的な作風との微妙な緊張関係がうまく永遠化されているのだろうが、たとえば十七世紀前半のオランダにおける巨匠レンブラント・ファン・ラインの晩年のいくつかの作品に眺められる重厚な筆触の一つ一つは、今日のぼくなどにまで、そこにこめられているにちがいない経験の痛みのようなもの、言いかえれば、人生への深沈とした観照の繰返された重さをひしひしと感じさせるようである。「レンブラント、呟《つぶや》きに満ちあふれた悲しい病院」と歌ったのはボードレールであるが、そうした呟きの一つ一つに、こちらの内部に谺《こだま》する、いくらか暗く、そしてはげしい人間的な哀歓を感じるのである。

レンブラントのそうした作品の中から、有名な傑作ではあるが、ぼくはここにやはり、『ユダヤの花嫁』を選んでみたい。彼の死に先立つ三年前に描かれたこの作品のモデルは、息子のティトゥスとその新婦ともいわれ、また、ユダヤの詩人バリオスとその新婦ともいわれている。さらに、旧約聖書の人物であるイサクとリベカ、あるいはヤコブとラケルをイメージしたものだともいわれている。しかし、そうした予備知識はなくてもいい。茶色がかって暗く寂しい公園のようなところを背景にして、新郎はくすんだ金色の、新婦は少しさめた緋色《ひいろ》の、それぞれいくらか東方的で古めかしい衣裳をまとっているが、いかにもレンブラント風なこの色調は、人間の本質についての瞑想《めいそう》にふさわしいものである。そうした色調の雰囲気の中で、いわば、筆触の一つ一つの裏がわに潜んでいる特殊で個人的な感慨が、おおらかな全体的調和をかもしだし、素晴らしい普遍性にまで高まって行くようだ。この絵画における永遠の現在の感慨の中には、見知らぬ古代におけるそうした場合の古い情緒も、同じく見知らぬ未来におけるそうした場合の新しい情緒も、イひとしく奥深いところで溶けあっているような感じがする。こうした作品を前にするときは、人間の歩みというものについて、ふと、巨視的にならざるをえない一瞬の眩暈《げんうん》とでも言ったものを覚えるのである。

ところで、この場合、問題を集中的に表現しているものとして、新郎と新婦の手の位置と形、そしてそれを彩る筆触に最も心を惹《ひ》かれるのは、きわめて自然なことだろう。なぜならそれは、夫婦愛における男と女の立場のちがい、そして性質のちがいを、まことに端的に示しているように思われるからである。男の方の手は、女を外側から包むようにして、所有、保護、優しさ、誠実さなどの渾然《こんぜん》とした静けさを現わしているし、女の方の手は、男のそうした積極性を今や無心に受け容《い》れることによって、いわば逆の形の所有、信頼、優しさ、献身などのやはり溶け合った充実を示しているのだ。

ぼくが嘆賞してやまないのは、こうした瞬間を選びとったというか、それともそこに夥《おびただ》しいものを凝縮したというか、いずれにせよ、狙《ねら》いあやまらぬレンブラントの透徹していてしかも慈しみに溢《あふ》れた眼光である。暗くさびしい現実を背景として、新しい夫婦愛の高潮し均衡する、いわばこよなく危うい姿がそこには描きだされているのである。

ぼくは今、「危うい」と書いた。それは苛酷《かこく》な現実によって悲惨なものにまで転落する危険性が充分にあるというほどの意味である。その悲惨は、人間が大昔から何回となく繰返してきた不幸である。しかし、この絵画にかたどられようとしている理想的な美しさは、ウ人間が未来にわたってさらに執拗《しつよう》に何回となく繰返す希望といったものだろう。

先ほどボードレールの詩句を引用したせいか、彼の『覚え書き』の中のある個所がここでまたふと思いだされる。もっともそれは、レンブラントとはまったく関係なしに書かれた言葉で、男女の愛について述べられた抽象的な一つの感想である。彼はこう言っている、「恋愛は寛容の感情に源を発することができる。売春の趣味。しかし、それはやがて所有の趣味によって腐敗させられる。」

いかにも『悪の花花』の詩人にふさわしい言い廻《まわ》しであり、世俗の道徳の権威に反抗して、性愛における「自我の蒸発と集中」の自由をのびやかに擁護しているものだろう。ぼくもまた、快楽主義と言うよりは一種の潔癖な独立の趣味を想像させるこのアナルシーに、爽《さわ》やかな近代の感触をおぼえるものである。しかし、レンブラントの『ユダヤの花嫁』のように時代を超えて人間の永遠的なものを啓示している絵画を前にするとき、ぼくは、そこで成就されている所有の高次な肯定――純粋な相互所有による腐敗の消去法とでもいった深沈とした美しさの定着に、より強く魅惑されざるをえない。その美しさは、先ほど記したように、危うく脆《もろ》いものであるかもしれない。しかし、幸福とは、いずれにせよ瞬間のもの、あるいは断続的な瞬間のものだろう。また、この世の中に、絶対的な誠実というものはありえない。ある一人に対する、他の人たちに対するよりも多くの誠実が、結果としてあるだけで、しかも、主観的な誠実が必ずしも客観的な誠実ではないという、困難な状況におかれることもある。したがって、問題は、幸福と呼ばれる瞬間の継起のために、可能なかぎり誠実であろうとする愛の内容が、相互性を通じて、結婚という形式そのものであるような、まさに内実と外形の区別ができない生の謳歌《おうか》の眩《まば》ゆさにあるのだ。

（清岡卓行『手の変幻』）

〔注〕　○レンブラント・ファン・ライン――Rembrandt Harmenszoon van Rijn（一六〇六～一六六九）　オランダの画家。
○ボードレール――Charles Pierre Baudelaire（一八二一～一八六七）　フランスの詩人。
○アナルシー――anarchie（フランス語）　無秩序。

設　問

(一)　「その秘密の直観的な理解」（傍線部ア）とあるが、どういうことか、説明せよ。

㈡　「ひとしく奥深いところで溶けあっているような感じがする」（傍線部イ）とあるが、「ひとしく奥深いところで溶けあっている」とは、どういうことか、説明せよ。

㈢　「人間が未来にわたってさらに執拗に何回となく繰返す希望といったものだろう」（傍線部ウ）とあるが、「執拗に何回となく繰返す希望」とはどういうことか、説明せよ。

㈣　「純粋な相互所有による腐敗の消去法」（傍線部エ）とあるが、どういうことか、説明せよ。

（解答枠は㈠〜㈣＝13.5センチ×2行）

二〇〇六年

第一問（文理共通）

次の文章を読んで、後の設問に答えよ。

なにゆえに死者の完全消滅を説く宗教伝統は人類の宗教史の中で例外的で、ほとんどの宗教が何らかの来世観を有しているのであろうか。なにゆえに死者の存続がほとんどの社会で説かれているのか。答えは単純である。ア死者は決して消滅などしないからである。親・子・孫は相互に似ており、そこには消滅せずに受け継がれていく何かがあるのを実感させる。失せることのない名、記憶、伝承の中にも、死者は生きている。もっと視野を広げれば、現在の社会は、すべて過去の遺産であり、過去がaチンデンしており、過去によって規定されている。この過去こそ先行者の世界である。そもそも、「故人」とか「死んでいる人」という表現自体が奇妙である。死んだ人はもう存在せず、無なのであるから。ということは、こうした表現は、死んだ人が今もいることを指し示している。先行者は生物学的にはもちろん存在しないが、社会的には実在する。先行者は今のわれわれに依然として作用を及ぼし、われわれの現在を規定しているからである。たとえば某が二世紀前にある家を建て、それを一世紀前に曾祖父《そう》が買い取り、そこに今自分が住んでいるという場合、某も曾祖父も今はもう亡いにもかかわらず、彼らの行為がいまなお現在の自分を規定している。先行者がたとえまったくの匿名性の中に埋没していようとも、先行者の世界はbゲンゼンと実在する。この意味で、死者は単なる思い出の中に生きるのとはわけが違う。死者は生者に依然として働きかけ、作用を及ぼし続ける実在であり、したがって死者を単なる思い出の存在と見なすことは、時として人々に違和感を醸し出す。人々は死者を実体としては無に帰したと了解しつつも、依然として実体のごとく生きているかのように感じるのは、そのためである。

名、記憶、伝統、こうした社会の連続性をなすものこそ社会のアイデンティティを構成するのであり、社会を強固にしてゆく。言うまでもなくそれは個人のアイデンティティの基礎であるがゆえに、それを安定させもする。したがって、個人が自らの生と死を安んじて受け容《い》れる社会的条件は、社会のこうした連続性なのである。

人間の本質は社会性であるが、それは人間が同時代者に相互依存しているだけではなく、幾世代にもわたる社会の存続に依存しているという意味でもある。換言すれば、生きるとは社会の中に生きることであり、それは死んだ人間たちが自分たちのために残し、与えていってくれたものの中で生きることなのである。その意味で、社会とは、生者の中に生きている死者と、生きている生者との共同体である。

以上のような過去から現在へという方向は、現在から未来へという方向とパラレルになっている。イ人間は自分が死んだあともたぶん生きている人々と社会的な相互作用を行う。ときにはまだ生まれてもいない人を念頭に置いた行為すら行う。人間は死によって自己の存在が虚無と化し、意味を失うとは考えずに、死を越えてなお自分と結びついた何かが存続すると考え、それに働きかける。その存続する何かに有益に働きかけることに意義を見出すのである。ここで二つの点が大事である。まず、それは虚妄でもなければ心理的ｃヨウセイでもないということである。それは自分が担い、いま受け渡そうとしている社会である。第二に、人ははかない自分の名声のためにそうしているのではないということである。むろん人間は価値理念と物質的・観念的利害とによって動く。したがってここでは観念的利害が作用してもいるのであろうが、それは価値理念なしには発動しない。ここで作用している価値理念とは、「犠牲」ということである(後述)。

社会の連帯、つまり現成員相互の連帯は必ず表現されなければならない。さもなくばそれは意識されなくなり、弱体化してしまう。まったく同じことがもう一つの社会的連帯、つまり現成員と先行者との連帯にも当てはまる。この連続性が現にあるというだけでは足りない。それは表現され、意識可能な形にされ、それによって絶えず覚醒《せい》されるのでなければならない。この縦の連続性＝伝統があってこそ、社会は真に安定し、強力であり得る。それゆえ、先行者は象徴を通じてその実在性がはっきり意識できるようにされなければならない。ウ先行者の世界は、象徴化される必然性を持つということである。他方、来世観が単なる幻想以上のものであるなら、何らかの実在を象徴しているのでなければならない。来世観は、実在を指示する必然性を持つということである。これら二つの必然性は、あい呼応しているように思われる。

人類の諸社会で普遍的に非難の対象となることの一つは、不可避の運命である死をひたすら呪《のろ》ったり逃れようとする態度であり、あるいはそうした運命のゆえに自暴自棄となり頽《たい》廃的虚無主義に落ち込むことである。どのような社会でも、人間は、老いて行くことを潔く受け容れるように期待されている。死がいかんとも避けがたくなったときに、その運命にdショヨウとして従うことを期待されている。それは無論、死ねばよいと思われているのとはまったく異なる。悲しみと無念の思いにもかかわらず、そうした期待があるということなのである。ここでは事の善し悪《あ》しは一切おいて、なにゆえにそうした普遍性が存在するのかを考えてみたい。それは来世観の機能と深い関わりがあるように思われるからである。

年老いた個体が順次死んでいき、若い個体に道を譲らないなら、集団の存続は危殆《たい》に瀕《ひん》する。老いた者は、後継者を育て、自分たちが担っていた役割を彼らが果たすようになるのを認めて、退場していく。これが人間社会とそこに生きる個人の変わらぬ有りようである。その場合、積極的に死が望まれ求められるのではない。人は死を選ぶのではなく、引き受けざるを得ないものとして納得するだけであり、生を諦《あきら》めるのである。それは他者の生を尊重するがゆえの死の受容である。これは、他者の命のために自分の命を失う人間の勇気と能力である。たとえ客観的には社会全体の生がいかに脆《もろ》い基盤の上にしか据えられていなくとも、また主観的にそのことが認識されていても、それでもエ他者のために死の犠牲を払うことは評価の対象となる。これこそ宗教が死の本質、そして命の本質を規定する際には多くの場合に前面に打ち出す「犠牲」というモチーフである。それは、全体の命を支えるという、一時は自らが担った使命を果たし終えたとき、他の生に道を譲り退く勇気であり、諦めなのである。それは、自らの生を何としてでも失いたくない、死の不安を払拭《しょく》したい、死後にも望ましい生を確保しておきたいという執着の対極である。一方でそうした執着を捨てきれないのが人間であると見ながらも、主要な宗教伝統は、まさにそれをeコクフクする道こそ望むべきものとして提示する。このモチーフは、いわば命のリレーとして、先行者の世界と生者の世界とをつないでいる価値モチーフであるように思われる。そうであれば、オ先行者の世界に関する表象の基礎にある世俗的一般的価値理念と、来世観の基礎にある宗教的価値理念との間には、通底するないし対応するところがあるように思われる。

（宇都宮輝夫「死と宗教」）

〔注〕○アイデンティティ――identity（英語）　時間的、空間的な同一性や一貫性。
○パラレル――parallel（英語）　並列ないし平行すること。
○モチーフ――motif（仏語）　中心思想、主題。

設問

㈠「死者は決して消滅などしない」（傍線部ア）とあるが、どういうことか、説明せよ。

㈡「人間は自分が死んだあともたぶん生きている人々と社会的な相互作用を行う」（傍線部イ）とあるが、どういうことか、説明せよ。

㈢「先行者の世界は、象徴化される必然性を持つ」（傍線部ウ）とあるが、それはなぜか、説明せよ。

㈣「他者のために死の犠牲を払うことは評価の対象となる」（傍線部エ）とあるが、それはなぜか、説明せよ。

㈤「先行者の世界に関する表象の基礎にある世俗的一般的価値理念と、来世観の基礎にある宗教的価値理念との間には、通底するないし対応するところがある」（傍線部オ）とあるが、どういうことか。全体の論旨に即して一〇〇字以上一二〇字以内で説明せよ。（句読点も一字として数える。なお、採点においては、表記についても考慮する。）

㈥　傍線部a・b・c・d・eのカタカナに相当する漢字を楷書で書け。

a　チンデン　　b　ゲンゼン　　c　ヨウセイ　　d　ショウヨウ　　e　コクフク

（解答枠は㈠～㈣＝13.5センチ×2行）

第四問（文科）

次の文章を読んで、後の設問に答えよ。

産業革命以前の大部分の子どもは、学校においてではなく、それぞれの仕事が行なわれている現場において、親か親代りの大人の仕事の後継者として、その仕事を見習いながら、一人前の大人となった。そこには、同じ仕事を共有する先達と後輩の関係が成り立つ基盤がある。ア それが大人の権威を支える現実的根拠であった。そういった関係をあてにできないところに、近代学校の教師の役割の難しさがあるのではないか。つまり学習の強力な動機づけになるはずの職業共有の意識を子どもに期待できず、また人間にとっていちばんなじみやすい見習いという学習形態を利用しにくい悪条件の下で、何ごとかを教える役割を負わされている、ということである。

中世では、学校においてさえ後継者見習いの機能が生きていた。たとえば、教師がラテン語のテクストを読む作業をする。あるいは文字を使って文書を作る書記の作業をする。それを生徒が傍で見て手伝いながら、読むこと書くことを身につけていく。こういう事態を指して、フィリップ・アリエスは、『〈子供〉の誕生』の第二部「学校での生活」において、中世には学校《スコラ》はあったが、教育《パイデイア》という観念がなかったという。これの意味は、単に教授法が未開発だったために目的意識的な働きかけができなかったということではない。中世の生徒が、将来ラテン語を読み、文書を作る職業としての教師＝知識人＝書記の予備軍であったために、見習いという方式がそれに適合していた、ということである。

これは逆にいうと、中世の教師は、近代の教師によりも、同時代の徒弟制の親方に似ていることを意味する。中世の教師は、テクストを書き写し、解読し、注釈し、文書を作る人である。その職業を実施する過程の中に後継者を養成する機能が含まれていたということができる。その意味では、イ 中世の教師は、逆説的にきこえるかもしれないが、教える主体ではなかった。同様に中世の生徒も教えられる客体ではなかった。両者は、主体と客体に両極化する以前の、同じ仕事を追求する先達と後輩の関係にあり、そこには一種の学習の共同体が成立していた。

後継者見習いが十分に機能しているところでは、教える技術は発達しにくい。まして、教える側の、教えられる側に対する働きかけを、方法自覚的に主題化する教授学への必要性は弱い。現に、教授学者《ディダクティカー》たちが出現するには一七世紀を待たなければならなかった。

ただし近代の学校においても、先達、後輩の関係が成り立つ場合がある。例えば、現代の代表的モラリストで、典型的な中等教員の一人であったアランは、リセの生徒のときに出会った教師ラニョーに対して、「わが偉大なラニョー、真実、私の知った唯一の神」という最高の賛辞を捧《ささ》げ、さらに「帰依とは我らが驚異する者に対する愛のことである」というスピノーザの言葉を共感をこめて引用している。そのアランの生徒であった文学者モーロワも、「私が師と仰いだアラン、崇拝してやまないアラン」を讃《たた》えるために一冊の本をかいている。

しかしこの種の師弟関係は、おそらく、書物を読み、書物をかくことを職業とする世界の先達と後輩の間でしか成り立たないであろう。将来、知識人になろうとする生徒、もしくは結果として知識人となった者だけが、教師への帰依を語る記録を残すことになるのではないか。ラニョーは、プラトンとスピノーザのテクスト講読だけを授業の内容とした。アランは、ラテン語と幾何学だけが、人間になるための真の必須科目であると信じていた。そういう教師に、工場の技師や商社のセールスマン、あるいはふつうの社会人を志望する生徒が「帰依」するとは考えにくい。

ラニョーやアランのように「帰依」されることは教師冥利《みょうり》につきる。だから教師はどうしても、子どもの中に自分のミニチュアを見たがる。とりわけ学問好きの教師は、自分と似た学問好きの生徒を依怙《えこ》ひいきして、しかもそれを正当なことだと考える。教師的人間像を普遍的な理想的人間像であるかのように思いなして、それを子どもにおしつける。そしてそれを受けいれない子どもに、だめな人間というレッテルをはってしまう。しかし、子どもが教師的人間像を受けいれることは、生徒の大部分が教師後継者ではなくなった近代の大衆学校では、ごく限られた範囲でしか通用しない。

教師と生徒の関係のこの難しさに対処するために、近代の教育の諸技術が工夫されたということができるだろう。もちろんそれだけが理由ではない。近代人が、自然に対して方法自覚的に働きかけて、自然を支配しようとする加工主体《ホモファーベル》であること、その近代人の志向が子どもという自然にも向けられた、という理由も見のがすわけにはいかない。しかし、子どもの自発性を尊重しつつ、なお大人が意図する方向へ子どもを導こうとする誘惑術まがいの教育の技術を発達させる動機には、やはり、後継者見習いの関係が成り立ちにくくなったという事情が投影しているように思われる。見習いの機能が生きていた時代には、大人は、たとえ子どもを理解しないままでも、後継者を養成することができた。それとは対照的に、近代の学校教師は、子どもを社会人に育てあげる能力をほとんど失ったにもかかわらず、いや失ったがゆえに、子どもへの理解を無限に強いられる。

（宮澤康人「学校を糾弾するまえに」）

〔注〕　○フィリップ・アリエス――Philippe Ariès（一九一四～一九八四）　フランスの歴史家。
○モラリスト――人間や道徳についての思索家。
○リセ――lycée　フランスの国立中等教育機関。
○スピノーザ――Spinoza（一六三二～一六七七）　オランダの哲学者。
○プラトン――Platon または Plato　古代ギリシアの哲学者。

設　問

(一)　「それが大人の権威を支える現実的根拠であった」（傍線部ア）とあるが、それはなぜか、説明せよ。

(二) 「中世の教師は、逆説的にきこえるかもしれないが、教える主体ではなかった」(傍線部イ)とあるが、どういうことか、説明せよ。

(三) 「教師と生徒の関係のこの難しさ」(傍線部ウ)とあるが、どういうことか、説明せよ。

(四) 「近代の学校教師は、子どもを社会人に育てあげる能力をほとんど失ったにもかかわらず、いや失ったがゆえに、子どもへの理解を無限に強いられる」(傍線部エ)とあるが、教師が「子どもへの理解を無限に強いられる」とはどういうことか、わかりやすく説明せよ。

(解答枠は(一)〜(四)＝13.5センチ×2行)

二〇〇五年

第一問（文理共通）

次の文章を読んで、後の設問に答えよ。

すべての道徳は、ひとが徳のある人間になるべきことを要求している。徳のある人間とは、徳のある行為をする者のことである。徳は何よりも働きに属している。有徳の人も、働かない場合、ただ可能的に徳があるといわれるのであって、現実的に徳があるとはいわれないのである。アリストテレスが述べたように、徳は活動である。ひとが徳のある人間となるのも、徳のある行為をすることによってである。それでは、如何《いか》なる活動、如何なる行為が徳のあるものと考えられるであろうか。この問題は抽象的に答えられ得るものでなく、人間的行為の性質を分析することによって明らかにさるべきものである。

人間はつねに環境のうちに生活している。かくてア人間のすべての行為は技術的である。言い換えると、我々の行為は単に我々自身から出るものでなく、同時に環境から出るものである、単に能動的なものでなく、同時に受動的なものである、単に主観的なものでなく、同時に客観的なものである。そして主体と環境とを媒介するものが技術である。人間の行為がかようなものであるとすれば、徳は有能であること、技術的にaタクエツしていることでなければならぬ。徳のある大工というのは有能な大工、立派に家を建てることのできる大工であり、これに反してあるべきように家を建てることのできぬ大工は大工の徳に欠けているのである。徳をこのように考えることは、何か受取り難いように感ぜられるかも知れない。今日普通に、道徳は意志の問題と考えられ、徳というものも従って主観的に理解されている。しかるに例えばギリシア人にとっては、徳はまさに有能性、働きの立派さを意味したのである。この見方はルネサンスの時代に再び現われた。徳は力であるということも同様の見方に属している。実際、人間の行為はつねに環境における活動であり、かようなものとして本質的に技術的であることを思うならば、イ徳を有能性と考えること、それを力と考えることでさえも、理由があるといわねばならぬ。行為は単に意識の問題でなく、むしろ身体によって意識から脱《ぬ》け出るところに行為がある。従って徳というものも単に意識に関係して考えらるべきものではないのである。芸術を制作的活動から出立して考察し、その一般的原理は美でなく却《かえ》って真理であるといったフィードレルは、芸術的に真であることは、意図の、意欲の問題でなく、才能の、能力の問題であると述べている。我々は道徳的真理について、同じように、道徳的に真であることは、単に意志の問題でなく、有能性の問題であるということができるであろう。

尤《もっと》も、行為はすべて技術的であるにしても、すべての技術的行為が道徳的行為と考えられるのではないであろう。固有な意味における技術は物の生産の技術であって、かような技術的行為はそれ自身としては道徳的と見られないのが普通である。道徳的という場合、それは物にでなく人間に、客体にでなく主体に、関係している。技術的行為について徳が問題にされる場合においても、それは主体或《ある》いは人間に関係して問題にされるのである。ひとがその仕事において忠実であること、良心的であることは、道徳的であるといわれる。そのとき問題にされているのは、彼の仕事でなく、彼の人間である。しかしながら他方、如何なる人間の行為も物に関係している。我々自身或《あ》る意味では物であり、人と人との行為的連関は物を媒介とするのがつねである。人間の徳を彼の仕事における有能性から離れて考えることは抽象的であるといわねばならぬ。

それのみでなく、技術の意味を広く理解して、人間の行為はすべて技術的であると考えるとき、徳と有能性との密接な関係は一層明瞭《めいりょう》になるであろう。従来技術といわれたのは主として経済的技術である。かように技術というと直ちに物質的生産の技術を考えることは、近代における自然科学及びこれを基礎とする技術のbヒヤク的発達、それが人間生活にもたらしたcケンチョな効果の影響のもとに生じたことである。しかしギリシアにおいて芸術と技術とが一つに考えられたように、一切の文化は技術的に形成されるものである。そして独立な主体と主体とは、客観的に表現された文化を通じて結合される。主体と主体とはすべて表現を通じて行為的に関係する。人と人とが挨拶《あいさつ》を交わすとき、その言葉はすでに技術的に作られたものである。挨拶は修辞学的であり、修辞学は言葉の技術である。そのとき、彼等《ら》がdボウシをとるとすれば、そこにまたすでに一つの技術がある。一般に礼儀作法というものは技術に属している。ウ技術的であることによって人間の行為は表現的になる。礼儀作法は道徳に属すると考えられているように、すべての道徳的行為は技術とつながっている。礼儀作法は一つの文化と見られるが、一切の文化は技術的に作られ、主体と主体との行為的連関を媒介するのである。経済はもとより、社会の諸組織、諸制度も技術的に作られる。自然に対する技術があるのみでなく、人間に対する技術がある。人間は自然的・社会的環境において、これに行為的に適応しつつ生活している。自然に対する適応と社会に対する適応とは相互に制約する。自然に対する適応の仕方が社会の組織や制度を規定し、逆にまた後者が前者を規定する。自然に対する技術と社会に対する技術とは相互に連関している。そして歴史的に見ると、近代社会における中心的な問題は自然に対する技術であったが、それが産業革命となり、その後その影響から重大な社会問題が生ずるに至り、現代においては社会に対する技術が中心的な問題になっているということができるであろう。

しかし道徳は外的なものでなく、心の問題であるといわれるとすれば、そこに更に心の技術というものが考えられるであろう。心の徳も技術的に得られるのである。人間の心は理性的な部分と非理性的な部分とから成っているとすれば、理性が完全に働き得るためには非理性的な部分に対する理性の支配が完全に行われねばならぬであろう。この支配には技術が必要である。人間生活の目的は非理性的なものを殺してしまうことにあるのでなく、それと理性的なものとを調和させて美しきタマシイを作ることであると考えられるとすれば、技術は一層重要になってくる。心の技術は物の技術と違って心を対象とする技術であるにしても、それは単に心にのみ関係するものではない。この技術もまた一定の仕方で環境に関係している。即《すなわ》ち物の技術においては、技術の本質であるところの主観と客観との媒介的統一は、物を変化し、物の形を変えることによって、物において実現される、そこに出来てくるのは物である。心の技術においても環境が問題でないのでなく、ただその場合主観と客観との媒介的統一は、心を変化し、心の形を作ることによって、主体の側において実現される。かくして「人間」が作られるとき、我々は環境の如何なる変化に対しても自己を平静に保ち、自己を維持することができるのである。その人間を作ることが修養といわれるものである。修養は修業として技術的に行われる。しかしながら心の技術は社会から逃避するための技術となってはならぬ。身を修めることは社会において働くために要求されているのである。修業はむしろ社会的活動のうちにおいて行われるのである。我々は環境を形成してゆくことによって真に自己を形成してゆくことができる。いわゆる修業も特定の仕方において主体と環境とを技術的に媒介して統一することであるにしても、心の技術はそれ自身に止《とど》まる限り個人的である、それは物の技術と結び付くことによって真に現実的に社会的意味を生じてくるのである。

（三木清『哲学入門』）

〔注〕　○フィードレル――Konrad Adolf Fiedler（一八四一～一八九五）　ドイツの哲学者。

設　問

㈠　「人間のすべての行為は技術的である」（傍線部ア）とあるが、それはなぜか、説明せよ。

㈡　「徳を有能性と考えること、それを力と考えること」（傍線部イ）とあるが、どういうことか、説明せよ。

㈢　「技術的であることによって人間の行為は表現的になる」（傍線部ウ）とあるが、どういうことか、説明せよ。

㈣　「『人間』が作られる」（傍線部エ）とあるが、どういうことか、説明せよ。

㈤　「真に現実的に社会的意味を生じてくる」（傍線部オ）とあるが、なぜそのように言えるのか、全体の論旨に即して一〇〇字以上一二〇字以内で述べよ。（句読点も一字として数える。なお、採点においては、表記についても考慮する。）

㈥　傍線部ａ・ｂ・ｃ・ｄ・ｅのカタカナに相当する漢字を楷書で書け。

ａ　タクエツ　　ｂ　ヒヤク　　ｃ　ケンチョ　　ｄ　ボウシ　　ｅ　タマシイ

（解答枠は㈠～㈣＝13.5センチ×２行）

第四問（文科）

次の文章を読んで、後の設問に答えよ。

待ち合わせ場所にすでに相手が到着していて、しかもそのひとが後ろ向きに立っていたような場合、一瞬、どんなふうに声をかけようかと、迷いながら背後からそのひとに近づいていく。

前からだったら、目と目があえば、それで済む。待った？　久しぶりね、さあ、行こう——会話は船のように自然と進む。ア ヒトの無防備な背中を前にすると、なぜか言葉を失ってしまう。つきあってきたのは、どのひととも、彼らの正面ばかりのような気がして、心もとなく、背中を眺めやる。

そのひとが、くるっと後ろを振り向けば、ただちにわたしは、そのひとの世界に合流できるのに、後ろ姿は、閉ざされた扉だ。そのままわたしが行きすぎれば、そのひととわたしは永遠に交わらないまま、これを最後に別れてしまうかもしれない。

待ち合わせの約束を、一方的に破棄するのだから、これは裏切りだが、出会うことは常におそろしい衝突でもあるから、衝突をさけて、ひとの背後を、ひたすら逃げ続けるという生き方もある。例えば、犯罪者か逃亡者のように。

そういう考えが、ひとの背を見ながら、わたしのなかにひょこっと現れる。そのことはわたしを、少し驚かす。わたしは何かを恐れている。

そもそも背中は、そのひとの無意識が、あふれているように感じられる場所である。だから、誰かの後ろ姿を見るとき、見てはならないものを見たようで、後ろめたい感じを覚えることもある。

背中の周りに広がっているのが、そのひとの「背後」と呼ばれる空間だ。自分の視線がまったく届かない、見えない後ろ半分のこと。わたしはこの空間になぜか惹《ひ》かれる。見えない、というところに惹かれているのだろうか。

ひとは自分の背後の世界で、何が起きているのか、知り得ない。だから背後は、そのひとの後ろに広がっているのに、そのひとだけを、唯一、排除して広がっている。

背後という空間から、その人自身が排除されているといっても、それはひとと背後が、無関係であるということではない。振り返りさえすれば、いつでもひとは、自分の背後がそこにあることに気づく。もちろん、振り返ったのち一瞬にして、そこは背後ではなくなるわけだが、先ほどまで背後としてあった気配は、すぐには消えないで残っている。

そのとき今度は正面であったところが、自分の背後と化している。しかし意識が及ぶのは、常に現前の世界で、背後のことは即座に忘れられる。視線の行くところが、意識の向くところだ。だから目を開けて、背後を考えるのは、開いている目を、ただの「穴」とすることに他ならない。その穴のなかを、虚《むな》しい風が通り抜けていく。イ背後を思うとき、自分が、がらんどうの頭蓋骨《ずがいこつ》になったような気がする。

ひとと話をしていて、話の途中で、そのひとの背後に、ふと視線が及ぶことがある。

何かとても大切なことを話しているときに、後ろで、樹木がはげしく風に揺られていたり、夕日がまぶしく差し込んでいたり、鳥が落ちてきたり、滝が流れていたり、不吉な雲が流れていたりするのに目がとまる。

不思議な感じがする。こちら側の世界と触れ合わない、もうひとつの世界が同時進行で存在している。そのことに気づくとおそろしくなる。ウ背後とはまるで、彼岸のようではないか。

そしてわたしが見ることができるのは、常に、他者の背後ばかりだ。見えるのが、いつも、ひとの死ばかりであるということと、これはまったく同じ構造。

自分の死が見えないように、自分の背後は見えないし、そもそもわたしは、自分の後ろ側など、まるで考えもせずに暮らしている。見ることができないし、見る必要もないのだ。

ただし、着物を着て、帯の具合を見たいときなど、あわせ鏡で確認することはある。このことを考えると、やっぱり鏡とは、魔境へひとを誘う道具であると思う。しかも、背後へは、この道具をダブルで使用しなければならないのだから、ひとが自分の背後へ到達することの、おそろしさと困難さがわかろうというものだ。

ともかく、背後は死角である。

死角を衝《つ》かれる時、ひとは驚く。わたしが冒頭に、後ろからどう、ひとに声をかけようか、と迷ったのも、相手をびっくりさせないためにはどうするのがいいのか、という思いもあった。

そもそも身体に触れないで、声だけで、そのひとを振り向かせることはできるのだろうか。

簡単なのは、名前を呼ぶことだ。こうしてみると、名前というのは、そのひとを呼び出す強力な呪文《じゅもん》みたいなものである。

わたしは会話のなかで、対面するひとの名前を呼ばずして、そのひとと会話を進めることに、いつも居心地の悪い思いを持つ。

あなたという二人称はあるけれども、固有名詞で呼びかけずにはいられない。相手のひとにも、名を呼んでほしい。

それはわたしが、何か強い結びつきで、この同じ場に、対話の相手を呼び出し、呼び出されたいと願うからなのだろう。

名前を呼ばずに、例えば、あのーお待たせしましたとか、小池でーす、こんにちは、とか、そういう類の言葉を投げかけて、そのひとが確実に振り向くかどうか。わたしにはほとんど自信がない。

だからそういうとき、やっぱり、相手の肩のあたりを、ぽんと軽く叩《たた》くかもしれない。あるいはわざわざ正面へ、まわるか。

エ背後の世界をくぐるとき、わたしたちは一瞬にしろ、言葉というものを、放棄しなければならないということなのだろうか。


（小池昌代「背・背なか・背後」）

設　問

㈠「ヒトの無防備な背中を前にすると、なぜか言葉を失ってしまう」（傍線部ア）とあるが、「無防備な背中」とはどういうことか、説明せよ。

(二)「背後を思うとき、自分が、がらんどうの頭蓋骨《ずがいこつ》になったような気がする」(傍線部イ)とあるが、どういうことか、説明せよ。

(三)「背後とはまるで、彼岸のようではないか」(傍線部ウ)とあるが、どういうことか、説明せよ。

(四)「背後の世界をくぐるとき、わたしたちは一瞬にしろ、言葉というものを、放棄しなければならないということなのだろうか」(傍線部エ)とあるが、「言葉」を「放棄しなければならない」とはどういうことか、説明せよ。

(解答枠は(一)〜(四)＝13.5センチ×2行)

二〇〇四年

第一問（文理共通）

次の文章を読んで、後の設問に答えよ。

もとより個の没落は、生命倫理においてだけ見えてくるものではない。判断の基盤としての個人が遙《はる》かに乗り越えられてしまうというのは、環境問題の方がイメージしやすいだろう。たとえば殺虫剤や核エネルギーが現在の消費生活を支えている一方で、未だ生まれぬ世代の権利をaシンガイしている可能性があるという事態に直面したとき、個人の欲望の制限を受け入れるためにも、後の世代とのなんらかの共同性を、判断の新たな足場として構築しようとしていくのは、自然な流れだろう。人間以外の生物はもちろん、山や川などにさえ、尊重される価値を見出《みいだ》そうとする傾向は、今やさほど珍奇な印象を与えなくなったが、そこでは人間中心主義を排除しつつ、個人はもちろん、時間的広がりを含み込んだ人類さえも超えて、ア「地球という同一の生命維持システム」を行為規範の基盤として考えることが試みられるようになっている。

だがことは、このような、いわゆる「問題」においてだけではない。日頃《ひごろ》の生活のなかでも私たちは、個が希薄化しbトクメイのなにものかに解消されていくことを薄々感じている。なるほど今日ほど、個性的でありたいという欲望が広く行き渡っている時代は、少なくとも日本の場合、かつてなかったかもしれない。私たちは、きわめてたくさんの欲望をもつ。もちろん他人と同一の欲望をもつことに、安心感を覚える場合も多いが、衣服や自動車の選択に見られるように、周りを見回し他人と異なるものをもとうとすることも、少なくない。それは同一のものを巡るcコウソウを回避するためだけでなく、平均性を嫌い個性的であろうとする意志を示している。その結果欲望は、大量かつ多様に吐き出され、それに応じて実にさまざまなものが生み出されることになる。けれどもそうしたイ欲望の多様化は、奇妙なことに画一化と矛盾せず進行している。「あなただけの……」と囁《ささや》く宣伝コピーにもかかわらず、「私だけ」のはずのものに、どこか既製品の臭《にお》いがするのであり、「本当にお前が欲しいものはなんなのか」と自ら問い返してみるならば、「本当に」という言葉の虚しい響きが経験されるだけだ。ここでいう「個性」とは、実は大量のパターンのヴェールに隠された画一的なものでしかなく、それへの志向は、私たちとはちがうどこか他所《よそ》で作られ、いつのまにか私たちに宿り、あたかも私たち自身の内から生じたかのように、私たちを駆り立てていく。そのような欲望の産地を、消費生活の中心にいるかに見える個人、たとえばデザイナーなどに求めても虚しいことは、だれもが知っている。彼もまた大衆の周りを回っている。むしろ欲望のゲンセンは、相互に絡み合って生成消滅している情報であり、個人はその情報が行き交う交差点でしかない。急速に広まった情報のネットワークを支えているコンピュータ技術自体がプログラム上に原理的に欠陥をもつことによって、「責任」の所在はおろか、その概念の意味さえ曖昧《あいまい》になっているといわれる。近代思想のなかで「責任」が、悪にも傾く自由をもった同一の行為主体としての自己存在のメルクマールだったことからすれば、「責任」概念の曖昧化は、自己存在が情報の網目へと解体されていくことを示唆する現象であろう。いずれにせよ、自己が情報によって組織化されるという、この傾向は、ますます一層ソクシンされていくにちがいない。携帯電話がインターネットに組み込まれた今日、大衆のなかでの奇妙な孤独という形で、わずかに一人の時間が許されていた通勤電車のなかにさえ、外部からの組織化が浸透していく。

このように個の解体が、現代も続く同じ一つの流れだとすると、集団からの個の救済というシナリオに、少なくとも私は、リアリティを感じないといわざるをえない。個が他のなにものにも拠《よ》らず存在しているのであれば、それはそもそも解体しようもないだろう。それが解体してしまうのは、個そのものが集団のなかで作られていく作りものにすぎないからであり、集団への個の解体とは、個のそうしたフィクショナルな存在性格が露呈してきたことだと、私は考えるのである。

しかしながら、さらに重要なことだが、集団への解体が進行していくといっても、個に代わって集団が、時代を画す新たな「実体」として登場したということを、承認しようというわけでは断じてない。生命倫理などで繰り返される「社会的合意」の「社会」なるものが、いかに捉《とら》えどころのないものであるかは、その「合意」の確認の困難さからも想像がつく。いや合意達成の要求そのものが、一致へとは到りがたい多様な意見・価値観の存在を示唆しているのであり、そんななかで合意が達成され機能するとしても、それは当の合意が普遍的な基準を表現しているからではなく、「合意した」という事実だけが、それを合意として機能させているにすぎない。そういう意味でいえば、「合意」とはまさに形成されたもの、作りものであり、それが「事実」と呼ばれるとしても、作る作用《ファケーレ》に支えられた事実《ファクト》でしかないのである。

　環境問題の場合、倫理学説の構築の努力は、あるいは感情移入をもって、あるいは権利上の均等性の想定をもって、世代間の距離を乗り越えていこうとするわけだが、基盤となるはずの未来世代との「道徳的共同体」は、未だ存在せぬ者たちと関《かか》わるかぎり、どうあっても虚構的性格をもたざるをえまい。「将来世代の状況や価値観が私たちにとって原理的に予測できない」ということ、また「私たちが自分たちの利益を制限するのに対して、将来世代がなにも返さない」ということなどは、そうした虚構性が露呈した場所として、実際この試みを否定しようとする意志が入り込むスペースとなっており、その意志を退けるよすがとなるものもまた、結局「想像力」しかないようである。あるいは人間を「自然との共感と相互性」のなかにもち込もうとするかの努力も、まちがいなく一つの創作でしかなく、生態系にまで認められるとされる「価値」という、オ非人間中心主義であるはずのものからは、作りもの特有の人間臭さが漂ってくる。もとより個がそこへと溶解していく情報の網の目も、相互に依存し合い絶えず組み替えられ作られていく、非実体的なものにほかならない。そうだとすれば集団性のなかへ解体していったといっても、そこに個は、新たな別の大陸を見出したのではなく、せいぜいのところ波立つ大海に幻のように現われる浮き島に、ひとときの宿りをしているにすぎないのである。

（伊藤徹『柳宗悦　手としての人間』）

〔注〕　○メルクマール――Merkmal（ドイツ語）　目印、指標。

設問

㈠「『地球という同一の生命維持システム』を行為規範の基盤として考える」（傍線部ア）とあるが、どういうことか、説明せよ。

㈡「欲望の多様化は、奇妙なことに画一化と矛盾せず進行している」（傍線部イ）とあるが、なぜそのようにいえるのか、説明せよ。

㈢「個そのものが集団のなかで作られていく作りものにすぎない」（傍線部ウ）とあるが、なぜそのようにいえるのか、説明せよ。

㈣「『合意した』という事実だけが、それを合意として機能させているにすぎない」（傍線部エ）とあるが、どういうことか、説明せよ。

㈤「非人間中心主義であるはずのものからは、作りもの特有の人間臭さが漂ってくる」（傍線部オ）とあるが、ここで筆者はどのようなことを言おうとしているのか、一〇〇字以上一二〇字以内で説明せよ。（句読点も一字として数える。なお、採点においては、表記についても考慮する。）

㈥傍線部a・b・c・d・eのカタカナに相当する漢字を楷書で書け。

a　シンガイ　　b　トクメイ　　c　コウソウ　　d　ゲンセン　　e　ソクシン

（解答枠は㈠～㈣＝13.5センチ×2行）

第四問（文科）

次の文章を読んで、後の設問に答えよ。

かりに「写真になにが可能か」という問いを自らに発した時、私にはそれに対する答えというより、ほとんど肉体的な反応といったようなものが二通り生れてくる。

一つは、いま自分が生きつつあり、さまざまなかたちで敵対する世界に対して「写真には何もできない」という一種の無力感である。しかしその無力感の下からたちまち意識に上ってくるのは、私が写真によって捕捉《ほそく》しえた世界のさまざまな意味であり、それを考えたときに生じてくる「写真に可能ななにものかがある」という認識である。実は、われわれの日々は、こうした問いと二様の答えのくり返しであり、どちらか一方だけではありえないのだ。(ア)このような事情はなにも写真に限ったことではない。表現芸術のすべてについていいうることなのである。

たとえば、今日、われわれの生きている世界の激しい動きと、その中から生れてきた鮮烈な変革の思想と、その挫折《ざせつ》という起伏を前にして写真になにが可能かと考えた時には、われわれは無力感に陥らざるを得ない。政治と芸術を一元化しているわけではなく、われわれが生きていることのなかに両方ともかかわってくるから、このような無力感も当然なのである。しかし、この無力感の中で「写真にはなにもできない」といい切ったところでどうなるものか。しかしその無力感も、少なくとも写真にまつわるさまざまな既成の価値を破砕し、未知の世界の中に自分を位置づける上では有効である。いわば(イ)写真にかぶせられた擬制——リアリズムもこのうちに入る——虚構をひとつひとつはがしておのれの意識と肉体が露出するところまで下降する根源的な思考が欠落したところに、どのような透徹した精神のリアリズムもありえない。

だが写真がわれわれに衝撃を与える機会は、いまでも明らかに存在する。多くの人が記憶しているだろう一つの例をあげてみよう。われわれはベトナム戦争について多くのことを知識として知っている。しかしAPのある報道写真家がとった「路上の処刑」という写真ほど、ベトナムの意味を理解させるものはない。それは南ベトナムの国警長官をしていたロアンという男が、捕えた解放軍の兵士を路上で射殺する場面をとった二枚の写真である。一人の男がもう一人の男にピストルを向け、次の瞬間にはイモ虫のように兵士がころがっている。この男の死は、二つのショットの不連続のあいだに消失してしまい、この死の消失には胸の悪くなるようなものがある。ウ美しさも悲しみもないゼロの世界がそこに現われている。この世界の現前は多くの示唆を含んでいる。

この醜悪さが、もはや言葉でも意識でも捉えられないわれわれの存在の深いところに衝撃を与えるのである。しかもこの写真家は戦争を告発する意図によって撮っていたのではない。その写真、あるいは瞬間の写真が継起するあいだに消失した世界は、もはや彼の思想とか意識とかいわゆる主体を越えてしまって、何ものかになってしまっているのである。この写真はなにを記録したのであろうか。われわれは死に立ち会ったというより、死のゼロ化に立ち会ったのである。この痛みはなかなか消えない。

この問題をもう少し広げてみると、写真には、こうした世界の不気味さをとりだす能力がある、ということになる。たまたまそこに居あわせたからということもあろうし、また別の目的でとった写真の場合も少なくない。写真が生れてから百数十年にわたってとられ、残されてきた写真の群れをふりかえってみると、このような無数の人々の無数の偶然によって、全体としてたしかなものも、不気味なものも含めて人間の歴史の膨大な地質を構成しているようにみえる。

そう考えれば、改めて写真と、写真家の意味を問い直すことにつながってくる。写真家は不要なのか。それとも写真家はジャーナリズムの写真ページを構成するプロフェッショナルなのか。

主体の意識を考えた時、写真は不便なものである。エ自分の内部に思想があってそれを写真に表現するという俗流の考え方は、いつも写真によって裏切られるだろう。だが一方言葉で、たとえばアラン・ロブ＝グリエやミシェル・ビュトールらがいかに外的な世界を描写しようと、それは時間の中を動いている意識にすぎないのに比して、写真は無媒介に世界を目の前に現わすわけである。写真と言葉とは異質の系に属しているし、世界をつかむ方法が違っている。今日の文明の変質をとらえて、それは活字文化から映像文化への移行だといわれてきたことにもいくらかの真実が含まれているわけである。読むよりも見る方が「わかりやすい」とか説得的だとかいわれることは、その現前性、直接の機能の一面をすくいとっているだけである。

おそらく写真家は、あらゆる表現者のうちでもっとも不自由な人間かもしれない。心のうちなる世界をあらわそうとしても、うつるのは外にある対象である。だが、そのような世界とのずれた関係が、実は、私をひきつけるのだ。写真家は、世界が自己をこえていること、そこには不気味なものもあることをもっとも明確に見出《みいだ》した最初の人間であるかもしれない。世界とは、人間そのものではなく、人間の意識によって構成されるものでもない。世界は存在し、かつ人間も存在している。世界とは反人間的な、あるいは超人間な構造と人間という生《な》まの具体性とが織りあげる全体化のなかにある。

（多木浩二『写真論集成』）

〔注〕　○ＡＰ――アメリカの通信社。
○アラン・ロブ＝グリエ――Alain Robbe-Grillet（一九二二～）　フランスの小説家。
○ミシェル・ビュトール――Michel Butor（一九二六～）　フランスの小説家。

設　問

㈠　「このような事情」（傍線部ア）とあるが、どういうことか、説明せよ。

㈡　「写真にかぶせられた擬制」（傍線部イ）とあるが、どういうことか、説明せよ。

㈢　「美しさも悲しみもないゼロの世界がそこに現われている」（傍線部ウ）とあるが、どういうことか、説明せよ。

㈣　「自分の内部に思想があってそれを写真に表現するという俗流の考え方は、いつも写真によって裏切られるだろう」（傍線部エ）とあるが、どういうことか、わかりやすく説明せよ。

（解答枠は㈠〜㈣＝13.5センチ×2行）

二〇〇三年

第一問（文理共通）

次の文章を読んで、後の設問に答えよ。なお、本文には、一部省略した箇所がある。

民俗宗教において、祟《たた》りの信仰は大きな比重を占めている。それは人びとが他人の、神の、動物の怨念を、妬みや恨みを恐れていることを意味している。さらにいえば、それは広い意味での「世間の目」「霊の目」に対する恐怖・配慮の象徴的表現ともいえるかもしれない。殺されたり、人生半ばでこの世を去った人びとに対して、格別の思いを抱いてきたのが日本人であった。人びとは殺した者の呪い・祟りを恐れた。この怨霊を封じ込めるために祀《まつ》りもおこなった。しかし、それだけでなく、家族や親族、共同体のために犠牲になった者に対しても「負い目」「後ろめたさ」を感じ、その者の心境を思いやり、その霊を慰め、そのために祠《ほこら》を建て、神に祀り上げることさえした。「慰霊」という行為は、怨霊を鎮めるというだけでなく、もっと広い意味での鎮め、霊に対する生者の心の内部に発生する「後ろめたさ」「負い目」を浄化する行為であった。言いかえれば、（ア）生きている日本人は、生きているというだけで、霊に対して弱い立場に置かれていたのである。生きている人は「霊の目」を、「先祖の霊の目」「殺した者の霊の目」「堕《お》ろした子供の霊の目」「身代わりになって死んだ者の霊の目」「怨霊の目」等々を、つねに無意識のうちに気にしているのである。その「霊の目」が、怒りに満ちたものではなく、あるいはこの世に（a）ミレンを残し続けることなく、安らかなものになるように、と祀りをおこない、供養その他の「慰霊」行為をおこない続ける。それが「祝い祀り」の本質であった。

私の体験談を書いておこう。二五年ほど前からミクロネシア連邦チューク（旧トラック）州で人類学の調査を断続的におこなっている。ここは、第一次大戦後から第二次大戦終了まで国際連盟委託統治領「南洋群島」として日本が支配していたところである。チューク環礁の礁湖は大きな軍艦も（b）テイハクできたので、戦時中は、ニューギニア方面に進攻する日本の連合艦隊の重要な基地になっていた。しかし、反攻に転じた米軍の激しい空襲と艦砲射撃によって、チューク諸島にいた軍人、軍属、民間人、そして現地人の多くの命が失われたところでもある。このため、戦後五十年以上経った今でも、空襲によって沈んだ軍艦や輸送船などに残っている遺骨を拾い集める厚生省の遺骨収集団や戦没者の霊を慰める各種の慰霊団が、このチューク諸島を訪問してくる。私もこれまで何度かそうした団体と出会った。またチューク在住の親しい日本人や現地人から、慰霊団がときどきやってきていたことを聞かされた。

イ慰霊団の現地での慰霊行動は、私には十分に理解できるものである。たとえば、慰霊碑の前に花輪が飾られ、同伴してきた僧が戦没者の霊を慰め鎮めるためのお経を読み、参列した人びとが線香をあげる。あるいは、船で海上に出て、花輪や写経を捧げる。

しかしながら、次のような儀礼的光景は、それを目にしたアメリカ人や現地人には異様なもの、不思議なものを目撃してしまったという印象を与えるらしい。それは遺骨収集にまつわるものである。海底の沈船から引き上げられた遺骨を関係者が最敬礼で迎え、日章旗や海軍旗で覆って浜辺で荼毘《だび》に付し、お経を読んで供養し、翌日、その骨を拾い上げて骨壺に納める。その光景は、日本人の私には胸にジーンとくるものがある。そこに集められた遺骨は私とは縁もゆかりもない者であって、しかも、私の生まれる前に死んだ、身元さえはっきりしない人の骨にすぎない。にもかかわらず、このような場に偶然居合わせると、この遺骨になった人の非業の死を勝手に思い描き、思わず合掌してしまう。このような慰霊の仕方、遺骨の収集は、日本人ならば少しも奇妙な振る舞いではないのである。

ところが、こうした光景がアメリカ人や現地人には異様に映るらしいのだ。たまたまこれを目撃したあるアメリカ人医師は、海底に眠っていた日本兵たちが地上に突然現れたような気分になって背筋が寒くなったという。なるほど、艦船から拾い上げた骨の前で、船とともに沈んだ軍服姿の若者の写真を前に祈っている未亡人や生き残った戦友は、もうとっくに七十代を過ぎた老人である。そんな彼らがよれよれになった海軍帽をかぶって、誰ともわからないような遺骨を焼いたりそれに対して合掌したりしているのだ。日本文化のコンテキストに位置づけて解釈できない異文化の人が、その姿を見て奇妙な感じを抱くのは当然のことであろう。そして、この光景に対する「私たち日本人」と「彼ら」との受け取り方の違いに、日本文化の特徴、とりわけ日本人の「霊」への信仰の特徴が示されていると思われる。

すなわち、この年老いた元日本海軍の兵士たちは、ここで戦死した戦友の霊を「慰めている」のである。海に沈んでいた戦友の霊が誰かに怨霊となって祟りをなしているわけではない。「英霊」として「靖国神社」に祀ってくれと夢やタクセンで要求したわけでもない。そうではなく、物言わぬ「戦友の霊の目」を背に負って生きてきた戦友の「思い」が、死んだ者が可哀想だ、生き残って申し訳ないという「思い」が、慰霊行為を導き出しているのである。ある意味で、戦争によってこの年老いた元日本海軍の兵士たちの人生の時間の、ある部分が止まってしまったのだろう。そして、その後の人生はこの「霊の目」を安らかにすることを意識し続ける人生であったのだろう。私たちはここに脈々と流れる日本人の民俗的な信仰伝統を見いだす。

ところで、遺骨収集の様子を見たとき、異郷の地で命を落とした者の遺骨（＝霊魂の依《よ》り代《しろ》）を拾って故郷に帰すという習俗は、昔からの習俗であったかのような印象を与えるかもしれない。しかし、私たちは、近代以前に、異郷の地で戦死したり病死や事故死した人の遺骨を故郷に残された肉親が探し出し、拾い集めて、故郷に連れ戻してくる、といった習俗を民衆の間に見いだすことはできない。山折哲雄によれば、日本人は、古来、遺骨に対する関心は低く、遺骨を高野山に納めるといった習俗はあったが、そのような異郷の地で命を落とした者の遺骨を収集するという儀礼的行為が、広く民衆の間に定着したのは日中戦争開始以降のことであるという。当時の国家が、戦場の各地で散った戦死者たちの遺骨を戦地におもむいて集め、故郷に持ち帰ってその霊を慰め、「英霊」（＝遺骨）として靖国神社やその下部組織である地方の忠魂社＝護国神社で祀り上げることを始めたのである。これは民俗的信仰を変形させて作り出した、近代の軍国主義国家の創造物であった。

ところが、このような国家的行事を生み出し運営していた国家が敗戦によって倒れた。したがって、それによって、その国家がその国家のために命を捧げた兵士を祀るという疑似宗教的行事も廃止されるのが当然であった。とくに、兵士の遺骨を収集するなどという習俗は、昭和になるまで存在していなかったのだから、その事業主体を失って簡単に消滅しても不思議ではなかった。しかし、この遺骨収集の儀礼的行為は、わずか二十年足らずの間に日本人の心性の奥に入り込み、国家主義的儀礼の域を越えて国民的・民衆的な文化に変質しつつあったのである。いや、民衆の宗教心が戦前の国家が作り出した儀礼行為を自分たちの信仰に組み込んでしまったといった方がわかりやすいかもしれない。

戦後、独立を再び回復したとき、新生国家は遺骨の収集を開始する。これには、「靖国神社法案」に示されるように、それを政治的に利用しようという政治家や一部の戦没者遺族たちの思惑があったことは否定できない。しかし、オその骨を依り代にして帰国する霊を迎えたいという「思い」は、国家だけではなく、民衆のなかにもあったとみるべきであろう。その心性は、近代国家という枠組みの成立以前から存在していた、「霊の目」を意識した「後ろめたさ」に由来するものであったのだ。実際、戦没者の慰霊行為とほぼ同質の慰霊行為を、たとえば、私たちは日航ジャンボ機のdツイラク現場である御巣鷹山、あるいは阪神・淡路大震災のeヒサイ地にも見いだすことができるだろう。

〔注〕○霊魂の依り代——招き寄せられた霊魂が乗り移るもの。

設　問

㈠「生きている日本人は、生きているというだけで、霊に対して弱い立場に置かれていたのである」（傍線部ア）とあるが、どういうことか説明せよ。

㈡「慰霊団の現地での慰霊行動は、私には十分に理解できるものである」（傍線部イ）とあるが、なぜ「十分に理解できる」のか、説明せよ。

㈢「戦争によってこの年老いた元日本海軍の兵士たちの人生の時間の、ある部分が止まってしまった」（傍線部ウ）とあるが、どういうことか説明せよ。

(四)「その国家がその国家のために命を捧げた兵士を祀るという疑似宗教的行事」(傍線部エ)とあるが、なぜ「疑似宗教的行事」とされるのか、説明せよ。

(五)「その骨を依り代にして帰国する霊を迎えたいという「思い」は、国家だけではなく、民衆のなかにもあったとみるべきであろう」(傍線部オ)とあるが、なぜそのように言えるのか、一〇〇字以上一二〇字以内で述べよ。(句読点も一字として数える。なお、採点に際しては、表記についても考慮する。)

(六)傍線部a・b・c・d・eのカタカナに相当する漢字を楷書で書け。

a　ミレン　　b　テイハク　　c　タクセン　　d　ツイラク　　e　ヒサイ

(解答枠は(一)～(四)＝13.5センチ×2行)

第四問（文科）

次の文章を読んで、後の設問に答えよ。

詩作しようとする者にとっても、ある詩を味読しようとする者にとっても、当の作品の背後には、それ以前の無数の作品が控えている。それだけでも、すでに痕跡の過剰を語ることができるだろう。しかし単に、過去の作品数の多さだけが問題なのではない。過去のひとつの作品についても、あるいはその部分についても、それらは別様でありえたかもしれないという可能性を、それらの残されたありのままをはみ出る過剰として、漂わせている。引用とは、この別様でありえたかもしれない可能性をも含めた痕跡の過剰を、自らのコンテクストに引き入れつつ、実際に別様に展開してみせる作業にほかならない。

ところで、詩人が過去の詩作品より引用を行なう場合はもとより、当の引用が、そもそも引用として認知されるのを読者に要請する場合にも、当然のことながら、現在から過去へというベクトルが存在する。またその一方で、過去のものから現在の作品へと引いてこられる以上は、過去から現在へのベクトルも存在するわけだ。引用という作業において、双交通が語られうるゆえんである。ア しかしあくまで過去のものを引き入れるべき現在の言語表現が、それなりに独自のものでないならば、引用がよってくるはずの痕跡過剰のうちへと引きずり去られてしまう危険が、絶えずつきまとうだろう。

だからこそ、まさしく引用の技法としての本歌取の立役者だった藤原定家は、本歌からの引用を五七五七七全五句中の二句プラス数文字までとし、三句まで取ることをいましめたわけだ。また、本歌の属する時期を、ある程度(七、八〇年)以上昔のものである必要があるとしたのは、引用認定の基準を考慮したあかしとして、重要である。もっとも、前者にかかわる注意など、当の定家自身が、無視した作例を示してもいるのだが。

ともあれ、この国の近代以降の詩から、興味深い引用の見出せるものを挙げてみよう。ちなみに、日本の詩人が、引用認定の基準をクリアしようとすれば、引用の対象は十分に古くて、読者に周知のものでなければならないのだから、いきおい、おおむね江戸期以前の短詩、すなわち俳句か短歌からということになってくる。たとえば、西脇順三郎の詩集のタイトル、「Ambarvalia」がウォルター・ペイターの小説『享楽主義者マリウス』から取られたもので、さらにもとをたどれば、ウェルギリウス『農耕詩』などに使われている、「収穫祭」を意味するラテン語だといっても、それを認知できるものはほとんどいないだろうし、その詩集中の詩篇「天気」にある「（覆《くつがえ》された宝石）」という表現が、ジョン・キーツからの引用だということも、やはりほとんど気づかれぬままだろう。とはいえ、認知されない引用が、すべてだめだというつもりもない。しかし、ここでは有名な俳句を引用したものを検討しよう。まず、草野心平の「古池や蛙とびこむ水の音」（『第百階級』所収）。

音は消えてしまつた
音のあつたその一点から
寂莫の波紋が漲る

うるし色の暗闇の夜を
音のない夜を
寂莫の波紋が宇宙大に拡がる

芭蕉は芭蕉を見失つた

無限大虚無《ニヒル》の中心の一点である

芭蕉の有名な句が、すでにタイトルに掲げられており、おまけに詩中で芭蕉と名指されてもいるのだから、この場合、引用認定については、これほどみごとにクリアしたものはないほどだ。したがって読者の視線は、過去へのベクトルをもたされる。しかし、「蛙とびこむ水の音」の「音のあつたその一点」からの「波紋」を拡げていき、ついには宇宙大にまで拡げてしまう。芭蕉が芭蕉を見失うほどの拡がりだ。このように芭蕉を呑み込んでしまうほどの拡がりを措定してみせることで、詩人は、イ過去へのベクトルに拮抗しうるだけの今へのベクトルを、そこに重ねることができたといえる。

最近の例からも、ひとつ挙げておこう。南川周三の「蕪村考」(『幻月記』所収)だ。

幽明の境《さかい》を
ゆるいカーブを描いて画ごころが通った
あたりはいちめんひっそりと　音が絶えている
音が絶えれば視覚しかない
目の蕪村が
目よりも深い闇の香を嗅いだ
ものの怪《け》のようにあるかなきかの白さは
さらさらと竹をわたる京洛の夜の白さ――

　　花の香や嵯峨のともし火消ゆる時

ぽっつりと
灯るともしびも憂いのあかし

それならばいっそ絢爛の情が
さまよう画ごころのほとりにほしい
初夏はそういう蕪村の天地
軋み鳴る雲海が遠のいたら
そこに楊貴妃の笑みがあった――

方百里雨雲よせぬ牡丹かな

大ぶりの
花の微笑みは暮れるのにふさわしい
盃に受けたにごり酒は
微笑む燭と照り映えて渋い
渋いと﨟たけた想いは消えて
蕪村はふっとうつつの世界に帰った――

月天心貧しき町を通りけり

天明の飢饉の町を
蕪村がひとり
通って行く

タイトルおよび文中に出る「蕪村」から、引用句が蕪村のものであることは容易に認定できる。一読してわかるとおり、詩人は蕪村の生きた場所と時代に身を置いている。これはきわどい操作である。なぜなら、過去向きのベクトルにあまりにも引きずられてしまいかねないからだ。しかし、この詩に漂う一種の幻想的な雰囲気(『幻月記』という詩集名も、その雰囲気を間接的に補強する)が、この過去向きのベクトルを、作者の今でおおってしまう。おまけに、蕪村自身の過去志向は、萩原朔太郎の『郷愁の詩人与謝蕪村』以来、すでによく知られているところだ。引用という操作が伴わずにはいない過去向きベクトルに、蕪村と同時代に身を置こうとする過去向きベクトル、さらには蕪村自身の過去向きベクトルを、作者はあえてその詩の今において重奏させてみせたのだ。つまり、この詩では、過去向きベクトルを重ねてみせることで、かえって双交通を実現させてもいるのである。ウ

しかも、蕪村と同時代に身を置くといっても、たとえば最初の引用句「花の香や嵯峨のともし火消ゆる時」は安永年間の作であり、最後の引用句「月天心貧しき町を通りけり」は明和年間の作であるという具合に、時期が前後しており、おまけに引用句の季節がみな違うなど、特定の時点が問題とされているわけではない。

終わり近くに出てくる「天明の飢饉」とは、天明二年から七年にかけての史実であるのはもちろんだが、蕪村の没年が天明三年であるのを顧慮すれば、この詩の最終節は意味深長だろう。蕪村がその死を通り抜けて、ひとり歩いていくかのような思いに、ふととらわれるからだ。エそのまま歩き続けて作者のところにまで来るかのように。

設　問

(一)「痕跡過剰のうちへと引きずり去られてしまう」(傍線部ア)とあるが、どういうことか、説明せよ。

(二)「過去へのベクトルに拮抗しうるだけの今へのベクトルを、そこに重ねることができた」(傍線部イ)とあるが、どういうことか、説明せよ。

㈢　「双交通を実現させてもいる」（傍線部ウ）とあるが、どういうことか、「双交通」の内容が明らかになるように説明せよ。

㈣　「そのまま歩き続けて作者のところにまで来るかのように」（傍線部エ）とあるが、どういうことか、説明せよ。

（解答枠は㈠〜㈣＝13.5センチ×2行）

二〇〇二年

第一問（文理共通）

次の文章を読んで、後の設問に答えよ。

第一人称の死は、決して体験されたことのない、未知の何ものかである。論理的に知りえないものである。知りえないものに対して恐怖はどういう形を取るのか。もちろん、死への恐怖と呼ばれるもののなかには、苦しみへの恐怖、痛みへの恐怖が含まれていることはたしかである。それは死への恐怖というよりは、死に臨んだある苦痛の状態としての生への恐怖である。

死に勝る苦しみ、という表現がある。では死は苦しみの極限としてあるのか。そうではあるまい。苦しむのは生である。苦しみは生きていることの一つの証である。生の状態である。死が生の終わりなら、死は苦しみの終わりでもある。しかし、繰り返すが、私という第一人称にとって、死は、完璧な未知である。本当に死は苦しみの終わりなのかどうか、それを言うことさえ不可能なものとして、死はある。

したがって、いわゆる死への恐怖は、苦しむ生への恐怖を含んでいるにせよ、それだけではあるまい。生への盲目的な執着が、ヒトが生物であることの明証であるとすれば、死への恐怖はヒトが人間であることの明証であると言えぬだろうか。

これを消極的な面から考えてみよう。第三人称の死は、私にとって、消滅であり、消失であった。したがって、それは、本当の意味での「死」ではない。自分の前に立ちはだかる未知の深淵としての死の何たるかを知ろうとする、空虚《むな》しい努力のための、何らの糧にもならない。自分の万年筆やハンカチや財布をいくら紛失したとしても、それで自分の死について何か感ずるところあったとは言えまい。

そして、ア第一人称の死、つねに未来形でしかありえないものが、現実化したとき、「私」は、誰からも手助けを受けることなく、完全な孤絶のなかで、それを体験することになる。第三人称の死が、「私」にとって消滅であるならば、第三者にとって「私」の死は同じように単なる消滅以外のものではありえないだろう。「私」にとって一度も体験したことのない「私の死」を、私は、自分以外の一切の他に対して架すべき何らの橋堡《きょうほ》もないままに、絶対の孤のうちに、引き受けなければならない。

　このとき、それまで[イ]陳腐だった第三人称の死の一つずつが、もしかして自分がこれから引き受けようとしている死の先達として、意味をもってくるように思われるかもしれないにせよ、もとよりそれは、[a]クウソな期待に過ぎない。

　この「私」の死のもつ徹底的孤絶さのゆえに、人は、迎えるべき死への恐怖を増幅された形で感ずる。日常的世界のなかでは、つねに人間として、人どうしの間の関係性のなかで生きてきたわれわれは、たとえ絶海の孤島に独りあってさえ自然のなかに友をつくり人間的生活の回復への微《かす》かな期待を決して捨てることのないわれわれは、死において、かかる一切の人間としての関係性を喪《うしな》って、ただ一人で、死を引き受けなければならない。このことへの恐怖こそ、逆説的に、人が人間として生きてきたことへの明証となるだろう。あえて、「消極的」と呼んだのは、[ウ]この逆説性のゆえである。

　他方、このような死への恐怖は、積極的な意味でも、人の人間たることの明証の一つたりうると言えよう。それには、第二人称が介在することになる。

　一般に、人が自らの究極的孤絶性を肌膚に烙印《らくいん》のごとく自覚するのは、死を迎えることにおいて最も著しいが、しかしその孤絶性を知性によって理解することは、むしろたやすい。とりわけデカルト以来の西欧近代思想の洗礼を受けたものにとってはそうである。そして現実の世界における「人間」性、つまり人が人と人との間の関係性のなかで生きていることと、表層的に理解された人の孤絶性との矛盾を乗り越えるために、われわれはさまざまな方法を案出して、孤絶した人と人との間に、何らかの架橋を施さんとするのである。

　しかし、知性において理解された表層的な人間の孤絶性は、むしろある立場からすれば誤っていると言えるのかもしれない。

　例えば、私は「私」として、外界から隔絶されているかのように思われるが、私の身体さえ、楽器や楽弓のように、あたかも拡大されたかのように感じられることさえある。車を運転する熟達したドライヴァは、車の外壁をあたかも自らの身体と同じように感じる。他方、人間は自己によって自らの身体を支配・制御しているかのようにサッカクしているが、実は、自らの身体的支配はつねに他者のモホウによって獲得される、という事実を忘れることはできない。高校生のとき私は鉄棒の蹴上りがどうしてもできなかった。ところがあるとき私の前に何人かの人びとが、次々に蹴上りを演じてみせた。何の気なく次に鉄棒に下った私は、それまでに演じた人びとと全く同じことをして、何ということもなく、何らの自覚もなしで、鉄棒の上に上ってしまった。このとき、「われわれ」が「私」を造りあげていた、という言い方が許されるだろう。

このような状況は、幼児においてもっとはっきりしている。幼児にとって、母親と自分との区別ははっきりしていない。ある程度の年齢に達すると母親は子供に自分を「僕」と呼ばせるようになる。年齢が早過ぎると「僕」という呼称は「僕」を指さないで終わってしまう。母親がそう呼ぶから僕は「僕」であるに過ぎない。母親さえ、ときに「僕、そんなことしちゃだめじゃない」などと言う。このとき母親と「僕」とは、まだ分離しない「われわれ」意識で連なっている。幼児は、次第にそうした言わば前個我的な状況から、母親からの反射の光によって、「僕」を僕として捉えるようになり、それと反射的に母親を第二人称的他者として捉えるようになる。前個我的「われわれ」状況は、第一人称と第二人称の他者どうしに分極化すると言ってよかろう。つまり、主体の集合体としての「われわれ」は、前個我的「われわれ」状況のある変型《ヴァージョン》として考えるべきではないか。

愛し合う二人の没我的ホウヨウは、かつての自らを育てた前個我的「われわれ」状況のある形での回復を指向する、一瞬の回復ではないか。

この観点から見るとき、個我の孤絶性は、少なくとも生にある限り、むしろ、抽象的構成に近いものと言うべきである。それゆえにこそ、第一人称が迎えんとする死こそ、人間にとって極限の孤絶性、仮借なき絶望の孤在を照射する唯一つのものなのかもしれない。

設問

㈠「第一人称の死、つねに未来形でしかありえないもの」(傍線部ア)とあるが、どういうことか、説明せよ。

㈡「陳腐だった第三人称の死」(傍線部イ)とあるが、なぜ「陳腐」なのか、理由を説明せよ。

㈢「この逆説性」(傍線部ウ)とあるが、どういうことか、説明せよ。

㈣「『われわれ』が『私』を造りあげていた」(傍線部エ)とあるが、どういうことか、説明せよ。

㈤「それゆえにこそ、第一人称が迎えんとする死こそ、人間にとって極限の孤絶性、仮借なき絶望の孤在を照射する唯一つのものなのかもしれない」(傍線部オ)とあるが、なぜそう言えるのか。一〇〇字以上一二〇字以内で説明せよ。(句読点も一字として数える。なお、採点に際しては、表記についても考慮する。)

㈥傍線部a・b・c・dのカタカナに相当する漢字を楷書で書け。

a　クウソ　　b　サッカク　　c　モホウ　　d　ホウヨウ

(解答枠は㈠〜㈣＝13.5センチ×2行)

第四問（文科）

次の文章を読んで、後の設問に答えよ。

幸福の青い鳥を探す長い旅から帰ったとき、チルチルとミチルは、もともと家にいた鳥が青いことに気づく。チルチルとミチルの以後の人生は、その鳥がもともと青かったという前提のもとで展開していくことだろう。それは、彼らにとって間違いなく幸福なことだ。自分の生を最初から肯定できるということこそが、すべての真の幸福の根拠だからだ。だからわれわれは、そういう物語を、つまり『青い鳥』を、いつも追い求めている。だが、この物語は、同時に、それとは別のことも教えてくれる。つまり、――その鳥はほんとうにもともと青かったのだろうか？　それは歴史の偽造ではないか？　彼らはいま、鳥がもともと青かったという前提のもとで生きている。過去のさまざまな思い出、現在のさまざまな出来事は、その観点のもとで理解されるだろう。そして逆に、その理解が、鳥がもともと青かったという事実のもつ真の意味を、つまり真の幸福とは何であるかを、いっそう明確に定義することになるだろう。このとき、彼らは解釈学的な生を生きているのである。

青い鳥と共にすごした楽しい幼児期の記憶は、確かな実在性をもつ。なぜなら、それが現在の彼らの生を成り立たせているからだ。たとえ、何らかの別の視点からはそれが虚構だといえるとしても、彼ら自身にとっては、彼ら自身を成り立たせている当のものであるその記憶が虚構であるはずはない。それが虚構であるなら、自分自身の生そのものが、つまり自分自身が、虚構ということになるからだ。解釈学的探求は自分の人生を成り立たせているといま信じられているものの探求である。だから、もし彼らに自己解釈の変更が起こるとしても、それは常に記憶の変更と一体化している。ア ここでは、記憶が誤っていることは、ことの本質からして、ありえないのだ。

だが、外部の視点から見れば、記憶は後から作られたものであり、その記憶に基づく彼らの人生は虚構でありうる。その鳥はほんとうはもともと青くはなかったのかもしれない。そして、もともと青くはなかったというまさにその事実こそが、彼らの人生に、彼ら自身には気づかれない形で、実は最も決定的な影響を与えているのかもしれない。もともと青かったという記憶自体が、そして、そう信じ込んで生きる彼らの生それ自体が、ほんとうは青くなかったというその事実によって作り出されたものなのかもしれない。記憶は、真実を彼らの目から隠すための工作にすぎないのかもしれないからだ。これが、過去に対する系譜学的な視線である。系譜学は、現在の生を成り立たせていると現在信じられてはいないが、実はそうである過去を明らかにしようとする。

　時間経過というものを素朴なかたちで表象すると、いま鳥がたしかに青いとして、もともと青かったか、ある時点で青く変わったか、どちらかしかないことになるだろう。それ以外にどんな可能性があろうか？　しかし、解釈学と系譜学の対立が問題になるような場面では、そういう素朴な見方はもはや成り立たない。もともと青かったのでもなければ、ある時点で青くなったのでもなく、ある時点でもともと青かったということになったという視点を導入することが、系譜学的視点の導入なのである。それは、鳥がいつから青くなったかを探求することでも、いつから青く見えるようになったかを探求することでも、ない。そういう探求はすべて、解釈学的思考の枠内にあるからだ。それに対して系譜学は、いつから、どのようにして、鳥がもともと青かったということになったのか、を問う。それは、これまで区別されていなかった実在と解釈の間に楔《くさび》を打ち込み、解釈の成り立ちそのものを問うのであり、記憶の内容として残ってはいないが、おのれを内容としては残さなかったその記憶を成立させた当のものではあるような、そういう過去を問うのだ。だからそれは、現在の自己を自明の前提として過去を問うのではなく、現在の自己そのものを疑い、その成り立ちを問うのであり、イいまそう問う自己そのものを疑うがゆえに、それを問うのである。

　だが、「ある時点でもともと青かったということになった」という表現には、本来共存不可能なはずの二つの時間系列が強引に共存させられている。「もともと青かった」と信じている者は「ある時点で……になった」と信じる者ではありえず、「ある時点で……になった」と信じる者は、もはや「もともと青かった」と信じる者ではない。だから、「ある時点でもともと青かったということになった」と信じる者の意識は、解釈学的意識と系譜学的認識の間に引き裂かれている。統合が可能だとすれば、それはウ系譜学的認識の解釈学化によってしかなされない。系譜学的探索が、新たに納得のいく自己解釈を作り出したとき、そのとき系譜学は解釈学に転じる。青くない鳥とともにすごした、チルチルとミチルの悲しい幼児期の記憶は、確かな実在性をもつにいたる。

それなら、けっして解釈学に転じないような、過去への視線はありえないのだろうか？ 他人たちがただ私のためにだけ存在しているのではないように、過去もまた、ただ現在のためにだけ存在しているのではない。過去は、本来、われわれがそこから何かを学ぶために存在したのではないはずだ。それは、現在との関係ぬきに、それ自体として、存在したはずではないか？ 過去を考えるとき、われわれは記憶とか歴史といった概念に頼らざるをえないが、ほんとうはそういう概念こそが、過去の過去性を殺しているのではないか？ だから、記憶されない過去、歴史とならない過去が、考えられねばならない。このとき、考古学的な視点が必要となるのである。

そのとき、鳥がもともと青かったか、ある時点で青く変わったか、という単純な時間系列が拒否されるだけではなく、どの時点でもともと青かったことにされたのか、という複合的時間系列もまた、拒否されねばならない。いま存在している視点がいつどのような事情のもとで作られたかという観点から過去を見る視線そのものが、つまり、エ過去がいま存在している視点との関係のなかで問題にされることそのものが、否定されねばならない。

そうなればもはや、鳥はある時点でもともと青かったことにされたとはいえ、ほんとうはもともと青くはなかった、などとはいえない。もともとというなら、鳥は青くも青くなくもなかった。そんな観点はもともとはなかったのだ。そういうことを問題にする観点そのものがなかった。だがもはや、それがある時点で作られたという意味での過去が問題なのではない。ただそんな観点がなかったことだけが問題なのだ。ほんとうは幸福であったか不幸であったか(あるいは中間であったか)といった問題視点そのものがなかった、彼らはそんな生を生きてはいなかった。鳥はいたが色が意識されたことは一度もなく、したがって当時は色はなかったというべきなのである。

設　問

㈠「ここでは、記憶が誤っていることは、ことの本質からして、ありえないのだ」(傍線部ア)とあるが、なぜ「ありえない」のか、その理由を説明せよ。

㈡「いまそう問う自己そのものを疑うがゆえに、それを問うのである」(傍線部イ)とあるが、どういうことか、わかりやすく説明せよ。

㈢「系譜学的認識の解釈学化」(傍線部ウ)とあるが、どういうことか、わかりやすく説明せよ。

㈣「過去がいま存在している視点との関係のなかで問題にされることそのものが、否定されねばならない」(傍線部エ)とあるが、どういうことか、説明せよ。

(解答枠は㈠～㈣＝13.5センチ×2行)

二〇〇一年

第一問（文理共通）

次の文章を読んで、後の設問に答えよ。なお、この文章の筆者は、アメリカ合衆国カリフォルニア州生まれの小説家で、文中の「星条旗の聞こえない部屋」および「天安門」はこの人の作品である。

なぜ、わざわざ、日本語で書いたのか。「星条旗の聞こえない部屋」を発表してからよく聞かれた。母国語の英語で書いた方が楽だろうし、その母国語が近代の歴史にもポスト近代の現在でも支配的言語なのに、という意味合いがあの質問の中にあった。

日本語は美しいから、ぼくも日本語で書きたくなった。十代の終り頃《ごろ》、言語学者が言うバイリンガルになるのに遅すぎたが、母国語がその感性を独占支配しきった「社会人」以前の状態で、はじめて耳に入った日本語の声と、目に触れた仮名混じりの文字群は、特に美しかった。しかし、実際の作品を書く時、西洋から日本に渡り、文化の「内部」への潜戸《くぐりど》としてのことばに入りこむ、いわゆる「越境」の内容を、もし英語で書いたならば、それは日本語の小説の英訳にすぎない。アだから最初から原作を書いた方がいい、という理由が大きかった。壁でもあり、潜戸にもなる、日本語そのものについて、小説を書きたかったのである。

ぼくにとっての日本語の美しさは、青年時代にイおよその日本人が口にしていた「美しい日本語」とは似ても似つかなかった。日本人として生まれたから自らの民族の特性として日本語を共有している、というような思いこみは、ぼくの場合、許されなかった。純然たる「内部」に、自分が当然のことのようにいるという「アイデンティティー」は、最初から与えられていなかった。そしてぼくがはじめて日本に渡った昭和四十年代には、生まれた時からこのことばを共有しない者は、いくら努力してもウ一生「外」から眺めて、永久の「読み手」でありつづけることが運命づけられていた。母国語として日本語を書くか、外国語として日本語を読んで、なるべく遠くから、しかしできれば正確に、「公平」に鑑賞する。

あの図式がはじめて変ったのは、もちろん、ぼくのように西洋出身者が日本語で書きはじめたからではない。その前に、日本の

「内部」に在しながら、「日本人」という民族の特性を共有せずに日本語のもう一つ、苛酷《かこく》な「美しさ」をかち取った人たちがいたからだ。

日本語の作家としてデビューしてまもない頃に、在日韓国人作家の李良枝《イヤンジ》から電話があった。李良枝は、『由熙《ゆひ》』の舞台にもなった、「母国」での何度目かの留学を終えて東京に戻り、ぼくがジャパノロジーの別天地を捨てて、日米往還の時代を含めて十いくつ目に移住した新宿の木造アパートと、さほど遠くない場所に移ることになった。「韓国人」の日本文学の先輩が「アメリカ人」の日本文学の新人を[a]ゲキレイしてくれる、という電話だったのだが、話しが弾み、そのうちに、『由熙』の主題でもあった、日本語の感性を運命のように持ったために、「母国」の言語でありながら「母国語」にはならなかった韓国語について、ぼくがたずねてみた。

動詞の感覚は違う、という話しになった。韓国語では、日本語と比べて、いわゆる「大和ことば」に相当するような動詞を使わないで漢字の熟語 ＋ 하다《ハダ》（する）を言うことがどれだけ多いか。ソウルの学生が交わす白熱した議論の中でたびたび問題にされる「うらぎり」にしても、それを「わざわざ」漢語の「배반《ベーバン》」つまり「背反」すると言うのは、自分の感覚とは違う、ということを李良枝が言った。

「日本人」として生まれなかった、そのために日本の「内部」において十分な[b]ハイジョの歴史を背負うことになった日本語の作家が、日本の都市から「母国」の都市に渡ったところ、そこで耳に入ることばは、漢語と、土着の、日本語風に受けとめれば「仮名」的に響く表現のバランスが、どうしても異質なものとして聞こえてしまう、と。

あの会話をした日から一ヶ月経って、李良枝は急死した。ぼくの記憶の中で、彼女は若々しい声として残っている。[エ]「日本人」として生まれなかった、日本語の感性そのものの声を、思い出す度に、「母国語」と「外国語」とは何か、一つのことばの「美しさ」は何なのか、そのわずかの一部をかち取るために自分自身は何を裏切ったのか、今でもよく考えさせられる。

そして日本と西洋だけでは、日本語で世界を感知して日本語で世界を書いたことにはならない、という事実にも、おくればせな

2001

がらあの頃気づきはじめた。

日本から、中国大陸に渡り、はじめて天安門広場を歩いたとき、あまりにも巨大な「公」の場所の中で、逆に私小説的な語りへと想像力が走ってしまった。アメリカとは異った形で自らの言語の「フヘン性」を信じてやまない多民族的大陸の都市の中を、歩けば歩くほど、一民族の特性であると執拗《しつよう》なほど主張されてきた島国の言語でその実感をつづりたくなった。まずは、血も流れた大きな敷石の踏みごたえと、そこに隣接した路地の、粘土とレンガを固めた塀と壁の質感を、どうすれば日本語で書けるか、という描写の意欲を覚えた。そのうちに、アメリカ大陸と中国大陸の二つのことばをバイタイとした感情が記憶の中で響く一人の主人公の物語を、想像するようになった。

古代のロマンではなく同時代の場所としての中国大陸の感触を日本語の小説で体現するという試みは、半世紀前に、上海に渡っていた武田泰淳にも、また満州に渡っていた安部公房にもあった。一九九〇年代に日本から渡ったとき、その半世紀間に繰り返された断絶の痕跡《こんせき》としてラディカルに変えられた文字の異質性を、まず受け止めざるをえなかった。「东」や「丰」や「乡」という形体がいたるところでこちらの目に触れて、それが「배반 합니다《ペーバン・ハムニダ》」、背反しますという声が在日作家の耳に入ったときとは、またズレの感触が違うだろう。私小説はおろか小説そのものからもっとも遠く離れた、すぐれて「公」の場所、十億単位の人を巻きこんだ歴史の場所で、その歴史に接触してホウカイした家族の記憶が頭の中で響いている。そうした一人の歩行者のストーリーを、どのように維持して、書けるのか。日本から、北京に渡り、その中心を占める巨大な空間を歩きながらそう考えたとき、母国語の英語はもはや、そのストーリーの中の記憶の一部と化していた。

北京から東京にもどった。新宿の部屋にもどった。アメリカ大陸を離れてから、六年が経っていた。新宿の部屋の中で、二つの大陸のことばで聞いた声を、次々と思いだした。「天安門」という小説を書きはじめた。

二つの大陸の声を甦《よみがえ》らせようとしているうちに、外から眺めていた「Japanese literature」すら記憶に変り、世界がすべて今の、日本語に混じる世界となった。

〔注〕○ポスト近代――ポスト（post―）は「後の」「次の」の意味。近代の終わった後のこと、または次に来る時代。
○バイリンガル――二言語使用（bilingual）。
○アイデンティティー――本人であること、また、その自己認識（identity）。
○李良枝――文中の作品『由熙』を書いた小説家（一九五五～一九九二）。
○ジャパノロジーの別天地――かつて筆者はアメリカで日本学（Japanology）の研究と教育に携わっていたことがある。
○武田泰淳――小説家（一九一二～一九七六）。
○安部公房――小説家（一九二四～一九九三）。

設問

㈠「だから最初から原作を書いた方がいい」（傍線部ア）とあるが、筆者が日本語で小説を書こうとした理由はどこにあると考えられるか、わかりやすく説明せよ。

㈡「おおよその日本人が口にしていた「美しい日本語」」（傍線部イ）とあるが、ここにいう「美しい日本語」とはどのようなものか、わかりやすく説明せよ。

㈢「一生「外」から眺めて、永久の「読み手」でありつづける」（傍線部ウ）とあるが、どういうことか、わかりやすく説明せよ。

㈣「日本人」として生まれなかった、日本語の感性そのものの声」（傍線部エ）とあるが、ここにいう「日本語の感性」とはどのようなものか、わかりやすく説明せよ。

㈤「世界がすべて今の、日本語に混じる世界となった」（傍線部オ）とあるが、どういうことか、文中に述べられている筆者の体験に即し、一〇〇字以上一二〇字以内で述べよ。（句読点も一字として数える。なお、採点においては、表記についても考慮する。）

㈥傍線部a・b・c・d・eのカタカナに相当する漢字を楷書で書け。

a　ゲキレイ　b　ハイジョ　c　フヘン　d　バイタイ　e　ホウカイ

（解答枠は㈠〜㈣＝13.5センチ×2行）

第四問（文科）

次の文章を読んで、後の設問に答えよ。なお、本文には、一部省略した箇所がある。

最近、携帯電話を使った男女交際が流行《はや》っているらしい。雑誌に自分の携帯の電話番号を載せて「交際希望」と書いておくと、誰かから電話がかかってくる。先日テレビで、雑誌に自分の電話番号を載せた男の子に女の子から電話がかかってくる場面を映していた。まず男の子は、相手の年齢を聞き、今何をやっているかを聞く。この場合の何をやっているかは、抽象的なことではなく、今現在どんなことをしているのかということだ。

相手の女の子は、とぎれることなくしゃべりだした。さっきどういうものを食べたとか、最近気に入っている食べ物とか、嫌いなものとか、超むかつくこととか、気持ちよく感じることとか、とにかくとめどなくしゃべっている。男の子は、「へぇー」「ふうん」と相づちをうってただ聞くだけである。そういった他愛ないおしゃべりが1時間ほど続いたとテレビのナレーションは語っていた。

結局、ア この携帯を通した会話というものは独り言の掛け合いなのではないか。女の子はとにかく、自分の現在をただ叙述するのだが、その語り口のニュアンスがどうも変なのだ。変だというのは、会話の中に特に伝えたいことを強調するポイントがない。ただ自分のことをとりとめなくしゃべっているだけという印象なのである。初対面の相手に対するしゃべり方ではない、と普通なら考えるのだが、これが電話による会話というものの特徴なのかもしれない。

ここでの関係は、とにかくはかない。危険もない。相手もよくわからない。しかし、自分の繰り言をきちんと聞いてくれる互いの関係ではある。電話による若者のコミュニケーション文化は、そういう共時的了解の関係をすでに作りあげているらしい。

パソコン通信やインターネットを時々のぞくことがある。そこでは文字という形でさまざまな声が飛び交う。みんな饒舌《じょうぜつ》になったものだと読みながら感心する。私は文を書くことを教えたり、実際に書くことを職業とするものだが、どうしてもこういうところに私的な文章を載せる気になれない。それは私がどこかで、文を、自分に向かって書くものと、他者への直接的な伝達という二つの種類に分類しているからで、インターネットのようなところへ載せる文章は、そのどこにも適合しないように感じるからだ。結局、ここに載せられている文はほとんど独り言に近いと私は感じるのだ。

独り言には、何かを伝えようというメッセージ性はない。かといって友人との楽しいおしゃべりといった相手の反応を確かめながらの言葉でもない。とにかく感じたことを文字にすればいいのであって、誰かが読んでくれればいいし、読んでくれなくてもそれはそれでかまわない、といった態度の文なのである。言い換えれば、文体というものがないのだ。文体とは、相手にこちらの伝え難い何かを伝える工夫である。その工夫は最初からない。とにかくしゃべってしまうこと、そういう感覚の文章なのだ。こういう文体のない文章は私には苦手なのだ。

こういう文章は、携帯電話で自分のことをとりとめなくしゃべるその言葉と基本的に同じだと思われる。独り言のやりとりといっていい。

独り言的な言葉や文の氾濫《はんらん》を目の当たりにして、私は正直とまどっている。というのは、まず、こういう独り言のやりとりに参加できないことに、何か不自由である自分を感じ取るからだ。私の文には文体がある。この文体は都合よくいえば私が他者にかかわる態度であり、私自身の伝わりにくい世界を他者に伝える方法である。私の思想とでもいってもいい。だが、それは私が私の固定した私の世界を他者に無理強いするものであり、多義的で流動的なこの現在の世界から私を閉じてしまっているものでもある。言い換えれば、イ私を不自由なものへと縛り付けているのも私の文体なのだ。時々、こういうふうにとめどなく自分のことを相手に独り言のようにおしゃべりできたらどんなにいいだろうかと思う。

電話がこんなにもコミュニケーションの文化ではなかったころ、文体を作らずに、自分のことをすべて聞いてくれるような関係を作ることは大変なことだった。他人と他人とが突然、相手の独り言を聞いてくれるような関係を作ることはあり得ないことだった。だからこそ、誰もが文体を作ろうとした。小説も詩もそのような文体の一つなのだ。それらは独り言的なニュアンスを抱え込みながら他者へかかわる一つの方法だった。だが、そんな文体なしに、自分というものの存在を丸ごと聞いてくれる関係が可能なら、文体など必要はないといわれれば、確かに必要でないと答えてしまいそうになる。これは困った。文体などいらないといってしまうことは、私が私をいらないといっているようなものだからだ。

文体がもっている伝えがたいものとは何だろう。「孤独」といういい方をすればかなり当たったいい方になるだろう。われわれの文学的な言葉が抱え込む共通の価値を一言でいえというなら、それは「孤独」である。小説や詩を評価するのに、例えば「ここには孤独が感じられる」といえば誉《ほ》めたことになる。それが何よりの証拠だ。この「孤独」をどう描くかというところに、われわれの文体の一つの目的がある。他愛ない独り言の群れにこの「孤独」が伝わるのか。携帯電話のやりとりや、インターネット上の膨大なあのおしゃべり群は実に「孤独」である。一方的な女の子のおしゃべりをただうなずいて聞いていた男の子は、女の子の独り言の「孤独」を聞いていたと私は感じた。文体という抽象力をもたないが故にその「孤独」は、より生々しく現実的である。しかも、社会的である。

設　問

㈠「この携帯を通した会話というものは独り言の掛け合いなのではないか」（傍線部ア）とあるが、筆者はどうしてそのように判断したのか、説明せよ。

㈡「私を不自由なものへと縛り付けているのも私の文体なのだ」（傍線部イ）とあるが、なぜそう言えるのか、説明せよ。

㈢「文体などいらないといってしまうことは、私が私をいらないといっているようなものだ」（傍線部ウ）とあるが、なぜそう言えるのか、説明せよ。

㈣　「文体という抽象力をもたないが故にその「孤独」は、より生々しく現実的である」（傍線部エ）とあるが、どういうことか、説明せよ。

（解答枠は㈠〜㈣＝13.5センチ×2行）

二〇〇〇年

第一問（文理共通）

次の文章を読んで、後の設問に答えよ。

環境問題を取り上げる場合、環境を保護することの妥当性はしばしば自明のこととして前提されている。しかし、「環境の保護」が何を意味するかはそれほど明らかではない。これを唱える人々のすべてがこの表現によって同じことを意味しているわけでもない。そして、このような問題においては、表現におけるaビミョウな意味の差異が実践上の重大な差異になりうる。

その上、この問題の論議にあたっては、保護されるべき対象として、「環境」だけではなく、「自然」と「生態系」がよく挙げられる。この三者がほとんど同一の意味で用いられることはあるにしても、これら相互間にはニュアンスの違いがあり、場合によってはその違いが重要になる。これらの概念について簡単な分析を試みよう。

まず自然は、近代の自然科学的な見方からいえば、それ自体としては価値や目的を含まず、因果的・機械論的に把握される世界である。人間ももちろん自然の一部であるから、人為と自然の対立はない。人間が自然にどのような人為を加えても、それは自然に反するものではなく、人間による自然破壊というようなことはありえないであろう。自然のある状態とかある段階に特に価値があるとする理由もない。アすべての事象は等しく自然的である。

だから、「自然を守れ」というスローガンに実質的意味を与えるためには、このような広義の自然の内部において人為だけを特別のものとして位置づけ、この人為による改変をどれだけ受けているかによって自然の価値評価をすることが必要である。これのもっとも極端な立場によれば、人為的改変をまったく受けない自然が最善であるということになろう。このような立場の承認は、人類の文明の歴史を堕落または退化の過程とみなすことをともなう。しかし、いうまでもなく、例外的な状況を除けば、人間は自然に人為を加えることなしには生存できない。人跡未踏の原野や原生林を保存する努力が貴重であるのは、それがbキョクチ的なも

2000

のにとどまるからである。このような努力を自然全体に及ぼすことは不可能に近く、万一それが実現するならば、大部分の人間は生存できないであろう。人間の生存を可能にするのは、ある程度の人為の加わった自然である。だから、人類が自らの生存を否定するのでないかぎりは、人間の守るべき自然は、手つかずの自然ではなく、人為が加えられて人間が生存しやすくなった自然であるということになる。

自然は、以上に見てきたように[イ]元来は没価値的な概念であり、人間との関連づけによって初めて守るべき価値を付与されると考えられる。では、生態系という概念についてはどうであろうか。

生態系《エコシステム》はごく単純には、「ある地域に生息する生物群集と、その生物群集に影響を与える気象、土壌、地形などの非生物的環境を包括した系」と定義される。そして、「食物連鎖が平衡状態に保たれていれば、生物群集の個体数もほぼ変わらず、そのエコシステムは安定している。しかし、人為によりエコシステムに過度の干渉が行われると、生物種を絶滅させたり、さらには生物が生存できないような環境を作り出してしまう」。また、一般に生物種が少ない生態系ほど生態学的安定度が低いから、生物種の多様性を保つことが重要であるとされる。

この生態系の概念には、機械論的に把握された自然の概念とは違って、価値が含まれており、この価値が倫理規範を根拠づける、という考え方がある。生態系は生物共同体であり、その安定が乱されるならば、多くの種の存続が[c]オビヤかされる。だから、共同体の構成員としての人間にはこの安定を[d]イジするよう努める義務がある、というのである。アルド・レオポルドによれば、生物共同体の統合、安定、美を保つ傾向にあるものは正しく、反対の傾向にあるものは不正である。このような、生態系または生物共同体の概念からの倫理規範の導出は妥当であろうか。

この点に関連して第一に注意すべきは、生物共同体が人間だけを構成員とする道徳共同体と重要なところで異なっていることである。生物共同体を構成する他の生物たちには権利や義務の意識はない。だから、いずれかの種が生態系の安定を乱すとしても、そのことについてその種の責任を問うことはできない。人間という種は、生態系を他の種よりも大きく乱す可能性をもつという点で特異であろうが、それについて反省し責任を感ずる能力を有するという点でも特異である。

第二に、生態系の安定によって守られるのは種であって、種に属する個体ではない。種の存続のためにしばしば個のギセイが要求される。生態系を形づくっているのは種のレベルで巨視的に見れば共存関係であるにしても、個のレベルではほとんどが弱肉強食の関係である。生態系の安定と平衡は、構成員の平和的共存によってではなく、弱肉強食を主体とする食物連鎖によって成立しているのである。だから、生態系の中で人間がどう生きるべきかを指示する倫理が、人間の共同体における倫理との類比によって簡単に導出されるわけではない。個人の生命の尊重という人間社会の倫理を動物の個体に適用することが、かえってその動物種の破滅を招くというようなことも起こりうるのである。

以上の考察は、生態系そのものに価値があるということを必ずしも含意しない。生態系の概念には、機械論的に把握された自然の概念よりも豊かな内容が含まれているといえるであろう。しかし、それに価値が内在しており、その価値が生態系を守るべしという人間の義務を根拠づけている、と断定するのは難しい。その理由の一つは、生態系の安定が望ましいとされるが、その安定した状態がただ一つではなく多くありうる、ということにある。ある生態系における甲という安定が乱されても、やがては乙という新しい安定が生じるであろう。その場合、甲のほうが乙よりも望ましいとする根拠はない。また、生態系の安定にとって、一般的には生物種の多様性が望ましいとされる。だが、比較的少数の生物種から構成される生態系もあり、これが多数の生物種から成る生態系よりも価値において劣ると断定する理由もない。だから、生態系そのものにとっては、ある安定の状態に特に価値があるという判断は成立しない。しかし、人間にとってはそうではない。どのような安定でもよいのではなく、自らが快適に生存できる安定の状態こそが貴重である。だから、人間が「生態系を守れ」と叫ぶときの生態系とは、実は人間の生存にとって好都合な、生態系の特定の状態にほかならないのである。

環境という概念は、自然や生態系とは異なり、ある主体を前提する。いうまでもなく、いま問われているのは人間という主体にとっての環境である。保護されるべきは人間が健康に生存することができる環境である。だから、環境保護は第一義的に人間のためのものである。

以上の考察が正しいとするならば、「地球を救え」とか「自然にやさしく」といった環境保護運動のスローガンは不適切であることになる。このような表現は、人類が自らのためではなく地球や自然のために利他的に努力する、というニュアンスを含むからである。人類が滅びても、地球や自然はなんらかの形で存続しうるであろう。われわれが守らなければならないのは、人類の生存を可能にしている地球環境条件である。だから、オわれわれの努力を根本的に動機づけるのは人類の利己主義であり、そのことの自覚がまず必要である。

〔注〕○アルド・レオポルド――Aldo Leopold（一八八七～一九四八）。アメリカの生態学者。

設　問

(一)「すべての事象は等しく自然的である」（傍線部ア）とはどういうことか、説明せよ。

(二)「元来は没価値的な概念であり、人間との関連づけによって初めて守るべき価値を付与される」（傍線部イ）とあるが、どういうことか、説明せよ。

(三)「個人の生命の尊重という人間社会の倫理を動物の個体に適用することが、かえってその動物種の破滅を招くというようなことも起こりうる」（傍線部ウ）とあるが、それはなぜか、説明せよ。

(四)「生態系の概念には、機械論的に把握された自然の概念よりも豊かな内容が含まれているといえるであろう」（傍線部エ）とあるが、どういうことか、説明せよ。

㈤「われわれの努力を根本的に動機づけるのは人類の利己主義であり、そのことの自覚がまず必要である」（傍線部オ）と筆者が述べるのはなぜか、この文章の論旨をふまえて、一〇〇字以上一二〇字以内で述べよ。（句読点も一字として数える。なお、採点に関しては、表記についても考慮する。）

㈥ 傍線部a・b・c・d・eのカタカナに相当する漢字を楷書で書け。

a ビミョウ　b キョクチ　c オビヤかされる　d イジ　e ギセイ

（解答枠は㈠～㈣＝13.5センチ×2行）

第四問（文科）

次の文章を読んで、後の設問に答えよ。

早朝、目覚めて窓をあける。光をあびて緑がけむっている。あちこちの庭木も屋根も、おりた夜露を吐きだしている。そのむこうに視界をさえぎる丘があって、それも今はもりあがる新緑におおわれている。

この数年、この丘をながめながら仕事をしている。四季が幾巡かしたので、この丘の変化はだいたいわかったつもりでいるが、それでも見おとしたものを発見したり、知っているものでもやはり感銘をおぼえたりする。

今年の春、まだ丘の枯林が、けものの背の毛のように赤くそそけだって見えているころ、一本だけ白い花を咲かせている小さな木が、その中に埋まっているのに気づき、おどろいた。だれか画家が描いていたのを見たような姿だ、とは思ったが、実際に出会うとまた別の新鮮な感情がわき出てくるのだった。

また今年は緑が深く厚くなっていく過程をおもしろくながめた。この時期ほど遠目にも木々の様子が細密画のようにはっきりしていることはなく、その変化していくさまは、夏の後期に見る丘の鈍重さとはまったくちがう、めりはりのあるものであった。それは、育っていくものの活力のせいにちがいない。

そして梅雨前の今、丘は安定した厚い緑におおわれているが、一か所だけ、丘の背に小さな孔《あな》があいているところがある。わたしは、そのピンホールのような孔からむこうの空を、ときどきうかがったりしている。

去年、わたしは自分にしては長い時間をかけた小説を発表した。それはこの窓のある場所へ来る前から書き出して、ここで季節が二めぐりほどして書き終ったものである。その体験はまだわたしの中で鐘の余韻のように尾を曳《ひ》いているが、今わたしは次の、時間のかかる小説に着手しようとしている。それは、わたし自身がすこし変化している、と感じるからである。

他人が見てどうであるかはともかく、自分をからめとるような世界をともあれひとつ自分なりに書いてしまう。そのときには、これが自分のみえたぎりぎりの世界であると思ったから発表することが出来たわけだが、いざそうしてしまうと、すぐ次に同じような試みをする理由を失う。素材をちがえ構成をちがえ文章のスタイルをちがえたところで、列車は同じレールの上を走り出すだけである。ア自分によって書かれた言葉は、その行手行手で心得顔に到着を待っていて、〈おまちどおさま〉と皮肉をいうばかりだ。自分のつくった網から出ることはむずかしいのである。

わたしはだから待っているよりなかった。わたしは、そもそもおぼつかない手付きで言葉をかきあつめて、掘立小屋をひとつ建てたにすぎない。それはもう一度ちりぢりにしてもとへもどしてしまう。借りて来たものは返してしまって、しばらく知らぬふりをしている。

それにしても、言葉というものをわたしは信じすぎる。いや、わたしたちといってもいいかもしれない。言葉になっている、文字に書かれている、口から語られるということに信頼を置きすぎる。わたしたちは言葉を現実ととりちがえる。あるいは言葉を現実を完全に把握しているものと思いこんでいる。少なくともわたしはそう思っている。しかし、現実のわたしなりあなたなりは、いうまでもなく言葉以上の知覚体である。そしてまた言葉はその限界性ゆえに表現や認識の媒体たり得る。

原子と呼ばれるものにも実はかなりの隙間《すきま》があると聞いた。言葉と言葉のあいだにも大きな隙間がある。いってみれば、言葉と言葉は、ポイントしか示さないデジタル表示の時刻と次の時刻との関係といってもいいかもしれない。それになぞらえていえばやや平板化のそしりはまぬがれないが、現実はアナログ表示の、ステップしない、電気時計式の秒針の動きということになる。もっともこの秒針が、イデジタルで表示されるポイントと次のポイントのあいだを均質に動く保証はまったくない。

自分のつくった掘立小屋におさまっているうちは、わたしは、そのデジタル時計の表示が、アナログ時計の表示のように見えてしまっていた、ということである。それは言葉で擬似現実をつくり出すというトリックの呪縛《じゅばく》に他ならぬ当人がひっかかってしまっている、ということに他ならない。しかし、今のわたしはそこから脱しつつある。言葉と言葉のあいだにひろがっている闇がしだいに深さを増しつつある。それはまだあるべきものにまではかなり遠い、といわざるを得ないが、それでも言葉の背後の領土をもういちどつかみなおしてみたい、という気持がおこってきていることはたしかである。

振りかえってみると、いつもわたしは自分が変化することをねがっていたと思う。それも自分にとって自然なかたちで、自然にそうなりたいと思っていた。それはわたしなりの現実への尊敬のしかたなのだと思う。わたしが変れば、現実はもっともっと深いものを見せてくれると思っている、ということなのだから。

この五月でわたしはまたひとつ年齢を重ねた。これからさらに意外性ある未知の視角を体験する可能性も失われていないという予感もある。これからどう変化していくのか。活力あふれる初夏の丘の変化をながめながら、そんなことを思ったりする。

設　問

(一)「自分によって書かれた言葉は、その行手行手で心得顔に到着を待っていて、〈おまちどおさま〉と皮肉をいうばかりだ」（傍線部ア）とあるが、どういうことか、説明せよ。

(二)「この秒針が、デジタルで表示されるポイントと次のポイントのあいだを均質に動く保証はまったくない」（傍線部イ）とあるが、どういうことか、説明せよ。

(三)「わたしなりの現実への尊敬のしかた」（傍線部ウ）とはどういうことか、説明せよ。

(四)「活力あふれる初夏の丘の変化をながめながら、そんなことを思ったりする」（傍線部エ）とあるが、ここには筆者のどのような気持がこめられているか、説明せよ。

（解答枠は(一)〜(四)＝13.5センチ×2行）

一九九九年

第一問（文理共通）

次の文章を読んで、後の設問に答えよ。

身体（からだ）は、ひとつの物質体であることはまちがいがないが、それにしては他の物質体とはあまりにも異質な現われ方をする。

たとえば、身体はそれが正常に機能しているばあいには、ほとんど現われない。歩くとき、脚の存在はほとんど意識されることはなく、脚の動きを意識すれば逆に脚がもつれてしまう。話すときの口唇や舌の動き、見るときの眼についても、同じことが言える。呼吸するときの肺、食べるときの胃や膵臓《すいぞう》となれば、これらはほとんど存在しないにひとしい。つまり、わたしたちにとって身体は、ふつうは素通りされる透明なものであって、その存在はいわば消えている。が、その同じ身体が、たとえばわたしが疲れきっているとき、あるいは病の床に臥《ふ》しているときには、にわかに、不透明なものとして、あるいは腫《は》れぼったい厚みをもったものとして、わたしたちの日々の経験のなかに浮上してくる。そしてわたしの経験に一定のバイヤスをかけてくる。あるいは、わたしの経験をこれまでとは別の色で a ソめ上げる。ときには、わたしと世界とのあいだにまるで壁のように立ちはだかる。ア わたしがなじんでいたこの身体は、よそよそしい異物として迫ってきさえするのである。

あるときは、わたしたちの行為を支えながらわたしたちの視野からは消え、あるときは、わたしたちがなそうとしている行為を押しとどめようとわたしたちの前に立ちはだかる、こうした身体の奇妙な現われ方は、さらに別の局面でも見いだされる。それはたとえば、わたしたちがなにかをじぶんのものとして「もつ」（所有する）という局面だ。なにかを所有するというのは、なにかをじぶんのものとして、意のままにできるということである。そのとき身体は、ものを捕る、摑《つか》む、持つというかたちで、イ 所有という行為の媒体として働いている。つまり身体は、わたしが随意に使用しうる「器官」である。が、その身体をわたしは自由にす

1999

ることができない。痛みが身体のそこかしこを突然ｂオソうこと、あるいは身体にも《倦怠《けんたい》》が訪れることに、だれも抗《あらが》うことはできない。このことを、『存在と所有』の著者G・マルセルは次のような逆説としてとらえる。つまり、「わたしが事物を意のままにすることを可能にしてくれるその当のものが、現実にはわたしの意のままにならない」という逆説のなかに、かれは「不随意性〔意のままにならないこと〕ということの形而上学的な神秘」を見てとるのである。

　こういう「神秘」は、身体一般のなかには見いだされない。身体一般というのは医学研究者にとっては存在しても、ひとりひとりの個人には存在しない。身体はわたしたちにとっていつも「だれかの身体」なのだ。痛みひとつをとっても、それはつねにわたしの痛みであって、その痛みをだれか任意の他人に代わってもらうなどということはありえない。そのとき、痛みはわたしの痛みというより、わたしそのものとなっており、わたしの存在と痛みの経験とを区別するのはむずかしい。ウ身体にはたしかに「わたしは身体をもつ」と言うのが相応《ふさわ》しい局面があるにはあるが、同時に「わたしは身体である」と言ったほうがぴったりとくる局面もあるのである。人称としてのわたしと身体との関係は、対立や齟齬《そご》といった乖離《かいり》状態にあるときもあれば、一方が他方に密着したりｃマイボツしたりするときもあるというふうに、どうも極端に可塑的なものであるらしい。

　身体は皮膚に包まれているこの肉の塊のことだ、と、これもだれもがｄジメイのことのように言う。が、これもどうもあやしい。たとえば怪我をして、一時期杖をついて歩かなければならなくなったとき、持ちなれぬ杖の把手《とって》の感触がはじめは気になってしようがない。が、持ちなれてくると、掌の感覚は掌と把手との接触点から杖の先に延びて、杖の先で地面の形状や固さを触知している。エ感覚の起こる場所が掌から杖の先まで延びたのだ。同じようにわたしたちの足裏の感覚は、それがじかに接触している靴の内底においてではなく、地面と接触している靴の裏面で起こる。わたしたちは靴の裏で、道が泥濘《でいねい》かアスファルトか砂利道かを即座に感知するのである。身体の占める空間はさらに、わたしのテリトリーにまで拡張される。見ず知らずのひとが、じぶんの家族なら抵抗がない至近距離に入ってきたとき、皮膚がじかに接触しているのでなくても不快な密着感に苦しくなる。いつも座っているじぶんの座席に、ある日別の人間が座っていると、それがたとえ公共的な場所（たとえば図書館）であっても苛立《いらだ》たしい気分になる。あるいはさらにもっと遠く、たとえばテレビで船やヘリコプターからの中継を見ているとき、まるで酔ったような気分になることすらある。このようにわたしたちの身体の限界は、その物体としての身体の表面にあるわけではない。わたしたちの身体は、その皮膚を超えて伸びたり縮んだりする。わたしたちの気分が縮こまっているときには、わたしたちの身体的存在はぐっと収縮し、じぶんの肌ですら外部のように感じられる。身体空間は物体としての身体が占めるのと同じ空間を構成するわけではないのだ。

〔注〕○バイヤスをかける――うけとめ方に特定の片寄りを生じさせること。bias（英）。
○G・マルセル――Gabriel Marcel　一八八九～一九七三年。フランスの哲学者。

設　問

㈠「わたしがなじんでいたこの身体は、よそよそしい異物として迫ってきさえする」（傍線部ア）とあるが、このようなことがおこるのはなぜか、その理由を説明せよ。

㈡「所有という行為の媒体として働いている」（傍線部イ）とあるが、どういう意味か、説明せよ。

㈢「身体にはたしかに『わたしは身体をもつ』と言うのが相応《ふさわ》しい局面があるにはあるが、同時に『わたしは身体である』と言ったほうがぴったりとくる局面もある」（傍線部ウ）とあるが、「わたしは身体をもつ」ということと、「わたしは身体である」ということとのちがいを、筆者の論旨にしたがって説明せよ。

㈣「感覚の起こる場所が掌から杖の先まで延びたのだ」（傍線部エ）とあるが、このようなことが生ずるのはなぜか、その理由を、筆者の論旨にしたがって説明せよ。

(五)　傍線部a・b・c・dのカタカナに相当する漢字を楷書で書け。

a　ソめ上げる　b　オソう　c　マイボツ　d　ジメイ

(解答枠は(一)〜(四)＝13.5センチ×2行)

第二問（文理共通）

次の文章中の傍線部ア・イ・ウのいずれかを選び、その傍線部分に対する理解を明確に示して、それに対する意見を一六〇字以上二〇〇字以内で記せ。句読点も一字として数える。なお、解答用紙の指定欄に、選んだ傍線部の記号を記入せよ。

（注意）文章全体の趣旨の理解とそれに基づく意見を求めているのであって、単なる個人的な体験や感想の記述を求めているのではない。なお、採点に際しては表記の正確さも考慮する。

こと青春に関するかぎり、これまで私はどんな文章も一切断わりつづけてきた。青春などというものはだいたい、油が切れて先がなくなってしまった人間だけが書くものだ。

だが私も、そろそろそんなことはいえない年齢になってきた。ヨーロッパでは三十代までは青年の仲間入りができると聞いて、気を強くしていたのだが、いよいよ私もその三十代をすぎてしまったのである。あきらめてなにか一言、私見をのべてみることにしよう。

これまで日本では青春は不当に買いかぶられるか、さもなければ不当に抑圧を強いられてきたように思う。しかしよく考えてみれば、両方とも、結局は一つ穴のムジナでともに青春は美しく清純なものだという、固定観念のうえに成り立つものにすぎなかったのだ。永遠の青春などという年寄りじみたやにさがりにしても、また青年は青年らしくという、教育者的お説教にしても、すべて青年をある青春概念の中に閉じこめる役割しかはたしていなかった。

だが、ア本当の青春というものは、自分が青春などであることなどに決して甘んじたりはしない自己否定の精神のことなのではあるまいか。現状を認めないということが未完成な魂の特質なのであり、だからこそ完成へと向うたくましさもあるわけだ。青虫だって、現状否定によって初めてチョウになれるのである。青春だなどといわれてよろこんでいるような青春は、すでに青春の力を失った脱け殻的青春にしかすぎまい。

だから青春には、現状を否定してたえず未来に進もうとするエネルギーと同時に、すべて過渡的なものにつきまとっているあの未完成で矛盾にみちた青虫的いやったらしさが充満しているのである。

もし大人たちが、本当に青春の味方になってやろうとするなら、「成人の日」のお祝いも結構だが、半面いたずらに清純や素直さなどをおしつけたりせずに、そのいやらしさをこそ、むしろ愛してやるべきなのではあるまいか。なにも青春にかぎらず、一見いやらしくみえるものこそ、実は真に美しいものかもしれないのである。

第五問（文科）

次の文章を読んで、後の設問に答えよ。

俳句や短歌は不思議な詩型である。短い言葉のなかに、長い言葉よりも広い世界を表現することができる。長い詩型が言葉によってすべてを限定するのに対し、短い詩型は、読むひとのイマジネーションに頼る部分が大きくなるために、ア表出される世界が広がるのであろう。

短歌では、小さいものを詠《うた》うのはやさしいが、大きいものを詠うのはむずかしいとされる。たとえば、海に浮かぶ小舟を詠うことはできるが、ただ広い海だけを詠うことはむずかしい。

これは人間の神経系の構造や機能と関係のあることであろうと私は考えている。漠然としたあいまいな言葉をあたえるのではなく、鮮明なイメージをもつ言葉をあたえることによって、特定の神経細胞が興奮するのではなかろうか。その結果、その言葉に関連するイメージを記憶している神経細胞が同時に興奮して、そこに広々とした世界が開けてくる。

　ちる花は数かぎりなしことごとく光をひきて谷にゆくかも

上田三四二のこの歌は、イ桜の花びらという小さいものの視覚イメージを印象づけることによって谷の深さまでも表現している。人間の心はまた、自然に対して敏感に反応するものである。これはおそらく、生命の歴史と深くかかわりをもつことなのであろう。自然に触れることで心身は解放され、安らぎを得る。そのような意味で、自然を詠った歌の方が、ひとびとの心に訴える可能性が高い。

小さな花のたたずまいや月の白じろとした光の流れは、ひとびとの心のなかに豊かなイメージを膨らませるが、テレビやビルディングのような人工物は、イメージ喚起力が弱い。古来、花鳥風月が歌に詠《よ》まれることが多かったのも、人間の神経系の要求の結果ではなかろうか。

時代が進むと、そのような歌に飽き足りないひとびとがでてくる。そのような歌人の一人に土屋文明がいる。彼は「お互いに平凡な生活をくりかえしていながら、その中に自分の一つの生活を見つけてゆくというのが作歌の意味ではなかろうか」と述べている。「自分の生活に直面して、そこを足場として深くも広くも進もうとすること」ともいう。

生活を詠うといっても、単に日常の雑事を歌にすればよいというのではない。「他人の心に深く訴える」ようなものでなければならない。人間の生理、心理とはかけ離れたところから出発して、なおかつ感動をあたえようというのである。

文明も最初からこのようなことを目指したのではない。初期の歌には、

　白砂に清き水引き植えならぶわさび茂りて春ふけにけり

のような自然詠もある。ところが、

　地下道を上がり来たりて雨のふる薄明の街に ウ 時の感じなし

というような硬質な歌に作風が変わっていく。この歌は、地下道や街というイメージ喚起力の弱い言葉に「時の感じなし」と突き放したような結句がつづく。しかし、一見、ぶっきらぼうのようなこの歌の底にはいい知れぬ寂しさがただようのである。

昼間のように明々と電灯に照らされた地下道から急に地上にでると、そこには夕闇が迫り、細い雨が降っていた。アスファルトの道の湿る匂い。一瞬の時間感覚の落差に自己の存在感がぐらりと揺らぐ。――時が消えた――人生のエア・ポケットに落ち込んだような底知れぬ寂寥感《せきりょうかん》。都市の雑踏のなかでさえ、この寂しさから救われることはない。

その感情が、「時の感じなし」という、突き放したような言葉で表現されるとき、そこには無骨な「男の寂しさ」をも感じさせる。

文明は人間の神経系の働きに反する方法で、なおかつ人の心に訴えることに成功した数少ない歌人のように思える。成功の陰には、徹底した自然の写生詠の積み重ねがあったのであろう。また、何がひとを動かすかを直観的に悟る能力ももっていたと思われる。

彼は、それまでの自然観照を主とする短歌の世界から離れて、人間の生活を通して人間そのものを詠おうとした。そこには、生と死、人間であることの寂しさ、孤独が通奏低音として流れている。

〔注〕○上田三四二――歌人。一九二三～一九八九。　○土屋文明――歌人。一八九〇～一九九〇。

設　問

㈠　傍線部ア「表出される世界が広がる」とあるが、それはどのようにして可能になるのか。文中の語句を用いながら説明せよ。

㈡　傍線部イ「桜の花びらという小さいものの視覚イメージを印象づけることによって谷の深さまでも表現している」とあるが、具体的にはどういうことか、歌に即して説明せよ。

㈢　傍線部ウ「時の感じなし」という結句の果たす役割について、この文章の筆者はどのように考えているか。簡潔に説明せよ。

（解答枠は㈠～㈢＝13.5センチ×2行）

◇解答欄の例◇

○第一問（二〇一六年度　文理共通）

(一)		(二)		(三)		(四)	

◈解答欄の例

※第一問の解答欄は、実際には左右に分かれず一枚の紙面に印刷されている。

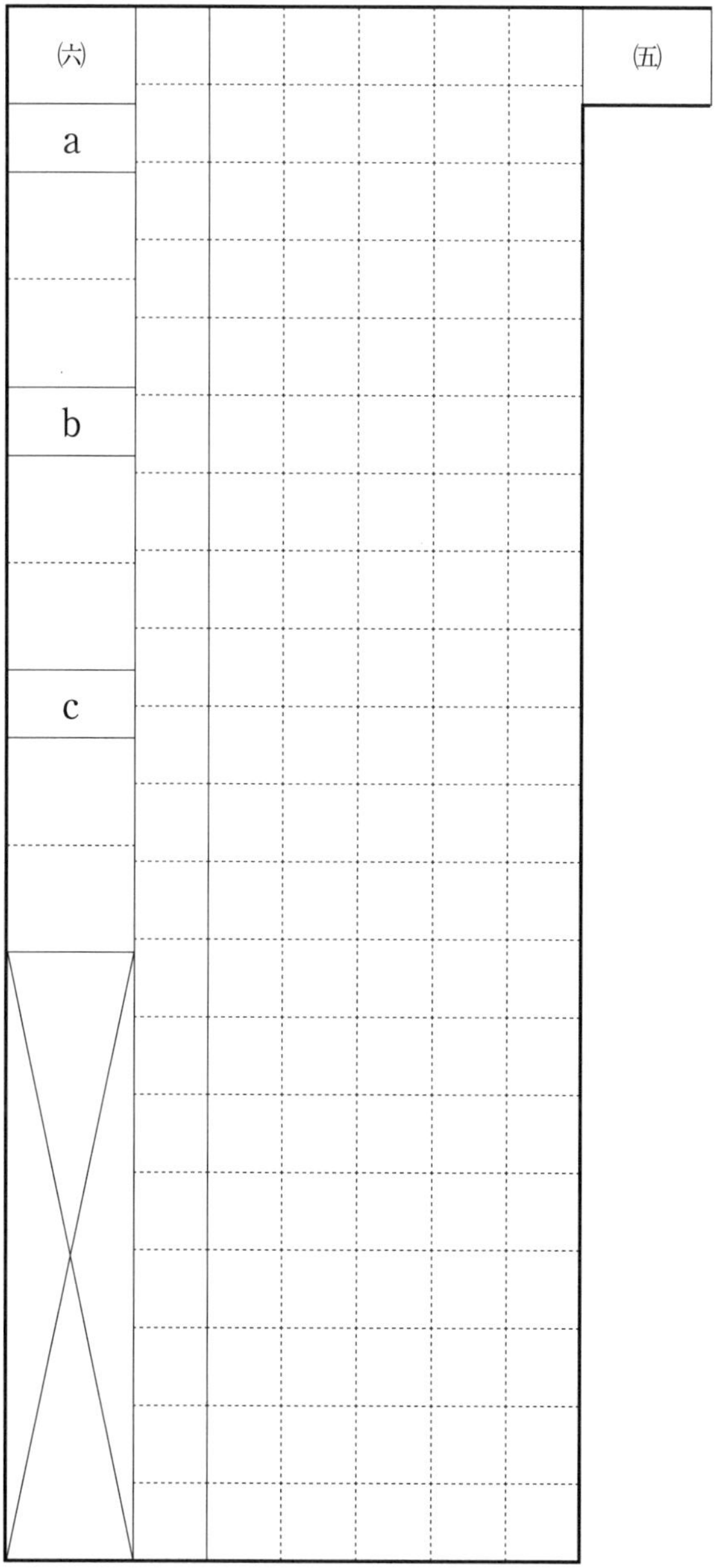

○第四問（二〇一六年度　文科）

㈣		㈢		㈡		㈠	

東大入試詳解

第3版①20231110

東大入試詳解 25年

現代文 第3版

2023~1999

解答・解説編

駿台現代文科・稲垣 伸二・二戸 宏義　共著
(2023・2022年度)　(2021~2000年度)　(1999年度)

駿台文庫

はじめに

もはや21世紀初頭と呼べる時代は過ぎ去った。連日のように技術革新を告げるニュースが流れる一方で、国際情勢は緊張と緩和をダイナミックに繰り返している。ブレイクスルーとグローバリゼーションが人類に希望をもたらす反面、未知への恐怖と異文化・異文明間の軋轢が史上最大級の不安を生んでいる。

このような時代において、大学の役割とは何か。まず上記の二点に対応するのが、人類の物心両面に豊かさをもたらす「研究」と、異文化・異文明に触れることで多様性を実感させ、衝突の危険性を下げる「交流」である。そしてもう一つ重要なのが、人材の「育成」である。どのような人材育成を目指すのかは、各大学によって異なって良いし、実際各大学は個性を発揮して、結果として多様な人材育成が実現されている。

では、東京大学はどのような人材育成を目指しているか。実は答えはきちんと示されている。それが「東京大学憲章」（以下「憲章」）と「東京大学アドミッション・ポリシー」（以下「AP」）である。もし、ただ偏差値が高いから、ただ就職に有利だからなどという理由で東大を受験しようとしている人がいるなら、「憲章」と「AP」をぜひ読んでほしい。これらは東大のWebサイト上でも公開されている。「憲章」において、「公正な社会の実現、科学・技術の進歩と文化の創造に貢献する、世界的視野をもった市民的エリート」の育成を目指すとはっきりと述べられている。そして、「AP」ではこれを強調したうえで、さらに期待する学生像として「入学試験の得点だけを意識した、視野の狭い受験勉強のみに意を注ぐ人よりも、学校の授業の内外で、自らの興味・関心を生かして幅広く学び、その過程で見出されるに違いない諸問題を関連づける広い視野、あるいは自らの問題意識を掘り下げて追究するための深い洞察力を真剣に獲得しようとする人」を歓迎するとある。つまり東大を目指す人には、「広い視野」と「深い洞察力」が求められているのである。

当然、入試問題はこの「AP」に基づいて作成される。奇を衒った問題はない。よく誤解されるように超難問が並べられているわけでもない。しかし、物事を俯瞰的にとらえ、自身の知識を総動員して総合的に理解する能力が不可欠となる。さまざまな事象に興味を持ち、主体的に学問に取り組んできた者が高い評価を与えられる試験なのである。

本書に収められているのは、その東大の過去の入試問題25年分と、解答・解説である。問題に対する単なる解答に留まらず、問題の背景や関連事項にまで踏み込んだ解説を掲載している。本書を繰り返し学習することによって、広く、深い学びを実践してほしい。

「憲章」「AP」を引用するまでもなく、真摯に学問を追究し、培った専門性をいかして、公共的な責任を負って活躍することが東大を目指すみなさんの使命と言えるであろう。本書が、「世界的視野をもった市民的エリート」への道を歩みだす一助となれば幸いである。

駿台文庫 編集部

◇目次◇

○はじめに

○出題分析と入試対策……7

○本書を用いるにあたって……28

○解答・解説

年度	ページ	文理	問題番号	出典	ジャンル
二〇二三	⇩32ページ	共通	第一問	吉田憲司「仮面と身体」	評論
		文科	第四問	長田弘『詩人であること』	随筆
二〇二二	⇩52ページ	共通	第一問	鵜飼哲「ナショナリズム、その〈彼方〉への隘路」	評論
		文科	第四問	武満徹「影絵《ワヤン・クリット》の鏡」	随筆
二〇二一	⇩77ページ	共通	第一問	松嶋健「ケアと共同性――個人主義を超えて」	評論
		文科	第四問	夏目漱石「子規の画」	随筆
二〇二〇	⇩96ページ	共通	第一問	小坂井敏晶「神の亡霊」〈6　近代の原罪〉	評論
		文科	第四問	谷川俊太郎『詩を考える　言葉が生まれる現場』	随筆
二〇一九	⇩114ページ	共通	第一問	中屋敷均「科学と非科学のはざまで」	評論
		文科	第四問	是枝裕和「ヌガー」	エッセイ
二〇一八	⇩135ページ	共通	第一問	野家啓一『歴史を哲学する――七日間の集中講義』	評論
		文科	第四問	串田孫一『緑の色鉛筆』	随筆

◆目次

《出題分析と入試対策》

一　文章を読むとはどういうことか

文章を読むとは、自分と異質な他者の世界に参入することである。世界は異質な他者に満ちている。社会のあり方も、自然の様相も、背負っている歴史も、人間そのものの存在も、そして何よりも自分自身が、自分にとって未知の他者にほかならない。自分のなかに他者があり、他者のなかから自己が生まれてくる。生きるとは、そのような未知で異質な世界へと参入し、言葉を通して自己と他者とのかかわりを模索しつつ、みずからの生を活性化させていくことである。

自分と異質な未知の世界へ参入することだから、文章を読むことが、ちょっとしたテクニックの獲得で可能となるような、たやすい作業などであろうはずはない。自分のことすら十分にはわかっていない人間が、どうして他者の考えを過たずにすっきりと理解することなどできようか。入試現代文で用いられている言葉は、私たちがふだん用いている言葉と同じものであるには違いないが、それはたとえば街のパン屋さんで、このパンを三個下さい、と言うときの日常言語とは、その性格をまるっきり異にしている。入試現代文は、大学で知の探求に参入するときの言語運用能力を問うものである。法学であれ経済学であれ、理学であれ医学であれ、国際関係論であれ、日本の大学での知の探求はすべて基本的には日常の日本語を用いてなされ、しかも日常とは別の、未知の領域へ踏みこもうとするものである。

むろん、入試の段階で、そのような言語運用能力が身についていなければならない、ということではない。それは大学に入って新たな挑戦に取り組むなかで獲得していけばよいことだ。ただ、言葉を用いることは、その意味内容を表すだけではなく、その言葉を用いる人間の、物事に対する姿勢をも結果として表すことになる、ということは自覚しておきたい。言葉は、物事を伝達するための単なる道具なのではなく、それをどう用いるかというところに、その人の物事に対する姿勢が、結果として顕在化されてくる。現代文はすべての学問の基礎である、という言い方がしばしばなされたりするのは、言葉のそのような性質を言ったものに他ならない。言葉とは、異質な他者の世界に参入するためのものであると同時に、そのようにして身につけた自分の言語を運用することは、自分でも気づいていないかもしれない自分をも含めた自分の生きる姿勢を、他者に向けてさらけだすものでもあるのだ。

言葉には、辞書的な意味とともに、文脈上の意味がある。ある文章を読んだとして、わからない言葉をすべて辞書で調べたとしても、文章全体の理解に全く届かないということがあるのは、文脈上の意味の理解ができていないから、という場合が多い。辞書すら引かない受験生がいるのは困った問題だが、辞書を引いてもわからないという困難をどう打ち破るか。何も特別な方法があるわけではない。言葉の流れを忠実にたどり、文脈を的確につかまえて自分で考えることに尽きる。そのためには、中学・高校で習ったはずの文法的な知識や、隠喩や擬人法といったレトリックの知識が総動員されなければならない。たとえば主語と述語の係り受けや、英語の関係代名詞節のような複文の構造が的確に把握できなければ、内容の理解はできないだろう。また隠喩・逆説・反語・韜晦《とうかい》…等々のレトリックの実態的な内容を把握しないまま、全体としての文章を理解しようとしても、それはムリな相談である。

ただし、大学入試で問われることになるのは、高校までに学んできた内容に限定されるから、あたりまえに勉強してきた人であれば何も特別に心配する必要はない。もっとも、言葉の論理をそのままパターン化したテクニックで捉えるだけでは、どうしても届かない難しい部分がある。そのズレを乗り越えるためには、文法上の知識や修辞法を駆使するだけではなく、これまでの自分の体験の総体を動員して、理解するように努力する必要がある。

しかし、言葉を通してそのように参入した他者の世界には、それまでの自分を驚かすような新たな発見がないだろうか。それまではあたりまえのこととして眺めていた風景が、ある文章を読んだ後では全く別の新鮮な風景として見えてくるといったことがないだろうか。言葉は現実的な力をもっている。分かるということは、驚きとともに自分が変わることである。言葉を通して他者の世界に参入するとは、未知の領域を手さぐりでたどりつつ、分かることで自分が変わる知の探求そのものなのである。

二　東大入試現代文の傾向とその対策

1　東大入試現代文がどのような形で行われているのか、その実際の形態をざっと見ておこう。

二次試験（前期日程）における国語について、二〇一七年度から二〇二三年度まで続いてきている形を次に示してみる。

国語	文科	理科
時間	150分	100分
配点	120点／440点	80点／440点
大問構成	第一問　現代文 第二問　古　文 第三問　漢　文 第四問　現代文	第一問　現代文 第二問　古　文 第三問　漢　文

現代文

第一問　文理共通　評論中心　すべて記述式

㈠㈡㈢　ハバ9ミリ×タテ135ミリを一行とする二行の解答枠

㈣　100字以上120字以内の解答欄

㈤　漢字の書き取り　3コ

第四問　文科のみ　エッセイ中心　すべて記述式

㈠㈡㈢㈣　ハバ9ミリ×タテ135ミリを一行とする二行の解答枠

それ以前、二〇〇〇年度から二〇一六年度までは、第一問の二行解答枠の設問がもう一つあって、計四問の二行解答枠設問と100字以上120字以内の記述設問が一問、そして漢字の書き取り設問は、3コから5コの間での幅があった。（なお、問題冊子の末尾に、二〇一六年度の解答欄を実物大で掲載してある。）

また、一九九九年度以前は、文科ではさらに古文と漢文の問題が一問ずつあって、他に文理共通の二〇〇字作文の問題が第二問として出題されていた。短めの課題文が示され、それを読んで「感じたこと・考えたこと」を書くというもので、いわばミニ・サイズの小論文といった出題である。これは東大入試国語の象徴的な問題と言われたりもしたが、二〇〇〇年度からこの問題は姿を消した。そのかわりに第一問に、それまではなかった一〇〇字以上一二〇字以内の記述設問が加わり、現在に至っている。

問題文の字数は、第一問、第四問とも、二〇〇〇字くらいから四〇〇〇字程度で特別長い文章は出題されない。だいたいは三五〇〇字前後のものが多く、標準的な分量ともいえる。時間的には、第一問には、四〇分から五〇分をかけることが可能で、第四問には三〇分から四〇分がかけられるだろう。一部の私大や共通テストのように、ムチャとも言える速読が求められることはなく、ふつうの読解力と表現力を持っていれば、十分に取り組むことのできる配慮がなされている。これは、東大が、時間が足りなくて十分に書けなかった、という逃げ口上を許さず、読解力と表現力そのものを正面から問おうとしているためと思われる。

なお、配点については、国語としての総点が公表されているだけで、大問ごとの配点、ましてや設問ごとの配点は公表されていない。駿台予備学校・Z会共催の東大入試実戦模試をはじめとして、東大入試に向けた模擬試験がいくつかの予備校で行われているが、予備校によって細かい配点に違いが見られたりするのは、右の事情による。ただし、若干の違いがあっても、全体としての信頼度に大きなブレはないと思われるから、その点については受験生の一人一人が自分で判断するのがよいだろう。

二〇二三年現在、共通テストと二次試験との比率は、共通テストの成績(配点：900点満点を110点に換算)と二次学力試験の成績(総得点440点)とを総合して行われ、「一対四」となっていて、二次試験が重視されている。現代文の比重が相対的に高いと言えるが、それは知の探求を支える根幹にあたる科目という点で、当然のことであろう。

2　次に、問題文の内容について触れておこう。

東大入試現代文は一般に、やや硬質で、かなりの抽象性をもった文章が問題文として採用されている。それは、大学側の求めているものが、単に文章を読み取る読解力にあるだけではなく、現実の問題を主体的に捉える積極的な思考力にあることによると考えられる。抽象的な文章を読みこなせるということは、単なる読書量の問題ではなく、ふだんからどれだけ自分の頭でものを考えているかという、受験生一人一人の実態をはっきりと示すからである。社会を読解し、自然を読解し、人間を読解し、自分を読解する、つまり、現実そのものを読解し思考する習慣をふだんから身につけている人であれば、初見の文章でたとえ抽象度の高い文章が出題されたとしても、それが具体的に何のことを言っているのかということは、おおよその手掛かりをつかむことができるはずである。言い換えるなら、東大入試現代文では、与えられた文章を読み解くといった受動的な問題解決能力よりも、むしろ現実の中で能動的に思考する問題発見能力こそが求められているのだ。受験生に向けたメッセージで、東大は「自らの体験に基づいた主体的な国語の運用能力を重視します」と明記している（東京大学案内「高等学校段階までの学習で身につけてほしいこと」（27ページ参照）より）。

第一問

評論文が中心で、論理的な思考力が問われる。内容は、近代を批判的に見直す視点からのものが多い。歴史を複数形で捉える試み、ケータイ等に見られる情報化社会におけるプライバシー、生態系の破壊といった3・11以降顕著になってきた極めて現代的な状況、近代的な自我の捉え方の揺らぎ、あるいは最近の政治に見られる反知性主義の世界的傾向、科学技術の進展がもたらした社会の変容と人間の変貌、格差や差別等、いずれも現在の状況と密接にかかわるアクチュアルな内容の文章である。

激変する世界の状況を視野に入れるなら、今後は、近代批判に留まることなく、人間の属性としての暴力、あるいは人間存在の根源的な不完全性といった問題についても出題される可能性があるだろう。

これらの文章は、受験生の読解力を弁別するのに適切だからという理由だけで選ばれているわけではない。東大の先生方が自らの研究の中で、その内容に知的関心を刺激される部分があったから選ばれたのである。そういう意味で試験問題は、受験生の能力を弁別するためのものであると同時に、その大学の研究教育姿勢をも現している。

第四問

エッセイや随筆、文芸的な批評、ときには哲学的な評論が出題される。文科専用の問題として第一問とやや異なり、一貫して、人間的な心情を話題とする文章が選ばれている。感性的な共感力が問われていると言ってよい。このような文章の出題は、各自の進む専門領域がどこであろうと、文系の分野を専攻するとき、人間的心情に関する理解力や共感力は必須である、と出題者が考えているためと想定される。

内容は、身体、言葉、時間、民俗的世界等を話題として、やはり近代を批判するもの、詩や短歌を含む文芸的な文章、写真について論じる評論に近い文章等、さまざまである。人間的な心情が対象となることから、物事に対する感受性や言葉に対する繊細な感覚、他者に対する共感力等が求められるが、必ずしも特別鋭敏でなければならない、ということではない。現代文では満点を取る受験生など、おそらくは一人もいないと思われるから、自分の生まれ持った素質を嘆く必要はない。ただ、文章をきちんとたどり、エッセイや随筆なりの特徴に沿って論理的に読む、という努力をすればよいのである。

これらの文章は、硬質の評論文に比べて、一見、読みやすいといった印象を与えることが多いが、いざ解答を書こうとすると、何をどう書いていいのかわからない、といった難しさがある。

3 入試対策について考えてみよう。

高校の国語の授業および自発的読書等を通して、社会や自然、人間等、さまざまなものに関心を寄せ、かつ自ら主体的に考えることが基盤となる。紙の上で言葉だけをいじくりまわしていても、しっかりとした実力はついてこない。身の回りの現実そのものを、自分の眼で捉える必要がある。言葉を読解する力は、現実を読解する力と響き合ってこそ、信頼できる力となる。言葉を他人事のようにして受け止めるのではなく、「東京大学案内」の受験生に向けたメッセージにも明記されているように「自己の体験総体を媒介に考える」ことが肝心なのだ。

自分の体験を含めると文章を誤読してしまう、という人がいるが、それは本文の内容とズレた自分の体験を当てはめるからである。本文の文脈に合う自分の体験を当てはめて理解することで初めて、言葉は自己と他者を結ぶ媒介となる。どの体験が当てはまるかどうかを考えることそのことが、すでに読解力の一部なのだ。

また、文章を読むときは主観を排除して客観的に読まなければならない、といった言い方がしばしばなされたりする。しかし、主観を排除して小説やエッセイを読むことが可能だろうか。主観を排除していたら、羊羹が甘いと語り合っている小説すら全く理解できないだろう。主観には、自分だけの主観もあれば、多くの人間に共通する主観もある。羊羹が甘いと感じる感覚は、日本人の多くの人にほぼ共通する感覚である。この、多くの人間にほぼ共通する主観は「間主観性」あるいは「共同主観性」と呼ばれる。この「間主観性」こそが客観性と言えるものなのだ。自分だけの主観は恣意性として排除されなければならないが、間主観性を排除したら、「神」についても「国家」についても、議論することすらできないだろう。恣意的に読むことはもちろん許されないが、客観的に読むという言い方に含まれる錯誤に引きずられてはならない。

また、全問記述式であることから、「どのように書けば良い答案になるのか」というふうに、答案の書き方ばかりを気にする受験生が多く見うけられるが、これは勉強姿勢としては好ましいものとは言えない。答案の書き方よりも、本文の読み方こそに力を注ぐべきである。というのは、書き方の工夫に力を入れる人は、自分が本文を読めていないことの自覚にしばしば欠けるからである。良い答案が書けないのは、自分の書き方が不十分だからではなく、本文が読めていないからである。書き方がどれだけ上達したとしても、誰も自分が読み取った内容以上の答案を書くことはできないのだ。日本語だからといって軽く見てはいけない。一文一文が読めることと、全体の論理構造が理解できることとは、必ずしもイコールではない。部分を読むことが同時に全体を把握することにつながり、全体の把握が同時に一文一文の理解を確かなものにするといった、部分と全体の往復を常に意識して、読解の訓練を積み重ねることが望まれる。

設問の構成は、本文の対比と段落展開に沿って成されている。したがって、筆者の考え方の枠組みと論旨の展開という本文の骨格をつかまえることが第一であって、傍線部を要素に分けたり、同内容の表現でイイカエたりしても、良い点を取れるとは考えにくい。全体の骨格をとらえる要約の記述練習などを試み、その記述した文章の不十分性を、さらなる読解によって修正し推敲する、といった作業をつづけることで、記述力は身についてくる。つまり、読解力と記述力は、不可分のものとして密接に連動しており、常に優先すべきなのは読解力である。

ここで、問題文読解の手掛かりとすべきものを、四つばかり挙げておこう。

a、一つ目は、本文の対比をつかまえること。

一般的に、入試問題に用いられる文章の多くは、筆者がある事柄を主張したり、他と区別して強調したりする形で書かれている。そしてその主張は、それと対比される別の内容を批判したり、否定したりすることで成される場合が多い。この筆者の主張と、筆者の批判する内容とが、本文全体の基盤を構成する対比である。もちろん、実際の文章はこれほど単純な形で書かれるわけではなく、対比の構造にはさまざまなヴァリエーションがある。しかし、対比を的確に捉えることは、文章読解の出発点となる。多くの場合、基盤の対比は、社会の通念に対する、筆者の批判的な主張という形をとる。

一つの文章の中には、基盤の対比の他にも、副次的な対比がさまざまに出てくる。どこに基盤の対比があるか、ということを見究めることは、論旨を明晰にたどる上で、欠くことのできない作業である。また、対比のはっきりしない文章も実際には少なくない。そのような場合でも、筆者が繰り返し述べていることをたどっていくと、筆者が述べている事柄の背後には、そうではない現実が潜んでいる、といったことがしばしば見られる。直接的な対比はどこにも書かれておらず、筆者は何も批判してはいないのだが、繰り返し述べていることの背後には、そうではない現実が黒々と横たわっている、といったケースである。このような場合、直接的な対比ではなくても、その文章の前提に対比の構造が潜在している。そもそも言葉の発生自体が、それを他と区別して、それをそれとして認識することから始まっている。それは問題文全体に関しても言えることであり、また評論に限らず、小説やエッセイ等のすべての文章に適用することの可能な視点である。東大入試現代文では、筆者の主張の反対側に位置する対比的な内容は、設問の段階で独立した形で問われることになるのが普通である。

b、二つ目は、段落を自分で区切って把握すること。

段落には形式段落と意味段落の二つがあるが、ここで言っているのはもちろん意味段落である。本書ではそれを、第一の部分、第二の部分(あるいは、第Ⅰ意味段落・第Ⅱ意味段落……)という語で解説してある。その意味段落を、問題を解くとき(もちろん解説を読む前に)、自分で区切ることが大切である。

試験の問題文は、その量的な長さがほぼ決まっているが、それをそのまま(つまり、一段落で)理解するというのは、ふつうは難しい。一言ですべてを言い尽くすことはできないから、筆者は大まかな項目を立て、それに沿って主張を展開する。だから読む側も、論旨の展開を内容から区切って理解する方が、はるかに把握しやすくなるはずである。その際大事なことは、四つか三つ、場合によっては前半と後半の二つに区切ることであり、五つ以上に区切るべきではない、ということだ。序論・本論・結論の三つ、あるいは起承転結の四つが、段落構成の基本である。五つとか六つに区切ると厳密性は増すかもしれないが、全体を把握する上では、逆に混乱に陥る危険性がある。全体を俯瞰して要約する練習では、段落を三つか四つに区切ってまとめるほうが、論旨がすっきりと通りやすい。また、段落に小見出しをつける練習も効果的である。

ここで大切なことは、段落を区切るのは、区切ることが目的ではなく、区切った段落を再び総合することで、全体の把握を容易にするためだ、ということである。また、段落と段落のつなぎの箇所には、両者をつなぐ接続部の小さな形式段落があったりもする。そんな場合、厳密な区切りにこだわる必要はない。このあたりから次の段落へと展開している、といった具合に大まかにつかまえられるだけで十分である。

東大入試現代文の各設問は、基本的に、本文の段落展開に沿う形で構成されている。したがって、記述する内容は、段落を把握するという読解の的確さに、大きく左右される。ここでも大急ぎで付け加えなければならないのは、段落の区切りをあまりにも機械的に考えてはならない、ということだ。たとえば、この傍線部は第二の部分にあるから、第二の部分だけを考えれば答えが書ける、といった考え方である。本文を段落に区切るのは、全体の理解を明晰にするためであって、記述を簡略化するためではない。本文の冒頭部は、本文の末尾と、ほとんどの場合、呼応している。生きた言葉として連続して流れている文章を、段落に区切って、それをそのまま記述の対象範囲と考えるようなやり方では、部分点は取れるかもしれないが、良い得点にはならないだろう。

右の二つ、対比と段落が、本文の構造の骨格を理解する作業となる。対比が、筆者の考え方の枠組みを示す、いわば横の構造であり、段落が、筆者の記述の流れを把握する、いわば縦の構造である。この二つが、本文読解の上での最も重要な手掛かりであるが、ただし、これだけでは本文の実態的な理解にはならない。骨格を肉付けして理解するためには、さらに次の二つの手掛かりを動員する必要がある。

c、三つ目は、抽象と具象を往復すること。

言葉には、概念、虚構、制御……といった抽象的な言葉もあれば、リンゴ、机、赤い……といった具象的な言葉もある。一般に、抽象的な言葉が難しいが、それらは単に抽象的な内容を表しているわけではない。必ず、背後に具象的な内容を持っており、その内容を前提にして、抽象的な言葉として成立している。したがって抽象的な言葉を抽象的なままに扱っていると、そのことが実際に含みもっている具象的な内容からどんどん離れていって、それこそ内容のない、空疎な言葉の連なりになってしまう。だから、抽象的な言葉は、その文章の中でどのような意味を持つ語として用いられているのか、その具象的な内容をイメージして考える必要がある。本文中に具体例が全く書かれていなくても、それが実際上何のことを言っているのかが理解できなければ、文章を読んだことにはならない。その理解を助けるのが、「自己の体験総体を媒介に考える」ことである。共通テストなどでは、抽象的な表現と具体的な内容との往復を求める設問がしばしば見られる。本文中の抽象的な表現箇所に傍線を引き、本文中に全く示されていない具体例ばかりを選択肢として、その理解を問う設問などのことである。それらは言葉を実態的に理解することを求めているのである。

逆に、具象的な表現が、時にそれがそのまま抽象的な内容を表すものになっている場合もある。たとえば、「彼は東の空を仰ぎ見た。」という具象的な表現が、前後の文脈によっては、「希望」という抽象的な内容を表していることもあるだろう。このようにして、抽象と具象を往復して考えることは、文章の内容を実態的に肉付けして理解する上で、非常に重要な作業である。解答を記述する際には、自分でイメージした具象的な内容を書くわけではないが、採点者には、そのような往復作業を経た上での解答か、抽象語を抽象語のままに操った空疎な答案かは、すぐに伝わるものである。

一般に、抽象論と具体例といった考え方があるが、これは右に述べた考え方と似ているようではあるが、全く違うものである。抽象論と具体例という言い方をするとき、ふつうは抽象論を重く見て具体例を軽く扱う。要約をする場合は、具体例をカットして抽象論をつなげるというやり方をする。しかし、具体例こそが、筆者の発想の出発点となるべきものであり、小論文の採点では、どのような具体例か、その新鮮さの違いによって点差がつく場合が多い。カットしても構わないような、ありふれた具体例の文章は、そもそも魅力に乏しいと言えるだろう。抽象論と具体例といったパターン化した捉え方ではなく、抽象と具象を往復する動的な捉え方こそが望まれる。

d、四つ目は、部分と全体を往復すること。

本文の筆者は、全体として一つのテーマについて語っているはずであり、それを一と言では言えないから、順序を追って段落を組み立てたり、多様な角度から照射して説明したりして、その一つのテーマがくっきりと伝わるように記述しようとするのがふつうであろう。だから、部分と部分の内容が全く異なるように見えても、全体を貫く文脈の上に置けば、それらの部分と部分とは当然のことながら、関連したつながりを持っている。文章は、一文一文を読み進めていくしかなく、部分を読むとき全体は見えてはいないが、しかし、全体を読み了えなければ全体が見えない、ということでもない。部分を読むことが、一挙に全体の姿を予感させる場合もある。たとえば、次のような一文が本文の冒頭にあったとする。

〜は、……ではなく、○○である。

この場合、～は本文全体の話題と考えられ、……が社会一般の通念であろうと想定され、○○が筆者の主張と考えられよう。この一文だけで右のように断定できるわけではないが、少なくとも想定はできるだろう。筆者は～という話題に関して、……という通念を批判して、○○という主張をしようとしているらしい。このようにして冒頭の一文だけで全体の内容が予感できる場合がある。全体をはっきりとつかまえるのは、全文を読み了えるまで待たなければならないが、読み進める中でその予感を修正したり、新たな予感に変更したり、すでに読んだ部分とのつながりを考え直したりして読んでいく。部分と全体を往復するとは、右のような作業を指している。もちろんのことだが、文章の展開にはさまざまなものがあるから、右のように単純に読み進むことができるとは限らないが、とにかく、部分を部分として読むのではなく、部分と全体を往復して全体を貫く文脈を捉えることが肝心である。東大入試現代文では第一問にしても第四問にしても、最後の記述設問を解くときは、本文末尾の箇所と本文冒頭の箇所との文脈上のつながりを考えることは、ほぼ必須の作業と言ってよい。

このようにして、抽象と具象を往復すること、部分と全体を往復することは、本文の骨格を肉付けして理解することに当たる。以上の四つ、つまり、対比、段落、抽象と具象の往復、部分と全体の往復は、本文読解の重要な手掛かりである。そしてその読解の手掛かりは、同時に解答を記述する際の手掛かりでもある。東大入試現代文では、各設問は段落の展開に応じて設定され、対比的な内容は一つの設問として問われることが多い。また、抽象語を空疎に結びつけただけの答案は得点できず、最後の設問は冒頭の部分との文脈上の連関を意識する必要がある。各設問をそれぞれ単独に考えているようでは、解答内容に無駄な重複があったり、必要な内容を書き落としたりする。設問㈠を考えるときは設問㈣が視野に入っているべきだし、㈡を考えるときには㈠や㈢が見えていなければならない。このようにして各設問の関連性を考え、全体としての内容を把握することで、解答の記述も明晰なものになっていく。かりに全設問に正解できたとすると、その解答の全体は、本文の要約にほぼ重なっている。

つまり、東大入試現代文で問われているのは、極めて正統的な読解力と表現力なのである。東大入試現代文は、問題を解くことが、文章を読むとはどういうことか、ということを、そのまま伝えてくれる形になっている。設問の形式も問題文の内容も格別難しいものではなく、むしろ高校でなされるはずの標準的な授業に近い。それでもやはり東大の問題は難しい。それは問題が難しいからではなく、一人の他者を理解することがいかに難しいか、という当たりまえのことを示しているのだ。

文章をパターン化したテクニックで読み、この要素とこの要素をまとめれば解答になる、といった解答法もある。深読みをして受験生に理解できないような解答を提示するよりも、受験生にもわかるような合格ラインの解答を提示すべきだ、という考え方もある。なるほど、東大入試現代文は六割の得点であれば合格ラインに達する。五割台でも他の科目の得点がよければ、十分合格が可能である。本書で提示する解答がベストだなどと考えているわけでは全くないし、このような解答を書くことを受験生に求めているわけでもない。しかし、自分は他の科目で得点ができるから、現代文では五割取れればそれでよい、と思っている人の答案は、五割に届くことはほぼない、と考えるべきだろう。それは、そのような解答姿勢が答案の文そのものに、ニュアンスとして表出されてくるからである。こことここをまとめれば何点は取れるだろうと考える発想が、将来、ハーバード、スタンフォード、ケンブリッジに対抗できる知性へと成長し得るだろうか。東大が求めているのは、限界へと挑戦する知性である。

三　指示表出と自己表出について

言葉は、その言葉が意味している内容を表すだけではない。その言葉を言ったり書いたりする人、つまり発語者の立場や心の姿勢をも、なんらかの形で表出する。これを指示表出と自己表出という概念で明らかにしたのが、吉本隆明の『言語にとって美とはなにか』である。これは、言葉を単に言葉として捉えようとするのではなく、言葉には、必ずその背後にその語を発する主体が潜在しているとする捉え方である。主体といっても、この主体は、近代的な責任の確立した主体ということではなく、発語する人の立場、心の姿勢、ものの見方といったやや曖昧でゆるやかな考え方と受け止めてもらいたい。言葉や文章は、それらが意味する内容を表すだけではなく、そのように発語する主体の立場や心の姿勢をも表す。このことを吉本隆明は、文章とは「指示表出と自己表出で織り出された織物」である、と喩えた。これを逆の方向から言い換えるなら、文章を言葉の意味の連なりとして言葉のレベルだけで捉えているとき、その文章の十分な読解には届かない、ということである。その文章の発語者である人間の存在を受け止めなければ、その文章を読んだことにはならない、ということだ。

東大はここ数年にわたって、受験生に向けたメッセージを「高等学校段階までの学習で身につけてほしいこと」（27ページ参照)という小文で発信しつづけている。国語についての中心的な内容は「1　文章を筋道立てて読みとる読解力　2　それを正しく明確な日本語によって表す表現力」の二つで、この二つの力を重視するという極めて標準的でまっとうなものである。ただ、その短い文章の中に次の二つの文言がさしはさまれていることに注意してほしい。それは、「自己の体験総体を媒介に考えることを求めている」「自らの体験に基づいた主体的な国語の運用能力を重視します」の二つである。この二つはほぼ同じことを言っており、東大が「自らの体験に基づいた主体的な国語の運用能力」をいかに重視しているか、ということがひしひしと伝わってくる。

なぜ東大は「自らの体験に基づいた主体的な国語の運用能力」を重視するのか。その理由は、容易に想像することができよう。それは、自らの体験に基づかない非主体的な国語の運用が、現在の日本に蔓延しているからである。政治や経済の世界には空疎でかつ暴力的な言葉が氾濫し、ジャーナリズムの世界でも言葉の劣化は著しい。社会の情報化が急速に進展し、ネットの中で匿名の言論があふれている現在の状況が、その大きな要因となっているかと思われるが、それは大学の内部にまでも及んでいるのであろう。そして、それは受験の領域でも例外ではない。

客観性という名のもとに、主体の全く介在しない、テクニックに頼ったパターン化した読解が横行し、受験生もまた、読み手の主体を棚に上げた手っ取り早い解法を求める。自分の書いた答案が採点者にどのような印象を与えるかを意に介することなく、コミュニケーションの原則を無視した答案を平然と書く。パターン化した解法とは、やや極端に言い換えれば、そのパターンを身につけると答えが書けるということであり、さらに言うなら、そのパターンを身につけたら誰でも答えが書ける、つまり考えなくても答えが書けるということである。これは奇妙なことではないだろうか。このような発想から強靭な知性が育つと考えることは、極めて難しい。

吉本隆明以前にも、言葉における発語主体を重視する考え方は、もちろん存在した。その源流に当たるのが、時枝誠記《もとき》の『国語学原論』である。この考え方は一般に言語過程説と呼ばれるが、そのポイントの箇所をほんの少し、かいつまんで説明してみよう。

イ　猫が鼠を食う。
ロ　私が読んだ。

右の二つの文を考えてみると、イの「鼠を食う」の主語は「猫(が)」で、ロの「読んだ」の主語は「私(が)」である。現在の学校文法では、以上の説明で、右の二つの文は読解できたことになる。ところが、時枝誠記は、このような説明では、二つの文の実態には十分には届いていないと言う。イの文の主語は「猫」ではあるが、イの文の表現主体は「猫」ではない。それはこの文を発語した主体の人間である。ロの文の主語は「私」であるが、ロの文の発語主体は「私」と言えるだろうか。この二つの「私」は一見して同じもののように思えるが、時枝誠記はこの二つの「私」には違いがある、と言う。発語主体の「私」は現在時点の「私」であるのに対し、主語の「私」は主体の客体化された過去時点の「私」であるということだ。このようにして時枝誠記は、言語の発語主体を把握できなければ、文の実態には迫れないと考えたのである。

ところが、戦後の学校文法では橋本進吉の文法が採用され、時枝文法はあまり顧みられなくなってしまった。このことが、現在の日本語の混乱した状況をもたらした遠因の一つにもなっていると言えるのではないだろうか。

三浦つとむの『日本語はどういう言語か』もまた、言葉における発語主体を重視する考え方に立っている。この考え方は言語だけでなく、絵でも写真でも言えることだが、原著を離れて任意に考えてみよう。たとえば、写真については、ある写真には、そこに映った被写体だけが表現されているのではなく、シャッターを押した瞬間のカメラマンの立ち位置が、必ずなんらかの形で表出されてくる。どの角度からどういう方向で撮られたかがわかる、ということだ。もちろん、ここではCGなど、最近の合成写真は除く。報道写真などで、時にカメラマンの行動が問題になったりするのは、シャッターを押した瞬間のカメラマンの立ち位置が、倫理的に問われたりすることがあるからである。同様の事は、絵についても言える。ゴッホの『ひまわり』は、ひまわりという対象を描いている。これが指示表出に当たる。しかし、そこには他の画家のひまわりの絵から感じることのできないゴッホという人間像のなにかが漂っている。これが自己表出に相当する。ゴッホの『ひまわり』を見て、あ、ひまわりだ、と言うのは元気な小学生の鑑賞としてはふさわしいかもしれないが、大人としては、まともな鑑賞とは言えない。ゴッホの人間像はその輪郭をはっきり画定することはできないが、それでも確実に伝わってくるゴッホの人間像をしっかりと受け止めることが、鑑賞への入り口である。これらはいずれも、写真、絵画という表現における、表現主体の存在を受け止める捉え方であり、文章における発語主体の存在を意識する読解と同じ構造に立っている。

これらの考え方を受け継いで、指示表出、自己表出という概念に定式化したのが、吉本隆明である。

この構造を図で示してみよう。

　　⇗〈自己表出〉（発語主体の無意識を含む、心の姿勢や立場）［結果として示されるもの］
　　　　　　　　　　　　　　　　　　　　　→感じる

ことば

　　⇘〈指示表出〉（その語の意味する内容）［意志的に言おうとしているもの］
　　　　　　　　　　　　　　　　　　　　　→考える

これを、文章を読む側から言うと、指示表出は考えながら読み進めていき、自己表出は感じ取りながら読み進めていく、ということになる。つまり、文章を読むことは、そこに指示表出された内容を論理的に思考してたどっていき、自己表出されている発語主体の心のありようを感覚的に受け止めながら読み進めていくということになる。もちろん、頭や心の働きはそれほどくっきりと切り分けられるものではないから、実際に読み進めているときに、そのようなことをいちいち意識しているわけではないが、とにかく、指示表出を読み取る論理的思考と自己表出を感受する感性的共感とは渾然一体となりながらも、指示表出は考えることによって、自己表出は感じることによって、受け止めるということである。ここで、感覚というものもまた、訓練によって鍛えることの可能な、可変的なものであることを意識しておきたい。

言葉、絵画、写真等、あらゆる表現における表現対象が指示表出で、そこになんらかの形で示されてくる表現主体が自己表出である。これは芸術作品についてだけでなく、人間のあらゆる行動についても言えることである。たとえば入学試験は受験生の成績の弁別を目的としており、これが指示表出と言えるが、そこにはなんらかの形でその大学の教育研究姿勢が顕在化してくる。それが自己表出である。多くの試験問題を読み比べて解いてみると、受験生であっても、それぞれの大学の性格や研究姿勢の違いが伝わってくるのではないか。

言葉の自己表出の働きについては、現在の学校教育でも全く触れられていないわけではない。ニュアンスとか、微妙な意味合いといった言い回しで説明される内容の多くは、自己表出にかかわるものと考えられる。また、コノテーション(＝語の言外の意味・含意・内包・connotation)という言い方で触れられる内容も、全くイコールというわけではないが、その多くは自己表出にかかわる内容に近いと言える。この対義語はデノテーション(＝語の明示的な意味・指示・外延・denotation)で、これはほぼ指示表出に近い。

ところが、このような捉え方は、恣意的な主観に近いものと見なされ、きちんと対応されてはこなかった。そのような状況の中で、吉本隆明は、自己表出こそが言語の根幹にある働きであることを明らかにしたのである。たとえば、小説を読んであらすじをつかめたとしても、それは指示表出を理解したことにすぎず、そこに示される自己表出(「表現」ではなく「表出」であることに注意したい。意図的なものとは限らず、結果としてそこに顕在化してくるもの、の意である)を捉えられなければ、その作品を読んだことにはならないと言ったのである。

吉本隆明は、名詞や動詞は指示表出性が強く、間投詞・終助詞・助動詞等は自己表出性が強いと言う。そして文章とは「指示表出と自己表出で織り出された織物」である、と喩えた。古文の読解で主語の明示されていない文章を読むとき、文末の助動詞等が大きな手掛かりとなるのは、発語主体を考えるという点で、理にかなったやり方なのである。ただし、自己表出こそが根幹だと言っても、言語表現は自己表出だけでは成立しない。指示表出という当たり前の働きがあって初めて、そこに自己表出の働きが出てくるのである。

ここで大事なことは、言葉の指示表出で示される内容と、自己表出で示される内容との間に、しばしば大きなズレがあるということだ。言葉の辞書的な意味をたどっても、実態としての内容が理解できないことがあるのは、その文脈から発生してくる自己表出の働きがつかめないからである。言葉はしばしば、その表層の意味とは正反対のことを表したりする。反語(イロニー)というレトリックがそれであり、逆説(パラドックス)とか矛盾形容語法(＝オクシモロン oxymoron 例「真昼の暗黒」「悲しい喜び」「公然の秘密」など)についても、その働きをしっかりと受け止めなければ、文章をきちんと読解することはできない。先に、傍線部をイイカエようする姿勢は、まともな解答に届くことにはならない、と言ったのは、この指示表出と自己表出のズレを言おうとしたのである。なるほど、傍線部について答えた解答は傍線部の表現と違ったものになるから、その解答は結果として傍線部を言い換えたものになる。しかし、それはイイカエようとして言い換えたのではなく、内容を理解しようとする読み手の主体の思考回路を経た結果、言い換えとなったものである。ところが、傍線部をイイカエようとする解答姿勢は、その表現を語釈的にイイカエようとする方向に傾く。つまり、その表現が文脈の上で含み持つ自己表出を無視して、語釈的な指示表出のみをイイカエようとすることになる。そのような解答が意味のある記述になるとは考えにくい。

本書の解説は指示表出、自己表出の概念を用いているが、指示表出、自己表出という語は、直接的には用いていない。筆者の心情や立場に言及するときの説明は、多くの場合、自己表出の内容に当たるが、個々の解説については、各自で判断して読んで頂きたいと思う。

吉本隆明の指示表出と自己表出について、おおまかにその内容に触れたが、これだけではまだピンとこないだろうから、以下に、原著を離れて任意に選んだ例文を通して説明してみよう。

たとえば、次のような言い方がある。

おばあさん
おばあちゃん
ばあさん
老婆
ばばぁ
……

学校文法ではこれらの言葉の違いを、敬語や親愛語を用いた丁寧な表現とか、老女を罵るときの乱暴な表現という形で説明する。その説明は説明自体として誤ってはいない。しかし、すべてが言葉のレベルでなされるため、発語主体の人間像はあまりイメージされることがない。それに対して、指示表出と自己表出の捉え方では、右の各語は指示表出の点ではほとんど同じ対象を指すが、その語を発語する主体の心のありようが違うのであり、その自己表出の違いが読み手に伝わるのだと説明する。つまり、これらの言葉の違いは、言葉の違いというよりは、それを口にする人間の心のありようの違いと捉えるのである。こちらの方が、はるかに生き生きとした受け止めになるのではないだろうか。

別の例文を挙げてみる。

当時の私は、まだそのことに気づいてはいなかった。

右の例文を呈示すると、ほとんどの受験生は、読んだ通りの意味であって、それ以上、何を考える必要があるのか、といった怪訝な顔をする。しかし、これを、「当時の私は／まだそのことに／気づいてはいなかった」としか読めないと、たとえば小説とかエッセイは十分には読めないことになるだろう。右の受け止めは、指示表出のみを読みとったことにはなるが、自己表出は忘却されている。それは発語主体の人間がイメージされていないからである。右の文の発語主体は「当時の私」ではなく〈現在の私〉である。したがって、直接的に書かれているわけではないが、〈現在の私は、すでにそのことに気づいている〉という内容が、自己表出されてくることになる。もし現在の私がそのことに気づいていないなら、当時の私がそのことに気づいていなかったという認識自体が成立しないからである。このような二重性は、回想による一人称小説やエッセイには、しばしば見られることである。

次のような場合は、どうか。これは『新明解国語辞典』から引用したものである。

善処　うまく処理すること。［政治家の用語としては、さし当たってなんの処置もしないことの表現に用いられる］

右の「うまく処理すること」が指示表出であるのに対し、［　］の中の説明は善処という語を用いる発語主体の自己表出に相当する。この辞典の編集執筆を担当した人たちは、言葉の実態に迫ろうとする真摯な姿勢をもって取り組んでいることが、この説明からだけでも伝わってくる。これが辞典編集執筆者としての自己表出である。多くのジャーナリストは語の確認をするとき、『広辞苑』を参照するようだが、「善処」に関するかぎり、指示表出の説明はあるが、自己表出にかかわる説明は書かれていない。

また別の例になるが、裁判でしばしば冤罪の問題が起きる。これは自白を偏重する警察・検察等の司法制度、および犯人の特定を求める共同社会の慣習に起因するところがほとんどであろうが、これを言葉の面から捉えると、自白という言葉の指示表出ばかりを偏重して、そのような言葉を口にしてしまう被疑者の自己表出の側面をないがしろにしているため、とは言えないだろうか。言葉や人間に対する認識が、社会全体にもまだまだ不十分なところがあるように思われる。

さらに別の例を挙げる。大学入試で、課題文についての小論文を書く、という試験がある。このような場合、感想文を書いてしまう人が出てくることがある。しかし、小論文の記述で感想文を書いたものは、一般的に、採点者からは嫌われる。なぜか。それは、感想文になってしまうこと自体が、その書き手が普段ものを考える習慣を持っていなかったことを、自己表出の形でさらけ出してしまうからである。普段からものを考える習慣を身につけている人は、感想文になることはなく、課題文に関する自分の意見を表明することになるはずである。

小論文について、別の例を挙げてみよう。四〇〇字なり八〇〇字なりの記述で、文末に「……と私は思う。」という言い回しが何回も出てくるものがある。これは、たとえ内容の良いものであっても、あまり勧められる書き方ではない。なぜか。それは、このような文末を通して、書き手の人物像が採点者に伝わってしまうからである。丁寧な書き方かもしれないが、断言することを怖れ、周囲に気を遣ってばかりいる、自分に自信のない人物といったイメージである。日本語の文章は、文末にこそ、自己表出が強く出てくる。こういう書き方になってしまう癖のついている人は、思い切って「……と私は思う。」を可能なかぎりカットして、断言を続ける文章を書く練習をすることを勧める。言葉を修正して文章を鍛える練習が、そのまま書き手の性格に影響を与え、その人間のあり方をしっかりしたものに変えていく、といったことは、実際にあることなのだ。

自己表出についての説明は、だいたいわかってくれただろうか。例を挙げればきりがないが、指示表出と自己表出を意識的に捉えることをしないと、私たちは事実の認識においてすら、混乱に陥ってしまうだろう。ここで事実というものを哲学的に議論するつもりはないが、新聞やテレビ、ネット等で報道される、たとえば国会の審議などについても、それをそのまま受け止めていたら、とんでもない方向に誘導されていくことにもなりかねない。それらの報道は、客観的に見て一つの共通の事柄を伝えているはずだが、テレビ局や新聞社によって、それぞれ全く異なった印象を与えるものになっている。それは、新聞社やテレビ局の姿勢が自己表出されているからであり、国会の審議という指示表出の内容は共通であっても、正反対の印象を与えるニュースになっていたりする。それをそのまま信じる大勢の人たちがいて、その混乱を拡大している。そのような混乱があること自体は、むしろ当然のことであるのだが、そのような混乱の中で、自分が世界をどのように認識し、自分の考えを世界に向けてどのように発信していくか、という点では、指示表出と自己表出について考えることは非常に大事なことである。現実を読解し、言葉を読解する上で、指示表出、自己表出という視点を持つことが大事であることと同様に、世界に向けて自分の考えを発信し、言葉に表現して文章を書く上でも、指示表出、自己表出の視点を持つことは、非常に重要である。

最後に、発語主体の自己表出を全く棚に上げた、指示表出だけによる言論があることにも、少し触れておこう。それはディベート(debate)という討論のやり方である。これは討論者を二つのチームに分け、一つのテーマに関して賛成と反対にくっきりと分けることで対立を鮮明にさせ、ルールに則って議論を展開し、その優劣を別の審判が判定することで、討論の勝敗を決めるという、一種の討論ゲームである。その際、討論者は自分の意見や個人的立場を全く切り離し、自分のチームの立場にたって、ただ論理によってのみ議論をする。欧米で発達してきた議論の仕方であるが、最近の文科省が進める教育改革も、ひと言で単純化するなら、ディベートで勝つような議論の仕方、論理性を、日本人にも根づかせたいということであろう。言語の論理性に集中し、くっきりとした対立のもとで議論の優劣を決するというやり方は、論理性を鍛え、相手を説得する実力をつける上で、確かに有効なものかもしれない。特に日本人は、論理的思考が弱く、相手を説得する交渉力が不足していると一般に思われている。討論者は言語の自己表出の側面が全くなく、論理性という言語の指示表出の側面だけで戦う。しかし、そこに本当に自己表出はないだろうか。なるほど討論者の言論に自己表出はない。けれども、ディベートという討論ゲームを発達させてきたことそのものには、欧米の人びとの自己表出が示されている。それは植民地主義を推進し、現在新資本主義を拡大している欧米の支配の発想であるとは言えないだろうか。言葉の論理性という、一見文明的な手段に拠りつつ、他者を力で支配しようとする意志がそこに垣間見えるようだ。現在の国際情勢の中で、交渉力が弱いままでは、日本もやってはいけないだろう。だから論理性を鍛える訓練も必要であろう。しかし、今求められているのは、そのような言語運用ではなく、むしろディベートを乗り越える論理ではなかろうか。指示表出、自己表出の視点を持つことは、他者を相対化し自己を相対化する、思考の柔軟性を獲得することなのである。

高等学校段階までの学習で身につけてほしいこと

（※東京大学案内より）

国　語

国語の入試問題は，「自国の歴史や文化に深い理解を示す」人材の育成という東京大学の教育理念に基づいて，高等学校までに培った国語の総合力を測ることを目的とし，文系・理系を問わず，現代文・古文・漢文という三分野すべてから出題されます。本学の教育・研究のすべてにわたって国語の能力が基盤となっていることは言うまでもありませんが，特に古典を必須としているのは，日本文化の歴史的形成への自覚を促し，真の教養を涵養するには古典が不可欠であると考えるからです。このような観点から，問題文は論旨明快でありつつ，滋味深い，品格ある文章を厳選しています。学生が高等学校までの学習によって習得したものを基盤にしつつ，それに留まらず，自己の体験総体を媒介に考えることを求めているからです。本学に入学しようとする皆さんは，総合的な国語力を養うよう心掛けてください。

総合的な国語力の中心となるのは

1)　文章を筋道立てて読みとる読解力

2)　それを正しく明確な日本語によって表す表現力

の二つであり，出題に当たっては，基本的な知識の習得は要求するものの，それは高等学校までの教育課程の範囲を出るものではなく，むしろ，それ以上に，自らの体験に基づいた主体的な国語の運用能力を重視します。

そのため，設問への解答は原則としてすべて記述式となっています。さらに，ある程度の長文によってまとめる能力を問う問題を必ず設けているのも，選択式の設問では測りがたい，国語による豊かな表現力を備えていることを期待するためです。

《本書を用いるにあたって》

＊解説での1・2……は、形式段落の番号を表す。第一の部分・第二の部分（あるいは、第Ⅰ意味段落・第Ⅱ意味段落）とあるのは、意味段落を表す。自分で問題を解くとき、なるべく意味段落に区切って考えるようにしよう。小見出しを付ける練習をすれば、さらに効果的である。

＊〈自己採点のめやす〉

二〇一〇年以降、〈自己採点のめやす〉を付けてある。

東大は、解答例も採点基準も公表していない。しかし、可能なかぎり公平な採点をしているだろうと推定できる。本書に掲げた基準は、どこまで実際の採点に近いかはわからないが、受験生が自分の答案を採点して添削する際の一つの手掛かりとなることを願って付けたものである。自分の答案を、解答例と読みくらべて、じっくりと吟味し、少しでも良いものへと練り上げていくことは、現代文を勉強する上での一つの大事なプロセスである。記述した語句は、それだけが正解ということではなく、同内容の表現であれば、広く許容されよう。語句そのものに機械的にこだわるのではなく、内容で判断するようにしよう。記号は次の意味で用いる。

☆……解答としての方向性

〇……合格答案

△……基本点

×……不可

なお、二〇〇九年以前にはつけていないが、基準については、解説を読んで各自で判断してもらいたい。

＊解答は一行に25字から30字が標準である。欄外にハミ出してはならないし、また、一行に二行書いてもいけない。

＊解答欄の例は問題編の末尾に掲げてある。これを元に、自分用の解答欄を別に作り、それに書き込むようにすればよいだろう。

※発語主体を重視する言語論に関する参考文献

本書の解説は、発語主体を重視する視点からの解説になっているが、このような立場からの言語論についての関連文献を次に掲げる。受験生はじっくりと読書をしている時間はあまりないだろうから、関心を持った人は、大学生になってから読んでみてほしい。特に、時枝誠記と吉本隆明は文章に読みづらいところがあるから、受験勉強と並行して読むことは、あまり勧めない。もし読むなら、宇田亮一『吉本隆明〝心〟から読み解く思想』あたりが、解説書としてふさわしいかもしれない。言語論の他にも、発語主体に関連する言葉の捉え方をしているもの、および辞書についても挙げた。なお、いくつかの版のあるものは、最も入手しやすいものを挙げてある。

時枝誠記《もとき》『国語学原論』(岩波書店)
三浦つとむ『日本語はどういう言語か』(講談社学術文庫)
吉本隆明『言語にとって美とはなにか』(角川ソフィア文庫)
中井久夫『「伝える」ことと「伝わること」』(ちくま学芸文庫)
三木成夫『胎児の世界』(中公新書)
山田忠雄他『新明解国語辞典』(三省堂)
宇田亮一『吉本隆明〝心〟から読み解く思想』(彩流社)
宇田亮一『吉本隆明「言語にとって美とはなにか」の読み方』(アルファベータブックス)

稲垣伸二

解答・解説（二〇二三～一九九九年）

二〇二三年

第一問（文理共通）

出典

吉田憲司（よしだ　けんじ）「仮面と身体」（『學鐙』二〇二一年冬号（丸善出版）所収）の「仮面の普遍性」、「仮面と憑依」、「仮面と身体」の節。

吉田憲司は一九五五年京都市生まれ。京都大学文学部卒業、大阪大学大学院文学研究科芸術学専攻博士後期課程修了。学術博士。国立民族学博物館長、総合研究大学院大学教授。専門は博物館人類学、アフリカ研究。アフリカを中心に、仮面や儀礼等についてのフィールドワークをおこなう一方、ミュージアムにおける文化表象のあり方を研究している。著書に、『仮面の森――アフリカ・チェワ社会における仮面結社、憑依、邪術』、『文化の「発見」』、『文化の「肖像」――ネットワーク型ミュージオロジーの試み』、『宗教の始原を求めて――南部アフリカ精霊教会の人びと』などがある。

解説

〈本文解説〉

問題文は仮面について論じた文章。本文は15の形式段落からなり、議論の展開から大きく3つのまとまり（意味段落）にわけて考えることができる。

第Ⅰ意味段落（[1]～[2]）

筆者はまず「仮面はどこにでもあるというものではけっしてない」、すなわち「仮面は、人類文化に普遍的にみられるものではない」ということを具体的な地名や生業のあり方をあげながら説明する。そのうえで、「ただ、世界の仮面の文化を広くみわたして注目されるのは、……随所に、地域や民族の違いを越えて、驚くほどよく似た慣習や信念がみとめられるという事実である」と言う。そして、「相互に民族移動や文化の交流がおこったとは考えられない、遠く隔たった場所で酷似した現象がみとめられるというのは、やはり一定の条件のもとでの人類に普遍的な思考や行動のありかたのあらわれだと考えてよい」と述べ、「その意味で、仮面の探求は、人間のなかにある普遍的なもの、根源的なものの探求につながる可能性をもっている」と言う。（[1]～[2]）

本文の冒頭部分（第Ⅰ意味段落）では、仮面はどこにでもあるという意味で普遍的にみられるものではないものの、仮面に関する慣習や信念には人類に普遍的な思考や行動があらわれていると考えることができ、「その意味で、仮面の探求は、人間のなかにある普遍的なもの、根源的なものの探求につながる可能性をもっている」と論じられている。

第Ⅱ意味段落（3～8）

第3段落は「地域と時代を問わず、仮面に共通した特性としてあげられるのは、それがいずれも、『異界』の存在を表現したものだという点である」とはじまり、以下でそのことが具体的な事例もあげながら説明される（ここから第8段落までで、おもに「仮面」と「異界」について論じられるので、3～8を二つめのまとまり（第Ⅱ意味段落）と考えることにする）。「仮面はつねに、時間の変わり目や危機的な状況において、異界から一時的に来たり、人びとと交わって去っていく存在を可視化するために用いられてきた」のであり、「知識の増大とともに、人間の知識の及ばぬ世界＝異界は、村をとりまく山や森から、月へ、そして宇宙へと、どんどん遠くへ退いていく」が、「世界を改変するものとしての異界の力に対する人びとの憧憬、異界からの来訪者への期待が変わることはなかった」。そして、「ただ、忘れてならないのは、」と強調するかたちで、仮面は異界からの来訪者を可視化するとしても、それはけっして視られるためだけのものではなく、「あくまでもいったん可視化した対象に人間が積極的にはたらきかけるための装置であった」と言う。こうして、「仮面は、大きな変化や危機に際して、人間がそうした異界の力を一時的に目にみえるかたちにし、それにはたらきかけることで、その力そのものをコントロールしようとして創りだしてきたもののように思われる」と筆者は考えるのである。（3～4）

第5段落は、「ここでは、仮面が神や霊など、異界の力を可視化し、コントロールする装置であることを強調してきた」と3～4の議論をまとめたうえで、「しかし、そのような装置は少なくとももうひとつある。神霊の憑依、つまり憑霊である」と述べ、ここからは仮面と憑依を対比しながら議論がなされる。仮面は、これまで、憑依の道具として語られることが多かった。儀礼における仮面と憑依の結びつきは、動かしえない事実のように思われる。しかし、神事を脱し芸能化した仮面や子どもたちが好んでかぶる仮面に、憑依という宗教的な体験を想定することはできない。仮面のありかたの歴史的変化が語っているのは、「仮面は憑依を前提としなくなっても存続しうるという事実である」。その点で、仮面は決定的に霊媒と異なる。霊媒は憑依という（宗教的な）信念が失われた瞬間、存立しえなくなるからである。（5～7）

第8段落は、「仮面と憑依の相同性を強調した従来の議論に反して、民族誌的事実と歴史的事実は、このように、ともに仮面と憑依との違いを主張している。仮面は憑依と重なりあいつつも、それとは異なる固有の場をもっているのである」と5～7の議論をまとめ、「では、その固有性とは何か」と問いかける。そして、「それを考えるには、顔をもうひとつの顔で覆うという、仮面の定義に戻る以外にない」と述べ、

「仮面が人間の顔ないし身体をその存立の与件としている以上、仮面の固有性の考察も、私たちの身体とのかかわりにおいて進められなければならない」と言う。そして、「以下では、仮面を私たちの身体的経験に照らして考察することにする」と述べ、この先の部分（第Ⅲ意味段落）では、仮面が身体（顔）とのかかわりで論じられる。⑧

本文の中盤部分（第Ⅱ意味段落）では、まず、仮面が異界の存在を可視化し、コントロールするための装置（仕掛け）であることが論じられる。さらに、同様の装置である神霊の憑依と対比しながら、宗教的な信念が失われてしまえば成り立たない憑霊に対して、仮面は宗教性を脱しても存続しうるということを確認し、憑依と異なる仮面の固有性は何かという問いを提示する。そして、その固有性の考察は、身体とのかかわりにおいてなされると、この先の議論を予告している。

第Ⅲ意味段落（⑨〜⑮）

第9段落は、「仮面と身体とのかかわり。それはいうまでもなく、仮面が顔、素顔の上につけられるものだという単純な事実に求められる」とはじまり、第Ⅱ意味段落の末尾で提示された予告に沿った議論が以下でなされる（ここから、おもに「仮面」と「顔」について論じられるので、三つめのまとまり（第Ⅲ意味段落）と考えることにする）。⑨

その際、まずは仮面が覆う「顔」について、和辻哲郎の議論を参照しながら論じられる。私たちは、他人の顔を思い浮かべることなしに、その他人とかかわることはできないし、顔だけで人を表象（イメージ）することはできても、顔を除いて特定の人物を表象することはできない。このような経験をもとに、和辻は「人の存在にとっての顔の核心的意義」を指摘し、顔はたんに肉体の一部としてあるのではなく、「肉体を己れに従える主体的なるものの座、すなわち人格の座」を占めていると述べた。この和辻の指摘通り、確かに私たちの他者の認識方法は顔に集中している。しかし、他者が私を私として認知する要となる顔を、私自身は（直接）見ることができない。顔は私の人格の座であるはずなのに、その顔は私にとってもっとも不可知な部分として、終生、私につきまとうことになる。しかも、顔は、身体のなかでも時々刻々ともっとも大きな変化を遂げている部分でもある。⑩〜⑫

第13段落では、「もっとも他者から注目され」（⑩）、「もっとも豊かな変化を示すにもかかわらず」（⑫）、「けして自分では見ることのできない顔」（⑪）と、⑩〜⑫の顔に関する議論をまとめたうえで、仮面は、まさにそのような顔につけられ、「他者と私とのあいだの新たな境界となる」と言う。そして、それがどのような（新たな）境界であるかが、次の段落（⑭）で説明される。仮面は、ほぼ定まった形をもったものである。そのうえ、私たちは、その仮面、自分と他者との新たな境界を、自分の目で見て確かめることができる。以上を踏まえて筆者は、「仮面は、変転きわまりない私の顔に、固定し対象化したかたどりを与えるのである」と述べる。そして、仮面をかぶると、常に揺れ動き定まることのなかった自身の可視的なありかたが、はじめて固定されることになるし、また仮面をかぶることでなにかに「なりきれる」のも、仮面によってかぶり手の世界に対する関係がそのかたちに固定されるからである、ということを具体的な叙述を交えながら論じる。仮面は、「もっとも他者から注目され」、「豊かな変化を示」しながらも、「けして自分ではみることのできない顔」を、（「変化」に対して）「固定」し、（「みることのできない」に対して）「対象化」して、世界や他者に対する関係を新たに固定する、すなわち「新たな境界となる」のである。（13〜14）

第15段落では、「仮面は、私たちにとって自分の目ではけっしてとらえられない二つの存在、すなわち『異界』と自分自身とを、つかの間にせよ、可視的なかたちでつかみ取るための装置なのである」と結論が述べられる。（15）

最後に全体を確認しよう。第Ⅰ意味段落では、仮面はどこにでもあるという意味で普遍的にみられるものではないものの、仮面に関する慣習や信念には人類に普遍的な思考や行動があらわれていると考えることができ、「その意味で、仮面の探求は、人間のなかにある普遍的なもの、根源的なものの探求につながる可能性をもっている」と論じられている。第Ⅱ意味段落は、「地域と時代を問わず、仮面に共通した特性としてあげられるのは、それがいずれも、『異界』の存在を表現したものだという点である」とはじまり、まず仮面が異界の存在を可視化し、コントロールするための装置（仕掛け）であることが論じられる。ここで注意したいのは、「地域と時代を問わず」からもわかるように、この内容が第Ⅰ意味段落の末尾の内容とつながっていることである。つまり、ここで筆者は、「仮面の探求」をとおして、「人間のなかにある普遍的なもの、根源的なもの」（＝「地域と時代を問わ」ないもの）を探求しようとして、仮面が「異界」の存在を表現したものだという内容を論じているということである。さらに、同様の装置である神霊の憑依と対比しながら、宗教的な信念が失われてしまえば成り立たない憑霊に対して、仮面は宗教性を脱しても存続しうるということを確認し、憑依と異なる仮面の固有性は何かという問いを提示する。そして、その固有性についての考察は、身体とのかかわりにおいてなされると、この先の議論を予告する。第Ⅲ意味段落では、第Ⅱ意味段落の予告通り、仮面と身体とのかかわりが論じられる。そこでは、「人格の座」であるにもかかわらず、変化に富み、自分では見ることのできない顔を、仮面が固定し対象化することで、世界や他者に対する新たな関係を設定する、すなわち「新たな境界となる」ことが論じられている。そして、最終段落では、「仮面は、私たちにとって自分の目ではけっしてとらえられない二つの存在、すなわち『異界』と自分自身とを、つかの間にせよ、可視的なかたちでつかみ取るための装置なのである」と結論が述べられている。全体を踏まえれば、「仮面」が全体のテーマであり、「異界」が第Ⅱ意味段落の内容、「自分自身」が第Ⅲ意味段落の内容に相当するとわかるので、この最終段落の一文が本文全体のまとめに相当すると判断できる。さらに注意したいのは、第Ⅰ意味段落の内容とのつながりである。すでに確認したように、第Ⅱ意味段落の「異界」の内容は、「仮面の探求」をとおして、「人間のなかにある普遍的なもの、根源的なもの」を探求するという第Ⅰ意味段落の内容とのつながりのなかにある議論である。では、第Ⅲ意味段落の「自分自身」（顔）の議論はどうだろうか。これも「仮面」の「固有性」を論じた「仮面の探求」であり、最終段落の一文が、「仮面は」とはじまり、「異界」と「自分自身」が並置されていることや「顔」の議論がおよそ人間一般に当てはまる議論であることを踏まえると、「自分自身」（顔）の議論も第Ⅰ意味段落の内容とのつながりのなかにある議論だと考えるのが妥当であろう。以上を踏まえて末尾の一文を見れば、仮面は「異界」（第Ⅱ意味段落）と「自分自身」（の顔）（第Ⅲ意味段落）を可視化する装置であり、自分の目ではとらえられないものをなんとかコントロールしようとする人間の普遍的・根源的な欲求（第Ⅰ意味段落）にかかわるという主張を読み取ることができる。これが本文全体における筆者の主張だと言える。

〈設問解説〉

設問は読解（内容理解）を問うためにある。それゆえ、本文の重要な内容を過不足なく問うために、設問は本文の議論のかたち（構造）に沿って作られるのがふつうであり、とくに東大はそうである。今回はおおよそ、つぎのような設問構成になっている。

㈠　第Ⅰ意味段落（「仮面の探求」がもつ意味）の理解
㈡　第Ⅱ意味段落（「仮面」と「異界」）の理解
㈢　第Ⅲ意味段落（「仮面」と「顔」）の理解
㈣　本文全体ならびに筆者の主張の理解
㈤　漢字・語彙力

本文の構造に沿って読み、解答するというのが基本となる。

㈠　第Ⅰ意味段落（「仮面の探求」がもつ意味）の理解

仮面の探求がどのような意味をもちうるかについて論じた

第Ⅰ意味段落の理解を問う設問。第Ⅰ意味段落では、仮面はどこにでもあるという意味で普遍的にみられるものではないものの、仮面に関する慣習や信念には人類に普遍的な思考や行動があらわれていると考えることができ、「その意味で、仮面の探求は、人間のなかにある普遍的なもの、根源的なものの探求につながる可能性をもっている」（傍線部ア）と論じられている。「その意味で」が直前の一文を指していることを踏まえつつ、まず「仮面の探求」があきらかにしうるのは「人類に普遍的な思考や行動」だと判断する。さらに、筆者が傍線部のように考える理由は、「相互に民族移動や文化の交流がおこったとは考えられない、遠く隔たった場所で酷似した現象がみとめられる」＝「（仮面の文化には）地域や民族の違いを越えて、驚くほどよく似た慣習や信念がみとめられるという事実」だということをとらえる。以上を踏まえて、傍線部の説明を考える。それゆえ解答は、

① 仮面の文化には地域や民族の違いを越えて似た慣習や信念がみとめられる

② 仮面の探求は人類に普遍的な思考や行動のありかたをあきらかにする可能性がある

という内容を本文の論理に即して説明する。

なお、「仮面の探求」があきらかにしうる「人間のなかにある普遍的なもの、根源的なもの」の具体的な内容、すなわち「異界」にかかわる内容を答えたくなるかもしれない。というのも、傍線部の直後の段落からはじまる、仮面によって「異界」の存在を表現するという議論が、まさに「人間のなかにある普遍的なもの、根源的なもの」の話だからである。しかし、全体を踏まえると、「仮面の探求」がかかわる「人間のなかにある普遍的なもの、根源的なもの」は「異界」の話だけではなく、「自分自身」（顔）の話もそうである。そのとき、「異界」についてだけ答えるのはおかしくないだろうか。また、「異界」の内容は㈡の解答の中核的内容になってくる。とすれば、ここでは「異界」の内容は答えないと判断するのが妥当ではないだろうか。このように、解答を考える際は、本文全体の構成・展開を踏まえて設問どうしを見比べ、解答内容・範囲を判断する必要がある。

㈡　第Ⅱ意味段落（「仮面」と「異界」）の理解

仮面が「異界」の存在を表現したものであるということを論じた第Ⅱ意味段落の理解を問う設問。ただし、傍線部は「仮面」と「憑依」の対比を論じた部分にあるので、その文脈も踏まえることが必要になる。第Ⅱ意味段落では、まず、仮面が異界の存在を可視化し、コントロールするための装置（仕掛け）であることが論じられる。さらに、同様の装置である神霊の憑依と対比しながら、宗教的な信念が失われてしまえば成り立たない憑霊に対して、仮面は宗教性を脱しても存続

しうるということが確認され、憑依と異なる仮面の固有性は何かという問いが提示される。そして、その固有性の考察は、身体とのかかわりにおいてなされると、この先の議論を予告している。以上の理解を踏まえて解答を考える。その際、次の意味段落の内容をここで詳しく答える必要はない。それゆえ解答は、

仮面とは

① 異界の存在を可視化しコントロールするための装置

② ①である点では憑依と同じだが、宗教的信念が失われても身体とのかかわりにおいて存続する

という内容を本文の論理に即して説明する。解答例では、第Ⅱ意味段落末尾の「仮面」の「身体とのかかわり」という内容を、10初めの「変身」という表現を用いて説明している。

なお、傍線部を説明せよという設問なのだから、傍線部の説明になっていなければならないのはたしかだが、たんに傍線部を説明しただけで満足するのは危険である。というのも、〈設問解説〉の冒頭で述べたように、設問は読解（内容理解）を問うものである以上、本文の重要な内容が問われるはずだからである。とすれば、仮面が「異界」の存在を表現したものであるということを論じた箇所として3～8を第Ⅱ意味段落と考えることができ、この設問（傍線部）は第Ⅱ意味段落にあるのだから、その内容である①も答えるべきなのではないかと考える必要がある（「憑依」について説明するためにも①は答えるべきではないかと考えることもできる）。設問はつねに読解から考えるようにしたい。なお、いうまでもないことだが、傍線部のたんなる言い換えや置き換えがもとめられているわけではない。そのようなことができて何の意味があるだろう。

㈢ 第Ⅲ意味段落（「仮面」と「顔」）の理解

仮面と身体とのかかわりを論じた第Ⅲ意味段落の理解を問う設問。そこでは、「人格の座」であるにもかかわらず、変化に富み、自分では見ることのできない顔を、仮面が固定し対象化することで、世界や他者に対する新たな関係を設定する、すなわち「新たな境界となる」ことが論じられている。それゆえ解答は、

仮面とは

① 人格の座でありながら私には不可知で変化に富む顔

② （①を）固定し対象化することで他者との新たな関係を設定する

という内容を本文の論理に即して説明する。

なお、解答上のポイントとしては、まず、傍線部自体の説明は直後の第14段落でなされていると言えなくもないが、そこだけで解答を作らないことである。この傍線部は第Ⅲ意味段落にあるのだから、第Ⅲ意味段落全体を見たい。そうする

と、まず[9]〜[12]で顔についての議論がなされている。それを[13]の冒頭でまとめたうえで、「そして」、（仮面は）「他者と私とのあいだの新たな境界となる」（傍線部ウ）と来て、[14]で傍線部の説明がなされる。このように、傍線部は第Ⅲ意味段落の要に位置している。そのことを踏まえて、「顔」の議論が重要な内容であることはあきらかだから、[14]の内容だけで答えを作るのではなく、[9]〜[12]の「顔」の議論の内容（①も答えると判断したい（そのほうが傍線部の説明としてもよりよいものになる）。また、「不可知／対象化」と「変化／固定」の対比をとらえ、それを意識して解答することもポイントである。

㈣　**本文全体ならびに筆者の主張の理解**

本文全体ならびに筆者の主張の理解を問う設問。東大の一二〇字記述はたんに最後の部分の内容理解を問うものではなく、本文全体ならびに筆者の主張の理解を問うものであることが基本である。今回も、設問文に「本文全体の趣旨を踏まえて」とあることも考慮し、そのような問題だと判断する。たんに末尾のあたりだけを答えたり、全体の主張の理解を答えずに解答を終えたりしないように注意したい。

本文全体があるていど意識できていれば、「仮面」が全体のテーマであり、「異界」が第Ⅱ意味段落の内容、「自分自身」が第Ⅲ意味段落の内容に相当するとわかるので、傍線部を含む一文が本文全体のまとめに相当するということはとらえられたはずである。そこから、解答として、

仮面とは

①　目に見えない異界の存在を可視化し人間が積極的に働きかけるための装置

②　顔という不可知で変化に富むものを固定し対象化する装置

という内容を答えることで、傍線部の説明ならびに全体の説明ができたと考えることができるように思ったかもしれない。しかし、この解答ではきわめてふじゅうぶんである。というのは、筆者は第Ⅰ意味段落において、「仮面の探求」の意味、すなわちなぜ仮面について考察するのかを述べており、それ以後の議論はすべてそれとのつながりのなかにあるからである。第Ⅰ意味段落で筆者は、「仮面の探求」が「人間のなかにある普遍的なもの、根源的なもの」の探求につながる可能性を述べる。そして、そのようなものとして、以後の議論があるのだから、たんに①と②の内容を答えて終わりとするのではなく、①と②のようなものである仮面が、どのような「人間のなかにある普遍的なもの、根源的なもの」につながっているかを答えなければならない。では、「仮面の探求」があきらかにしうる「人間のなかにある普遍的なもの、根源的なもの」とは何だろうか。それはどこに書かれているのだろうか（できたら本文に戻って考えてみてほしい）。なんのこ

とはない。それこそまさに、傍線部を含む最後の一文が言っていることである。（つまり、傍線部を含む最後の一文を、「人間のなかにある普遍的なもの、根源的なもの」について言ったものとして読むことができたかどうかが勝負だということである。それが、第Ⅰ意味段落で示された「仮面の探求」がもつ意味とのつながりのなかにそれ以後の議論があるということであり、そのようなつながりをとらえて読むことが論理的読解ということである）。それゆえ、

③（①・②のようなものである仮面は）自分の目ではけっしてとらえられないものをなんとかコントロールしようとする人間の普遍的・根源的な欲求にかかわるものである

といった内容を答える。これによって、本文全体における筆者の主張が表現されたことになる。東大の一二〇字記述では、本文全体における筆者の主張をとらえることがきわめて重要である。ちなみに、今年の設問文は「どのようなことを言っているのか」となっており、傍線部内容だけではふじゅうぶんな解答とされることが推測できる。これは例年には見られない文言である。とはいえ、一二〇字記述の問題は、もともと、たんに傍線部を説明するものではなく、本文全体ならびに筆者の主張を答えるものである。この文言もそのような設問であるということを示唆するものと考えられ、例年通り全体・主張を答えるという意識で臨めばよい。留意しておいてほしい。

(五)　**漢字・語彙力**

基礎的な語彙力を問う設問。

ａは、「山野の鳥獣を銃・網・わななどを使って捕らえること」という意味の「狩猟」。

ｂは、「あることをして、一つの目的・終局に達すること」という意味の「遂（げて）」。

ｃは、「意外なできごとなどによって強く心を揺り動かされること。ショック」という意味の「衝撃」。

〈自己採点のめやす〉

記号は次の意味で用いている。

☆……解答の方向性
○……合格答案
△……有効答案（点数はある）
×……不可（点数がない）

(一)

☆「仮面」の「研究・考察」から「人間・人類」の「本質・普遍・根本」（的なこと）がわかるという方向性。

○「仮面（の文化）」の「地域や民族を越えた共通の慣習や信念」、「様々な地域の仮面に似た習慣・信念」、「遠隔地

間の類似性は普遍性のあらわれ」といった内容が適切に表現されている。

△「仮面」の「研究・考察」から「人間・人類」の「本質・普遍・根本」（的なこと）がわかるといった内容の記述にとどまるもの。

×「仮面」の「研究・考察」から「人間・人類」の「本質・普遍・根本」（的なこと）がわかるという方向性が示されていない。

(二)

☆「仮面」は「宗教性」・「宗教的信念」を脱しても（が失われても）「用いられる・存在する・存立する」という方向性。「仮面」は「憑依」の道具であることを本質とするわけではないといった書き方や、「世俗化」した「仮面」に「宗教性」・「宗教的信念」は想定されないといった書き方もよい。

○ (a)「仮面」は「異界の力」を「可視化し制御する」という内容と(b)「仮面」と「憑依」の関係に適切に触れられている。

△「仮面」は「宗教性」・「宗教的信念」を脱しても（が失われても）「用いられる・存在する・存立する」。あるいは、「仮面」は「憑依」の道具であることを本質とするわけではない。あるいは、「世俗化」した「仮面」に「宗教性」・「宗教的信念」は想定されないといった内容の記述にとどまるもの。

×「仮面」は「宗教性」・「宗教的信念」を脱しても（が失われても）、「用いられる・存在する・存立する」という方向性が示されていない。

(三)

☆「顔」に「仮面」をつけて「固定・対象化」することで、「他者」との関係が「新たになる・変化する・普段と異なる・生成される」という方向性。

○ (a)「不可知／対象化」、「変化に富む／固定化」という「顔」と「仮面」との対比が適切に表現されている。(b)「顔」と「人格」との関係に適切に触れている。

△「顔」に「仮面」をつけて「固定・対象化」することで、「他者」との関係が「新たになる・変化する・普段と異なる・生成される」という内容の記述にとどまるもの。

×「顔」に「仮面」をつけて「固定・対象化」することで、「他者」との関係が「新たになる・変化する・普段と異なる・生成される」という方向性がない。

(四)

☆「仮面」が「異界」と「顔」の両方を、「可視化・固定化・対象化・制御」するという方向性。

○「仮面」が「異界」と「顔」の両方を、「可視化・固定化・

対象化・制御」するという方向性になっていることを前提に、

①　仮面は目に見えない異界の存在を可視化し人間が積極的に働きかけるための装置

②　仮面は顔という不可知で変化に富むものを固定し対象化する装置

という内容に適切に触れたうえで、さらに

③　（①・②のようなものである仮面は）自分の目ではけっしてとらえられないものをなんとかコントロールしようとする人間の普遍的・根源的な欲求にかかわるもの（人間の普遍的な営み・人間の普遍的な思考や行動のあらわれ）である

といった内容に適切に触れ、本文全体ならびに筆者の主張が適切に表現できているもの。

△　①と②の内容のみで、③の内容がないもの。

×　①・②・③すべての内容が適切に表現できていないもの。
本文全体の趣旨から見てまちがったことが書かれているもの。一〇〇字以上一二〇字以内で記述されていないもの。

㈤

○　楷書で正確に書かれている。

×　続け字、乱雑なものは認められない。

解答

㈠　仮面の文化には地域や民族を越えた共通の慣習や信念が認められ、仮面の研究は人類に普遍的な思考や行動を解明しうるということ。

㈡　仮面は、異界の力を可視化し制御する憑依の道具とされてきたが、宗教性を脱しても変身の手段として用いられ続けるということ。

㈢　人格の座でありながら私には不可知で変化に富む顔に仮面をつけて固定し対象化することで、他者との関係が新たになるということ。

㈣　仮面は、異界の存在を可視化し人間が積極的に働きかけるための装置であるとともに、自身の顔という不可知で変化に富むものを固定し対象化する装置であり、自分の目では捉えられないものを何とか制御しようとする人間の根源的な欲求に関わるものだということ。（120字）

㈤　a＝狩猟　b＝遂　c＝衝撃

第四問（文科）

出典

長田弘（おさだ　ひろし）『詩人であること』（岩波書店一九八三年八月刊／岩波書店同時代ライブラリー　一九九七年一〇月刊）の「白味噌の雑煮」の一節。

長田弘（一九三九〜二〇一五）は、福島生まれ。詩人、児童文学作家、随筆家。早稲田大学第一文学部（現　文学部）独文専修卒業。一九九七年の東大入試文系用問題でも、同じ著者の『自分の時間へ』が出題されている。著書に『記憶のつくり方』（桑原武夫学芸賞）、『世界はうつくしいと』（三好達治賞）、『奇跡―ミラクル―』（毎日芸術賞）、『森の絵本』（講談社出版文化賞）、『詩は友人を数える方法』、『幼年の色、人生の色』他、多数がある。

解説

〈本文解説〉

本文は七の形式段落からなり、その内容から大きく二つの部分に分けて捉えることができる。以下、順に概要を追ってみよう。

第一の部分（1〜5）「わたしの自律」がつらぬかれた言葉と「合言葉」

「独自の、特殊な、具体的な経験の言葉を、『公共』の言葉や『全体』の意見というレベルに抽象して引きあげてしまう」と、「とりかえのきかない経験を、それぞれに固有なしかたで言葉化してゆく意味＝方向をもった努力」がみうしなわれ、言葉は「その言葉をどう経験したかという一人の経験の具体性の裏書き」のない、「『そうとおもいたい』言葉」になるのだと筆者は述べる（1）。そして「平和」や「文化」を例に挙げ、「抽象的なしかたで、誰もが知ってて誰もが弁えていないような言葉」として、これらは「観念の錠剤のように定義されやすい言葉」なのだと言う（2）。

筆者はここで、言葉を二つに分けて捉えており、それは、〈一人一人の独自の具体的な経験に基づく固有の言葉〉（A）と、〈（Aのような）独自で固有の具体的経験から切り離された抽象的な言葉〉、「ただ『そうとおもいたい』言葉」（B）である。そして後者は「公共」や「全体」、つまりは社会全体において通用するような「誰もが知って」いる言葉でありながら、内実が不明確な「誰もが弁えていないような言葉」であり、それを筆者は「観念の錠剤のように定義されやすい言葉」だと述べている。この内容については設問㈠で確認することにしよう。

2の2文目で、筆者はBの例として「平和」や「文化」を取り上げたが、筆者が「それらの言葉をおぼえた」のは、「子どものころ暮らしていた」地方都市に新設された「平和通り」「文化通り」という「具体的な名をとおしてだった」と述べる(2)。悲惨な戦争体験を乗り越え「平和」や「文化」の尊さを実感した「戦後という一つの時代」の「経験」がこれらの言葉を深く感得させたのである。通常Bのように思われがちな「平和」や「文化」といった言葉が、少なくとも子ども時代の筆者にはAとしての重みを持っていたことがここでは語られている(3)。

筆者はここからAに関して4で説明していく。それは「言葉にたいする一人のわたしの自律」がつらぬかれたものであり、「一つの言葉がじぶんのなかにはいってくる」ときの、「そのはいってくるきかたのところから、その言葉の一人のわたしにとっての関係の根をさだめてゆく」ことによってつくりあげられる言葉である。そのような「言葉にたいする一人のわたしの自律」がつらぬかれなければ、結局人は「『そうとおもいたい』言葉にじぶんを預け」ることを「あやし」まずにそれに「くみ」してしまい、言葉を「一人のわたしの経験をいれる容器」としてではなく、「社会の合言葉」のようにかんがえることになるのだと言う。Aは個々人の「経験をいれる容器」、つまりは1にあったように一人一人の「具体的な経験」に裏打ちされた言葉であり、「一人のわたしにとっての関係の根をさだめてゆく」＝〈個々人が固有の関係を築いていく〉ことでつくりあげられ、「じぶんのなかにはいってくる」＝〈自分のものとして獲得されていく〉言葉である。そんな「言葉にたいする一人のわたしの自律」がつらぬかれなければ、「『そうとおもいたい』言葉」(B)つまりは内実が不明確なまま誰もが使用する既存の言葉に「じぶんを預けて」それを安易に用いるようになり、しかもそんな自分をおかしいとも思わなくなるのである。その時人は「言葉を社会の合言葉のようにかんがえる」のだと筆者は述べる。そして5では、この「合言葉」に関して説明していく(「合言葉」は「『そうとおもいたい』言葉にくみする」ことから生じてくる以上、言うまでもなくBに属する言葉である)。

「戦後の言葉」が、たがいにもちあえる「共通の言葉」をのぞんできた、とある。「共通の言葉」に関しては本文中では具体的な説明がなされていないが、「戦後」とあることから、民主化が進み求められた、誰もが同じようにもち使用できるような言葉だと考えればよいだろう。そんな「共通の言葉」を希求したことが、実際には「『公共』の言葉、『全体』の意見というような口吻〈＝口ぶり〉をかりて」、つまりは(誰もが同じように使用する)社会全体で共有される言葉であるかのような装いのもとに、「一人のわたしの自律をもたない言葉との関係を、社会的につくりだし」、「合言葉によってかんがえる」事態を招いてしまったのだと筆者は指摘する。この「合言葉としての言葉」とは、「その言葉によってたがいのあいだに……敵か味方かという一線をどうしようなく引いてしま」い、「敵か味方かというしかたでしか差異をみない、あるいはみとめない」ような「独善の言葉」である(以上、[5])。具体的には、例えば戦後社会での資本主義陣営と社会主義・共産主義陣営のイデオロギー対立の中で、ある言葉の意味を共有できる人は〈こちら側〉、そうでない人は〈あちら側〉といったぐあいに用いられた言葉を考えてみればよいだろう([2]・[3]で言及された「平和」や「文化」も、筆者の体験などをよそに、このようなBの言葉と化してしまったという思いが筆者にはあるのかもしれない)。現在見られるヘイトスピーチやネット上での誹謗中傷のような、合理的な理由のないままに特定の個人や集団を攻撃、排斥する発言も、それに連なるものである。「味方」である仲間内でしか通用しない独善的な言葉(＝「合言葉」)を用いて他者を排斥していく。そんな言動が世の中に跋扈《ばっこ》するのも、多くの人が「『そうとおもいたい』言葉」、つまりは既存の言葉に「じぶんを預けて」安易に用いているからであり、「言葉にたいする一人のわたしの自律」がつらぬかれていないからだ([4])と筆者は主張している。

第二の部分（[6]～[7]）「差異の言葉」

他者を「じぶんとの差異においてみとめる」すべを、「今日の言葉の大勢はどこか決定的に欠いている」([6])と筆者は指摘する。戦後「共通の言葉」をいたずらに追い求め、「わたしたちの言葉」が「『差異の言葉』であることを正面きって受けいれることができないままできたこと」([6])が、第一の部分で述べたような、既存の言葉を安易に用いて他者を排斥するような事態を招いたのだという考えが筆者にはある。

このことから筆者は、「たがいのあいだにある差異をじゅうぶん活かしてゆけるような『差異の言葉』をつくりだしてゆくことが、ひつようなのだ」と主張する。「わたしたち」が現に「さまざまな」「差異をもちあっている」(この叙述から、筆者がここで言う「差異」は、[5]で言及された「敵か味方か」というような安直な「差異」とは異なる、自他の間に存在する多様な「差異」のことであることが読み取れる)以上、「一つひとつの言葉をとおして」「いま、ここに何を共有しえていないかを確かめてゆく」こと、「たがいのあいだにある差異をじゅうぶん活かしてゆ」くことが大切なのであって、「言葉とはつまるところ、一人のわたしにとってひつような他者を発見することなのだ」と筆者は述べる。自他の間に存在する多様な「差異」を確かめさせ、そのような「差異」を持つ「他者を発見」させるのが「差異の言葉」であり、その他者こそが「一人のわたし」が生きていくうえで必要な存在なのだというのが筆者の主張である（以上、[7]）。「わたしたちの言葉」が「差異の言葉」であることを「正面きって受けいれる」([6])ことで、人は「他者をみいだし、他者をみいだすことによって避けがたくじぶんの限界をみいだ」していくのであり、そのような「一人のわたしが他者と出会う場所」が言葉であって、「わたしたちの何がおなじか」（以上、[7]）といった「共通の言葉」([5]・[6])ではなく、「何がちがうかを、まっすぐに語りうる言葉」([7])をつくりだすことが大切なのだと筆者はまとめている。「一つひとつの言葉をとおして」自他の間にある多様な「差異」を確かめ、その「差異」を直視することで「他者を発見」し、「じぶんの限界をみいだ」しつつその他者と向き合ってともに生きていくことを可能にする、そんな「差異の言葉」を構築することが現在必要なのだというのが本文の結論である。

〈設問解説〉

設問全体の構成を概観してみよう。

(一)　筆者の批判する、「そうとおもいたい」言葉
(二)　筆者の主張する、「言葉にたいする一人のわたしの自律」
(三)　筆者の批判する「合言葉」
(四)　筆者の主張する「差異の言葉」

こうしてとらえてみると、(一)(三)が筆者の批判する言葉に関するものであり、(二)(四)が筆者の主張する言葉に関するものであることが分かる。本文の展開に沿って論旨の中心をなす内容が問われており、設問を通して最終的には全文の趣旨を把握することが受験生に求められていることが理解できるだろう。

(一)　傍線部の内容を把握する設問。「『そうとおもいたい』言葉」についての理解が問われている。

〈本文解説〉の項、第一の部分を参照しよう。「独自の、特殊な、具体的な経験の言葉を、『公共』の言葉や『全体』の意見というレベルに抽象して引きあげ」ることで生じてくる、「一人の経験の具体性の裏書き」のない言葉が「『そうとおもいたい』言葉」である([1])。それは〈本文解説〉の項、第一の部分でBとした、〈独自で固有の具体的経験から切り離された抽象的な言葉〉であり、「公共」や「全体」([1])、つまりは社会全体において通用するような「誰もが知って」いる言葉でありながら、内実が不明確な「誰もが弁えていないような言葉」([2])のことである。それを筆者は「観念の錠剤のように定義されやすい言葉」だと述べたのである。「観念」的な「言葉」というのは〈固有の具体的経験から切り離された抽象的な言葉〉のことを言ったものである。ではそれが「錠剤

のように定義されやすい」とはどのようなことであろうか？「錠剤」がどのような意味を持つ比喩であるのかを説明することが、ここでは求められている。まずは、本来一人一人の具体的な経験に根ざすはずの言葉がそこから切り離され、ある特定の事柄を表すものとして、服薬しやすい薬（＝「錠剤」）のように安易に単純化され、社会で使用される、といった意味を考えることができる。さらに言えば、「錠剤」は粉薬と対照される〈医薬品を一定の形状に圧縮して製したもの〉である。ここにある〈ある特定の形に固められたもの〉という意味合いを本文に当てはめれば、傍線部は、〈言葉の意味が固定的に定められやすい〉状況に対して使われた比喩であることが分かるだろう。本当は内実が不明確であるのに、「抽象」化され社会全体で通用しやすいものに言葉の意味が単純化され、ある決まったものに固定されがちであることを傍線部は言ったものである。

以上から、解答に必要な要素は次のようになる。

①〈「観念」に関する説明〉
独自で固有の具体的経験から切り離された、抽象的な言葉

②〈「錠剤のように定義されやすい」に関する説明〉
言葉の意味が、内実が不明確なままに社会で通用しやすいものに単純化され固定されがちである

㈡　傍線部の内容を把握する設問。「言葉」にたいする「自律」についての理解が問われている。

〈本文解説〉の項、第一の部分を参照しよう。

傍線部の前後の文脈に着目すれば、「一人のわたしの自律」がつらぬかれた言葉とは、「一つの言葉がじぶんのなかにはいってくる」ときの、「そのはいってくるきかたのところから、その言葉の一人のわたしにとっての関係の根をさだめてゆく」ことによってつくりあげられる言葉であることが読み取れる。そしてそれは、「一人のわたしの経験をいれる容器」[4]としての言葉でもある。よって解答は、これらの内容を的確な言葉でまとめていくことになる。

・「その言葉の一人のわたしにとっての関係の根をさだめてゆく」＝〈個々人が言葉との固有の関係を築いていく〉
・「一つの言葉がじぶんのなかにはいってくる」＝〈一つの言葉が自分のものとして獲得されていく〉
・「一人のわたしの経験をいれる容器」としての言葉＝一人一人の「具体的な経験」に「裏書き」された言葉[1]

さらに筆者は、こういった「言葉にたいする一人のわたしの自律」がつらぬかれなければ、設問㈠で見たような「『そうとおもいたい』言葉」（＝「観念の錠剤のよう」な言葉）に「くみする」こととなり、内実が不明確なままに誰もが使用する既存の言葉に「じぶんを預けて」それを安易に用いてし

まい、しかもそんな自分をおかしいとも思わなくなるのだと傍線部の直後で批判している。したがって、この内容も解答に加えた方がよいだろう。

以上から、解答に必要な要素は次のようになる。

①〈「『そうとおもいたい』言葉」(＝「観念の錠剤のような言葉」)に「くみする」ことへの批判〉

既存の言葉を安易に用いない

②〈「言葉にたいする一人のわたしの自律」についての説明〉

個々人の経験に基づいて一つ一つの言葉を獲得し、言葉と固有の関係を築いていく

㈢　傍線部の内容を把握する設問。「合言葉」についての理解が問われている。

〈本文解説〉の項、第一の部分を参照しよう。

直前に、「たがいにもちあえる『共通の言葉』をのぞ」むとあることから、傍線部にある「『公共』の言葉」や「『全体』の意見」というのは、〈社会全体で共有される言葉〉のことであることが読み取れる。そしてそのような「口吻〈＝口ぶり〉をかり」るというのであるから、いかにも〈社会全体で共有される言葉〉だというような口ぶりで語る、つまりは〈社会全体で共有される言葉〉であるかのように装ってみせる、というのが傍線部前半の意であることが分かる。

傍線部の後半にある、「合言葉」に関しては、傍線部の直後から説明がなされている。「合言葉としての言葉は、その言葉によってたがいのあいだに……敵か味方かという一線をどうしようなく引いてしまうような言葉」のことであり、「たがいのあいだに敵か味方かというしかたでしか差異をみない、あるいはみとめない」ような「独善の言葉」なのだと筆者は述べている。〈本文解説〉の項、第一の部分で説明したが、「味方」である仲間内でしか通用しないような言葉を用いて、(特に合理的な理由がなくても)その言葉の意味を共有しない個人や集団を「敵」として排斥する、そんな「独善」的な言葉のことである。〈社会全体で共有される言葉〉を語っているような口ぶりで、そのように装ってみせながら、じつは仲間内でのみ通じ合うような言葉を用いて他者を排斥していく、そんな独善的な言葉で人々が物事を考えている現況について述べたのが傍線部である。

以上から、解答に必要な要素は次のようになる。

①〈「『公共』の言葉、『全体』の意見というような口吻をかりて」に関する説明〉

社会全体で共有される言葉のように装いながら

②〈「合言葉によってかんがえる」に関する説明〉

じつは仲間内でのみ通じ合い他者を排斥する独善的な言葉で考えている

㈣　傍線部の内容を把握し、本文の趣旨をとらえる設問。「差

異の言葉」についての理解が問われているが、設問が読み取るよう求めているのは本文の趣旨である。

〈本文解説〉の項、第二の部分を参照しよう。

傍線部を含む段落の内容に着目しよう。「わたしたち」が現に「さまざまな」「差異をもちあっている」（〈本文解説〉の項、第二の部分で触れたが、筆者がここで言う「差異」は、5で言及された「敵か味方か」というような安直な「差異」とは異なる、自他の間に存在する多様な「差異」のことである）以上、「一つひとつの言葉をとおして」「いま、ここに何を共有しえていないかを確かめてゆく」こと、「たがいのあいだにある差異をじゅうぶん活かしてゆ」くことが大切なのであり、「言葉とはつまるところ、一人のわたしにとってひつような他者を発見することなのだ」と筆者は述べる。自他の間に存在する多様な「差異」を確かめさせ、そのような「差異」をもつ「他者を発見」させるのが「差異の言葉」であり、その他者こそが「一人のわたし」が生きていくうえで必要な存在なのである。「わたしたちの言葉」が「『差異の言葉』であることを正面きって受けいれる」6ことで、その言葉をとおしてわたしたちは「（自己と差異をもつ）他者をみいだ」すことができ、その他者が自らとは異なる存在であるからこそさらに「避けがたくじぶんの限界をみいだ」していく。これらの内容を受けて、筆者は傍線部エ「一つの言葉は、そこで一人のわたしが他者と出会う場所である」と述べたのである。「一つひとつの言葉をとおして」自他の間にある多様な「差異」を確かめ、その「差異」を直視することで人は「他者を発見」し、「じぶんの限界をみいだ」しつつその他者と向き合ってともに生きていく、というのがその意味するところである。

以上から、解答に必要な要素は次のようになる。

①〈「差異の言葉」に関する説明〉
言葉を通して自他の間にある多様な差異を確かめ直視する

②〈「他者と出会う」に関する説明〉
人は自己の限界を見いだし他者と向き合ってともに生きていく

最後に、東大の発表した『国語』の出題の意図」を付しておこう。「文中の比喩や作者の主張を正しく読み取り、自分なりの言葉で適切に表現できるかどうかを問いました。自立的な思考能力と、豊富な語彙を自在に操れるだけの読書量を有することが求められます」とある。単なる論旨の把握にとどまらず、思考を深めてさらに内容を理解し、それを「自分なりの言葉で表現」できるかが問われている。㈠の「錠剤」という比喩の説明から始まり、いかに「豊富な語彙」量が解答をまとめるのに必要であるのかを、今一度確認しておくとよいだろう。

〈自己採点のめやす〉　記号は第一問と同様に用いる。

(一)

☆　言葉が具体的な／固有の　経験と切り離され、（その意味が）抽象化される　という内容が適切に捉えられていること。

・「具体的な／固有の　経験と切り離される」、「抽象化」の少なくとも一方の内容が捉えられていること。

○　①言葉が具体的な／固有の　経験と切り離され、（その意味が）抽象化される

②内実の不明確なままに社会で通用しやすい言葉

・「内実が不明確／誰もが弁えていない」、「社会で通用しやすい／誰もが知っている」

③意味が固定化される／決まりきったものになる

△　右の三つの内容がほぼ捉えられているもの。

右の①の内容が書かれていて②③片方の内容を欠くもの、②③の内容が不十分なもの。

×　右の①の内容を欠くもの。

(二)

☆　個々人の（具体的）経験に基づいて言葉を獲得し／身につけ、言葉と固有の関係を築いていく　という内容が適切に捉えられていること。

○　①個々人の（具体的）経験に基づいて言葉を獲得し／身につけ、言葉と固有の関係を築いていく

②既存の言葉を安易に用いる（受け入れる）のではなく／うのみにせず／疑う

△　右の二つの内容がほぼ捉えられているもの。

右の①の内容が書かれていて②の内容が不十分なもの。

×　右の①の内容を欠くもの。

(三)

☆　仲間内でのみ通じ合い他者を排斥する／敵か味方かに分ける　言葉　という内容が適切に捉えられていること。

○　①仲間内でのみ通じ合い他者を排斥する／敵か味方かに分ける　独善的な言葉で考えている

②社会全体で共有される／公共で定められた　言葉のように装う／言葉を建前とする／言葉だということを前提にする／言葉であることで正当化する

△　右の二つの内容がほぼ捉えられているもの。

右の①の内容が書かれていて②の内容が不十分なもの。

×　右の①の内容を欠くもの。

(四)

☆　言葉を通し自他の間にある差異を直視する／みとめる／知る／認識する／活かす／見いだす／自覚する／重視する　という内容が適切に捉えられていること。

○　①言葉を通し自他の間にある差異を直視する／みとめる

／知る／認識する／活かす／見いだす／自覚する／重視する

②人は自己の限界を見いだし他者と向き合って／他者を発見し／見いだし／知り／認識し ともに生きていく

△　右の二つの内容がほぼ捉えられているもの。

×　右の①の内容が書かれていて②の内容が不十分なもの。右の①の内容を欠くもの。

解答

㈠　言葉が固有の具体的経験と切り離され、内実の不明確なままに社会で通用しやすい抽象的で単純な意味に固定されがちだということ。

㈡　既存の言葉を安易に用いるのではなく、個々人の経験に基づき一つ一つの言葉を獲得し、言葉と固有の関係を築いていくということ。

㈢　社会全体で共有される言葉のように装いながら、じつは仲間内でのみ通じ合い他者を排斥する独善的な言葉で考えているということ。

㈣　言葉を通し自他の間にある多様な差異を直視することで、人は自己の限界を見いだし他者と向き合ってともに生きていくということ。

二〇二二年

第一問（文理共通）

出典

鵜飼哲（うかい　さとし）「ナショナリズム、その〈彼方〉への隘路《あいろ》」（『まつろわぬ者たちの祭り　日本型祝賀資本主義批判』インパクト出版会　二〇二〇年四月刊）の第2章〈境界から歴史をみつめ返す〉の冒頭部。《ある「パラサイト」の経験》の全文と《ナショナリズムとは何か》の大半。ただし、初出は大澤真幸・姜尚中編『ナショナリズム論・入門』（有斐閣二〇〇九年八月刊）。小見出し以外に途中省略はない。

ちなみに、「まつろう（「服《まつろ》う」「順《まつろ》う」）」とは、「服従する・付き従う」という意味をもつ言葉であるから、書名の中にある「まつろわぬ」とは、「服従しない」「付き従わない」ということを意味する。

鵜飼哲は、ジャック・デリダを始めとするフランス現代思想の研究者であり、一橋大学名誉教授。自らの思想に基づく社会的・政治的変化を求める行動主義の立場から、さまざまな運動・声明の呼びかけを行っている。

著書には『償いのアルケオロジー』『抵抗への招待』『応答する力――来るべき言葉たちへ』『主権のかなたで』『ジャッキー・デリダの墓』などがある。

本書の帯には、「天皇代替わり、そして2020東京オリンピック・パラリンピック――いま、国民国家主義とグローバル資本主義を媒介する巨大スペクタルに呑み込まれないために」とあるが、この問題文が入試で出題された2022年の前年にあたる2021年には、コロナ禍のなか無観客で東京オリンピック・パラリンピックが行われた。準備の段階からさまざまな不備を露呈したこの一大イベントは、スポーツの祭典を利用した「国民国家主義」の高揚と「グローバル資本主義」の中での経済効果を狙ったものであったとも言えよう。

奇《く》しくもこの問題文が出題された入試日に前後して始まったロシアのウクライナへの軍事侵攻などを考えても、「ナショナリズム」について語ったこの問題文は、まさに東大入試現代文の第一問（文理共通問題）らしく、現代世界について考えさせる、きわめてアクチュアルな内容をもつものであった。

世界や社会の動きに敏感であることも、東大受験生に求められていることの一つであるだろう。毎年東京大学から発表される「国語の出題意図」や入学者募集要項にある「高等学校までの学習で身につけてほしいこと」にあるように、東大の国語では「主体的」に読解する能力が求められている。文章を読解する際にも、ぜひ自分を取り巻き自分を位置付ける世界や社会の現実との結びつきを意識してほしい。

解説

東京大学ウェブサイトの「令和4年度解答等の公表」にある「『国語』の出題の意図」では、以下のように説明されている。

「第一問は、現代文の論理的文章についての問題です。今回は鵜飼哲の文章を題材としました。ナショナリズムが持つ仮構的性格ゆえに、日本人の誰もが排除の対象に転じうるとする論旨の展開を正確に捉える読解力と、それを簡潔に記述する表現力が試されます。また、ある程度の長文によって全体の論旨をふまえつつまとめる能力を問う問題を設けました。」

〈本文解説〉

本文全体は十二個の形式段落で構成されており、三つの意味のまとまり（第Ⅰ～Ⅲ意味段落）に分けることができる。

第Ⅰ意味段落（①～④）は、まず①で「五年ほど前の夏」の「カイロの考古学博物館で」の筆者の「経験」が語られる。筆者は「日本のツアー団体客」の「後ろで何とはなしに」「ガイドの説明に耳を傾けていた」。「私（＝筆者）にはそれは、ごく自然な、行為ともいえないような行為だった」。「ところが、日本人のガイドは……私（＝筆者）を指差して」「説明を聞く資格はありません！」と「言ったのだ」という。

②の冒頭は「要するに」と始まり、①の「経験」の要約を行う。それは「エジプトの博物館で、日本人が日本人に、お前はそこにいる権利はないと言われた」ということであった。そしてこのとき筆者は「日本人でないふりをすることはできなかった」のだという。

③は「この状況は、ちょっと考えてみるとなかなか奇妙なものだ」と始まり、筆者が陥った「状況」の「奇妙」さについて、考察を行おうというのである。その「奇妙」さは、「日本以外の国のツアー客に『パラサイト（＝「寄生」：注による）』しているときにはまずありえない」という点にあるのだ。つまり「お前はそこにいる権利はないと言われた」（②）のは、日本人である筆者が日本人の「解説を聞いていた」（①）からだった。筆者からすれば、エジプトという国外で、まさか同じ日本人から「お前はそこにいる権利はない」と言われるとは思ってもみなかったのである。さらに「それに」と続く。筆者が「説明に耳を傾けていたとして」、その日本人の「ガイドにどんな不都合になるというのか」想像できないというのだ。考えられるのは、その「ガイド」が『『たかり』は『たかり』、『盗み聞き』は断固許すまじという」「空しい使命感」をもっていたということであろう。なぜ筆者が「空しい」というのかと言えば、「ガイド」の話す「日本語の分かる非日本人はいまではどこにでもいる」し、その「非日本人」は、「私（＝筆者）のような顔をしていないかもしれない」し、日

本人ではないから「私(＝筆者)のような反応は、おそらく誰もしないだろうから」である。「ガイド」は実は、その「非日本人」が彼女の「日本語」を聞いてわかっているかどうかの判断もつかないし、また「あっちに行け」[2]と言ったとしても、その「非日本人」が彼女の言葉をわかっていないふりをするかもしれないのである。

[4]の冒頭は「しかし」と始まる。「ガイドの『排外神経』の正確な標的になったのは」、そうした「非日本人」[3]ではない「私(＝筆者)だった」のである。再び筆者は自身の「経験」[1]を受け止めて、「彼女」＝「ガイド」[3]は「私が日本人であることを見切り、見とがめられたのちの私(＝筆者)の反応も読んでいた」ということを認識する。そこで「私(＝筆者)は自分の油断を反省した」のだという。「油断」とは、「日本人」である「ガイド」[3]が、「このような状況で(＝日本人の筆者が日本人のツアー客に寄生している状況で)このように振る舞いうる(＝「説明を聞く資格」はないから、「あっちに行け」といった態度を日本人の筆者にとり得る)ことをうっかり忘れていた」ことを指している。それは「日本にいるときは」「日本人同士種々の集団に分かれてたがいに壁を築く」ということに対して「張りつめている神経」が、「外国だからこそ」＝「国外に出れば」そんなこともないだろうと、「緩んでいた」ことによると思われる。それは結局「無意識の、甘い想定」であり、その「想定」の「甘さ」において「私(＝筆者)はまぎれもなく『日本人』だった」というのである。(日本語が分かるかどうか知り得ない)「非日本人」[3]とは(見るからに)違う「『日本人』だったからこそ日本人に……追い払われ」、「そして」、「日本のツアー団体客」[1]からの「排除を通じて」、「逆説的に」自分の「日本人」への「帰属を確認することを余儀なくされた」わけである。

第Ⅱ意味段落⑤は、第Ⅰ意味段落の内容を「この些細で滑稽な場面」と捉えたうえで、これが「このところ、『ナショナルな空間』というものの縮図のように思える」と、話題を一般化していく。第Ⅰ意味段落が筆者自身の体験にまつわる思いや考えを具体的に語る随筆的な展開であったのに対して、第Ⅱ意味段落以降はその思いや考えを抽象化して論じていく評論らしい展開となる。まずは「私(＝筆者)とガイドを較べた場合、どちらがより『ナショナリスト』と言えるだろう」と問いかける。「同じ日本人なんだからちょっと説明を聞くくらい……」という甘えをもっていたらしい筆者の方か、「それとも、たとえ日本人でも『よそ者』は目ざとく見つけ容赦なく切り捨てるガイドの方だろうか」。それに対して筆者は、「日本のナショナリズム」は、「このガイドのようにきちんと振る舞える人々を欠かせない人材として要請し、養成してきたに違いない」と考えて、「ナショナリスト」である のはどちらかと言えば「ガイド」の方だとする。つまり「ガイド」のように、「『国民』の一部」たとえば筆者を「『非国民』として……摘発し、切断し、除去する能力、それなくしてナショナリズムは『外国人』を排除する『力』をわがものにできない」というわけである。そしてそれは日本以外での「どんなナショナリズムにも共通する一般的な構造」であるというのだ。「日本のナショナリズム」は日本人が「この数十年のあいだ中流幻想(すべての日本人が中流だとする幻想)に浸っていた」ために「特異な道を歩んでもきた」のだが、「日本」は「いまふたたび、急速に階級に分断されつつあ」り、「どんなナショナリズムにも共通する一般的な構造」を顕在化して「ふたたび、その残忍な顔(＝「排除する『力』」「摘発し、切断し、除去する能力」)を、〈外〉(＝「外国人」)と〈内〉(＝「日本人」)とに同時に見せ始めている」というわけである。

第Ⅲ意味段落(6～12)は、まず6の冒頭で、「私(＝筆者)は、この出来事の後、外国で日本人の団体ツアーにはけっして近づかないようにしている」と述べている。自分が「『折り目正しい』日本人」＝「きちんと振る舞える」「ナショナリスト」(5)「でないことが、いつ、なぜ、どうして『ばれる』か知れたものではないからだ」という。「しかし、外国では……私(＝筆者)は日本人の団体に近づかない『自由』がある」けれど、「日本ではどうだろう」と、筆者は第Ⅰ意味段落の「外国」での自身の「経験」(1)から離れて議論を進めていく。むろん「日本」では「日本人の団体に近づかない『自由』」が「ないかきわめて乏しい」のであるが、このような状況こそが「近代的な意味で『ナショナルな空間』と呼ばれるものの本質」であるという。

7では「日本にいる人はみな……ただひとり日本人に取り囲まれている」という。まさに「ナショナルな空間」(6)にいるということである。どうして「ただひとり」なのかというと、「その人の『生まれ』にまつわるどんな『自然』も、自然にその人を日本人にはしてくれないからだ」という。「自然」という言葉に「　」が付けられているものと付けられていないものがあることに注意する必要がある。8以降の説明からすると、「　」付きの「自然」は〈人為の加わらない本来の状態〉を表し、「　」なしの自然は〈当然・自明〉を表している。つまり「どんな人も」「生まれ」により当然のように「日本人」になるのではなく、ただ「日本人」に「取り囲まれ」日本人にされていくだけなのだ。

8では「ナショナリズムnationalismというヨーロッパ起源の現象を理解」するために、「nationという言葉の語源」に当たる言葉が「ラテン語で『生まれる』という意味のnasciという動詞」であることを取り上げる。そこから派生した名詞natioについてはまず「出生」「誕生」さらには「『人種』『種族』『国民』へと意味の移動」が生じた。「一方」で、「『自然』を意味するラテン語」であるnaturaもそこから派生し「出生」を意味するが、さらに英語のnaturallyでは「『自然に』から転じて『当然に』『自明に』『無論』という意味へと「意味の移動」が生じた。筆者はこうした事情については「知っておきたい」と告げている。

9はこの内容を踏まえて、「ナショナリズム」という「政治現象の不変の核(＝中心・核心)」となる「性格」は、「『生まれ』が『同じ』者の間で、『自然』だからこそ『当然』として主張される(「同じ」「国民(日本人)」として「生まれ」た者は、「自然に」だから当然のこととして日本人だと主張される)平等性」と「それと表裏一体の、『生まれ』が『違う』者に対する排他性」であるとする。「ナショナリズム」は、8で説明されたように、「語源」から「派生」する「意味の移動」に沿う「政治現象」なのである。「だから」と筆者は続ける。結果として「いまも、世界のほとんどの国で、国籍」は、「生まれ」にまつわる「生地か血統にもとづいて付与されている」のだ。

10は「しかし」と始まり、筆者はこうした現状に対して疑問を抱く。「生地にしても血統にしても」、その「生まれ」が「『同じ』とはどういう意味だろう」と。「ある土地の広がりが『フランス』とか『日本』という名で呼ばれるかどうかは少しも『自然』ではない」という。だからこそ、7で述べられていたように、「どんな『自然』も、自然にその人を日本人に」あるいはフランス人に「してはくれない」ということになる。「生地」のもつ「名」は、自然ではない。「文字通りの『自然』のなかには、もともとどんな名も存在しないからだ」。つまり、「『生まれ』(＝「生地」)が『同じ』」などというのは、人間が勝手に「ある土地の広がり」に「名」を付け、それに基づいて取り決めていることに過ぎないのだ。このように「生地」について言えることは、また「血統」についても同様に言える。「両親が『同じ』でも……人は『ただひとり』生まれることにかわりはない。私たちは知らないうちに名を与えられ、ある家族の一員にされる」。つまり「血統」が「同じ」などということもまた、人間が勝手にある「人」に「名」を付け、それに基づいて取り決めていることに過ぎないというのだ。「親が本当に『生みの親』かどうか、自然に……知っている人は誰もいない。苗字が同じであることも、母の言葉が母語になったことも、顔が似ていることも、何も私の血統を自然にはしない」。つまり人間が勝手にそう取り決めていることに過ぎないのだ。

11は「一言で言えば」と始まり、まずは前の段落内容をまとめている。「あらゆるナショナリズムが主張する『生まれ』の『同一性』」つまり「生地」「血統」の「同一性」とは、人間が勝手に付けた「名」に基づいて取り決められたものに過ぎないという事情⑩を「自然的性格は仮構されたものなのだ」とまとめ、さらに「それは自然ではなく、ひとつの制度である」と述べている。「『生まれ』の『同一性』」は「自然」に基づいておらず、人間が取り決めた「仮構」に基づいているということだ。次に筆者は「日本語」の「帰化」が「フランス語や英語では……『自然化』」という言葉に相当するという事実を取り上げ、「自然化」という言葉は「意味深長だ」と主張する。「なぜなら」と続き、その理由を説明している。「外国人ばかりでなく……日本で日本人の親から生まれた人でも、その人に国籍が付与されるとき、あるいはその人がなにがしかの国民的同一性を身につけるとき、それはいつでも……『自然化』によってなされるしかないからだ」。つまり、「『生まれ』の『同一性』」は「自然」に基づかないため、「自然でないものを自然なものとする操作」＝「自然化」によって、「なされるしかない」ということである。

⑫は冒頭部で同内容を「繰り返す」と宣言したうえで、「『自然化』とは……自然でないものを自然なものとする操作のことである」と述べている。もちろん「繰り返す」のは大切な内容だからであり、さらに伝えたいことがあるからだ。そして「言い換えれば」と続け、「この操作」＝「自然化」は「けっして完了することがない」と言う。自然そのものではなく、「制度」であるものを「自然」のように見せかけたものなのだから、それが「仮構」であることがあらわにならないように、たえず「自然化」し続けなければならないのである。さらに「そして」と続き、「逆流（＝「非自然化」）する」のが、「いつ」なのか「分からない」＝「いつでも起こりうる」と述べる。「自然だったこと」＝「自然だと信じていたこと」＝「自然化」されていたことが、「自然でなくなる」＝「非自然化」されることがあるのだ。つまり、自然とされていることと非自然とされていることの境界は恣意的なものに過ぎず、「いつでも」変更されうるのだ。最終文は、「だから」と始まり、ここまでの内容を「日本人」の話として説明し直している。「日本人」だと「自然化」されている「誰も」が、「日本人」ではないと「非自然化」される可能性があるため、「日本人であることに、誰も安心はできない」というわけである。

こうして本文末尾は「日本人」の話題に帰着している。**第Ⅲ意味段落**は、先に述べたように、**第Ⅰ意味段落**の「外国」での筆者自身の「経験」①から離れて議論を進めてきたのだが、末尾で再び、**第Ⅰ意味段落**の筆者の「経験」①に結びついていく。筆者は「日本のツアー団体客」①に「パラサイト」③しているときに「油断」④をしていて「ガイド」から突然、「説明を聞く資格はありません！」①と宣告され仲間外れにされたわけであるが、同様に「誰も」が日本人という団体に「パラサイト」③していて、何かの拍子に、「日本人」である「資格はありません！」（1）つまり「非国民」（5）＝非「日本人」であると宣告される可能性があるということである。

私たちは、日本出身で現在外国籍の人がノーベル賞を取れば、〈「日本人」が受賞〉と言い、外国出身で日本国籍を所得した人がオリンピックのメダルを獲得すれば〈「日本人」が得たメダル〉に数える。「日本人」であることの「資格」（1）はそのように恣意的である。だから、あるものの考え方や社会へのスタンスがその「資格」（1）となって、〈あんなやつは「日本人」じゃない〉という言い方がなされることが、かつてあったし、いまも、これからもあり得る。私たちはそういうことに注意を払わねばならない――筆者が述べているのは、例えばそういったことである。

二〇二二年、コロナ禍に加えて、ロシアのウクライナへの軍事侵攻に伴い、グローバル経済は混乱を来し難民はもちろん低所得者の生活も困窮を深めている。このような状況のときにこそ、かつて世界恐慌の後にナチスが、〈血と土〉（Blut und Boden）≒「血統」と「生地」（10）という人種差別を意図した民族主義的イデオロギーを掲げ、「ナショナリズム」の高揚を達成していったことを想起しておくべきかもしれない。日本の厚生省（当時）が作成した『大和民族を中核とする世界政策の検討』にもその影響はあったと言われる。

日本の副総理・財務大臣であった政治家が、新型コロナウイルスの感染者数・死者数が他国に比べて少ないことを受けて、〈「日本人」の民度が高いから〉と発言して話題となった。「民度」が何を意味するか以前に、これなども「血統」と「生地」（10）に基づく「日本のナショナリズム」（5）の高揚をはかるものだったと言えるかもしれない。

〈設問解説〉

全体の設問構成と解答内容をまず概観しておこう。

㈠　第Ⅰ意味段落（1～4）から筆者の体験を踏まえて「日本人らしさ」を説明する。

「日本人としての仲間意識があった」

㈡　第Ⅱ意味段落（5）から「日本のナショナリズム」の内容を説明する。

「外国人を排斥し非国民を摘出する」

㈢　第Ⅲ意味段落（6～12）から「名という制度」の内容を説明する。

「名とは自然のもののように見せかける制度だ」

㈣　全体の趣旨を踏まえて本文末尾に至る展開を説明する。

「生まれの同一性は仮構に過ぎず、日本人の排他性は自分に向けられ得る」

㈤　基本的な漢字・語彙力の設問。

㈠　第Ⅰ意味段落（1〜4）から筆者の体験を踏まえて「日本人らしさ」を説明する内容説明の設問

まずは傍線部を客観的に捉えておこう。「その『甘さ』において」とあるので、ここでの解答内容は直前にある「菊の紋章付きの旅券を持つ者の、無意識の、甘い想定」（4）の「甘さ」に関わる内容となる。「菊の紋章付きの旅券を持つ者」とはつまり日本人のことであり、「甘い想定」とは、「ガイド」から自分が「『排外神経』の正確な標的」（4）とされたことに関する事前の考えのことである。また、傍線部の「私はまぎれもなく『日本人』だった」というのは、「私（＝筆者）」が「日本人」的な心性をもっていたということを意味する。

このことを、傍線部を含む第Ⅰ意味段落の論旨の中で位置付けて論理性のある明快な内容として説明すれば、解答をつくることができる。ぜひ〈本文解説〉の第Ⅰ意味段落を再読してほしい。

「甘い想定」の「甘さ」とは、「油断」のことであり、それは「日本にいるときは……張りつめている神経」＝「日本のなかでは日本人同士種々の集団に分かれてたがいに壁を築く」ということへの警戒が、「外国だからこそ緩んでいた」＝「国外」ではその警戒を緩めて同じ日本人としての仲間意識があると期待していたことを意味する。そしてその「甘さ」こそが「まぎれもなく」日本人的な心性だということである。

なお、傍線部の直後は「『日本人』だったからこそ……」と続くが、この直後の内容は「私」が「『日本人』だったからこそ」の結果として「余儀なくされた」ことであり、傍線部は「その『甘さ』において」と限定されて「日本人だった」で終わっているため、「日本人にパラサイトの現場を押さえられ……逆説的にも、その排除を通じてある種の帰属を確認することを余儀なくされた」という部分の内容は解答から除外される。

記述すべき要素は次のようなものとなる。

① 国内では集団ごとに排他的な日本人
② 国外では同じ日本人としての仲間意識がある
③ ②を期待する日本人的な心性
④ ③が筆者にあった

これを解答欄内（五〇〜六〇字程度以内）に簡潔にまとめればよい。

なお、東京大学がこれまでに（二〇二一年までに）発表している「出題の意図」の第一問の説明には、「論旨の展開を正確に捉える読解力と、それを簡潔に記述する表現力が試されます」と書かれているので、㈠〜㈢において解答を記述する際には、「論旨」を踏まえた内容であるとともに、「簡潔」に記述することにも留意してほしい。

㈡　第Ⅱ意味段落（⑤）から「日本のナショナリズム」の内容を説明する内容説明の設問

まずは傍線部を客観的に捉えておこう。「その残忍な顔」とは、傍線部の直前にある「ナショナリズム」の「残忍な顔」であり、「〈外〉と〈内〉」とは「外国人」と「日本人」を意味する。また傍線部に「始めている」とあるのは、「この数十年のあいだ中流幻想に浸っていた日本人の社会」では「日本のナショナリズム」が、「特異な道を歩んでもきた」が「ふたたび」「どんなナショナリズムにも共通する一般的な構造」を発揮し「始めている」ということである。

このことを、傍線部を含む第Ⅱ意味段落の論旨の中で位置づけて論理性のある明快な内容として説明すれば、解答をつくることができる。ぜひ〈本文解説〉の第Ⅱ意味段落を再読してほしい。

「ナショナリズム」の「残忍な顔」とは、「ふたたび、急速に階級に分断されつつある」日本の「ナショナリズム」がもつ「排除する『力』」「一部を『非国民』として……摘発し、切断し、除去する能力」のことであり、それを「〈外〉」＝「外国人」と「〈内〉」＝「日本人」（⑤）とに「同時に見せ始めている」というのである。「外国人」に向けての「排除」は、内容を明確にするため〈排斥〉などと言い換え、「日本人」に向けての「排除」は、「一部を『非国民』として……摘発し、切断し、除去する」（⑤）の部分を簡潔に〈日本人の一部を非国民として摘出する動き〉などとまとめればよい。

記述すべき要素は次のようなものとなる。

① 階級の分断が進む日本
② ①のナショナリズム
③ 外国人の排斥
④ 日本人の一部を非国民として摘出する動き
⑤ ③と④を強めている

これを解答欄内（五〇～六〇字程度以内）に簡潔にまとめればよい。

㈢　第Ⅲ意味段落（⑥～⑫）から「名という制度」の内容を説明する内容説明の設問

まずは傍線部を客観的に捉えておこう。「名」とは直前の例にある「フランス」「日本」などのことである。それは本来「ある土地の広がり」にすぎないものに人間にとっての意味を与える、すなわち前段落の「国籍」の根拠となる「国」（＝国家）として秩序化するものだ。対して、「文字通りの『自然』」とある。「文字通りの」とは〈文字に書かれた通りの嘘のない〉ということであるから、本当の意味での自然ということである。「　」が付けられているのも、〈もともとの、本来の状態〉ということを表わすためである。その本来のありのままの世界には「もともとどんな名も存在しない」のに、それに人間が「名」を与え、「名」に基づく「生まれ」が自然なものとして語られるとすれば、それは人間が作った「制度」を自然のもののように見せかけるための「仮構」だということを意味する。それは人によって作られたものであるから、もちろん「もともと」「自然」としてあったものではない。

このことを、傍線部を含む第Ⅲ意味段落の論旨の中で位置づけて論理性のある明快な内容として説明すれば、解答をつくることができる。ぜひ〈本文解説〉の第Ⅲ意味段落を再読してほしい。

あえて筆者が「文字通りの『自然』のなかには、もともとどんな名も存在しない」と言うのはなぜなのかを考えてほしい。それは逆に「文字通り」ではない「自然」のなかには、「名」が存在しているように見せかけられているからであろう。それでは、ここではいったい「名」は、どのような役割を果たすために、自然のもののように見せかけられているというのだろうか。もちろんそれは「ナショナリズム」がこだわる「生まれ」（9）が、意味をもつものであると見せかけるためである。つまり「名」に基づいて世界を人為的に意味づけ秩序あるものとして、それが「自然」のもののように見せかける＝「自然でないものを自然なものとする」（11・12）ことで、初めて「『生まれ』が『同じ』者の間で」（9）の「ナショナリズム」を形成できるのである。

記述すべき要素は次のようなものとなる。

① 名とは

② 世界のありのままの姿の反映ではなく

③ 世界を人為的に意味づけ秩序化し

④ ③を自然のもののように見せかける制度だ

これを解答欄内（五〇～六〇字程度以内）に簡潔にまとめればよい。

(四) 全体の趣旨を踏まえて本文末尾に至る展開を説明する展開説明の設問

まずは傍線部を客観的に捉えておこう。「日本人であること」とあるが、第Ⅲ意味段落のここまでの展開を踏まえて考えるなら、「ナショナリズム」が依拠する「日本人」であるという「生まれ」の「同一性」は、「制度」（11）に基づくものを「自然」であるかのように見せかけた「仮構」であるから、「日本人であること」は「自然」に基づくものではなく、人間側の事情や都合で「突然自然でなくなる」ことがありうるような恣意的なものであるということになる。つまり、「誰も」が「日本人」であるとされているに過ぎないということである。したがって、誰が「日本人」で誰がそうでないかという境界は恣意的なもので、容易に変更しうるのである。ここから「日本人であることに、誰も安心はできない」という傍線部の言葉が生まれてくる。

このことを、「本文全体の趣旨を踏まえて」論理性のある明快な内容として説明すれば、解答をつくることができる。

そのためには、〈本文解説〉に記した、本文末尾の文と第Ⅰ意味段落との重なりを捉えておく必要がある。再度掲載しておく。

本文末尾は「日本人」の話題に帰着している。第Ⅲ意味段落は、先に述べたように、第Ⅰ意味段落の「外国」での筆者自身の体験から離れて議論を進めてきたのだが、末尾で再び、第Ⅰ意味段落の筆者の体験に結びついていく。筆者は「日本のツアー団体客」①に「パラサイト」③しているときに「油断」④をしていて「ガイド」から突然、「説明を聞く資格はありません！」①と宣告され仲間外れにされたわけであるが、同様に「誰も」が日本人という団体に「パラサイト」③していて、何かの拍子に「日本人」である「資格はありません！」つまり「非国民」⑤＝非「日本人」であると宣告される可能性があるということである。

さらに、この第Ⅰ意味段落の筆者の体験を一般化していたのが第Ⅱ意味段落であったから、その議論も踏まえてその重なりについて考えればよい（このような随筆的な展開をもつ文章の全体の趣旨を正確に踏まえるのは、多くの受験生にとってかなり難しいものであっただろうと予想される）。

「ガイド」が「私（＝筆者）」に放った「あなたこのグループの人じゃないでしょ」①という発言は、「私」を集団から「排除する『力』」⑤の発動であり、それはいわば「ツアー団体客」①に属さないものとしての「私」に対する「排除」であるが、それは、「『生まれ』が『違う』者に対する排他性」⑨に通じている。

また、第Ⅰ意味段落にあったように、筆者がそのような「排除」の「正確な標的」④となってしまったのは、同じ「日本人」だからという「甘い想定」④をしていたせいであった。このことも本文末尾の文に通じる。いま「日本人である」とされていたとしても「安心はできない」のだ。誰が「日本人」で誰がそうでないかという境界は恣意的で容易に変更しうるのであるから、「誰も」がその「排他性」を突如として自身に向けられる可能性があるということである。

記述すべき要素は次のようなものとなる。一〇〇～一二〇字の長文記述であるから、㈠～㈢以上に、全体の論理のつながりや順序をしっかりと踏まえた後で、答案を書き始める必要があるだろう。

① ナショナリズムが依拠する生まれの同一性

↓

② 人間がつくった制度を自然であるかのように見せかけた仮構

↓

③ 境界は恣意的で容易に変更しうる

④ ← 日本人の排他性が「同じ日本人」に突如向けられる

⑤ ← 自分に対して④の可能性は常にある

㈤ **基本的な漢字・語彙力を問う設問**

a 「ユルんで」は、「ユルむ」で〈ゆるくなる〉という意味。「緩む」あるいは「弛む」と書く。

b 「コッケイ」は〈おかしい・ばかばかしい〉という意味。「滑稽（稽）」と書く。日常的な言葉だが、入試本番でも書けない人がかなりいた。

c 「意味シンチョウ」とあるから、〈奥深く含蓄がある〉という意味の「シンチョウ」。「深長」と書く。同音異義語に注意して、「慎重」と書かないように。

〈自己採点のめやす〉

記号は次の意味で用いている。

☆……解答としての方向性
○……合格答案
△……有効答案（点数はある）
×……不可（点数がない）

㈠

☆ 「国外（外国・海外）では、同じ日本人・日本人同士に壁はない」と「期待した（考えた・思った・認識した・判断した・油断した）」という方向性。

○ 「国外（外国・海外）では、同じ日本人・日本人同士に壁はない」と「期待した（考えた・思った・認識した・判断した・油断した）」ことに適切に触れたうえで、「国内では集団ごとに排他的でも」＝「国内では分断があっても」＝「国内では緊張関係にあっても」という内容と「仲間（身内）意識があるとする日本人的な心性が自分にあった」＝「日本語を通した身内（仲間）意識に依存していた」＝「壁が消えているだろうという油断が日本人らしい考え方だ」＝「許されるだろうという筆者の甘い想定が日本人らしいものだ」ということが記述されている。

△ 「国内と違って、国外（外国・海外）では日本人としての仲間意識があった」

× 「国外（外国・海外）では、同じ日本人・日本人同士に壁はない」と「期待した（考えた・思った・認識した・判断した・油断した）」という方向性が示されていない。

㈡

☆ 「ナショナリズム」による排斥が、「外国人」と「日本人の一部」の両方に及んでいるという方向性。

○「ナショナリズム」による排斥が、「外国人」と「日本人の一部」の両方に及んでいることに適切にふれたうえで、「階級の分断が進む日本」という内容と「日本人の一部を非国民」とすることが記述されている。

△「ナショナリズムが外国人を排斥し日本人の一部を非国民とする」

×「ナショナリズム」による排斥が、「外国人」と「日本人の一部」の両方に及んでいるという方向性が示されていない。

㈢

☆「名（名辞）」あるいは「生地や血統」は「制度」（人為的・人間によるもの・人間が与えたもの）であるという方向性。

○「名（名辞）」あるいは「生地や血統」は人為的・人間によるもの・人間が与えるものであることについて適切にふれたうえで、

「名（名辞）・生地や血統は、世界のありのままの姿の反映ではなく」＝「自然には領域や帰属を規定する名はない」＝「自然は未分（未分化なもの）である」という内容と「自然のもののように見せかける」ということが記述されている。

△「名（名辞・生地や血統）とは自然のもののように見せかける制度（人為的なもの・人間によるもの・人間が与えたもの）だ」

×「名（名辞）」あるいは「生地や血統」は人為的・人間によるもの・人間が与えるものであることについて適切にふれていない。

㈣

☆日本人であっても日本人とされなくなる危険があるという方向性。

○日本人であっても日本人とされなくなる危険があるという方向性に適切にふれたうえで、

①「ナショナリズムが依拠する生まれ（生地や血統）の同一性」といった内容。

※「生まれの同一性」が「生地」か「血統」の一方のみは減点

※「ナショナリズム」を欠くものは減点

②「制度を自然であるかのように見せかけたもの」あるいは「制度を自然だと仮構した」あるいは「人為的に作られた制度（仮構）」あるいは「自然でないものを自然とする運動」といった内容。

③「境界は恣意的で容易に変更しうる」あるいは「国民統合のために絶えず非国民を生む」あるいは「筆者が外国（国外・海外）で日本人から排除されたよ

うに」といった内容

④
「日本人の排他性が日本人とされてきた自分に向けられる可能性がある」あるいは
「日本人の誰もが日本人から排除(排斥)される危険(危うさ)を免れない」あるいは
「いま日本人であっても日本人であることを否定される可能性がある」といった内容。

△　日本人であっても日本人とされなくなる危険があるという方向性を保って、一〇〇～一二〇字にまとめられている。

×　日本人であっても日本人とされなくなる危険があるという方向性が示されていない。

本文全体の趣旨から見て間違ったことが書かれている。

一〇〇～一二〇字で記述されていない。

(五)

○　楷書で正確に書かれている。

×　続け字、乱雑なものは認められない。

解答

(一)　国内では集団ごとに排他的でも国外では同じ日本人としての仲間意識があると期待する、日本人的な心性が筆者にあったということ。

(二)　階級の分断が進む日本のナショナリズムは、外国人の排斥と共に日本人の一部を非国民として摘出する動きも強めているということ。

(三)　名とは、世界のありのままの姿の反映ではなく、それを人為的に意味づけ秩序化し、自然のもののように見せかける制度だということ。

(四)　ナショナリズムが依拠する生まれの同一性は、実は制度的なものを自然であるかのように見せかけた仮構にすぎず、境界は恣意的で容易に変更しうる以上、日本人の排他性が「同じ日本人」であったはずの自分に突如として向けられる可能性は常にあるということ。(119字)

(五)　a＝緩(弛)　b＝滑稽(稽)　c＝深長

第四問（文科）

出典

武満徹（たけみつ　とおる）「影絵《ワヤン・クリット》の鏡」（『樹の鏡、草原の鏡』　新潮社　一九七五年九月刊　〈Mirror〉）の全文。なお、『樹の鏡、草原の鏡』は、二〇〇〇年二月に新潮社から刊行された『武満徹著作集　1』に収載されている。

武満徹（一九三〇～一九九六）は、東京生まれ。作曲家。「テクスチュアズ」でユネスコ国際現代作曲家会議最優秀作品賞を受賞。「カトレーン」で文化庁芸術祭大賞、尾高賞を受賞。音楽作品とともに著作も数多い。日本でさらにサントリー音楽賞を受賞したばかりでなく、フランスから芸術文化勲章、国際モーリス・ラヴェル賞、カナダからグレン・グールド賞を受賞するなど、世界的に著名な作曲家であった。

『樹の鏡、草原の鏡』の第一章である〈Mirror〉では、西洋音楽に精通し、日本の伝統的な音楽にも深く思考を巡らせていた筆者が、インドネシアの音楽から受けた衝撃について書き綴られている。その最後の部分で、筆者は次のように述べている。

> 私は、二枚の鏡（引用者註：西欧の音楽とインドネシアの音楽のことを指す）がつくりだした私の内面の無限の迷路を彷徨しつづけよう。そして、そこに起こるべき対立や矛盾を曖昧にやり過ごすことをせずに、いっそう激化したいと考えている。そのなかで、私は「音楽」というものを問いつづけよう。……いま、この道は何処へ行くかは知らぬが、私はもはや歩きだしたのだ。

この思いは今回の本文である「影絵《ワヤン・クリット》の鏡」にも通ずるものがあると言うことができるだろう。

解説

〈本文解説〉

本文は十の形式段落からなり、一行空きのところで大きく二つの部分に分かれている。以下、順に概要を追ってみよう。

第一の部分（1～7）　宇宙の大いなる力にとらえられる私の意識

作曲家である筆者が、自らの「作曲した音楽の量」を振り返るところから本文は綴られていく。その量は「数時間あまりにすぎ」ず、「私がひととしての意識を所有しはじめてからの時間の総量に比べれば瞬間ともいえるほどに短い」ものであり、さらには「私が過ごした時の大半が、宇宙的時間からすれば無にちかい束の間」であることを考えれば、「私がする」作曲などは、一日の時間にも充たない「たかが知れたこと」だと言う（1）。

ここから筆者は、「知的生物として、宇宙そのものと対峙するほどの意識をもつようになった人類も、結局は大きな、眼には感知しえない仕組の内にあるのであり、宇宙の法則の外では一刻として生きることもなるまい」[2]として、人間が宇宙の大いなる摂理を逃れては存在しえないことを述べつつ、「生物としての進化の階梯を無限に経て」[3]、「宇宙そのものと対峙するほどの意識をもつようになった」[2]人間は、しかしこの先「何処へ行きつくのであろうか」[3]と疑問を呈する。

[4]から、「八年程前」の「キラウェア火山」での体験が語られていく。筆者は家族や友人たちとともに「火口に臨むロッジの横長に切られた窓」から、「巨大なクレーター」が夜の闇のなかで「星のように輝きはじめ」るのを見たのである。この「巨大な火口」は「私たちの空想や思考の一切を拒む」ような「絶対の力」をもっていたと筆者は言う。今から当時を振り返って、「あの沈黙に支配された時空とそのなかに在った自分」のことを考えると、「意識」が「意識それ自体を超える大いなるものにとらえられ」、「ひととしての意識は少しも働きはしなかった」のだと語る。しかしそれは、「私の意識が働かなかった」のではなく、「私は言いしれぬ力によって突き動かされてい」て、「意識の彼方からやって来るものに眼と耳を向けていた」のだと言う。とはいえ「何かを聴いたし、また見たかも知れない」が、いまはそれを「記憶してはいない」と述べる（以上、[5]）。「私の意識」は「大いなる」「絶対の力」に「とらえられ」そこで何かを感得していたのかもしれないが、その状態にあっては、（本文全体において西洋の作曲家と筆者とが対比されていることを踏まえれば、西洋人が働かせるような）〈一人の個（人）としての意識〉＝「私のひととしての意識」は「少しも働きはしなかった」、ということであろう（[1]にある「ひととしての意識」、「ひととしての私」の「ひと」も同様の意で用いられていると考えられる）。人間は宇宙の大いなる摂理のなかでしか生きられないのであり、圧倒的な自然の光景を目の前にして、意識を超える絶対の力に「私」の意識がとらえられた体験がここでは綴られている。

だがその時、同行していたアメリカの作曲家であるジョン・ケージだけは違う反応を見せる。かれは「私」を呼び、微笑しながら「nonsense!」〈＝無意味〉、そして「バカラシイ」と言ったのだった（[6]）。（ケージは西洋の〈正統的〉な音楽を根底から問い直し続けた前衛音楽家であり、ここでの彼の振る舞いもそうした彼の資質の現れだとまず言えるが、一方で）ここには、日本人である筆者と欧米人であるケージの自然に対する感受性や価値観、認識の相違が現れているとも言えるだろう。そこに居合わせた人々はケージの言葉をおそらく「素直な気持」で「受容れていた」だろう、と筆者は当時を振り返る。
「そうなのだ、これはバカラシイことだ」と筆者もケージの言葉を素直に受けとめる。眼前にあるのは「地表にぽかっと空いたひとつの穴」(7)、つまりは単なる自然の光景にすぎないのであって、そこに「意識」を「超える」ような「絶対の力」(5)を感じとり、「気むずかしい表情で眺めている私たち」は確かにある意味「おかしい」のである。とはいえ、筆者を含めてその場に居た人々は、「バカラシイ」というケージの言葉を(自分たちが批判されたというような)「かならずしも否定的な意味で受けとめた」わけではなく、ケージもまた「沈黙」する「私たち」のありように(何らかの意味(=「sense」)を読み込み解き明かすような)「註解」をくわえようとしたわけでもない(=「nonsense」)のであって、ただ周囲の深刻な雰囲気を前にして、この光景はもっともらしい「sense」〈=意味〉を読み込むようなものではない、とばかりに「歌うように」「ちょっとした振動をあたえ」て相対化してみせたのだと筆者は語っている(以上、7)。

第二の部分 (8～10)　インドネシアの影絵《ワヤン・クリット》に見出した筆者自身の音楽

「昨年の暮れから新年にかけて」、「インドネシアを旅した」ときの体験が後半では綴られていく。インドネシアの民族音楽であるガムランの演奏を寺院の庭に聴きに行ったのであるが、その時の「私」と「フランスの音楽家たち」との反応の相違、さらには現地の「バリ島の人々」との違いについて筆者は言及していく。整理すれば次のようになる。

・私
　聴く=聴こえてくる響きのなかに身を浸す=音の内に在る・音そのものと化す
　「聴く」=音の外にあって演奏する音楽を択ぶことはできない(以上、8)

・バリ島の人々
　生活が音楽と分ちがたく一致する(9)

・フランスの音楽家たち
　途方もない未知の領域から響くもの
　〈これは素晴らしい新資源だ〉
　異質の音源を自分たちの音楽表現の論理へ組みこむ(以上、9)
　≒記憶や知識の範囲で行為を意味づけようとする(8)

「私は現地のインドネシアの人々とも、またフランスの音楽家たちとも異なる反応を示す自分を見出していた」（[9]）と筆者は言う。それは「インドネシアの人々」のように生活そのものがガムランの演奏と「分ちがたく一致」している（[8]に「群衆はうたいながら踊りつづけた」とある）わけではないからであり、「フランスの音楽家たち」のように音楽を「聴く」わけでもないからである。「フランスの音楽家たち」は、（「私」と対照させて考えれば）「音の外にあって」、つまりは「未知」の「響き」であるガムランの演奏を〈対象化〉して自らの「記憶や知識の範囲で」「意味づけ」、「自分たちの音楽表現の論理へ組みこ」もうと熱中していたのであり（創造・表現の〈主体〉としての自己が、（音という）〈素材〉＝〈対象〉を組み合わせて（音楽を）つくる、という西洋人の姿勢がここには見てとれる）、それに対し筆者は（「インドネシアの人々」ほどではないにしても）「音の内に在」って「音そのものと化」し、「聴こえてくる響きのなかに身を浸し」ていたのである。

　通訳のベルナール・ワヤンが寺院の隣の庭で「影絵《ワヤン・クリット》」が演じられているというので筆者が見に行くと、確かに夜の気配の濃い庭の片隅で「影絵《ワヤン・クリット》」は演じられていた。インドネシアの伝統芸能である「影絵《ワヤン・クリット》」（〈注〉参照）は本来、精緻に切抜かれた型を、灯を用いてスクリーンに映し宗教的な説話を演ずるものであるのに、今目の前の「影絵《ワヤン・クリット》」では「奇異なことに一本の蠟燭すら点されていない」。布で張られたスクリーンには「無論なにも見えはしない」のである。裏に廻ると老人が、「多くの型のなかからひとつあるいはふたつを手にとっては呟くように説話を語りながらスクリーンへ翳していた」。「何のためにまた誰のために行なっているのか」という問いかけに、「自分自身のためにそして多くの精霊のために星の光を通して宇宙と会話しているのだ」と応え、「何かを、宇宙からこの世界へ返すのだ」と老人は言ったのだった。

　ジョン・ケージから見れば、この応えもまた「バカラシイ」ことかもしれないと筆者は言う。（ケージは西洋の〈正統的〉音楽を問い直し続けた音楽家として（前述）、東洋思想にも理解を示し影響を受けたとされる音楽家ではあるが）〈宇宙との会話〉や〈宇宙から何かをこの世界へ返す〉となると、これらは「sense」〈＝意味〉を読み込むことにつながる（→「nonsense」）からである（そしてこの「バカラシイ」は、筆者がケージとの関係から、自らが見聞し感じていることを一旦〈相対化〉してみせたことを示している）。筆者はその上で「だが」と逆接し、「その時」、「意識の彼方からやってくるものがあるのを感じた」のだと述べていく。これは[5]にある「私は意識の彼方からやって来るものに眼と耳を向けていた」に対応しているだろう。筆者もまた「宇宙と会話」する老人同様、〈人間の意識を超えてやってくる大いなる力〉を感じとっていたのである。そんな宇宙との交感のうちにある筆者は「何も現われはしない小さなスクリーンを眺めつづけ」る。そこでは暗闇のなかで老人が、「何かを、宇宙からこの世界へ返す」営みを行っており、それを眺めるなかで「私」は「やがて何かをそこに見出したように思った」のだった。この「何か」は、「宇宙」と「会話」する老人が「宇宙からこの世界へ返す」「何か」を受けたものである。では、「私」にとってこの「何か」とは何であろうか？ それは本文全体から考える必要があるだろう。

作曲家である筆者は、宇宙の大いなる摂理を逃れては存在しえない人間が、「宇宙そのものと対峙するほどの意識をもつようになった」ことに②、この先「何処へ行きつくのであろうか」③と疑問を呈していた。そして八年程前キラウェア火山で意識を超える絶対の力にとらえられ、（その内実を記憶してはいなくても）「意識の彼方からやって来るものに眼と耳を向けていた」体験をまずは振り返る。そしてそれに連なる、「昨年の暮れから新年にかけて」インドネシアを旅したときの、闇のなかで演じる老人の「影絵《ワヤン・クリット》」を眺め「意識の彼方からやってくるものがあるのを感じた」体験をするなかで、（八年程前のときは「何」を聴き、「何」を見たのかは覚えていないのだが）自分が「宇宙からこの世界へ返す」「何か」を「見出したように思った」のだと語っている。最終段落は当然のことながら前段落⑨の内容を受けたものである。筆者はそこで、ガムランの響きに身を浸しながら「私は現地のインドネシアの人々とも、またフランスの音楽家たちとも異なる反応を示す自分を見出していた」と述べている。筆者は自身の音楽、あるいは音楽への「感受性」が「インドネシアの人々」とも「フランスの音楽家たち」とも異なるものであることを感じたのである。ガムランの響きのような未知の音源を「記憶や知識の範囲」で「意味づけ」⑧、「自分たちの音楽表現の論理へ組みこむ」「フランスの音楽家たち」⑨のあり方は、まさに「宇宙そのものと対峙するほどの（個としての）意識（第一の部分参照）をもつようになった」②人間の営みだと言うことができる。それに対し、老人が寺院の隣の庭で演じる「影絵《ワヤン・クリット》」では「一本の蠟燭すら点されていない」。この「蠟燭」にはいろいろな象徴性を読み取ることができるだろう。「蠟燭」＝光は「（個としての）意識」を表すという読み方も可能であろうし、「蠟燭」＝光は〈理性〉であり、それによって様々なものが映し出されるスクリーンの方が「意識」だとする捉え方もありうるだろう。いずれにせよこの闇のなかの「影絵《ワヤン・クリット》」では、「意識」や〈理性〉が働かないからこそ「宇宙」との「会話」＝宇宙との交感が可能なのであり、それはジョン・ケージにとっては「バカラシイ」、つまりは読み込む必要のない「sense〈＝意味〉」かもしれず〈＝

「nonsense」)、「フランスの音楽家たち」とも異なるあり方であるが、「意識の彼方からやってくるもの」との交感のうちにこそ自身の音楽の可能性や方向性があるのであり、そこに自らが「この世界へ返す」「何か」があるのだと筆者は見てとったのである(以上、⑩)。それは「宇宙そのものと対峙するほどの意識をもつようになった」(②)人間が「行きつく」(③)ことのできる、欧米の人々とは異なる方向性なのであり、そのことが、闇のなかで老人が演じる「影絵《ワヤン・クリット》」の「何も現われはしない小さなスクリーン」(⑩)を「鏡」にして映し出され感得されたことから、「影絵《ワヤン・クリット》の鏡」という表題が付されていると考えることができる。

最後に参考までに、筆者の著書『樹の鏡、草原の鏡』の別の箇所における、筆者の言を引用しておこう。

バリ島北西部の山間に在る寺院の庭を覆っていた静寂の夜の黒い布は、私の眼前から、全ての事物の姿を消してしまったので、私は、いっそう注意深く音を耳にすることができた。私は、老人の演じる無灯の影絵が意味するものを理解したいと思ったが、いつか、その考えを抛棄して、ただ、静寂の高揚に身を任せていた。そして、土に滲みやがて天空へ昇るサロン(金属打楽器)の響きが消え去る高みに、巨大な無音の響きがうねるような超高速で走るのを感じた。私は、意識の彼方から、私へ向って幾つかの問いを発しつづける存在があることに気附いた……私の作業は、その問いを問いつづけることであるように思う。

〈設問解説〉

設問全体の構成を概観してみよう。

(一) 宇宙のもつ絶対的な力にとらえられた筆者の体験
(二) (一)を相対化してみせたジョン・ケージ
(三) 民族音楽に対するフランスの音楽家たちの姿勢
(四) 筆者が「影絵《ワヤン・クリット》」に見出したもの

こうしてとらえてみると、(二)(三)が筆者以外の音楽家の態度や姿勢であり、(一)(四)が筆者の体験やそれに基づく考えであることが分かるだろう。

(一) 傍線部の理由を説明する設問。圧倒的な自然の光景を前にした、「私」の心情についての理解が問われている。

〈本文解説〉の項、第一の部分を参照しよう。「知的生物として、宇宙そのものと対峙するほどの意識をもつようになった人類も、結局は大きな、眼には感知しえない仕組の内にあるのであり、宇宙の法則の外では一刻として生きることもなるまい」(②)と、人間は宇宙の大いなる摂理を逃れては存在しえないのだと感じている筆者の、「八年程前」の「ハワイ島のキラウェア火山」での体験を読み取っていく。「火口に臨むロッジの横長に切られた窓」から、「巨大なクレーター」が夜の闇のなかで「星のように輝きはじめた」（以上、[4]）のを見たとき、この「巨大な火口」は「私たちの空想や思考の一切を拒む」ような「絶対の力」をもっていたのだと筆者は言う。「沈黙に支配された時空とそのなかに在った自分」のことを振り返り、「意識」が「意識それ自体を超える大いなるものにとらえられ」る状態にあったことから、「ひととしての意識は少しも働きはしなかった」（以上、[5]）のだと述べたのである。宇宙の大いなる摂理のなかでしか生きられない人間が、圧倒的な自然の光景を目の前にして、意識を超える絶対の力に自身の意識がとらえられてしまったがために、「ひととしての意識」＝個としての意識（〈本文解説〉の項、第一の部分参照）は「少しも働きはしなかった」のである。

以上から、解答に必要な要素は次のようになる。

①〈宇宙における人間のありよう〉

人間は宇宙の摂理を逃れては存在しえない／宇宙の摂理のなかでしか生きられない

②〈私の心情〉

圧倒的な自然の持つ、人間の意識を超えた絶対的な〈大いなる〉力に私の意識はとらえられていた

(二)　傍線部の内容を把握する設問。ジョン・ケージの言った、「バカラシイ」という言葉についての理解が問われている。〈本文解説〉の項、第一の部分を参照しよう。キラウェア火山の「巨大な火口」（[5]）を目の前にして、その場に居合わせた人々が「気むずかしい表情」で眺めているのを見て、ジョン・ケージは「nonsense!」〈＝無意味〉、そして「バカラシイ」と言ったのである。「そうなのだ、これはバカラシイことだ」と筆者はケージの言葉を受け容れる。眼前にあるのは「地表にぽかっと空いたひとつの穴」（以上、[7]）、つまりは単なる自然の光景にすぎないのであって、そこに「意識」を「超える」ような「大いなるもの」、「絶対の力」（[5]）を感じとるのは確かに「おかしい」ことなのである。ケージは周囲のそんな深刻な雰囲気を前にして、この光景に何か重々しい「sense」〈＝意味〉を読み込んでいると見てとったのか、「nonsense!」〈＝無意味〉、そして「バカラシイ」という言葉を発し、そこまで絶対化するようなものではないだろうと「ちょっとした振動をあたえ」て相対化してみせたのである。

以上から、解答に必要な要素は次のようになる。

①〈人々の状況〉

単なる自然の光景に対し超越的なものを感じとる／深刻な思いにとらわれる／重々しい意味を見いだそうとする

②〈ケージの言葉のもつ意味〉

ケージは①のような人々の状況を相対化してみせた

〈本文解説〉の項、第二の部分で説明したように、「キラウェア火山」での体験は最終段落にある「影絵《ワヤン・クリット》」の体験へとつながっており、そこでも「バカラシイ」が再出している。「意識」を「超える」ものを感じとる体験は、確かにジョン・ケージのような異なる視点や立場から見れば「バカラシイ」ことなのかもしれない、とその考えを受け入れ認識しつつ（[7]「そうなのだ、これはバカラシイことだ」）も、〈だが、ここにこそ自分の進むべき可能性があるのだ〉と最終段落で改めて見定めていく、というのが本文全体の流れだと見ることができるだろう。

(三)　傍線部の内容を把握する設問。フランスの音楽家たちの考える音楽についての理解が問われている。

〈本文解説〉の項、第二の部分から、インドネシアのガムランの演奏に対するフランスの音楽家たちの反応を再掲すれば、次のようになるだろう。

・フランスの音楽家たち

途方もない未知の領域から響くもの

〈これは素晴らしい新資源だ〉

異質の音源を自分たちの音楽表現の論理へ組みこむ

（以上、[9]）

⇓記憶や知識の範囲で行為を意味づけようとする（[8]）

「聴こえてくる響きのなかに身を浸し」ていた筆者に対し、「フランスの音楽家たち」は「音の外にあって」（[8]）、つまりは「未知」の「響き」であるガムランの演奏を〈対象化〉してとらえていたのであり、その「響き」を自らの「記憶や知識の範囲で」「意味づけ」、「自分たちの音楽表現の論理へ組みこむ」ことに熱中していたのである。それは、紛れもなく、その「響き」を自らが新たに音楽を創造していくための〈素晴らしい新資源〉だと見なしていたということである。

以上から、解答に必要な要素は次のようになる。

①〈ガムランの演奏に対するフランスの音楽家たちの反応〉

未知の響きを対象化してとらえ、自分たちの記憶や知識の範囲で意味づけようとする／自分たちの音楽表現の論理へ組みこもうとする

②〈新資源の意味〉

新たな 音楽を創造する／創造の糧にする

(四)　傍線部の内容を把握する設問。老人の演ずる影絵に筆者が見出したものについての理解が問われている。

〈本文解説〉の項、第二の部分を読み返そう。

寺院の隣の庭で演じられている「影絵《ワヤン・クリット》」では「一本の蠟

燭すら点されて」おらず、スクリーンには「なにも見え」なかったのであるが、演ずる老人はそれを「自分自身のためにそして多くの精霊のために星の光を通して」行う「宇宙」との「会話」なのであり、「何かを、宇宙からこの世界へ返」しているのだと言ったのだった。

筆者はその時、「意識の彼方からやってくるものがあるのを感じた」と言う（以上、⑩）。これは⑤にある「私は意識の彼方からやって来るものに眼と耳を向けていた」に対応しており、筆者も「宇宙と会話」する老人同様、〈人間の意識を超えてやってくる大いなるもの〉を感じとっていたということである。宇宙と交感しながら「何も現われはしない小さなスクリーンを眺めつづけ」るうちに、筆者は「やがて何かをそこに見出したように思った」と言う。この「何か」は、「宇宙」と「会話」する老人が「宇宙からこの世界へ返す」と言っていた、その「何か」を受けている。

最終段落は前段落⑨の内容を踏まえたものである。筆者はそこで、ガムランの響きに身を浸しながら「私は現地のインドネシアの人々とも、またフランスの音楽家たちとも異なる反応を示す自分を見出していた」と述べている。筆者は自身の音楽、あるいは音楽への「感受性」が「インドネシアの人々」とも「フランスの音楽家たち」とも違うものであることを感じたのである。〈本文解説〉の項、第二の部分で述べたように、欧米の音楽家たちの音楽への取り組みは、「〈個としての〉意識」の働きによるものである。それに対し老人が寺院の隣の庭で演じる「影絵《ワヤン・クリット》」では、その「意識」や〈理性〉の象徴とも言えるような「蠟燭」は一本も点されていない。この闇のなかの「影絵《ワヤン・クリット》」では、この「意識」が働かないからこそ「意識の彼方からやってくる」（以上、⑩）「大いなるもの」（⑤）と交感することが可能なのであり、老人が影絵を演じる「何も現われはしない小さなスクリーン」（⑩）を眺めつづけるうちに、そこにこそ欧米の音楽家とは異なる自身の音楽の可能性や方向性があることを見てとったのであって、それこそが筆者が感得した「この世界へ返す」「何か」なのである。

東大が発表した「『国語』の出題の意図」に、「言語化しがたい宇宙との交感をあえて言葉で表現しようとするレトリックを読み解き、それを簡潔に表現できるかどうかを問いました」とある。まさに右の内容を読み取り表現することが求められていたということができるだろう。

もっとも、これまで見てきたように、ここで見出された筆者自身の可能性は、〈西洋文化〉やインドネシアのような〈民俗文化〉との対照から捉えられたものなので、より広く文化・芸術全般と重なる問題だと考えることもできる（筆者が自身の認識に至る契機になったのも、直接的には音楽ではなく「影絵《ワヤン・クリット》」である）。したがって、〈目指すべき文化（芸術）〉〈文化〈芸術〉のあり方の一つの可能性〉といった解答の方向ももちろんあり得るであろう。

以上から、解答に必要な要素は次のようになる。

①〈影絵に関する説明〉
宇宙と会話する老人の闇の中での営み

②〈筆者が〈何かを見出した〉ことに関する説明〉
意識を超えた大いなるものとの交感に自身の音楽の可能性／方向性〈目指すべき文化〈芸術〉／文化〈芸術〉のあり方の一つの可能性〉があるのを見てとった

〈自己採点のめやす〉　記号は第一問と同様に用いる。

☆ (一) 絶対的な力／大いなるものに（私の）意識（の働き）がとらえられていた／空想や思考の一切を拒まれた という内容が適切に捉えられていること。

○ ①人間は宇宙の摂理を逃れては存在しえない／宇宙の摂理のなかでしか生きられない
②圧倒的な自然／人間の意識を超えた絶対的な（大いなる）力に 私の意識はとらえられていた／空想や思考の一切を拒まれた
右の二つの内容がほぼ捉えられているもの。

△ 右の①の内容を欠くもの（②の内容のみが書かれているもの）。

× 右の②の内容を欠くもの。

☆ (二) ケージは、人々の深刻な思い／圧倒される雰囲気 を相対化した という内容が明示・暗示されていること。

○ ①単なる自然の光景に対し超越的なものを感じとる／深刻な思いにとらわれている／重々しい意味を見いだそうとする 人々
②ケージは①のような状況を相対化してみせた
右の二つの内容がほぼ捉えられているもの。

△ 右の①の内容が書かれていて②の方向性が不十分なもの。

× 右の②の方向性を欠くもの。

☆ (三) フランスの音楽家は未知の響きを自分たちの表現の論理 で意味づけ／に組みこみ 新しい音楽を創造するという内容が適切に捉えられていること。

○ ①フランスの音楽家は未知の響きを対象化してとらえる
②（①を）自分たちの記憶や知識の範囲で意味づけようとする／自分たちの音楽表現の論理へ組みこもうとする
③新たな 音楽を創造する／創造の糧にする
右の三つの内容がほぼ捉えられているもの。

△　右の②③片方の内容を欠くもの、②③の内容が不十分なもの（①の有無は問わない）。

×　右の②③両方の内容を欠くもの。

㈣

☆　人間／意識を超えた 大いなるもの／（広大な）宇宙 との交感に自身の音楽の可能性／方向性（目指すべき文化（芸術）／文化（芸術）のあり方の一つの可能性）があるのを見出したという内容が明示・暗示されていること。

○　①宇宙と会話する老人の闇の中での営み

②意識を超えた 大いなるもの／（広大な）宇宙 と交感する／を感じとる

③（②に）自身の音楽の可能性／方向性（目指すべき文化（芸術）／文化（芸術）のあり方の一つの可能性）があるのを見てとった

右の三つの内容がほぼ捉えられているもの。

△　右の②③片方の内容を欠くもの、②③の内容が不十分なもの（①の有無は問わない）。

×　右の②③両方の内容を欠くもの。

解答

㈠　人間は宇宙の摂理を逃れては存在しえず、圧倒的な自然の持つ意識を超えたその絶対的な力に「私」の意識はとらえられていたから。

㈡　ケージは、単なる自然の光景に超越的なものを感じとり、深刻な思いにとらわれている人々の状況を相対化してみせたということ。

㈢　フランスの音楽家は未知の響きを対象化してとらえ、自分たちの表現の論理で意味づけ新たな創造の糧にしようとしたということ。

㈣　宇宙と会話する老人の闇の中での営みに、意識を超えた大いなるものとの交感に自身の音楽の可能性があると見てとったということ。

2021

二〇二一年

第一問（文理共通）

出典

松嶋健（まつしま　たけし）「ケアと共同性――個人主義を超えて」（松村圭一郎　中川理　石井美保編『文化人類学の思考法』世界思想社　二〇一九年四月刊　収載）の〈福祉国家から排除された存在〉〈ケアの論理と選択の論理〉の二節。

松嶋健は、京都大学大学院人間・環境学研究科博士課程修了。博士（人間・環境学）。著書には『プシコ　ナウティカ――イタリア精神医療の人類学』がある。

〈プシコ　ナウティカ〉については、筆者の説明を引用すると、「……身体–記憶、身体的無意識を経験し、自覚し、身体の（そして精神の）ブロックを外していくことを精神分析（psico-analisi）ならぬ〈プシコ　ナウティカ（psico-nautica）〉と呼んでいた。／〈プシコ　ナウティカ〉とは、「魂の航海」という意味であり、プシューケーの海、無意識の大海に漕ぎ出していくというイメージであるが、同時にそこには「航海術」という意味での技法の意味合いも含まれている。そこには、ある意味で非常に危険な無意識の大海の航海において難破しないための何らかの技法がなければならないからである。……」とある。

解説

〈本文解説〉

本文は、福祉国家の対象から排除された人びとが形づくる生にまつわる事例を二つ挙げて、「ケアの論理」と「選択の論理」を対比させ、「ケアの論理」こそがこれからの進むべき方向であることを示した文章である。全体は十一の形式段落から成るが、ここでは四つの部分に区切って考えていこう。

第一の部分（1・2）近代化の過程で成立した福祉国家から排除される人びと

「近代化」にはいくつかの段階があり、まず「第一の近代」では一定以上の財産を私的所有する市民が市民権を獲得してそれを行使した。貧しい者や女性は市民権を持つことができず、従って「自由」を有つこともできなかったのである。この市民権は次第に拡張され、社会的所有という考えのもとに、財を再配分する社会保障制度によって、以前には排除されていた人びとが包摂されるようになった。これが「福祉国家」である。福祉国家は、人びとの健康や安全などの生の基盤を国家が保障するものであったが、それでもその対象から排除される人びとは常に存在する。

人類学者の調査によれば、すでに国民国家という枠組みに包摂されたなかで生きる人たちの中でも、「なんらかの理由で国家の論理とは別の仕方で生きている人たち」がいる。筆者はこのように述べて、次に「国家のなかにありながら福祉国家の対象から排除された人びとが形づくる生にまつわる事例」を二つ語り始める。

第二の部分（3～7）国家のなかにありながら福祉国家の対象から排除された人びとが形づくる生にまつわる二つの事例

(1)　タイの自助グループ（3・4）

田辺繁治は「タイのＨＩＶ感染者とエイズを発症した患者による自助グループ」について調査した。一九八〇年代末から九〇年代初頭にかけて、タイではＨＩＶの爆発的な感染が起こった。そのなかでタイ国家は「感染していない国民の感染予防」の対策をとった。その結果「すでに感染していた者たちは逆に医療機関から排除され」、さらには「家族や地域社会からも差別され排除される」ことになった。孤立した感染者・患者たちは、「互いに見知らぬ間柄」であったにもかかわらず、生き延びるために、徐々に「自助グループ」を形成していった。

さまざまな苦しみや問題をかかえつつ、感染者たちは「相互的なケア」をすることで、自身の健康を保つことができた。それは「新たな命の友」と呼ばれ、医学や疫学の知識とは異なる「独自の知や実践」を生み出していく。やがて非感染者も参加するようになって、「ケアをする者とされる者という一元的な関係とも家族とも異なったかたちでの、ケアをとおした親密性」にもとづく「ケアのコミュニティ」が形づくられていった。近代医療全体は人間を徹底的に「個人化」するが、タイの「ケアのコミュニティ」ではその対極としての「生のもつ社会性」が出現した、と筆者は田辺の言葉を引用している。

(2)　イタリアの精神保健サービス（5～7）

右のような社会性は、福祉国家の公的医療のまっただなかでも出現することがある。筆者はイタリアでの精神医療について、現地で調査を行なった。（ここで筆者が人類学者であることが、ほぼ明らかになる）。イタリアでは精神障害者は二〇世紀後半にいたるまで精神病院に隔離され、市民権を剝奪されて、実質的に福祉国家の対象の「埒外」に置かれていた。精神障害者は「社会的に危険」であるとみなされ、彼らから「市民や社会を防衛」しなければならないと考えられていたからである。精神病院は「治療の場」というより、社会を守るための「隔離と収容の場」であった。

しかし、このような状況は、精神科医・医療スタッフ・精神障害をもつ当事者たちによる改革によって変わっていく。一九六〇年代に始まった「反精神病院の動き」は、一九七八年には「精神病院を廃止する法律の制定」へと展開し、やがてイタリア全土の精神病院が閉鎖されたのである。代わりに出て来たのは「地域での精神保健サービス」であった。これは病院に「収容」する代わりに、「苦しみを抱える人びとが地域で生きることを集合的に支えようとするもの」であり、「社会」を中心におく論理から「人間」を中心におく論理への転換」であった。「精神医療」から「精神保健」へのこうした転換は、公的サービスのなかに「国家の論理」「医療を介した管理と統治の論理」とは異なる論理が出現したことを意味している、と筆者は考える。

その論理は、「私的自由の論理」というより「共同的で公共的な論理」である。「病院」に代わって、地域の「精神保健センター」で働く医師・看護師らのスタッフは、「患者のほうがセンターにやってくるのを待つ」のではなく、「自分たちの方から出かけて行く」。ひきこもりの若者の場合、その状況を放置しておくと、本人も家族もどうすることもできないところまで追いつめられていく。スタッフは、そのような事態を「回避」し、「地域における集合的な精神保健の責任」を負うのだ。そこには「予防的に介入してリスクを管理する」側面が伴ってはいるが、そのような「統治の論理」を最小限にして、「苦しむ人びとの傍らに寄り添い彼らの生の道程を共に歩む」という「ケアの論理」を最大化しようとするのである。

第三の部分（8～10）「選択の論理」と「ケアの論理」との対比

以上の二つの事例から見えてくるものは、「個人を基盤にしたもの」とも「社会全体を基盤におくもの」とも異なる「共同性の論理」である。この論理を明確に取り出したのは、オランダの大学病院でフィールドワークを行なったアネマリー・モルである。彼女はその実践誌のなかで、病をもつ人びとと医師や看護師の協働実践に見られる特徴を「ケアの論理」として、「選択の論理」と対比的に取り出して示した。

「選択の論理」は個人主義にもとづくものであり、具体的には「市民」「顧客」を単位とする。医療に対して「顧客」は自らの欲望に従って、サービスを主体的に選択する。医療側から提供される情報を、自らの希望に従って自由に選択するわけだ。これは一見よい考え方のように見える。しかしこの考え方の下では、顧客は一人の「個人」にすぎず、「孤独」である。しかも「自分だけの責任」で選択を強いられる。医師から説明を受けた上での手術の承諾を迫られる「インフォームド・コンセント」は、その典型的な例である。けれども「個人」とは、それほど強いものではない。「自分が何を欲しているかあらかじめ知っている」ことも、それほど自明ではない。

それに対して「ケアの論理」は、「人が何を欲しているか」ではなく、「何を必要としているか」を出発点とする。それを知るには、当人の生活の状況や、使うことの可能な人的、技術的リソース、変化する生活への予測等を理解しなければならない。「選択すること」ではなく、「状況を適切に判断すること」こそが、重要なのである。

第四の部分　⑾　**身体に深く棲みこむ共同的で協働的な作業**

「痛み苦しむ身体の声」に耳を傾け、その「感覚」や「情動」を的確に受け止めるためには、「身体に深く棲みこむ」ことが不可欠となる。身体とは「脆弱」で「予測不可能で苦しみのもとになる」ものであるが、それは同時に「生を享受するための基体」でもある。病気を、それ単体として治療するということではなく、その身体とともにある当人の生全体を受け止めて、ケアの方向性を決めるべきなのだ。それゆえ「ケアの論理」では、「身体を管理する」のではなく、「身体の世話をし調える」ことに主眼がおかれる。「身体の養生」にかかわる道具や機械、他の人との関係性など、周囲のすべてのものについて、「調整しつづける」ことも必要となる。つまり「ケア」とは、「ケアをする人」と「ケアをされる人」の二者間での行為なのではなく、家族、関係のある人びと、同じ病気をもつ人、薬、食べ物、道具、機械、場所、環境などのすべてから成る「共同的で協働的な作業」なのだ。それは「人間だけを行為主体と見る」近代的な「世界像」ではなく、「関係するあらゆるものに行為の力能を見出す生きた世界像」を創り出すことなのである。

〈設問解説〉

全体の設問構成をまず概観しておこう。

㈠　タイの自助グループの相互的で社会的なケア
㈡　イタリアでの精神医療から精神保健への転換
㈢　近代の個人主義を前提とする選択の論理
㈣　ケアの論理を中心とした生きた世界像を本文全体の趣旨を踏まえて説明する
㈤　漢字の書き取り

こうしてみると、㈠㈡が「ケアの論理」で同じ側に属し、それらと対比される形で㈢の「選択の論理」が問われている。㈣は以上の内容を全体として捉えることで、本文の主張の方向性を明らかにすることが求められている。また、各設問とも、その設問内部での対比の構造がはっきりしているので、その内容を明確にするように心掛けたい。

㈠　「ケアをとおした親密性」について、「ケアをする者とされる者という一元的な関係」「家族」との対比にもとづいて説明することが求められている。第一の部分を前提としつつ第二の部分の⑴を中心に考える。

求められているポイントとなる内容は、「ケアをとおした親密性」である。これは次の⑵のイタリアの事例、および第四の部分に示される内容と基本的には同じものであるが、それを⑴のタイの事例に即して説明する必要がある。

タイのＨＩＶ感染者とエイズを発症した患者たちは、「福祉国家の対象から排除」([1]・[2])されることで、「自助グループ」([3])を形成することになる。彼らは生き延びるために情報を交換し、「この病気をもちながら」([3])さまざまな苦しみのなかで「相互的なケア」([4])を試み、自身の健康を保つことができたのだ。やがて非感染者も参加するようになった「ケアのコミュニティ」([4])は、このようにして「生のもつ社会性」([4])を出現させたのである。この「社会性」は、コミュニティとしての「共同性」([8])と言い換えることも可能である。

次に、右と対比される「ケアをする者とされる者という一元的な関係」「家族」についても軽く触れる必要がある。これが意外とまとめにくい。前者は〈一方的な関係〉とすることもできようが、後者の「家族」はこの語では説明しきれない。引きこもりなどの関連した事柄を手掛かりにして考えるなら([7])、この「家族」は自分たちだけで抱え込む〈閉じた関係〉を意味していると言えるのではないか。

とするなら、先の「ケアのコミュニティ」は〈開かれた共同性〉と言うことができるだろう。このように考えるなら、対比の構造が明確になってくる。他には、ＨＩＶ感染者等をどれだけ縮約した語で表せるかが勝負になってくるが、このことには普段からの語彙力が試されることになる。また、あまりに簡単に言い換えると、対比の逆側のニュアンスを帯びた語になることもあるので、気をつけたい。

記述すべき内容は、だいたい次の二つになるだろう。

①病む人々が、治療する人や家族との一方的で閉じた関係ではなく

②病のまま互いを支え合う社会に開かれた共同性を作り上げたこと

使用可能な語句は、他にもまだまだあるが、対比の核心となるところは、ハズさないようにしたい。

(二)　「「社会」を中心におく論理」から「「人間」を中心におく論理」への転換についての説明が求められている。第二の部分の⑵を中心に考える。

傍線部は、イタリアにおける「精神医療」が「精神保健」へと転換されたことを端的に述べている箇所に当たる。ここでも対比が明確だから、以前の「精神医療」の内容がどのようなものであったか、転換された後の「精神保健」の内容がどのようなものであるか、を明らかにして記述する必要がある。

まず、以前の「精神医療」は、精神障害者を精神病院に「隔離」して市民権を「剝奪」し、福祉国家の対象の「埒外」([5])に置くものであった。それは、精神障害者が「社会的に危険」であると見なされて、彼らから「市民や社会を防衛」([5])しなければならないと考えられていたからである。それ

は「管理と統治の論理」(6)と言ってもよい。これが「「社会」を中心におく論理」である。

そうした状況は、一九六〇年代から「反精神病院の動き」、さらには「精神病院を廃止する法律の制定」(6)へと展開することで、「最終的にイタリア全土の精神病院が閉鎖される」までに至る。そしてそれに代わったのは「地域での精神保健サービス」であった。

「精神保健」とは、この「地域での精神保健サービス」(6)を指している。これは、「苦しみを抱える人びとが地域で生きることを集合的に支えようとするもの」(6)であり、「共同的で公共的な論理」(7)である。それは、「苦しむ人びとの傍らに寄り添い彼らの生の道程を共に歩むというケアの論理」(7)と言える。これが「「人間」を中心におく論理」である。

右の前者から後者への転換が、解答すべき内容である。「転換」という語自体は、言い換えてもよいが、「転換」をこのまま用いても構わないだろう。こういうところに配点されるとは考えにくいから、無理にイイカエようとして無駄に時間を費す必要はない。

①精神に障害をもつ人々を隔離して社会の安全を守る考え方から

②苦しむ人々と地域の中で共に生きようとする考え方に変わったこと

この解答についても、使用可能な語句は右の他にもまだまだあるが、本文中の語句を用いようとするあまり、解答文全体がギクシャクした切り貼りの詰め込みにならないように注意したい。

㈢　「選択の論理」は「個人主義」にもとづくものであるということの説明が求められている。第三の部分を中心に考える。

「選択の論理」という語は(8)で初めて出てくるもので、アネマリー・モルが「ケアの論理」を明確に示すために、その対比項として取り出したものである。したがって、この「選択の論理」は、以前の近代的な「個人の自由の論理」(7)の側に属するものであることを、まず確認しておきたい。

「選択の論理」は、具体的には「市民」や「顧客」という人々の行動の形態の中に示されるものである。この考え方のもとでは、患者は医療側と対等に近い形で、「顧客」として「みずからの欲望にしたがって商品やサービスを主体的に選択する」。医療側から適切な情報の提供を受け、「選択はあなたの希望や欲望にしたがってご自由に」(9)というわけだ。これは一見よい考え方のように見える。しかし、「個人」は、それほど強い存在ではない。現代の巨大な医療機構の前では、「孤独」でちっぽけな存在にすぎない。しかも「自分だけの責任で選択することを強いられる」(9)。さらに、選択するためには、「自分が何を欲しているかあらかじめ知っている必要がある」が、それは本人にとってもそれほど「自明」(9)ではない。「インフォームド・コンセント」はその典型例である。

「個人主義」については、直接的な記述はないが、これまでの内容から考えると、「個人を基盤」(8)にした「個人の自由の論理」(7)である。みずからの「希望や欲望」(9)、つまり意思にしたがって、「自由」に「主体的」(9)に行動することを指す。

以上で、「選択の論理」と「個人主義」の内容は、ほぼ明らかになったが、解答の記述については、大まかに二つの書き方が考えられるだろう。一つは、近代的な「個人主義」が「選択の論理」を生み出したと書く方向である。もう一つは、「選択の論理」の前提にあるものは、近代的な「個人主義」であると書く書き方である。どちらがベターだろうか。

もう一度、第三の部分を改めて眺めてみると、「選択の論理」という語は、アネマリー・モルが「ケアの論理」を賞揚して示すために、否定的な意味合いをもつ対比項として取り出したものである。また筆者自身の記述も、昨今よく話題とされる〈自己責任〉という言い方に含まれる傲慢さに対する批判的なニュアンスを帯びている。「これはよい考え方のように見える」(9)という表現は、〈しかし、そうではない〉という考えを暗示している。筆者も、当然のことながら、アネマリー・モルと同様に、「ケアの論理」の方を主張しようとしているのだ。

とすれば、「選択の論理」を否定的なニュアンスを込めて書く必要があり、そのためには「選択の論理」の前提にあるものは、近代的な「個人主義」である、と書く方がベターのように思われる。

①自己の意思に従う医療の選択をよしとする考え方の前提には

②人を自由な個人と想定し一身に責任を負わせる発想がある

右と逆の方向の記述でも、もちろん得点は可能と思われる。ただ否定的なニュアンスがどこまではっきり示されているかということも採点の基準になり得るということは意識にとどめておきたい。また「医療」という語を取り除いた、完全に一般化した書き方も考えられる。これについては、どちらとも判断しがたいが、「選択の論理」という語が「ケアの論理」との対比として出てくること、および本文の全体が医療にかかわる「ケアの論理」を話題としていることを考慮に入れて、ここでは「医療」という語は残しておくことにする。

(四)　「人間だけを行為主体と見る世界像」と対比しつつ、「ケアの論理」を中心とした生きた世界像を、本文全体の趣旨を踏まえて説明することが求められている。第四の部分を中心にして第二の部分、第三の部分を取り込み、さらには第一の部分をも視野に入れて考える必要がある。

まず「人間だけを行為主体と見る世界像」とは、端的に言うなら、〈近代の人間中心主義〉と考えてよい。それは㈢で触れた、〈自由意思にもとづく主体的な個人主義〉と同類のものである。それは「個人の基盤」が「私的所有」におかれ、「自己自身を所有する」という意味での「自由」をもつ、「市民権」を行使することの可能なあり方①を指している。そんな中で「福祉国家」となった国家は、多くの市民を国民として「国民国家という枠組み」②に包摂してきた。この考えの下では、人間以外の動物や植物、食べ物、道具、機械、場所、環境などは、当然のことながら、「行為主体」とは見なされない。

それに対して「関係するあらゆるものに行為の力能を見出す生きた世界像」とは、端的に言うなら「ケアの論理」のことである。それは人が「何を必要としているか」⑩を出発点として、当人の生活を理解し、「状況を適切に判断すること」⑩が求められるものである。そのためには「感覚」「情動」を大切にして「痛み苦しむ身体の声」に耳を傾け、「身体に深く棲みこむ」⑪ことが不可欠となる。「脆弱」で「予測不可能で苦しみのもとになる身体」は、同時に「生を享受するための基体」⑪でもある。したがって、身体の「世話」をし「調える」ことが重視されなければならない。病み苦しむ人のケアとは、こうして周囲の人々や同じ病気をもつ人、薬、食べ物、道具、環境などのすべてから成る「共同的で協働的な作業」⑪となる。この「共同的で協働的な作業」は、第二の部分の自助グループの「生のもつ社会性」④や精神保健サービスの「共同的で公共的な論理」⑦を承けている。それが「生きた世界」であるのは、人間だけが行為主体ではなく、すべてのものがそれぞれの「力能」において、各々の特長を発揮しているからである。

以上の内容を制限字数内でまとめるわけだが、ここで注意すべき点をいくつか挙げておこう。まず、重要と思われる語句がいくつもあるが、それらをただつなげればよいというわけではないということである。点を取りたいというさもしい感覚ばかりがさらけ出された詰め込み式の答案は、しばしば意味の不鮮明な記述になりがちである。それぞれの言葉が実態として何を意味しているかを、自分の中でしっかりとイメージしながら、核心の内容を記述するようにしたい。

たとえば、本文では「論理」という語が頻出しているが、書くべき答案の主語となるべき位置に来るのは、「ケアの論理」だろうか。筆者は、「ケアの論理」は「実践」④・⑧のなかから出現してきた、という趣旨のことを述べている。とするなら、〈ケアの実践〉の方が主語としてふさわしいと思われる。

また、傍線部の表現は「……世界像ではなく、……世界像につながっている」となっていて、近代個人主義の単純な否定の形になっているが、筆者は社会に開かれた共同性のことを主張しているのだから、たとえば〈……近代的な国家の枠組みを取り払い……〉といったふうに表現の工夫をすることも大切である。書くべき内容は、ほぼ次のようなものにしぼられるだろう。

①生に苦しむ人の身体と情動に深く共感し〔病む人の身体と情動への共感〕

②その身体を適切に調えて共に生きようとするケアの実践は〔身体を調えて共に生きようとするケアの実践〕

③個人を自律的に生きる主体と見なす近代的な国家の枠組みを取り払い〔個人を自律的な主体と見なす近代国家の枠組みを取り払う〕

④身の回りのあらゆるものと支え合いながら共に生を享受する生きた世界を生み出す〔あらゆるものと生を享受する生きた世界の創出〕

(五) 漢字の書き取り

a 「外来シンサツ室」とあるから、「診察」。

b 「諦」める。思い出しにくい文字だが、諦観・諦念といった熟語を連想できれば、思い出せることもあるかもしれない。

c 「ラシン盤」とあるから、「羅針」。羅針は磁針のこと。

〈自己採点のめやす〉

記号は次の意味で用いる。

☆……解答としての方向性
○……合格答案
△……基本点
×……不可

(一)

☆ 社会に開かれたケアのコミュニティの共同性について説明していること。

○ ①病む人々が、治療する人や家族との一方的で閉じた関係ではなく

②病のまま互いを支え合う社会に開かれた共同性を作り上げたこと

右の二つがほぼ書かれているもの。

△ 右の②はあるが①を欠くもの。

右の①②はだいたい示されているが、「閉じた↕開かれた」、の対比を欠くもの。

× 右の②の「共同性」が、内容として読み取れないもの。

(二)

☆ 精神医療から精神保健への転換について説明していること。

○ ①精神に障害をもつ人々を隔離して社会の安全を守る考

え方から
②苦しむ人々と地域の中で共に生きようとする考え方に
変わったこと

△ 右の二つがほぼ書かれているもの。
右の①で「隔離」「排除」「管理」「統治」「安全」、②の「地域」「共に生きる」「集合的に支える」等の使用可能な語句が複数あるが、それらの表現が不鮮明で、対比が曖昧なもの。
①の内容を欠くもの。

× 右の②の内容を欠くもの。

㈢

☆ 「選択の論理」が「個人主義」を前提とするものであることを否定的なニュアンスで記述してあること。

○ ①自己の意思に従う医療の選択をよしとする考え方の前提には
②人を自由な個人と想定し一身に責任を負わせる発想がある
右の二つがほぼ書かれていること。①に「医療」の語を欠くものも可。
②→①の順序であっても、否定的なニュアンスの示されているもの。

△ ②→①の記述になっていて、否定的なニュアンスの示されていないもの。

× 「選択の論理」と「個人主義」の捉え方が不鮮明で、論理に混乱の見られるもの。

㈣

☆ 〈ケアの実践〉について、〈近代国家の枠組みを超えた〉〈共同的で協働的なコミュニティ〉が作り出されていることを、〈身体への共感〉に重きを置いて記述してあること。

○ ①生に苦しむ人の身体と情動に深く共感し［病む人の身体と情動への共感］
②その身体を適切に調えて共に生きようとするケアの実践は［身体を調えて共に生きようとするケアの実践］
③個人を自律的に生きる主体と見なす近代的な国家の枠組みを取り払い［個人を自律的な主体と見なす近代国家の枠組みを取り払う］
④身の回りのあらゆるものと支え合いながら共に生を享受する生きた世界を生み出す［あらゆるものと生を享受する生きた世界の創出］
右の四つがほぼ書かれているもの。すべてが完全でなくともよいが、それぞれの箇所のポイントは押さえてあることを要する。

△ 全体としての方向は捉えているが、記述にメリハリがなく、印象が鮮明に伝わってこないもの。

× ②および④の内容を欠くもの。
論理が混乱しているもの。

(五)
× 続け字、乱雑なものは不可。

解答

(一) 病む人々が治療する人や家族との一方的で閉じた関係ではなく、病のまま互いを支え合う社会に開かれた共同性を作り上げたこと。

(二) 精神に障害をもつ人々を隔離して社会の安全を守る考え方から、苦しむ人々と地域の中で共に生きようとする考え方に変わったこと。

(三) 自己の意思に従う医療の選択をよしとする考え方の前提には、人を自由な個人と想定し一身に責任を負わせる発想があるということ。

(四) 生に苦しむ人の身体と情動に深く共感し、その身体を適切に調えて共に生きようとするケアの実践は、個人を自律的に生きる主体と見なす近代的な国家の枠組みを取り払い、身の回りのあらゆるものと支え合いながら共に生を享受する世界を生み出すということ。(118字)

(五) a＝診察　b＝諦　c＝羅針

第四問（文科）

出典

夏目漱石（なつめ　そうせき）「子規の画」（岩波文庫『日本近代随筆選　3思い出の扉』二〇一六年六月刊）の「Ⅶ　ほう、ぽんぽん」の〈子規の画　夏目漱石〉の全文。発表されたのは、一九一一（明治四四）年。なお、漢字・送り仮名等の表記は、現代のものに改められてある。

夏目漱石（一八六七～一九一六）は、小説家。江戸生まれ。東大で英文学を講ずるかたわら、「吾輩は猫である」を書いて、作家活動に入る。「三四郎」「それから」「門」「こころ」「明暗」など多くの作品がある。

三年前の二〇一八年の第四問に、前年の幸田文に続いて、串田孫一からの出題がされたとき、「この傾向が続くとしたら、今度は寺田寅彦、夏目漱石、谷崎潤一郎といったところが出題されかねない」と、この青本で触れておいたが、まさにその通りになった。夏目漱石の出題が良くないわけでは決してないが、二年前の是枝裕和「ヌガー」に示されたような、新しい思潮の先端に挑む出題者の新鮮な気迫が欲しかったようにも思う。ただ今年は、第一問の松嶋健の文章が新しいものであったことから、第四問では現代文の古典とも言うべき文章を出題することで、バランスをとったとも考えられる。

なお、四月になって東大から入試問題の「出題の意図」が発表された。「国語」では、文章の読解としてごく基本的なことが述べられているが、その中から第四問に関して注意すべき点を次に引用しておこう。

行間が雄弁な文章なので、表面的な読み取りでは太刀打ちできません。「拙」の語に込められた万感の思いをどこまで丹念にくみ上げ、心情という一見曖昧模糊とした領域で明確な理解を組み立て、適切なことばでそれを表現できるかどうかが問われます。豊富な語彙を自在に操れるだけの読書量が要求されているともいえるでしょう。

解説

〈本文解説〉

本文は、正岡子規が夏目漱石に宛てて、病床で描いて贈った東菊の画について、子規の死後十年近く経ってから漱石が改めてそれを取り出して眺め、若くして世を去った友への哀惜の思いを淡々と綴った文章である。全体は六つの形式段落から成るが、ここでは四つの部分に分けて考えてみよう。

第一の部分（1）子規の描いた画を表装させたこと

筆者は、子規の描いた画を、たった一枚持っている。亡友の記念《かたみ》だと思って、長い間それをしまって置いたのだが、近頃ふと思い出して、それを掛け軸のようなものにでもして表装させようと思いついたのだ。袋に入れたまましまっておくと、その所在がわからなくなったり、引越したりする際に、どこへいったか行方がわからなくなったりするかもしれないから、今のうちに表具屋に出して、きちんとしたものに仕立てておこうと思ったのだ。渋紙の袋から取り出して中を調べると、画は元のまま湿っぽく、四つ折りに畳んであった。画のほかに、子規の手紙も幾通か出てきた。筆者はその中から、子規が自分に宛てて寄こした最後の手紙と、それから年月のわからない短い手紙とを選び出し、その中間に先の画を挟んで、三つを一まとめに表装させた。

第二の部分（2～4）東菊を図柄とした単純な子規の画

画は一輪ざしに挿した東菊で、図柄としては極めて単純である。東菊は、四、五月頃に淡紫色の花をつける多年草で、別名ミヤコワスレとも言う。季語は春。花の傍に「これは萎みかけたところと思いたまえ。下手いのは病気のせいだと思いたまえ。嘘だと思うなら肱をついて描いて見たまえ」という注釈を加えてある。このことからすると、子規は自分でもそう旨い画とは考えていなかったのだろう。子規がこの画を描いた時は、自分はもう東京にはいなかった。彼はこの画に、「東菊活けて置きけり火の国に住みける君が帰り来るかな」（東菊を活けて置いたよ。火の国熊本に住んでいる君が帰って来るんだよなあ。）という一首の歌を添えて、自分が英語教師として赴任していた第五高等学校のある熊本まで送って来たのだ。

壁にかけて眺めて見ると「いかにも淋しい感じがする」。色は花と茎と葉と硝子の瓶とを合わせてわずかに三色しか使っていない。花は開いたのが一輪に蕾が二つだけだ。葉の数を数えてみたら、すべてでやっと九枚あった。それに周囲が白いのと、表装の絹地が寒い藍なので、どう眺めても冷たい心持ちが襲って来る。

子規はこの簡単な草花を描くために、非常な努力を惜しまなかったように見える。わずか三茎の花に、少なくとも五六時間の手間をかけて、どこからどこまでも丹念に塗り上げている（この「五六時間」という数字がどうしてわかったのかは、本文からだけでは理解できない。そのときの手紙にそう書いてあったのかもしれないし、後で本人から、あるいは別の友人から聞いたのかもしれない）。これほどの骨折りは、ただに病中の根気仕事としてよほどの決心を要するだけではなく、いかにも無雑作に俳句や歌を作り上げる子規の性質からいっても、明らかな「矛盾」である。思ってみるに、画については初心な子規は、その頃、絵画における写生の必要を、中村不折などから聞いて、その写生という技法を一草一花の上にも実行しようと企てながら、子規が俳句の上で既に十分に獲得したその写生という方法を、画を描くということに適用するのを忘れたか、あるいは適用する腕がなかったのであろう。

第三の部分（5）**子規の画の愚直さ**

東菊によって代表された子規の画は、「拙くてかつ真面目」である。才能のおもむくままに一気に作品ができあがる子規の文章の筆が、絵の具皿に浸ると同時に、たちまち堅くちぢこまって、筆の穂先の運びがねっとりとからむように動きを止めてしまったのかと思うと、「私は微笑を禁じ得ないのだ」と筆者は述べる。高浜虚子が来てこの掛け物を見た時、「正岡の絵は旨いじゃありませんか」と言ったことがある。筆者はその時、「だってあれだけの単純な平凡な特色を出すのに、あのぐらい時間と労力を費やさなければならなかったかと思うと、何だか正岡の頭と手が、いらざる働きを余儀なくされた観がある所に、隠しきれない拙が溢れていると思う（必要のない働きを無理に強いられた趣があるところに、隠しきれない「拙」があふれていると思う）」と答えた。「馬鹿律儀」に描いただけの画には、「厭味」な感じとかシャレた味わいとかいった「利いた風」なところは何もない。それでもそこに重厚な長所があるとすれば、それは子規の画がまさに「働きのない愚直ものの旨さ」を示している点にある。けれども、一つの線や一画の瞬間的な筆の動きで簡単に表現可能な特徴を、その場ですぐさま処理する手法を持っていないために、やむを得ず省略する近道といった手抜きのやり方をとることなく、几帳面に色を塗りつけて根気よく実行したとするなら、そこに「拙」という一字の持つ特質が表出されてくるのは、致し方のないことである。

第四の部分（6）子規という人間のただ一つの「拙」

正岡子規は、人間として、また文学者として、もっとも「拙」の欠乏した男、言い換えれば、何事も上手くやることのできる〈巧〉の男であった。永年彼と付き合ってきたどの月にも、どの日にも、筆者はいまだかつて彼のつたなくて下手くそな点を笑うことのできた機会をとらえ得たためしがない。また彼の下手くそな点に惚れ込んだ瞬間すら一度もなかった。彼の没後ほとんど十年になろうとする現在、彼がわざわざ筆者のために描いた一輪の東菊のうちに、確かにこの一「拙」字を認めることができたのは、その結果が筆者を失笑させるか感服させるかという議論に関係なく、筆者にとってはこの上なく大きな関心を呼び起こす。ただ画がいかにも淋しい。できうることならば、子規にこの下手くそな点をもう少し雄大に存分に発揮させせて、淋しさの「償い」としたかった、と漱石は、若くして世を去った掛け替えのない友の死を深く追悼しているのである。

〈設問解説〉

設問の全体的構成を概観してみよう。

㈠　東菊の画の下手いことの理由を病気のせいとする子規の心情

㈡　東菊の画にいかにも淋しい感じを漱石が受けることの理由

㈢　東菊の画の下手さに漱石が微笑を禁じ得ないことの理由

㈣　「拙」の雄大な発揮を願うことを淋しさの償いとしたいとする、漱石の亡き友への深い追悼の思い

こうして見ると、㈠と㈡が子規の病み衰えていく生命をはさんでの子規の心情と、その状況から受け取る漱石の心情とが対照的に焦点化され、さらに㈢では子規の画の「拙」そのものに光が当てられる。そして最後の㈣では、もっと大胆に「拙」を発揮してほしかったと願うことで、漱石の亡き子規への満腔の友情が示される構成になっており、これは本文の構成にほぼ重なる形になっていると言ってよいだろう。

㈠　東菊の画の下手いことの理由を病気のせいとする子規の心情についての理解が問われている。

傍線部は「　」に挟まれた内にあることからもわかるように、子規の書いた直接的な言葉であることに注意したい。漱

石が直後で「自分でもそう旨いとは考えていなかったのだろう」(2)と推測していることからもわかるように、子規自身も自分の描いた東菊の画を上手いとは思っていなかったようである。そしてそのことは、「もっとも「拙」の欠乏した男」(6)であった子規にとっては、なんともはがゆいことであったに違いない。

傍線部の前後は三つの言葉が畳み掛けるように重ねられている。「これは萎みかけた所と思いたまえ。」「下手いのは病気の所為だと思いたまえ。」「嘘だと思わば肱をついて描いて見たまえ。」、これらは一見すべて自分の画の下手さを弁解していることのようにも思われる。しかし、本当に弁解だろうか。「病気」「肱をついて」からもわかるように、子規は病気で思うように動かない身体をかかえて、おそらくは布団の上で、肱をついて絵筆をとっているのである。「肱をついて描いて見たまえ」と漱石に向かって言っているくらいだから、それがどんなに不自由な姿勢で、もどかしいことか、子規は激しい悔しさで、身悶えするように漱石に訴えているのだ。せめて君にはわかってほしいと、子規は掛け替えのない友である漱石に向かって懸命に訴えているのである。

前書きにあるように「三十代半ばで逝去した」子規が、この時自分の死を自覚していたかどうかまではわからない。しかし、自分の身体が思うように動かないはがゆさ、悔しさは、それまで何でも上手にやってきた子規にとっては、どうにもならないほどのものであったに違いない。たった三茎の花に、子規は「五六時間の手間」をかけて「丹念に塗り上げている」(4)。このことは、「いかにも無雑作に俳句や歌を作り上げる」(4)子規と明らかに「矛盾」する。このような「根気仕事」(4)は、身体が思うように動かない悔しさへの、子規なりの抵抗だったと受け取るのが自然であろう。したがって、解答の核心となる心情は、〈はがゆさ、悔しさ、もどかしさ〉といったものになるはずである。記述すべき内容は次のようなものになるだろう。

①自分の画の拙さを自覚しつつ
②病身で思うように描けないはがゆい悔しさを
③遠方の大切な友に懸命に訴えている

直観的に核心に届くことができるならそれでよいが、一見常識的な理解で解釈可能と思われる時ほど、本当にそれでよいのかと考えて、吟味することが求められる。〈悔しさ・もどかしさ〉といった語は、本文中の活字としては書かれていないが、本文の文脈を忠実にたどるなら、明らかに本文の行間に書かれている語と言える。明示された活字しか読めないのであれば、それはマトモな読解とは言えない。

(二)　東菊の画にいかにも淋しい感じを漱石が受けることの理由についての理解が問われている。

「淋しい感じがする」ことの具体的な理由は、傍線部直後の三行に書かれている。図柄の簡素さ、色彩の数の少なさ、寒色系の背景等が、漱石に「冷たい心持ち」を呼び起こすのだ。しかし、これだけが理由だろうか。

先の㈠でも触れたように、正岡子規は「三十代半ば」で世を去ることになる。もちろん、東菊を描いていた時の子規に、そのことがわかろうはずもないが、本文は子規の死後十年ほども経った時に、漱石によって書かれたものである。漱石はそれらの事実をすべて知った上で、この文章を書いているのだ。とするなら、この「いかにも淋しい感じがする」漱石の心情には、その画を取り巻く子規の状況も何らかの点でかかわっているはずである。

㈠が自身の生命の衰えに対する子規の悔しさだとするなら、㈡は友人の生命の衰えに対する、漱石の哀切な友情である。子規は、遠く熊本にまで赴いている友人に向かって「火の国に住みける君が帰り来るかな」②と、その帰京を待ち焦れている。そんな歌と画を受け取った漱石に、子規の〈孤独と哀しみ〉が伝わらないと考えられるわけはない。

設問は、「なぜか」と理由を問うものになっているから、その問いの形に対応するように文型を調えるなら、記述すべき内容は次のようなものになるだろう。

①色彩に乏しい簡素で冷たい画からは

②生命が衰えかかるなかで友の帰京を願う

③子規の孤独と哀しみが伝わってきたから

「淋しい」という語の語感を深く考えてみること。そしてそのような語を用いて自分の気持ちを表した発語者としての漱石の気持ちを、文脈の流れに沿って考えてみること。そうすることが〈生命の衰え〉という内容に届くことを可能とさせるのではないか。そこまでしなくても、合格点がとれればそれでよい、とする考え方もあろうが、言葉に対するゆるみを自分に許容すると、やがてはそれが予期を超えた事態を自分にもたらすことも考えられる。発語者の主体について考えることは、単なる読解に止まらず、本人の人間としての生き方にもかかわってくる。

㈢　東菊の画の下手さに漱石が微笑を禁じ得ないと言う理由についての理解が問われている。

言うまでもないことだが、もちろんこの「微笑」は悪意の「微笑」ではなく、善意の「微笑」である。何を笑うのか。子規の描いた東菊の画が「拙くてかつ真面目である」⑤ことを笑うのである。思うように動いてくれない絵筆をとって、くそ真面目に根気よく色を塗った下手くそな絵について、悪意ではなく善意で笑うとは、どういうことか。それがこの設問の核心に当たる。

子規は、人間としても文学者としても、「もっとも「拙」

の欠乏した男」(6)であった。短歌・俳句の革新運動を行い、「写生」を唱えて、文章を書くときには「才を呵して直ちに章をなす」(5)腕をもっていた子規は、東菊の画については、そんな力を発揮できなかった。わずか三茎の花に「五六時間」の手間をかけて「丹念に塗り上げている」(4)。これは後で「几帳面な塗抹主義」(5)と呼ばれているが、病気の中にありながら、根気よく「馬鹿律儀」(5)に色を塗っている。面倒なところは省略して手抜きをしてもよいのに(「省略の捷径」(5))、そういうこともせず、無理な姿勢で、下手くそなことを丸出しで(「隠しきれない拙が溢れている」(5))色を塗りつづけている。そこにもし「重厚な好所がある」とすれば、それは「働きのない愚直ものの旨さ」(5)に他ならない、と漱石は述べる。これは子規の画に対する漱石の最上級の賛辞である。病気の身体で、思うように動いてくれない絵筆をとりながら、馬鹿正直に、手抜きもせず、ひたすら対象と向き合って格闘し、色を塗りつづけている。その律儀な姿が、漱石に好ましい印象を与えたのである。

書くべき内容は、次のようなものになるはずである。

①文学には見事な写生の才を発揮した子規が
②絵筆をとると愚直に格闘するしかなく
③その律儀な姿にむしろ好ましさを覚えたから

「拙」を強調してその愚直さを誉めるという、このような漱石一流の態度は、もしかしたら、江戸っ子のはにかみを隠した粋《いき》と言えるかもしれない。

㈣「拙」の雄大な発揮を願うことを淋しさの償いとしたいとする、漱石の亡き友への深い追悼の思いについての理解が問われている。

東菊の画の愚直さを誉めた漱石は、それでもその画のもつ淋しさに気掛かりなものが心に残る。

それまでの人生において一点たりとも「拙」な点を見せたことのなかった子規が、わざわざ自分のために描いてくれた一輪の東菊の中に、初めて「拙」なる面をさらけ出した。そのことが自分を失笑させるか、感服させるかといった議論に関係なく、筆者は子規の「拙」なところに心ひかれる。ただ、東菊の画はいかにも淋しい。できることであるなら、子規にこの「拙」なところをもっと大胆に発揮してもらって、淋しさの代償としたかった、と漱石は、若くして世を去った友人をしみじみと追悼している。

「淋しさの償い」とするとあるのだから、この「淋しさ」自体はどうにもならないものとしてそこにある。それは子規に迫ってくる死の運命と言うことができよう。東菊の画の冷たい感じからは、生命力が衰えて子規に迫ってくる死の気配が濃厚に漂っている。それはそれを見る者の心に直接伝わってくる。一方でこの淋しさは、漱石自身の淋しさでもある。

すでに十年も前のことになるのだが、その画を見ていると、掛け替えのない友の命が今失われていくように感じられるのだろう。

それらの淋しさ自体は、もはやどうすることもできない。そんな淋しさの中にあって、漱石は、東菊の画がもっと大胆に下手くそなものであってほしかった、と願うことで、その淋しさの「償い」としたかった、と述べる。これは、若くして世を去った子規に対する満腔の友情の表白に他ならない。

書くべき内容は、次のようなものになるだろう。

①死の迫る運命は避け難いが

②せめて画の拙さは大胆に発揮してほしかったと願うことで

③若くして世を去った友を哀惜している

もし漱石が酒を飲む人であったなら、東菊の画を前にして、もっと下手くそで、その下手くそさを存分に発揮してくれた画だったなら、その画のことを豪快に笑い合って、冥界の子規と酒を酌み交わしたい、といった気持ちではなかろうか。

〈自己採点のめやす〉　記号は第一問と同様に用いる。

㈠

☆　病気で身体が思うように動かないはがゆい悔しさといった心情が捉えられていること。

○　①自分の画の拙さを自覚しつつ
②病身で思うように描けないはがゆい悔しさを
③遠方の大切な友に懸命に訴えている
右の三つの内容がほぼ捉えられているもの。
右の②の〈はがゆい悔しさ〉は、〈はがゆさ・もどかしさ〉等でも可。

△　右の②③が〈自分の画の下手さを弁明している・言い訳をしている〉等となっているもの。

×　右の②③が〈下手さを隠して強がりを言っている〉等となっているもの。

㈡

☆　東菊の画から、生命が衰える中での友の孤独と哀しみが伝わってきたことが捉えられていること。

○　①色彩に乏しい簡素で冷たい画からは
②生命が衰えかかるなかで友の帰京を願う
③子規の孤独と哀しみが伝わってきたから
右の三つがほぼ書かれているもの。

△　右の②の〈生命の衰え〉の内容を欠くもの。
右の②の〈友の帰京を願う〉の内容を欠き、③の〈孤独と哀しみ〉の内容の不鮮明なもの。

×　明白に①のみで終わっていて表現にまとまりのないもの。

☆ ㈢ 対象と愚直に格闘する律儀な姿への好ましさといった内容が捉えられていること。

○ ①文学には見事な写生の才を発揮した子規が
②絵筆をとると愚直に格闘するしかなく
③その律儀な姿にむしろ好ましさを覚えたから
右の三つがほぼ書かれているもの。

△ 右の②③は書かれているが①の内容を欠くもの。
右の②③の記述にメリハリのないもの。

× ②の〈愚直〉、③の〈好ましさ〉の内容を欠くもの。

☆ ㈣ 死の運命を前にして、もっと雄大に「拙」を発揮してほしかったと願うことで、友の死を哀惜している、といった内容が捉えられていること。

○ ①死の迫る運命は避け難いが
②せめて画の拙さは大胆に発揮してほしかったと願うことで
③若くして世を去った友を哀惜している
右の三つがほぼ書かれているもの。

△ 右の②③はあるが、①の内容を欠くもの。
右の①②はあるが、③の内容を欠くもの。

× 右の②の内容を欠くもの。

解答

㈠ 自分の画の拙さを自覚しつつ、病身で思うように描けないはがゆい悔しさを、遠方の大切な友に懸命に訴えている。

㈡ 色彩に乏しい簡素で冷たい画からは、生命が衰えかかるなかで友の帰京を願う、子規の孤独と哀しみが伝わってきたから。

㈢ 文学には見事な写生の才を発揮した子規が、絵筆を執ると愚直に格闘するしかなく、その律儀な姿にむしろ好ましさを覚えたから。

㈣ 死の迫る運命は避け難いが、せめて画の拙さは大胆に発揮してほしかったと願うことで、若くして世を去った友を哀惜している。

二〇二〇年

第一問（文理共通）

出典

小坂井敏晶（こざかい　としあき）「神の亡霊」〈6　近代の原罪〉（東京大学出版会『UP』二〇一五年四月号掲載）の一節。なお、この文章は、若干の字句の修正を経て、単行本『神の亡霊　近代という物語』として、二〇一八年七月に同出版会から刊行された。

小坂井敏晶は、一九五六年愛知県生まれ。フランス国立社会科学高等研究院修了。著書には、『異文化受容のパラドックス』『民族という虚構』『責任という虚構』『人が人を裁くということ』他がある。

解説

〈本文解説〉

近代は人間に自由と平等をもたらしたかのように思われているが、それは虚構であり、機会均等にもとづく能力主義は、社会的格差を個人の能力に転嫁して、既存の支配の構造を正当化している、ということを論じた文章である。全体は十四の形式段落から成るが、ここでは三つの部分に分けて考えていこう。

第一の部分（1～4）機会均等にもとづく能力主義が既存の階層構造を正当化するパラドクス

学校教育を媒介にして、階層構造は再生産されていく。アメリカには人種問題があり、イギリスには明確な階級区分がある。それらの顕著な問題をかかえていない日本では、教育機会を均等にすれば、格差が解消されて公平な社会になると期待された。しかし、ここには大きな陥穽がある。

この機会均等のパラドクスを示すために、筆者は二つの事例を単純化して挙げる。一つは戦前の格差のある学校制度。もう一つは戦後の一律の学校制度。どちらの場合も、結果はあまり変わらない（＝格差の構造は残ったままだ）、と筆者は言う。戦後のものは、見かけ上は自由競争でも、実質的には弱い者がハンディキャップを背負っていて、はじめから結果はわかっていたのだ。しかし、二つのケースから生じる心理は異なる、と筆者は言う。戦前の場合、貧乏が原因で出世を断念するとすれば、それは当人のせいではなく、不平等な社会のせいということになる。そうなると、批判の矛先が外に向いて、不平等な社会を変えるべきだと考えるようになる。それに対して、戦後のケースでは、成功しなかったのは自分に能力がないからだと考え、社会が悪くないとしたら、変革運動に関心を示さなくなる、というのだ。

積極的に差別を是正する措置であるアファーマティブ・ア

クションは、個人間の能力差には適用されない。人種・性別など集団間の不平等さえ是正されれば、あとは個々人の才能と努力次第で社会上昇が可能だと信じられ、弱肉強食のルールが正当化される。不平等が著しいアメリカで社会主義政党が育たなかった一因は、右のような機会均等のパラドクスにある、と筆者は考える。

学校は、子どもを平等に教育する理想と同時に、能力別に人間を格付けし、差異化する役割をも担っている。ここに矛盾が潜んでいる。出身階層という過去からの束縛を脱して、自らの力で未来を切り拓く可能性として能力主義（メリトクラシー）は歓迎された。そのための機会均等なのである。しかし、それは「巧妙に仕組まれた罠」（＝パラドクス）だったのだ。「地獄への道は善意で敷き詰められている」という諺がヨーロッパで以前から言い慣わされているが、平等な社会を実現するための方策であったはずの、機会均等にもとづく能力主義は、かえって既存の階層構造を正当化し、永続させることになったのである。社会を開くはずの「善意」によるメカニズムが、逆に社会構造を固定し、閉じるための「地獄」のイデオロギーとして機能したのだ。だが、これは歴史の皮肉や偶然のせいではなく、「近代の人間像」が必然的にもたらした袋小路なのである。

第二の部分（5～10）近代の〈個人〉という虚構

教育には、家庭条件や遺伝の影響といった、当人にはどうすることもできないことも、様々にかかわってくる。また、誰もが同じように努力できるわけでもない。

近代は「神」を棄て、〈個人〉というこれまでにはなかった表象を生み出した。「自由意志に導かれる主体」の誕生である。所与（＝生まれつき外から与えられた条件）と行為（＝当人が自ら行うこと）をくっきりと分け、家庭条件や遺伝形質という〈外部〉から切り離された、才能や人格という〈内部〉を根拠に自己責任を問うものである。

しかし、このような〈個人〉の表象は、虚構なのだ。人間の一生は受精卵から始まるが、才能や人格といった〈内部〉のものと見なされているものも、遺伝形質に社会影響が作用して形成されたものである。我々人間は結局のところ「外来要素の沈殿物」なのであり、さかのぼって分析してゆくなら、「原因」は当人の〈内部〉に定立できなくなる。社会の影響は外来要素で、心理は内発的だと考える常識そのものが誤りなのだ。認知心理学や脳科学が示すように、「意志」や「意識」は記憶と外来情報の相互作用を通して、脳の物理・化学的メカニズムが生成する。外因をどれだけ重ねても、内因に変わることはない。だから、才能や人格を当人の〈内部〉にある因子と見なし、それを根拠として当人の責任を問うということ自体が誤りなのである。

遺伝や家庭環境のせいであっても、当人の所与なのであるから、当人が責任を負うべきであり、所与に応じて格差が出ても仕方がない、と考える人は多い。その場合、身体障害者はどうするのか。誰のせいでもない障害や、事故で起きた不幸などを、当人の身体であるがゆえに自業自得だなどと言うのだろうか。能力差を自己責任と見なす論理も、これと同じである。

封建制度やカースト制度などでは、貧富や身分を区別する根拠を、神や自然といった共同体の〈外部〉に投影することで、不平等があっても社会秩序は安定した。もちろん、これも一つの虚構ではあるのだが、人間の貴賤は生まれで決まり、貧富や身分の差があるのは当然であって、平等はむしろ異常と見なされた。

それに対して、民主主義社会では、自由な個人が平等に共存するのが建前である。しかし、現実にはヒエラルキー（階層秩序・階層制）が発生し、貧富の差が現れる。それらの格差をどのように理屈づけるか。どんなに考えても、人間の判断である以上、それが正しいという保証はない。下層に生きる者は既存秩序に不満を抱き、変革を求めつづける。人間の主体性という〈内部〉を根拠とした近代の民主主義社会は、原理的に不安定なシステムなのであり、近代の激しい流動性の一因がここにある。

第三の部分（11〜14）支配が不平等の隠蔽によって成り立つ、近代に内在する瑕疵

人間が複数で生き、社会という集団を作って生きる以上、そこに支配・被支配の関係は必ず出てくる。支配という語は、社会および人間の同義語と言ってよい。支配のないユートピアは、文字どおり、建設不可能な場所なのである。マックス・ヴェーバーは、支配関係に対する被支配者の合意がなければ、その階層秩序は長続きしない、と説いた。支配は、「強制力の結果」としてではなく、「正しい状態」として感知される必要がある。支配が理想的な状態で保たれるとき、支配はその真の姿を隠し、あたかも「自然の摂理」であるかのようにして作用する。先に挙げた能力主義（メリトクラシー）の巧妙な屁理屈が、そのような支配のメカニズムを示している。

近代に内在する瑕疵——瑕疵という語は、外からはっきり見える傷ではなく、建物や法律などについて、内側に傷や欠陥を持っている場合に用いることが多い——を理解するために、「正義が実現した社会」という極限の社会を想定してみよう。階層分布の正しさが確かである以上、貧困は差別のせいでもなく、社会制度に欠陥があるからでもない。まさに自分の資質や能力が他人に比べて劣るからだ。格差が正当でない場合は、我々は自分の貧困を社会制度のせいにすることで、自分の劣等性を認めなくて済む。こういうふうに考え

ることが自己防衛だ。しかし、正義が実現された公正な社会では、こういう自己防衛は不可能となる。底辺に置かれる者に、もはや逃げ場はない。つまり、正義の実現された「公正な社会」とは、理想郷どころか、人間の住めない「地獄の世界」なのだ。この12段落は、3 4で論じた機会均等にもとづく能力主義のパラドクスを、極限的な社会を想定することで再度確認しようとしている箇所にあたる。

身分制が打倒されて近代になり、不平等が緩和されたにもかかわらず、さらなる平等化の必要が叫ばれている。これはいったい何故なのか。人間は常に他者と自分を比較しながら生きている。比較すればそこには必ず優劣がつく。民主主義社会では人間に本質的な差異はないとされているのに、お互いに比べあうと、そこには小さな差異がある。そのとき、自らの劣等性を否認するために、社会の不公平を糾弾することになる。神や自然という〈外部〉を消し去り、優劣の根拠を個人の〈内部〉に押し込めようとくわだてたとき、――〈はかる〉という語に「謀」という字が用いられていることに注意しよう――右のような自己防衛の反応は必然的に起こるのである。

自由に選択した人生だから自己責任が問われるのではない。逆だ、と筆者は一気に断言する。「格差を正当化する必要があるから、人間は自由だと社会が宣言する」のである。「努力しない者の不幸は自業自得だと宣告する」のは、「格差を正当化する必要があるから」なのだ。つまり、「近代は人間に自由と平等をもたらしたのではない」。「不平等を隠蔽し、正当化する論理が変わっただけだ」と、筆者は結論づけている。

〈設問解説〉

個々の設問に入る前に、設問としての全体的な構成を概観しておこう。

㈠　機会均等のパラドクス
㈡　近代的個人の虚構性
㈢　能力主義の背後に隠蔽された支配の構造
㈣　不平等を隠蔽する近代の虚構性を本文全体から捉える
㈤　漢字の書き取り

全体としては論旨の展開にそって問われているが、㈢が一見戻ることになるように感じられて、どのように記述すべきかが、やや難しい。また、㈣は「論理が変わっただけ」という内容をどれだけ明晰に記述できるかが、カギとなろう。

㈠　機会均等のパラドクスについての理解が問われている。

傍線部の「そこ」が指しているのは、アファーマティブ・アクションが個人間の能力差には適用されず、人種・性別など集団間の不平等に適用され、それさえ是正されれば、あとは各人の才能と努力に任されること、である。個人の努力次第で社会上昇が可能だと信じられ、弱肉強食のルールが正当化されているアメリカの能力主義（メリトクラシー）の現状を言っている。

　そのことが「不平等が顕著な米国」で「社会主義政党が育たなかった一因」だというのだ。どういうことか。

　アファーマティブ・アクションとは、積極的に差別を是正する措置を意味しており、機会の均等をめざす運動の一つである。先に筆者は「機会均等のパラドクス」②として日本の学校制度を挙げ、戦後の「一律の学校制度」②の下では、成功しなかったことを自分の能力のなさと考えるため、社会変革運動に関心を示さない、ということを述べていた。この戦後の日本の状況を、もう少し明確な形で言っているのが、米国の状況を説明している傍線部にあたる。この機会均等のパラドクスは「巧妙に仕組まれた罠」④であり、「既存の階層構造を正当化」④するためのものだったのである。

　なお設問は「……育たなかった一因……」を聞いているので、〈階層構造の正当化〉まで書く必要はない。記述すべき内容は、次のようなものになるだろう。
　①機会均等が実現されて集団間の不平等が是正されれば
　②あとは個人の自由に任され
　③社会格差の変革が必要とされなかったから
もちろん「米国」という語を入れても構わない。しかし筆者は本文全体を通して、国による違いよりも、「近代」を総体として捉えようとしているので、必ずしもこだわる必要はないだろう。なお、記述にあたっては、要素的な内容だけではなく、右の①②の傍線箇所「……されれば、あとは……」といった言い回しにも十分留意したい。


㈡　近代的個人の虚構性についての理解が問われている。

「自己責任」という語がはじめに出てくるのは⑥である。この語は、近代の〈個人〉という表象の誕生とともに用いられるようになってきた。近代以前では「神」や「自然」という「共同体の〈外部〉」⑨に存在の根拠が求められ、人間は「神」や「自然」の意志に従っていればよかった。ところが、近代になって「神」が棄てられ、「自由意志に導かれる主体」⑥が生まれることで、「才能や人格という〈内部〉」⑥に「自己責任」の根拠が問われるようになってきたのである。

　しかし筆者は、このことを「虚構」⑦だと断定する。なぜか。それは、才能や人格といったものも、本をさかのぼれば、遺伝形質や社会影響といった「外来要素」に帰着する。つまり、〈内部〉に由来するものと思われるものもすべて本は外来のものなのであり、そうだとすれば、「自己」に「責任」は問えなくなってくる、ということだ。

「自由意志に導かれる主体」としての〈個人〉という表象自体が「虚構」だったのである。「神」を桎梏と感じてそれを棄てようとして生み出した〈個人〉という表象は、それ自体が別の虚構に他ならなかったのである。

記述すべき内容は、次のようなものになるはずである。

①近代の個人は、自律する内的主体を根拠とするが

②人格や意識等もすべて本は外的な要因から成っており

③（近代の個人は）虚構の存在だから

右の①の〈自律する内的主体〉という語は「自由意志に導かれる主体」と「内部」という語を合わせて簡略化したものだが、本文中の語句をそのまま用いていると、二行の解答枠をハミ出してしまうことがしばしば出てくる。ある程度の広がりのある内容を簡潔な語句へとしぼりこむためには、それなりの語彙力や表現力が求められることになる。

㈢　能力主義の背後に隠蔽された支配の構造についての理解が問われている。

「メリトクラシーの詭弁」とは「能力主義」の「罠」④を指している。この設問は一見「メリトクラシーの詭弁」を聞いているようだが、傍線は「先に挙げた……がそうだ」に引かれていることに注意しなければならない。つまり、「メリトクラシーの詭弁」の内容を答えるだけでは不十分で、「そうだ」という語の指示内容を含み込んだ解答にすべきだということである。傍線がどこからどこまで引かれているか、その長さにも気を付けたい。

「そうだ」の指示内容は、直前の「支配が理想的な状態で保たれる時、支配は真の姿を隠し、自然の摂理のごとく作用する」⑪であり、その「理想的な状態」をさらに明確に言うなら、その二文前の「被支配者の合意」に行きつく。傍線部ウは、支配の構造を説明しようとする第三の部分の文脈にあることを、まず確認しておこう。

それでは、「メリトクラシーの詭弁」は右のような支配の構造とどのような点でイコールなのか。機会均等にもとづいて能力主義が一般化すると、成功したり、勝ち残ったりした場合はそれでよいだろうが、そうでない場合は「成功しなかったのは自分に能力がないからだ」②と考えるしかない。近代の〈個人〉は「自己責任」を根拠とするから、うまくいかなかったときは「自分の資質や能力が他人に比べて劣るからだ」⑫と納得するしかなくなるのである。この格差の下層に追いやられた者が、それを自分の能力の劣等性によると〈納得する〉（あるいは、〈納得〉させられる）ことこそ、支配関係に対する「被支配者の合意」⑪とほぼイコールの位置を占めることになる。支配の構造は、能力主義の結果、格差の下層に置かれた者の〈納得〉や、被支配者の「合意」によってこそ、その真の姿を「理想的な状態」⑪で隠蔽することになるのである。

記述すべき内容は、次のようなものになるだろう。

①支配の構造は、被支配者の合意によって貫徹される
②社会格差を個々人の能力差の帰結だとする人々の納得は
（右の合意と）同じものである

「メリトクラシーの詭弁」だけを書いてもそれなりの記述になるかとは思われるが、記述の基本的な方針は、支配の構造に「メリトクラシーの詭弁」を含み込んで書く、というところに置くべきだろう。

㈣　不平等を隠蔽する近代の虚構性を、本文全体の趣旨を踏まえて説明することが求められている。特に「……正当化する論理が変わっただけだ」とある箇所に留意して答えたい。

筆者は機会均等から能力主義のパラドクスへと展開し、さらに自由意志に導かれる近代の〈個人〉という表象そのものが虚構であって、そこから自己責任の根拠は出てこないと述べる。近代以前には神や自然といった外部に投影されていたものが近代以降は才能とか人格といった内部に求められたわけだが、その内部と見なされたものがすべて本は外部に由来するものであることから、主体をもつ〈個人〉という表象自体の虚構性が明らかになるというのだ。社会が平等になったとしても、そこには必ず小さな格差が生じ、その下層に置かれた者は既存の秩序に不満を抱き、その変革を求める。人間の社会には必ず支配・被支配の関係が生じてくる。近代以前ではその根拠を神や自然の摂理と見なすことで、その構造を正当化した。近代以降はそれを個人の内部に根拠づけたが、結局のところ既存の階層構造はたいして変わることなく、現在でも続いている。

筆者の考えは[14]に集約されている。近代は人間に自由と平等をもたらし、自由に選択した人生だから自己責任を問われる、とするのが一般に行きわたっている通念である。それに対して、筆者は、逆だ、と断言する。格差を正当化する必要があるから、人間は自由だ、と社会が宣言するのである。努力しない者の不幸は自業自得だと社会が宣告するのは、現実にある不平等を隠蔽し、その支配の構造を正当化するためだ、というのである。

以上を図式的に整理してみよう。

（通念）
近代は人間に自由と平等をもたらした
→人間は自由意志にもとづいて、自分の人生を選択することができる
→機会が均等にされれば、あとは各人の努力次第である
→成功するのも、しないのも、それは当人の能力によっている

〈逆だ〉
↔

（筆者）
近代は人間に自由と平等をもたらしたわけではない
近代以前と近代以降で、社会の階層構造はそれほど変わってはいない
支配構造の論理が変わっただけだ

［近代以前］
神・自然の摂理（＝外部）＝人間や社会のすべての根拠
→格差があるとしたら、それは神の意志にもとづくものであり、人間は神の意志に従って生きなければならない（＝被支配者の合意）
［＝このすべてが虚構］

［近代以降］
人間は自由意志（＝内部）に導かれる主体的な存在である
才能と努力次第で社会上昇は可能だ
→成功しなかった場合は、自分に能力がないからだと納得するしかない
→自己に責任がある
［＝このすべてが虚構］

右の近代以前と近代以降の対比は、論理の変化を示しているが、いずれも虚構であることに変わりはない。右の変化は不平等を隠蔽し、支配の構造を正当化して永続化するためのものだ

以上の内容を指定字数以内で記述するには、骨格となる部分を捉えて簡潔に記す表現力が求められる。書く順序や文の構造にはさまざまなものが考えられるだろう。とりあえず、記述すべきポイントを挙げてみよう。

①近代は人間を自由意志をもつ主体と想定し、平等な社会を実現したかに見えるが
②それは以前の身分社会が神や自然という共同体の外部に根拠づけた社会的格差を
③個人の責任という内部に転嫁した虚構にすぎず
④既存の支配構造を正当化しているだけだ

他に、近代以前から近代への変化を時系列的に、あるいは並立的に記述する方法もあるだろう。どのような構文が自分にとって最も書きやすいかを試行錯誤しながら探っていくのも、良い勉強になるだろう。

㈤　漢字の書き取り

a　「培う」。もとは〈土を根にかけて草木を育てる〉意。一般に〈養い育てる〉意で用いる。

b　「誕生」。「誕」は〈うまれる〉意。ただしこの字は、本は〈いつわる・だます・でたらめ〉の意味で用いていた。

c 「欠陥」。〈短所〉の意。「陥」は〈おちいる・おとしいれる〉意。陥穽、陥没、陥落などの熟語がある。

〈自己採点のめやす〉

記号は次の意味で用いる。

☆……解答としての方向性
○……合格答案
△……基本点
×……不可

㈠

☆ 機会均等のパラドクスについて説明していること。

○ ①機会均等が実現されて集団間の不平等が是正されれば
②あとは個人の自由に任され
③社会格差の変革が必要とされなかったから
右の三つがほぼ書かれているもの。「米国」という語が入っていてももちろん良いが、なくても構わない。

△ 右の①で「機会均等」のないもの。

× 右の①で「機会均等」を欠き、③の「社会格差の変革」の内容を欠くもの。

㈡

☆ 近代的個人の虚構性について説明していること。

○ ①近代の個人は、自律する内的主体を根拠とするが
②人格や意識等もすべて本は外的な要因から成っており
③（近代の個人は）虚構の存在だから
右の三つがほぼ書かれているもの。①の「自律する内的主体」は「自由意志で行為する主体」等でももちろん構わない。

△ 右の①の「内的」と②の「外的」という対比を欠くもの。

× 右の③の「虚構」の語を欠くもの。

㈢

☆ 能力主義の背後に隠蔽された支配の構造について説明していること。

○ ①支配の構造は、被支配者の合意によって貫徹される
②社会格差を個々人の能力差の帰結だとする人々の納得は
③（右の②が）①と同じしくみになっている
右の三つがほぼ書かれているもの。①の「貫徹」は「永続化」「正当化」でももちろん構わない。

△ 右の①の「支配」あるいは「被支配者の合意」を欠き、③の「同じしくみ」の内容を欠くもの。

× 右の②の内容を欠くもの。

㈣

☆ 不平等を隠蔽する近代の虚構性を、本文全体の趣旨を踏まえて説明していること。

○ ①近代は人間を自由意志をもつ主体と想定し、平等な社

会を実現したかに見えるが
②それは以前の身分社会が神や自然という共同体の外部
　に根拠づけた社会的格差を
③個人の責任という内部に転嫁した虚構にすぎず
④既存の支配構造を正当化しているだけだ

右の四つがほぼ書かれているもの。右の②の「近代以前」と①の「近代」は、時系列的に、あるいは並立的に書いても、もちろん構わない。

△　右の②の「外部に根拠づけた」と③の「内部に転嫁した」との対比的な表現が不鮮明で、「論理が変わっただけ」の説明として不十分なもの。

×　①で「自由」と「平等」の内容を欠いたり、②の「神」や「自然」を欠くなどして、表現が全体的に粗いもの。

×　右の③で「虚構」の語を欠くもの。また、④の内容を欠くもの。

(五)

×　乱雑なもの、続け字は、程度によっては不可。

解答

(一)　機会均等が実現されて集団間の不平等が是正されれば、後は個人の自由に任され、社会格差の変革が必要とされなかったから。

(二)　近代の個人は、自律する内的主体を根拠とするが、人格や意識等もすべて本は外的な要因から成っており、虚構の存在だから。

(三)　支配の構造は、社会格差を個々人の能力差の帰結だとする人々の納得と同様に、被支配者の合意によって貫徹されるということ。

(四)　近代は人間を自由意志をもつ主体と想定し、平等な社会を実現したかに見えるが、それは以前の身分社会が神や自然という共同体の外部に根拠づけた社会的格差を、個人の責任という内部に転嫁した虚構にすぎず、既存の支配構造を正当化しているだけだということ。(120字)

(五)　a＝培う　b＝誕生　c＝欠陥

第四問（文科）

出典

谷川俊太郎（たにかわ　しゅんたろう）『詩を考える　言葉が生まれる現場』（詩の森文庫　思潮社　二〇〇六年六月刊）の〈Ⅱ　クリティック　「発語の根はどこにあるのか」〉の冒頭の一節。なお、初出は「現代詩手帖」一九七二年一月。

谷川俊太郎は、一九三一年東京生まれ。五二年、最初の詩集『二十億光年の孤独』で、若き詩人として鮮烈にデビュー。以降、現在に至るまで、のびやかで自由な感性で、言葉の最先端で活動をつづけている。主な詩集に『六十二のソネット』『定義』『夜中に台所でぼくはきみに話しかけたかった』他、翻訳に『マザー・グースのうた』、また絵本や童話・エッセイ集等と幅広い著作がある。

解説

〈本文解説〉

本文は、〈作品〉と〈文章〉を対比的に捉え、言語共同体の根源から生成する言葉による作品にこそ、普遍的な力がある、ということを述べたエッセイである。全体は十三の形式段落から成っているが、ここでは四つの部分に分けて考えていこう。

第一の部分（1～5）作品をつくるときに感じる自由さ

筆者は編集者の小田久郎さんから求められて、この文章を書いている。「こんな文章」と言ったり「ためらいながら」と言ったりして、あまり乗り気でない筆者の気持ちがビンビン伝わってきて、読む方としても、正直なところ、あまり気持ちが動かない。注文原稿を書くという「一種の商取引」にかかわることだから仕方のないことなのかもしれないが、しかし、そんな中で、筆者を動かした唯一つのものが、電話口の向こうから響いてきた小田さんの「肉声」であった。その「肉声」に自分の「肉声」で答える「肉声の変換」が、かろうじて筆者にこの仕事を放棄することから留まらせることになる。

そんな前書きが3まで続き、やっと4になって本題に入り始める。筆者は、詩とか歌、絵本のことばを書くことを「作品をつくる」ことと呼び、この本文のような文章を書くことから区別している。そして両者の間には「相当な距離がある」と言う。「作品をつくっている」とき、筆者はある程度まで筆者自身から「自由」であるような気がするという。このことを逆に言えば、筆者はこの本文をあまり自由ではなく感じて書いている、ということだ。「作品をつくる」とき、自分についての反省は下層に沈澱し、筆者は「自分を濾過して生成してきたある公的なもの」にかかわっている。それは自分を「無名」とみなすことと言ってよく、そこに筆者にとって最も大事な「言語世界」が立ち現れてくる、と述べる。
――ここでの「ある公的なもの」「無名」(5)といった語は、あとで出てくる「その言語を話す民族の経験の総体」「アモルフな自己の根源性(オリジナリティ)」(8)という語へとつながっていく伏線のような働きをしていることを、予感的に捉えたい。

第二の部分（6～9）詩人とは、その言語を話す民族の経験の総体と、ある超越者との媒介者である

筆者は、作品と文章とを意識的に区別している。大まかに言うなら、作品が創作にあたり、文章は現実に生きる筆者が社会生活上やむをえず書くことになる種類のものと言ってよい。詩と散文、あるいは虚構と非虚構といった対比もありうるかもしれないが、そう言ってしまうと、足りないものがあったり、ハミ出すものがあったりして、適切ではない。

筆者にとって詩はむろん作品であり、詩を書くとき自分が「無名であることが許される」と感じる。詩人とは「自己を超えた何ものかに声をかす存在」であり「媒介者」なのだ。ずっと言語を扱ってきた過程で、このような詩人の姿についての考えが、筆者の中に定着してきた。

「真の媒介者」は、「その言語を話す民族の経験の総体を自己のうちにとりこみ」、その自己の一端が「ある超越者」に向かって「予見的に開かれている」ことが必要である。筆者は作品をつくっているときの「自分の発語の根」が、この本文のような文章ではとらえきれない「アモルフな自己の根源性」に根ざしていることははっきりと自覚していて、そこでこそ、筆者は「最も深く他者と結ばれている」と信じている。

そういう根源性から書いていると信ずることが、筆者にある「安心感」を与え、それは、この本文のような文章を書くときの「不安感」とは対照的だと言う。この「安心感」は「無名」から来るものと思われ、それに対して、この「不安感」は本文を読む私たちに与える一種の落ち着きのなさになっていると言えるだろう。自分の書きものに対する「責任」のとりかたというものが、作品の場合と、文章の場合とではまったく違う。

第三の部分（10・11）個としての責任をとる必要がない形での作品の生成

作品に関しては、そこに書かれている言語の「正邪真偽」にも「美醜」にも直接責任をとる必要はない、と筆者は感じている。せいぜい上手下手に関して責任をとり得るだけだ。創作における言語とは、このようなものだというのが筆者個人の考えである。もしそういうものとして読まないなら、それは読者の責任であって、創作者の責任ではない。

つまり、言語の「正邪真偽」や「美醜」への書き手の責任から切り離されたところで言語世界が成立し得たとき、それこそが「作品」の名に値する。現実には、作家も詩人も創作者としての一面と、社会の俗人としての一面とをあわせ持っているから、彼の発言と作品とを区別して考えるのは容易ではない。しかし、過去の優れた作品を見るとき、現実の社会的条件と切り離されたところで、言葉がそれ自体として言語世界を成立し得たものこそが、時代を超えた作品として普遍的な力をもっているように思われる。

――このあたりはやや読み取りにくいが、筆者は作品の書き手は無責任であって構わないということを言おうとしているのではないだろう。文章の書き手であれば、その「正邪真偽」に当然、責任はあるはずだ。それに対して、作品はその言語共同体の経験の総体からおのずと出てくる言語によって生成されてくるものであって、創作者は無名の状態になっているのであり、責任をとる必要はない、と言っているのである。したがってここは、無責任な発言なのではなく、言語共同体の根源から発語する筆者の静かな自信の表明と受け取るべきだろう。

第四の部分（⑫・⑬）日本語という言語共同体の中に内在している力

これまで〈作品〉と〈文章〉を対比的に論じてきたが、筆者はこの対比を言語論的に記述する能力はないと謙遜し、自分の体験談のような形で述べてきただけだと言う。作品を書くとき筆者は、自己の発語の根をほとんど盲目的に信じているが、文章を書くときはその根を見失ってしまうという。作品を書くとき、筆者は他者に「非論理的な深み」で賭けるしかないのだが、文章を書くときには「自分と他者を結ぶ論理」を無理やりにでもつかまなければならない。

作品をつくるとき、筆者の中には、何かしら「呪術的な力」が働いているという。これは先の「非論理的な深み」にかかわるものであり、「下のほうから持続的に」筆者をとらえるものである。それは「日本語という言語共同体の中に内在している力」であり、筆者の発語の根源性とともにあるものだ。

――全体をもう一度振り返ってみよう。作品をつくるとき、筆者は自分を無名と考え、ある公的なものにかかわっている。それは、自分の発語の根源が、日本語という言語共同体の経験の総体にあるからである。筆者が言葉に対する責任と切り離されたところで創作することができるのは、それらの言葉がその言語共同体の根源から出てくるものであり、かつ自己を超えた世界に開かれているものだからである。その言語共同体において筆者の自己はアモルフな自己の根源性を帯び、そこにおいてこそ、最も深く他者と結びついている。

それはむしろ非論理的な深みと言ってよい。そこに何かしら呪術的な力が働いて、言葉がおのずから一つの言語世界を成立させ、それが作品となるのである。

それに対して文章を書くことは、現実に生きる社会の一員としての筆者が、自分と他者を結ぶ論理を意識的につかまえることで、他者との実際上の関係をつくっていくことにかかわっている。当然そこでは、自分の書く言葉が正しいかどうかといったことに責任がともなってくる。しかし、そこにおける筆者と他者とのつながりは、作品を書くときの他者とのつながりほど根源的なものではないのである。

〈設問解説〉

設問の全体としての構成を、まず概観してみよう。

㈠　作品をつくるときの筆者の自由な気持ち

㈡　言語共同体の根源における他者との深い結びつき

㈢　作品が個としての筆者の責任と切り離されたところで立ち現れること

㈣　自分と他者を論理で結ぶしかない文章のあり方を、作品と対比して捉える

はじめの㈠㈡㈢は、どれも作品の本質にかかわっていて、それぞれの力点の違いを捉えるのがむずかしい。また㈣は、ふつうであれば、筆者の主張の中心的な内容が問われるが、この設問では、筆者の主張の反対側に位置する対比的な文章が問われており、締めくくりの設問としてはやや違和感が残る。いずれにしても、文脈の流れに沿い、設問の要求に応じて答えていかなければならない。

㈠　作品をつくるとき筆者が筆者自身から自由になる、その気持ちの理由の理解が問われている。

傍線部について考えるよりも前にまず確認しておかなければならないのは、筆者が〈作品〉と〈文章〉とをはっきりと区別して対比的に述べていることである。それは4で明らかだし、12でさらに明らかになることだ。

以上を前提にして傍線部を考えよう。作品をつくっているとき、筆者はある程度まで筆者自身から「自由」であると感じる。とすれば、文章を書いているときはそれほど自由ではない、ということだ。それは、「社会の一員」(11)として生きている自分の書くものに、個としての責任を感じるからであろう。それに対して作品の場合は、「民族の経験の総体」(8)とかかわる「アモルフな自己の根源性」(8)から発語される。「自分を濾過して生成してきたある公的なもの」(5)とか「無名」(5)という語は、この「アモルフな自己」にかかわっており、現実を生きる私的な筆者から切り離されている。そしてそのことこそが、筆者にとって、言語の最も重要なあり方なのである。

ただし、右の内容をそのまま書いてしまうと、次の㈡や㈢と重なりすぎてしまう。中心的な内容は㈡や㈢で答えることになるはずだから、全文を意識した上で、やはり㈠では第一の部分を中心に記述するほうがよいだろう。「自由」と感じる理由としての「無名」にポイントを置いて書く、ということだ。

①作品を創ることは、現実を生きる自分から離れ
②個を超えておのずと生成する
③無名の言語世界に身をゆだねることだから

さまざまな書き方が考えられるが、いずれにしても、個としての責任をともなう文章と作品との対比が前提となることを意識しておきたい。

㈡　詩の創作には、言語共同体の根源における他者との深い結びつきがある、ということの理解が問われている。

傍線部の「そこで」は、作品をつくるときの「発語の根」（［8］）であり、「アモルフな自己の根源性」（［8］）である。さらにさかのぼれば「その言語を話す民族の経験の総体」（［8］）と言ってもよいだろう。また、この後に続く部分で言えば「日本語という言語共同体」（［13］）も、その内容にほぼ相当する。

この傍線部は作品をつくることについて言われているものだが、［7］から［8］にかけて「媒介者」という語が出てくるように、ここでの作品は主として詩を指していると考えてよいだろう。詩人とは、「その言語を話す民族の経験の総体」に根ざしつつ、「自己を超えた何ものか」（［7］）に「予見的に開かれている」（［8］）ことで、両者を媒介する者のことなのだ。ここには、詩の発生における始源のあり方が、詩人の誕生という神話的なレベルで語られているように思われる。そして筆者はそこでこそ「最も深く他者と結ばれている」と言っているのだ。

この「他者」は、現実の社会における他者とレベルを異にしている。「非論理的な深み」（［12］）でつながる他者であって、「論理」（［12］）で結ばれる他者ではない。これをどう表現するかは極めてむずかしいが、本文中の言葉を用いるなら、〈他者との根源的なつながり〉とでもするほかないだろう。

以上をまとめるなら、記述すべき内容は次のようなものになるだろう。

①言語共同体の経験の総体に根ざして
②超越する者との媒介をはかる詩の創作には
③他者との根源的なつながりを覚える

右の①で「民族」を含めても、もちろん構わないが、あえて書かないということも許容されるだろう。また②〈詩の創作〉は「作品をつくる」でも、もちろん構わない。二行の解答枠に収めようとすると、どうしてもそっけないものになりがちだが、書くべきポイントはしっかりと意識して記述したい。

㈢　作品が個としての筆者の責任と切り離されたところで立ち現れ、そこにこそ普遍的な力が宿る、ということについて

の理解が問われている。

　傍線部の「そのような作品の成り立ちかた」は、さしあたり直前の「あらゆる社会的条件にもかかわらずその作品に時代を超えてある力を与えているひとつの契機」を指していると考えられ、それはさらにこの⑪段落冒頭の「そのような形で言語世界を成立させ得たとき、それは作品の名に値する」へとさかのぼることができる。そしてここでの「そのような形」⑪とは、さらに前の⑩の内容へとさかのぼることになる。それは、作品に関しては、そこに書かれている言語の「正邪真偽」および「美醜」に書き手が責任をとる必要はない、という筆者の考えである。創作における言語とは、文章における言語が書き手の個としての責任を問うものになることとは違って、私的な個と切り離されたところで発語されるものだからである。「アモルフな自己の根源性」⑧から発語される言語は、本来、個的な責任を問われるものとは別のものなのだ。

　そしてそのような言語共同体から立ち現れるものにこそ、時代を超えた「ある力」⑪、つまり普遍性が宿ることになるのである。以上の内容をまとめるなら、記述すべきことは次のようになるはずである。
①作品は、創作者個人の言葉への責任から解放され
②共同の言語世界から立ち現れるものこそが
③普遍性をもつ

　この設問でも、〈作品〉と〈文章〉との対比を意識することが基本的な前提となっている。なお、ここでは「作品の成り立ちかた」のことなので、解答文中に「読者」という語は不要である。

㈣　自分と他者を論理で結ぶしかない文章のあり方を、作品の非論理的な深みと対比して捉えることが求められている。

　傍線部の前半は作品について、後半は文章についての内容になっている。ただし文としての骨格は、前半部が後半の文の目的語となっているから、後半部に力点があることは明らかである。出題者は、もしかしたら、全文の内容の理解を問う箇所としてふさわしいと考えたのかもしれないが、しかし、これまでの㈠㈡㈢は基本的には〈作品〉についての問いであった。この㈣でも〈作品〉について書かなければならないとしたら、ある程度の重複は避けられないし、そうすると〈文章〉について記述するスペースが限られてくる。しかも〈文章〉は本文における筆者の中心的な主張ではなく、対比的なところに位置するものである。これまでの出題では、対比的な内容に関する問いは、設問全体の中では前半部に置かれるのが普通であった。そういう意味で、この設問にはやや違和感が残るが、とにかく問いの要求に応じて忠実に考えていこう。

　傍線部の中の「自己の発語の根」は、直後の文の「非論理的な深み」とほぼ同じ内容を指しており、それは「アモルフな自己の根源性」⑧を意味している。〈作品〉をつくるとき

筆者はその「根源性」を「ほとんど盲目的に」信じることができた。ところが、〈文章〉を書くとき筆者はその「根源性」を見失ってしまうと言う。どうしてか。それは〈文章〉を書くときには、〈作品〉の場合のような「非論理的な深み」ではなく、「自分と他者を結ぶ論理」⑫を無理やりにでもつかまなければならないからである。なぜか。それは、「社会の一員」⑪として生きる筆者が、現実において他者との関係をつくり上げていくために書くものが〈文章〉だからである。当然、そこには「責任」がともない、筆者は「無名」の自分でいることができなくなる。

「なぜか」という問いに対しては、以上の内容を理由説明の形で書いていくことになる。なお、〈文章〉に関しては、その内容が直接的な形ではあまり書かれていないが、〈作品〉との対比を手掛かりにして類推的に理解することが求められている。記述すべき内容は、次のようなものになるだろう。

①文章を書くときは、自分と他者を結ぶ論理を意識的に構築しなければならず

②他者との無自覚的なつながりが断たれてしまうから

本文では「非論理」が肯定的なニュアンスを帯びており、「論理」は否定的なニュアンスで用いられている。一般的には「論理」は理性のもとに働くものとされ肯定的に用いられることが多く、それに対して「非論理」は、感情に支配されるものとして否定的に用いられることが多い。そのような通念に対して、筆者は「非論理」にこそ、人間の存在の根源があると主張しているのである。大きく捉えるなら、本文も近代批判の文章のひとつと言ってよい。文科省が学習指導要領で告示した「文学国語」と「論理国語」の分類が一般の議論を引き起こしているが、本文を手掛かりにしてそれらの問題を考えてみることも、現代文の勉強の一つになるだろう。

〈自己採点のめやす〉　記号は第一問と同様に用いる。

㈠

☆　作品をつくるとき、筆者が筆者自身から自由になる気持ちの理由が説明されていること。

○　①作品を創ることとは、現実を生きる自分から離れ
　②個を超えておのずと生成する
　③無名の言語世界に身をゆだねることだから

右の三つがほぼ書かれているもの。記述可能な語句にはさまざまなものがあるから、内容で判断するようにしよう。

△　〈現実の私的な自分〉と〈無名の共同的な言語世界〉との対比が不鮮明なもの。

×　〈私的な自分から離れる〉といった内容を欠くもの。

㈡

☆　詩の創作には、言語共同体の根源における他者との深い

○　結びつきがある、ということが説明されていること。
①言語共同体の経験の総体に根ざして
②超越する者との媒介をはかる詩の創作には
③他者との根源的なつながりを覚える
右の三つがほぼ書かれているもの。②の「詩の創作」は、「作品をつくること」でも可。

△　右の②の「超越する者」の内容を欠くもの。

×　右の①の「言語共同体の経験の総体」の内容を欠くもの。

(三)

☆　作品が個としての筆者の責任と切り離されたところで立ち現れ、そこにこそ普遍的な力が宿る、ということが説明されていること。

○　①作品は、創作者個人の言葉への責任から解放され
②共同の言語世界から立ち現れるものこそが
③普遍性をもつ
右の三つがほぼ書かれているもの。

△　右の①の内容を欠くもの。
右の③の内容を欠くもの。

×　右の②の内容を欠くもの。

(四)

☆　自分と他者を論理で結ぶしかない文章のあり方を、作品の非論理的な深みと対比して説明していること。

○　①文章を書くときは、自分と他者を結ぶ論理を意識的に構築しなければならず
②他者との無自覚的なつながりが断たれてしまうから
右の二つがほぼ書かれているもの。

△　右の①の記述が不鮮明なもの。

×　右の②の内容を欠くもの。

解答

(一)　作品を創ることとは、現実を生きる自分から離れ、個を超えておのずと生成する無名の言語世界に身をゆだねることだから。

(二)　言語共同体の経験の総体に根ざして、超越する者との媒介をはかる詩の創作には、他者との根源的なつながりを覚えるということ。

(三)　作品は、創作者個人の言葉への責任から解放され、共同の言語世界から立ち現れるものこそが普遍性をもつということ。

(四)　文章を書くときは、自分と他者を結ぶ論理を意識的に構築しなければならず、他者との無自覚的なつながりが断たれてしまうから。

二〇一九年

第一問（文理共通）

出典

中屋敷均（なかやしき・ひとし）「科学と非科学のはざまで」（講談社『本』二〇一八年七月号掲載）による。その後二〇一九年に講談社現代新書『科学と非科学　その正体を探る』に加筆修正して収録されている。

中屋敷均は、一九六四年、福岡県生まれ。京都大学農学部農林生物学科卒業。博士（農学）。専門領域は、植物や糸状菌を材料にした染色体外因子（ウイルスやトランスポゾン）の研究。著書には他に、『生命のからくり』『ウイルスは生きている』がある。

問題文は、「科学と非科学のはざまで」の冒頭部と末尾の部分を除く、ほぼ全文。小見出しとして〈カオスの縁〉〈縁にたたずむ生命〉〈世界を形作っていく科学〉〈もう一つの「福音」〉が掲げられているが、問題文ではそれが省略されている。また第四の部分には空白行があるが、それもカットされている。

科学の進展と人間社会のかかわりについての文章という点で、一昨年出題の問題文と似た観点をもつものと言える。また、科学の進展を相対化する視点を含み、科学を絶対化することで政治的、経済的な支配を強めつつあるグローバリズムの動きに対する批判的なニュアンスをも含んでいる点で、三年前の問題文とも、ゆるやかにつながっていると言えるだろう。東大入試現代文の出題者の基本姿勢は、一貫していると受け止めてよい。

解説

〈本文解説〉

本文は、安定と無秩序のはざまで揺らぎ動く複雑な生命現象に、分かることと分からないことのはざまで営まれる多様な人間のあり方を重ね、分からない世界を分かろうとする知の営みにこそ、人間の生きる喜びがある、ということを述べた文章である。全体は十七の形式段落から成るが、意味段落の区切りは、かなり明確である。ここでは、原文に付された小見出しを参照しつつ、四つの部分に分けて考えていこう。

第一の部分（1～3）カオスの縁

「カオスの縁」という言葉がある。大ざっぱに言えば、二つの大きく異なった状態（相）の中間には、その二つの相のいずれとも異なった、「複雑性が非常に増大した特殊な状態が現れる」というようなことである。

筆者はこのことを、〝水〟を例に挙げて説明する。水は、水蒸気という気体、水という液体、氷という固体の三つの相をとる。気体の水蒸気は、水分子の熱運動が大きくなり、分子同士の結合力の束縛から放たれ、自由に振舞っている非常に動的な姿である。一方、固体の氷は水分子同士が強固に結合し、規則正しく配列されて、秩序正しい形を保っている静的な状態だ。

それら二つの中間にある、液体の〝水〟は、生命の誕生に大きな役割を果たしたと考えられる、「柔軟でいろんな物質と相互作用する独特な性質」を多数持っている。この〝水〟の状態で水分子が存在できる温度範囲は、宇宙的尺度で考えるなら、かなり狭い領域に限られており、実際に〝水〟を湛えた星は簡単には見つからない。巨視的に見れば、〝水〟は「分子同士が強固に束縛された氷という状態」から、「無秩序でカオス的に振舞う水蒸気という状態」への過渡期にある特殊な状態、すなわち「カオスの縁」にある姿と言える。

第二の部分（4～8）生命は「縁」で揺らぎ動く現象として存在する

「カオスの縁」は、生命現象とのつながりをどこか感じさせる。生き物の特徴の一つは、「形」を作り出すことである。微視的には有機物のような化学物質、さらには細胞、人間のような個体である。巨視的には、アリ塚、ビーバーのダム、東京のような巨大なメガロポリスなど、その生き物の作る造形物である。

しかし、このような生物の営みは、自然界全体の中では、むしろ例外的なものである。この世界は熱力学第二法則（エントロピー増大の法則）に支配されている。エントロピー（entropy）とは、簡略に言うなら〝乱雑さ〟のことで、どんな物であっても、物体は時間とともに必ず乱雑に散らかっていく、ということで、これは自然界のあらゆる物について言える法則である。仏教的な言い方をすれば、形あるものは必ず壊れ、生あるものは必ず死んでいく、ということだ。つまり、自然界にあるあらゆる分子は、より無秩序に、カオス（混沌）の方向へと、時間とともに向かっている。そんな自然界の中で、「形あるもの」として長期間存在できるのは、鉱物や氷といった化学的な反応性に乏しい単調な物質が主である。

ところが、生命は無秩序へと変化しつつある世界から、自分に必要な分子を取り入れ、そこに秩序を与え「形あるもの」を作り出していく。その姿はまるで、「カオスの縁」にたたずみ、「形のないカオスから小石を拾い、積み上げている」かのようである。この表現には明らかに、賽《さい》の河原で小石を積む、死んだ子供のイメージが重ねられている。やがては崩れていく小石を、子供はくりかえしくりかえし積み上げるのだ。ここで積み上げられる分子の特徴は、「反応性に富んだ物質」が主で、「偶発的な要素に反応」し、「次々に違う複雑なパターン」として、生み出されてくる。そしてそれらは、生命が失われれば、また「形のない世界」へと飲み込まれ、そこへと還っていく。生命は、〝安定〟と〝無秩序〟の間に存在する、「極めて特殊で複雑性に富んだ現象」である。

また、生命の進化について考えてみると、進化は、「自分と同じものを作る」という静的な行為と、「自分と違うものを作る」という動的な行為の、二つのベクトルで成り立っている。現在、地球上にあふれる多種多様な生命は、静的・動的という正反対のベクトルが絶妙なバランスで作用する、その〝はざま〟から生まれてきた。

生命は、原子の振動の激しすぎる高温環境では生きていけないし、絶対零度のような静謐な結晶の世界でも生きていけない。つまり、生命とは、「秩序に縛られた静的な世界」と「形を持たない無秩序な世界」との「間」に存在する、「何か複雑で動的な現象」なのである。「カオスの縁」といった「はざまの空間」こそが、生命が生きていける場所なのだ。

第三の部分（⑨～⑫）世界を形作っていく科学のもたらす福音

「生きている」科学にも、生命現象に似た側面がある。科学は混沌とした世界に、法則を見いだすことで「形」を与えていく人間の営みである。古代において日食や月食は、人々を不安にさせ混乱させる混沌とした闇であった。それが現在ではその物理法則が明らかにされることで、人間はそのような不安や混乱から解放された。これは、人類が世界の秩序を理解し、変わることのない〝不動〟の姿をつかんだ、ということであり、世界に確固とした「形」が与えられた、ということである。

一方、ガンの治療などは、様々な治療法が開発されてきてだいぶ治るようになってはきたが、まだ必ず完治するというような療法は存在しない。そこには科学では解明できていない、「形のはっきりしない闇のような領域」が依然として大きく広がっている。しかし、この先、どんなガンにでも効く特効薬が開発されたなら、ガンに対する人類の不安は解消されることになる。

細菌の感染症に対する人々の不安や恐怖は、抗生物質の発見によって、次第に克服されつつある。これは、科学によって世界の秩序・仕組みのようなものを明らかにすることで、世界の姿を新たな「形」で固定することと言える。科学のもたらす世界の様々な固定された「形」は、人類にとっての「大きな福音」である。

第四の部分（⑬～⑰）もう一つの福音

しかし、また一方で、筆者は次のようにも考える。もし、そうやって世界の姿が明らかにされて形が定まり、科学の力ですべてのことが予測されて、何に対しても正しい判断ができるようになったとして、果たしてその世界は人間にとってどんな世界なのだろうか、と。生まれてすぐの子供に遺伝子診断を行って将来的な病気のリスクを避け、遺伝子の組み合わせ等から、男女の相性をしぼりこんで結婚相手の候補まで が選ばれる。それは、科学がその役目を終えた世界であり、病も事故も未知もない、すべてが既知の世界である。そこでの科学は、もはや「生きている」科学とは言えない。そのような、「神様が作ったユートピアのような揺らぎのない世界」にむしろ「息苦しさ」を感じてしまうのは自分だけではないだろう、と筆者は述べる。

少なくとも現時点では、この世界は「分からないこと」に覆われている。しかし、そんな中で、「物理的な存在としての生命」は、「カオスの縁」で混沌から分子を取り入れ「形」を作り出して生きている。同様に、「知的な存在としての人間」は、この「分からない」世界から「分かること」を増やし「形」を作っていくことで、知的な意味で「生きて」いる。そのような知の営みが何か世界に〝新しい空間〟を生み出し、その営みそのものに、人間が生きることの〝喜び〟が隠されていると言えるだろう。

だから、世界に新しい「形」が与えられる科学の営みが福音とすれば、この世界に「分からないこと」が存在すること自体も「福音」と呼べるのではないだろうか。

「分からない」世界こそが、人間が知的に生きていける場所なのである。世界が確定的でないからこそ、人間の知性や「決断」に意味が生まれ、愚かな、あるいは非常識な選択であっても、それもまた人間的な選択の一つとして許されるのだ。そのようにして、そこに多種多様な「形」、多種多様な生き方が豊かに生まれてくる。それは神の摂理といった絶対的な〝真実の世界〟と、混沌とした〝無明の世界〟との「はざま」にある場所であり、また「科学」と、科学がまだ把握できていない「非科学」の「はざま」にある空間と言うことができる。

〈設問解説〉

二行解答枠の設問が一昨年から三年続いて三問となったままである。それまでは四問の形が長く続いていたが、この三問の形はほぼ定着したように思われる。

ここで、あらかじめ設問全体の構成を概観しておこう。

㈠　「生命」が「自然界」全体の中では例外的なものであることを通して、「自然界」そのものの姿をとらえる

㈡　「生命」が「現象」であることを分かりやすく説明する

㈢　「科学」がもたらす「福音」についての理解

㈣　「分からない」ことがもう一つの「福音」であることを、本文全体の趣旨を踏まえ、「はざま」を生きる「知的な存在」としての人間のあり方から説明する

㈤　漢字の書き取り

設問は、段落の展開に対応して極めて明快に配置されてい

るが、㈠の設問意図が、ややつかみにくいかもしれない。それぞれのポイントを挙げていくと、㈡は「生命」、㈢は「科学」、㈣は「知的な存在」としての人間にとっての「分からないこと」である。㈠は一見、「例外的」な存在としての「生命」といった印象を受けるが、そうすると㈡の「生命」と重なってしまう。ここはやはり「自然界」の方にポイントがあると捉えた方が、全体の文脈の流れに沿った設問構成になる。つまり、㈠で「自然界」全体の本質を問い、㈡でその例外としての「生命」を理解し、㈢で「科学」が人類にもたらす福音を明らかにして、㈣で、それでもなお「分からない」世界に直面して生きる「知的な存在」としての人間の喜び、という流れである。第一の部分に設問がなされていないが、これは「カオスの縁」あるいは「間」または「はざま」という概念こそが全体の前提となっているからであり、逆に言えば、どの設問においても、この内容を意識して考えることが求められている、と言ってよいだろう。

㈠　自然界では例外的なものである生物の営みを通して、逆に例外ではない自然界の全体としてのあり方が問われている。第二の部分の前半（[4]・[5]）。

傍線部だけを見ていると、例外的なものである「生物の営み」について問われているかのように思われる。しかし、先にも述べたように、次の㈡が「生命」について問われているのだから、そのように考えると、設問の内容に重なりが出てしまう。したがって㈠は、「自然界」に力点が置かれていると受け止めた方が、文脈の展開から考えても、妥当である。

もちろん、そうは言っても、傍線部の意味上の主語は「生物の営み」だから、生命に触れざるを得ないが、力点は「自然界」にあると意識して記述すべきだろう。

「生物の営み」にかかっている「こういった」という指示語は、この世界に「形」を生み出すという、生き物の特徴を指している。それは、「『カオスの縁』にたたず」んで[6]行われる営みである。そのような「生物の営み」が「自然界」では「例外的なもの」だと言うのであれば、そもそもの「自然界」は全体としてどのようなものとしてあるのか。その内容は、傍線部直後の一文に、理由説明の形で示されている。

「この世界」（＝「自然界」）は「熱力学第二法則（エントロピー増大の法則）」に支配されており、様々な分子たちは、「より無秩序に」「カオスの方向」へと、時間と共に向かっている。そして、そんな中で「形あるもの」として長期間存在できるのは、「原子間の結合が極めて強いもの」、たとえば「鉱物や氷といった化学的な反応性に乏しい単調な物質」が主である。

「形」を生み出す生物の営みは、「形」を崩壊させる方向へと向かう自然界の中では、その動きに抗う例外的な営みなのである。

以上の内容をまとめ、「自然界」に力点を置くニュアンスを込めようとするなら、記述の内容と順序は、次のようになるだろう。

①形を作り続けることで存在する生命のあり方は、……特殊だ

②無秩序へと崩壊し、静的にしか形を保ち難い自然界全体では

ここでやや疑問の残る人もいるかもしれない。自然界には鉱物のような静的な相だけではなく、「原子の振動が激しすぎる太陽のような高温環境」([8])も含まれるではないか。ここを書かなくてもよいのか、という疑問である。これはもっともな疑問である。太陽はまぎれもない巨大で恒常的な自然の一つの相である。ただし、これは筆者の言う「自然界」の「形あるもの」には含まれていない。傍線部アの前後で示されている「自然界」は、エントロピー増大の法則に支配されて、様々な分子がカオスへと崩壊してゆくものであり、静的な「形あるもの」として長期にわたって存在できるのは、鉱物のような「反応性に乏しい単調な物質」([5])に限られている。だから、ここは書く必要がないだろう。

なお、「熱力学第二法則」とか「エントロピー増大の法則」という語を用いてももちろん構わないが、〈無秩序へと変わる〉といった、その実質的な内容を記述する方がベターだろう。

㈡　「生命」が複雑で動的な「現象」として存在することの理解が問われている。第二の部分の後半（[6]・[7]・[8]）。

先の㈠で[6]までを解答範囲とした人は、㈡では[7]と[8]だけで答えたかもしれない。しかし、この傍線部イは[7]だけを承けているというより、[6]・[7]の全体を承けているととる方が妥当である。ここは「生命」のあり方を全体的に承け止めて、それが「実体」ではなく「現象」だと言っているところだと考えるべきだろう。

[6]冒頭の「ところが」は、「自然界」から「生命」への展開を示し、[7]冒頭の「また」は、[6]の生命の特徴に付け加えて別の特徴を説明することを示している。傍線部イの記述は、したがって、[6]と[7]を全体として承けていると考えるのが自然であろう。（ただし、この承け止め方以外の解答が減点されているかどうかはわからない。㈠と㈡に関しては、どちらの解答も得点できていることも考えられる。ただ、どちらの承け止め方が自然かということについて考えることは、意味のあることだ。）

[6]が「生命」についての中心的な特徴を示している。「カオスの縁」「間」という語が用いられているように、「生命」は「〝安定〟と〝無秩序〟の間に存在する」([6])。それは「反応性」([6])に富んでいて、「偶発的な要素」も取り入れたりし

て「形」を作り、崩れたりしてもまた作り出し、やがて生命が失われると、形のない世界へと還っていく。混沌へと向かう動きに逆らって「形」を生み出す、それが「生命」である。

次の7は、生命を「進化」の側面から捉えた特徴を示したものである。生命は、「自己複製」という「静的な行為」と、「変異」という「動的な行為」との二つのベクトルで、成り立っている。現在、地球上に見られる多種多様な生物は、これら二つのベクトルが絶妙なバランスで作用する、その〝はざま〟から生まれてきた。

以上の6と7とでは、多くの点で共通する内容を持っている。どちらも「形」を作るものであり、二つのことがらの「間」(＝「はざま」)で生まれ出るものである。しかもそれは実体的な存在ではなく、「反応性」や〈偶発性〉に満ちた多様な「現象」として存在する。

これらを総合した内容が、解答となるはずである。7の「進化」をそのまま書くのではなく、6と7を含み込んだ表現となるようにして考えてみよう。

①生命は、……その時々の世界に反応し、崩れてはまた形を作る

②安定と無秩序の間で、

③多様な揺らぎとして存在する現象だ

なお、③の「現象」は傍線部の表現そのままであるが、これを無理にイイカエル必要はない。上に〈揺らぎとして〉があれば、実体ではないという意味が十分伝わるはずだから。採点者(＝出題者)は語釈的なイイカエを求めているのではなく、内容的な理解を問うているのだ。

㈢「科学」のもたらす「福音」についての理解が問われている。第三の部分。

ここは、「科学」が人類にもたらす「福音」、つまり喜ばしい内容ということだから、常識的な意味でも極めてわかりやすい。日食や月食の具体例も、ガンの治療法についての内容も、そのまま理解できることと思う。第三の部分全体に目を配り、ただ記述に際しては、内容上の欠落がないように、丁寧に書きたい。

まず、傍線部の直前にある主語「それは」が指しているのは、さらに前の一文の内容である。簡略に言うなら、〈科学によって人類が世界の秩序・仕組みを明らかにしていくと、世界の姿は固定され、新たな「形」が次々と生まれてくる〉ということだ。

これは、11の「ガンの治療」の具体例を承けていて、未来へ向けたニュアンスが強いが、もちろん、未来のことだけを言っているのではない。

前の9・10は「科学」がこれまでやってきた過去・現在のことを「日食」「月食」を例として、一般的に言えることと

して述べている。それは、「科学」によって「人類が世界の秩序を理解し、変わることない〝不動〟の姿を、つかんだ」⑩ということであり、「世界に、確固とした『形』が与えられた」⑩ということである。そのことは人類に大きな「福音」をもたらしたのだ。

　世界を「理解」⑩し、「形」をつかまえるとは、一体どういうことか。それは「混沌とした世界」⑨を、人間の理解可能なものに変え、「不安」⑨や「混乱」⑨から人間を解放するということである。

　先にも述べたように、傍線部ウには未来のニュアンスが含まれてはいるが、それは百パーセントの解明があったとして、そんなことが人間にとって幸福と言えるか、という次の第四の部分へと接続する役割を果たすためのものであって、現在の科学からさらに進んだ未来の科学ということを区別して言おうとしているのではない。また、出題者が傍線部ウで問うているのも、仮定法的表現でなされている微細な内容の識別ではなく、端的に言って、〈科学が人類にもたらす幸福〉であり、第三の部分の要約であろう。

①科学は、混沌とした世界に秩序の形を与えることで、
②世界を理解可能なものに変え、
③不安や混乱から人間を解放する

各設問の配置をあらかじめ概観しておくことは、記述内容の適否にも直結することを意識しておきたい。また、この㈢は設問としては易しいが、文脈の展開上、「科学」が人類にもたらす〈幸福〉という点で、押さえておくべき必須の箇所として出題されたもの、と考えられる。

㈣「分からない」ことがもう一つの「福音」であることを、本文全体の趣旨を踏まえ、「はざま」を生きる「知的な存在」としての人間のあり方から説明することが求められている。全体を視野に入れつつ、第四の部分を中心に考える。

　傍線部エの意味上の主語は、「『分からない』世界」である。それが「いろんな『形』、多様性が花開く」ようになるのは、分かろうとする人間の知的な営みによってである。言い換えるなら、「知的な存在」としての人間は、「分からない」世界でこそ、分かろうとする営みを続け、そこに多様な生の形が生まれてくる、ということだ。これが解答の骨格となるべきものである。

　「分からない」世界こそに希望があるという逆説的な考え方は、すべてが分かってしまった「揺らぎのない世界」⑭には、むしろ「息苦しさ」を感じるという⑬・⑭を承けている。ここは前の第三の部分を承けて、仮定法的な表現で、科学がすべてを解明し尽くした世界を描いている。それは「科学がその役目を終えた世界」⑭であり、「病も事故も未知もない」「ユートピア」⑭かもしれないが、筆者にはむし

ろ息づまる世界でしかない。

幸か不幸か、人間は依然として「分からない」未知の世界を前にしている。人間は「物理的な存在としての生命」⑮の側面と、「知的な存在としての人間」⑮の側面との二つから成り立っている。「物理的な存在としての生命」は「カオスの縁」で「混沌から分子を取り入れ『形』を作り生きている」⑮。これは、簡単に言い換えると、人間は食べることで外部から栄養を取り入れ、自分の内部の身体へと変えることで生きている、ということだ。それと同じように、「知的な存在としての人間」は、「分からない」世界から、少しずつ「分かること」を増やし形を作っていくことで、「また別の意味で」（＝精神的に、あるいは知的に）生きている。その営みが〝新しい空間〟を生み出し、その営みそのものに人間の〝喜び〟がある。この〝新しい空間〟とは、物理的な空間のことではなく、新しい概念の作り出す「形」といった、抽象的な空間のことと考えられよう。

「分からない」世界こそが、人間が知的に生きていける場所なのである。絶対的な〝真実の世界〟と混沌が支配する〝無明（＝むみょう。仏教用語。真理に暗い、根源的な無知のこと。欲望や煩悩にとらわれた迷いの状態）の世界〟との「はざま」にある場所である。

以上の内容を中心にして、さらに第一の部分の「カオスの縁」、第二の部分の、間に生まれる生命の揺らぎを考慮に入れて、用語等にも配慮するなら、記述すべきことはほぼ次のようなものになるだろう。

①知的な存在としての人間は、［主語］
②生命が混沌と秩序のはざまで生まれるように、［生命が生まれるはざま］
③すべてが不可知の世界でも、すべてが科学で確定された世界でもなく、［両極端の二つの世界］
④分からない事態に出会うそれらのはざまでこそ、［分からなさに出会うはざま］
⑤自分なりの応答を作り出して、［知的活動］
⑥多様で豊かな世界を生きる［述語］

文としての構造や用語等については、まだまだ多様なものがあり得るが、書くべき内容の骨格の部分は、ほぼ右のようなものになると思われる。

㈤　漢字の書き取り。
東大入試の書き取りでは、画数の多い複雑な漢字は、あまり出題されない。むしろ平易な文字であっても、熟語としての意味が理解できているかを問うという点で、語彙力が試されていると考えるべきだろう。
a　「貢献」。「……〝水〟は、生命の誕生に大きくコウケンした……」とあるから、〈その物事の発展に役立つような何かをすること〉の意の「貢献」に決まる。「貢」は〈みつぐ〉、

「献」は〈たてまつる・ささげる〉意。

b「代替」。「……鍼灸、食事療法などダイタイ医療と呼ばれる療法……」とあるから、〈他の物で代えること・かわり〉の意の「代替」に決まる。日常的には〈ダイガエ〉と読むこともある。〈代替品〉〈代替物〉などの語がある。

c「細菌」。「……サイキンの感染症……」とあるから、「細菌」に決まる。赤痢菌・コレラ菌・結核菌などを連想すればよい。近年では細菌による伝染病は、かなりのところまで抑えこまれ、ウイルスによる伝染病が猛威をふるうようになってきている。

〈自己採点のめやす〉

記号は次の意味で用いる。

☆……解答としての方向性

○……合格答案

△……基本点

×……不可

㈠

☆　例外としての生命の営みを通して、逆に自然界全体のあり方を説明していること。

○　①形を作り続けることで存在する生命のあり方は

②無秩序へと崩壊し、静的にしか形を保ち難い自然界では、

③特殊だ

右の三つがほぼ書かれているもの。

△　右の①で「生命」あるいは「生物」という語のないもの。右の②で「自然」あるいは「自然界」という語を欠くもの。また「無秩序へと崩壊し」のところが「熱力学第二法則」または「エントロピー増大の法則」となっていて、その実体的な内容の書かれていないもの。表現にやや乱れの見られるもの。

×　「形」あるいは「秩序」を作り続ける「生命」と、その崩壊に向かう「自然」あるいは「自然界」との対比が混乱しているもの。右の③で「特殊」あるいは「例外」に相当する語を欠き、論理が通っていないもの。

㈡

☆　生命が複雑で動的な現象であることをわかりやすく説明していること。

○　①生命は、……その時々の世界に反応し、崩れてはまた形を作る

②安定と無秩序の間で、

③多様な揺らぎとして存在する現象だ

右の三つがほぼ書かれているもの。

△　右の①で「生命」あるいは「生物の営み」という語を欠

くもの。

右の①で「その時々の世界に反応し崩れてはまた形を作る」の表現の弱いもの。

右の②を欠くもの。

× 右の③で、「生命」を実体的なものと捉えて、「現象」としての説明になっていないもの。

㈢
☆ 科学がもたらす福音についての説明になっていること。
○ ①科学は、混沌とした世界に秩序の形を与えることで、
②世界を理解可能なものに変え、
③不安や混乱から人間を解放する
右の三つがほぼ書かれているもの。②の「理解可能」は「認識」等、幅広く許容。また、③は「幸福をもたらす」等、幅広く許容。
△ 右の①で「科学」の語を欠くもの。
全体として本文の文脈に密着しすぎた説明となっていて、科学一般のプラス面の説明としてはややズレたものになっているもの。

右の②と③の内容上の区別があいまいなもの。

右の②と③のいずれか片方を欠くもの。

× 右の①で「科学」の語を欠き、③で「福音」の説明になっていないもの。

㈣
☆ 分からないことがもう一つの福音であることを、本文全体の趣旨を踏まえ、はざまを生きる知的な存在としての人間のあり方から説明していること。
○ ①知的な存在としての人間は、［主語］
②生命が混沌と秩序のはざまで生まれるように、［生命が生まれるはざま］
③すべてが不可知の世界でも、すべてが科学で確定された世界でもなく、［両極端の二つの世界］
④分からない事態に出会うそれらのはざまでこそ、［分からなさに出会うはざま］
⑤自分なりの応答を作り出して、［知的活動］
⑥多様で豊かな世界を生きる［述語］
右の①［主語］→⑥［述語］の文型には、こだわる必要はない。内容がほぼ同じであれば、他にも多様な文型が許容されるだろう。
△ 右の④の「分からない」という語を欠き、かつ「はざま」あるいは「間」という語をも欠くもの。
右の①の「知的な存在」あるいは「人間」という語が、全体の中で全く記されていないもの。

右の③および⑤の記述の不十分なもの。

全体としては許容されるが、部分的に誤読の見られるもの。

× 右の①→④⑤の内容を欠くもの。
全体的に混乱していて、論理の一貫性を欠くもの。

(五)
☆ 楷書で丁寧に書かれていること。
× 続け字、あまりに乱雑なものは、不可。

解答

(一) 形を作り続けることで存在する生命のあり方は、無秩序へと崩壊し、静的にしか形を保ち難い自然界全体では特殊だということ。

(二) 生命は、安定と無秩序の間で、その時々の世界に反応し、崩れてはまた形を作る、多様な揺らぎとして存在する現象だということ。

(三) 科学は、混沌とした世界に秩序の形を与えることで、世界を理解可能なものに変え、不安や混乱から人間を解放するということ。

(四) 知的な存在としての人間は、生命が混沌と秩序のはざまで生まれるように、すべてが不可知の世界でも、すべてが科学で確定された世界でもなく、分からない事態に出会うそれらのはざまでこそ、自分なりの応答を作り出して、多様で豊かな世界を生きるということ。(120字)

(五) a＝貢献　b＝代替　c＝細菌

第四問（文科）

出典

是枝裕和(これえだ・ひろかず)「ヌガー」(PHP文庫二〇一六年二月刊『是枝裕和対談集　世界といまを考える2』の巻末に収録されたエッセイ)の全文。

是枝裕和は、映画監督、テレビディレクター。一九六二年、東京都生まれ。早稲田大学第一文学部文芸学科卒業。テレビマンユニオンに参加。映画作品には『幻の光』『誰も知らない』『そして父になる』『海よりもまだ深く』『花よりもなほ』『歩いても歩いても』『海街diary』『万引家族』等、多数がある。

「ヌガー」は、対談集の巻末エッセイということで、意表に出る出典からの出題であったが、二〇一五年の第四問、藤原新也「ある風来猫の短い生涯について」が漫画文庫本の解説から出題されたことと似ているかもしれない。現在、勢いのある映画監督の文章という点で、出典の媒体とは無関係に、力のこもった、十分に納得のできる出題と考えられる。

解説

〈本文解説〉

本文は、迷い子の経験とは、自分を庇護してくれる世界から引き離されて、自分に無関心な他者の世界に直面させられる恐怖の体験であり、子供が大人へと成長する過程での予行演習であることを述べたエッセイである。全体は八つの形式段落から成っているが、ここでは四つの部分に分けて考えていこう。

第一の部分（1～4）母とはぐれた迷い子の体験

六歳か七歳の頃、筆者は母と出掛けた買い物の帰りに、電車の中で、母とはぐれて迷い子になった。座っている母から少し離れたドアの前に立って、車窓を流れていく夕暮れの街並みを目で追っていた筆者は、自分の降りるべき駅をやりすごしたことに気づき、あわてて車内を振り返って見ても、そこに母の姿はもうなかったのである。

このような親子づれの姿は、電車の中で、しばしば見かけられる。そんな二人づれを観察していると、子供は時々、座っている母親の方に目をやって、その存在を確認している。また、母親の方もある程度の時間を置くごとに、子供の方に目をやって、その存在を確かめている。

筆者たち二人も、そんな確認をしていたのかもしれないが、どうもタイミングにズレが生じてしまったのだろう。後で聞くと、筆者の母親は、乗降客の波に一瞬筆者を見失い、別の少年を筆者と見間違えて、改札の外まで追いかけたということだ。

さらに母親は、筆者が電車を乗り過ごしたとしても、次の駅で降りれば、そこから家までは小学校の通学路だから、ひとりでもなんとか家に辿り着けるだろう、と考えて、そのまま家へ戻り、夕飯を作りながら筆者の帰りを待つことにしたらしい。

しかし、車内に残された筆者が、次の駅で降りればひとりでも帰れるということに気づいたのは、既に電車がその駅を通過した後のことだった。筆者は二つの失敗をしたわけである。降りるべき駅の標示が、動き始めた電車の中から見えたとき、心が「凍りついた」と感じた筆者は、次の駅をもやりすごしてしまったとき、自分の存在の根底がぐらつくような動揺を覚えたに違いない。

車内をウロウロと歩き始めた筆者に、周囲の乗客たちは全くの無関心だった。六、七歳の筆者が背負いこんだ「不幸」に何の関心をも示さない乗客たちの姿は、強く印象に残っている。それは「ぞっとするくらい冷たい風景」だったと筆者は言う。その光景の、自分との「無縁さ」が「不安」を一層加速させたのだ。その後、筆者の記憶からは抜け落ちているのだが、ひと組の母娘が筆者に声を掛けてホームに降り、駅員に引き渡してくれたらしい。

第二の部分（5・6）ホームの駅員室で食べたヌガー

駅のホームの駅員室のような場所にポツンと座っているの

が、筆者の記憶に残っている次のシーンである。その部屋で母の迎えを待つことになったのだ。自分を駅員に引き渡してくれたはずの〝恩人のふたり〟のことは、そのいきさつの細かいところは記憶から抜け落ちているのに、その二人が再び電車に乗って去っていく姿は、覚えている。「窓ガラス越しに見えた中学生くらいの女の子は（もう大丈夫よ）というように少し微笑んでいた」という一文には、ほっとするような温もりが感じられないだろうか。

寂しそうに母を待つ少年の姿を見てのことだろう、そばにいた駅員が筆者の手のひらに菓子をひとつ握らせてくれた。キャラメルのような歯ごたえの、白いヌガーだった。筆者は駅員の顔が恥ずかしくて見られなかったのか、その人の顔も覚えていない。お礼も言わずに、そのヌガーをほおばると、甘さとピーナッツの香ばしさが口いっぱいに広がる。今度、このお菓子を母親に買ってもらおう、そう思った時、筆者の中から「不安」は消えていた。

第三の部分（7）迷い子の経験の意味

迷い子になったとき子供を襲う「不安」は、両親を見失ったという単純なものではなく、自分のことなど誰も知ることのない「世界」と、そしてそういう「世界」の無関心とに、否応なく直面させられるという大きな戸惑いだ、と筆者は述べる。その「疎外感の体験」が少年を「恐怖の底につき落とす」のである。「自分を無条件に受け入れ庇護してくれる存在」の元を離れ、「『他者』（それが善意であれ悪意であれ）としての世界と向き合う」――それは、人が大人になっていく過程で、誰もが経験しなくてはいけない「邂逅」であり、「予行演習として暴力的に体験させられる」ものである――それが「迷い子という経験」なのだ。だからこそ迷い子は、産まれたての赤ん坊のように泣き叫ぶ。「たったひとりで世界へ放り出されたことへの恐怖」から泣くのだ。

そしてどんなに泣いても、「もう孤独に世界と向き合っていかなくてはいけないのだ」と悟った時、「少年は迷い子であることと訣別し、大人になる」のである。

そしてその時を境にして、母は、「自分を包み込んでくれる世界そのもの」ではなく、「世界の片隅で自分を待っていてくれるだけの小さな存在」に変質してしまう。かつて迷い子だった大人は、そのことに気づいた時、「今度はこっそりと泣く」のである。

この第三の部分は、第一の部分、第二の部分が子供の時の体験をなるべくそのまま描こうとしているのに対し、大人の視点から迷い子の経験の意味をなんとか把捉しようと試みているところである。もちろん、どちらも大人の筆者が記述していることに違いはないが、文体には明らかな違いがある。

「疎外感」にしても「庇護」にしても「邂逅」「訣別」にしても、こんな言葉を六、七歳の少年が知っていたはずはない。特に「邂逅」は〈人生の転機となるような思いがけない出会い〉を指し、一般的には良い出会いを指すことの方が多い。ところが筆者は「悪意」の「他者」との出会いをも含めて「邂逅」と呼んでいる。それは、そういう体験をも含めて、人が子供から大人になっていくのだ、という筆者の認識の重さを示していると言えよう。そのようにして少年は迷い子であることと「訣別」し、同時にそれは母が「世界の片隅で自分を待っていてくれるだけの小さな存在に変質してしまう」ことでもある。これは一体どういうことを言おうとしているのだろうか。それは、母もまた、他者の世界の一人に遠ざかっていくということであり、そのことは同時に、母の中でも息子が自分から遠ざかっていくことを意味するように感じられる。

第四の部分（8）母の弁解

あの日の夜、母は筆者を迎えに来てくれたはずだが、筆者にはその記憶がないと言う。そして今でも母と一緒に電車に乗ったりすると、母は息子を置き去りにしてしまったことの悔恨を、「申し訳無さそうな顔」をして口にする。

筆者の中で母親が小さな存在として遠ざかったことと同じようにして、母親の中でも息子が遠くの存在になり始めたのではないか。「こっそりと泣く」しかないのは、筆者だけではない。母親もまた、この日を境にして、「こっそりと泣く」ようになったというふうに感じられる。

もう一つ、筆者の中で記憶に残っていることと抜け落ちていることとの区別が鮮明に分かれている。これはどう考えればよいのだろうか。特に「恩人のふたり」の「母娘」が声を掛けてくれたこと、ヌガーをくれた駅員、駅まで迎えに来てくれた母といった「善意」の人たちのことすら忘れてしまっている。「中学生くらいの女の子」だけが、かろうじて記憶に残っているだけだ。確定的なことはわからないが、子供の頃は、相手が同性であれ異性であれ、自分の年齢に近い人間により強く反応し、大人に対する反応はあまり強くないといったことと関わっているかもしれない。ましてここは、周囲の大人たちの無関心という冷たい光景の中で孤立する恐怖の体験をした時の場面である。優しい大人たちであっても、その時の擬似的な優しさは、少年の、いわば動物的な感情の内部にまで入りこむことができなかったのかもしれない。

〈設問解説〉

個々の設問に入る前に、まず全体としての設問構成を概観してみよう。

(一)　迷い子になって直面した周囲の光景の冷たさ

㈡　不安から解放してくれたヌガーの味の温もり
㈢　迷い子の経験が大人の世界への予行演習であること
㈣　大人が世界に生きることの寂しさ

右の㈠と㈡は対比の関係にある。また、㈠㈡が子供に寄り添った表現であるのに対し、㈢㈣は大人の立場での表現であるということからすれば、㈠㈡と㈢㈣の関係も、対比的なものと言うことができよう。

できたら、㈠と㈡は子供の身体的な感覚に近い言葉で記述したい。それに対して、㈢と㈣は大人としての知性と感性の総力を注いで記述することが望まれる。

㈠　迷い子になって直面した周囲の乗客たちの光景の冷たさについての理解が問われている。第一の部分を中心にして、第三の部分をも参照する。

「その風景」とは、母親とはぐれることで筆者の「背負い込んだ不幸」に対して、「何の関心も示さない乗客たちの姿」であり、その「ぞっとするくらい冷たい風景」[4]である。「僕との無縁さ」とは、もちろん周囲の大人たちの無関心である。「不安を一層加速させた」とは、第三の部分の言葉を用いれば「疎外感」[7]をつのらせた、ということであろう。

以上をまとめれば、ほぼ答えにはなるのだが、できることなら、なるべく子供の身体感覚を表すような表現にしたい。次の㈡をも視野に入れるなら、㈠の解答の核心は、㈡の〈温もり〉に対して、「冷たい風景」となるだろう。なお、「恐怖」[7]を入れても間違いではないが、この語はむしろ㈢の解答に用いるべきではないだろうか。

①迷い子になって母親とはぐれた自分に、
②何の関心も示さない周囲の乗客の冷たい光景が、
③未知の疎外感をつのらせたということ

右の③の「疎外感」は、もちろん大人の言葉だが、それに〈未知〉を付けると、子供の不安な感覚に、いくぶんかは近づけるように思う。

㈡　不安から解放してくれたヌガーの味の温もりについての理解が問われている。第二の部分を中心にして、第三の部分をも参照する。

第二の部分は、第一の部分と対比的な関係にある。第一の部分は迷い子の不安が中心になっているのに対して、第二の部分はその不安からの解放である。

迷い子の筆者を駅員に引き渡してくれたはずの母娘ら「恩人のふたり」、「手のひらに菓子をひとつ握らせてくれた」駅員、のいずれもが〈大人の優しさ〉を表していることに違いはない。ただここで、声を掛けてくれたはずの母娘のことや駅員の顔が筆者の記憶に残っていないことがやや気になるが、それは大人の世界が、子供だった筆者の領域にまだ入っていなかったと考えれば、納得がいく。その上で、「窓ガラス越しに見えた中学生くらいの女の子は〈もう大丈夫よ〉というように少し微笑んでいた」という表現には、子供の筆者が感じとった〈温もり〉が、安堵の思いとともに示されている。

次に、駅員のくれたヌガーは、「しばらく噛んでいると甘さの奥にピーナッツの香ばしさが口いっぱいに広がった」⑥と表現され、味覚という身体に密着した感覚の広がりとともに、大人の無関心の中で孤立した緊張のこわばりが、次第にほぐされていく様子が示されている。

そして、そのお菓子の味が、「今度このお菓子を母親に買ってもらおう」⑥と思った瞬間、母親という「自分を無条件に受け入れ庇護してくれる存在」⑦とつながり、その〈温もり〉が筆者の中から「不安」を消し去ったのである。

以上のことを総合してまとめるなら、記述すべき内容は次のようなものになるだろう。

①周囲の優しさに触れ
②ヌガーの甘さが母親とつながることで、
③自分を庇護する者の温もりが、
④孤立のこわばりをほぐしてくれたから

右の②の「ヌガー」は「お菓子」でも、もちろん構わないが、子供にとっての印象の強さがタイトルにもなっていることを考えると、ここでは具体性をもった「ヌガー」の方が、ややベターかもしれない。また④の〈孤立のこわばり〉は、「孤独」⑦でも減点はされないだろうが、「孤独」という語には、大人の多様なニュアンスが付着しすぎているように感じられる。とにかく、この㈠と㈡は、子供の身体感覚に寄り添う形で記述することが望ましいだろう。

㈢　迷い子の経験が大人の世界への予行演習であることの理解が問われている。第一の部分、第二の部分を前提にして、第三の部分を中心に考える。

第三の部分は、子供の頃の迷い子の体験の意味を、大人になった筆者が正面から大人の言葉で考えているところだから、解答を記述する側も、読み取った内容を自分の総力を結集して書く姿勢が求められる。

特に「邂逅」という語は、〈人生の転機となるような思いがけない出会い〉を指し、一般的には〈自分にとって善い人との重要な出会い〉の意味で用いる。ところが本文では、「悪意」の「他者」との出会いをも含めて「邂逅」と呼んでいる。どうして筆者は「邂逅」という語を、そのように用いているのか。その内容に答えることが、この設問の核心となるはずである。

筆者にとって迷い子の経験とは、母親という「自分を無条件に受け入れ庇護してくれる存在」⑦から切り離されて、自分のことを「誰も知ることのない『世界』と、そしてその無関心と、否応なく直面させられるという大きな戸惑い」⑦の体験であり、その「疎外感の体験」⑦が自分を「恐怖の底につき落とす」⑦体験である。傍線部ウの「暴力的に」という語は、庇護してくれる存在から〈引き離されて〉、世界の無関心と「否応なく直面させられ」、「恐怖の底につき落と」されることを指している。「予行演習」という語は、「人が大人になっていく過程でいずれは誰もが経験しなくてはいけない」⑦ことだから、「予行」の「演習」だということだ。それは「善意」の「他者」だけではなく、「悪意」の「他者」との出会いをも含んでいる。本文では、筆者に声を掛けてくれた「母娘」やヌガーをくれた「駅員」が善意の他者に当たり、自分に無関心だった周囲のほとんどの乗客たちが、悪意の他者に当たる。人は大人になっていく過程で、母親の温もりのある親密な世界から切り離されて、誰もが他者の無関心にひとりで直面させられるという恐怖の体験をしていかなければならない。苦しい体験ではあるが、その体験を引き受けることで、人は大人になっていくのである。

大人は誰もが、世界の無関心とひとりで向き合って生きている。悪意の他者は、むしろ当たり前のことなのだ。だからこそ、子供の頃の迷い子の経験は、前もってその準備をすることで自分を鍛え、将来へ向けての、いわば免疫を作ることを意味する。筆者が「悪意」の「他者」との出会いをも「邂逅」と呼んでいるのは、このように考えてのことと思われる。

以上の内容をまとめれば、ほぼ解答になる。どの言葉を選んでも、それなりの得点はできるだろう。ただ的確な言葉を選び、どのようにして二行の枠内に簡潔にまとめるか、といったことには、解答者の読解力と表現力、および気力の充実度がおのずから表れることになる。

①迷い子の経験は、
②大人への準備として親密な世界から切り離され、
③他者の無関心に一人で直面させられる恐怖の試練だ

先にも記したように、様々な表現がありうるから、言葉に機械的にこだわるのではなく、内容から判断するようにしたい。また、切り貼りした言葉がギクシャクする言い回しとならないよう、自然で力のこもった記述を心掛けたい。

㈣　**大人が世界に生きることの寂しさについての理解が問われている。第三の部分と第四の部分を中心に考える。**

傍線部エの意味上の主語は、「かつて迷い子だった大人」である。その大人が「こっそりと泣く」のだ。なぜ「泣く」のか。それは、世界が自分に無関心な他者で満ちているからである。しかも、どの大人も世界の無関心に向き合って生きているのだ。

では、なぜ「こっそりと」泣くのか。それは、泣いたところで、誰も自分を助けてはくれないことがわかっているからである。世界は互いに無関心な大人たちが、それぞれに自分の孤独を抱えつつ、世界の無関心に耐えて生きている。

母親は、すでに自分を庇護してくれる存在ではなく、遠くの小さな存在に変わっている。ヌガーを買ってくれる親ではないのである。大人は、いわば宇宙の迷い子なのだ。自分の存在そのものが、何の拠り所もなく、ぐらぐらとした底の不安定な中で生きている。これを何と呼べばよいのだろうか。〈存在の不安〉と呼ぶなら、少しは近づけただろうか。

ここで、母親のことも考えてみる必要があるだろう。子供の筆者を置き去りにしてしまった母親は、それ以来、筆者に対するある種の後ろめたさを抱えるようになった。今でも「と、申し訳無さそうな顔を僕へ向ける」⑧のである。少年が「迷い子であることと訣別し、大人になる」⑦時、母親もまた、世界の無関心に直面するようになるのではないか。息子が母親を遠くの「小さな存在」⑦と捉えるようになった時、母親もまた、息子を遠くの小さな存在と捉えるしかなくなるのではないか。このように考えると、母親もまた「こっそりと泣く」しかないのではなかろうか。

さらにここで「泣く」という行為自体についても考えてみよう。一般に「泣く」という行為は、悲しいから、あるいは寂しいから、というふうに考えられている。しかし、大人は、わざわざお金を払って悲劇の芝居を観に行き、映画館の暗がりで、主人公の運命に共感して心地良い涙を流す。人前で泣くことのできない大人は、わざわざお金を払って手に入れた暗がりで、心置きなく涙を流すのである。涙を流して泣くことは、心の鬱屈や悲しみや不安を浄化するカタルシスの働きがある。

かつて迷い子だった大人が「こっそりと泣く」のは、もはや孤独に世界の無関心と向き合っていくしかないことを悟った時、それでもどうにもならない存在の不安を抱えて、その不安を自分で慰めようとするからである。甘えようとしても、母親は遠くの存在となり、もはや自分を慰めてくれるのは自分しかいない。「こっそりと泣く」のは、涙を流すことの心地良さ、といった、ある種の甘えの要素も含まれていることを読み取りたい。

以上を総合するなら、記述すべき内容は次のようなものになるのではなかろうか。

①世界と孤独に向き合うしかないと悟った大人は、
②小さくなった母親を遠くに見て、
③存在の不安を自分で慰めるしかないから

右の②の〈小さくなった母親を遠くに見て〉という記述は、説明としては不十分で、具体的な描写にすぎないといった印象をもつ人もいることと思う。それはその通りと言ってよいが、本文の表現の感覚的心情になるべく接近しようと試みたものである。また③の〈存在の不安〉という記述がどこまで的確なものかはわからないが、書き手の表現の揺れに共振した読み手の揺れの表現と受け止めてくれたら、と思う。

本文中の語句をそのまま用いていわゆる〝答え〟を書こうとするような、読み手の主体性の欠落した答案は、第四問では、あまりふさわしいものとは言えないだろう。客観的と称して〝答え〟を他人事のように書くのではなく、筆者の感性と思考とに共振して、自分の頭と心で感じ考えることが、読み手としての主体性である。

〈自己採点のめやす〉　記号は第一問と同様に用いる。

㈠

☆　迷い子になって直面した周囲の乗客たちの光景の冷たさが捉えられていること。

○　①迷い子になって母親とはぐれた自分に、
②何の関心も示さない周囲の乗客の冷たい光景が、
③未知の疎外感をつのらせた

「不安」の表現は、多様なものが可。右の三つがほぼ書かれているもの。

③の「疎外感」は「恐怖」も可。

△　右の①を欠くもの。
全体的に堅い漢語に偏りすぎて、子供の身体感覚の表現から遠ざかっているもの。

×　右の②と③が的をハズしているもの。

㈡

☆　不安から解放してくれたヌガーの味の温もりが捉えられていること。

○　①周囲の優しさに触れ
②ヌガーの甘さが母親とつながることで、
③自分を庇護する者の温もりが、
④孤立のこわばりをほぐしてくれたから

右の四つがほぼ書かれているもの。
右の②の「ヌガー」は「お菓子」も可。
右の③の〈温もり〉はなくても可。
右の④の〈孤立のこわばり〉は「孤独」も可。

△　右の①を欠くもの。
右の②で「母親」を欠くもの。
全体としての論理はゆるやかだが、③と④の内容が認められるもの。

×　③と④の内容を欠くもの。

㈢

☆　迷い子の経験が大人の世界への予行演習であることの理解が示されていること。

○　①迷い子の経験は、

②大人への準備として親密な世界から切り離され、
③他者の無関心に一人で直面させられる恐怖の試練だ
右の三つがほぼ書かれているもの。

△　右の②の「親密な世界」は「自分を庇護してくれる存在」も、「自分を無条件に受け入れ庇護してくれる存在」も、もちろん可。ただし、このような長い語句をそのまま用いた場合、他の解答内容を書き込めない危険性が高くなる。

△　右の②の「親密な世界」の内容を欠くもの。
「暴力的に」の内容を示す「切り離され」「否応なく」「直面させられる」「恐怖」等の表現が全体として弱いもの。

×　右の③の「他者の無関心」の内容を欠くもの。

☆㈣　大人が世界に生きることとの寂しさについての理解が示されていること。

○　①世界と孤独に向き合うしかないと悟った大人は、
②小さくなった母親を遠くに見て、
③存在の不安を自分で慰めるしかないから
右の三つがほぼ書かれているもの。
右の②の「小さくなった母親」は「世界の片隅で自分を待っていてくれるだけの小さな存在」でも可。
右の③の〈存在の不安〉は〈一人で生きることの寂しさ〉等の表現でも可。

△　右の①の内容を欠くもの。
右の②の内容を欠くもの。
右の③の〈自分で慰めるしかない〉が、〈母が小さな存在となったことを悲しむ〉となっていて、〈自分を慰める〉という方向になっていないもの。

×　右の①および③の内容を欠くもの。

解答

㈠　迷い子になって母親とはぐれた自分に、何の関心も示さない周囲の乗客の冷たい光景が、未知の疎外感をつのらせたということ。

㈡　周囲の優しさに触れヌガーの甘さが母親とつながることで、自分を庇護する者の温もりが、孤立のこわばりをほぐしてくれたから。

㈢　迷い子の経験は、大人への準備として親密な世界から切り離され、他者の無関心に一人で直面させられる恐怖の試練だということ。

㈣　世界と孤独に向き合うしかないと悟った大人は、小さくなった母親を遠くに見て、存在の不安を自分で慰めるしかないから。

2018

二〇一八年

第一問（文理共通）

出典

野家啓一（のえ・けいいち）『歴史を哲学する——七日間の集中講義』（岩波現代文庫　二〇一六年三月刊）の〈第7日　歴史記述の「論理」と「倫理」〉の一節。なおこの文庫は、二〇〇七年に刊行された『歴史を哲学する』が増補改訂されたものであり、さらにそれは一九九八年の「講義の七日間——歴史のナラトロジー」、および一九九九年の「過去の実在・再考」をもとに加筆訂正がなされたものである。

野家啓一は、一九四九年宮城県生まれ。東北大学理学部物理学科卒業。東京大学大学院科学史・科学基礎論博士課程中退。専攻は哲学・科学基礎論。著書には『言語行為の現象学』『科学の解釈学』『物語の哲学』『科学哲学への招待』他、多数がある。

昨年に引きつづいて手堅い内容の文章の出題であった。一昨年出題の第一問の内容に関する、なんらかの批判があったのかもしれない。また、第一問で「です・ます」調の文章の出題は、ここ二十年ばかりでは、初めてのことである。入試頻出の筆者であり、歴史認識に関するテーマは、日本とかかわる東アジアのアクチュアルな問題でもある。科学の内容も含むことで、文理共通の第一問として妥当な素材ではあったが、問題文選定が守りの姿勢に入ったとも見られることが、やや惜しまれる。

解説

〈本文解説〉

本文は、歴史的事実というものは過去のものであるがゆえに知覚することの不可能なものであるが、探究の手続きをともなった「物語り行為」によってその「実在」の確証が可能となる、ということを述べた文章である。物理学における素粒子が直接的な観察の不可能なものではあるが、物理学理論のネットワークの支えによって、その「実在」が確証できることと同様、歴史的事実における物語り行為は理論的な「探究」といってよく、歴史的事実は理論的存在としてその「実在」が保証される、と述べている。全体は七つの形式段落から成っており、意味段落としての区切りはそれほど明確ではないが、ここでは便宜上、四つの部分に分けて考えることとする。

第一の部分（1・2）**歴史的過去という知覚不可能なものの「実在」**

過去は直接的な知覚の不可能なものであり、ただ想起することができるだけである。その体験的過去における想起にあたるものが、歴史的過去においては物語り行為である。ここでは「体験的過去」と「歴史的過去」とが対比され、「体験的過去」は「想起」によって、「歴史的過去」は「物語り行為」によって、その「実在」が確証されるべきものだ、と述べられる。もちろん、本文の中心は「歴史的過去」にあり、その「実在」を確証するためには、物語り行為にもとづいた「探究」の手続き、言い換えれば「発掘や史料批判といった作業」が不可欠である、と筆者は言う。

知覚不可能ではあるがその「実在」が確信されるものとして、筆者はミクロ物理学の対象である素粒子へと話を展開する。素粒子の存在は、霧箱や泡箱によって、その飛跡が「痕跡」として捉えられる。量子力学を基盤とする現代の物理学理論が、その「痕跡」を素粒子の「実在」を示す証拠として保証するのである。つまり、素粒子の「実在」は「直接的な観察」によってではなく、物理学理論の支えによって「間接的」に証拠づけられている。根拠の明示されない新粒子の存在を主張しても、誰も信用しない。素粒子が「実在」することは、「物理学理論のネットワーク」と「不即不離」なのである。

第二の部分（③）科学哲学における理論的存在

科学哲学では、直接的に観察できない対象のことを「理論的存在」ないしは「理論的構成体」と呼ぶ。ただし、そこには「理論的虚構」という意味はまったく含まれていない。知覚的に観察できないというだけで、れっきとした「存在」なのだ。しかし、その「実在」を確かめるためには、巨大な実験装置と一連の理論的手続きが求められる。知覚的に観察可能なものだけが「実在」するという偏狭な実証主義は否定されなければならないが、他方でその「実在」は理論的「探究」の手続きと表裏一体のものであることを忘れてはならない。この「表裏一体」という語は、本文中では、②の「不即不離」という語とほぼ同義である。

第三の部分（④・⑤）歴史的事実を確定するための理論的「探究」の手続き

物理的事実と同様に、「歴史的事実」を確定するためには、理論的「探究」の手続きが不可欠である。そもそも「歴史(history)」の原義は「探究」であった。直接知覚することのできない過去の事柄の「実在」を主張するためには、直接間接の証拠が必要となってくる。また、歴史学では史料批判や年代測定など一連の理論的手続きも求められる。それを欠いた場合、ニセの土器の発掘とかニセの文書の発見といった、歴史の捏造の問題となって、時々世間を騒がせたりする。そういう意味で、歴史的事実は一種の「理論的存在」である、と筆者は述べる。

　ポパーは『歴史主義の貧困』の中で、社会科学の大部分の対象は抽象的な「理論的構成体」であると述べている。筆者はこのポパーの考えをそのまま歴史学に援用して、歴史記述の対象は、関係の糸で結ばれた「出来事」であり、「フランス革命」や「明治維新」も「抽象的概念」であって、「知覚」ではなく、「思考」の対象であると主張する。（ただし、ポパーの引用文については、別の解釈もあり得るのではないだろうか。訳文なのでニュアンスの精確なところはわからないが、まるカッコ（　）の中の部分からは、「殺される多くの人々」「制服を着た男女」といった「具体的なもの」を忘却した「理論的構成体」なるものは意味をなさない、といったポパーの悲痛な叫びが聞こえるようにも思われる。だからこそ、「理論的構成体」の「探究」には厳密な手続きが求められるということなのだが、ポパーはカッコに包む形で、逆に「具体的なもの」の動かし難い重みを示唆しているとも読みとれよう。）

第四の部分（6・7）歴史的出来事は「物語り的存在」である

　歴史的出来事が「理論的存在」であることを述べるために、筆者はミクロ物理学に加えて地理学をも例に挙げる。「赤道」や「日付変更線」は、たとえその上空を飛行機で通過することがあっても、目で直接的に見ることはできない。それは六分儀などの「計器」によって確認されるだけである。しかし、それが「実在」することは地理学や天文学によって保証されているのであり、したがって「赤道」や「日付変更線」は「理論的存在」と呼ぶことができる。この「理論」を「物語り」と呼び換えるなら、歴史的出来事の存在論へとぐっと接近することになる。

　歴史的出来事の具体例として、筆者は「衣川の古戦場」を挙げる。前九年の役や後三年の役の戦場となった場所である。現在そこはただの野原にすぎないが、この場所で安倍貞任と源義家の戦いがかつて「実在」したことを、私たちは疑わない。『陸奥話記』等の文書史料や絵巻等の資料、発掘物の調査など、「物語り」のネットワークに支えられているからだ。このネットワークがないまま「前九年の役」があったと主張するとしたら、それは「神の視点」を導入することであり、物語りを超越した「理想的年代記作者」を想定するという点で、人間の営む科学とは言えない。そもそも「前九年の役」という呼び方自体が、すでに一定の「物語り」の文脈という前後関係の中に置かれていることを示している。「物語り負荷的」な存在の「負荷」とは、ニュートラルで中立的な事柄ではなく、「前九年の役」の「前」とか「九年」という語が、それらを含み込んださらに長い範囲をもつ前後関係の文脈という「物語り」を背景としている、ということを言っている。そういう意味で「前九年の役」という歴史的出来事は、素粒子や赤道などの「理論的存在」と異ならない。言い換えれば、歴史的出来事の存在は「理論内在的」なのであり、フィクションではないことを確実な前提とするなら、それを「物語り的存在」と呼ぶことができるのである。この「フィクション」という語は、傍線部イの「理論的虚構」の「虚構」③と同義であり、〈事実ではない話を想像で作り上げた嘘の物語〉ということになる。

　こうして筆者は、過去の出来事がすでに確定した事実として存在していると見なすような「神の視点」を取り入れた一般的な見方を否定し、歴史的事実とは理論的探究によって関係づけられることで「実在」の確証される「物語り的存在」である、と主張しているのである。

〈設問解説〉

　二行解答枠の設問が昨年に続いて三問であった。一昨年までずっと続いてきた四問の形が変わろうとしているのかもしれない。ただし、本文の長さや内容によっては、再び四問に戻るかもしれないので、これからの受験生は思い込みを排して柔軟に対応してほしい。設問全体の構成を概観してみよう。

㈠　素粒子という知覚不可能なものの「実在」

㈡　恣意的な構築物であることの否定

㈢　歴史的事実が「思考」の対象となる抽象的概念であること

㈣　歴史的出来事が「物語り的存在」であることの理由を本文全体の論旨を踏まえて説明する

㈤　漢字の書き取り

　ところどころやや書きにくい部分もあるが、筆者の主張は繰り返し語られているので、設問のポイントさえ押さえておけば、大きくハズすことはないだろうと思われる。

㈠　素粒子という知覚不可能なものの「実在」についての理解が問われている。第一の部分。

　本文全体の中心的な話題は「歴史的事実」であるが、傍線部アは「素粒子」について言ったものだから、ここでは「歴史的事実」に直接触れる必要はない。ただ「実在」に関する考え方が同様であることから、①と②の共通点をまとめて、それをミクロ物理学に即して記述すればよいことになる。

　設問のポイントは「実在」にある。直接知覚することができないにもかかわらず、それが「実在」するとどうして言えるのか。歴史的過去は直接知覚することができない。素粒子も直接知覚することはできない。素粒子の「実在」は直接的な観察によってではなく、実験装置による「痕跡」から間接的に捉えられるだけである。それが確かな証拠であることを保証するのは、物理学理論の支えである。この物理学理論に相当するのが、歴史的過去では「物語り行為」だ、とするのが筆者の主張である。その「物語り行為」の部分を除いてまとめればよい。

記述すべき内容は、次のようなものになるだろう。

①素粒子は知覚的に観察できない

②理論の支えと実験によって痕跡として認識が可能になる

③（右の②のようにして）その実在を証明できる

本文には同義的な表現がさまざまに出てくるから、右の語句にこだわる必要はない。「実在」の証明に至る論理が説明できていればよいのである。

㈡　理論的存在が恣意的な構築物ではないことの理解が問われている。第二の部分とともに、本文末尾にある「フィクション」⑦という語をも視野に入れる必要がある。

傍線部イの「まったく含まれていない」ということの直接的な説明は、本文には書かれていない。この設問は、筆者の主張の反対側に位置するものを問うているのであるが、本文の構造的な対比にかかわるものと言うより、常識的レベルでの内容と言ってよい。本文の基盤となっている対比は、ややわかりにくいが、〈本文解説〉の末尾に記したように、歴史的事実を「神の視点」から捉える一般的な立場（＝歴史的事実はすでに確定したものとして存在していると捉える、私たちの多くが無意識のうちに思い込んでいる考え方）と理論的探究によって実在が確証できるとする筆者の主張との対比である。

「理論的虚構」の「虚構」という語は、本文末尾の「フィクション」⑦という語と全く同義で用いられているから、〈作り話、デッチあげた嘘の話〉と捉えて、常識的なレベルで答えればよい。本文末尾に「フィクションといった誤解をあらかじめ防止しておくならば」⑦とあるように、筆者は、「物語り行為」という用語で、知覚できない事柄の「実在」を「理論的」に「探究」する、というふうに述べてきたため、「物語り」という言葉の語感に引きつけられて、それを〈作り話〉といったふうに誤解するかもしれない読者、あるいは聴き手（本文は講義の形で書かれている）に向けて、そのような単純な誤解は避けてほしい、とあらかじめ念を押しているのである。

書くべき内容は次のようなものになる。

①理論的存在とは、理論的探究を通じた証拠にもとづいて構成されたものである

②（理論的存在とは、右を）無視した恣意的な構築物ではない

要するに、〈デッチ上げた作り話ではない〉ということがはっきり伝わればよいのである。

㈢　歴史的事実が「思考」の対象となる抽象的概念であることの理解が問われている。第三の部分と第四の部分。

ポパーの引用文に示された「抽象」と「具体」の対比をしっかりと把握することが、先決である。「戦争」は、「殺される多くの人々」という「具体的なもの」の「抽象的概念」であり、「軍隊」は、「制服を着た男女」という「具体的なもの」の「抽象的概念」である。ここがしっかりと実感的に理解できただろうか。

ポパーは、社会科学の対象が抽象的な理論的構成体であることを述べ、本文の筆者も抽象的概念を重視して議論を進めているのだが、ポパーがカッコ（　）にはさんで記した「殺される多くの人々」「制服を着た男女」という「具体的なもの」の表現には、具体的であるがゆえの動かし難い重みが感じられる。ただ、「具体的なもの」は具体的なままでは「思考」の対象とならず、社会科学の対象とするためには、抽象的な概念へと昇華させていくしかないのだ。（しかし、ここでポパーは、「殺される多くの人々」といった「具体的なもの」を忘却した「理論的構成体」なるものは、信用するに値しない、という悲痛な叫びをもらしているようにも思われる。）

いずれにしろ、本文の筆者は、「フランス革命」や「明治維新」が「抽象的概念」であって、「思考」の対象であると述べている。歴史記述の対象は、「もの」という知覚可能な「事物」ではなく、「こと」という関係の糸で結ばれた、思考の可能な理論的探究の産物なのである。

この「関係の糸で結ばれた」（5）という語句がどんな内容を含んだものであるかをさらに考えていくと、7に「一定の『物語り』のコンテクスト」「『物語り負荷的』な存在」といった表現が出てくる。ここを含めて簡略に表現するなら、たとえば〈一つのつながりで関係づけた〉といったものになろう。

以上をまとめれば、記述すべき内容は次のようなものになるだろう。

①歴史的事実は、……理論的思考（探究）の産物である
②知覚可能な具体的事物ではなく
③過去の出来事を一つのつながりで関係づけた（理論的思考（探究）の産物）

とにかく、歴史的事実というものは、過去の出来事を関係づけた理論的思考（探究）によって構成されたものだ、という内容が表現できていればよい。なお、右の①③の「思考」は「探究」であっても、もちろん構わない。ただ、ここは、「知覚」の対象である具体的事物とは異なった、「思考」の対象である抽象的概念であることを言っているところなので、その対比を鮮明に示すためには「思考」という語を用いる方がベターのように思われる。これは傍線部にある語そのものであるが、傍線部中の語はすべてイイカエなければならないなどと機械的に考える必要はない。全体としてより鮮明な記述になるなら、あえてそのまま用いることも一つの方法である。

筆者の考えの前提となっている対比の側にある考え方は、歴史的事実をすでに存在しているものと見なす「理想的年代記作者」つまり「神の視点」を導入するもので、これは私たちの多くが無意識のうちに囚われている歴史観といえる。筆者はこのような歴史観を批判しているのである。

㈣　**歴史的出来事が「物語り的存在」であることの理由を、本文全体の論旨を踏まえて説明することが問われている。第四の部分を中心にして、本文全体の構造を俯瞰する。**

設問の要求は、「……はなぜ〜といえるのか」となっており、筆者の考えの核心は、歴史的出来事の存在がどのようにして確証されるのか、というところにあるから、解答の骨格は、たとえば〈歴史的事実は、……その実在を確証するものは、……物語り行為に他ならないから〉といった形になるはずである。特に理由説明が求められる場合、全体を貫く論理がぐらつくと、良い得点は望めない。まず、文の形となる骨格をしぼりこむことが大事である。

次に、「物語り的存在」という述部にあたる言葉の内容を明らかにする必要がある。この「物語り的存在」とは、ミクロ物理学や地理学を通して繰り返し述べられているように、理論的探究を通して明らかになる存在のことを指している。歴史学では、その探究は史料批判や各種の調査を指し、その探究を通して諸々の出来事を関連づける「物語り」のコンテクストがしぼられてくるのである。

それでは、なぜ理論的探究をしなければならないのか。それは、歴史学が過去の事柄という直接的に知覚することの不可能なものを対象としているからである。直接的に知覚することができなくても、それでもそれは確実に「実在」する、と言えるのは、理論的探究にもとづいた「物語り」の支えがあるからである。

以上が、解答としての中心的な内容となるが、「本文全体の論旨を踏まえた上で」という条件を考慮に入れるなら、さらに次の二つにも軽く触れるべきだろう。一つは、物理学という語も記述すべきだということ。本文全体の中心的な話題は、歴史学における歴史的事実の「実在」であるが、それを言うために筆者は、物理学についても相当の分量をかけて説明しているからである。二つめは、傍線部にある「フィクションといった誤解をあらかじめ防止しておくならば」についても、軽く触れておきたい。ここは設問㈡の「理論的虚構」と同義で、本文全体の中では軽い補足にあたる部分である。字数を節約して〈恣意的な虚構を排しながら〉ぐらいに書いておけばよいだろう。

記述すべき内容は、次のようなものになるはずである。

①歴史的事実は……物語り行為に他ならないから

②過去の事柄であるがゆえに……直接知覚することは不可能だが

③物理学における理論的存在と同様、
④恣意的な虚構を排しながら
⑤その実在を確証するものは、史料や調査などの理論的探究を通して諸々の出来事を関連づける(物語り行為)
他にも様々な文型があるかと思われるが、とにかく、理由説明としての論理がきちんと通るように、注意を払いたい。

㈤　**漢字の書き取り。**

a　「身もフタもない」とあるから、「蓋」。この字は、他の訓読みでは、「おおう・けだし」がある。「けだし」は漢文でも用いられるが、probably（たぶん・おそらく）の意。音読みは「ガイ」。「蓋然性」はprobability（確率的な可能性）の意。なお、能力的な可能性は、capability。

b　「歴史学のリンセツ分野である地理学」とあるから、「隣接」。元素の一つの〈燐〉、あわれむの〈憐（レン）〉と区別しよう。

c　「『前九年の役』というコショウ」とあるから、「呼称」。

〈自己採点のめやす〉

記号は次の意味で用いる。

☆……解答としての方向性
○……合格答案
△……基本点
×……不可

㈠
☆　素粒子という知覚不可能なものの実在が、理論と実験によって証明される、という内容であること。
○　①素粒子は知覚的に観察できないが
②理論の支えと実験によって、痕跡として認識が可能になり
③その実在を証明できる
右の三つがほぼ書かれているもの。
△　右の①の「知覚的に観察できない」を欠くもの
右の②の「理論」「実験」の片方を欠くもの
右の①→③への論理のアイマイなもの。
×　右の②を欠くもの。

㈡
☆　「理論的存在」が作り話ではないという内容であること。
○　①理論的存在とは、理論的探究を通じた証拠にもとづいて構成されたもので
②（右を）無視した恣意的な構築物ではない
右の二つがほぼ書かれているもの。②は〈恣意的〉の他に〈作り話・嘘の話・デッチあげ・捏造……〉等、さまざまな語が可。
△　右の②は書かれているが、①を欠くもの。
×　右の②を欠くもの。

㈢
☆ 歴史的事実が、「思考」の対象となる抽象的概念であるという方向にあること。
○ ①歴史的事実は……理論的思考（探究）の産物である
②知覚可能な具体的事物ではなく
③過去の出来事を一つのつながりで関係づけた（理論的思考（探究）の産物）
右の三つがほぼ書かれているもの。
△ 右の②を欠くもの。
右の③の不十分なもの。
× 右の③を欠くもの。

㈣
☆ 歴史的出来事が「物語り的存在」であることの理由を、本文全体の論旨を踏まえて説明していること。
○ ①歴史的事実は……物語り行為に他ならないから
②過去の事柄であるがゆえに……直接知覚することは不可能
③物理学における理論的存在と同様
④恣意的な虚構を排しながら
⑤史料や調査などの理論的探究を通した物語り行為によって諸々の出来事を関連づける（ことで初めて）
右の五つがほぼ書かれているもの。
△ 右の③、④を欠くもの。
右の①、⑤は書かれているが、内容の不十分なもの。
× 右の⑤を欠くもの。

㈤
× 字体の乱雑なものは不可。

解答

㈠ 素粒子は知覚的に観察できないが、理論の支えと実験によって痕跡として認識が可能になり、その実在を証明できるということ。

㈡ 理論的存在とは、理論的探究を通じた証拠にもとづいて構成されたもので、それを無視した恣意的な構築物ではないということ。

㈢ 歴史的事実は知覚可能な具体的事物ではなく、過去の出来事を一つのつながりで関係づけた理論的思考の産物であるということ。

㈣ 歴史的事実は過去の事柄であるがゆえに、物理学における理論的存在と同様、直接知覚することは不可能だが、恣意的な虚構を排しながらその実在を確証するものは、史料や調査などの理論的探究を通して諸々の出来事を関連づける物語り行為に他ならないから。（118字）

㈤ a＝蓋　b＝隣接　c＝呼称

第四問（文科）

出典

串田孫一（くしだ・まごいち）『緑の色鉛筆』（平凡社　二〇一六年六月刊）の「動物との対話」全文。初出は一九八一年。

串田孫一（一九一五～二〇〇五）は、東京生まれ。詩人、哲学者、随筆家。東大哲学科卒業。著書には『旅人の悦び』『新選　山のパンセ』『串田孫一集』全八巻。『記憶の道草』他、多数がある。

『緑の色鉛筆』は、日常の中にあって、鳥や宇宙、文房具等さまざまなものに目を向け、ふだんはなかなか気づきにくいところを突いて驚きと発見をもたらし、日常に揺さぶりをかけるといった内容の随筆が集められている。

昨年に引きつづき、現代文随筆のいわば古典とも言うべき筆者の作品からの出題である。しかも、教育姿勢にかかわる内容という点でも同じである。この傾向が続くとしたら、今度は寺田寅彦、夏目漱石、谷崎潤一郎といったところが出題されかねないが、むろん何が出題されるかは、誰にもわからない。

解説

〈本文解説〉

動物には、人間を基準とした解釈では理解できないような奇妙な器官があり、動物と子供との間で行われる沈黙の対話を、大人は黙って見護るべきことを述べた随筆である。全体は十五の形式段落から成るが、ここでは便宜上四つの部分に分けて考えてみることにする。

第一の部分（1～6）動物たちの奇妙な器官

カンガルウのような有袋類は、胎生であるのに胎盤がない。生まれた子供は母親の育児嚢という袋にもぐり込んでさらに発育を続ける。

同じ哺乳類であるのに、どうして胎盤のない種類がいるのか。これは人間の常識からすれば当然の疑問かもしれないが、動物学では考えないようにしている問題で、「専門を決めた学者にとっては、用心しなければならない穽」（2）なのだと筆者は言う。なぜか。おそらく、自然界の動物の生命の営みには、人間の常識を越えた不思議なことが数限りなくあり、人間を基準にして考えていたら、動物の生命の真相には近づけないから、であろう。このような奇妙な例は有袋類だけではない。「人間だけには、理解しにくいような奇妙な器官がないなどと思ってはならない」（2）と筆者が述べるのは、人間を別格として他の動物たちを下に見るような人間の思い上がりを批判しているのである。鳥類には、卵をあたためるための抱卵斑という不思議な器官がある。

その他、動物たちが子供を敵から守って育てるためには、いろいろな配慮がなされている。それらのことが書かれている動物の本は、興味を持たれるし、感動を与える。人間は親になると、自分が少年少女だった頃に感動したそれらの話を子供に聞かせ、「動物の生活を書いた本」を読ませる。人間は「教育の材料」を見つけ出すのが巧みなのだ。

しかし、「お膳立てのでき過ぎた与え方は効果が薄れ、時には逆の効果の現われる虞れもある」と、筆者は世話を焼きすぎる教育の危険性について、警告を口にする。

第二の部分（[7]～[9]）動物と子供との間の特殊な対話

それよりも、子供はいつか「動物の生活の一部分に出会うことが必ずある」（[7]）ということを信じようではないか。親は余計な口出しをしてはならない。子供がいきなり残酷に見える行動に出ても、それを「黙って見ている忍耐」を養うことが大事だ。自分の子供のことはよくわかっているという自信を持つことは必要だが、自信は思い上がりに変貌しやすい。親にとって残酷に見える子供の行動には、「必ず何か別の意味が含まれている」（[8]）。「残酷な行為だと親に教えられるよりも、子供が「自分からそれを感得する方がどれほど値打ちがあるか」を、親はまず考えるべきだ。それは親にとっては非常に難しいことではあるが。

動物と子供との間には、「特殊な対話」（[9]）がある、と筆者は言う。だが、「それを題材にして大人が創った物語」には用心すべきだ。それらの大部分は「人間性の匂い豊かな舞台で演じられた芝居のように書かれている」からだ。シートンの『動物記』は、そのような物語に当たる。つまり、筆者は、シートンの『動物記』が、動物の真の姿を描いているというよりは、人間的なヒューマニズムで美化された偽りの物語であることを示唆しているのである。

第三の部分（[10]～[12]）蚤を飼育する子供

シートンと違ってファーブルは、まさに子供のような人であった。昆虫の気持ちを知ろうとして、時には「残酷とも見えること」（[10]）をしていた。先に「親の眼に残酷に映る子供の行動には必ず何か別の意味が含まれている」（[8]）とあった「何か別の意味」の一つが、この「昆虫の気持ちを知ろうとすることだ、ということが、ここから理解できる。筆者は、このような子供の行動を「黙って見ている忍耐」（[7]）こそが、親にとって大事だと言っているのである。

動物をじっと見ている子供（これこそが先にあった、動物と子供との間の「特殊な対話」（[9]）に当たる）に、「動物愛護の精神」や「生命の尊重」を最初から期待しても、それは無理である。「蚤を飼育してみようと思い立ったある少年」（誰のことかはっきりと書かれていないので分からないが、この「少年」は、もしかしたら、筆者自身のかつての姿かもしれない)は、自分の腕にとまらせて血を与えた。ファーブルは自分の皮膚を毒虫に提供して、刺した部分の変化を記録したが、この蚤の「少年」の行動はファーブルの思いつきによく似ている。

この「少年」を「動物愛護の模範生」のように扱う人がいたら、その「思い違い」は嘲笑されるべきであろう。その「少年」は、蚤を愛するがゆえに自分の血を与えたのではなく、蚤の気持ちをなんとか知ろうとして自分の血を与えたのである。「動物愛護の模範生」として扱うよりも、「蚤を飼育する子供を黙って見護っていた親」をこそ讃めなければならないのだ。

第四の部分（13～15）沈黙の間に行われる対話

親は子供を育てるとき、しばしば子供に玩具の一つとして小動物を与える。それら愛玩用として選ばれた小動物の多くは、その親子の「犠牲」になる。ハムスターにしてもヒヨコにしても金魚にしても、愛玩されて弄ばれた後、多くは死んでいくか、捨てられていく。それは人間の身勝手な残酷さのあらわれだとして、「犠牲のすべてを救いだそうとする」「憐愍の情」は、しかし、無関係な第三者の「批評」であって、そのような「批評」は、子供と動物との間の対話がどれほど大切なものかを忘れているか、さもなければ見誤っている。筆者はそのような「犠牲」も、時によっては必要なものであって、そのすべてを否定すべきではないと言っているのである。

「対話」という言葉も、なにかしら人間的な雰囲気を持っており、それだけにどこかごまかしが含まれているから、筆者はこの言葉をあまり使いたくない。玩具の一種として親は子供に動物を与えるが、子供は掌にのるミニチュアの自動車と、一日中車を回転させている二十日鼠とはきちんと区別している。どちらも子供の成長にとって必要な玩具であり、どちらかを選ばせるといったものではない。子供はミニチュアの自動車とは「対話」をしない。子供は小動物と「対話」をするのである。人形に向かって子供が話しかけるのは「対話」ではなく、大人の真似にすぎない。動物に名前をつけて話しかけたりするのも「対話」ではない。それは人間を基準にして人間の価値観を動物に押しつけるものだからである。それに対して「動物との大切な対話」は「沈黙」のうちに行われるのが普通である。そして、その「対話の聞こえる耳を持っている者」は、一人もいないのだ。

筆者は「対話」という言葉に少しこだわりを持ちながらも、他により適切な言葉が見つからないことで、子供と動物の生命のかかわりを「対話」と呼んでいる。子供が人形や動物に話しかけたりするのは、対話のように見えても、それは人間を基準とする価値観の一方的な押しつけであるから、対話とは言えないのだ。それに対して、子供が沈黙のうちに動物と向き合っているとき、そこには子供の命と動物の命が対等に向き合っている緊張がある。そのような命と命との緊張した身体的な向き合いを、筆者は「対話」と呼んでいるのである。そしてそれは子供だけに許された特権であるが、そこに言葉はない。沈黙の対話なのだ。だから、その言葉の聞こえる耳を持つ者は一人もいない。大人はもちろん持っていないし、子供も持っていない。それは筆者だとて、例外ではないのだ。

筆者は、シートンの『動物記』が子供と動物との対話を、大人が人間的な基準で動物愛護の物語に創作したごまかしを含む物語であると見ているのに対し、ファーブルの方は、大人になっても子供の気持ちを持ちつづけて、動物の命の真相と向き合った本来の対話を記しており、動物愛護の精神はファーブルの姿勢からこそ育ってくる、と言っている。言い換えるなら、筆者は、子供の成長の先回りをして動物愛護の精神を説く、といったことよりも、一見残酷に見える子供の行為をも黙って見護る忍耐を養うことの方が、親にとって大事だと言っているのである。親は、子供が動物と沈黙の対話をする、動物との出会いをこそ信頼すべきだ、ということだ。

〈設問解説〉

設問全体の構成を概観してみよう。

㈠　教育効果をねらいすぎることの問題点

㈡　大人が創る動物の物語の作為性

㈢　蚤の「少年」の行為を動物愛護とみなすことの思い違い

㈣　子供と動物との間の沈黙の対話

筆者の批判している内容が㈠㈡㈢で、筆者の主張にあたるのが㈣ということになる。

㈠　教育効果を意図しすぎることの問題点についての理解が問われている。第一の部分と第二の部分を中心とする。

大人の意図しすぎる教育姿勢の問題点について語っている部分に当たる、ということを把握することが第一である。前の行にある「教育」という語を見落とすべきではない。

「お膳立てのでき過ぎた与え方」とは、「教育の材料を見付け出すのが巧み」(5)といった内容を受けている。親がかつての自分の感動から、子供にもその感動を与えようとして、動物の生活についての本を、子供本人の興味や関心に先回りして与えようとする、といったことを指す。それらの本は、それなりに効果はあるのだが、意図しすぎることには、「逆の効果」があったりもするのだ。どういうことか。

それは、子供が「自分からそれを感得する」(8)貴重な体験を阻害してしまう危険があるということである。子供は成長するどこかの段階で、「動物の生活の一部分に出会うことが必ずある」⑦のであり、そのとき動物と直接向き合うことの中で「沈黙」のうちに「対話」が行われる。そこには子供が先入観もなく直接動物とかかわる体験の新鮮な驚きがあるはずである。「お膳立てのでき過ぎた与え方」は、子供にとっての先入観を与えることになり、時として、子供の体験から新鮮な驚きを奪うことになる。

記述すべきは次の二つになるだろう。

①大人が教育的効果を意図しすぎた動物の話は

②逆に子供が自ら動物とかかわる新鮮な体験の驚きを奪いかねないから

なお、傍線部自体は教育一般のことを言っているが、本文全体は動物と子供の沈黙の対話をテーマとしているので、動物という語を入れる方が分かりやすいだろう。

(二) 大人が創る動物と子供の物語の作為性についての理解が問われている、第一の部分から第三の部分にかけてが中心となる。

「人間性の匂い豊かな舞台で演じられた芝居」という比喩は、もちろん、イロニー(反語・皮肉)である。筆者はこれを誉め言葉として用いているのではなく、強い皮肉を込めて言っているのだ。それは直前の文に「大人が創った物語にはかなり用心しなければならない」とあることからも、わかるはずである。

傍線部直後のシートンの『動物記』のところがやや読みにくいが、ここを正確に読み取るようにしよう。「シートンの『動物記』を子供に与えていいものかと躊躇している親」⑨は、シートンの作為性に気づいているから躊躇しているのであり、この親は「大事なところを読み落としていない」のだ。筆者はこの親に対して好意的なのである。一方、シートンに対して筆者は、もちろん批判的である。それはその後の対比的なファーブルの記述からも、はっきりすることだ。

第一の部分の「奇妙な器官」②のところにも示されていたように、筆者は人間的な価値観を基準にして動物を捉える姿勢に懐疑的なのである。子供の一見残酷に見える行動は、自然の動物のもつ本来の残酷さに通じるものをもっている。教育効果をねらい過ぎた感動的な動物と子供の話は、そのような残酷さを隠して作為的に「動物愛護の精神」「生命の尊重」⑪を説くことであり、それはむしろ本来の動物愛護の精神や生命の尊重に反する危険をはらんでいると筆者は考えているのである。

以上の内容から、記述すべきことは次のようなものになる。

①大人が創った動物と子供の物語は

②自然が本来もつ残酷さを薄め、人間の思いを美化した作

為に満ちたものになっている

とにかく「人間性の匂い豊かな舞台」という表現がイロニーであって、筆者がそれに対して批判的な立場に立っているということが示されればよい。そのことが明確であれば、それを記述する言葉は他にもさまざまなものが考えられるだろう。

㈢　蚤に自分の血を与えて飼育する少年を、動物愛護の模範生と捉える「思い違い」に対する筆者の強い批判についての理解が問われている。第三の部分。

「蚤を飼育してみようと思い立ったある少年」⑪が誰を指しているのかは、はっきりとは書かれていないが、もしかしたら、筆者自身が少年だった頃のことを言っているのかもしれない。この少年は「蚤の食事の時間を決めて、自分の腕にとまらせて血を与えた」⑪。その思いつきは、ファーブルが「自分の皮膚の最もやわらかい部分を毒虫に提供し、時計を見ながら何分後には虫が毒針を刺した部分がどんな変化を見せたかを記録している」⑪、その思いつきとよく似ている。

ファーブルがなぜそのようなことをしたかというと、それは「昆虫の気持ちを知ろう」⑩としたからである。当然のことだが、この蚤を飼育した少年の気持ちも、ファーブルと同じものだったはずだ。この少年は蚤を愛しているから自分の血を与えたのではなく、蚤の気持ちを知ろうとして自分の血を与えたのである。言い換えるなら、この少年は動物の生態の真実に迫ろうとしていたのである。

この少年を「動物愛護の模範生のように扱う」人は、シートンと同じ側に立っており、少年の気持ちを的確に受け止めずに、「動物愛護」といった社会一般の価値観で歪めて解釈しているのだ。だから筆者は、その「思い違い」を「嘲う」、と言っているのである。

記述すべき内容は、次のようなものになるだろう。

①動物の生態の真実に迫ろうとする少年の欲求を受け止めずに

②動物愛護という社会一般の価値観で歪めて解釈しているから

少年の思いと社会通念の型枠にはめてしまう人との対比をしっかりと押さえることがポイントである。前問と同様、解答としての表現にはさまざまな言葉が考えられよう。

㈣　子供と動物との間の沈黙の対話についての理解が問われている。第四の部分を中心とするが、本文全体を視野に入れる。

本文のテーマが、そのまま問いになっている。筆者は、「対話」という語が少々人間的なニュアンスを持っていることに抵抗を覚えながらも、他に良い言葉が見つからないことで、筆者の主張を表す大事な内容の比喩として、この語を用いている。

小型自動車、人形と遊ぶ子供は、ここで言う「対話」をしているのではない。動物に名前をつけて話しかけている子供も、ここで言う「対話」をしているのではない。それらは皆、人間を基準として、人間の価値観に取り込んだ上での、子供の遊びなのである。筆者は、子供のそのような遊びを否定しているわけではない。ただ、ここで言う「子供がしている小動物との対話」は「沈黙のうちに行われている」⑭対話なのだ。

その「沈黙の間に行われる対話の聞こえる耳を持っている者」は「一人もいない」⑮、という本文末尾の一文の読み取りが難しい。この「一人もいない」は、強い断言の形になっているから、例外なく「一人もいない」ということだろう。大人にはもちろん聞こえないし、筆者自身も、そういう耳は持っていない。さらに子供本人にも聞こえないのだ。それは沈黙の対話であって、言葉のない対話なのだ。

それでは、その沈黙の対話の中で、子供は何をしているのか。子供は小さな動物と向き合い、言葉のない時間の中で、命の息づいているさまを直に「感得する」⑧のである。言葉を通して理解するのではなく、身体で直接に感じとるのだ。自然界の生き物には、人間の理解を超えた不思議な姿がさまざまにある。カンガルウの「育児嚢」や鳥の「抱卵斑」だけでなく、動物の命は、不思議な姿に満ちている。子供の命が動物の命と向き合うとき、そこには時に残酷な場面も出現するだろう。しかし、それもまた自然の偽りのない姿なのである。子供は沈黙の中で動物と向き合うことで、残酷さを秘めた生命の不思議な実相を身体で感じとるのである。

記述すべき内容は、次のようなものになるだろう。

①子供は動物と向き合う言葉のない時間の中で

②残酷さを秘めた生命の不思議な実相を感得しているのだ

〈言葉のない対話〉であることと、〈命の息づくさまを直に感じ取っている〉ということとの二つのポイントさえ押さえられれば、あとは多様な表現が考えられるだろう。ただ、筆者は人間的基準を押しつけることに批判的であることは確かなので、人間としての成長といった教訓的なニュアンスの強すぎる記述は、避けた方がよいと思われる。

〈自己採点のめやす〉　記号は第一問と同様に用いる。

㈠

☆　大人が教育効果をねらいすぎた動物の話が、逆の効果をもつ危険性があり得るという問題点を、理由説明の形で指摘していること。

○　①大人が教育的効果を意図しすぎた動物の話は

②逆に子供が自ら動物とかかわる新鮮な体験の驚きを奪
　いかねないから

△　右の二つがほぼ書かれているもの。

×　だいたいのことは書かれているが、①の「教育」の内容の不鮮明なもの。

右の②の「自ら」「自分で」といった強調の弱いもの。

右の②の内容を欠くもの（ただし、表現にはさまざまなものがありうることを認めた上で、判断する）。

(二)

☆　「人間性の匂い豊かな舞台」という表現がイロニーであって、筆者がそれに対して批判的な立場に立っているということが、はっきりと示されていること。

○　①大人が創った動物と子供の物語は
②自然が本来もつ残酷さを薄め、人間の思いを美化した
　作為に満ちたものになっている

△　右の二つがほぼ書かれているもの。
だいたいは書かれているが、右の②の〈自然の残酷さ↔人間的な思いの美化された物語〉という対比の不鮮明なもの。

×　右の②の記述がイロニーの説明になっておらず、「人間性の匂い豊かな舞台」をそのまま肯定的に説明しているもの。

(三)

☆　蚕を飼育する少年の行為を、動物愛護の行いと「思い違い」をする受け止め方に対する、強い批判が示されていること。

○　①動物の生態の真実に迫ろうとする少年の欲求を受け止めずに
②動物愛護という社会一般の価値観で歪めて解釈しているから

△　右の二つがほぼ書かれていること。②の「価値観」という語はこの語でなければならないということではもちろんなく、他にも多様な表現が可能である。
右の①の少年の行為を、客観的な残虐性といったふうに、そのまま否定的なニュアンスで記述しているもの。

右の②の「動物愛護」といった内容が「思い違い」であることを示す記述の不鮮明なもの。


×　右の②を欠くが、①がしっかりと記述されているもの。

右の①を欠くが、②がしっかりと記述されているもの。

右の①の〈少年の思い〉と②の〈社会通念による型〉にはまった受け止め〉との対比が、全く読みとれない記述になっているもの。

(四)

☆　子供と動物との間の沈黙の対話が、言葉を介することの

ない、直接の身体的なかかわりであることの説明になっていること。

○　①子供は動物と向き合う言葉のない時間の中で②残酷さを秘めた生命の不思議な実相を感得している右の二つがほぼ書かれているもの。②は、ほぼ同様の内容であれば、他にもさまざまな表現があり得る。

△　右の①で「言葉」を欠くもの。

右の②の記述が、〈子供の成長〉といった教訓臭の強すぎる記述になっているもの。

×　人形や動物に向かって言葉で語りかける子供の行為を「対話」と誤読した内容が混じっていて、記述の混乱しているもの。

解答

㈠ 大人が教育的効果を意図しすぎた動物の話は、逆に子供が自ら動物と直接かかわる新鮮な体験の驚きを奪いかねないから。

㈡ 大人が創った動物と子供の物語は、自然が本来もつ残酷さを薄め、人間の思いを美化した作為に満ちたものになっているということ。

㈢ 動物の生態の真実に迫ろうとする少年の欲求を受け止めずに、動物愛護という社会一般の価値観で歪めて解釈しているから。

㈣ 子供は動物と向き合う言葉のない時間の中で、残酷さを秘めた生命の不思議な実相を感得しているのだということ。

二〇一七年

第一問（文理共通）

出典

伊藤徹（いとう・とおる）『芸術家たちの精神史――日本近代化を巡る哲学――』（ナカニシヤ出版　二〇一五年十二月刊）の〈第六章「神々の永遠の争い」を生きる〉の「一　神々の永遠の争い」の大半。

なお、原文には、次の各小見出しが付けられているが、問題文ではそれらがカットされて、行空きのない連続した形に整えられている。冒頭に〈技術の連鎖はどこまで続く〉、3段落「いずれにせよ」の前に〈できることとすべきこと〉、6段落「テクノロジーは、実行」の前に〈テクノロジーに放擲された人間〉、9段落「ここで判断の」の前に〈実践的判断基準の虚構性〉、11段落「だが、行為を」の前に、〈強いられる虚構産出〉である。また、11段落の第二文の前には「前章で寺山修司を通して考えてみたように、」とあった一句が省略されている。

伊藤徹は一九五七年生まれ。京都大学大学院文学研究科博士後期課程研究指導認定退学。哲学・近代精神史専攻。著書には本書の他に、『作ることの哲学――科学技術時代のポイエーシス』等がある。

東大入試では二〇〇四年に同一著者による『柳宗悦　手としての人間』から第一問が出題されており、過去問を勉強した受験生にとっては、極めて取り組みやすい文章だっただろう。第四問では、以前に清岡卓行のエッセイが二回出題されたことがあるが、いずれにしても珍しいことと言える。

解説

〈本文解説〉

本文は、科学技術の進展が予期を超えた新たな問題を生み出して人間的生の根本を脅かし、人間は自分たちの生の拠り所となるような新たな虚構の創出を迫られている、ということについて述べた文章である。全体は十一の形式段落から成るが、ここではそれを四つの部分に分けて考えることとする。

第一の部分（1・2）自己展開するテクノロジーの不気味さ

テクノロジーは直面する困難を人間の力で解決しようとして営まれるものであるが、そこには、そのテクノロジー自体が新たに問題を作り出し、その問題をさらに新たな技術開発で解決しようとして「自己展開」していく傾向が、本質的に宿っている。科学技術によって産み落とされた環境破壊や感染防止のためのワクチンに対してウィルスが耐性を持つようになるといった問題は、それぞれが新たな技術開発を要請するといった事例の、ほんの一部にすぎない。東日本大震災の直後に稼働を停止した浜岡原発に、中部電力が海抜二二メートルの防波堤を築くことで「安全審査」を切り抜けようとしているというニュースに接したときも、筆者は「同じ思いがリフレインする」と述べ、果てしなく続く連鎖に、徒労にも似た空しい思いがよぎる心情を吐露する。もちろん、このような技術開発の展開が無限に続くとは言いきれず、次の段階で何が起こるかは、専門家でも予測が不可能である。けれども、科学技術の展開には、「人間の営み」でありながら、「有無をいわせず人間をどこまでも牽引していく不気味なところ」がある、と筆者は言う。いったいそれはなんであるのか。そしてそれは「世界と人間とのどういった関係に由来する」のか、と筆者は自問する。この問いこそが、本文全体を貫く基本的なモチーフに他ならない。（したがって、この問いに対して筆者がどのような答えを提示するかが、本文の主題となるはずであることを予期しつつ、読み進めていくべきである。）

医療技術の発展が例として採りあげられ、不妊という課題に対する人工受精、なかでも体外授精の場合には、多胎妊娠の可能性が高くなるといったことが起こり、そのようなケースについて考察が加えられる。多胎妊娠は、「母胎へのフィジカルな影響」や「出産後の経済的なこと」など、さまざまな負担を患者に強いてくる。さらには受精卵の扱いについても、「選択されなかった『もの』の『処理』などの問題」が残る、と筆者は指摘する。この「もの」や「処理」に付けられているカギカッコ（「　」）が何を意味しているか、十分に読み取れただろうか。選択されなかった受精卵は、「もの」なのか。〈人間〉ではないのか。〈いのち〉と呼ぶことはできないのか。また、その受精卵は、〈廃棄〉しても構わないものなのか。需要がある場合には〈売買〉してもよいものなのか。それで利益をあげる社会集団が成立したとき、そのことを優先する医療集団が出てこないことを、どのようにして保証できるのか。このカギカッコは、科学技術がもたらす以上のような「不気味さ」についての、筆者の複雑にからまった疑念の表現になっている。そのことをいくぶんなりとも感じ取ることができたなら、読解はより正確になっていくだろう。（なお、一般的には「人工ジュ精」は「人工授精」と書き、「体外ジュ精」は「体外受精」と表記するが、ここでは原文および問題文の表記に従うことにする。）

第二の部分（3～8）価値中立的なテクノロジーが、かえって人間に倫理的な判断を強いてくること

テクノロジーは人間の行為可能性の領域を拡大するものではあるが、そのことと、人間が実際にその技術を用いるかどうかということとは、別の次元に属している。技術自体は、それを用いることが是か非かという判断の問題に、なんら関

わるものではない。体外授精だけでなく、延命措置の胃瘻にしても、技術そのものはどんどん進展してきている。その結果、多数の療養型医療施設が生み出されることになった。もはや自ら食事をとれなくなった老人に対して、胃に穴をあけるまでして延命をはかる措置は、すでに一般に広く普及している。

しかしながら、生命をできるだけ長引かせるという技術の問題と、それを実際に用いるかどうかという判断の問題とは、別の次元に属している。「できる」という人間の行為可能性が、そのまま「すべき」という行為の是認へとつながらないのは、核爆弾の技術をもつことが、そのままその使用を認めることにつながらないのと「一般」（＝同様、の意）である。「できる」という技術の問題は、「すべきこと」という判断あるいは当為の問題とは、厳しく区別されなければならない。

テクノロジーは、「どうすればできるのか」についてのハウ・トゥーの知識の集合体である。それは、そのことが望ましいかどうかや、それを統御する目的に関する知識ではないし、それらと無関係のところにあり、その限りで「ニュートラルな道具」と言えなくもない。ところが、「すべきこと」という判断や当為の問題とは切り離されているところに、技術が「単なる道具としてニュートラルなものに留まりえない理由」もある、と筆者は述べる。どういうことか。

テクノロジーは、「実行の可能性を示すところまで人間を導く」だけで、そこに「行為者としての人間を放擲する」のだ。放り出された人間は、「かつてはなしえなかったがゆえに、問われることもなかった問題」に、しかも「決断せざるをえない行為者として直面」する。これらの言葉が何を言おうとしているのかは、たとえば⑦の妊婦の血液検査による「胎児の染色体異常を発見する技術」の事例を読めば、その内容が理解できるはずである。この技術は「判断の是非」を決めることはできない。しかし、この検査を受けて、追加の羊水検査で異常が認められた妊婦の「九七％」が中絶を選んだという。

かつて妊娠は、人為の及ばない「自然」の領域に属するものとされ、どのような子が生まれてくるかは、それこそ〈神〉に任せるしかないこととされていた。ところが現在では、その「自然」の領域に人為が入りこむことによって、「問われることもなかった」、妊娠を続けるべきか中絶すべきかという判断の是非、言い換えれば倫理の問題が、「決断せざるをえない行為者」としての人間に突きつけられることになったのである。しかもその問題に直面した妊婦の「九七％」が中絶を選んだということは、その検査技術が単純に「ニュートラル」なものではなかったということを実証するものに他ならない。

延命治療の問題にしても、「生命の可能な限りの延長」はそれ自体として否定しがたいものではあるが、「飢えて死んでいく子供たちが世界に数えきれないほど存在している現実」を前にするとき、筆者は、そのことに膨大な公的資金を投入することが「社会的正義」にかなうかどうか、「躊躇なく判断することができない」と述べる。

ここで筆者のことを、老人医療に対して冷酷な見方をしている、などと誤読してはならない。筆者は、「私自身経験して知っている」とあることからもわかるように、自身の経験にもとづいて語っており、また、やがては自分も老人になる者の一人であることを自覚して、現在の状況を受け止めようとしているのである。

第三の部分（9・10）実践的判断基準の虚構性

選択的妊娠中絶の問題にしても、その実践的な判断は、肯定するにしろ否定するにしろ、最終的な決定基準など、どのような論理をもってしても、それを基礎づけることはできない。言い換えるなら、「実践的判断が虚構的なものでしかないことは明らかだ」と筆者は断言する。なぜ、そのように言えるのか。

たとえば、石油や石炭などの現世代の消費を、将来世代への責任から制限しようとする論理は、応答の相手が今実際に存在していない以上、「想像力の産物」でしかない。また、同じ想像力を別の方向に向けるなら、人類の存続を考えること自体が、人類の「尊大な欲望」にすぎないと言うことができるだろう。人類は天然痘や梅毒を根絶しようと努力してきたが、もしかしたら他の何かの生物種が「人類殲滅（＝皆殺しにして滅ぼすこと）の野望」を抱いているかもしれない。その場合、互いに相手に対する憎悪は、本質的に何の違いもないものなのだ。その他に、倫理的基準を支えていると一般に考えられている「個人の意思」や「社会的コンセンサス」といった概念も、「虚構性」をもっていることは、少し考えてみるなら明らかである。主体となる「個人」など、動揺する可変性の別名と言ってよいし、「コンセンサス」づくりの「公聴会」なるものが「権力関係の追認」でしかないことは、私たちの誰もが、「いやというほど繰り返し経験している」ことだ。

第四の部分（11）テクノロジーの進展によって、人間的生のあり方が根本的に変質し、新たな虚構の創出が求められていること

だが、人間の行為は「虚構性」によって導かれていると指摘したところで、その指摘が人間の愚かさの摘発に留まるならば、そのことにほとんど意味はない。虚構とは、「人間の行為」、人間の「生全体に不可避的に関わるもの」であり、「人間は、虚構とともに生きる」、あるいは「虚構を紡ぎ出すことによって己れを支えている」と、筆者は虚構の積極的な側面へと論を転換する。冒頭の1段落末尾で投げかけられた「世

界と人間とのどういった関係に由来するのだろうか」という問いに対する答えが、ここで明らかにされようとしているのだ。

問題は、テクノロジーの発展において、「虚構のあり方が大きく変わった」ところにある、と筆者は言う。テクノロジーは人間の行為の可能性を拡大してきた。それまで不可能であったことが可能となることで、不可能を当然の前提として作られてきた従来の倫理といった虚構、しかも「その虚構性が気づかれなかった虚構」、すなわち「神話」が無効とされ、あるいは変質を余儀なくされたのである。（むろん、ここでの「神話」は比喩的に用いられているもので、「虚構」という語とほぼ同義である。それが実際に指し示しているのが「自然」という概念であることはわかりやすいだろうが、それ以外にもこの「神話」はさまざまなものを含意していると思われる。それらを頭の中に思い浮かべることができただろうか。本文を根拠にして具体的に挙げるなら、たとえば神の存在、家族というまとまり、主体的な個人、民主主義という制度、さらには愛という観念、等々が、ここでの「神話」に相当すると考えてよいだろう。）このような神話の解体は、これまでは「不可能であるがゆえにまったく判断の必要がなかった事態」、「『自然』に任すことができた状況」を「人為の範囲に落とし込」むことで、そのことに呼応する「新たな虚構の産出」を強いるようになったのである（ここで言っていることは、第一の部分の「人工受精という技術」および第二の部分の「妊婦の血液検査」の事例にほとんどそのまま重なるものであり、そのことがわかれば、読解はそれほど困難ではないだろう）。そういう意味で、「テクノロジーは、人間的生のあり方を、その根本のところから変えてしまう」と、筆者は述べる。

ここには、人間の生のあり方の根本的な変質に対する、筆者の危機的な感覚が示されていると言えるだろう。テクノロジーの展開が人間の生のあり方を根本的に変えたということには、現在あるいはこれからの人間はもしかしたら人間とはもはや呼べないのではないか、といった怖れにも似た感覚が含み込まれているように思われる。基盤を失って底の抜けてしまった人間は、それでも新たな虚構を創り出して、なんとか自分を支えていかなければならないのである。

〈設問解説〉

二行設問が、これまでの四つから三つへと一つ減った。これは、四つの場合、それらの解答内容が設問㈤の解答内容とややもすると重なりが生じてしまうという難点を回避しようとしたためか、と想定される。全体としての設問構成がスッキリしたぶん、逆に各設問に対してはこれまで以上に丁寧な読解が要求されるということも考えられよう。全体の設問構成をまず概観してみよう。

㈠　自己展開する科学技術の不気味さ

㈡　価値中立的なテクノロジーが人間に強いてくる倫理的判断という逆説

㈢　実践的判断の虚構性

㈣　テクノロジーが人間的生のあり方を根本的に変え、新たな虚構の創出が求められていることを、本文全体を視野に入れて記述する

㈤　漢字の書き取り

本文の全体としての骨格が、これらの設問構成と対応していることをつかまえられれば、記述する姿勢は定まってくるはずである。

㈠　自己展開する科学技術の不気味さについての理解が問われている。第一の部分。

まず科学技術は、直面する困難を解決しようとして生み出された人間の営みであること、これが第一の内容である。具体的に示された様々な事例は、その出発点が右のようなものであることを共通に意味している。

次に、そのようにして生み出された当の科学技術が、予期を超えた新たな問題を作り出すこと、これが第二の内容である。環境破壊にしても、ワクチンに対して耐性化したウィルスにしても、浜岡原発にしても、予期を超えた新たな問題が生み出されたという点では共通している。

さらにそれらの科学技術は、新たに生み出された問題を新たな技術の開発によって解決しようとしており、その展開は自己展開と言えるほど本質的なものであること、これが第三の内容である。

右の三つが解答としての骨格であるが、それらの内容を「不気味」という筆者の心情に沿うニュアンスで記述しなければならない。それは「同じ思いがリフレインする」①や「選択されなかった『もの』の『処理』などの問題」②といった表現を始めとする筆者の言い回しの細部にはっきりと示されている。

以上をまとめるなら、記述すべき内容は次のようなものになるだろう。

①問題を解決するための科学技術が

②（当の科学技術が）予期を超えた新たな問題を生む

③その解決への発展を際限なく人間に強いてくる

右の③の「際限なく」や「人間に強いてくる」といった箇所が、「不気味」な心情を表す表現に当たる。当然のことであるが、これらのニュアンスのはっきりしない記述、たとえば科学技術の進展が希望的な未来につながるといったふうに読めてしまうような答案は、得点できないだろう。評論文だからといって、論理だけを示せばよいというものではない。

心情のニュアンスがずれてしまったものは、答えにはならないのである。

㈡　価値中立的なテクノロジーが人間に倫理的判断を強いてくるという逆説についての理解が問われている。第二の部分。

第二の部分の内容は、大きく分けると二つの項目による対比をベースにして議論されている。一つは科学技術が人間の行為可能性を拡大するという、技術自体の性質。「できる」「ハウ・トゥーの知識」「ニュートラルな道具」等が、これに当たる。もう一つは「是非の判断」で、「すべき」「是認」「判断の是非」といった表現が、これに当たる。簡略化して言い換えるなら、人間の行為可能性を拡大する科学技術自体の性質と、それを実際に用いるべきかどうかという人間の倫理的な判断との対比である。

傍線部の直前にある「それ」は、もちろんテクノロジー（＝科学技術あるいは技術）を指す。単なる道具としての「ニュートラルなもの」とは、科学技術が人間の行為可能性を拡大するという技術自体の価値中立性を指す。「単なる道具」というのは、それが人間の価値判断とは「無縁」⑤（＝無関係・独立している・切り離されている）のものであるということだ。さらにそれが「（ニュートラルなもの）に留まりえない」というのは、科学技術が人間の行為可能性を拡大するだけに終わらずに、人間の価値判断の領域にまで踏み込んできてしまうということである。その「理由」とは何か。それは傍線部直前にある「ところが、こうして『すべきこと』から離れているところに」とあるのが、その「理由」である。

科学技術は、価値とは無関係に人間の行為可能性の領域を拡大するがゆえに、いざそれを用いるべきかどうかという場面にさしかかると、さまざまな欲望が喚起される一方で、かえってその技術を用いることの是非という倫理的な判断を迫られるということだ。かつては不可能であるがゆえに抑圧されていた欲望、神あるいは自然に任せるしかなかった欲望が、行為可能となったことで逆に、判断の是非は人間が引き受けるしかなくなったということである。

設問は「どういうことか」となっているから、以上の理由を内容説明の形で記述することになる。

①テクノロジーは価値とは独立した可能性を開くことで

②かえって人間の内に新たな欲望を喚起してその倫理的判断を迫る

逆説であることを示すためには、〈かえって〉〈逆に〉等の語を用いるのがわかりやすいだろう。また、第二の部分には「欲望」という語は書かれていないが（第三の部分には「尊大な欲望」⑩という記述がある）、全く書かれていないのではなく、行間に書かれている語であることは明らかである。読解とは書かれている言葉だけを読み取るということではなく、筆者の言おうとしている内容を、行間に書かれている言葉をも含めて読み取ることであり、表現とは書かれている言葉だけを用いて記述するということではなく、自分の読み取った内容を、行間から読み取った語をも含めて記述することである。それが東大の求める「自己の体験総体を媒介に考える」（東京大学の発表した「高等学校段階までの学習で身につけてほしいこと」より）主体的な言語運用能力である。

㈢　実践的判断の虚構性についての理解が問われている。第三の部分。

「実践的判断」とは、本文の文脈に位置づけて考えれば、たとえば羊水検査で染色体の異常が発見されたとき、妊娠中絶をするかしないかという実際上の判断を迫られる、その判断のことを指している。むろんこの判断は、それ以外の、新しく開発された科学技術のすべてについて言われているものであり、現実の場面に直面したとき、その技術を実際に用いるかどうか判断が迫られる、その判断のことである。

その判断に関して筆者は、「最終的な決定基準」⑨などは考えられないと述べる。どのような判断においても、「いかなる論理をもってきても、それを基礎づけるものが欠けている」⑨し、それらの判断はすべて「虚構的なものでしかない」と言っているのだ。

傍線部に続く⑩段落では、さまざまな事例を挙げて、一般的にすばらしいと思われる考え方であっても、その論理を支えているものは「想像力」⑩であり、「個人の意思」「社会的コンセンサス」⑩といった美しい考え方も、「虚構性」をもっていると述べている。それはこの本文を読むことだけではなく、自分自身のことを少し考えてみれば、すぐわかることではないだろうか。自分という人間が一貫性のない、いかにあやふやな人間であるかということは、おそらく多くの人がすぐ納得できることと思われる。「個人の意思」などという語を口にするのが恥ずかしいくらい、自分は「動揺し変化する」「可変性」⑩をもった存在にすぎない。

設問は「なぜそういえるのか」となっていて、「実践的判断が虚構的なものでしかない」と断言する筆者の発言の根拠を説明することが求められている。「虚構的なもの」を説明しようとしているのだから、「虚構」という言葉は使えない。さしあたり考えられるのは、〈実践的判断は、想像力によって基礎づけられた可変的なものであり、最終的な決定基準をもっていないから。〉これを簡潔に記述すれば、それなりの得点にはなるだろう。しかしこの答案では、十分な解答になった、という、いわば〝腑に落ちる〟感覚にはまだ届いていないのではないか。その感覚はどこからくるのだろうか。

右の解答は、「実践的判断」について虚構的であることの側からの説明になっており、その点では傍線部の表現と同じ側に立っている。「もっていない」という否定形による説明は、虚構性をそのままイイカエたものに近いということだ。これが〝腑に落ちる〟感覚に届かない理由である。それではどういう記述にすれば、この関門をクリアできるか。「もっていない」という否定形の言い回しを、肯定形の言い回しで記述することはできないだろうか。〈実践的判断は、最終的な決定基準をもっておらず、どんな判断でもそれを導く論理を想像力で勝手に構築することができるから。〉「することができる」という肯定形の言い回しにすることによって、「実践的判断」が必ず虚構的なものになるという側からの説明になり、さらに「どんな判断でも……できる」とすることによって、その虚構性がすべての「実践的判断」に例外なく当てはまることの記述になる。このようにして、〝腑に落ちる〟解答に届いたという段階に来た、と言えるだろう。

①実践上の判断に究極的な根拠などはなく

②どのような判断でもそれを導く論理を想像力によって恣意的に構築できるから

ちょっとした言い回しの違いのように思えるかもしれないが、〝腑に落ちる〟記述へ向けて言葉を練っていくプロセスは、現代文を勉強する上での一つの大事な側面である。

㈣　テクノロジーが人間的生のあり方を根本的に変え、新たな虚構の創出が求められている、ということの理解が問われている。全文の構造的な展開を視野に入れ、第四の部分を中心に考える。

本文の全体を貫く話題は、テクノロジー（＝科学技術）である。それは直面する困難を解決しようとして作り出す人間の営みであるが、その科学技術が予期を超えた新たな問題をもたらし、それを解決しようとしてさらに新たな科学技術の開発が求められる、という際限のない自己展開をしていく。筆者は、テクノロジーのこのような不気味さが、世界と人間とのどういった関係に由来するのか、と問いを投げかける。この問いが、全文を貫くモチーフとなっている。（第一の部分）

次に筆者は、価値中立的と思われるテクノロジー自体の性質と、それを実際に用いるかどうかという是非の判断、つまり倫理の問題とを対比させて考えることで、人間の行為可能性を拡大するニュートラルと思われていた科学技術が、是非の判断に人間が直面させられる段階で、かえって人間の倫理の領域に踏み込んでくることを述べる。（第二の部分）

ここで筆者は、実践的判断というものがどういうものであるかということを、改めて振り返ってみる。そうすると、実際上の判断は、それがどういう判断であれ、最終的な決定基準などというものがあるわけではなく、それを支える論理は想像力によってどのようにでも構築することのできる虚構性をもつものであることが明らかとなる。（第三の部分）

最後の部分に差しかかって筆者の論調はガラリと変わり、否定的なニュアンスを帯びていた虚構というものの、肯定的で積極的な意味合いについての言及へと移行する。人間は虚構を紡ぎ出しそれによって自分を支えて生きていくことしかできないのだ、これが冒頭で投げかけた問いに対する答えである。テクノロジーは、これまで人為の及ばない領域とされた自然という神話を解体して、その虚構性を露わにした。自然は人為で操作可能なものへと変容し、その結果、人間はこれまで自然に預けることで回避してきた倫理的な判断をみずから引き受けるしかなくなったのである。ところが、人為が及ばないがゆえに人間の基盤となるとされてきた自然の虚構性が崩れることで、人間は自らを支えるものを失うという危機的な状況に陥っている。テクノロジーの進展は、世界と人間とのこれまでの関係を崩し、変容した世界を前にして、人間自身も根本のところから変質しはじめている。このような世界に放り出された人間は、自分を支える新たな虚構を何とかして創り出すことで、生きていかなければならないのである。（第四の部分）

以上が、本文の内容のあらましである。これをさらに縮約し、最後の傍線部に収斂する形で第四の部分を中心にまとめるなら、記述すべき内容は次のようなものになるだろう。

①テクノロジーは人間の思惑を超えて展開することで〔テクノロジーの自己展開〕

②これまで人間の生を支えてきた自然をも人為で操作可能なものとしその虚構性を露わにしたため〔自然という虚構の崩壊〕

③存在の危機に陥った人間は〔人間の危機〕

④変容する世界を生きるための新たな虚構を生み出し続けるしかなくなった〔新たな虚構の創出〕

ざっと見ると、第一の部分と第四の部分がまとめられているだけで、第二の部分と第三の部分が抜け落ちているかのように思われるかもしれない。しかし、第二の部分と第三の部分は、②の「人間の生を支えてきた自然」「虚構性」、③の「存在の危機に陥った人間」といった記述の中に内容の上で含み込まれているのである。

㈤　**漢字の書き取り。**

a　「…ワクチンに対してウィルスがタイセイを備える」とあるから、〈薬物に対して細菌などの病原体が身につける抵抗性〉の意の「耐性」。多くの同音異義語があるが、それぞれを区別して理解しよう。

b　「人間の生命をキュウサイし」とあるから、〈人を救うこと・助けること〉の意の「救済」。

c　「変質をヨギなくさせた」とあるから、〈他の方法〉の意の「余儀」。ふつう「余儀ない」「余儀なく」の形で用いられ、

〈他にやり方がなく、そのようにせざるを得ない〉といった意で用いられる。

〈自己採点のめやす〉
記号は次の意味で用いる。
☆……解答としての方向性
○……合格答案
△……基本点
×……不可

(一)
☆　自己展開する科学技術の不気味さについて書かれていること。
○　次の三つがほぼ書かれているもの。
①問題を解決するための科学技術が
②（その当の科学技術が）予期を超えた新たな問題を生み
③その解決への発展を際限なく人間に強いてくる
△　右の内容はほぼ書かれているが、「予期を超えた」「際限なく」「強いてくる」といった表現が不十分で、記述が全体的に粗いもの。
×　〈不気味なところ〉のニュアンスが示されていないもの。

(二)
☆　価値中立的なテクノロジーが人間に強いてくる倫理的判断という逆説について書かれていること。
○　次の二つがほぼ書かれているもの。
①テクノロジーは価値とは独立した可能性を開くことで
②かえって人間の内に新たな欲望を喚起してその倫理的判断を迫る
△　右の②の記述が不鮮明に終わっているもの。
×　右の②の論理が混乱しているもの。

(三)
☆　実践的判断の虚構性について書かれていること。
○　次の二つがほぼ書かれているもの。
①実践上の判断に究極的な根拠などはなく
②どのような判断でもそれを導く論理を想像力によって恣意的に構築できるから
△　右の②が虚構性の側から、虚構性のイイカエに近い形で説明されているもの。
右の②に「想像力」の語を欠くもの。
×　「虚構的」の説明が〈フィクショナルな・つくりものの〉等の語釈的なものになっているだけで、本文の読解と無関係に記述されているもの。

☆ ㈣ テクノロジーが人間的生のあり方を根本的に変え、新たな虚構の創出が求められていることについて書かれていること。

○ 次の四つがほぼ書かれているもの。

①テクノロジーは人間の思惑を超えて展開することで

②これまで人間の生を支えてきた自然をも人為で操作可能なものとしその虚構性を露わにしたため

③存在の危機に陥った人間は

④変容する世界を生きるための新たな虚構を生み出し続けるしかなくなった

△ 全体的に記述の粗いもの。

右の②の「自然」を欠くもの。

右の③の「危機」のニュアンスが示されていないもの。

× 右の④の「新たな虚構を生み出し続けるしかなくなった」の内容を欠くもの。

㈤

× 続け字、字体の乱雑なものは、不可。

解答

㈠ 問題を解決するための当の科学技術が予期を超えた新たな問題を生み、その解決への発展を際限なく人間に強いてくるということ。

㈡ テクノロジーは価値とは独立した可能性を開くことで、かえって人間の内に新たな欲望を喚起しその倫理的判断を迫るということ。

㈢ 実践上の判断に究極的な根拠などはなく、どのような判断でもそれを導く論理を想像力によって恣意的に構築できるから。

㈣ テクノロジーは人間の思惑を超えて展開することで、これまで人間の生を支えてきた自然をも人為で操作可能なものとしその虚構性を露わにしたため、存在の危機に陥った人間は、変容する世界を生きるための新たな虚構を生み出し続けるしかなくなったということ。（120字）

㈤ a＝耐性　b＝救済　c＝余儀

第四問（文科）

出典

幸田文（こうだ・あや）「藤」（初出は『學鐙』一九七一年七・八月号　新潮文庫『木』などに収録）の前半部。その冒頭と末尾の部分が省略されている。

幸田文（一九〇四～一九九〇年）は、随筆家、小説家。幸田露伴の次女。名随筆家として国語の教科書に採り上げられることも多い。「終焉」「流れる」「みそっかす」「おとうと」等、多くの作品がある。

なお、東大入試現代文では、物故した著者からの出題は多くはないが、第四問では、今年の幸田文の他に、二〇一二年の河野裕子、二〇一〇年の小野十三郎、二〇〇七年の清岡卓行があり、第一問では二〇〇五年に三木清が出題された。

解説

〈本文解説〉

本文は、草木への筆者の親しみが、環境や父親の導きによるだけでなく、姉への嫉妬にもよることを述べ、藤の花の咲く明るい静まりのうちに、子供の筆者が父と二人で陶酔するようにして没入した至福のひとときの情景を、父の思い出を強くからませて綴った随筆である。全体は九つの形式段落から成るが、ここでは四つの部分に分けて考えてみよう。

第一の部分（1・2）子供たちが草木に親しむようにと世話をやいた父親の配慮

子供のころ筆者の住まいは、郊外の農村にあり、田畑だけでなく、雑木の藪や植木畑もあって、子供たちはおのずから木や草に親しんでいた。

そういった環境のほかに、筆者の家ではさらに自然と親しむようにと、「親が世話をやいた」という。三人きょうだいの子供に、不公平がないように、銘々同じ種類の木を一本ずつ、それぞれが誰の木かを決めて植えてあった。そんなふうにして、蜜柑や柿、桜や椿など、実の木花の木が子供の好くように配慮されていた。持主は花も実も自由にしていいのだが、害虫を注意すること、施肥をしてもらう植木屋さんにきちんと礼を言っておじぎをすること等々が、しつけられていた。草や木に関心をもたせるようにしつつ、節度をもって接するようにと仕向けた親の心遣いである。

第二の部分（3～5）姉への嫉妬による草木への縁

父はまた、木の葉のあてっこをさせた、という。木の葉をとってきて、それが何の木の葉かを、あてさせるのである。筆者の姉はそれが得意で、枯れ葉であれ、虫が巣にして巻きあげている葉であれ、また、まだ芽の段階の葉でさえも、難なくぴたりと当てる。筆者が答えにつまるときでも、横から入ってきた姉がさっと答えて父を喜ばせる。子供の筆者はそんな姉に嫉妬を覚え、姉の「高慢ちきがにくらしく、口惜しかった」と、その気持ちを正直に振り返る。親の評価を求めて競い合うこのような嫉妬は、きょうだいのある人なら誰でも、ある程度は思い当たるところがあるのではなかろうか。そんなことなら筆者も木の葉をしっかり覚えればよいのだが、「どうやっても私はかなわなかった」と、「どこか締りがゆるい」自分の性格のせいかもしれないと考え、「ここが出来のいい子と出来のわるい子との、別れ道」だったと述べる。

出来のいい姉を、父は文句なく喜んで、さらに深く教えようとする。「姉はいつも父と連立ち、妹はいつも置去りにされ、でも仕方がないから、うしろから一人でついていく」。このことを筆者は「嫉妬の淋しさ」と呼んで、しみじみと振り返る。一方は生まれつき聡明という恵まれた素質をもって、教える人を喜ばせ、自分も楽しく進歩する。一方は「鈍いという負目」をもって、教える人をなげかせ、自分も楽しまず、妬ましさを味わう。現在の教育では、このような事実をあまりはっきりとは口にしないような傾向が見られるが、それでも生まれつきの才能や素質の違いは、現実として、否定しがたく存在しているようにも思われる。筆者はこのことを「まことに仕方のない成りゆきである」として、受け入れようとしているかのようだ。ところが、父をめぐる、こういう「姉への嫉妬」が、「環境」や「親のコーチ」に加えて、筆者が草木への縁をもつ切掛けにもなっているのである。「姉の高慢ちきがにくらしく」（3）といった明快すぎる表現をあえてするのも、子供の頃の素直な感情をそのまま描こうとするだけでなく、「姉への嫉妬」が自然への自分の親しみを育む切掛けとなってくれたことを自覚するからこそであり、このような複雑に入り組んだ自分の心情を、筆者は「気がさす」（＝気がとがめる）という言葉で表現する。なお、ここでの「環境」は1段落の内容を指し、「親のコーチ」とは2段落以降を指している。

次の5段落は、第二の部分と第三の部分とのつなぎの役割をしている段落であり、受け止め方によってはどちらに区切っても構わないだろう。「しかし」という逆接を強く取るなら第三の部分になり、軽く取るなら第二の部分に入る。言い換えれば、姉が早世して、筆者が姉への嫉妬から解かれたことを強調すれば、次の第三の部分に含まれることになる。一方、「しかし」を軽く取り、「その子に死なれてしまって気の毒である」という後の父の様子を描くことで、ここに筆者の姉への嫉妬が余韻のように響いていると受け止めることもできる。ここでは、早世した姉のことを、父が後年になってまで残念がって悔やむ「気の毒」な姿に、父をめぐって競い合う筆者の、姉に対する嫉妬が淡く跡を引いている、と読んでおきたい。

第三の部分（6・7）自然の営みに触れることの、鬼ごっこや縄とびとは全く別のおもしろさ

「出来が悪くても子は子である」という6の書き出しには、姉が早世して姉への嫉妬から解放された筆者の、居直りにも似た爽やかさがある。あるいは、子供の素直で残酷な爽やかさとでも言うべきか。姉亡き後も、父は筆者と弟に花の話や木の話をして、草木への親しみが育まれるようにと気遣う。大根の花の色の微妙な違い、みかんの花の蜜の味わい、その他、「いぬえんじゅ」「猫やなぎ」「ねずみもち」という名前の由来の不思議さ、蓮の花は、咲くときに本当にポンという音がするのか、実際に試してみる気はないか――それらの問いかけを、父は機を見て次から次と子供たちに投げかける。これらは皆、子供の好奇心を刺激する問いであり、もしそれが実際に自分の目や耳で確かめることができたなら、それなりに十分な満足が得られるはずの謎である。父はそのような問いを投げかけることによって、子供の好奇心を刺激しようとしたのだ。子供の筆者は夢中になって早起きをして、蓮の花の開く瞬間を確かめようとする。「花はポンなんていわなかった。だが、音はした。こすれるような、ずれるような、かすかな音をきいた。あの花びらには、ややこわい縦の筋が立っていて、ごそっぽい触感がある。開くときそれがきしんで、ざらつくのだろうか」。ささやかな描写ではあるが、ここには子供の筆者が自分の耳で、眼で、皮膚で感じた確かさがある。新鮮な発見の驚きがある。これらの言葉は、自分の身体的な感覚に対する自信に裏付けられている、と言ってもよい。大げさに言うなら、このような言葉を獲得することこそが、世界に向けて生きるという自信の獲得となるのである。

このような父の「指示」は、筆者には大へんおもしろかった。大根の花のうら淋しさ、虻のむらがる蜜柑の花の元気にいきいきした気分、蓮の花や月見草の咲くひっそりとしたあでやかさ。それらは皆自分で発見したことであり、そのことが誘う感動や興奮は、「鬼ごっこや縄とびのおもしろさ」とは「全くちがうたちのもの」なのだ。自然の営みに触れることのおもしろさは、ゲームやスポーツのおもしろさとは全く種類の異なるものであることが、筆者には「子供ながら」に「わかっていた」のである。

第四の部分（8・9）藤の花の咲く明るい静まりのうちに、父と二人で陶酔するように没入した至福のひとときの情景

藤の花にかかわる思い出が、本文の中心的な内容となる。一般に「蝶形の花」つまり豆科植物の花は、はなやかで、またそれが房になって垂れ下がるように咲けば、そこには「格

別の魅力」がただよう。藤はそんな花である。ただこの花は取ることがしにくい。川べりの藪に咲くものは危険だし、他人の庭に咲く美しいものは、勝手に取ることができない。そこで子供たちは空家の軒とか、廃園の池とかの花の下を遊び場にする。筆者もそこに行きたかった。しかし、父親から厳しく禁止されていた。池のそばの藤棚は「腐れ」がきていることが多く、ひょっとした弾みで一度につぶれることがあり、子供には危険だ、というのである。一般に、親は子供を育てるとき、自分の子供を危険から守ろうとして、常に気を配っている。現在その危険の代表的なものは交通事故であろうが、かつての日本では川や池や海の水べり、林や森の木の上、山や崖のそばの斜面など、自然の環境の中に潜んでいるちょっとした陰のような場所であることが多かった。筆者の父親も、自分の子供たちを危険から守ろうとして必死になっていたのである。

荒れてはいるが留守番も置いて、門をしめている園があった。筆者がしきりにせがむと、父はそこへ連れて行ってくれた。ひょうたん池のそれぞれに藤棚が作られていて、小さい池の花がひときわ勝れていた。

紫が濃く、花が大きく、房も長かった。棚はもう前のほうは崩れて、そこの部分の花は水にふれんばかりに、低く落ちこんで咲いていた。いまが盛りなのだが、すでに下り坂になっている盛りだったろうか。しきりに花が落ちた。ぽとぽとと音をたてて落ちるのである。落ちたところから丸い水の輪が、ゆらゆらとひろがったり、重なって消えたりする。明るい陽がさし入っていて、そんな軽い水紋のゆらぎさえ照り返して、棚の花は絶えず水あかりをうけて、その美しさはない（＝その美しさといったらない。その美しさはこの上ない）。沢山な虻が酔って夢中なように飛び交う。羽根の音が高低なく一つになっていた。しばらく立っていると、花の匂いがむうっと流れてきた。誰もいなくて、陽と花と虻と水だけだった。虻の羽音と落花の音がきこえて、ほかに何の音もしなかった。ぼんやりというか、うっとりというか、父と並んで無言で佇んでいた。

ここは本文に任せるしかない。幼い少女が視覚、聴覚、嗅覚などの感覚を全開し、父と二人きりで黙って佇み、藤の花の咲く明るい静まりのうちに没入して陶酔する至福の情景が描かれている。試験という厳しい時間の中にあっても、ここに描かれている言葉の世界に共感し、うっとりと陶酔することができたなら、それこそが紛れもない正統な読解力が身についていることの証しである。

筆者はこの状態のことを、「飽和というのがあの状態のことか、と後に思った」という。この傍線部には、大きく捉えて、二つの内容が含まれている。「飽和」ともいうべき当時の状態と、「と後に思った」という後からの意味づけである。「飽和」とは、藤の花を中心とした明るい至福の情景そのもののことであり、それに対して「と後に思った」とは、そのようにして藤の花の静まりを全身で感受することこそが、父が子供たちに伝えようとしていた自然との親しみそのものだったのだ、ということである。

　父の評価を得ようとしてもいつも置去りにされ、聡明な姉への嫉妬で淋しさを味わっていた幼い筆者は、それでもその嫉妬をも一つの切掛けとして、草木への親しみを深めてゆく。そういう姉の早世によって嫉妬から解放された筆者は、父の投げかける「指示」に積極的に応えるようになり、やがて父と二人きりで藤の花に陶酔して満たされる。ここに描かれているのは、父と過ごした時間への限りない追憶であり、自然の営みに触れることの豊かさである。

　一方で、姉への思いがそっけないくらいにしか書かれていないことに、なにか不思議な感じを受けないだろうか。それは、「出来のいい」姉と「出来のわるい」自分との関係を苦にしつつ、結局は「出来のわるい」自分が生き残ったことを突き放すようにして受け入れることで、自然界の木や草にもそのような事実が厳然として存在するという、諦念にも似た思いが、筆者の中にあるからではないだろうか。「まことに仕方のない成りゆきである」([4])とあった「仕方のない成りゆき」とは、こういった筆者と姉との関係の逆転をも含意しているように思われる。本文最後の「ふしぎな気がする」([9])には、早世した姉へのこのような複雑で言葉にしがたい思いも、わずかに伏流していると言えるのではないだろうか。

〈設問解説〉

　全体の設問構成を概観してみよう。

㈠　自然と親しむように導こうとする父親の配慮
㈡　聡明な姉に対する嫉妬の淋しさ
㈢　子供の好奇心を刺激した父の問いかけ
㈣　藤の花の静まりに父と二人で浸った至福の時間

　こうして捉えてみると、教育姿勢のあり方について考える内容の濃い出題になっていることが、感じられる。

㈠　自然への親しみが子供たちの内に育まれることを願う父親の配慮についての理解が問われている。第一の部分。

　まず、本文に母親は全く出てこないから、ここでの「親」は、事実上「父親」と考えてよい。次に「世話をやいた」は、広くとれば、[4]の「親のコーチ」と同じと考えてよく、第二の部分の「木の葉のあてっこ」や第三の部分の謎めいた問いかけをも含むと考えられる。しかし、これらについては設問㈢

でとりあげられることになるから、「世話をやいた」は、やや狭くしぼり、第一の部分のみを範囲とすると考えるほうがベターのように思われる。[3]段落冒頭部「父はまた」の「また」は、「世話をやいた」ことと「木の葉のあてっこをさせた」ことを、別のこととして並立している、とする受け止め方である。言い換えれば、〈親の配慮〉という大きな全体があり、その中に木々の手配などの〈世話をやく〉ことと〈問いかけて刺激する〉こととの二つが含まれている、とする受け止め方である。これが正確な読みであるとは必ずしも断定できないかもしれないが、〈問いかけて刺激する〉という内容が設問㈢で焦点化されている以上、設問㈠ではそのことに触れる必要はない、と考えられるということである。

「世話をやいた」ことを的確に記述するためには、[2]段落を深く読み込んで、その内容を一般化して記述する必要がある。中心となるのは、「子供の好くように配慮して、関心をもたせるようにした」である。つまり、父親は子供たちに自然への親しみを押しつけようとしたのではなく、子供たちの内に自然への親しみが「ひとりでに」①育まれるように、背後であれこれと気遣った、ということだ。「不公平がないように」したのも、「持主は花も実も自由にしていい」としたのも、子供の自主性を尊重しようとしたからである。こうして、〈自然への親しみがおのずから〈自然に・ひとりでに〉育まれるように〉といった内容がポイントとなる。

次に「世話をやいた」ことの実際的な内容がわからなければ、答えにはならない。三人の子供に不公平がないようにしたこと、植木屋さんへのおじぎを説いたことも欠かすことはできない。「自由にしていい」と言っても、勝手に扱っていいといった乱暴なことを言っているのではなく、草木さらには自然に対して、それなりの節度をもって対することの大切さを伝えようとしたのである。父親は植木屋さんに礼をいっておじぎをすることを子供たちにしつけることを通して、人に対してだけでなく、木や草に対しても、節度のある接し方をすることの大切さを伝えようとしたのだ。これらのことを一般化して言うなら、たとえば〈父親が三人の子供に各自の木々を与えたり心遣いを説くなどの配慮をした〉といった表現になろう。記述すべきことは次の二つになるはずである。

①自然への親しみがおのずから育まれるように

②父親が三人の子供に各自の木々を与えたり心遣いを説くなどの配慮をした

自主性の尊重を示す①の〈おのずから・自然に〉といったニュアンスと、「世話をやく」ことの直接的な内容である②の「配慮」のあたりがポイントとなる。

㈡　聡明な姉に対して嫉妬を覚えることの淋しさについての理解が問われている。第二の部分。

親が子供に対して不公平のないようにどれほど心を遣おうとも、現実として子供の一人一人が性格や素質の違いをもつ以上、そこに何らかの異なりが出てくることは否定しがたい事実と言えよう。これは、教育をする側だけでなく、教育を受ける側にとっても、言えることではないだろうか。教育をする側に評価で区別しようとする意識が強くない場合でも、それを受ける側は、「出来のいい子」と「出来のわるい子」との区別を、おのずからしてしまう。「出来のわるい子」の側にまわった場合は、当然のこととして、いじけたり妬んだりする感情に苦しめられることになる。ただ、学校の場合は、教科や先生が複数あるのが普通だから、たとえば算数はだめだが体育は得意だといったように、全体の中でバランスをとることが比較的しやすいという面がある。ところが、家族の場合は、その関係が固定化されてしまう度合いが圧倒的に強い。筆者は家族の中で、この「出来のわるい子」の側にはめこまれてしまう存在だった、と自分で思って振り返っている。

[3]段落では、父に木の葉のあてっこをさせられ、つかえてしまう自分に対して、ぴたりとあてる姉のことを「その高慢ちきがにくらしく、口惜しかった」とまで言っている。[4]段落では、「姉はいつも父と連立ち、妹はいつも置去りにされ」、そんな二人のあとを「うしろから一人でついていく」淋しさが記されている。姉への「負目」を抱きつつそれでも二人のあとをついてくしかない幼い日の自分の姿。その姿を思い出してそのまま描く筆者の筆づかいが切ない。「聡い」姉と「鈍い」自分との違いを、筆者は「まことに仕方のない成りゆきである」([4])として、受け入れようとしているかのようだ。(ところが、姉の早世によって、この関係が逆転してしまうところに、この文章のねばりの強さと奥の深さとが醸し出されることになる。筆者は姉と自分との素質や才能の違いを「仕方のない成りゆき」として受け入れようとするとともに、その関係の逆転をも「仕方のない成りゆき」として受け入れようとしているのだ。)

しかし、このような姉への嫉妬は、筆者の草木に対する親しみを深めてくれる切掛けともなってくれたのである。早世した姉のことを後年になってまで追憶して残念がる「気の毒」([5])な父の姿を描くところには、姉に対する筆者の嫉妬が余韻のようにかすかに響いている。

以上の読み取りをした上で、記述すべきことは次の二つにしぼり込まれよう。

①父の期待に応える聡明な姉の姿に負目を抱きつつ

②後を追って草木へと目を向ける出来のわるい自分にもの悲しさを覚える

〈聡明な姉〉と〈出来のわるい自分〉との対比、それでも〈後を追って〉いくしかない切なさ、がポイントとなる。

㈢　好奇心を刺激して子供の心を自然の営みへと仕向ける父の問いかけについての理解が問われている。第三の部分。

「こういう指示」とは、「みかんの花」の蜜の甘さを示唆し、「いぬえんじゅ」等の名前の不思議さを指摘してその由来へと気持ちを向けさせ、「蓮の花」が咲くときにポンとした音を出すという俗説への疑問へと刺激する、父親の子供に対する問いかけを指している。これらは、子供の好奇心を刺激してその心を自然の現実へと教え導こうとする、親の配慮にもとづいている。「そんなことをいわれると、私は夢中になって早起きをした」⑹とあるのは、父の問いかけに自分の好奇心が刺激され、自分で確かめなければ気がすまなくなるまでに筆者の姿勢が能動的なものに変化したことを示している。また「教材」⑹という言葉が用いられていることからもわかるように、父の指示は明らかに〈教え導く〉というニュアンスを含んだ意図的なものである。

そのような「指示」は、なぜ「大へんおもしろかった」のか。それは、父の指示に従って筆者が自然をじかに観察することで、「花はポンなんていわなかった」ということがわかり、「だが、音はした。こすれるような、ずれるような、かすかな音をきいた。あの花びらには、ややこわい縦の筋が立っていて、ごそっぽい触感がある」ということがわかったからである。これらは、筆者が自分の耳で、眼で確かめた発見である。自分で行動し、自分の身体を通して自然の現実を発見すること、ここにこそ、自然への親しみが芽生えるきっかけがある。大根の花の「しいんとしたうら淋しさ」、虻のむらがる蜜柑の花の「元気にいきいきした気分」、蓮の花などに「息さえひそめてうっとりした」等はどれも、自分で発見することの「感動」「興奮」の表現に他ならない。

そして、それらのおもしろさは、「鬼ごっこや縄とびのおもしろさ」とは、「全くちがうたちのもの」だったのである。「鬼ごっこや縄とびのおもしろさ」とは、ゲームやスポーツのおもしろさのことであり、身体運動のおもしろさ、人間どうしの、いわば社会的なかかわりやかけひきによるおもしろさである。それに対して、草木を観察することのおもしろさは、それらとは全く別の、自然の営みの現実に触れる感動を指している。

子供の自主性を尊重する形でなされた設問㈠の父親の配慮は、子供自身の身体的発見となって実現したのである。以上が解答の骨格である。

さらに考えるなら、「出来が悪くても子は子である」⑹からは、明らかに文体のトーンが変化している。筆者の姿勢に積極性が出てきたと言ってもよい。姉への嫉妬で抑圧されていた気分が、開放に向かい始めたのだ。その切掛けとなったのは、姉の「早世」⑸である。ただ、この要素を解答に組み込むかどうかは、大いに迷うところがある。設問㈡から設問㈢への背景的事実としてかかわりを持っていることは確かであるが、傍線部ウ自体の直接的な意味内容であるとまでは断言できない。結局、各自で判断するしかないだろう。

書くべき内容は、次の三つになるはずである。

①姉が早世し、父に好奇心を刺激されて草木に見入る体験には
②子供の遊びとは別の
③自然の営みに触れる新鮮な発見があったから

右のうち最も重要なのは③である。次が①であるが、〈姉が早世し〉はなくても得点は可能だろう。最後が②の要素である。

㈣　藤の花の明るい静まりに父と二人で浸った至福の時間についての理解が問われている。全体を視野に入れて第四の部分を考える。

傍線部は、二つの内容に区切って考えることができる。「飽和とはあの状態のことか」という前半部と、「と後に思った」という後半部である。前半部は藤の花に陶酔した至福の時間そのもののことで、後半部はそれこそが父の教え導こうとした自然への親しみであったことに後で気づいたことである。

前半部は、藤の花が明るい陽ざしを受けてひっそりと静まっている情景を簡潔にまとめる必要がある。「虻の羽音」と「落花の音」が聞こえるだけの、「陽と花と虻と水だけ」の世界。「花の匂いがむうっと流れ」てくる。幼い筆者は視覚、聴覚、嗅覚などの感覚を全開して、父と二人でその静まりに浸って陶酔している。姉への嫉妬から解放されて父を独占する至福の時間がここにある。ここは主として感性的な共感力が問われている。内容はわかっていても、そのことを一行前後でまとめるのはかなり難しい。

後半部は、そのような情景に没入することが、まさに父の伝えようとしていた自然への親しみであったことに、後になって気づいたことである。傍線の長さが「あの状態のことか」で終わらずに、「と後に思った」まで伸ばされていることに気づかなければならない。ここに出題者の意図が垣間見える。これは全文の構造的な理解ができたかどうかを問うものと言える。第一の部分で示された父の配慮は、こういう形で筆者の中に実現されたのだ。

設問は「どう思ったのか」となっているから、それに対応するように形を整えると、書くべき内容は、たとえば次の二つのようなものにまとめられるだろう。

①藤の花を取り巻く明るい静まりのうちに父とともに浸る陶酔は
②父が伝えようとした自然との至福の時間であったと思った

右の①では「父とともに」という内容は不可欠のものと考えられる。また②では、「父が伝えようとした」が第一の部分との関連性を示すものになっている。

〈自己採点のめやす〉　記号は第一問と同様に用いる。

(一)

☆　自然と親しむように導こうとする父親の配慮について書かれていること。

○　次の二つがほぼ書かれているもの。

①自然への親しみがおのずから育まれるように

②父親が三人の子供に各自の木々を与えたり心遣いを説くなどの配慮をした

△　右の①のうち〈おのずから〉のニュアンスを欠くもの。右の②の〈心遣いを説く〉の内容を欠くもの。全体として抽象一般化がなされておらず、具体性のレベルにとどまっているもの。

×　本文の抜き出しのまま偏った具体性にとどまっているもの。

①の〈自然への親しみ〉の内容を欠き、②の〈配慮〉の内容を欠くもの。

(二)

☆　聡明な姉に対する嫉妬の淋しさについて書かれていること。

○　次の二つがほぼ書かれているもの。

①父の期待に応える聡明な姉の姿に負目を抱きつつ

②後を追って草木へと目を向ける出来のわるい自分にもの悲しさを覚える

△　〈聡明な姉〉と〈出来のわるい自分〉との対比がはっきりと書かれていないもの。

〈後を追って〉いくしかないというニュアンスを欠くもの。

×　〈父〉という語がなく、〈姉〉または〈自分〉の一方の側についてのみ書かれているもの。

(三)

☆　子供の好奇心を刺激する父の問いかけとそれに応えることの新鮮な驚きについて書かれていること。

○　次の三つがほぼ書かれているもの。

①姉が早世し、父に好奇心を刺激されて草木に見入る体験には

②子供の遊びとは別の

③自然の営みに触れる新鮮な発見があったから

右の〈姉が早世し〉は、あってもなくても可。〈好奇心〉

〈発見〉は、その語がなくても、ニュアンスが出ていれば可。
△　右の②を欠くもの。
△　右の③の〈自然（草木）の営み〉の内容を欠くもの。
×　〈刺激→発見〉といった教育的配慮のニュアンスを全く欠くもの。

㈣
☆　藤の花の静まりに父と二人で浸った至福の時間について書かれていること。
○　次の二つがほぼ書かれているもの。
①藤の花を取り巻く明るい静まりのうちに父と浸る陶酔は
②父が伝えようとした自然との至福の時間であったと思った
△　右の①の〈藤の花〉の描写が不鮮明なもの。また〈父と浸る〉の内容を欠くもの。
右の②の〈父が伝えようとした〉の内容を欠くもの。
×　〈藤の花〉の語を欠き、本文から抜き出した語がまとまりを欠いたまま並べられているもの。

解答

㈠　自然への親しみがおのずから育まれるように、父親が三人の子供に各自の木々を与えたり心遣いを説くなどの配慮をしたということ。

㈡　父の期待に応える聡明な姉に負目を抱きつつ、後を追って草木へと目を向ける出来の悪い自分にもの悲しさを覚えるということ。

㈢　姉が早世し、父に好奇心を刺激されて草木に見入る体験には、子供の遊びとは別の、自然の営みに触れる新鮮な発見があったから。

㈣　藤の花を取り巻く明るい静まりのうちに父とともに浸る陶酔は、まさに父が伝えようとした自然との至福の時間であったと思った。

二〇一六年

第一問（文理共通）

出典

内田樹（うちだ・たつる）「反知性主義者たちの肖像」（内田樹編『日本の反知性主義』二〇一五年晶文社刊所収）の〈「知性的」と「反知性的」を分かつもの〉〈知性とは集団的な現象である〉の冒頭を除くほぼ全文。

内田樹は一九五〇年、東京都生まれ。東京大学文学部仏文科卒業。東京都立大学大学院博士課程中退。専門はフランス現代思想、映画論、武道論。武道家。著書には、『私家版・ユダヤ文化論』『街場の戦争論』他多数がある。

解説

〈本文解説〉

本文は、日本の反知性主義を批判的に論じ、あるべき知性の働きについて述べた文章である。極めてアクチュアルな内容で、具体的な事象に触れられていなくても、ふだんから新聞やニュースに接していれば、それが何を指して言っているのかが容易に想像できる文章である。書かれてある文章を単なる文章として読むのではなく、現実の事象と記述された文章とをダイナミックに往復することで、理解を深めたい。それが、東大の求める「自らの体験に基づいた主体的な国語の運用能力」である。

全体は十一の形式段落（冒頭の引用文は一番目の段落に含まれるものとする）から成るが、ここではそれを四つの部分に分けて考えることとする。

第一の部分（1～3）日本における反知性主義について考察する場合に、留意すべき点

ホーフスタッターの文章を引用して、筆者は日本における反知性主義について考察する場合の留意点を述べる。それは、反知性主義が単なる怠惰や無知によるものではなく、むしろ「ひたむきな知的情熱」によって駆動されるということである。そして「反知性主義に陥る危険のない知識人はほとんどいない」し、一方、「ひたむきな知的情熱に欠ける反知識人もほとんどいない」ということを、ホーフスタッターの言葉を借りて、筆者自身がそこに強調の傍点を打っている。ここで筆者は、知識人こそが反知性主義に陥りやすいということを、ある種の自戒を込めて述べているのである。当然のことながら、この文章の読者（その多くが知識人および知識人予備軍と想定される）である私たちもまた、筆者の危機感を自分のこととして受け止めることが要求されていると考えるべきである。

さらに筆者はロラン・バルトを引用して、無知とは知識の欠如ではなく、「知識に飽和されているせいで未知のものを受け容れることができなくなった状態」だと述べる。

それに対して、「自説に固執する」ことがなく、他人の言葉を黙って聞き、自分の、いわば内臓的な感覚でそれが実感的に納得できるかどうかを判断する人を、筆者は「知性的な人」とみなす。筆者はそのような「身体反応を以てさしあたり理非の判断に代えることができる」ことの方を重視しているのだ。それは、そのことこそが知性が活発に機能していることを示しており、「単に新たな知識や情報を加算している」のではなく、「自分の知的な枠組みそのものをそのつど作り替えている」からだ。このようにして筆者は、「知性」とは「知の自己刷新のことを言う」という自分の仮説を提示する。

第二の部分（4・5）反知性主義者の言動とその「呪い」の機能

反知性主義者たちは、その語の与える印象とは逆に、しばしば「恐ろしいほどに物知り」である。自分の中の知識の棚から、自説を基礎づける「データ」や「エビデンス」や「統計数値」をたちどころに取り出して見せてくれる。しかし、そのような説明をいくら聴かされても、「私たちの気持ちはあまり晴れることがない」し、また「解放感を覚えることもない」。それは、彼らが「あらゆることについて正解をすでに知っている」からである。彼らは「ことの理非の判断を私に委ねる気がない」。私の意見がどうあろうとも、彼らは自己の考えの真理性を少しも疑わない。他者の意見を取り入れて考え直すといった柔軟性は全く見られず、理非の判断のすべてがすでに済んでしまっており、他者の主張はその真理性に何の影響も及ぼしはしないのである。そのような反知性主義者の言動は、「確実に『呪い』として機能し始める」と筆者は言う。というのは、繰り返し同じことを言われるうちに、「こちらの生きる力がしだいに衰弱してくる」からだ。自分の考えや判断が理非の判定に全く関与しないと言われつづけることは、自分が生きている理由を否定されることであり、生きる力を衰弱させていってしまうのである。

筆者は、そのように周囲の人間の生きる力を衰弱させ、解放感を奪って窒息させていく人間のことを、「反知性的」と見なすことにしている。本人たちは自分のことを「知性的」と思っているかもしれないし、反論されても全く動じることなく自信たっぷりだが、それは彼らが知性というものを「属人的な資質や能力」だと思っているからだ。だが、筆者の考えはそれと異なっている。

（次の6は、第二の部分の末尾に含めて考えても構わないが、内容の上で第三の部分の方に入れることとする。）

第三の部分（6～10）集団として発動する、あるべき知性の働き

筆者は、知性というものは個人においてではなく、集団として発動する「集団的叡智」であると考える。知性は個人に属するというより、集団的な現象なのだ。人間は集団として情報を採り入れ、合意形成を行う際には、その重要度を衡量し、仮説を立て、対処の仕方を議論する。その「力動的プロセス全体を活気づけ、駆動させる力」の全体を、筆者は知性と呼びたいと考える。

知性が活性化するとは、「それまで思いつかなかったことがしたくなる」といった動きが周囲にひろがることであり、そのようなかたちで影響が周囲の他者たちに及ぶ、その力のことを筆者は知性と呼ぶ。

知性は「個人の属性」ではなく、「集団的にしか発動しない」。だから、ある個人が知性的であるかどうかは、当人の知識量などで量れるものではなく、その人の属する「集団全体の知的パフォーマンス」がその人の存在によって高まったかどうかによって、「事後的に」判定されるものなのだ。

第四の部分（11）反知性主義者は集団の知的パフォーマンスを低下させる

反知性主義者の言動は、周囲の他者たちの理非の判断を無視することで、人々の生きる力を衰弱させていく「呪い」（4）として機能する。そのため、集団の中からは笑いが消え、疑いがはびこり、勤労意欲が低下して、誰も創意工夫をしなくなる。その人が独善的な主張を周囲に押しつけていくことで、その集団全体の知的パフォーマンスが低下してしまう場合、筆者はその人を「反知性的」とみなすことにしており、この基準を適用した人物の鑑定で過ったことはない、と断言する。

本文で筆者が何を言おうとしているかは、ほぼ明らかであろう。筆者は、現在の日本の政治的な状況に危機感を覚えているのである。多数の人々の意見を無視して独善的な主張を周囲に強いていく反知性主義者の言動が、人々の生きる力を衰弱させて抑圧し、集団全体の知的活力を低下させていることに、集団の存続自体の危機を感じとっているのである。しかも知識人であるほど、このような反知性主義者の言動に巻き込まれやすい。その「呪い」の機能が侮れない強さを持っていることは、現在のジャーナリズムの萎縮や教育現場の混乱に如実に示されている。

むろん、一人一人がどのような思想を持ったとしても、それは自由である。しかし、文章を読んで筆者の考えを理解しようとするときは、可能なかぎり筆者の主張に接近して、その心情を含めた内容を、いわば肌で感じとる必要がある。客

観的と称して他人事《ひとごと》のように考えていたとしたら、それは文章を読んだことにはならない。本文の場合、筆者の危機感を自分のこととして受け止めること、それが読む側の主体性なのだ。本文に対する批判や反論は、本文の内容をしっかりと受け止めてからでなければならない。

〈設問解説〉

各設問のポイントと、設問の全体がどのように構成されているかについて、あらかじめ概観しておこう。

㈠　「知性的な人」のあり方
㈡　反知性主義者の実体
㈢　反知性主義者の言動のもつ「呪い」の機能
㈣　集団として発動する知性の力
㈤　集団全体の知的活力を低下させる反知性主義者について、本文全体の趣旨を踏まえて考える
㈥　漢字の書き取り

こうして見ると、㈠と㈣が筆者の主張する内容で、㈡と㈢が筆者の批判する側の内容になっている。㈤は、傍線部自体は批判する側のものであるが、「本文全体の趣旨を踏まえた上で」という条件を組み込むことを考えるなら、かなりの工夫が求められよう。どの設問も、傍線部をイイカエて答えとなるようなレベルのものでないことは、もちろん、言うまでもない。

㈠　筆者の考える「知性的な人」のあり方についての理解が問われている。

傍線部は、筆者の考える「知性的な人」のことを言っている。「反知性主義者」は、ホーフスタッターによれば「陳腐な思想や認知されない思想にとり憑かれてい」て「ひたむきな知的情熱」に駆られている人である。それはバルトの言う「知識に飽和されているせいで未知のものを受け容れることができなくなった状態」という、「無知」についての卓見を思い出させるものでもある。

このような「未知のものを受け容れること」のできない「反知性主義者」に対して、筆者は、「自説に固執する」ことをせず、「他人の言うことをとりあえず黙って聴」き、自分の内側の身体的な感覚に照らし合わせて判断し、「さしあたり理非の判断に代え」ようとする人のことを、「知性的な人」だと見なすことにしている。それは、「自分の知的な枠組みそのものをそのつど作り替え」て「知の自己刷新」をしようとしているからである。そのような人においては、「知性が活発に機能している」と考えられる。

「さしあたり」という語が用いられているのは、「理非の判断」には時間がかかるからであり、「反知性主義者」のように「正

解をすでに知ってい」(4)てハナから相手を拒絶するのではなく、他人の言う「未知のもの」を、とりあえず身体的な感覚でなんとか理解して受け容れようとしているからである。

記述すべき内容は、次の二つになるだろう。

①他者の言葉を自らの身体的な実感でその当否について判断する［他者の受容］

②知的枠組みを柔軟に刷新して未知なるものを捉えようとする人［自己の変革］

基本的には当該する意味段落で考えるが、本文全体を視野に入れておくべきことは、むろん言うまでもない。それは、どの設問についても言えることである。

(二)　反知性主義者の実体についての理解が問われている。

「この人」とは「反知性主義者」を指す。彼はしばしば「恐ろしいほどに物知り」で、「データ」や「エビデンス」や「統計数値」（これらの用語が、現在の新資本主義を主導する側の用語でもあることに留意したい。）をたちどころに取り出して見せてくれる。しかし、それをいくら聴かされても、「私たちの気持ちはあまり晴れることがない」し、また「解放感を覚えることもない」。傍線部は、その理由を説明している箇所に当たる。

「正解をすでに知っている」とは、「ことの理非の判断を私に委ねる気がない」ことを意味する。他人が同意しようとしまいと、彼の語る「真理性」はいささかも揺るがない。理非の判断はすでに済んでしまっており、他者の意見によって自分の考えを修正するなどということはいささかもあり得ず、他者の判断は完全に排除されているのである。

以上の内容をまとめるなら、記述すべきことは次の二つになるはずである。

①反知性主義者は自己の信ずる真理性を絶対的なものと思い込んでいる［自己の絶対化］

②他者の判断を考量する余地は全く持っていない［他者を無視］

次の設問(三)をも視野に入れて、どこまでを解答範囲とするかは、自分で考えなければならない。また「私たちの気持ち」が「解放感を覚えることもない」理由を述べているのだから、①の内容だけで終わるのではなく、〈周囲の他者を無視する〉といった方向性をもつ②の内容まで記述する必要がある。

(三)　反知性主義者の言動のもつ「呪い」の機能についての理解が問われている。

この(三)は前の(二)と同様、反知性主義者に関わるものである。とすれば、(二)の解答内容と(三)の解答内容との違いをしっかりと識別しておかなければ、混乱した不鮮明な記述になってしまう危険性がある。両者の違いはどこにあるか。(二)は自己の真理性を絶対化して他者の判断を無視する反知性主義者の傲慢さを問うているのに対し、㈢はそのような反知性主義者の言動が、周囲の人々の生きる力を衰弱させる「呪い」の作用として機能することを問うている。このような力点の違いをはっきりと意識しておきたい。

傍線部の「『あなたには生きている理由がない』と言われているに等しい」とは、直前の一文の「こちらの生きる力がしだいに衰弱してくる」とほぼ同じことを言っている。それは、相手の理非の判断を無視する反知性主義者の言動が、相手の人間としての存在理由そのものを奪う「呪い」の作用として機能することを意味する。

ここで筆者が「呪い」という、ややおどろおどろしい言葉を用いているのは、その機能が軽く見過ごせるようなものではなく、侮れない強力な作用を及ぼすものであることを言いたいからである。しかも知識人であるほど、その力に巻き込まれやすい。筆者は自分も知識人の一人として、このことに危機感を覚えているのである（1・2）。「呪い」の作用の具体的な事例は本文には明記されていないが、それは歴史上の様々な問題を想起すれば明らかなことであり、また現在の日本の閉塞的な状況を見るならば、十分に納得できることである。「その人がいるせいで周囲から笑いが消え、疑心暗鬼を生じ、勤労意欲が低下し、誰も創意工夫の提案をしなくなる」（11）というのは、現在の日本の閉塞状況を指す、まさに反知性主義者の言動のもたらした「呪い」の機能に外ならない。

記述すべき内容は次の二点になるだろう。

①自己を絶対化して他者の判断を無化する反知性主義者の言動［反知性主義者の実体］

②（右は）人々の生きる力を否定して衰弱させる機能をもつ［他者の否定と「呪い」の機能］

右の②は〈否定する〉だけでも構わないが、「呪い」のニュアンスを出すためには「衰弱」させるまで書く方がベターのように思われる。

㈣　集団として発動する知性の力についての理解が問われている。

反知性主義者が知性を個人に属するものと考えているのに対し、筆者は知性を「集団として発動するもの」と考えている。知性とは、単なる知識量とかの個人の属性ではなく、その人がいることによって集団全体の知的パフォーマンスが高まった場合、「事後的に」その人が知性的だったと判定される何ものかなのである。集団の中で相互に他者たちに影響を及ぼし合い、知的活動を刺激して新たな気づきと発想をもたらし、合意形成へと促す力の全体が知性なのである。

合意形成が集団全体の力動的なプロセスの中で成されていくとあるのは、反知性主義者の理非の判断が他者の考えを無視して進められる一方的で絶対的なものであることとの対比から来ている。反知性主義者の場合は、集団としての力動的プロセスを欠き、集団全体の知的パフォーマンスはむしろ低下してしまうのである。

以上をまとめるなら、書くべきことは次の二点である。

①相互に影響を及ぼすことで人々に新たな気づきと発想をもたらす［集団内部でのメカニズム］

②集団全体の知的活動を刺激して合意形成へと促す知性の力［集団全体の合意形成］

要は、集団内部における生き生きとしたダイナミックな活気(①)と、集団全体に示される合意形成への知的活力(②)である。

㈤　集団全体の知的活力を低下させる反知性主義者について、本文全体の趣旨を踏まえて考えることが求められている。

最後の[11]は、反知性主義者の「活発」な活動が集団全体の知的パフォーマンスを低下させ、集団の中から笑いを消して猜疑心ばかりがひろがり、労働意欲が下がって閉塞感が満ちていくさまを語っている。そのようにして集団全体の知的パフォーマンスを低下させる人を、筆者は「反知性的」とみなすことにしており、この基準を適用した人物鑑定で間違えたことはない、と言っている。筆者はここで、自分の考えた人物鑑定の基準の確かさを自慢しようとしているのだろうか。あるいは反知性主義者の危険性を単に強調しようとしているだけなのだろうか。

そもそも本文は、「私たちが」「日本における反知性主義について考察する場合」([2])という条件のもとで書かれた文章である。その際に留意すべきことは、「反知性主義に陥る危険のない知識人はほとんどいない」一方で「ひたむきな知的情熱に欠ける反知識人もほとんどいない」([1])という点である。言い換えるなら、筆者は知識人こそが反知性主義に陥る危険をもっており、反知性主義者の「ひたむきな知的情熱」に取り込まれることの危険を警戒しているのである。

反知性主義者は自己の真理性に疑いを抱くことなく、他者の言うことを聞く耳は持っていない。その独善的な判断は、いくら説明されても「私たちの気持ちはあまり晴れることがないし、解放感を覚えることもない」([4])。そしてその言動は、「確実に『呪い』として機能し始め」「こちらの生きる力がしだいに衰弱してくる」([4])のだ。現在の日本を覆う息づまるような閉塞感は、（経済格差などによるばかりではなく）反知性主義者の「ひたむきな知的情熱」による独善的な言動によっている、と筆者は言っているのである。

現在の日本が知的活動を劣化させつつある状況に対して、筆者は他者とともに「知の自己刷新」([3])を続け、集団全体の知的パフォーマンスを活性化する必要を説いている。とすれば、本文の末尾で人物鑑定の基準に言及するのは、筆者が自分の考えた基準の確かさを自慢するためではなく、そのような反知性主義者の偏った情熱に屈してはならないということを言おうとしているからではないか。また、筆者は単に反知性主義者の危険を強調するだけではなく、自分たち知識人がその「呪い」に取り込まれないように抵抗すべきことを言おうとしているのではないか。

設問の問いかけが「…とはどういうことを言おうとしているか」となっていたなら、文句なく右のように答えることができる。ただ実際には「…とはどういうことか」となっていて、右のように踏み込んで答えるには、ややためらいが残る。しかし、「本文全体の趣旨を踏まえた上で」という条件を考慮に入れるなら、「反知性主義者は…である」といったことを他人事《ひとごと》のように強調して確認したところで、そのことにいったいどれほどの意味があろうか。現在の日本の状況に対して、筆者はいわば身体的に危機感を覚え、なんとかその劣化をくいとめたいと考えている。そのためには、知性こそを重視して集団全体を知的に活性化する必要があると主張しているのである。

この解答を記述する際に最も重要な点は、筆者の危機感を過たずに捉えることである。知性と反知性主義の対比を明確に記述したとしても、筆者の危機感を共有することなく、他人事《ひとごと》のように書いた答案は、まともな答案とは言えないだろう。一般化して言うなら、設問㈤の解答を記述する際の最も肝心な点は、本文の筆者がなぜその文章を書いたのかという、筆者の執筆モチーフに可能なかぎり肉薄することである。そして、そこにこそ、読み手の主体性が示されるのだ。

記述すべき内容は、ほぼ次の四つになるだろう。

①現在の日本を考えるとき［前提条件］
②自己の独善的な主張を周囲に強いる人間が知性的であった例のないことから［反知性主義者の実体］
③私たちは反知性主義者の偏った情熱に屈することなく［筆者の危機感の主体的な受け止め］
④知性を重視して他者とともに自己刷新をつづけ、集団全体を知的に活性化していく必要がある［主張］

右の②と④が本文の骨格ではあるが、これだけでは十分な答案に届くとは言えないだろう。①の前提条件を捉え、③の筆者の危機感を共有することで、初めて本文が読めたということになる、と考えられる。

㈥　漢字の書き取り。

漢字の書き取りは、字体の正確さだけでなく、読解の前提としての語彙力が問われていると考えたい。

a　「陳腐」。「チンプな思想」が「認知されない思想」と並立されていることから考える。〈ありふれていて、おもしろみのないさま〉の意。「陳」には、述べる、連ねるの意とともに、古いの意がある。陳腐で、古くてくさっていること、古くさくてめずらしくもないこと。

b「怠惰」。「タイダ」が「無知」と並立されていることから、容易に決まる。〈なまけて、無駄に時間を過ごす様子〉の意。「怠」は、おこたる、なまける。「惰」も、おこたる、なまける、の意。「惰」は、随、堕、隋、墜、楕などの字と意味や字体をしっかりと区別して理解しよう。

c「頻繁」。〈しきりに行われること〉の意で、内容上の誤読はあり得ないだろう。「頻」は、しきりに、たびたび、の意。「繁」は、しげる。

〈自己採点のめやす〉

記号は次の意味で用いる。

☆……解答としての方向性

○……合格答案

△……基本点

×……不可

(一)

☆「知性的な人」のあり方について書かれていること。

○次の二つがほぼ書かれていること。

①他者の言葉を自らの身体的な実感でその当否について判断する［他者の受容］

②知的枠組みを柔軟に刷新して未知なるものを捉えようとする人［自己の変革］

△右の二つのうち片方を欠くもの。

×両方とも書かれているが、全体的に記述の粗いもの。

「反知性主義者」に属する語が混入していて、論理に乱れがあるもの。

(二)

☆「反知性主義者」の実体について書かれていること。

○次の二つがほぼ書かれているもの。

①反知性主義者は自己の信ずる真理性を絶対的なものと思い込んでいる［自己の絶対化］

②他者の判断を考量する（考慮に入れる…）余地は全く持っていない［他者を無視］

△右の二つのうち①は書かれているが②を欠くもの。

×「正解」に関する記述が肯定的なニュアンスになっているもの。

(三)

☆反知性主義者の言動のもつ「呪い」の機能について書かれていること。

○次の二つがほぼ書かれているもの。

①自己を絶対化して他者の判断を無化（無視）する反知性主義者の言動［反知性主義者の実体］

②（右は）人々の生きる力を否定して衰弱させる機能をもつ［他者の否定と「呪い」の機能］

△　右の②のうち「衰弱」させるの内容を欠くものは若干の減点。

×　右の二つは書かれているが全体的に記述の粗いもの。
①の内容を欠き、「反知性主義者」の言動ということがはっきりとしていないもの。

㈣

☆　集団として発動する知性の力について書かれていること。

○　次の二つがほぼ書かれているもの。
①相互に影響を及ぼすことで人々に新たな気づきと発想をもたらす［集団内部でのメカニズム］
②集団全体の知的活動を刺激して合意形成へと促す知性の力［集団全体の合意形成］

△　右の二つのうち、片方に関する記述の極めて薄いもの。
傍線部の直前の箇所を、そのままに近い形で用いていて、能動的な理解になっているとは言えないもの。

×　数箇所の抜き書きだけで成っていて、文意の通らないもの。

㈤

☆　集団全体の知的活力を低下させる反知性主義者について、本文全体の趣旨を踏まえて書かれていること。

○　次の四つがほぼ書かれているもの。
①現在の日本を考えるとき［前提条件］
②自己の独善的な主張を周囲に強いる人間が知性的であった例のないことから［反知性主義者の実体］
③私たちは反知性主義者の偏った情熱に屈することなく［筆者の危機感の主体的な受け止め］
④知性を重視して他者とともに自己刷新をつづけ、集団全体を知的に活性化していく必要がある［主張］

△　右の②と④は書かれているが、①と③を欠くもの。

×　知性と反知性の対比が不鮮明で、論理が混乱しているもの。

㈥

×　続け字、乱雑なものは、不可。

解答

㈠ 他者の言葉を自らの身体的な実感でその当否について判断し、知的枠組みを柔軟に刷新して未知なるものを捉えようとする人。

㈡ 反知性主義者は自己の信ずる真理性を絶対的なものと思い込み、他者の判断を考量する余地は全く持たないということ。

㈢ 自己を絶対化して他者の判断を無化する反知性主義者の言動は、人々の生きる力を否定して衰弱させる機能をもつということ。

㈣ 相互に影響を及ぼすことで人々に新たな気づきと発想をもたらし、集団全体の知的活動を刺激して合意形成へと促す知性の力。

㈤ 現在の日本を考えるとき、自己の独善的な主張を周囲に強いる人間が知性的であった例のないことから、私たちは反知性主義者の偏った情熱に屈することなく、知性を重視して他者とともに自己刷新をつづけ、集団全体を知的に活性化していく必要があるということ。（120字）

㈥ a＝陳腐　b＝怠惰　c＝頻繁

第四問（文科）

出典

堀江敏幸（ほりえ・としゆき）「青空の中和のあとで」（『日本経済新聞』二〇一四年八月三日掲載　『ベスト・エッセイ２０１５』二〇一五年光村図書刊所収）の全文。

堀江敏幸は、一九六四年、岐阜県生まれ。作家。早稲田大学第一文学部フランス文学専修卒業。東京大学大学院人文科学研究科フランス文学専攻博士課程単位取得退学。著書には、『熊の敷石』『雪沼とその周辺』他、多数がある。

解説

〈本文解説〉

本文は、青の異変と名づけた天候の急変について、それに人間の心の内側の暴発的なエネルギーを重ねて綴った随筆である。非日常の恩寵を日常と対比して称揚しつつ、そのような体験をすること自体が日常の中で行われるというねじれた構造になっていて、読み取りが難しい。全体は十三の形式段落から成っているが、ここでは四つの部分に分けて考えることとする。（なお、原文では、4「このささやかな破れ目に」の前、7「青は不思議な色」の前、13「風船だった」の前、の三箇所にそれぞれ一行空きがあって、全体は四つのブロックから構成されているが、ここでは内容上のまとまりから、原文とは別の区切りとする。）

第一の部分（1〜6）青の異変

その日筆者は、ありふれた住宅街を歩いていて、「青の異変」を感じる。天候の急変に遭遇したのだ。突然、青空が陰り、どしゃ降りの雨が、稲光、雷鳴とともにやって来た。やがて雨は上がり、空の端の方から青が滲み出て鮮やかな回復に向かう。その十数分の「非日常」を、筆者は「まぎれもない日常」として生きた、と言う。二項の対比を混乱させるような表現になっていてややわかりにくいが、筆者にとって「非日常」は、まさに「日常」の中にあってこそ「非日常」として感じられるということであろう。別の言い方をすれば、後に出てくる「予報」（4）は、「非日常」の本質を奪い去ってしまうのである。（なお、「影をつくらない自然の調光」とは、日が陰り、太陽の直射光線が消えて、うす暗いぼんやりとした反射光線が、物の影をくっきりとは映さなくなったさまを表している。また「鉄砲水」という語は、一般的には、局地的な豪雨で起こる山間部での〈洪水〉を指すが、ここでは、雨の降り方そのものの比喩として用いられている。）

筆者は、夏の青空のこのような急変を、以前よりも楽しみに待つようになったと言う。平らかに見える穏やかな空がいかに「かりそめの状態」であるかということが、この不意打ちのような天候の崩れに示されている。筆者はそのことに「ある種の救いを求めている」のかもしれない、と考える。平らかな空が「かりそめの状態」で、天候の急変が〈内側の状態〉だとすると、この対比は7の「重い現実」や10の「暴発的なエネルギー」を予告するものと見なすことができるだろう。筆者は、人間が心の内側に暴発的なエネルギーを秘めつつ平穏な日常を送るあり方を、天候の激変を内にはらみつつ平らかな空をたもつ「かりそめの状態」に重ねて捉えているのであり、おそらくは誰もがそのように生きていることを認識することで、「ある種の救い」となるのであろう。

そのような夏の雷雨は、さらに後につづく出来事への期待感をつのらせる。嵐の後には穏やかさがやってくると信じていた筆者の心に、その期待感はちょっとした「破れ目」をつくる。

そのささやかな「破れ目」につながる感覚は、現実の出来事と同時的にやって来るものであり、「予感とほとんど時差のないひとつの体験」である。それに対して、予報は、先のことがわかってしまうために、それに合わせた行動をとる必要がでてきたりして、こちらの行動を束縛し、「息苦しく」する。「これから降るらしいよ」といった会話を耳にはさんだりすると、「何かひどく損をした気さえする」のは、日常の中で天候の急変が与えてくれる非日常という貴重な瞬間から新鮮な驚きを奪って、自分を束縛する既定の出来事へと変えてしまうからである。

青空に異変の気配が出てきて、稲光とともに雷鳴が響くと、筆者は「日常の感覚の水位があがる」と言う。日常の感覚が緊張度を増して、非日常に直面する心の態勢が整えられる、といったところか。ずぶ濡れになることとか約束に遅れることとかの心配よりも、青の異変を全身で体験できることが「一瞬の、ありがたい仕合わせ」として、空の青みの再生に至るしばらくの時間を「一種の恩寵（＝神の恵み）」として受け止めるのだ。

そのようにして筆者は、空の回復を、予知や予報を介在させずに、「日々の延長のなかでとらえてみようとする」（⑥）。この表現は、①の「まぎれもない日常として生きた」を承けている。「青の異変」という「非日常」を、筆者はまさに「日常」として生きようとしているのである。

第二の部分（⑦〜⑨）青という色の不思議

青は不思議な色である。海の青は手で水をすくったとたん、青でなくなるから、青は幻といっていい。しかし、海が極端に色を変えたとき、「幻を重い現実に変える力を持つ」と筆者は言う。たとえば海が黒い色になって嵐を呼び、船を難破させるとか、津波をひきおこすとかを考えればいいだろう。

そのことを筆者は、「海の青を怖れるのは、それを愛するのと同程度に厳しいことなのだ」と述べる。海の青を怖れることは厳しいことなのであり、それは海の青を愛することが厳しいことであるのと同じことだ、という意で、海の青が潜在的に持っている重い現実の力のことを言おうとしている、と考えられる。

空の青も、同様に幻なのである。筆者はここで物理学の光に関する知識を援用しながら、天上の青が「青い光の散乱」にすぎないものであり、他の色といっしょになれなかった「孤独な色」だと言う。

空の青はいつも遠く、背伸びをしても手が届かない。飛行機で空を飛んだら、近すぎてそれはもう空ではない。遠くから眺めることではじめて「乱反射の幻」が生きる。空の青こそが、平凡で穏やかな表情を見せつつ「弾かれつづける青の粒の運動を静止したひろがりとして示す」という点で、日常に似ている、と筆者は言う。観念的なニュアンスが強くて、何のことを言っているのか、明確にはつかみ難いが、青という色は、激しい力を内にはらみ持ちつつ、平穏な表情を孤独なひろがりとして示している、という点で、日常に似ている、ということだろうか。

第三の部分（10・11）日常の裏面にある暴発的なエネルギー

単調な日常は、まさに単調に過ごすためにこそ、内側に「暴発的なエネルギー」をときに必要とする。ただし、その「暴発」は、自分の心の中で処分するものだから、表に出ることはなく、外からは平坦なままに見える。「内壁が劣化し、全体の均衡を崩す危険性があれば、気づいた瞬間に危ない壁を平然と剝ぎとる」という一文が何を言おうとしているのかはややわかりにくいが、自分の心の全体のバランスを崩すほどに内側の激しい力が心の壁を突き破りそうになったときには、心の内部で平然とその壁を剝ぎとり、内側に暴発させるままにしておく、ということであろう。言うならば、自分の心の中だけでガス抜きをして心のバランスをとり、単調な日常を破壊する危険が外在化しないようにする、ということと思われる。「そういう裏面のある日常」とは、人は誰でも、単調な日常を送るためにこそ、日常を破壊するような危うい部分を心の内側に抱え込みつつ生きている、ということである。

筆者が「青空の急激な変化を待ち望む」のは、見えるはずのない「内側の崩れの兆し」を、「天地を結ぶ磁界のなかで一挙に中和する」ためでもある、と言う。この「内側の崩れの兆し」は、10の記述を承けて出てくる表現だから、天候そのものの内側の崩れの兆しであるとともに、人間の心の内側の崩れの兆しでもあるだろう。「天地を結ぶ磁界のなかで一挙に中和する」とは、稲光や雷鳴が天と地を電流でつなぐことで、エネルギーがアンバランスになった状態を一挙に解消して平衡を取り戻す、ということである。ここで筆者は、天候についての青の異変を、人間の心の中の暴発と重ねて捉えている。このようにして筆者は、日常における「小さな変貌」を断続的に繰り返すことで、メタにメタを重ねる形で「体験の質を高め、破れ目を縫い直したあとでまた破る」ような「べつの出来事」を呼び寄せると言う。むろん、ここでの「べつの出来事」とは、次の「赤い風船」の「事件」を予告している。

第四の部分（12・13）赤い風船という事件

「天気の崩れ」と「内側の暴発」を経たのちに、新しい空があらわれる。筆者は大通りを渡るために、歩道橋の階段をのぼりはじめる。そこに、赤い風船がゆっくりと降りてくる。「飛翔の力を失った赤い風船」との遭遇を、筆者は「事件」と名づける。階段を一段一段ふわりふわりと降りてきた赤い風船は、空の貴重な青から筆者の目を地上へと引き戻す。筆者は「青の明滅に日常の破れ目を待つという自負と願望があっさり消し去られた」ことに、むしろ「奇妙な喜び」を覚えて、茫然とする。ここでの「自負と願望」とは、11の「体験の質を高め、破れ目を縫い直」すといったことを指しているだろう。それが「消し去られた」ことが、どうして「喜び」であるのか。それは、「赤い風船」との遭遇が、「予知や予報」⑥を介在させない、新たな非日常の体験だったからであり、青の異変という非日常のもたらした「日常の破れ目」への期待が、まさに筆者の日常において裏切られたからである。

どうだっただろうか。その表現がその表現でなければならないといった、緊密な必然性を感じ取れただろうか。本文を、詩的な文章だと見る向きもあるようであるが、自己を韜晦《とうかい》するためのレトリックと見ることもできよう。いずれにしても、この文章が受験生の読解力を試すための、まっとうな難解さを持つ適切な素材であるか否かについては、やや疑いが残る。ただし、受験生はそういうこととは別に、正面から取り組むしかない。

〈設問解説〉

全体の設問構成を概観してみよう。

(一) 青の異変と予報との関係
(二) 青という色のもつ不思議な二面性
(三) 日常のもつ二面性
(四) 青の異変と赤い風船との関係

ここでは一応〈二面性〉としたが、筆者の思考には単純な二項の対比を超えようとする動きがあるので、対比的な内容をどう記述するかという点については、十分注意を払いたい。

(一) 青の異変と予報との関係についての理解が問われている。

青の異変という非日常と、こちらの行動を束縛して息苦しくさせるふだんの出来事との対比が基本となる。「何かひどく損をした気さえする」のは、直前の「予報は、ときに、こちらの行動を縛り、息苦しくする」とあるのがその理由である。たとえば、予報で台風が来ることがわかってしまうと、その対策としての準備に追われたりして行動が縛られる。一方で、予報された台風は、実際にやって来たときには非日常としての意外性を失っており、もはや非日常としての恩寵を与えるものではなく、単調な既定の出来事に変わっている。

以上が基本の対比であるが、注意すべきなのは、「まぎれもない日常として生きた」①とあるところである。筆者は非日常を、まさに日常の中で体験することで、それが非日常の本質を明らかにすると見なしている。どれほど異常な天候であっても、それが予報されて既知のものになってしまったら、それはもはや非日常としての本質を失ってしまうということだ。ここをどのように記述するかには注意が必要である。

解答の全体をどの程度抽象化して書くか、レベルの設定が難しいが、㈣では「青」と「赤」の対比が求められていることを視野に入れるなら、天候にかかわる「青の異変」といった内容がわかる程度には、具体性をとどめておくことが望ましいだろう。

①青空の突然の崩れは非日常という恩寵を与えてくれる
②非日常の体験は日常の中で行われる
③予報は（右のことを）既定の束縛された出来事へと解消してしまうから

これらの内容を2行の枠内に収める（50字から60字が標準）のは極めて難しいが、文型を工夫するなどの試行錯誤が求められるだろう。

㈡　**青という色のもつ不思議な二面性についての理解が問われている。**

青という色については、空の青と海の青の二つが書かれているが、傍線部はもちろんその両方を含んでいる。海の青は、幻という点と幻を重い現実に変える潜在的な力をもつ点という二面性をもっている。

空の青も同様に、幻である点と弾かれつづける孤独な色という二面性をもっている。第二の部分だけで考えると、空の青には海の青のような厳しい力については書かれていないかのように感じられるかもしれないが、第三の部分の「暴発的なエネルギー」は天候の崩れについても言っているものであり、稲光や雷鳴のことを考えても、空の青に激しい現実の力が含まれているのは当然のことと見なしてよい。

つまり、空の青と海の青に共通する特徴は、一つは幻であるという点で、もう一つは、にもかかわらず厳しく激しい現実の力を持っているという点である。これらが二つのポイントとなる。

幻という点をもう少し深めるなら、海の青は「水をすくったとたん青でなくなる」ものであり、空の青は飛行機で空を飛んだら近すぎて空ではなくなることである。その共通性をなんとか言葉にしようとするなら、たとえば〈遠く手の届かない〉といった表現になるだろう。

さらに、㈠と同様に注意すべきことは、そのような激しい力を内にはらみ持ちつつも、外に見せる表情は「穏やかな」「静止したひろがり」であることである。そのことを筆者は「日常に似ている」⑼と言っている。ここをどのように記述するかには、それなりの表現上の工夫が求められるだろう。

①遠く手の届かない幻である
②激しい力を内にはらみ持っている
③（右の激しい力を外に出さずに）平穏な表情を孤独なひろがりとして示す

色についての「不思議」さを説明するわけだから、必然的に観念的な内容になってくるわけだが、その中でも、できるかぎりで一般化した内容になるように心掛けたい。

㈢　日常のもつ二面性についての理解が求められている。

単調で平坦な表層としての日常と、その裏側にひそむ暴発的なエネルギーをもつ側面との二つが基本的な対比となる。この二項の対比をそのまま書いてよいなら、易しい設問といってよい。しかし、ここでも前の㈠㈡と同様に、注意すべき点がある。

それは、この「暴発的なエネルギー」が「表にあらわれでることはな」く、「単調な日々を単調なまま過ごす」ためにこそ必要とされている、という点である。だから、〈表の日常〉と〈その裏側〉とを切り離して、それぞれ別のものとして書くのではなく、〈表の日常〉を支える〈その裏側〉といったふうに、両者の関係を含めて書くべきだということである。言い換えるなら、「〜(といった表の日常の)裏側には、…(といった暴発の力)がある」と単純に書くよりも、「〜(といった表の日常)を支える(を持続させる…)暴発の力が裏側に…ひそんでいる」といったふうに書く方がベターであろうということだ。

本文で筆者は、「非日常」の恩寵を称揚しているが、それはまさに「日常」の持続の中においてこそ体験できることなのである。この「日常」の強調をつかまえ損ねたら、読解が不十分なものになってしまうのは避けられないだろう。

記述すべき内容は、次の三つになるだろう。

①平坦に持続する日常の表層

②日常の裏側にひそむ暴発的なエネルギー

③(右の)②は①を支える(持続させる…)ためにある

易しい、明快だ、と思った瞬間、そこに危険な陥穽が生まれるといったことは、なにも現代文の記述に限ったことではない。

㈣　青の異変と赤い風船との関係についての理解が問われている。

「青の明滅に日常の破れ目を待つ」というのは、第二の部分に書かれた青の特徴をもつ遠い青空をめぐって、第一の部分の天候の急激な崩れが、日常の破れ目をつくり、そのことに「ある種の救い」⑵を求めているといったことを指している。この「救い」は、第三の部分の「天地を結ぶ磁界のなかで一挙に中和する」⑾にも、ゆるやかにつながっていく。それが「自負と願望」であるのは、「ある種の救い」であるとともに「体験の質を高め、破れ目を縫い直したあとでまた破る」⑾という「小さな変貌の断続的な繰り返し」⑾だからである。

それが「あっさり消し去られた」のは、もちろん第四の部分の「赤い風船」が降りてきた「事件」を指す。「青の異変」という非日常によって天に向けられていた筆者の視線が、「赤い風船」の事件という別の非日常によって、「地上へと引き戻され」たのである。

以上が傍線部の直接的な内容であるが、その直後に「奇妙な喜び」とある。それは、青の明滅に期待する日常の破れ目は「消し去られた」が、そのことは「赤い風船」の「事件」という別の非日常との驚きの遭遇だったからである。これは傍線部自体の内容ではなくても、ニュアンスとしては含まれているだろう。というのは、まさにこのことこそが、非日常を日常において感受するという筆者の姿勢を示すものだからである。

以上をまとめるなら、書くべき内容は次の三つになるだろう。

①遠い青空の非日常に自己の救いを求める思いが
②地上の赤い風船という別の非日常との遭遇によって
③快く否定された

要は、「消し去られた」をそのままイイカエたりして、解答文のニュアンスが消極的、否定的なものになったとしたら、それは良くないだろうということだ。傍線部を要素に分けたり、言葉のイイカエを試みたりするやり方が、文章の本質的な読解といかにかけ離れたものであるかということに気づくべきだろう。

〈自己採点のめやす〉　記号は第一問と同様に用いる。

㈠

☆　青の異変と予報との関係について書かれていること。
○　次の三つがほぼ書かれているもの。
①青空の突然の崩れは非日常という恩寵を与えてくれる
②非日常の体験は日常の中で行われる
③予報は（右のことを）既定の束縛された出来事へと解消してしまうから
△　右の①③は書かれているが、②の「日常」が書かれていないもの。
×　③の内容が不十分な上に、①の内容が全く書かれていないもの。
論理の混乱しているもの。

㈡

☆　青という色のもつ不思議な二面性について書かれていること。
○　次の三つがほぼ書かれているもの。
①遠く手の届かない幻
②激しい力を内にはらみ持っている
③（右の激しい力を外に出さずに）平穏な表情を孤独なひろがりとして示す
△　右の①②は書かれているが、③の書かれていないもの。

× ②の書かれていないもの。
　二面性の説明になっていないもの。

(三)
☆ 日常のもつ二面性について書かれていること。
○ 次の三つがほぼ書かれているもの。
　①平坦に持続する日常の表層
　②日常の裏側にひそむ暴発的なエネルギー
　③（右の）②は①を支える（持続させる…）ためにある
△ 右の①②は書かれているが、③を欠くもの。
× 二面性の説明になっていないもの。

(四)
☆ 青の異変と赤い風船との関係について書かれていること。
○ 次の三つがほぼ書かれているもの。
　①遠い青空の非日常に自己の救いを求める思いが
　②地上の赤い風船という別の非日常との遭遇によって
　③快く否定された
△ 右の①②はほぼ書かれているが、③の〈快く〉等の語を欠いて否定的なニュアンスになっているもの。
　右の①②と③の〈否定された〉の内容はほぼ書かれているが、〈青↔赤〉の対比が書かれていないもの。

× ①と②③とが論理的につながっていないもの。

　――以上の基準はやや厳しすぎるものかもしれないが、本文の読解から導かれた基準として、ある程度のめやすにはなるだろうと思われる。ただ、自分の答案と読みくらべるとき、心持ち甘めにしても良いだろう。

解答

(一) 日常の中で青空の突然の崩れが与えてくれる非日常の恩寵を、予報は自分を束縛する既定の出来事へと解消してしまうから。

(二) 遠く手の届かない隔たりが生み出す幻である一方、激しい力を内にはらみ持ちつつ平穏な表情を孤独なひろがりとして示すところ。

(三) 日常には、平坦に持続する表層とは別に、それを支えるために費やされる暴発的な力のひそむ危うい内側があるということ。

(四) 遠い青空の非日常に自己の救いを求める思いが、地上の赤い風船という別の非日常との遭遇によって快く否定されたということ。

二〇一五年

第一問（文理共通）

出典

池上哲司（いけがみ・てつじ）『傍らにあること　老いと介護の倫理学』（筑摩書房　二〇一四年四月刊）の〈第二章　自分ということ〉の「6　自分への還帰」全文。

池上哲司は一九四九年東京都生まれ。京都大学文学部哲学科卒。同大学院博士課程単位取得退学。専攻は倫理学・現象学。著書には、本書の他にエッセイ集『不可思議な日常』、共著には『自己と他者』他がある。

なお、原文は〈過去の回収〉〈生成の足跡〉〈可能性の自分〉の小見出しが付けられた三つのブロックに分けられている。また①段落末文には「何度も述べたように」とあるのが、問題文ではカットされている。

解説

〈本文解説〉

本文は、自分とはどういうものかという問いを深めていき、それが〈生成の運動〉であることを述べた文章である。「自我」という語が一度も用いられていないことからもおぼろげに感じられるかと思われるが、近代的自我の自己同一性といった考え方に対する批判的な見方に立つものである。全体は十の形式段落から成るが、ここでは三つの部分に分けて考えてみよう。

第一の部分（①〜③）自分は過去の自分を回収して生成する

過去の自分と現在の自分とは、どういう関係にあるのか。そこに微妙な違いがあることは、身体的にも意味的にも確かであるのだが、一般的にはそこに「不変の自分なるものがある」と根強く考えられているようだ。しかし、このような見方は「出発点のところで誤っている」と筆者は述べる。なぜか。それは、「不変の自分なるものがある」とする発想は、自分が生成するプロセスを時間的に「分断」して、過去の自分と現在の自分を別々のものと見なし、その二つを「対比」することで両者の同一性を考えるという混乱した思考に迷いこんでしまうからである。過去の自分と現在の自分という二つの自分があるのではない。あるのはただ一つ、生成して働く現在の自分だけである。

過去の自分は、身体的にも意味的にも、現在の自分のなかに統合されている。過去に獲得された運動能力とか過去の経験は、統合されて現在の自分に重なっている。現在の自分は、身体的、意味的統合を通して、過去の自分を回収し、そのように回収されて初めて、過去の自分は「現在の自分の過去」

という明確な資格を持つようになるのである。

このような統合は、意識されている場合もあれば、意識されていない場合もある。過去のすべてを記憶していることは本来不可能であり、重要なことは、何を忘れ、何を記憶しているか、つまり、これまでの自分の経験をどのようなものとして引き受け、意味づけているかである。そして、そのようにして引き受けた過去への姿勢を、現在の世界へ向けて、自らの行為として「表現する」ということが、「働きかける」ということである。この働きかけは他者からの応答によって新たな姿勢へと「組み直される」のであり、それが「自分の生成」なのである。そしてこの「生成の運動」において、自分の「自分らしさ」というものも、外に顕在化してくるのだ。

要するに、自分というものは、不変の自分といった固定的な何かがあるのではなく、過去が統合されて回収された現在の自分が、世界に向けて働きかけ、その働きかけが他者の応答によって組み直されて、新たな自分として生成する、いわば働きとして顕在化してくるものである、ということだ。言い換えるなら、自分とは、名詞的な実体ではなく、動詞的な現象である、ということである。

第二の部分（[4]～[7]）生成する自分の残した足跡から、可能性としての方向性へ
自分が生成する運動というものを、自分が意識的に完全に制御できると考えてはならない、と筆者は述べる。なぜだろうか。それは、自分の自分らしさは、本来自分で判断すべき事柄ではないし、また意図的に自分で実現できるものでもないからだ。意図的なものには、どうしても「不自然さ」が感じられてしまう。ここに、「自分の自分らしさは他人によって認められるという逆説」が成立する。意識もせずに為される行為に、その人のその人らしさが認められるということは、私たちの日常の経験からも言えることである。
自分で考えている自分と、現実の自分とは普通はなかなか一致しない。それは、現実の自分とは働き、あるいは生成という現象的なものであって、その働きの受け手から判断されるはずのものだからである。しかし、だからといって、自分の自分らしさが他人によって「決定」されるわけではない。他人によって「認められる」ものではあるが、「決定」されるわけではないのだ。自分らしさは、固定的に捉えられるものではなく、生成の運動なのである。それでも、自分らしさが認められるということがあるのは、「自分について他人が抱いていた漠然としたイメージ」を、「一つの具体的行為として自分が現実化する」からである。簡単に言い換えれば、

自分が他人の抱いていたイメージ通りのことをすると、他人から見ればそこに自分らしさが認められるということだ。しかし、そこに認められた自分らしさは、すでに「生成する自分」ではなく、「生成する自分の残した足跡」にすぎない。なぜなら、自分らしさとは不断に生成する運動なのであって、固定的に捉えられるものではないからである。

このようにして、他人に認められる自分の自分らしさは、「生成する自分という運動を貫く特徴」ではありえないということになる。そうすると、「生成する自分の方向性」といったものは、ないということになるのだろうか。

この問いに対して筆者は、生成の方向性は生成の中で自覚される、というふうに答える。ただ、それはこれまでの漠然としたイメージが具体化することで、その方向性がそのままこれからの方向性として自覚されるということではない。なぜなら、それは「生成の足跡」でしかないからだ。生成の方向性とは、そのような「棒のような方向性」ではない。そうではなくて、これまで自分について作られてきたイメージを、どこまで「否定」し「逸脱」できるか、これまでの自分のイメージから、どこまで「自由」になれるか、という「生成の可能性」のことなのである。つまり、「……でない」という「虚への志向性」が、現在生成する自分の可能性であり、方向性なのである。その方向性は、まさに自分が生成する瞬間に、生成した自分の足跡を「背景」として、それ以外の方向、つまり「虚への志向性」として自覚されるものなのだ。

第三の部分（8～10）現在生成する自分の可能性は、自分の死後にも他人を通して生成する可能性をもつ

このような自分の可能性のうちのどれかが、現実の中で実現されていくことになるが、そのような自分の生成も、死によって終わりを告げる。後には自分の「足跡」が残されるだけである。

だが、「本当にそうか」と筆者は問い直す。自分が生成する「足跡」は、生誕と死という生物的な時間の範囲に限られるが、「働き」は、まだ生き生きと活動している、と言うのだ。ある人間の死によって、現実の中での生成が終わりを告げたとしても、その「足跡のもっている運動性」までもが失われるわけではない。「残された足跡を辿る人間」つまり先人の生の軌跡を辿る人間には、その足跡を残した人の「足の運びの運動性が感得される」というのである。ソクラテスの問答を読めば、現代の人間であっても、そこにソクラテスの力強い働きがまざまざとよみがえってくるのを感じるだろう。

生きた人間としてのソクラテスはすでに死んでいるが、ソクラテスの問答の働きは今でも生きている。「自分の足跡は他人によって生を与えられる」のだ。自分の働きかけが他者からの応答によって「組み直される」ように、私たちの働きは、初めから終わりまで、他者との関係において成立し、他者によって引き出される。そして、その働きが自分の死後においても可能であるとするなら、その可能性は「現在生成している自分」に含まれているはずである。そうすると、自分の可能性は「なかば」自分に秘められているとも言えるのだ。ここで筆者が「なかば」と言っているのは、自分の生成が他者との関係において成立するにもかかわらず、「なかば」は自分の方にもその可能性が秘められている、ということである。このようにして、この秘められた「可能性の自分に向かう」のが、「虚への志向性としての自分の方向性」でもある。この「虚への志向性」とは、もちろん、第二の部分の末尾にあった、自分を「否定」し「逸脱」してどれだけ「自由」になりうるかという、「自分の可能性」を指している。

このようにして筆者は、自分というものは、不変の自分といった固定的な何かがあるのではなく、世界に対する自分の働きかけが他者の応答によって組み直されて不断に生成する、現象としての働きであること、そしてその働きは自分の死によって終わるのではなく、自分の足跡を辿る他者を通してよみがえる可能性をもつものである、ということを述べるのである。

〈設問解説〉

設問は原則として、本文の対比と段落展開の構造に沿って作られている。したがって各設問に対してそれぞれ単独に答えるのではなく、設問どうしの関連性を概観した上で、各設問に答えることが望ましい。全体の関連性を見失った答案は、解答内容の無駄な重複となって、失点してしまう場合がしばしば見受けられる。

㈠　不変の自分があると見なす一般的な発想に対する批判

㈡　自分の生成は他者によって組み直される働きであるとする筆者の側の主張

㈢　自分らしさを固定的に捉えることへの批判と、働きという不断の生成であることとの主張

㈣　自分の働きは死後にも持続する可能性をもつこと

㈤　過去の自分を否定することで成立する、現在の自分の生の可能性を生きること

㈥　漢字の書き取り

こうして捉えてみると、㈠と㈡がほぼ対比の関係になっており、㈢は㈡を批判的に展開したもの、㈣は死後にも持続する可能性をもつ「足跡」の働き、㈤は「虚への志向性」を全体の論旨を踏まえて説明する、という構成になっていることがわかる。この設問構成は本文の論旨展開に対応している。

なお、仮に全設問に正解できたとすると、それらの全体はほ

ぼ本文の要約に重なるはずである、という見通しをも持っていたほうがよいだろう。

㈠　不変の自分があると見なす一般的な発想が誤っていることの理由を説明する設問。第一の部分が中心となる。

「このような見方」とは、傍線部直前の「不変の自分なるものがある」と考える「発想」を指す。つまり、一般によく見られる考え方のことである。「誤っている」とは、直後の一文「このプロセスを時間的に分断し、……という道に迷いこんでしまう」の特に「迷いこんでしまう」のあたりが、それに相当する言い回しになっている。さらに「出発点のところで」は、これも直後の一文の「このプロセスを時間的に分断し、対比することで、われわれは過去の自分と現在の自分とを別々のものとして立て」のあたりが、その内容になっている。特に「分断」することが、その中心である。

これらの内容をまとめると、〈不変の自分なるものがあるとする発想は、過去の自分と現在の自分とを分断して別々のものと見なし、それから両者の同一性を考える〉から、ということになる。これで大事な部分の説明にはなっているが、しかし、これだけでは、それがなぜ「誤っている」と言えるのか、についての十分な説明にまでは届いていない。正しい見方がどういうものであるかが分からなければ、「誤っている」という判断の説明としては不十分である。

正しい見方、つまり筆者の考え方は、その次に続く、「過去の自分と現在の自分という二つの自分があるのではない。あるのは、今働いている自分ただ一つである。生成しているところにしか自分はない」に示されている。さらに[2]では、「過去の自分」は「現在の自分」のなかに「統合」されて「回収」されることが述べられている。これらと同内容のことは、[3]の後半でも深められている。

以上を総合するなら、記述すべき内容は次の三点になるだろう。

㋑不変の自分があるという発想は［一般に見られる考え方］
㋺時間を分断して、過去の自分と現在の自分との二つに分けた上で、その同一性を考えるということをするから
［誤っている理由］
㋩過去の自分は現在の自分のなかに統合されて回収され、自分は現在生成しているところにしかない［正しい見方］

右の三つを二行の枠内に収めることは、それほど易しくはない。記述すべき内容の重要度に応じて絞りこみ、簡潔な構文を工夫する必要がある。一行の字数は、25～30字がメヤスである。

㋑は〈不変の自分という発想は〉、㋺は〈過去と現在に分断するから〉ぐらいにカットしても、ポイントは捉えていると

いえる。㋩は〈過去を統合した現在の生成としてしかありえない自分〉というふうにまとめられよう。

さらにこれらを一文にまとめるためには、たとえば、㋑は、㋩を㋺のように「分断」することを〈前提とするから〉といった、構文上の工夫と、それを支える的確な言い回しが求められる。改めて整理してみよう。

①不変の自分という発想は

②過去を統合した現在の生成としてしかありえない自分を

③過去と現在に分断することを前提とするから

解答例だけが正解ということではないが、重要な内容を絞りこみ、さらにそれを的確にまとめるためには、「自らの体験に基づいた主体的な国語の運用能力」（受験生に向けた東京大学のメッセージより）が求められるということである。

㈡　生成する自己の自分らしさは、自分の意図を超えた他者の応答によって組み直されて現れるものである、ということの理解が問われている。前問の一般的な発想と対比的な、筆者自身の考え方であり、第一の部分の後半から第二の部分の前半までが、その中心となる。

「この運動」とは、前段落末尾に述べられている、自己の自分らしさが現れる「生成の運動」を指す。この自分らしさが現れる運動を、筆者は、「意識的に完全に制御できると考えてはならない」と言う。なぜか。それは、直後の「つまり」以下で説明されている。もともと「自分の自分らしさは、自らがそうと判断すべき事柄ではない」ということが一つ、もう一つは「そうあろうと意図して実現できるものでもない」からである。この二つの内容を、わかりやすく説明するためには、

3 後半の内容をしっかりとかみくだいて読解する必要がある。

「自分の生成」とは、「現在の世界への姿勢として自らの行為を通じて表現」し、世界に「働きかける」ということであり、その働きかけが「他者からの応答によってその姿勢が新たに組み直されること」である。ポイントを絞って言い換えるなら、「自分の生成」とは、〈世界への自らの働きかけ〉が〈他者からの応答によって組み直される〉ことなのである。それが「意識的に完全に制御できる」わけではないことを示すためには、たとえば、傍線部直後の一文にある「意図」という語を用いて、〈意図を超えた〉という修飾語を〈他者からの応答〉に付ければ、よいことになる。

これらをまとめると、記述すべき内容は次の三つになるはずである。

①生成する自分の自分らしさは［生成する自分らしさ］

②世界への自分の働きかけが意図を超えた他者の応答に組み直されて顕在化し［意図を超えた他者からの影響を受ける］

③本来他人に判断されるものだから［他人に判断されるべ

きもの」

　これら三つの内容を、表現上さらに絞り込む必要がある。「自分」という語が重なりすぎるのを避けて「自己」という語を適宜用いるのも可能だろう。「組み直されて」は〈再編されて〉とするのも許容されよう。二行の枠に合わせて推敲するなら、ほぼ解答例に示したような文になるはずである。

㈢　生成の不断の働きである自分らしさを、固定的に捉えることに対する筆者の批判が、理解できたかどうかが問われている。第二の部分が中心となる。

　「その認められた自分らしさ」とは、〈他人が認めた自分らしさ〉あるいは〈他人によって認められた自分らしさ〉のことである。その〈自分らしさ〉が「すでに生成する自分ではなく」というのは、「自分らしさは生成の運動」だからである。〈不断に変化し続ける〉働きなのだ。「生成する自分の残した足跡でしかない」とは、〈他人が認めた自分らしさ〉が「固定的に捉え」られたものだからである。本来「固定的に捉える」ことのできないものを、「固定的に捉え」てしまうことで、自分らしさが認められたのだ。

　どうしてそういうことが起きるのか、については、傍線部直前の一文が説明している。「自分について他人が抱いていた漠然としたイメージ」を、「一つの具体的行為として自分が現実化するから」である。要するに、他人が自分に対して抱いていたイメージ通りのことを、自分がしたときに、自分らしさが認定されてしまうということだ。

　なお、この「固定的」は、〈過去のこと〉と書いても誤りではない。ほぼ同じことを説明していることにはなる。ただ〈過去のこと〉と書くと、時間が止まることなく流れ去る、というニュアンスが強くなる。ほぼ同内容のことであっても、筆者は時間の流れの絶え間のない変化よりも、自分らしさが生成する不断の変化の方に力点を置いているように思われる。このように考えると、〈過去のこと〉と書くよりも、〈固定された一断面〉のように書くほうが、ベターではないだろうか。時間意識を含めて記述するなら、むしろ〈不断に変化し続ける現在の自分にとって〉というふうに、「自分」のほうに「現在」を付けるという工夫もあるだろう。

　以上をまとめるなら、記述すべき内容は次の三つになる。

①他人が認めた自分らしさは［他人が認めた自分らしさ］

②不断に変化し続ける現在の自分にとって［不断に生成する自分］

③その過程のうちの固定された一断面でしかない［固定された一断面］

㈣　自分が生きた生の働きは、自分の足跡を辿る他者を通して、自分の死後にも生き生きとよみがえる可能性をもつ、ということの理解を問う設問。第三の部分が中心となる。

「残された足跡を辿る人間」とは、生成する自分が死後に残した足跡を、後世になって辿る人間を指す。ソクラテスの例からもわかるように、現代の人間であってもソクラテスの問答を読めば、ソクラテスが何をどのように考えて生きたのか、ソクラテスらしい生の働きが生き生きと感じられる。「足の運びの運動性」とは、自らの可能性を求めて当人の生きたその人なりの働きを指している。

傍線部はソクラテスのような過去の死者について言っているだけでなく、筆者をも含めた未来の死者についても言っている。むしろ自分の死を射程に入れた、人間一般の生の働きについて言っているものと考えるべきだろう。単純化して言えば、自分の死によって自分の生の働きがすべて終わるのではなく、自分の死後にも、自分の足跡を辿る人には、その働きは生き生きとよみがえる、ということだ。

記述すべき内容は、次のようなものになるだろう。

①自らの可能性を求めた人の生の働きは[当人の生の働き]

②当人の死後にその軌跡を辿る他者の中で生き生きとよみがえる[死後にも他者の中で働く]

㈤　生成する自分の方向性が「虚への志向性」にあることを、本文全体の論旨を踏まえた上で説明する設問。全体を視野に入れ、第二の部分末尾を中心に考える。

「生成する自分の方向性」については、6から7にかけて述べられている。そのような方向性は「ないのだろうか」(6)と自問しつつ、筆者はそれが「生成のなかで自覚される以外にない」(7)と言う。「棒のような方向性」ではなく、「生成の可能性として自覚される」ものなのだ。それは、自分についてすでにできあがったイメージから「どれだけ自由になりうるか」「どれだけこれまでの自分を否定し、逸脱できるか」という方向性であり、「『……でない』という虚への志向性」である。それが「現在生成する自分の可能性」であり、「方向性」なのである。ここが全体のポイントとなる。

傍線部にある「この秘められた、可能性の自分に向かうのが」はややわかりにくいが、直前の「自分の可能性はなかば自分に秘められている」を指している。筆者はその前のところで、「われわれの働きは徹頭徹尾他人との関係において成立」すると言っておきながら、「なかば」は「自分に秘められている」と言っているのだ。この「なかば」の意味する内容が、傍線部に示されたものになっている。要するに、自分の生成は他者との関係において成されるのであるが、「なかば」は自分のうちにあり、それは先に述べた「虚への志向性」である、ということだ。

「本文全体の論旨を踏まえ」るという条件について考えてみよう。まず初めに、この文章を筆者がなぜ書いたのかという執筆意図については、不変の自分というものがあると考える近代的な見方に対する批判がある。そのような見方に対して筆者は、自己とは他者との関わりによる不断の生成であるという考え方を提示する。そして次に、そのような自己の生成する働きは、死によって終わるのではなく、自分の足跡を辿る他者とともによみがえる可能性を持つことを指摘する。さらに、私たちはそのような可能性をもつものとして、現在の自分の生を生きているのだ、ということを述べ、「虚への志向性」へと続くのである。

以上を総合するなら、記述すべき内容は次のようなものになるだろう。

①自己とは、固定された不変の存在ではない［一般的な見方への批判］

②〈自己とは〉過去を引き受けつつ他者との関係において不断に生成され［筆者の考え方の中心部分］

③自分の死後にも他者の中で生き続ける可能性をもつ運動である［死後にも続く可能性をもつ生成の働き］

④過去の自分を否定する自由の中にこそ、現在の自分の生を生きる可能性が自覚される［虚への志向性］

右の内容のうち、③と④とのつながりには、やや工夫を要する。〈死後にも続く可能性をもつ〉という③のところで終わるのは、好ましいとは言えない。〈死後にも続く可能性をもつ、そのような現在の生を生きている〉というふうに、再び④の〈現在の生〉へと戻る必要がある、ということだ。

㈥　漢字の書き取り。

昨年までは五つの出題だったが、今年は三つに減った。おそらくこれは、昨年度の読解設問での得点があまりにも悲惨で、書き取りでの得点が合否に大きく影響したと思われる事態を踏まえて、書き取り設問の配点を減らそうとしたのではないかと推測される。ただ、事実はどうであろうとも、漢字は読解の前提として、しっかりと勉強すべきである。字形の正確さとともに、語彙力が問われていることを意識して、意味内容もきちんと理解していきたい。

a　「獲得」。「獲」の「犭」に注意。この字には、漁獲・乱獲などの熟語がある。似た字に「穫」があるが、こちらは、収穫などに用いる。

b　「高潔」。〈心が厳しく、けだかいこと〉。

c　「依然」。〈元の通りで、前と変わらないさま〉。「以前」と間違えやすいので、注意したい。

〈自己採点のめやす〉

記号は次の意味で用いる。

☆……解答としての方向性

○……合格答案

△……基本点

×……不可

㈠

☆ 不変の自分という発想に対する批判が示されていること。

○ ①不変の自分という発想は
②過去を統合した現在の生成としてしかありえない自分を
③過去と現在に分断することを前提とするから
右の三つがほぼ書かれているもの。

△ ②③はあるが、①の明記されていないもの。
③の「分断……前提とする」の表現のやや不鮮明なもの。

× ②の「現在の生成」の内容を欠くもの。
③の「分断」の内容を欠くもの。

㈡

☆ 自己の生成は、自分の意図を超えた他者の応答によって組み直されるといった方向にあること。

○ ①生成する自己の自分らしさは
②世界への自分の働きかけが意図を超えた他者の応答に再編されて現れ
③他人に判断されるものだから
右の三つがほぼ書かれているもの。

△ ②はあるが、①または③を欠くもの。
②の「意図を超えた」の内容を欠き、全体の記述の粗いもの。

× ②を欠くもの。

㈢

☆ 他人が認めた自分らしさは、固定された一断面にすぎないといった方向にあること。

○ ①他人が認めた自分らしさは
②不断に変化し続ける現在の自分にとって
③その過程のうちの固定された一断面（または、過去のもの）にすぎない
右の三つがほぼ書かれているもの。

△ ②の「不断に変化し続ける」という内容の表現に、動的なニュアンスの乏しいもの。

× ③を欠くもの。

㈣

☆ 自己生成の働きは、他者を介して、死後にも持続する可能性をもつといった方向にあること。

○ ①自らの可能性を求めた人の生の働きは
②当人の死後にその軌跡を辿る他者の中で生き生きとよみがえる
右の二つがほぼ書かれているもの。②の「軌跡」は、足跡・痕跡・事跡等、広く可。イイカエが重要なのではない。
②は、死者のかつての生の働きがよみがえる、という書

き方だが、その足跡を辿る者が死者のかつての生の働きを感じとる、という書き方でも可。

△　①の「自らの可能性を求めた」の内容を欠き、かつ②の「他者」のニュアンスの弱いもの。

×　生の働きが死後にも持続するという内容の読み取れないもの。

☆　㈤　生成する自分の方向性が、「虚への志向性」にあることを、本文全体の論旨を踏まえて説明したものになっていること。

○　①自己とは固定された不変の存在ではなく
②過去を引き受けつつ他者との関係において不断に生成され
③自分の死後にも他者の中で生き続けうる運動であり
④そのような生の現在において、過去の自分を否定する自由の中にこそ、現在の自分の生を生きる可能性が自覚される
右の四つがほぼ書かれているもの。

△　④の「虚への志向性」の内容はあるが、「そのような生の現在において」のように③から再び〈現在〉に戻ることなく、③の死後の内容のまま説明が終わっているもの。
①を欠き、④の「否定」または「逸脱」の内容の不鮮明なもの。
②を欠くもの。

×　④の内容を欠くもの。
文全体としての論旨の通っていないもの。

×　㈥　字体の乱雑なものは不可。

解答

㈠　不変の自分という発想は、過去を統合した現在の生成としてしかありえない自分を、過去と現在に分断することを前提とするから。

㈡　生成する自己の自分らしさは、世界への自分の働きかけが意図を超えた他者の応答に再編されて現れ、他人に判断されるものだから。

㈢　他人が認めた自分らしさは、不断に変化し続ける現在の自分にとって、その過程のうちの固定された一断面でしかないということ。

㈣　自らの可能性を求め続けた人の生の働きは、当人の死後にその軌跡を辿る他者の中で生き生きとよみがえるということ。

㈤　自己とは、固定された不変の存在ではなく、過去を引き受けつつ他者との関係において不断に生成され、自らの

死後も他者の中で生き続けうる運動であり、そのような生の現在において、過去の自分を否定する自由にこそ新たな可能性が自覚されるものだということ。（120字）

㈥　a＝獲得　b＝高潔　c＝依然

第四問（文科）

出典

藤原新也（ふじわら・しんや）「ある風来猫の短い生涯について」（佐々木倫子『動物のお医者さん』第6巻　白泉社文庫一九九六年三月刊の〈解説〉）の冒頭部分を除く全文。

藤原新也は、一九四四年福岡県生まれ。東京藝術大学美術学部絵画科油画専攻中退。写真家。作家。六九年より十三年にわたり、ヨーロッパ、アジアを放浪。主な著書に『印度放浪』『台湾　韓国　香港　逍遙游記』『メメント・モリ』『東京漂流』『少年の港』等がある。

佐々木倫子『動物のお医者さん』は、獣医をめざす学生たちと様々な動物たちとの関わりをコミカルに描いた漫画。念のため、省略された冒頭部分を次に掲げておこう。

私は元来物事を解説したりするのがあまり好きではない。

だからこの欄では『動物のお医者さん』というこの漫画にちなんで、自分の周辺でおきたある猫の病について書いてみたい。

なお、原文は黒丸印（●）で空白行になった箇所が四か所あり、五つのブロックに分けられている。

解説

〈本文解説〉

本文は、人間と動物との関わりについての筆者の思いを綴った随筆で、本来動物は自然のままに生きることが望ましいのであるが、ふとしたきっかけから人間が動物の世界に介入してしまうことはあり、エゴイズムを基盤とする生き物の関係性であっても、そこから思いがけない愛の芽生えが見られることもある、ということを述べた文章である。

全体は十九の形式段落から成るが、ここでは便宜上、四つの部分に分けて考えてみよう。

第一の部分（1〜4）南房総の山中の家にいる多産猫が、産んだ子猫たちと子離れし、子猫たちが親離れする姿には、悠久の安堵感のようなものが感じられる

南房総の山中の家には、毎年多くの子猫を産みつづけている多産猫がいる。この猫たちにはまだ「野生の掟や本能のようなもの」が残っていて、子離れ、親離れする姿には見事なものがある。いつまでも親離れ、子離れのできない人間と違って、ある一定の時期が来ると、親猫は子猫を拒否しはじめ、時には威嚇して手でひっぱたく。親から拒絶された子猫は不安で心許ない表情を見せるが、「いざ自立を決心したとき、その表情が一変する」のに驚かされる。ある日「急変する」のだ。そのあと不意に姿を消す子猫たちは、まず帰ってこない。

取り残されたような筆者はこころ寂しい半面で、「なにか悠久の安堵感のようなものに打たれる」と言う。この「悠久の安堵感のようなもの」という表現には、人間のあり方を超えた、野生の掟のもとで自然の摂理に従って生きる動物たちに、筆者が爽やかな厳しさを感じとっている様子がうかがえる。力強さと言ってもよいが、単なる強さではないだろう。厳しい野生の掟を受け容れる覚悟のようなもの、ということではないだろうか。

第二の部分（5〜13）水仙を生けた水を飲んで突然苦しみはじめた病気の子猫に思わず手を差しのべて家に入れ、不用意に猫の世界に介入した筆者の失態

そんな筆者にも不用意に猫の世界に介入した失態が二度ある。一度目は、釣ってきた魚をつい与えてしまい、その猫が餌づいたこと。しかし、これらの猫たちは「自然に一体化したかたちで彼らの世界で自立している」のだ。人間がそこに介入して「猫の生き方のシステムが変形していく」ことは避けなければならない。

二度目は、二年前の春に、「死ぬべき猫を生かしてしまった」ことだ。遅咲きの水仙を親戚に送ろうと思い、筆者は刈り取った二、三百本もの束を、玄関わきの金盥に生かしておいた。

昼になって窓から見ると、病気の野良猫が一匹、盥の水を一心に飲んでいる。痩せ細った、明らかに病気持ちの子猫である。この子猫は、宿命として、野生の掟にしたがって「短い寿命を与えられている」。ところが、四、五分もたったころ、その子猫が突然、苦しみ始めたのだ。七転八倒して嘔吐する、壮絶な苦悶である。

そのとき筆者は、トリカブトや彼岸花などに含まれる、アルカロイド系の毒素のことを思い出す。もしかしたら、水仙にも同じような植物の毒素が含まれているのかもしれない。とすると、この子猫の苦しみは、「間接的に」筆者が与えたことになる。

筆者は、つい子猫を家に入れてしまったのである。これが、二度目の「へま」なのだ。水仙を生けた水を子猫に飲まれてしまったことが「へま」なのではない。子猫の苦しみの責任が自分にあるかもしれないと思い、その自責の思いから猫の世界に人間の自分が介入してしまったこと、これが「へま」なのだ。

第三の部分（14～17）筆者が病猫の世話をしたのは、無償の愛とかボランティア精神とかいったものからではなく、病む猫に自分の中から慈悲の心を引き出されたからである

ところが、その子猫は意外にもしぶとく息を吹き返し、筆者の家に居着いてしまった。筆者は病気の猫に「つい同情してしまった」のである。可愛い動物は「人の気持ちを虜にする」けれども、欠陥のある動物も「人の気持ちを拘束してしまう」ことがある。この〈人の気持ちを拘束する〉こと（「人の気持ちを虜にする」も、もちろんそうではあるが、）が、本文末尾の「愛しく」へとつながるもの、つまり〈愛〉の働きを示している。芳しくない臭いを漂わせ、血膿の判コを押してまわる痩せ猫に、筆者は「気持ち」を「拘束」されてしまったのだ。時々やってくる知人たちは、筆者の「ボランティア精神」に感心するのだが、筆者は「そういうことではない」と薄々感じはじめていた。

人間に限らず、動物も植物も含めて、あらゆる生き物はエゴイズムに支えられて生きている。「無償の愛」という言葉があるが、その美しさは「言葉のみの抽象的な概念」であって、「生き物の関係性」が存在するかぎり、「完璧な無償というものはなかなか存在しがたい」と筆者は述べる。

その具体例が、ポトマック川で航空機が墜落した事故のとき、命綱をつぎつぎと他の人に渡して自分は溺死したという人の話である。彼は「ほとんど無償で自分の命を他者に捧げた」わけだが、その行為の背後には、「他者のために犠牲心を払うということによる〝冥利〟」に触れる部分がなかったとは言えない、と筆者は考える。この〝冥利〟（＝人間としての

最高の満足感)こそが、本文での「エゴイズム」と同義なのである。筆者は「無償の愛」と「エゴイズム」とを対比しているのではない。「無償の愛」という言葉の背後には、実態としてむしろエゴイズムそのものが潜んでいる、と言っているのだ。

それでは、傍線部ウで筆者が「そういうことではない」と言っていたのは、どういうことを言おうとしていたのか。⑰の最初の一文にある「そういうものと比較するのは少しレベルが違うが」という書き出しが、その違いの記述を予告するシグナルになっている。筆者が病気の猫を飼いつづけたのは「自分に慈悲心があるから」ではなく、その猫の存在によって「人間であるなら誰の中にも眠っている慈悲の気持ちが引き出されたから」だと言う。逆に言うと、「その猫は自らが病むという犠牲を払って、他者(＝筆者)に慈悲の心を与えてくれた」のだ。筆者が病気の猫に気持ちを「拘束」されてしまったのは、筆者と病気の猫との間にそういった「輻輳(＝一か所に物事が集中してこみあうこと)した契約」が結ばれたからなのである。

ここで筆者の考え方の枠組みを、単純化して図式的に整理してみよう。「ボランティア精神」⑭「無償の愛」⑮〈ポトマック川で溺死した人〉⑯「自分に慈悲心がある」⑰は、ほぼ同内容で同じ側にある。そして「エゴイズム」⑮は、むしろこちら側に属しているのだ。それらと対比される筆者の側は、「慈悲の気持ちが引き出された」⑰「その猫は自らが病むという犠牲を払って、他者に慈悲の心を与えてくれた」⑰である。「エゴイズム」⑮は「無償の愛」と不可分の関係にあるが、ただしこれは「およそ生き物というものはエゴイズムに支えられて生きながらえている」⑮とあることからも分かるように、筆者および病気の猫の側にもある。つまり、エゴイズムはすべての生き物に共通に見られるものである。だから、「エゴイズム」は傍線部ウの「そういうことではない」の根拠とは考えにくい。

それでは、本文でやや否定的に扱われている「無償の愛」と、筆者の側の「慈悲の気持ちが引き出された」とは、どう違うのか。それは、「無償の愛」の方には能動的な善意が自分の中にあるというニュアンスがあるのに対し、筆者の側は病む猫から「慈悲の気持ちが引き出された」という受動的な行為になっている点である。筆者は、自分が病気の猫の世話をしているのは、「ボランティア精神」とか「無償の愛」とかいった、能動的な善意の行為とは別のものである、と感じはじめていたのである。

なお、ここで補足するなら、⑯に「敬虔なクリスティアンである彼」とあることからもわかるように、「ボランティア精神」「無償の愛」という語には、キリスト教のニュアンスが強く含まれている。それに対して、「慈悲の心」という語には仏教のニュアンスが漂っている。しかし、筆者はキリスト教と仏教とを単純に対比しているわけではない。それは「自分に慈悲心がある」⑰という表現が否定的に用いられていることからも分かることと思う。

さらに説明を加えるなら、⑰末尾の「輻輳した契約が結ばれる」ことこそが、本文全体のテーマである。この「契約」には、病猫の側、筆者の側、ともに生き物としての「エゴイズム」が含まれている。病猫の「エゴイズム」は、人間（＝筆者）にすり寄ることで自らの生存をながらえさせようとしたことであり、筆者の側の「エゴイズム」は、明示的に書かれているわけではないが、水仙の水をきっかけとして自分のせいで病猫に苦しみを与えたかもしれないという罪を、少しでも償おうとして病猫に手を差しのべたことである。いわば、罪を償うことによって罪を免れようとしたことが、「エゴイズム」なのである。

第四の部分（⑱・⑲）病気の猫の死という不在が筆者に喪失の思いを呼び起こし、そのことで筆者の気持ちがその猫に「拘束」されていたことを改めて確認している

この病気の猫は、それから二年間生きながらえた後、眠るように息を引きとった。死という不在によって、筆者は、誰もが不快に思うその臭いが「愛《いと》しく思い出される」ようになったから不思議だ、と言う。この「いとしく」という語に「愛」という漢字が当てられていることを、軽く読みすごすべきではない。筆者はこの病気の痩せ猫に気持ちが「拘束」されていたのであり、そのことこそがまさに〈愛〉なのである。この猫は「自らが病むという犠牲を払って、他者（＝筆者）に慈悲の心を与えてくれ」、筆者は「誰が見ても汚く臭いという生き物が、他のどの生き物よりも可愛いと思いはじめる」といった「輻輳した契約」⑰が結ばれていたのである。そのことを筆者は猫の死を通して確認している。生き物どうしでそれぞれのエゴイズムが底にあったとしても、その関係性から〈愛〉が生成することはあり得るのである。

このようにして筆者は、動物は本来自然のままに生きるのが望ましいが、人間が動物の世界に介入してしまうことも、いちがいに悪とは言えないのではないか、ということを言おうとしているのである。

〈設問解説〉

全体の設問構成を概観してみよう。

㈠　自然のままに生きる動物に見られる爽やかな厳しさ

㈡　猫の世界に介入してしまった筆者の失態

㈢　筆者が病気の猫の世話をしたのは、能動的な善意から

ではなく、受動的な行為だった

㈣　人間と動物との関わりから生まれる思いがけない愛

設問の構成は、本文の論旨展開にほぼ対応している。㈢の解答範囲がどこまでなのかを見極めるのが難しいが、それについては、これから改めて考えていこう。

㈠　自然の摂理に従う動物たちの爽やかな厳しさについての理解が問われている。第一の部分が中心となる。

「悠久の安堵感」が設問のポイントであり、これは猫たちの子離れ、親離れについて言われたものである。親猫の拒絶に応じて、子猫は決然と自立する。傍線部直後に、それがうまくいかない人間との対比が出てくるから、この対比も、解答に含み込む必要がある。

猫たちの生き方は「野生の掟」②に従うものであり、第二の部分の「自然に一体化したかたちで彼らの世界で自立している」⑤に示された強さを持つものである。それに対して人間の方については直接的な記述はないが、子離れ、親離れすらうまくできないような、厳しさを欠くものと言える。

以上をまとめるなら、記述すべき内容は次のようなものになるはずである。

①親猫の拒絶に応じ決然と自立する子猫の姿には

②人間が見失った

③自然の摂理に従う生命の爽やかな厳しさが感じられる

右の③の〈爽やかな厳しさ〉は〈力強さ〉と書いても、むろん正解である。ただ筆者は、病気の子猫が短い寿命で死んでいくことをも含み込んで言っているように思われる。もちろんその場合「安堵感」とは言わないかもしれないが、〈力強さ〉だけではないというニュアンスをも示したいことから、ここでは〈爽やかな厳しさ〉とした。〈爽やかな〉を付けたのは、〈厳しさ〉を肯定的に受け止めている点からである。

なお、ここを〈安らぎ〉などの人間的な思いを表す語を用いたものは、②の〈人間が見失った〉〈人間を超えた〉を欠く場合、全体が0点とされるだろう。②が記述されている場合、部分点は取れるかもしれない。

㈡　自然のままに生きる猫の世界に介入してしまった、筆者の失態についての理解が問われている。第二の部分が中心となるが、本文末尾のあたりの「輻輳した契約」をも視野に入れておきたい。

「野生の掟」に従って死ぬべき運命にあった病気の子猫を、筆者は思わず助けて「生かしてしまった」のだ。この「……しまった」には、明らかに後悔の気持ちが示されている。猫を助けて生きながらえさせたことが、どうして後悔へとつながるのか。それは「自然に一体化したかたちで……自立している」猫の世界に、人間が不用意に「介入」してしまい、「猫の生き方のシステムが変形していく」(5)作用をもたらしたからである。

筆者は、なぜそのようなことをしてしまったのか。それは、水仙を生けた水を飲んで突然七転八倒しはじめた子猫を見て、その苦しみを与えたのは、「間接的」(12)であっても、自分だと思ったからである。いわば自分に責任のある罪の意識から、それを償おうとして、苦しむ猫に救いの手を差しのべてしまったのだ。これが、後に出てくる「輻輳した契約」(17)の筆者の側のエゴイズムと考えられる。設問㈣との関連性を視野に入れるなら、ここは単なる「同情」(14)とするよりも、水仙のエピソードを含み込んだニュアンスの記述にする方がベターである。

書くべき内容は、次のようなものになるだろう。

①病む猫の壮絶な苦しみへの自責の念から

②自然と一体化した猫の世界に不用意に介入し、その生をゆがめてしまった

㈢　筆者が病気の猫に介入した理由を、ボランティア精神との対比の上で理解できたかどうかが問われている。第二の部分の特に17が中心となる。

どこまでが解答範囲になるのかを絞り込むのは、かなり難しい。傍線部の前後だけで書いた人の答案は、マトモに得点できるとは思えない。本文の構造をしっかりと読み取る必要がある。

筆者が病気の猫の世話をしていたことを、知人たちは「ボランティア精神」からと見なしており、それに対して筆者は「そういうことではない、と薄々感じはじめていた」と言っている。とすると、「ボランティア精神」ではなくて何なのか、ということが問題になるが、筆者はそれにはすぐ答えず、「ボランティア精神」とか「無償の愛」といったものに含まれる「エゴイズム」について語り始める。「エゴイズム」はあらゆる生き物に見られるものであるが、筆者は特に「無償の愛」に付着した「エゴイズム」を、ポトマック川の例で語っている。

それが17になって「……少しレベルが違うが」という始まり方で、「ボランティア精神」「無償の愛」と対比されるものの実体が明らかにされる。それは「慈悲の気持ちが引き出された」であり、「その猫は……他者(＝筆者)に慈悲の心を与えてくれた」である。

それでは、「無償の愛」と「慈悲の気持ちが引き出された」とは、実質的に何が違うのか。それは〈能動的な善意が自分の中にある〉か、〈受動的な慈悲が引き出された〉か、という対比である。筆者は「自分に慈悲心がある」という考え方にやや批判的である(「人間であるなら誰の中にも眠っている慈悲の気持ち」(17)と言っているのだ)。猫が「慈悲の心を与えてくれた」のである。この〈能動的〉と〈受動的〉との対比こ

そが、この設問の解答としてのポイントである。

なお、ここでは「エゴイズム」を解答要素として明示すべきではないように思われる。筆者は「ボランティア精神」「無償の愛」と対比的に「エゴイズム」のことを考えているわけではない。「無償の愛」にどうしても付着してくる「エゴイズム」のことを語っている。もちろん、筆者自身にも「エゴイズム」はあるわけだが、傍線部ウで「薄々感じはじめていた」と言っているのは、[17]の記述から考えると、「エゴイズム」よりも〈受動的〉に力点があるように思われる。「エゴイズム」の要素は、むしろ次の㈣に含めるのがふさわしい。

記述すべき内容は、次のようなものになるだろう。

①筆者が痩せ猫の世話をしたのは
②能動的な無償の愛からではなく
③病気の猫に自分の中から慈悲の心が引き出されたからだ

右の②の「無償の愛」は「ボランティア精神」「自分に慈悲心がある」等も可。また③は〈病気の猫が自分に慈悲の心を与えてくれた〉等も可である。

㈣　病む猫の死によって自覚された、筆者の猫への愛の思いを、「エゴイズム」「輻輳した契約」をふまえて理解できたかどうかが問われている。全文を視野に入れつつ、「輻輳した契約」の内実を集中して考える必要がある。

「愛《いと》しく思い出される」の「いとしく」という語に「愛」という漢字が当てられていることに、まず注意する必要がある。病気の猫の死という不在は、「誰もが不快だと思うその臭気」を、むしろ〈いとしい〉ものとして筆者の心に思い出させたのだ。それほど筆者の心は、この病む猫に「拘束」(14)されていたのである。死という不在を通して初めて、筆者は自らの心の内にあった猫への愛の思いを確認したと言ってもよい。可愛い動物は「人の気持ちを虜にする」(14)が、欠陥のある動物もまた「人の気持ちを拘束してしまう」ことがあるのである。これこそが〈愛〉であろう。

「生き物の関係性」(15)である以上、そこには必ず「エゴイズム」の要素が含まれている。猫の側のエゴイズムは、人間(＝筆者)にすり寄ることで、自らの生存をはかったことであり、筆者の側のエゴイズムは、猫に与えた苦しみをなんとか償って罪を免れようとしたことである。しかし、このことは別の言い方をすることもできる。それは、「その猫は自らが病むという犠牲を払って、他者に慈悲の心を与えてくれた」(17)ということである。そして、この関係こそが、「輻輳した契約」の内実に他ならない。

要するに、生き物どうしの関係性は、エゴイズムを底に含むものではあっても、その関係性から思いがけない愛が現前することはある、ということである。

これらの内容を二行の枠内に収めて記述することは極めて

難しいが、あえて試みるとすれば、次のようなものになるのではないだろうか。

①病む猫の不快な臭いをいとおしむ自分に

②生き物のエゴを含む複雑な関係性が呼び起こした

③意外な愛の現前を覚えた

右の②は「輻輳した契約」の内実を言っているのだが、ここを「輻輳した契約」という語をそのまま書いた場合、バツにはならないが、得点もできないと思われる。間違っているわけではないが、説明にもなっていないということだ。重要語句を単純にピック・アップするということではなく、自らの思考回路を通してその内実を考えることが求められているのである。

〈自己採点のめやす〉　記号は第一問と同様に用いる。

㈠

☆　自然のままに生きる動物に見られる爽やかな厳しさ、という方向にあること。

○　①親猫の拒絶に応じ決然と自立する子猫の姿には

②人間が見失った

③自然の摂理に従う生命の爽やかな厳しさが感じられる

右の三つがほぼ書かれているもの。

③の「自然の摂理」は「野生の掟」も可。「爽やかな厳しさ」は「力強さ」も可。

△　右の三つのうち、②を欠くもの。

右の①③はあるが、「爽やかな厳しさ」のところが〈安らぎ〉といった人間的な思いを示す語に着地しているもの。

×　③の「自然の摂理」の内容を欠き、〈安らぎ〉に着地しているもの。

全体として肯定的な記述になっていないもの。

㈡

☆　猫の世界に介入してしまった筆者の失態、といった方向にあること。

○　①病む猫の壮絶な苦しみへの自責の念から

②自然と一体化した猫の世界に不用意に介入し、その生をゆがめてしまった

右の二つがほぼ書かれているもの。

△　右の①の記述が〈水仙のエピソード〉の内容を欠く表現になっていて、単なる「同情」等になっているもの。

②の表現のやや不十分なもの。

×　全体として否定方向の記述になっていないもの。

㈢

☆　筆者が病気の猫の世話をしたのは、能動的な善意からではなく、受動的な行為だった、という方向にあること。

○　①筆者が痩せ猫の世話をしたのは

②能動的な無償の愛からではなく
③病気の猫に自分の中から慈悲の心が引き出されたからだ
右の三つがほぼ書かれているもの。
①の「世話」は「飼ったこと」「面倒をみたこと」等、広く可。
②の「能動的」は「積極的」等も可。「無償の愛」は「ボランティア精神」「自分に慈悲心がある」等も可。
③は「猫が自分に慈悲心を与えてくれた」等も可。
△ ほぼ右の三つは書かれているが、②の「能動的」と③の〈受動的〉との対比のニュアンスが不鮮明なもの。
× ③の「慈悲の心が引き出された」のところが「エゴイズム」になっているもの。（「エゴイズム」自体は誤りではないが、本文の構造の読解に誤りがある。〈本文解説〉〈設問解説〉を参照のこと）

㈣
☆ 人間と動物との関わりから生まれる思いがけない愛、といった方向にあること。
○ ①病む猫の不快な臭いをいとおしむ自分に
②生き物のエゴを含む複雑な関係性が呼び起こした
③意外な愛の現前を覚えた
右の三つがほぼ書かれているもの。
△ ③の「愛」は〈深い思い〉等も可。
③に「エゴイズム」のニュアンスを欠くもの。
②の「複雑な関係性」のところが、「輻輳した契約」となっているもの。
× ②の「エゴイズム」のニュアンスも、「輻輳した契約」の内容も、いずれをも欠くもの。

解答

㈠ 親猫の拒絶に応じ決然と自立する子猫の姿には、人間が見失った自然の摂理に従う生命の爽やかな厳しさが感じられるということ。

㈡ 病む猫の壮絶な苦しみへの自責の念から、自然と一体化した猫の世界に不用意に介入し、その生をゆがめてしまったということ。

㈢ 痩せ猫の世話をしたのは、能動的な無償の愛からではなく、病気の猫に自分の中から慈悲の心が引き出されたからだということ。

㈣ 病む猫の不快な臭いをいとおしむ自分に、生き物のエゴを含む複雑な関係性が呼び起こした意外な愛の現前を覚えたということ。

二〇一四年

第一問（文理共通）

出典

藤山直樹（ふじやま・なおき）『落語の国の精神分析』（みすず書房　二〇一二年一一月刊）の〈孤独と分裂――落語家の仕事、分析家の仕事〉の一節。原文では、第4段落の末尾と第5段落「演劇などのパフォーミングアートには……」の間がアステリスク（＊）で行空きになっている。

藤山直樹は、一九五三年福岡県生まれ。東京大学医学部卒業。専攻は精神分析。精神分析家として個人開業もしている。国際精神分析学会認定精神分析家。著書に『精神分析という営み』他がある。また「寝床落語会」で落語口演も行っている。

解説

〈本文解説〉

本文は、落語家と精神分析家の仕事の共通点を孤独と分裂にあるとして、分裂しながらもなおひとつのまとまりを持つ自己を生きるところに分析家の本領があることを述べた文章である。全体は九つの形式段落から成るが、ここでは三つの部分に分けて考えてみよう。

第一の部分（1～4）落語家と分析家の仕事に共通する圧倒的な孤独

落語家と分析家の仕事に共通するのは、圧倒的な孤独である。落語家は楽しませてもらおうと金を払ってまでやって来た観客に、たった一人で対峙し、その期待に応えなければならない。うまくいかなくても誰のせいにすることもできず、すべてを自分で引き受けて、根多を話し切るしかないのだ。

分析家も患者の期待にひとりで対するしかない。患者は「自分の人生の本質的な改善を目指して」、安くはない金を払って週何回も通ってくる。社会では一人前かそれ以上の働きをしている人が、パーソナルな人生に「深い苦悩や不毛や空虚を抱えている」のである。子どもだましは通用しないし、単なる慰めや励ましは逆効果を及ぼす。何の成果ももたらさないセッション（立ち合い。面接。話し合い。一般の医者の問診、診察に相当する）も少なくない。

落語家も分析家も、期待の視線にさらされて、何らかの成果を生みだすべく、たったひとりで事態に立ち向かうことを要求されている。それは自らの人生を賭けた仕事でもあるのだ。

このような孤独に耐えて満足な仕事をするためには、落語家も分析家も、文化と伝統に支えられていなければならない。長期間のパーソナルな修業の過程は、それらを内在化することに役立っている。ただ、文化と伝統といっても、根多どおり理論どおりということでは、仕事にはならない。観客と患者という「他者」を相手にしているからだ。

第二の部分（5～7）落語家における自己の分裂

演劇などのパフォーミングアートにはすべて、「演じている自分」とそれを「見る自分」の分裂があり、それは世阿弥が「離見の見」（＝役者が観客の立場から、演じている自分の姿を同時的に客観視すること）として概念化したものである。落語家も日ごとに変わる観客を相手にして、演じる自分を観客の視点から見る作業を、不断に繰り返さなければならない。それは「完全に異質な自分と自分との対話」となる。

しかも、落語が「直接話法の話芸」であることから、さらに「異なった次元の分裂」という本質的な要因が、落語にははらまれている。落語は基本的には会話だけで構成される「ひとり芝居」であるから、演者は、互いに異なる人物たちに瞬間瞬間に同一化して、「複数の他者」としてそこに現れなければならない。落語家の自己は「たがいに他者性を帯びた何人もの他者たち」によって占められ、分裂する。優れた落語家のパフォーマンスには、「他者性の維持による生きた対話の運動の心地よさ」が不可欠であり、そうした生き生きとした語りの中で初めて、くすぐりやギャグがぴたりと決まるのである。言い換えるなら、落語家の自己は、「離見の見」への分裂と複数の人物たちの間での分裂という二重性をもつことで、生きた語りとして成立する。

落語という話芸の独特の面白さは、こうした分裂のあり方にあり、そうした「分裂を楽しんで演じている落語家を見る楽しみ」が、落語を見る喜びの中核になっていると言える。

そして、「人間が本質的に分裂していること」こそが、精神分析の基本的想定である。意識と無意識、自我と超自我（＝道徳的な側面から自我を制御する良心の働き）とエス（＝快楽を求める動物的エネルギーの源泉となる心の働き）、精神病部分と非精神病部分、本当の自己と偽りの自己、これらの概念はすべて、自己のなかに「自律的に作動する複数の自己」が存在することを想定している。そして人間は、それら複数の自己どうしの「対話と交流」のなかに「ひとまとまりの『私』というある種の錯覚」を抱いて生きているのだ。落語を観る観客は、そうした「自分自身の本来的な分裂」を外から眺めて楽しむのであり、分裂しながらも、なおひとりの落語家として生きている人間に、希望のようなものを体験するのである。

第三の部分（8・9）精神分析家における自己の分裂と生きた人間としての自身のあり方

精神分析家の仕事も、落語家と同様、分裂に彩られている。分析家は、患者の一部分になることを通じて、患者を理解する。たとえば、心のなかに、自分を迫害する誰かとそれにおびえる無力な自分をかかえている患者は、次第に分析家に対して拒絶的になり、やがて分析家はまさに患者の心のなかの迫害者になってしまう。さらに分析家は、なにを言っても患者に拒絶される、なすすべもない無力感のなかで、患者の心のなかの無力な自己になってしまってもいるのだ。こうして分析家は、「患者の自己の複数の部分に同時になってしま」うことで、自身の自己も分裂する。

分析家が「患者の自己の複数の部分に同時になってしま」うことは、落語家が根多に登場する複数の人物たちになることと同じ分裂を意味する。一方、分析家が患者の自己となって自身の自己との間に生じる分裂は、落語家における「離見の見」と同じ分裂を意味している。つまり、分析家における自己の分裂も、落語家と同様、二重性を持っているのだ。

このような分析家の姿勢は、近代科学の客観的で観察的な態度とは大きく異なっている。分析家は、いわば患者に巻き込まれるようにして、患者と関わるのである。4段落にあった、落語家も分析家も、「文化と伝統」に支えられて仕事をする、ということの意味は、このような近代科学の態度との対比を言っていたのである。

もちろん、そのように分裂してしまうだけでは、精神分析の仕事はできない。分析家はいつかは、自身の視点から患者の世界を理解しなければならないのだ。そうして理解された解釈は、患者に伝えられることで、患者の癒しになることはあろうが、おそらくそれだけではない。分裂から一瞬立ち直り、自分を別の視点から見ることができるという「生きた人間としての分析家自身のあり方こそが、患者に希望を与えてもいる」のだろう。患者はそのような分析家の生きた人間を見ることで、無自覚にふりまわされることのない、パーソナルな欲望と思考をもつ、ひとりの自律的な人間であることの可能性を感じとるのではないか。こうして筆者は、観客が落語家に生きた人間を見ることで希望のようなものを体験することと同質の希望を、患者が分析家の生きた人間を通して感じとるのであろうと述べるのである。

〈設問解説〉

東大入試現代文では、設問は原則として、本文の対比と段落展開の構造に沿って作られている。したがって各設問に対してそれぞれ単独に答えるのではなく、設問どうしの関連性を概観した上で、各設問に答えることが望ましい。そうすることで、解答内容の無駄な重複を避けることが可能になる。次に全体を概観してみよう。

㈠　落語家と分析家に共通する孤独。第一の部分。

(二)　落語家における自己の分裂。第二の部分の前半部。
(三)　精神分析の人間観。第二の部分の後半部。
(四)　精神分析家における自己の分裂。第三の部分の前半部。
(五)　精神分析家の生きた人間としてのあり方。全体の趣旨を踏まえて、第三の部分の後半部に焦点を当てる。
(六)　漢字の書き取り。

このように見てみると、まず落語家と分析家の共通点から始まり、次いで落語家の分裂、精神分析の人間観、精神分析家の分裂へと発展し、最後に精神分析家の生きた人間としてのあり方という中心的な内容へとしぼられていることがわかる。このような設問の構成は、本文の論旨展開にそのまま重なるものである。なお、仮に全設問に正解できたとすると、それらの全体はほぼ本文の要約に重なるはずである、ということも意識しておいたほうがよいだろう。

冒頭の問いかけに、「ある精神分析家が自身の仕事と落語とを比較して述べたもの」というリードが付けられたことは、第一問としては珍しい。ただこれは、精神分析の仕事と落語という組み合わせが、一般常識的にはやや特異な印象を与えるかもしれないので、出題者が受験生の違和感をあらかじめ取り除こうと配慮したものと思われる。

(一)　落語家と精神分析家の仕事に共通する圧倒的な孤独についての理解が問われている。第一の部分が中心となる。

傍線部の「この」という指示語は、直前の3段落の「落語家の孤独」「分析家の孤独」の内容を指しているが、むろんこれは1段落から始まっているものである。「こころを凍らせるような孤独」は、冒頭部一行目の「圧倒的な孤独」と響き合って同じものを指している。1が落語家の孤独、2が分析家の孤独、になっており、両者をまとめたものが3である。

共通点を取り出すと、「たった一人で対峙する」「すべて自分で引き受けるしかない」(1)、「ひとりで対するしかない」「ひとりきりで」(2)という表現が見られ、これらは3で「たったひとりで事態に向き合い」とまとめられている。次に「金を払って『楽しませてもらおう』とわざわざやってきた客」(1)、「自分の人生の本質的な改善を目指して週何回も金を払って訪れる患者」(2)という表現が見られ、これらは3で「たくさんの期待の視線」「その人生を賭けた期待」という言い回しになっている。そして落語家の仕事も分析家の仕事も、「それに失敗することは、自分の人生が……オビヤかされることを意味する」(3)と書かれている。

指示語の内容は3段落までであるが、この設問は指示内容を機械的に答えることを求めている設問とは考えられない。「……とはどういうことか」という東大入試現代文に特徴的な、やや大まかな問い方は、単なる語法的な内容の解答を求めているのではなく、全体の文脈を背景とした意味をも含めた解答を求めていると受け止めるべきである。言い換えれば、そのように表現している筆者＝発語主体の心的過程のありようをも考慮に入れる必要があるということだ。

次の4を見ると、「落語家も分析家も文化と伝統に抱かれて仕事をする」という記述がある。これは〈本文解説〉第三の部分で触れたように、近代科学の態度とは対比的な姿勢を示すものだから、「文化と伝統」についても書いたほうがよいだろう。

以上をまとめるなら、記述すべき内容は次のようなものになろう。

①落語家も分析家も、文化を内在化し自己の存在を賭けて

②相手の期待に応えようと

③ただ一人で他者と対峙しなければならない

なお「他者」という語は第二の部分で頻出しているが、第一の部分でも、4の末尾に「観客と患者という他者」という表現が見られる。落語家と分析家の共通性を的確に表現するためには、是非用いたい語である。

解答欄は一行に25字から30字くらいが標準である。国語全体の問題冊子の表紙に「一行の枠内に二行以上書いてはいけません」「解答は、必ず解答用紙の指定された箇所に記入しなさい」という注意書きがある。あまりに小さな字で詰め込みすぎた答案は、冗長な表現になっているものが多く、そのような答案は一般的に見て、採点者に嫌われると考えたほうがよいだろう。

㈡　落語家における自己の分裂についての理解が問われている。第二の部分の前半部が中心となる。

6段落の初めに「さらに異なった次元の分裂のケイキがはらまれている」とあるように、傍線部イの「落語家の自己」の「分裂」は、二つのレベルのものを含んでいる。一つは5段落に示された「離見の見」に相当するもので、演劇などのパフォーミングアートのすべてに見られるものである。「演じている自分」とそれを「見る自分」の分裂である。この分裂はすべての「落語家の自己」に見られる基本的な分裂と言える。

二つ目は6段落に示された、直接話法の「ひとり芝居」であることからくる分裂で、根多のなかの人物に瞬間瞬間に同一化して複数の他者を演じることである。生き生きと表現する上で「他者性を演者が徹底的に維持する」ことが求められるのだ。

以上の二つの「分裂」の内容を含み込んで、二行の枠内に簡潔にまとめることは、それほど易しくはない。一つ目は「離見の見」という語は解答としては適切と言えないから、わかりやすい表現を工夫する必要がある。二つ目は「生き生きと」「ある種のリアリティ」といったニュアンスも落としてはならないだろう。このように考えていくなら、記述すべき内容

は次の二つになるだろう。

①落語家は演じる自分を観客という他者の視点から対象化する必要がある

②互いに自律した複数の他者の生きた対話を演じる

㈢　精神分析における人間理解の基本的想定としての「分裂」と、「ひとまとまりの『私』」との関係が問われている。㈡の「分裂」と対比的な内容で、第二の部分の後半部が中心となる。

傍線部ウは精神分析に関わる内容であるが、7段落全体は、まだ落語家に関わる範囲にある。それは7の始まりの箇所と末尾の箇所が、いずれも落語に関するものであることから理解されるはずである。つまり、傍線部ウの前後の部分は、傍線部イの辺りの「分裂」の内容と対比される形で、精神分析の人間観が、いわば挿入されるようにして挟み込まれているのだ。

「ひとまとまり」という語は、傍線部イの「分裂」という語と対比的な内容を表している。「私」という語に付けられているカギカッコ(「」)は、一般的にそう見なされているもの、といったニュアンスを表しており、筆者自身はそのような考え方をそのまま認めているわけではないという留保を示している。つまり、一般に見られる、統合的な主体という近代的な個人の捉え方に対して、筆者は別の考え方をしているのである。それは「錯覚」という語が出てくることによって、明らかとなる。

精神分析では、「人間が本質的に分裂していること」を基本的な想定としている。人間は自己のなかに「自律的に作動する複数の自己」を持っており、それは落語家の自己が複数の他者たちで占められていることと同じである。ところが一般的には、それら複数の自己による「対話と交流」のなかに、「ひとまとまりの『私』というある種の錯覚」が生成されてくる。「錯覚」という語が用いられている以上、「ひとまとまり」の主体を持った個人という考え方は真実に反するのであり、正しい考え方とは言えないのだ。

ところで、ここで「錯覚」という語に「ある種の」という制限が付いていることを見逃すべきではないだろう。たしかにそれは「錯覚」には違いないが、百パーセントの完全な「錯覚」ということでもないのだ。人間はどうしても、そのような「錯覚」をもって生きるしかないのである。つまらない例ではあるが、たとえば、去年君から借金をした僕は、現在の僕の人格とはすでに異なった人間だから、現在の僕には君に借金を返す義務はない、などと言い出したら、社会は成り立たなくなってしまう。それにそもそも、人間が本質的に分裂しており、それが当然のこととされているなら、自己の分裂に悩む病気は存在しないはずである。そこに病気が存在するということ自体が、自己の分裂をそのまま許容することをしない社会的要請があると考えられる。自己は本質的に分裂しているとしても、そこに「ひとまとまり」の主体を想定して生きるしかないのが、人間のあり方なのである。

やや入り組んでいるが、以上の内容をまとめるなら、記述すべきことは次のようなものになるだろう。

①人間は、本質的に分裂した異質な自己の関わり合いである

②(右のような)自らの存在を、個としての統合性をもつ主体と見なして生きている

要は、「錯覚」の内容を、完全な誤りと決めつけることのない、注意深い記述が求められているということである。

㈣ 精神分析家における自己の分裂についての理解が問われている。㈡の落語家の分裂と類比的な内容で、第三の部分の前半部が中心となる。

精神分析では、人間を本質的に分裂した存在と見なす⑦のであるが、精神分析家の分裂について書かれているのは[8]段落である。「たとえば」という形で具体例を通して説明されている内容を注意深く読みとるなら、肝心なことは、分析家が患者の分裂した複数の自己に同化してしまうことである。分析家は、患者の分裂した自己に同化することで初めて、患者を理解して助言することが可能となるのだ。このような分析家と患者の関わり方は、近代科学の客観的で観察的な関わり方とは、大きく異なっている。分析家は、いわば患者に巻き込まれるようにして、患者の引き裂かれた苦悩⑨に「無自覚にふりまわされ、突き動かされ」という表現がある)を自ら体験するしかないのである。具体例のケースで言えば、分析家は患者の「こころのなかの迫害者になってしまう」と同時に、患者との関わりの中で患者の「こころのなかの無力な自己になってしまった」ということが起こるのである。このようにして患者を理解することで初めて、患者の人生を「改善」②に導く手掛かりを得られるのであろう。

もちろん、患者の分裂に同化するだけでは、精神分析の仕事はできない。分析家には生きた人間としての分析家自身のあり方がある。ただそのことの積極的な意味は、次の㈤の中心的な内容になるはずである。とすれば、ここではそのことの前提となる意味、つまり「分裂」の内容に止めておかなければならない。落語家の分裂の場合ほど明確に記述されてはいないが、分析家の分裂もまた二重性を帯びているのである。一つは、分析家が患者の自己に巻き込まれていくことによって生じる自己の分裂。もう一つは、患者のなかの複数の自己に同化することによって生じる分裂である。とすれば、記述すべき内容は次の三点である。

①分析家は患者の世界を理解し助言することが仕事である

②(そのためには)患者の分裂した複数の自己に同化することになってしまう

③(そうすることで)自らも分裂を体験するしかない

繰り返すが、肝心なことは、分析家が患者に巻き込まれるようにして、患者の分裂を自身の分裂として体験するしかない、といったニュアンスを、どれだけ鮮明に表現できるか、という点にある。

㈤　分析家としての生きたあり方こそが、患者に希望を与えていることの理由を、落語家との共通性を踏まえて説明することを求める設問。本文全体を視野に入れて、第三の部分の後半部に焦点を当てて考える。

設問の要求は「なぜそういえるのか」となっており、その根拠を明確にすることが、解答作業のポイントである。「生きた人間としての分析家自身のあり方」とは、何のことか。それは傍線部オの直前の「分裂から一瞬立ち直って自分を別の視点から見ることができる」ことである。それは分析家の「仕事」であり、「分析家自身の視点から事態を眺め、そうした患者の世界を理解する」⑨ことができることを意味している。そのことがどうして「患者に希望を与えてもいる」ことになるのか。それは、患者が分裂から立ち直れないままでいるからである。患者は「こころのなかの誰かにただ無自覚にふりまわされ、突き動かされてい」⑨るからである。分裂した状態に支配されたままの患者にとって、そこから一瞬立ち直ることのできる分析家自身のあり方は、自分もまた「ひとりのパーソナルな欲望と思考をもつひとりの人間、自律的な存在」となって生きることの可能性を予感させる。その予感が、患者に「希望」を与えることになるのだ。この「希望」は⑦末尾の、落語家が観客に与える「希望」と同質のものである。

次に「落語家との共通性」について考えてみよう。これは㈠の「文化を内在化」した「孤独」を基本として、㈡と㈣の「分裂」を自ら引き受けつつ、㈢の「ひとまとまり」の生きた人間として、分裂する自己を対象化して語ることである。そのような分析家としての仕事、つまりあり方が、自己の分裂に苦しむ患者にとっては、回復への希望となりうるということである。以上をまとめるなら、記述すべき内容は次のようなものになるだろう。

①精神分析家は落語家と同様、文化を内在化してただ一人で他者と対峙する

②分析家は、自己分裂する自分を他者の視点から対象化して語る存在である

③患者は分裂した自分にまとまりをもつことができないことに苦しみ悩んでいる

④患者は、分裂してもなお分析家として仕事を行う姿に、自律的に生きる回復への可能性を感じとるから

右の内容を含み込んで、制限字数内でまとめるなら、ほぼ解答例に示したようなものになると思われる。

㈥　漢字の書き取り。字体の正確さとともに語彙力が問われ

ている。訓読みの字が三つの出題となった。
a 「稼」ぐ。「禾」に注意。音読みは（カ）で、稼業・稼働・稼動などの熟語がある。「嫁」（よめ・とつぐ・カ）と区別して覚えよう。こちらの熟語では、花嫁・許嫁・転嫁などがある。
b 「慰」め。音読みは（イ）。熟語には、慰労・慰藉・弔慰などがある。
c 「脅」かす。訓読み、音読みは（おびやかす・おどす・おどかす・キョウ）。熟語には、脅威・脅迫などがある。
d 「情緒」。（ジョウチョ）とも読む。ここでは〈怒りや悲しみや喜びなどの情動〉の意。「情緒不安定」などの語がある。他に「江戸情緒」などの用い方では、〈その物独特の味わい〉の意を表す。
e 「契機」。ドイツ語Momentの訳語で、〈その物の成立を規定する本質的要因〉の意。一般的には〈きっかけ〉の意で軽く用いられることも多い。

〈自己採点のめやす〉
記号は次の意味で用いる。
☆……解答としての方向性
○……合格答案
△……基本点
×……不可

(一)
☆ 落語家と精神分析家の仕事に共通する圧倒的な孤独の説明といった方向にあること。
○ ①落語家も分析家も、文化を内在化し自己の存在を賭けて
②相手の期待に応えようと
③ただ一人で他者と対峙しなければならない
右の三つがほぼ書かれているもの。
△ 右の③はほぼ書かれているが、①②の不十分なもの。
「他者」という語の用いられていないもの。
× ③を欠くもの。（「対峙」という語でなくても、同様の意が表されていれば、可）

(二)
☆ 落語家における自己の分裂についての説明といった方向にあること。
○ ①落語家は演じる自分を観客という他者の視点から対象化する
②互いに自律した複数の他者の生きた対話を演じる
右の二つがほぼ書かれているもの。
△ ①も②も触れられてはいるが、記述が全体として不十分なもの。
× 右の②は書かれているが、①の欠けているもの（＝①と

②の二重性を欠くもの)。
「他者」という語を欠き、文意がきちんと成立していないもの。

☆ (三)
精神分析における人間理解の基本的想定としての「分裂」と、「ひとまとまりの『私』」との関係についての説明といった方向にあること。

○ ①人間は本質的に分裂した異質な(複数の)自己の関わり合いとしてある
②(右のような)自らの存在を、個としての統合性をもつ主体と見なして生きている
右の二つがほぼ書かれているもの。

△ ②の「見なして生きている」のあたりが、「誤った幻想」「間違った観念」等、「錯覚」を過度に強調して受け止めているもの。
「個としての統合性をもつ主体」の捉え方が曖昧で不十分なもの。

× 「分裂」と「統合」の関係性についての説明になっていないもの。

☆ (四)
精神分析家における自己の分裂についての説明といった方向にあること。

○ ①分析家は患者の世界を理解し助言することが仕事である
②(そのためには)患者の分裂した複数の自己に同化することになってしまう
③(そうすることで)自らも分裂を体験するしかない
右の三つがほぼ書かれているもの。

△ 右の②③は書かれているが、①を欠くもの。
右の三つについてだいたいは触れられているが、記述が全体的にやや不明瞭で、特に③で「巻き込まれる」ニュアンスの弱いもの。

× 右の②か③の一方を欠くもの(＝二重性を欠くもの)。
具体例としての「迫害者」「無力な自己」等を用いるだけで全体としての説明になっておらず、「分裂」についての理解に混乱の見られるもの。

☆ (五)
分析家としての生きたあり方こそが、患者に希望を与えていることの理由を、落語家との共通性を踏まえて説明している方向にあること。

○ ①精神分析家は落語家と同様、文化を内在化してただ一人で他者と対峙する
②分析家は、自己分裂する自分を他者の視点から対象化して語る存在である

③患者は分裂した自分にまとまりをもつことができないことに苦しみ悩んでいる
④患者は、分裂してもなお分析家として仕事を行う姿に、自律的に生きる回復への可能性を感じとるから
右の四つの内容をほぼ含み込んで説明しているもの。
△　④はほぼ書かれているが、③を欠くもの。
④はほぼ書かれているが、①②③の内容の極めて不十分なもの。
×　④の「自律的に生きる（回復への）可能性」の内容を欠くもの。
(六)
×　続け字、乱雑なものは、不可。

解答

(一)　落語家も分析家も、文化を内在化し自己の存在を賭けて、相手の期待に応えようとただ一人で他者と対峙するしかないということ。

(二)　落語家は演じる自分を観客という他者の視点から対象化した上で、互いに自律した複数の他者の生きた対話を演じるということ。

(三)　人間は、本質的に分裂した異質な自己の関わり合う自らの存在を、個としての統合性をもつ主体と見なして生きているということ。

(四)　分析家が患者の世界を理解し助言するには、患者の分裂した複数の自己に同化し自らも分裂を体験するしかないということ。

(五)　精神分析家は落語家と同様に、文化を内在化してただ一人で他者と対峙し、自己分裂する自分を他者の視点から対象化して語る存在であり、分裂した自己に苦しむ患者は、分裂してもなお分析家として仕事を行う姿に、自律的に生きる回復への可能性を感じとるから。（120字）

(六)　a＝稼　b＝慰　c＝脅　d＝情緒　e＝契機

第四問（文科）

出典

蜂飼耳（はちかい・みみ）「馬の歯」（岩波書店『図書』二〇一三年三月号掲載）の全文。

蜂飼耳は、一九七四年神奈川県生まれ。早稲田大学大学院文学研究科修士課程修了。詩人。エッセイスト。小説家。詩集に『いまにもうるおっていく陣地』『食うものは食われる夜』、小説に『紅水晶』、エッセイ集に『空を引き寄せる石』、絵本に『うきわねこ』（絵・牧野千穂）他がある。

解説

〈本文解説〉

本文は、筆者が初対面の人と会ったり詩集を読んだりするなかで、未知のものに触れる新鮮な驚きについて、独特の感性で語った文章である。ここでは全体を四つの部分に分けて考えてみよう。

第一の部分（「仕事の打ち合わせで……」から「……ずぶりと差しこまれる。」まで）初対面の人と向かい合う時間について

初対面の人と向かい合うとき、人は互いに、「見えない触角を伸ばして」話題を探す。以前は苦手だったそんな時間が、筆者はいまでは「愉しいひととき」になったという。それは「日常のなかに、ずぶりと差しこまれる」時間だからだ。

第二の部分（「先日は、理系の人……」から「……馬だったのか、確かめることはできない。」まで）「理系の人」との出会いについて

児童向けの科学関係の内容を含む本か何かの打ち合わせで（「媒体」という語から、このように考えられよう）、筆者はある「理系の人」と対面した。少しずつ話しているうちに、理系らしいことが感じられ、筆者が水を向けると、蓮根、ゾウの糞など、「自分には思いもよらない事柄」を嬉々と説明してくれた。「相手がどんなことにどんなふうに関心をもっているのか、知ることは面白い」と筆者は言う。それを知ることは「知らない本のページをめくる瞬間」に似ているのだ。

その人はカフェ・ラテの表面の模様が崩れていることを残念がるが、筆者が交換しようと言う前に、それに口をつけてしまう。そんなちょっとした行動に、筆者は相手への親近感を抱く。

その人の植物園の話が、筆者の興味を引きつける。台風の後、その植物園では大きな松ぼっくりが拾えるという。両手で大きさを示しながら説明してくれるその話を聞くうちに、筆者はいつかいっしょに松ぼっくりを拾いに行ったことが

あったような気がしてくる。植物園もまた、「本」に似ているのだ。「風が荒々しい手つきでめくれば、新たなページが開かれて、見知らぬ言葉が落ちている」。そして、植物園へ幾度も通う、その「理系の人」のなかにも「未知の本」がある。その「生きている本」は、こちらが不用意なことをしゃべったりすると、きっと開かれないままになってしまうだろう。筆者はここで、植物園がその人にとって「本」であるとたとえ、その「理系の人」が筆者にとって「未知の本」であるとたとえているのだ。

「どんぐりに卵を産みつける虫の名前」をいくつも挙げられるようなその「理系の人」の話を、筆者はもっと聞いていたいと思った。本題が済んで店を出た後、二人は都心の駅の地下道に入った。神奈川県の海岸の話で、その人はまた「特別な箱から秘密を取り出すように」、声をひそめて「馬の歯」の話をしはじめる。中世にたくさん馬を飼っていたときのその馬の歯が、人骨といっしょに出てくるのだという。

本当に馬の歯ですか、と思わず問い返した筆者に、相手は「記憶と体験を一点に集める真剣さ」で「あれは馬です。馬の歯ですよ。」と断言する。それらの言葉の一音一音が筆者の想像力を刺激し、馬の姿となって海岸の浜辺を駆けていく。筆者は、馬の歯を特に拾いたいわけではない。ただその話の内容そのものが、「はじめて教えられたことだけが帯びるぼんやりとした明るさ」のなかにあって、筆者の心を引くのである。

それが本当に馬なのかを確かめることができないまま、幻の馬は筆者の意識の片隅につながれている。

第三の部分（「ある日、吉原幸子の……」から「……消えろ、と宣告するのだから。」まで）　吉原幸子の詩「虹」についてある日、筆者は吉原幸子の詩集『オンディーヌ』を読んでいて、ふと「虹」という詩に目がとまる。いかにも吉原幸子らしい、愛、罪、傷などの生まじめで重いイメージに包まれた詩集の中で、「虹」の第一連には「ぶたが一匹　草をたべてゐる」という一行があり、さらに「あれは　たしかにぶただったらうか」という一行でその連が締めくくられている。なんとなく笑いを誘う。ここには「紛れもない可笑しみ」がある。「あれは、なんだったのだろう。そんなふうに首を傾げて脳裡の残像をなぞる瞬間は、日常のなかにいくつも生まれる」。多くのことは曖昧なまま消えていき、「足元を照らす明確さは、いつでも仮のものなのだ」と、筆者は言う。だからこそ、「輪郭の曖昧な物事に輪郭を与えようと一歩踏み出すこと」からは光がこぼれるが、「その一歩は消えていく光だ」。この「光」という言葉の表しているものは、第二の部分の終わりのところにあった「はじめて教えられたことだけが帯びるぼんやりとした明るさ」とほぼ同じものと考えられる。

「虹」という詩の終わりの部分は、「……どこかに　大きな間違ひがあることは／わかってゐるのに／それがどこなのか　どうしてもわからない」という連があり、さらに「消えろ　虹」という独立した一行が全体を締めくくっている。「わからないこと、確かめられないことで埋もれている日々」に掛かる虹を「消えろ」と宣告しているのだから、それは作者にとっては希望ではない。ただ、ここに示されている「鮮度の高い苛立ち」に触れて、筆者は「どきり」とさせられるのである。

第四の部分（「拾われる馬の歯。……」から「……ゆっくりと流れていく。」まで）**問いこそが、もっとも遠くへ届く光であることについて**

「馬の歯」が、仮に本当の馬の歯だったとしても、それが実際にどのような馬で、何をしていたのか、といったようなことは、なにもわからない。なにもわからないという「暗がり」のなかで、これはなんだろう、と問いつづける「問いだけは確かにある」と筆者は言う。

問いとは弱さかもしれないけれど、問いこそが「もっとも遠くへ届く光」なのだ。「馬の歯」という言葉に想像力が刺激されると、「蹄の音の化石が軽快に宙を駆けまわる」。筆者は言葉を拠り所にして想像力を羽ばたかせるが、筆者の出会った「理系の人」は、「馬の歯」や「松ぼっくり」そのものに興味を引かれて、問いつづけながら想像の世界を拡げている。だから、「掌にのせて、文字のないそんな詩を読む人もいる」の「も」は、筆者のささやかな驚きを表している。〈……の人もいれば、――の人もいる〉という場合の、いわば他人事のようにして捉える客観的な「も」ではなく、〈世の中にはこんな人もいるんだ！〉という場合の、控え目の感嘆符が隠されているとも言うべき「も」なのだ。

「松ぼっくり」も「馬の歯」も、現実のこの世界にあったものである。ただそれが、一般の人には見えてはいなかった。「松ぼっくり」は松葉の茂みの中に、「馬の歯」は大地の土の中に、それぞれがひっそりと隠されて存在していた。それが、台風とか仕事上の打ち合わせといったことをきっかけにして、実際に見えるものとして浮上してきたのである。それは問いつづけることによって初めて開示される、不思議な魅惑に満ちた世界であり、それこそが正に詩の世界なのである。本文中に詩の世界ということは直接的には書かれていないが、このようにして本文は、詩の世界とはどういうものかということについての筆者の考えを述べた文章であると言うことができる。筆者は、文字のない詩を読む人の驚きの世界を、そのような人の存在を初めて知った筆者自身の驚きを込めて語っているのである。

〈設問解説〉

第一問と同様に、全体の設問構成を概観してみよう。

㈠　初対面の人と向かい合う時間は、日常の自明の世界を揺るがす新たな驚きをもたらすこと。第二・第三・第四の部分を含み込んで、第一の部分を考える。特に、設問㈣を前提にして考えることが望まれる。

㈡　ふとしたきっかけが、未知の言葉を顕在化させること。第二の部分。

㈢　問いつづけることは、ささやかな驚きをも、束の間の認識として消し去ってしまうこと。第三の部分。

㈣　現実の世界には、不思議な魅惑が潜在しており、問いつづけることが、それを詩の世界として現出させる。全体を含み込んで、第四の部分を深く考える。

㈠が導入部で、日常を揺るがす出会い、㈡がそれを受けて、未知の言葉、へと展開し、㈢は問いつづけることが驚きの光をも消し去ること、へと転じ、㈣で、詩の世界、へと全体を締めくくっている。本文の論旨構成に沿った設問構成になっていることが、わかるはずである。

㈠　初対面の人と向かい合う時間が、日常の自明の世界を揺るがす、新鮮な驚きをもたらすことについての理解を問う設問。㈣の「詩の世界」の出発点に位置づけられた設問であることを意識して、取り組みたい。

「初対面の人と向かい合う時間」が「日常」と対比されていることを、まず明確に読みとらなければならない。そして全文を視野に入れるなら、この非日常的な時間こそが、㈣の詩の世界へとつながる重要な契機となっていることを、わかった上で解答に取り組むべきである。

日常とは、自分で当たり前と思い込んでいる、驚きのない世界である。筆者はこれまで、大きな「松ぼっくり」や土に埋もれた「馬の歯」など、考えたこともなかったはずである。ところが、ある「理系の人」と出会うことによって、「自分には思いもよらない事柄を、気に掛けて生きている人がいると知る」ことになった。

ただし、傍線部は「日常のなかに、ずぶりと差しこまれる」であって、「理系の人」の話の内容にまで直接かかわっているわけではないことに注意したい。つまり、第二の部分の内容が直接的な解答になるわけではなく、「ずぶりと差しこまれる」ことのありようを一般化して答えることが求められているのである。

「ずぶりと差しこまれる」という表現のニュアンスを的確に捉えることはなかなか難しいが、少なくとも驚きの表現であることは確かである。「ずぶり」は鋭い驚きではない。しかし、手応えのある重い驚きと言えよう。とすれば、〈揺るがす〉といった表現がふさわしいのではないか。そしてこの驚きが、詩の世界という新たなものへと方向づける、肯定的な驚きであることも、なんとか含み込んだ記述にしたい。

書くべきことは、次のようなものになるだろう。

①初対面の人と語り合う時間は

②自分が当たり前と思い込んでいた日常の世界を

③不意に揺るがす、新たな驚きをもたらす

注意すべきことは、そこに開かれた新しい世界のことまで書いてしまうと、いわば勇み足として、減点されるだろうということである。

㈡　台風や「理系の人」との出会いなど、ふとしたきっかけが、新たな世界を開き、これまで知らなかった未知の言葉を顕在化させることの理解が問われている。第二の部分が中心となるが、第一の部分との関連性にも留意する必要がある。

傍線部が直接的に言っていることは、「台風」が「植物園」の松の木から「大きい松ぼっくり」をふるい落とすと、これまで手に取ることのできなかった「松ぼっくり」を手にして、「松ぼっくり」についての未知の言葉が示されてくる、といったことであろう。「風が荒々しい手つきでめくれば」は台風が植物園を襲うことを指し、「新たなページが開かれて」はこれまで未知だった世界が広がることを指し、「見知らぬ言葉が落ちている」は大きな松ぼっくりが地面に落ちていることを指している。つまり、この「理系の人」にとっては、植物園が「本」なのであり、松ぼっくりが「見知らぬ言葉」なのである。しかし、傍線部の意味することは、ただこれだけだろうか。

傍線部直後の「未知の本」「生きている本」は、どちらも筆者の出会った「理系の人」を指している。この人との出会いがなければ、あるいは出会ったとしても筆者が不用意な言葉を口にして相手が「松ぼっくり」の話をする気にならなかったとしたら、筆者は永久にこの「松ぼっくり」のことを知らないままで終わったかもしれない。つまり、筆者にとっては、この「理系の人」こそが「本」なのであり、相手の話す内容が「見知らぬ言葉」なのである。そもそも第二の部分は、第一の部分の「日常のなかに、ずぶりと差しこまれる」という判断の根拠となる、筆者の具体的経験が語られているところである。筆者にとっては、この「理系の人」との出会いこそが、筆者の日常を揺るがす非日常的な体験だったのである。傍線部のように「松ぼっくり」のことを表現すること自体が、筆者＝発語主体の驚きという心的過程のありようを前提として成立しているのだ。

傍線部イは、このような二重性を帯びているものとして読まれなければならないだろう。とすれば、ここでの「見知らぬ言葉」とは、㈣の「詩の世界」へと連なっていくはずの、〈詩の言葉〉を意味しているものと読まなければならない。

　右の二つの内容を二行の枠内に簡潔にまとめることは、極めて難しい。台風とこの「理系の人」との出会いを共通の表現で表すとするなら、たとえば〈ふとしたきっかけ〉といった言葉になろうか。次に「松ぼっくり」そのものに心を躍らせる「理系の人」と、「自分には思いもよらない事柄を、気に掛けて生きている」「理系の人」の話を聞く筆者の心の揺らぎとを共通の言葉で表すとしたら、〈これまでは見えなかった世界が開かれる〉といったような言葉になるだろう。そして、「松ぼっくり」そのものと「理系の人」の話とをまとめるなら、たとえば〈現実の自然や人間に潜む未知の言葉〉といった表現になるだろう。〈現実に潜む〉としたのは、「松ぼっくり」もこの「理系の人」も現実に存在していたのであるが、筆者はこれまで、そのことに気づいていなかったからである。さらに「…が開かれて、…が落ちている」のあたりは、これまで見えていなかったものが見えてくるという意味で、〈顕在化〉という語を用いることができるだろう。以上の内容をまとめるなら、記述すべきことは次のようなものになるはずである。

　①ふとしたきっかけが、これまでは見えなかった世界を開いてくれる

　②現実の自然や人間に潜む未知の言葉を顕在化させる

　注意すべきことは、傍線部イが単なる「植物園」の「松ぼっくり」の比喩ではないという読解である。記述自体も相当に難しいが、書き方を問う前に、第二の部分全体を第一の部分と関連づけて読みとる読解こそが重要なのだ。

㈢　より確かな認識を求めて問いつづけることは、いったんは手に入れた新鮮な驚きの光を、束の間の認識としてたちまちのうちに消し去っていく、ということの理解を問う設問。第二の部分を前提にして第三の部分を中心に考える。

　「光」とは、傍線部ウ直前の「輪郭の曖昧な物事に輪郭を与えようと一歩踏み出すこと」から出てくる「光」のことである。それはさらに前の「足元を照らす明確さ」を受けており、「いつでも仮のもの」であることが「消えていく」ということの意味である。そしてこの「光」は、第二の部分の「馬の歯」のところに書かれていた、「はじめて教えられたことだけが帯びるぼんやりとした明るさ」から連続するものと言える。

　さらに先を読んでいくと、この「光」は、引用された詩の「消えろ　虹」（この「虹」と「光」はイコールの関係ではない）の「虹」のイメージとも、微妙なかかわりをもっている。そして最終的には、第四の部分の「暗がり」と対比された「もっとも遠くへ届く光」へと続いていくものである。

　以上の連続性をあらためて捉え直すなら、この「光」は、

わからない曖昧な暗がりにあった物事の輪郭が、わかることによって一瞬明確に輪郭を浮き上がらせることを意味していると言えるだろう。「馬の歯」にしても草をたべる「ぶた」にしても、「あれは、なんだったのだろう」という問いは、「日常のなかにいくつも生まれる」。その疑問が解けて一瞬わかったような気になるのが、この「光」である。

しかし、この「光」は永続的な明るさを持っているわけではなく、問いを深めていくと再び闇の中に消えていくしかない。「いつでも仮のもの」なのだ。

（「消えろ　虹」について言えば、この吉原幸子という詩人にとっては、この「虹」は「大きな間違ひ」を隠蔽するものとしての、いわば、まやかしの「虹」である。この詩人は、「虹」の向こうに、真実というべきものが実在していることについて、疑いを懐いてはいないように思われる。それに対して、本文の筆者蜂飼耳は、真実なるものの実在を、必ずしも信頼しているようには思えない。わかったと思うものも永続的な真実ではなく、問いつづける行為だけに確かさがある、と言うのである）

これまでの内容を一般化して再度捉え直すなら、この箇所は、未知の事物を垣間見たときの新鮮な驚きと、認識を深めようと問いつづける営みとの関係について述べているものと考えられる。一瞬わかったと思う新鮮な驚きの光も、やがては束の間の認識として消え去っていく、ということである。

記述すべき内容は、次のようなものになるだろう。

①より確かな認識を求めて問いつづける営みは

②未知の事柄を垣間見たときの新鮮な驚きを、束の間の認識として消し去っていく

全体としての方向は「消えていく」というマイナスに向かっているが、ここで注意すべきことは、たとえば〈すべては仮のものにすぎない〉とか〈結局のところ何もわからない〉というふうに、全面的なマイナス、つまりニヒリズムの方向に向かうのは、やはり間違いだということである。次の第四の部分で、筆者は問いつづけることの確かさを信頼しており、「軽快に宙を駆けまわる」想像力を明るく肯定している。第四問では、むしろこのような解答としての方向性やニュアンスこそが、採点要素の大きな部分を占めることを、意識しておきたい。

㈣　現実の世界には、不思議な魅惑が潜在しており、問いつづけることが、それを詩の世界として現出させる、ということについての理解が問われている。全体を視野に入れて、第四の部分を深く考える。

「掌にのせて」いるのは、むろん「松ぼっくり」であり「馬の歯」である。それが「文字のないそんな詩」に当たる。そしてその詩を「読む人」とは、ここでは筆者の出会った「理

系の人」を指している。つまり、この「理系の人」にとっての「松ぼっくり」や「馬の歯」は、自然の姿や中世の馬のありようへと想像力を羽ばたかせて心をときめかせる手掛かりとなるものなのであり、それは筆者にとっての詩の言葉と同じなのだ。

「わかることはなにもない」という「暗がり」のなかで、「問いだけは確かにある」。そしてそのように問いつづけることこそが「もっとも遠くへ届く光」となる。筆者はその「理系の人」の「馬の歯を拾えるんです」という言葉に想像力を刺激されて、「蹄の音の化石が軽快に宙を駆けまわる」イメージを抱く。それと同じようにして、この「理系の人」は、拾った「松ぼっくり」や「馬の歯」から自然や中世の世界へと想像力を羽ばたかせているのだ。

傍線部で注意すべきところは、「…そんな詩を読む人もいる」の「も」の受け止め方である。第四の部分の解説でも触れたように、この「も」はささやかな驚きを表しているのであって、〈……の人もいれば――の人もいる〉といったような場合の、他人事であることを示す客観的な「も」ではない。そんな詩を読む人もいるのだ！という、筆者の驚きの表現としてこそ読みとるべきである。

とすれば、ここでの記述で留意すべき点は、「理系の人」が「松ぼっくり」や「馬の歯」に想像力を羽ばたかせるありようと、そんな人が存在することを知って驚く筆者の心の揺らぎとを、共に含み込んだ表現にするということである。そうすることで初めて、設問㈠で問われた、「日常のなかに、ずぶりと差しこまれる」ことの筆者にかかわる意味が、この㈣で受け止められることになり、本文の展開をきちんと捉えたことを示す証しとなる。さらに絞るなら、この設問は、詩の世界とはどういうものか、という問いに対する、筆者自身の答えとして位置づけられていることも、考慮に入れたい。詩の世界ということは、直接的にはどこにも書かれていないが、本文全体を素直に受け止めるなら、本文が詩の世界について書かれたものであることは疑いない。

①未知への想像力をもって問いつづけることで

②現実の自然や人間は不思議な魅惑に満ちた詩の世界として立ち現れてくる

ここで、傍線部中の「……人もいる」という語句をそのまま用いることの危険について触れておきたい。〈……人もいるのだ〉と書いた場合、そこには筆者の驚きが含まれてくるだろうが、「……人もいる」とそのまま書いた場合、この「も」は普通は、自分から切り離した他人事についての説明と受けとられるだろう。そのように判断された解答文は、これまでの解説で示したように、筆者＝発語主体の心的過程のありようをきちんとは受け止めていないということから、不可とされるはずである。これは、東大が受験生に向けたメッセージに明記している「自らの体験に基づいた主体的な国語の運用能力」とは全く逆の、当人の主体性の欠如した言語使用を顕在化させているものと見なされる可能性がある。東大は、良い答案を書く学生を求めているのではなく、自らの頭で考える学生を求めている。良い答案を書こうとして本文中の語句を切り貼りする(そこには解答者の能動的な主体性は全く見られない)のではなく、自らの頭を使って本文の言葉と格闘し、自分の読みとった内容を可能なかぎり忠実に再現する姿勢こそが求められているのである。

〈自己採点のめやす〉　記号は第一問と同様に用いる。

(一)

☆　初対面の人と向き合う時間が、日常の自明の世界を揺るがす、新鮮な驚きをもたらす、といった方向にあること。

○　①初対面の人と語り合う時間は
②自分が当たり前と思い込んでいた日常の世界を
③不意に揺るがす、新たな驚きをもたらす
右の三つがほぼ書かれているもの。

△　だいたいのことは書かれているが、③の「揺るがす」に相当する表現のやや不適切なもの。
だいたいのことは書かれているが、「差しこまれ」た新しい世界の内容にまで踏み込んでしまっているもの。

×　③の「新たな驚き」(＝詩の世界の予告)の要素を欠くもの(＝傍線部をイイカエているだけのもの)。
③の「揺るがす」ことが、否定的なニュアンスで記述されているもの。

(二)

☆　ふとしたきっかけが、新たな世界を開き、これまで知らなかった未知の言葉を顕在化させる、といった方向にあること。

○　①ふとしたきっかけが、これまでは見えなかった世界を
開いてくれる
②現実の自然や人間に潜む未知の言葉を顕在化させる
右の二つがほぼ書かれているもの。

△　だいたいのことは書かれているが、「植物園」「理系の人」等の語句がそのまま用いられ、一般化の不十分なもの。

×　「理系の人」に対する筆者自身の驚きの内容を欠き、単に「植物園」の「松ぼっくり」についての比喩としてのみ書かれているもの。

(三)

☆　問い続けることが、いったんは手に入れた新鮮な驚きの光を、束の間の認識として消し去っていく、といった方向にあること。

○　①より確かな認識を求めて問い続ける営みは②未知の事柄を垣間見たときの新鮮な驚きを、束の間の認識として消し去っていく

△　右の二つの内容がほぼ書かれているもの（①②の「認識」は、同内容の表現であれば、別の語であっても可）。

×　①の「問い続ける」と②の「消し去る」の内容とを含んではいるが、記述が全体としてやや不明瞭なもの。

×　②の結末が、〈すべては仮のものにすぎない〉〈結局何もわからない〉のように、全面的なマイナスの方向で締めくくられているもの。

△　①の「問い続ける」ことと②の「消し去る」こととの関係についての記述になっていないもの。

㈣

☆　現実の世界には、不思議な魅惑が潜在しており、問い続けることが、それを詩の世界として立ち現せさせる、といった方向にあること。

○　①未知への想像力をもって問い続けることで②現実の自然や人間は不思議な魅惑に満ちた詩の世界として立ち現れてくる

右の二つがほぼ書かれているもの。

△　①も②も触れてはいるが、全体として記述がやや曖昧で、②に「詩の世界」といった内容を欠くもの。

×　「松ぼっくり」「馬の歯」にかかわる「理系の人」についてのみ書かれていて、「理系の人」の存在を新鮮に受け止める筆者自身の驚きには触れていないと判断されるもの。

〈人もいるのだ〉のように筆者の驚きを含むということがなく、「人もいる」をそのまま用いて、筆者と無関係な第三者のことを記述していると判断されるもの。

解答

㈠　初対面の人と語り合う時間は、自分が当たり前と思い込んでいた日常の世界を不意に揺るがす、新たな驚きをもたらすということ。

㈡　ふとしたきっかけが、これまでは見えなかった世界を開き、現実の自然や人間に潜む未知の言葉を顕在化させるということ。

㈢　より確かな認識を問う営みは、未知の事柄を垣間見たときの新鮮な驚きを、束の間の認識として消し去っていくということ。

㈣　未知への想像力をもって問い続けることで、現実の自然や人間は不思議な魅惑に満ちた詩の世界として立ち現れてくるということ。

二〇一三年

第一問（文理共通）

出典

湯浅博雄（ゆあさ・ひろお）「ランボーの詩の翻訳について」（岩波書店刊『文学』二〇一二年 7・8月号掲載）の最後の部分、〈逐語性を気づかうこと〉の後半と〈二つの要請に同時に応える〉の全部の二節。

湯浅博雄は、一九四七年生まれ。専門は言語態理論、フランス思想・文学。著書には『他者と共同体』『聖なるものと〈永遠回帰〉』他、訳書にはジャック・デリダ『パッション』『ランボー全集』（共訳）他、多数がある。

解説

〈本文解説〉

本文は、文学作品の翻訳においては、表現内容だけでなく、それと不可分に結びついた表現形態にも注意を向けることの重要性を指摘し、そのため翻訳とは原語と翻訳者の母語との対話であること、そしてそれは諸々の言語や文化の複数性を引き受けて、相互の理解と交通を深めようとする、新しい言葉の在りようの模索であることを述べた文章である。全体は十一の形式段落から成るが、四つの部分に分けて考えてみよう。

第一の部分（1）文学作品において意味される内容は、それを意味する表現形態の側面と不可分に一体化していること

ある詩人とか作家の作品が、これこれの思想とか感情を言おうとしている、といった言い方をされることが、しばしば見受けられる。しかし、思想とか感情というような、内容的で概念的なものが、それだけで独立して自存していることはない。文学作品において〈意味され、志向されている内容〉は、それを〈意味する仕方、志向する仕方〉の側面、つまり表現形態の面と不可分に一体化しており、そのことで初めて人々の間に現実に交通（＝コミュニケート）する機能をもつのである。

こうして筆者は、通念的な見方を批判する形で論を展開しているが、この考え方自体、多くの受験生にとってはそれほど目新しいものではなく、取り組みやすい内容であっただろうと思われる。

第二の部分（2～7）翻訳者の避けるべき態度と追求すべき方向について

それゆえ、文学作品を翻訳する者は、次のような姿勢は避けるべきである。誰でも原文テクストを読むときは、テクストの語り方の側面、つまりフォルム的側面を経由して読み取るのであるが、読み終えた後で、この〈意味するかたちの側面〉

に意を配ることをやめてしまうという姿勢は、取るべきではない。言い換えるなら、自分が「読み取ったと信じる意味内容・概念の側面に注意を集中してしまうという態度」を取ってはならない、ということである。そうやって自分が読み取ったと思い込んでいる意味内容、つまり概念的な中身は、それだけで独立して、そのテクストの志向するものと見なしてはならないのである。

翻訳者は、自分が読み取ったと思い込んでいる概念的内容が、フォルム的側面と無関係に独立してあるものと見なしてはならず、また、そういう内容を自分の母語によって言い換えればよい、と考えてはならない。そのようにして内容だけが言い換えられた作品は、読みやすい翻訳となるかもしれないが、大きな危うさも内包している。それは、原文のテクストが「その独特な語り口、言い方、表現の仕方によって、きわめて微妙なやり方で告げようとしているなにか」から眼をそらしてしまうかもしれないという危険である。そのことを少し極端に言うなら、ある翻訳者がランボーの詩の日本語訳を提示したとして、それがランボーのテクストの翻訳作品であるというよりも、「はるかに翻訳者による日本語作品である」こともあり得るということである。

それを避けるためには、翻訳者は「できる限り原文テクストをチクゴ的にたどること、〈字句通りに〉翻訳する可能性を追求するべき」だと、筆者は述べる。〈字句通り〉に翻訳することは、原文テクストの表現形態の側面にも意を配ることを意味するからである。その点を踏まえて、筆者はランボーの原文テクストと筆者による翻訳とを引用し、表現形態の面に注意を凝らすことで「なにかしら特有な、独特なもの、密かなもの」が見えてくること、そこに原作者の、あるいは原文テクストの「独特さ、特異な単独性」があり、それが一般に言われるところの〈個性〉〈天分〉である、と述べている。（なお、この辺りで、ランボーのテクストの引用が厳密にはどういうことを意味しているのか、といったことは把握しづらい。これらは問題文として採られた前の部分に書かれていることであり、基本的な読解の上で、また解答作成の上で、受験生としては何ら気にする必要はない。）

第三の部分（8・9）翻訳者に要請される二つの課題

こうして翻訳者は、両立不可能な二つの要請に応えなければならないことになる。一つは、原文の意味しようとしている内容を達意の日本語にするという課題であり、もう一つは、原文の表現形態、つまり〈かたち〉の側面を可能な限り尊重するという課題である。それらの課題に応えるために、翻訳者は、原文＝原語と母語との関わり方を徹底的に考えていく。翻訳者は、原文の〈かたち〉の側面、つまり表現形態の面を注意深く読み解いて、それを自国語の文脈の中に取り込もうとする。しかし、フランス語と日本語とでは、志向する表現形態はほとんど一致することがなく、むしろしばしば食い違い、齟齬をきたす。それゆえ翻訳者は両言語の間における食い違いを必死になって調和させようと努めなければならない。それは時には、自分の母語の枠組みや規範を破ってまでして新たな調和を模索する、といったことになる。

こうして翻訳とは、「原語と母語とを対話させる」ことに他ならない。それは無限に続く対話であり、調和が実現されることは決してない。そこに翻訳することの喜びと苦悩がある。

第四の部分（⑩・⑪）翻訳という営為は、諸々の言語や文化の複数性を引き受けて、他者と自己との差異を横断し、新しい言葉の在りようを模索する営みであること

もしかしたら、翻訳という対話は「ある新しい言葉づかい、新しい文体や書き方」へと開かれているかもしれない、と筆者は言う。それは、翻訳することが翻訳者の母語の規範を破る可能性をはらんでいるだけではなく、原文＝原作に新たな生命を吹き込む可能性をももっているからだ。原文と翻訳者の母語との限りない対話は「新しい言葉の在りよう」へとつながっているかもしれないのである。（ここで「ベンヤミンがシサした翻訳者の使命」という語句が何を意味しているのかは、ややわかりにくい。ただ受験生としては、「新しい言葉の在りよう」にかかわるもので、以下に続く、複数の諸言語や文化を媒介する働き、ぐらいに理解しておけばよいだろう。なお、問題文より少し前の箇所に、「このことをもっと突きつめてみると、翻訳者は、ベンヤミンが示唆しているとおり、ある種の〈逐語性〉をつねに気づかうべきである、すなわち〈字句通りであること〉を可能な限り追究すべきである、ということになる。」という記述がある。）

そしてこのことは、もっと広い視野でとらえると、「諸々の言語の複数性を引き受ける」ということ、「他者（他なる言語・文化、異なる宗教・社会・慣習など）を受け止め、よく理解し、相互に認め合っていかねばならない」ということ、そのためには「なんらかの『翻訳』の必然性を受け入れ、その可能性を探り、拡げ、掘り下げていくべきである」ということにつながっていく。翻訳は、「諸々の言語・文化・宗教・慣習の複数性、その違いや差異に細心の注意を払いながら、自らの母語（いわゆる自国の文化・慣習）と他なる言語（異邦の文化・慣習）とを関係させること、対話させ、競い合わせる」ことである。したがって翻訳という営為は、「諸々の言語・文化の差異のあいだを媒介し、可能なかぎり横断していく営み」である、と筆者は述べている。

〈設問解説〉

東大現代文では、設問は原則として、本文の対比と段落展開の構造に沿って作られている。したがって各設問に対してそれぞれ単独に答えるのではなく、設問どうしの関連性を概観した上で、各設問に答えることが望ましい。次に全体を概観してみよう。

㈠　もっぱら表現内容に意識を集中して翻訳する態度。筆者が否定的にとらえているもの。

㈡　表現形態を無視した、翻訳者による勝手な創作。㈠を極端化したもので、筆者が否定的にとらえているもの。

㈢　表現形態にも注意を払った、原語と翻訳者の母語との対話。筆者が肯定的に主張しているもの。

㈣　翻訳という対話のもつ、新しい言語表現への可能性。㈢と同様、筆者が肯定的に主張しているもので、㈢の発展した内容。

㈤　翻訳という営みの意義。全文の趣旨を踏まえた上で、筆者の考えを的確にまとめるもの。

㈥　漢字の書き取り。

このように見てみると、㈠㈡と㈢㈣が対比の関係になっており、㈤は以上の対比を踏まえて全体の主張をとらえるという設問構成になっていることがわかる。なお、仮に全設問に正解できたとするると、それらの全体はほぼ本文の要約に重なるはずである、ということも意識しておいたほうがよいだろう。

㈠　翻訳において、表現内容に意識を集中するやり方で、筆者が批判的にとらえている態度を指す。第一の部分の文学作品についての筆者の見方を前提にして考える。

文学作品が言おうとしている内容は、それだけで独立して自存しているのではなく、表現形態の面と一体化して作用することで、人々の間に交通するものとなる、というのが第一の部分の趣旨であった。

それに対して傍線部アは、意味内容の側面に注意を集中する翻訳の仕方を指しており、このことは逆に言えば、表現形態の側面へは注意が払われないことを言っていることになる。表現形態の側面を切り離してしまうと、そもそも意味内容そのものも成立しなくなり、まともな翻訳として成り立たなくなるのは当然のことと言えよう。

以上をまとめると、記述すべき内容は次のようなものになろう。

①文学作品の表現内容は独立したものではなく表現形態と一体化して作用する

②表現形態にも注意を払うことで初めて原文の翻訳が可能となるから

なお、本文では、たとえば「意味され」「志向され」、あるいは「表現形態の面」「意味するかたちの側面」等、類語的な並列的言い回しが極めて頻繁に出てくる。これは、精確さを期そうとする学者的文体のあらわれと言えよう。一般に並列的表現箇所を解答として用いる場合、そのうちの一語を抜き出すのではなく、それらを総合したトータルな表現が望まれるのであるが、本文の場合、筆者自身が決めかねているのだから、限られた試験時間の中で受験生にそれを求めるのは無理というものである。並列的表現のうち、比較的トータルな意味合いの語を選べば、それで構わないだろう。また並列的表現をそのまま記述すると、解答欄をハミ出してしまうことになる。

㈡　表現形態を無視した翻訳は、翻訳者による勝手な創作であること。第二の部分にあたり、㈠の批判的な内容を極端にまで進めたもの。

「ランボーのテクストの翻訳作品」と「翻訳者による日本語作品」とが対比的に用いられていて、この「日本語作品」という語は明らかに否定的に用いられている。では、筆者はそれをなぜ否定的にとらえるのか。

自分の読み取った内容を母語に言い換えたつもりの翻訳は、「原文のテクストがその独特な語り口、言い方、表現の仕方によって、きわめて微妙なやり方で告げようとしているなにか」から眼をそらせてしまう危うさを持っている。言い換えるなら、原文の書き手独自の表現形態を無視した、翻訳者の勝手な創作になってしまうということだ。

記述すべき内容は、次のようなものになろう。

①読み取った表現内容を母語に置き換えたつもりの翻訳

②(右は)書き手独自の表現形態を無視した翻訳者の勝手な創作にすぎない

「つもり」という語を入れたのは、そもそものような翻訳は翻訳とは言えないからである。また否定的なニュアンスをはっきりさせるため、「勝手な」「…にすぎない」等の言い回しを用いた。このような点にも注意を配りたい。

㈢　表現形態に力点を置いた、原語と翻訳者の母語との調和への努力。翻訳に対する筆者の考えがそのまま示されているところで、第三の部分に当たる。前の㈠㈡と対比的な内容となる。

第三の部分で、筆者は翻訳者に要請される、両立不可能な二つの課題について述べていた。一つは原文の表現内容を達意の日本語にすること、もう一つは原文の表現形態を可能な限り尊重することである。ただ、この二つは対等に並立されているのではない。全体の文脈の流れから考えても、力点は明らかに二つ目の「表現形態」の「尊重」にある。

そもそも原語においても母語においても、あるいは他のどの言語においても、表現内容と表現形態とはそれぞれ不可分に結びついている。しかも言語によっては、表現形態の志向する仕方は互いにしばしば食い違いを見せ、齟齬をきたす。

そういう中で翻訳者は原語の表現形態をなんとか自らの母語に取り入れようと、原語と母語との調和を目ざして努力する。その試みは、時に母語の枠組みや規範を破るにまで至る。

以上の内容が、傍線部ウの「原語と母語とを対話させる」の中身である。ここで二行の枠内に収めて記述するとき、何を優先して残すべきかについて考えてみよう。まずは「二つの要請」を「表現形態」の方に力点を置いて、何とか取り込むこと。次に、原語と食い違う母語との間に調和した表現を模索して苦闘するという「対話」の内容を書かなければならない。ここで悩まされるのは、「自国語（自らの母語）の枠組みや規範を破り」の要素を書き込まなければならないかどうかの判断である。解答欄のスペースに余裕があれば、むろん書き込めばよいのだが、余裕はない。そこで次の㈣を見てみると、ここには「枠組みや規範を破り」は必須である。このような設問の流れから考えると、㈢に「枠組みや規範」の要素は必ずしも含み込まなくても構わない、と見なすことができるだろう。「枠組みや規範を破り」は、「あるやり方で」の場合であって、調和を目ざす試みがいかに困難に満ちたものであるかが「対話」という比喩の中身であると理解されていれば、可とされるのではないだろうか。

①原文を母語に翻訳するとき内容と不可分な表現形態の違いに直面する［＝二つの要請］

②原語と食い違う母語との間に調和した表現を模索して苦闘する［＝対話］

右の二つが、記述すべき内容である。

㈣　翻訳という対話のもつ新しい言語表現への可能性が問われている。筆者が肯定的に主張している内容で、第三の部分の後半から第四の部分が、その範囲となる。

前の㈢で触れたように、傍線部エ「ある新しい言葉づかい、新しい文体や書き方」とは、原文の表現形態を取り込もうとする原語と母語との対話において、両者の調和を求めて「あるやり方で自国語（自らの母語）の枠組みや規範を破り、変えるところまで進みながら」模索されるなかで生まれてくるものといった内容を指していよう。簡単な例を挙げれば、明治初期に多くの先人が欧米の言語を翻訳することを通して、江戸時代までの日本語の枠組みが破られて新しく現代の日本語へと生まれ変わってきたように。

ただここで注意したいのは、傍線部エにある「開かれている」は、必ずしも翻訳者の母語に限られないと思われることである。翻訳することは、原文＝原作にも「新たな生命」を吹き込む可能性をはらんでいるのだ。翻訳者の母語という、原作にとっての「他者」の言語は、原作自体に新たな光を当てることで、原作そのものに「新たな生命」を吹き込む可能性をもっている。傍線部エの二文後の「新しい言葉の在りよう」とは、こうして母語と原語のいずれをも含み込んでいるように思われる。

記述すべき内容は、次のようなものになるだろう。

①翻訳者の母語と食い違う原語の表現形態を取り込もうとする中で

②既成の枠組みや規範を破る新たな言語表現を創造する可能性が生まれてくるから

それほど鮮明な解答とは言えないかも知れないが、先に述べたことは、右の②に「母語」という言葉を入れずに、「言語」に一般化して書いた方がベターであるように思われる、ということである。

㈤　**翻訳という営みのもつ意義についての筆者の考えの理解が問われている。本文全体の趣旨を前提として第四の部分を中心に答える。**

翻訳という原語と母語との対話の営みは、新しい言葉の在りようへとつながる可能性をもっている。このことはもっと大きな視野でとらえると、「諸々の言語の複数性を引き受ける」ということ、「他者(他なる言語・文化、異なる宗教・社会・慣習・習俗など)を受け止め、よく理解し、相互に認め合っていかねばならない」ということへつながっていくということだ。諸々の言語や文化の差異を「媒介」し「横断」することとは、世界の複数性を引き受けて、他者と自己相互の理解を深めていくということである。(このような考えの背景には、グローバリズムの進行する中で英語が世界の共通語として単一化しつつある状況が意識されている、ということは容易に見て取れよう。)

右が解答の中心点である。このポイントに向けて、さらに書き加えるべきことは、文学作品は表現内容と表現形態とが一体化して作用するものであり、原語の表現形態を母語に取り入れることを要請されることが、逆に新たな言語表現の可能性を生む、といったことであろう。

本文全体を貫く話題は、文学作品の翻訳であること、そして力点が置かれているのは表現形態の方であること、この二つも意識しておいた方がよいだろう。以上の内容を次に改めて整理し直してみよう。

①文学作品は表現内容と表現形態とが一体化して作用する

②文学作品の翻訳は、他者の原語の表現形態を自己の母語に取り込むことを要請されることで、逆に新たな言語表現の可能性を生む

③異なる諸々の言語・文化の複数性を引き受けて相互の理解と交通を試みることになるから

なお、本文末尾の「媒介」「横断」という語は、冒頭第一の部分の「コミュニケート」という語と響き合っている。この語をそのまま用いてもよいが、ここでは文字数を考えて「交

通」という語に変えておく。

——設問の条件は、これまではほぼ「本文全体の論旨を踏まえた上で」であったが(この条件の付いていない年もある)、今年度は「本文全体の趣旨を踏まえた上で」となった。「論旨」が「趣旨」へと変えられたことには、次のような事情が推定されるかもしれない。つまり、「論旨」の場合、本文の順序どおり機械的に要約する受験生が多く、それに業を煮やした出題者が、〈単なる順序どおりということではなく、筆者の言おうとしている中心点(=趣旨)をつかまえた上で、主体的に言語を運用し、末尾の傍線部に収斂する形で説明せよ〉ということを求めているのではないか。「論旨」であっても「趣旨」であっても、出題者の求めているものは、基本のところは変わっていないと思われる。東京大学案内にあった「ある程度の長文によってまとめる能力を問う問題を必ず設けている」(「高等学校段階までの学習で身につけてほしいこと」参照)とは、第一問の㈤を指しているはずだから。

㈥　**漢字の書き取り。字体の正確さとともに語彙力が問われている。**

a　「首尾」。〈あたまとしっぽ〉の意。首尾一貫、首尾よく、といった慣用的表現がある。

b　「逐語」。〈一語一語を忠実にたどる〉ことの意。「逐」は〈追う・おいかける〉意。逐一・逐次・駆逐などの熟語がある。

c　「摩擦」。〈こする・すれあう・意見の不一致〉の意。

d　「促」(し)。熟語には、促進・促成・催促などがある。「捕捉」の「捉」(ソク・とらえる)と区別して覚えよう。

e　「示唆」。〈ほのめかす〉意。「唆」(サ・そそのかす)には他に、教唆という熟語がある。

〈自己採点のめやす〉

記号は次の意味で用いる。

☆……解答としての方向性

○……合格答案

△……基本点

×……不可

㈠

☆　表現内容に意識を集中して翻訳する態度のことで、筆者が否定的にとらえているという方向にあること。

○　①文学作品の表現内容は独立したものではなく表現形態と一体化して作用する

②表現形態にも注意を払うことで初めて原文の翻訳が可能となるから

右の二つがほぼ書かれているもの。

△　右の①はほぼ書かれているが、②の書かれていないもの。

×　右の①の内容である「表現形態」(「言い方」「表し方」「志

向する仕方」「かたちの側面」等、可）の重要性がとらえられていないもの。

㈡

☆ 表現形態を無視した、翻訳者による勝手な創作といった方向にあること。

○ ①読み取った表現内容を母語に置き換えたつもりの翻訳
②（右は）書き手独自の表現形態を無視した翻訳者の勝手な創作にすぎない
右の二つがほぼ書かれているもの。

△ 右の①はほぼ書かれているが、②の書かれていないもの。

× 「無視」「勝手な」等、否定的なニュアンスが示されておらず、肯定的な内容として読み取れるもの。
「表現内容」と「表現形態」の用い方が混乱していて、解答として意味の成立していないもの。

㈢

☆ 表現形態にも注意を払った、原語と翻訳者の母語との調和への努力という方向にあること。

○ ①原文を母語に翻訳するとき内容と不可分な表現形態の違いに直面する（＝「表現形態」に力点を置いた「二つの要請」）
②原語と食い違う母語との間に調和した表現を模索して苦闘する（＝「対話」）
右の二つがほぼ書かれているもの。

△ 「表現形態」に力点が置かれておらず、傍線部「原語と母語とを対話させる」のイイカエ説明に近いもの。

× 右の②を欠くもの。

㈣

☆ 翻訳のもつ新しい言語表現への可能性という方向にあること。

○ ①翻訳者の母語と食い違う原語の表現形態を取り込もうとする中で
②既成の枠組みや規範を破る新たな言語表現を創造する可能性が生まれてくるから
右の二つがほぼ書かれているもの。

△ 右の二つがほぼ書かれてはいるが、①で「表現形態」に力点が置かれておらず、かつ②で「新たな言語表現」を「母語」に限定しているもの。
内容として間違ってはいないが、記述が全体的にやや乱暴なもの。

× 右の②の書かれていないもの。

㈤

☆ 本文全体の趣旨を踏まえて、翻訳という営みのもつ意義についての筆者の考えがまとめられている、という方向にあること。

○　①文学作品は表現内容と表現形態とが一体化して作用する
②文学作品の翻訳は、他者の原語の表現形態を自己の母語に取り込むことを要請されることで、逆に新たな言語表現の可能性を生む
③異なる諸々の言語・文化の複数性を引き受けて相互の理解と交通を試みることになるから
右の三つの内容がほぼ書かれているもの。

△　①が欠けており、②の「表現形態」への力点も欠けていて不十分ではあるが、③の書かれているもの。（③の「複数性」は、この語がなくても、内容として複数であることが表現されておれば、可。）

×　右の③の内容を欠くもの。

㈥
×　続け字、乱雑なものは、不可。

解答

㈠　文学作品の表現内容は独立したものではなく表現形態と一体化して働いているため、後者を踏まえてこそ原文の翻訳が可能だから。

㈡　読み取った表現内容を母語に置き換えたつもりの翻訳は、書き手独自の表現形態を無視した翻訳者の勝手な創作にすぎないということ。

㈢　原文を翻訳するとき内容と不可分な表現形態の違いに直面し、原語と食い違う母語との間に調和した表現を模索して苦闘すること。

㈣　母語と衝突する原語の表現形態を取り込むことで、既成の枠組みや規範を破る新たな言語表現を創造する可能性が生まれてくるから。

㈤　文学作品の翻訳は、内容と形態が一体化しているため、他者の原語の表現形態を自己の母語に取り込むことを要請されることで、逆に新たな言語表現の可能性を生み、異なる諸々の言語・文化の複数性を引き受けて相互の理解と交通を試みることになるから。（116字）

㈥　a＝首尾　b＝逐語　c＝摩擦　d＝促（し）
e＝示唆

第四問（文科）

出典

前田英樹（まえだ・ひでき）『深さ、記号』（書肆山田二〇一〇年刊）の〈Ⅲ〉「写真はどのような知覚か―オノデラユキ作品集に寄せて」（オノデラユキ作品集『カメラキメラ』／水声社　二〇〇二年に初出）の〈1〉の全文。

前田英樹は、一九五一年生まれ。専門はフランス思想および言語論。著作には『沈黙するソシュール』『絵画の二十世紀』『言葉と在るものの声』他、多数がある。

解説

〈本文解説〉

人間の知覚は、身体で受けとめた刺激を超えて、生活上の意味をもつものとして対象を読み取ろうとするが、写真は人間の付与した生活上の意味と無関係な、限りなく流動しつづける世界それ自体の変化の実相を顕在化させる、ということを述べた文章である。全体は六つの形式段落から成るが、四つの部分に分けて考えてみよう。

第一の部分（①・②）人間の知覚は、記憶や一般観念の助けを借りて、知覚自身を超えていこうと働く

人間の知覚は、感覚で受けとめたものを、単なる感覚的な刺激として受けとめているわけではない。たとえば壺を見ている場合、その壺の、見えているこちら側だけを見ているわけではなく、見えない向こう側の丸みをも同時に見ているのだ。見えるものを見るということは、このようにして、見えない部分も含めてそれがどういうものであるかを、生活上のレベルで把握しようとすることなのである。このことを筆者は「知覚自身を超えて行こうとする一種の努力」と呼んでいる。その努力には「いろいろな記憶や一般観念がいつもしきりと援助を送ってくれる」というのは、過去の経験の蓄積や既成の概念が、部分的な知覚を全体的な対象把握へと高める手助けとなるということだ。とすると、見るという知覚による感受と、予測や思考といった推論による働きとは、くっきりと区別することのできないものであることがわかる。にもかかわらず、見ることを「純粋な網膜上の過程」とし、「純粋な知性の解釈」がその後に付け加わると考えようとする人は、行き過ぎた主知主義にとらわれていると言えよう。

主知主義の哲学者たちは、悟性だけが知覚の誤りを救うとして、精神による知覚の解釈を重視した。一頃はやった日本の映画批評は、視えるものの表層にとどまることを主張し、これはそれなりにもっともであるが、行き過ぎると主知主義のシニカル（＝皮肉）な裏返しとなってしまう。それらに対して、視えるとは何なのかを問いつめたモネの懐疑主義は、視えているのは物ではなく、刻々に変化する光の分散そのものであるとしたが、モネの手が実際に描いた絵は、モネの考えとは別に、絵として美しい。彼は視ただけではなく、視えていると信じたものを描いたのであり、描くことは、視ることを超えていこうとする努力となるほかないのである。

このようにして筆者は、人間の知覚の働きが知覚自身を超えて行こうとする一種の努力である、ということを述べる。

第二の部分（3）視えることは、〈意味〉に向かい続ける身体の志向性と不可分のものとして成立している

メルロ＝ポンティの知覚の現象学は、視えることが〈意味〉に向かい続ける身体の志向性と一体化したものであると捉えた。簡単に言い換えると、視ることは単なる視覚だけのことではなく、それが何なのかという対象の全体的な把握と切り離せない、ということだ。W・ジェームズやJ・ギブソンの心理学にあるのも（受験生としては知らなくても構わないことだが、極めて簡略化して言うなら、ジェームズは「意識の流れ」、ギブソンは「アフォーダンス」といった概念に示されているように、いずれも主体と客体が区別される以前の、いわば一体化した状態で、人間の経験を捉えようとする考え方のこと）、結局は同じ考え方だと言える。

筆者はそのことを、坂を登りながら丘の向こうに見えている家を例に挙げて説明する。その家は「一枚の板のように立っている」（＝「ただ網膜に映っているだけのもの」）と見えているわけではない。見えているわずかな部分は、見えていない背後の部分との連続的な係わりを持っている。しかもそれは、知的に構成されるのではなく、身体の上に奥行きをもった家の全体として顕われてくるのである。それが、家としての〈意味〉である。家を見上げることは、「歩いている私の身体がこの坂道を延びていき、家の表面を包んでその内側を作り出す流体のようになること」だと言う。流体とはその身体がこの家に対して持つ「止めどない行動可能性」のことであり、家を見ることは、奥行きを持った家が見る者の身体に、その家の内や外での様々な行動可能性と一体化して、つまり〈意味〉を持つものとして顕われてくる、ということである。

第三の部分（4・5）写真や映画という知覚機械が、見るという人間の経験に与えた深い動揺について

十九世紀後半から登場してきた写真そして映画は、見ることについての人類の長い経験に深い動揺を与えた。リュミエール兄弟たちが開発した感光板「エチケット・ブルー」によって、「それまで決して見たことのなかった世界の切断面」が、人類に対して示されたのである。たとえば「バケツから飛び出して無数の形に光る水」は、それまで身体が知覚したことのない、「何かもっと別なもの、しかもこの世界の内に確実に在るもの」だったのである。

現実の顔は刻々に動き、変化は無数のニュアンスを持って、静止する瞬間など一切ない。しかし私たちの日常の視覚は、そこに相対的な静止を持ち込む。無数に変化する様態をそのままではとらえきれないから、人間の視覚は生活上の必要から、そこに相対的な静止を持ち込むのである。ところが一秒の何千分の一というシャッタースピードを持つ写真機が示す肖像写真は、人間の視覚がとらえる顔とは全く別のものを切り取る。写真という知覚機械が示す切断は、「私たちの視覚が世界に挿し込む静止」とは桁違いの速さでなされるのである。

第四の部分 ⑥ **写真が切断して見せるものは、人間が無意識の闇に抑圧した、世界の持続する変化のニュアンスである**

写真のこの非中枢的な切断が見せるものは、「持続し、限りなく変化しているこの世界の、言わば変化のニュアンスそれ自体」である。（筆者がここで「非中枢的」と言っているのは、人間の視覚が〈意味〉に向かい続けるという、言わば「中枢的」な働きと不可分であることと対比的に、機械による瞬間的な切断であることを指している。）人間は、持続における変化のニュアンスを、経験してはいるが、生活上の意識がそれを次々と闇に葬っている。写真は、その無意識の闇に抑圧された変化のニュアンスを、一点に凝縮して単純な視覚の事実として人間に指し示す。このことを筆者は「恐ろしい事実」だと言う。なぜだろうか。おそらくそれは、人間の視覚が読み取っている世界が、人間にとって〈意味〉のあるものとして解釈された世界であるのに対し、写真が切断して見せる世界は、人間的な〈意味〉とまるっきり無関係な、世界それ自体の持続する変化そのものだからであろう。

〈設問解説〉

全体の設問構成を概観してみよう。

(一)　人間の知覚には、様々な過去の記憶や一般観念が働いていること。第一の部分。

(二)　人間の視覚が、意味ある全体を読み取ることであることの説明が求められている。第二の部分。

(三)　人間の視覚が、世界を相対的に静止させてとらえていること。第三の部分。

(四)　写真という機械が切断して示す世界。第三の部分と第四の部分。

(一)(二)(三)が人間の知覚(視覚)、(四)が写真という機械による切断となっている。

(一)　**見えるものを超えて見るという人間の知覚の努力には、**

様々な過去の記憶や一般観念が働いていることの理解が問われている。第一の部分が中心となる。

傍線部は、見るという視覚についての文脈上にある。しかし傍線部分には「見る」という語はない。そして「視覚」は冒頭にある「知覚」の一具体例である。枠組みを「知覚」とするか「視覚」とするかには迷うところだが、いったんは置いておこう。

「その努力」とは、壺の見えない側をも見ようとする「努力」であり、それは冒頭の「知覚自身を超えて行こうとする一種の努力」と同じものである。なお、この「努力」は、人間一般に普通に用いられる意志的な「努力」とは異なり、知覚自身の働きを指す比喩的な用語であることを確認しておこう。

次に「いろいろな記憶や一般観念」とあるのは、個々人における過去の経験の蓄積や、広く社会に行きわたっている既成の概念を指している。それらが「しきりと援助を送ってくれる」というのは、裏側から言い換えれば、知覚による対象の認識は、知覚だけで成立しているわけではない、ということだ。部分的な知覚は、過去の体験や知識などにも補強されることで、対象をそれとして認識できるのである。

初めの迷いに戻ろう。傍線部の文脈は明らかに「見る」という視覚の働きの流れの中にあるが、それは「知覚」に含まれるものであり、「努力」もまた視覚の「努力」ではあるが「知覚」に含まれるものである。また内容から考えても、傍線部は視覚以外の聴覚についても、さらにはたとえば嗅覚についても当てはまる。夜の闇の中で、あれ、この匂いは何だろう、と始めはわからなかったものが、人から聞いた話や知識の助けが加わって、そうだ金木犀だ、とわかるようなことが、それである。だから「視覚」としても減点されるとまでは思えないが、最初の設問でもあることからすると、ここは「知覚」とするほうがややベターのように思える。

「行き過ぎた主知主義」を否定し、「主知主義のシニカルな裏返し」となりがちな「一頃はやりの映画批評」を批判しつつ、筆者は「モネの懐疑主義」を援用することで、以上のような知覚の働きのことを「知覚自身を超えて行こうとする一種の努力」と名づけている。これは第一の部分の内容である。さらに、本文全体が〈人間の知覚(視覚)〉と〈写真機による切断〉との対比になっているから、「人間」あるいは「人」という語も書いたほうがよいだろう。記述すべき内容は、次のようなものになるはずである。

①人間の知覚(視覚)が、感覚に受けた刺激を超えて対象の全体をとらえる働き

②(右は)過去の経験や既成の概念に補強されている

(二)　丘の向こうの家を見ることは、その家を自分にとっての〈意味〉ある全体として受け止めることであることの理解が

求められている。㈠の発展した内容で、第二の部分が中心となる。

第二の部分の冒頭にある「視えることが〈意味〉に向かい続ける身体の志向性と切り離しては決して成り立たない」は、第一の部分を承けた言い方であり、このことの具体例による記述が、傍線部イである。丘の向こうの家を見るとき、「一枚の板のように立っている」（＝「ただ網膜に映っているだけのもの」（1）として見ること）と見るのではなく、自分の身体がその家で様々な行動をとる可能性をもつものとして、いわば自分と一体化した〈意味〉のある全体として見えてくるのである。全体としての奥行きのある家ということだ。「流体」という比喩は、その家と一体化した自分の「止めどない行動可能性」、たとえば椅子に座って休んだり、外に出て周りの風景を眺めたりするなどの可能性のことを言っているのである。

設問には「家を見上げるときに私の意識の中でどのようなことが起きているというのか」という条件が付いているから、「私の意識の中」でのこととわかるように記述しなければならない。

①丘の向こうの家が、意味ある全体として現れてくる

②そこで生活を営む多様な可能性を帯びて自分の身体と一体化した家

㈢　人間の視覚は世界を変化するままではとらえられず、人間の生活上の必要から、世界を相対的に静止させてとらえている、ということの理解が問われている。第三の部分の内容であるが、傍線部自体は㈠㈡と同じ「人間の視覚」についてのものであることに注意しよう。

第三の部分は第一の部分・第二の部分と対比的な内容へと展開し、写真機が明らかにした世界の切断面が、これまで人間の視覚が体験してきたものとは全く異なる「何かもっと別なもの、しかもこの世界の内に確実に在るもの」であることを示す部分である。

世界は一瞬も静止することなく、刻々と変化しつづけている。ところが人間の身体的知覚である視覚は、変化しつづける無数のニュアンスをそのまま受け止めることはできない。日常の生活は、そこに何らかの〈意味〉を読み取ることを要求し、そのため持続的な変化の中に「相対的なさまざまの静止」を持ち込むのである。たとえばある友人の顔は、現実には無数の変化の持続の中にあるが、そこに「相対的」な静止を持ち込むことで、沈んだ表情、悲しみの表情、あるいは安堵の表情といった〈意味〉を読み取ることが可能となるのである。

ところが「写真という知覚機械」は、一秒の何千分の一というようなシャッタースピードを持つことで、これまで誰も見たことのなかった「世界の切断面」（4）を人々に示すことができるようになった。以上が第三の部分の内容である。

傍線部ウは、右の内容のうち、人間の視覚に関するものであるから、現実の変化しつづける世界と、人間の日常生活における必要からくる相対的な静止とを対比する形で書くのがよいだろう。

①現実の世界は本来限りなく流動〈変化〉し続けている

②日常生活では身体が対象を知覚する必要上、視覚はそれを便宜的に静止させてとらえている

㈣　写真という機械が切断して示す世界は、人間によって〈意味〉づけられたものとは全く無関係の、世界それ自体の持続する変化のニュアンスであることの理解が問われている。第三の部分と第四の部分の「写真」の側で、㈠㈡㈢と対比の関係になっている。

人間の視覚は、世界が持続的に変化する、その変化のニュアンスを経験してはいるが、生活上の必要から、それを次々と闇に葬っている。ところが写真は、無意識の闇に抑圧された持続する世界の変化のニュアンスを、ただ一点に凝結させ、「単純な視覚の事実」にしてしまうのである。

それがなぜ「恐ろしい事実」であるのかは、直接的には書かれていない。しかし、文脈を整理し、筆者が対比的に述べていることを吟味するなら、筆者の言おうとしていることは、おぼろげながら見えてくるように思われる。

人間の知覚は、知覚で受け止めたものを、単なる知覚の刺激を超えてそこに〈意味〉を読み取ろうとする。こうして人間は、人間の身体の志向する、複雑で人間的な〈意味〉に満ちた世界に生きている。ところが世界の現実は人間的な〈意味〉とは全く無関係の、持続的な変化そのものなのである。世界が人間的な〈意味〉と全く無関係な、単なる持続的な変化であることを認識することは、人間にとっては恐ろしいことだ。だから人間はそのことを見ないようにして、無意識の闇に抑圧してきたのである。ところが、機械的に時間を切断する写真は、人間が無意識の闇に抑圧してきたその単純な事実を、白日のもとにさらけ出すことになったのである。

記述すべき内容は、次のようなものになるだろう。

①時間を機械的に切断して見せる写真は、世界それ自体の変化の相を顕在化させる

②（世界は）人間が付与した生活上の意味とは全く無関係な、持続する変化にすぎない

これらを、理由説明の形でまとめればよい。

〈自己採点のめやす〉　記号は第一問と同様に用いる。

㈠

☆　人間の知覚には、様々な過去の記憶や一般観念が働いている、といった方向であること。

○　①人間の知覚（視覚）が、感覚に受けた刺激を超えて対

象の全体をとらえる働き

△　②（右には）過去の経験や既成の概念がかかわっている

右の二つがほぼ書かれているもの。

右の①で「超える」という内容を欠くもの、また②で「記憶や一般観念」の説明としてやや不十分であるが、①②のだいたいの骨格はとらえられている、と判断されるもの。

×　②を欠くもの。またはその内容の誤っているもの。

(二)

☆　人間の視覚が対象を、自分の身体とのかかわりで意味ある全体として受け止める働き方をする、といった方向であること。

○　①丘の向こうの家が、意味ある全体として現れてくる

②そこで生活を営む多様な可能性を帯びて自分の身体と一体化した家

右の二つの内容が「私の意識の中」でのこととしてほぼ書かれているもの。

△　①はほぼ書かれているが、②の「止めどない行動可能性」についての説明の不十分なもの。

①の「意味ある全体」を欠いているが、②のほぼ書かれているもの。

×　①の「意味ある全体」を欠き、②の「止めどない行動可能性」の内容把握のできていないもの。

(三)

☆　人間の視覚が、対象を相対的に静止させることで、世界を把握可能なものとしている、といった方向であること。

○　①現実の世界は本来限りなく流動（変化）し続けている

②日常生活では身体が対象を知覚する必要上、視覚はそれを便宜的に静止させてとらえている

右の二つの内容がほぼ書かれているもの。

△　②の「日常生活の必要上」を欠き、「相対的」（「便宜的」）の理解が不十分ではあるが、ほぼ骨格のとらえられているもの。

×　①「現実の世界」「流動」↕②「人間の視覚」「相対的な静止」の対比がとらえられず、「相対的」の理解も誤っているもの。

(四)

☆　写真という機械が、時間を切断して見せる世界は、人間が意味づけているものとは全く無関係の、世界それ自体の持続する変化のニュアンスである、といった方向であること。

○　①時間を機械的に切断して見せる写真は、世界それ自体の変化の相を顕在化させる

②（世界は）人間が付与した生活上の意味とは全く無関係な、持続する変化にすぎない

右の二つの内容が理由説明の形でほぼ書かれているもの。

△　①の「世界それ自体の変化の相」の記述が不十分で、②の「無関係な」の指摘も不十分だが、「変化のニュアンス」はとらえられているもの。

×　世界の実体が、人間の意味づけたものと全く無関係な変化としてある、ということの理解のできていないもの。

解答

(一)　人間の知覚が、感覚に受けた刺激を超えて対象の全体をとらえる働きには、過去の経験や既成の概念がかかわっているということ。

(二)　丘の向こうの家が、そこで生活を営む多様な可能性を帯びて自分の身体と一体化した、意味ある全体として現れてくるということ。

(三)　日常生活で身体が対象を知覚する必要上、本来限りなく流動し続けている世界を、視覚は便宜的に静止させてとらえるということ。

(四)　時間を機械的に切断して見せる写真は、人間が付与した生活上の意味と無関係な、世界それ自体の変化の相を顕在化させるから。

二〇一二年

第一問（文理共通）

出典

河野哲也（こうの・てつや）『意識は実在しない　心・知覚・自由』（講談社選書メチエ　二〇一一年七月刊）の〈序論　環境と心の問題〉「環境問題と孤立した個人」の冒頭部を除くほぼ全文。

河野哲也は、一九六三年生まれ。慶應義塾大学大学院文学研究科後期博士課程修了。博士（哲学）。専攻は哲学、倫理学。著書には、『善悪は実在するか』『エコロジカル・セルフ』『道徳を問いなおす』『暴走する脳科学』『環境に拡がる心』『〈心〉はからだの外にある』他、多数がある。

筆者は、心を身体と環境との関係のなかで捉える「拡張した心」という新しい概念を提示し、アリストテレスの「魂（アニマ）」の概念、および生態学的心理学の出発点となったジェームズ・J・ギブソンの「アフォーダンス」の概念を援用しつつ、デカルトに始まる近代科学の二元論を乗り超えるための批判的思索を持続的に展開している。

解説

〈本文解説〉

本文は、現代の環境問題の背景には、近代科学的自然観を支える物心二元論の発想があることを述べ、それが原子論的な近代の人間観と並行して、人間も動物も住めなくなるような生態系の破壊という悲劇を引き起こしていることを論じて、生態系や人間の個性、歴史性、場所性に目を向けることの重要性を示唆的に主張した文章である。全体は十九の形式段落から成るが、四つの部分に分けて考えてみよう。

第一の部分（1～3）　環境破壊の背後にある近代科学の自然観という問題の提示

環境問題は、人間による度を超えた自然資源の搾取によって、生態系の破壊といった事態を引き起こしている。その改善には、国際的な政治合意の形成が必要となるが、より深いレベルでは、私たちの現在の自然観・世界観を見直す必要性もある。自然の搾取を推進した背景には、近代科学の自然観があると考えられるからである。近代科学はテクノロジーを発展させることで、自然を使用する強力な推進力を与えてきただけではない。近代科学の自然観そのものの中に、「生態系の維持と保護に相反する発想」が含まれていたと考えられる。

第二の部分（4～12）近代科学的自然観の特徴

近代科学は、ガリレオ、デカルトたちに始まり、ニュートンをもって確立された科学で、現代科学の基礎となっているものであるが、この近代科学の自然観には、中世までの自然観とは異なる、いくつかの特徴がある。

第一の特徴は、機械論的自然観である。近代科学は自然から精神性を剝奪し、自然を一定の法則に従って動くだけの「死せる機械」と見なすようになった。

第二の特徴は、原子論的な還元主義である。自然はすべて、微小な粒子（なお、本文では「微少な粒子」となっているが、これは原文どおり「微小な粒子」のことと思われる）つまり原子と、自然法則からできていると見なされ、原子と法則こそが自然の真の姿であると考えられるようになった。

そしてここから、第三の特徴である物心二元論が生じてくる。この二元論によれば、色や味などの自然の感性的な性格である知覚の世界は、人間という主体あるいは主観に属しており、つまりは心あるいは脳の生み出したイメージや表象にすぎない。真に実在するのは、原子と法則から成る物理学的世界であり、人間的な意味に欠けた無情の世界なのである。日常の知覚世界は、人間の主観が対象をそのような価値のあるものとして意味づけたものにすぎないのだ。物理学が記述する自然こそが、自然の客観的な姿なのである。

これが二元論的な認識であり、感性によって捉えられる自然とは、人間の主体によって意味や価値の与えられたものということになる。このことから、自然を賛美することは、「いまや」人間の精神の素晴らしさを讃える自己賛美に帰着する、ということが生じてくる。この「いまや」には軽い逆説のニュアンスが含まれている。つまり、真の実在であったはずの無情の世界は、人間の精神によって価値づけられることで初めて美しい自然となる、言い換えれば、人間の精神こそが自然を価値づける根本にある、というわけだ。このような物心二元論は、物理と心理、身体と心、客観と主観……等々の言葉によって、私たちの生活に深く広く浸透している。二元論は、自然を「没価値の存在」（＝それ自体としては価値を持たない、微粒子に還元される物そのもの）と「非存在の価値」（＝人間の精神、心によって与えられる美しさや悲しみ等の知覚世界）とに切り離してしまうのである。

二元論による自然には、場所、歴史としての特殊性等の個性が、完全に欠落している。微小な原子に還元可能な自然は、人間がそれを分解して利用することに、何の後ろめたさをも与えない。こうして人間は、最終的には原子の構造を砕いて核分裂のエネルギーを取り出すに至ったのである。（この記述は、本文末尾の「悲劇的帰結」との照応から、筆者の思念の中にフクシマの原発災害があることを、おぼろげに想定させよう。そのことは、問題文に採られなかった冒頭部に「二〇一一年三月に起きた東北関東地方での大地震で私たちは、地震と津波に打ちのめされると同時に、原子力発電の危険性をあまりに強烈な形で思い知らされた」という一文があることから明らかなのだが、むろん受験生はこの一文を知らないのだから、必ずしもそこまで深く読み取らなければならないというわけではない。ただ、末尾の「悲劇的帰結」には、単なる形容を超えた、筆者の深い思念の気配が漂っていることを感じ取ってほしいと思う。）自然を分解し、材料として他の場所で利用するという近代科学による知的・実践的態度は、自然をかみ砕いて栄養として摂取することに比較することができるだろう。「比較」することは一般に、互いに似ているものの間に違いがある場合に成り立つ。この場合、近代科学が自然を分解して利用する態度と、人間が食物をかみ砕いて栄養摂取する態度とは、自然を分解して利用する点で類似している。しかし、それは全く同じように類似しているということではない。「原子の構造を砕いて核分裂のエネルギーを取り出す」近代科学の態度は、人間の身体が食物を摂取することと根本的に異なった側面をもっている。栄養摂取は、常識的に言って、限度があり、満腹になれば、そこで終わる。それに対して、近代科学の方は、度を「超えた」（1）、「これまでないほどに」（11）、「徹底的に」（12）自然を利用しようとするのである。

自然を徹底的に利用することに何の躊躇も覚える必要がなくなること、大切なのはただ人間の主観、心だけなのだという態度の積み重ねが、現在の環境問題を生んだのである。

第三の部分（13～16）近代の人間観

このような自然に対するスタンスは、むしろ人間に対する態度の反映と言えるかもしれない。近代の人間観は、個人を伝統的共同体から切り離す原子論的なものであり、近代的な自然観と同型である。個人は、地域性や歴史性から切り離され、規則や法には従うが自由な主体と見なされ、やがて人権の概念を生むことになる。

しかし、自由な個人とは、見方を変えれば、アイデンティティを失った根無し草であり、個性を喪失しがちな存在とも言える。誰とも交換可能で個性のない個人とは、（なお「負荷なき個人」とは、生まれながらに負っている身分や職業、階級といった制約を取り払われた個人の意）その人のもつ具体的な特徴、歴史的背景、文化的・社会的アイデンティティ等を排除することで成り立っている。

だが、そのように人間を扱うことは、本当に公平で平等なことなのか。誰でもない個人とは、それ以前に、標準的な人間像を規定しているのではないか。標準からはずれるマイノリティに属する市民、例えば、女性、少数民族等々の人たちのアイデンティティやニーズは軽視されてきている。近代科学が自然環境にもたらす問題と、近代の原子論的な個人概念から生じる政治的・社会的問題とは、同じ構造になっており、並行しているのである。

第四の部分（[17]〜[19]）生態系の破壊という悲劇的帰結

　自然に関して、近代科学の方式が破壊するものは、生態系である。自然がもともと微粒子と法則のみで成立しているのであれば、自然は利用可能なエネルギー以上のものではなく、自然の破壊などということは原理的にありえない。

　自然とは、微粒子と法則だけでできているのではなく、さまざまな生物の住む生態系なのである。近代科学は、自然の一部である生物の住む生態系を無視してきたのだ。

　生態系は、分解的で還元的な自然観では捉えられない全体論的存在である。生態系内部の多様な構成体は、循環的に相互作用しながら、個性ある生態系を作っている。エコロジーの前身である博物学は、独特の時間性と個性を形成する生態系を、自然史（ナチュラル・ヒストリー）として、まさに全体論的に捉えようとするものであった。自然に対して分解的・分析的な態度のみで立ち向かうなら、生態系の個性や歴史性や場所性は見逃されてしまうだろう。環境問題の根底にあるのは、このような近代の二元論的自然観、二元論的人間観・社会観の弊害である。自然破壊によって動物だけでなく人間自身も住めなくなった場所は、そのような考え方がもたらした悲劇的帰結である。この「悲劇的帰結」という言葉には、事態を単に客観的に説明しているということ以上の、筆者の深い思念の気配が漂っていることを読み取りたい。

〈設問解説〉

㈠　近代科学の自然観に見られる二元論についての理解が問われている。「本文の趣旨に従って」という条件が付けられていることに注意しよう。

　「本文の趣旨に従って」ということは、裏返せば、単なる辞書的な説明を求めているのではない、ということである。「物心二元論」を辞書的に説明するだけなら、この設問はあまりに簡単すぎよう。

　まず、この「物心二元論」は、「近代科学の自然観」という枠組みの中にある。次に「物心」は、第一の特徴と第二の特徴を承けて、精神性を剝奪され、微粒子と法則で成り立っている「物理学的世界」と、主体によって感受される「知覚世界」とを意味する。ここで注意すべきなのは、これら二つが対等に並んでいるのではないということだ。「自然に本来、実在している」「微粒子だけ」（[7]）、「真に実在する」「イメージや表象にすぎない」⑻、「自然の客観的な真の姿」「私たちの主観的表象」⑼といった表現に示されているように、物理学的世界こそが真の実在なのであり、知覚世界は表象にすぎないのである。

以上のことから、「物」に重きを置いて「心」を軽く書かなければならない。なお、「物理学的世界」でも構わないが、精神性が剝奪されているという第一の特徴をより鮮明に示すためには、「物的世界」の方がベターかもしれない。

①近代科学の自然観

②微粒子と法則でできた物的世界こそが真の実在である

③心が生み出す知覚世界は単なるイメージや表象にすぎない

右の三つをどのような順序で記述するかは、それほどこだわる必要はないだろう。この設問㈠は、本文の出発点にある「近代科学の物心二元論」を問うものである。

㈡　**自然への賛美が、人間自身への賛美となってしまう逆説の論理の理解が求められている。**

「詩人」とあるのは比喩的表現であって、この言葉自体にこだわる必要はない。むしろ「いまや」という表現に注意すべきである。この「いまや」には、意図とは違った事態に直面して戸惑うといったニュアンスがある。それは〈自然賛美→人間の精神を讃える自己賛美〉といった奇妙なカラクリである。本来、真に実在するのは、微粒子と法則に還元できる没価値の物的世界としての自然であったはずなのに、気がついてみたら、それが美しいとして讃えることは、それに価値を与えた非存在のはずの人間の精神を讃えることに他ならなかった、という事態に帰結したのである。これは奇妙な逆説と言ってよいだろう。非存在とされていた人間の精神による知覚世界こそが、すべてを価値づける要《かなめ》に存在する、ということになったのである。

こうして、この設問㈡は設問㈠と力点が逆転する点で、対比の位置にあることが理解されよう。

①自然への賛美は、かえって人間自身への賛美に帰着する

②自然の意味や価値は（自然に内在する性質ではなく）人間の精神あるいは心によって生み出されたものであるという二元論の考え方

右の二つを字数以内に収めて、理由説明の形で説明する。「自然に内在する性質ではない」という内容は、たとえば②の述部を「人間精神の所産でしかない」とすれば、字句として記述しなくても、事実上含み込まれたことになる。いずれにしても、①の「かえって」あるいは「逆に」といった、逆説を表す言い回しがポイントとなる。

㈢　**自然を資源として利用する近代科学の徹底性を、栄養摂取との比較の上で理解することが求められている。**「比較で

きる」という表現に注意しよう。

傍線部は「自然科学の自然に対する知的・実践的態度」のことを言っている。それは自然から「場所と歴史としての特殊性」⑾「個性」⑾を奪い、自然を分解して微粒子に還元することで、それを材料として別の場所で利用する姿勢を指す。一方、「自然をかみ砕いて栄養として摂取する」のは、人間の身体的行為であり、食物から味や色あい等を排除した概念である。これらの二つが「比較できる」とは、一体どういうことを言おうとしているのだろうか。近代科学の態度と栄養摂取という行為とは、自然を砕いて利用する点では類似性がある。もし筆者がそれら二つを全く同じものと見なしているのだとすれば、「比較できる」といった表現ではなく、「たとえられる」「と同じものと見なすことができる」といった表現になるのではなかろうか。「比較」という言葉が選ばれた背後には、両者を違うものと見る認識が筆者の中に存在しているように思われる。その違いとは何か。それは、近代科学の態度の徹底性である。核分裂のエネルギーを取り出す徹底性は、栄養摂取する身体的行為と、根本的に異なった側面を持っているのである。

①近代科学は、自然から個性を剝奪し、それを分解して資源として利用する

②人間（あるいは動物）は、自然という環境から食物を栄養として摂取する

③右の①と②は、自然を砕いて利用する点では類似しているが、①は度を超えた徹底性をもつ点で②と異なっている

右の三つが解答すべき内容であるが、これを二行の枠内に収めることは容易ではない。しっかりと本文を読解し、優先度の高い内容を残す形で記述する。

こうして、この設問㈢は、設問㈡の人間の主観を重視する考え方が、近代科学の傲慢さへと展開するところに位置する設問であることがわかる。

㈣　近代の人間観についての理解が問われている。最終的には「問題」について記述すべきことを意識しておこう。

自然に対するスタンスと同型の、人間に対する態度とは、人間を地域性や歴史性から切り離して、原子のような個人と見なす考え方である。このような近代的人間観は、個人の自由をもたらし、個々人の平等を主張してやがて人権の概念を準備した。

ところが、このような誰でもない個人は、一方で標準的な人間像を規定し、標準からはずれる少数者を排除して抑圧してきた。「政治的・社会的問題」とは、少数者の排除や抑圧といった問題を指している。

①近代の人間観は、自由と平等を掲げて、人間を固有の地

域性や歴史性から切り離した
②標準的な人間像の規定は、それからはずれる少数者を排除し抑圧してきた

右の二つの内容を、二行の枠内に収まるように記述する。この設問㈣は、㈠㈡㈢と並行する「近代の二元論的人間観・社会観」を問うものである。

㈤　近代科学の二元論的な自然観が、近代の人間観・社会観と連動して、生物の住む生態系の破壊という環境問題を引き起こした、という全体の論旨を踏まえて、「悲劇的帰結」へと至るすじ道を記述することが求められている。内容の理解はもちろんのことだが、傍線部の表現に込められた筆者の心情についても考慮に入れることが望ましい。

第四の部分に出てくる「生態系」という語は、本文冒頭の第一の部分にすでに二度(1と3)出て来ており、環境問題の核心がどこにあるかという、その方向性を示していた。それは第二の部分で近代科学の自然観における物心二元論の問題として論じられ、さらに第三の部分で近代の人間観の問題として考察されてきた。その上で最後の第四の部分では、冒頭の「生態系」という語を承けて、近代科学の物心二元論の考え方が、生物とともに時間をかけて形成されてきた、循環的な相互作用で構成される、個性的で全体論的な生態系を破壊するまでに至ったことが述べられている。人間も動物も住めなくなるほどの自然破壊とは、近代科学の自然観がもたらした「悲劇的帰結」なのである。

記述すべき内容は、次のようなものになるだろう。
①近代科学の自然観は、人間すら住めなくなるような危機的な環境破壊をもたらした
②物と心を切り離す物心二元論によって、自然を分解可能な資源とのみ見なして利用した
③人間から個性を剝奪し、孤立した個と見なす近代の人間観との連動
④自然の生態系は、そこに住む生物を含み込んで、循環的な相互作用で構成される、個性的で全体論的な存在である

なお、「悲劇的帰結」に込められた筆者の心情を、たとえば「怒り」とか「悲しみ」とか書いたとしても、ほとんど意味はない。大事なことは、当事者意識をもって考えることである。傍観者として他人事《ひとごと》のように読みとるのではなく、現代に生きる人間の一人として、自分もこの問題にかかわっているのだという意識をもって考えること、それが筆者の心情に接近する確かな道である。

設問㈤は、本文全体を視野に入れることを前提にして最後の「悲劇的帰結」の内容を問うている。こうして㈠～㈤は、本文の骨組みに沿った設問構成になっており、解答のみを通

読すると、それはほぼ本文の要約に重なっている、ということがわかるはずである。

㈥　漢字の書き取り。

a　「枯渇（涸渇）」。〈かれてなくなること・物が欠乏すること〉の意。

b　「効率」。〈労力から見た仕事のはかどり具合〉の意。

c　「秩序」。〈物事が調和を保っている状態にあるときに働いている関係や規則〉の意。

d　「浸透（滲透）」。〈液体がしみとおること・思想などが人々の間にしみとおって広がっていくこと〉の意。

e　「交換」。〈物などを取り替えてやりとりすること〉の意。交感・交歓等と区別して理解しよう。わからない言葉は一つずつ辞書を引いて身につけていくことが、結局は近道となる。

〈自己採点のめやす〉

記号は次の意味で用いる。

☆……解答としての方向性

○……合格答案

△……基本点

×……不可

㈠

☆　「物」の世界（「物理（学）的世界」「微粒子と法則でできた世界」）と「心」の世界（「知覚世界」「主観の世界」）とが区別され、「物」の世界が「実在」する「真の姿」であることが記述されていること。

○　右の内容が、「物」の世界に力点を置いて記されていて、「近代科学」「近代科学の自然観」も明記されているもの。

△　右の内容がほぼ記されているが、「近代的自然観」の欠けるもの。

×　「物」の世界と「心」の世界に強弱はあるが、ニュアンスのはっきりしないもの。

「物」の世界と「心」の世界を対等に記述して、辞書的な説明にとどまっているもの。これは「本文の趣旨に従って」という設問条件に違反するため、認められない。

「物」の世界と「心」の世界の区別がはっきりせず、混乱した記述になっていて、「二元論」の説明になっていないもの。

㈡

☆　「自然への賛美」→〈自然の意味や価値は人間の精神の生んだもの〉→「人間自身への賛美」というカラクリが、「かえって」「逆に」といった逆説を示す形で説明されていること。

〇 右の内容が、人間の「精神」「心」「主観」「知覚」に力点を置いて、逆説のニュアンスも示されて記述されているもの。

△ 右の内容はほぼ記されているが、逆説のニュアンスの欠けるもの。

× 右の内容はほぼ記されているが、「心」「人間」への力点がなく、「物」と「心」が対等に書かれているもの。

「自然の意味や価値を生むのは人間の心だ」という内容の欠けるもの。

㈢

☆ 「近代科学」が「自然から個性を剝奪し、単なる物としてそれを分解し利用する」といった内容が、「栄養摂取」と比較して、その度を超えた「徹底性」という点で説明されていること。

〇 右の内容がほぼ説明されているもの。

△ 右の内容はほぼ説明されているが、「徹底性」を欠き、「栄養摂取」との「類似性」で終わっているもの。

「栄養摂取」について書かれてはいないが、「利用が可能」という形でまとめてあるもの。

× 「人間」が「自然を単なる物として、分解して利用する」といった内容を欠くもの。

㈣

☆ 「近代の人間観」は「個人を固有の地域性や歴史性から切り離して、自由と平等を掲げた」が、それが「人間を規格化し」「少数派の排除と抑圧につながった」といった内容であること。

〇 右の内容がほぼ記されているもの。

△ 右の内容は「規格化」まではだいたいにおいて書かれているが、「少数派の排除と抑圧」の内容を欠くもの。または、「個人を地域性や歴史性から切り離す」の内容を欠くもの。

× 「個人を地域性や歴史性から切り離す」といった内容も、「規格化」「少数派の排除と抑圧」といった内容も、いずれも欠けているもの。

㈤

☆ 〈設問解説〉で示した四つの内容、すなわち

①近代の自然観→人間すら住めなくなる危機的な環境破壊

②物心二元論→自然を分解可能な資源として利用

③人間から個性を剝奪した近代的人間観との連動

④自然の生態系は生物を含み込んで循環的に構成される全体論的な存在である

という四点が、「悲劇的帰結」の方向へ向けて記述され

ていること。
○　右の四つの内容が、だいたいにおいて書かれているもの。（なお、「生物を含む」「人間すら住めなくなる」「危機的」等の形で、筆者の切迫した心情になんとか接近しようと試みているものが望まれる。このような当事者意識を欠き、筆者の心情を考慮に入れることなく、他人事《ひとごと》のように傍観者的に記述しているものは、若干の減点）
△　全体としての方向性は合っているが、①②③④のいずれかの内容を欠いたり極端に不十分だったりするものは、その部分に相当する程度の減点。
×　①②を欠くもの。
全体としての方向性の誤っているもの。
㈥
×　続け字、乱雑なものは、不可。

解答

㈠　近代科学の自然観では、微粒子と法則でできた物的世界こそが自然の実在で、心が生み出す知覚世界は表象にすぎないとすること。

㈡　自然への賛美は、自然の意味や価値が人間の精神の所産でしかないとする二元論では、かえって人間自身への賛美に帰着するから。

㈢　近代科学が、個性を剝奪した自然を分解し資源として利用することは、栄養の摂取に似ているが度を超えた徹底性をもつから。

㈣　自由と平等を掲げて人間を固有の地域性や歴史性から切り離した近代の人間観は、人間を規格化し少数者を排除して抑圧すること。

㈤　近代科学の自然観は、人間を孤立した個と見なす人間観と連動し、物心二元論によって自然を分解可能な資源とのみ捉えて利用することで、生物とともに時間をかけて個性的に形成された全体論的な生態系を破壊し、人間すら住めなくなる危機的な環境問題を招いた。（120字）

㈥　a＝枯渇（涸渇）　b＝効率　c＝秩序
d＝浸透（滲透）　e＝交換

第四問（文科）

出典

河野裕子（かわの・ゆうこ）『たったこれだけの家族』（中央公論新社　二〇一一年七月刊）のⅣ「ひとり遊び」の全文。初出は一九八二年二月五日「京都新聞」。

河野裕子は一九四六年、熊本県生まれ。歌人。京都女子大学卒業。歌集に『森のやうに獣のやうに』『ひるがほ』『桜森』『母系』『葦舟』『蟬声』がある。エッセイ集には本書の他に、『現代うた景色』『京都うた紀行』（共著）がある。二〇一〇年八月十二日死去。

『たったこれだけの家族』は、家族でアメリカに滞在中、「河野裕子の家族通信」として「ワシントン郊外みどりの家の窓から」というタイトルで「京都新聞」に連載されたものに、別のエッセイと代表歌百首を加えて、まとめられたものである。

解説

〈本文解説〉

本文は、ひとり遊びへの熱中について語った随筆で、ハサミで遊ぶ幼い下の子の姿をきっかけに、筆者自身の幼かった頃のさまざまな遊びへと回想が向かい、そして結局、筆者が歌作りを実践してきたことは、ひとり遊びへの熱中であった、と述べている文章である。途中二か所ある短歌の引用を、次に続く段落と一つのものと数えると、本文は十の形式段落から成っている。ここでは全体を三つの部分に分けて考えてみよう。

第一の部分（1～4）幼い下の子がハサミを使ってひとり遊びに熱中する姿

筆者は、熱中、夢中、脇目もふらない懸命さが好きだという。下の子が三歳の頃、夕ぐれの部屋の中で、ハサミを使って新聞紙を切り、切りくずに埋もれてただ一心に紙を切っていることがあった。その姿を見て胸を衝かれた筆者は、黙って障子を閉め、夕飯を遅らせることにする。

子供が遊びに熱中するのは、日常から突出した特別の時点ということではなく、むしろ子供にとってはあたりまえのことなのではないか。大人たちはそれを見過ごしていて、ふと気づいて胸を衝かれたりもする。

ただ、筆者の子供時代に較べれば、今の子供たちはやはり遊びへの熱意が稀薄なように思われる。

第二の部分（5～9）筆者が子供の頃夢中になって遊んだひとり遊びへの回想

筆者の思いは、自分が幼かった頃遊んださまざまな遊びへと向かう。罐蹴り、影ふみ、輪まわし……等、多くの仲間たちと熱気に包まれて遊んだ興奮を忘れることができない。しかし、筆者が本当に熱中して遊んだのは、ひとり遊びの方だった。ひとり遊びにはきちんとした名前のついていないものが多いが、それでも子供にとっては結構楽しい遊びであることが多い。

しらかみに大き楕円を描きし子は楕円に入りてひとり遊びす

白い紙に大きな楕円を描いて、子供がその中に入ってひとり遊びをしている。おそらく子供はそれまで、自分の周囲のみしか明るく感じてはいなかった。それが楕円を描くことで、その外に「得体の知れない、暗い大きな世界」が自分を取り巻いていることに気づいたのだ。その「暗い大きな世界」とは、「人間と自然に関わる諸々の事物事象」を指す。自分を超える巨大な闇と言ってよいかもしれない。あるいは、他者、社会、さらには虚無と言ってもよいかもしれない。楕円を描き自分がその中に入ることで、子供は自分というものの領域をおぼろげに意識し、同時にその自分を取り巻き自分を超える巨大な闇を意識しはじめるのである。それは観念的な意識ではなく、「なまみの身体まるごとの感受」なのだ。このような、自分と自分を取り巻く世界との境界は、後に出てくる「識閾」（＝刺激の度合いによって、意識作用が出現し始めたり消失し始めたりする境界）⑨にほぼ相当すると言ってよい。楕円を描く線は、自分の領域を囲む「識閾」なのだ。そして、その身体による「感受」は、「鮮烈な傷のような痛み」を伴っている。

ひとり遊びとは、自分の内部に没頭する以上に、対象への没頭と言えよう。時間を忘れ、周囲を忘れて対象に没頭することは、子供にとって他に較べようのない深いよろこびなのである。

菜の花かのいちめんの菜の花にひがな隠れて鬼を待ちゐき
鬼なることのひとり鬼待つことのひとりしんしんと菜の花畑なのはなのはな

菜の花畑でかくれんぼをした幼い子供だった筆者は、何十分も何時間も鬼を待っていた。それを筆者は「待つことにすら熱中できた子供時代」と呼ぶ。今始まったばかりの子供時代の、「ゆっくりゆっくり動いてゆく時間に身を浸している」という、はっきりとした意識にすらのぼらないような充足感に包まれていた。時代の状況もまた、そのように「大どかに動く時間」の中に呼吸をしていた。大きな風景の中に、人間も生きていられた時代だったのである。

右の「鬼なることのひとり」の歌には、二重の視線が潜んでいる。一つは、菜の花に隠れてしゃがんでいる幼い少女の視線。周囲はすべてが菜の花の茎の林や葉で囲まれており、上を見上げると青空を背景に黄色い菜の花がびっしりと広がっている。青臭い植物のにおいと花いきれが少女の身を包んでいたに違いない。そしてもう一つは、そのような子供の自分を回想する大人の筆者の視線である。鬼も、隠れる子供も、それぞれが一人になって、菜の花畑に埋もれているのであり、菜の花畑全体を見渡す筆者の視線に、子供の姿は見えないはずである。そもそもかくれんぼなのだから、姿が見えては、遊びにはならない。いちめんの黄色い菜の花に隠されて、その中で鬼も隠れる子供もひとりひとりがしゃがんでいたり、時たまもぞもぞとかがんだまま移動したりしているだけなのである。

念のため付け加えておくなら、菜の花畑の菜の花と、現在川の土手や電車の線路際に見られるような菜の花とは、根本的に違ったところがある。線路際の菜の花は、いわば観賞用としてまばらに生えており、養分も少ないためか、背丈も低い。それに対して、菜の花畑の菜の花は菜種油をとるためのものであり、肥料も行きわたっていて、がっしりと育っており背丈も大きいのが普通である。また、菜の花は畝を作って植えられているから、畝と畝の間には、上が花で覆われてはいるが内部では自由に移動できるトンネルのような空間ができている。七歳ぐらいの子供なら、ちょっとかがめば（あるいは、かがまなくても）全身が隠れてしまうということは、ごく自然のことだったのである。

第三の部分　⑩　ひとり遊びと同じ、意志と体力を集中する力業であった、筆者にとっての歌作りの意味

筆者は大人になってからも、自分はずっとひとり遊びの世界に生きてきた、と思っている。何かひとつのことに熱中し、心の力を傾けることは、筆者にとって、生き方の基本姿勢となっていた。「ひたぶるに、一心に、暴力的に」対象にぶつかっていくことが、「不安」を追い払う方法だったのである。それが筆者にとっての歌作りであった。一見役に立たないものに熱中することは、よそ目には遊びとしか見えないだろうが、まさにそれこそが遊びの本領なのであり、筆者にとっての歌作りであった、と述べる。

ここで本文全体をどのように受け止めるべきかについて、考えてみよう。筆者は、熱中することが好きだと言い、ひとり遊びの楽しさや対象へ没頭することの較べようもないよろこびについて語っている。待つことの充足感、無駄なものに熱中することという歌作りの、遊びの本領について語っている。しかし、本文をひとり遊びの充足したよろこびについて語ったもの、と単純に受け止めるのは、読解としてはやはり間違っていると言えるのではないか。

よろこびとか充足感の一方で、筆者は、得体の知れない、暗い大きな世界や鮮烈な傷のような痛み、不安、暴力的に対象にぶつかって行く、といったことについても語っている。そしてテーマはそもそも、ひとり遊びへの熱中なのである。考えてみれば、三歳の子どもがひとりで新聞紙をハサミで切っている光景は、無邪気とも言えるが、暴力的な没頭とも言えるかもしれない。また、幼い少女たちが菜の花畑でかくれんぼをしているのは、美しくのどかな田園の情景とも言えるが、静まり返った不気味な光景とも言えるだろう。さらに隠れんぼという遊びは、社会学者の藤田省三の解釈によれば、社会から引き離される喪失の経験とも見なし得るものである（二〇〇九年センター試験第一問　栗原彬「かんけりの政治学」参照）。しかし、だからといって本文を、よろこびの表現は表層にすぎず、不可解な暗い世界への不安こそを書こうとしている、と受け止めるのも、やはり誤りと言えよう。

以上を総合して考えるなら、本文は筆者の歌作りにおけるひとり遊びの充足感について語ったものではあるが、それは単純な楽しさということではなく、自分を超えた暗い大きな世界への不安に耐え、その世界に立ち向かう痛みを覚えつつ、暴力的に対象に没頭し熱中して生きることであった、という意味での充実感でありよろこびなのである。

〈設問解説〉

㈠　ひとり遊びに熱中する子供に対する大人の思いについての理解が問われている。導入部に位置する設問。

ひとり遊びへの熱中は、筆者にとって好ましいものなのであり、筆者自身が好きなのである。それは子供にとって「日常の突出点」などではなく、むしろ「あたりまえのこと」なのだ。ところが今の子供たちは、遊びへの熱意が稀薄なように、筆者には感じられている。

ある時、夕飯に呼ぼうと障子を開けると、下の子が一心になってハサミで新聞紙を切っていた。筆者はその光景に胸を衝かれ、子供を無理に呼ぶことをやめて夕飯を遅らせることにしたのである。

①道具と一体になってひとり遊びに熱中する子供の姿
②ひとり遊びがもつ貴重さを思う
③大人が不用意に介入すべきではない

右の三つを、理由説明の形で記述する。

㈡　子供のひとり遊びがもつ、世界とのかかわりについての理解が問われている。「しらかみに」の歌と傍線部直後の内容とを総合して、実態的に理解することが大事である。

「自分の周囲」に当たるのは、白紙に大きな楕円を描いて中に入っている子供とその楕円の内部である。「得体の知れない、暗い大きな世界」とは、その楕円の外部であり、「人間と自然に関わる諸々の事物事象」を指している。それは他者と呼んでもよいものだろう。子供は白紙に楕円を描いてその中に入ることで、自己の領域をおぼろげに意識するとともに、それを超えた向こう側に、未知なる他者の世界が黒々と広がっていることに気づいたのである。むろんそれは観念的な認識ではなく、「なまみの身体まるごとの感受」であり、「鮮烈な傷のような痛み」を伴っている。白紙に描かれた楕円とは、子供にとっての自己と他者との「識閾」と言ってもよい。

記述すべき内容は、次のようなものになるだろう。

①子供にとっての自己の領域

②(右を)超えた向こう側に、未知の事物や事象の黒々とした広がりが存在する

③全身で鮮烈に感受する

右の②は、一言「他者」と書いても構わないだろう。これらを二行の枠に収めるようにする。

㈢「鬼なることのひとり」の短歌に表現されている情景の理解を問う設問。「情景」となっており、「簡潔に」と付けられた条件にも注意を払う必要がある。

短歌に続く記述は、子供にとっては待つことにすら熱中があった、ということを述べている箇所であり、「大どかに動く時間」の中の「充足感」という点で内容上は重要な部分であるが、必ずしも十分に「情景」が説明されているとは言えない。「菜の花畑は、子供の鬼には余りに広すぎた。七歳の子供の探索能力を超えていたのである」とあっても、具体的にどういうことなのか、はっきりしているとは言えない。これらを参考にした上で、やはり「鬼なることのひとり」の歌を読み解くしかない。

先にも説明したように〈本文解説〉第二の部分参照)、ここには二重の視線が潜んでいる。菜の花に埋もれ、ゆっくりと動く時間に身を浸して充ち足りている少女の視線、そして、そんな少女だった自分を回想している大人の筆者の視線。筆者の視線の先にあるのは、誰も見えない、いちめんの菜の花畑である。「鬼なることのひとり」「鬼待つことのひとり」とあるのは、一人の少女の立場や時間による変化ととらえてもよいだろうし、同時的なすべての少女たちのことととらえてもよいだろう。菜の花に埋もれて隠れる少女は、しんしんとしてひとり待つことに充ち足りている。上を見上げると、青空を背景にして黄色い花がびっしりと点在している。そういう「菜の花畑」が「なのはなのはな」とひらがなで表記されているところには、遠く過ぎ去った少女時代を回想する大人

の筆者の視線が感じられよう。

設問の条件として付けられている「簡潔に」の求めているものは、この「誰も見えない」「菜の花だけが広がっている」情景、ということではないだろうか。菜の花畑で少女たちがかくれんぼをして遊んでいる情景、ということなら、おそらく誰にでもわかる。菜の花に埋もれて、外からは少女たちの姿が見えない、というところまで理解が届いたかどうかが、この設問で問われていることのポイントではないだろうか。

記述すべき内容は、次のようなものになるだろう。

①かくれんぼの鬼も隠れる子供も菜の花に埋もれている

②少女たちは誰もがひとり、ゆったりとした時間の中で充ち足りている

③外からは誰も見えず、ただ菜の花だけが広がっている

㈣　筆者にとって歌作りがひとり遊びと同じものであったということの内容の理解が問われている。傍線部だけから考えるのではなく、本文全体を視野に入れて考える姿勢が求められている。

傍線部をそのまま言い換えるなら、筆者の人生は「ひとり遊び」をすることがずっと継続してきた、といったものになろう。しかし、設問の「どういうことか」という要求は、そのような答えを求めているのではないように思われる。第三の部分のポイントは、筆者にとっての歌作りの意味である。とすれば、解答すべきことを端的に言うなら、筆者にとって歌作りは、ひとり遊びをすることであった、ということの内容を説明することであろう。

それでは、そのひとり遊びの内容とは、どういうことか。それは、一見無価値なものに価値を見つけ出し、意志の力でそれに一心に集中する力業、である。それが筆者にとって歌を作ることの意味なのである。

それでは、右の内容をまとめると、それで答えになるだろうか。どうも何かが足りないように思われる。第三の部分にも「不安」「暴力的に対象にぶつかって行く」という表現が見られた。筆者はなぜ、ひとり遊びに熱中するのか。

ここで、設問㈡で答えた内容との関連性に思い当たらなければならないだろう。筆者にとって歌作りとは、「得体の知れない、暗い大きな世界」と対峙することではなかったか。小さな楕円の中にいるちっぽけな自分が、その向こうに黒々と広がる巨大な世界と、何とか向き合っていくためのものではなかったか。このことを考えなければ、「不安」「暴力」といった言葉の意味は理解できないように思われる。逆に言えば、この内容の欠けた答案は、極めて不十分なものになるだろう。

記述すべき内容は、次のようなものになるはずである。

①筆者にとっての歌作りの意味

②何でもないものに価値を見つけてそれに熱中する
③向こう側に広がる巨大な世界と対峙して生きる

このように考えると、設問どうしの関連性が見えてくるように思われる。㈠は、ひとり遊びの内容への導入で、㈡は、それが子供にとって世界を感受することの始まりとなる、ということ、㈢は、うっとりとした充足感に浸された美しい情景、そして最後の㈣で、筆者にとっての歌作りの意味が問われる、という構成になっている。

なお、設問には、文学的な鑑賞力を問われているようなものも見られるが、この第四問は文系全体に課せられるものであることからすると、そのように考えるよりも、むしろ人間としての感性的な共感力が問われているもの、と考えたい。

〈自己採点のめやす〉 記号は第一問と同様の意味で用いる。

㈠
☆ ①道具と一体となって遊びに熱中する子供の姿
②ひとり遊びがもつ貴重さ
③大人が不用意に介入すべきではない
といった内容であること。
○ 右の三つがほぼ記述されているもの
△ ①③の内容が不十分であるが②の書かれているもの
× ②の内容を欠くもの

㈡
☆ ①子供にとっての自己の領域
②（右を）超えた向こう側に、未知の巨大な世界が存在する
③全身で鮮烈に感受する
といった内容であること。
○ 右の内容がほぼ記述されているもの
△ ①③は不十分であるが②の書かれているもの
× ②の内容を欠くもの

㈢
☆ ①かくれんぼの鬼も隠れる子供も菜の花に埋もれている
②ゆったりとした時間の中でのひとりの充足感
③誰も見えない菜の花畑の広がり
といった内容であること。
○ 右の三つがほぼ記述されているもの
△ ①②は書かれているが③を欠くもの
× ②も③も欠くもの

㈣
☆ ①筆者にとっての歌作りの意味
②何でもないものに価値を見つけてそれに熱中する
③向こう側に広がる巨大な世界と対峙して生きる
といった内容であること。

○　右の三つがほぼ記述されているもの
△　①②は書かれているが③を欠くもの
×　②を欠くもの

解答

(一)　道具と一体となって熱中する子供の姿に、ひとり遊びがもつ貴重さを思い、大人の自分が安易に介入すべきではないと考えたから。

(二)　子供は自己の領域を超えた向こう側に、未知の事物や事象の巨大な広がりが存在することを、全身で鮮烈に感受するということ。

(三)　かくれんぼの鬼も隠れる子供も菜の花に埋もれてひとり充ち足り、誰も見えずにただ菜の花だけが広がっている畑の情景。

(四)　筆者にとって歌作りは、何でもないものに価値を見つけて熱中することで、何とか世界と対峙して生きることであったということ。

二〇一一年

第一問（文理共通）

出典

桑子敏雄（くわこ・としお）『風景のなかの環境哲学』（東京大学出版会　二〇〇五年十一月刊）の〈I―風景の向こうに見えるもの〉「第2章　河川空間と霞堤の思想」〈2　川とは流れるもの〉の後半部。

桑子敏雄は、一九五一年群馬県生まれ。東京大学大学院人文科学研究科博士課程修了。博士（文学）。主要著書には『エネルゲイア―アリストテレス哲学の創造』『環境の哲学―日本の哲学を現代に活かす』『西行の風景』『感性の哲学』他がある。

『風景のなかの環境哲学』は、「空間の履歴」という概念を手掛かりとして新たな環境哲学の構築を目ざし、住民、企業、行政の対話による環境政策の合意形成を提言する意図のもとに書かれたものである。

解説

〈本文解説〉

本文は、河川空間を話題として、固定化された概念によって設計・管理された現代的な空間のあり方を批判し、身体を通して人間が自然と自由で多様なかかわり方をする創造的な空間であることが本来のあり方であると主張した文章である。全体は十三の形式段落から成るが、四つの部分に分けて考えてみよう。

第一の部分（1～4）

河川は人間の経験を豊かにする空間であり、人間は本質的に身体的存在であるから、河川空間は「流れ」を経験できる豊かな身体空間である。流れる水を体験するだけでなく、自身の身体的移動によってそこに出現する多様な風景を体験する。したがって河川の整備とは、そのような多様な経験を可能にするものでなければならない。

人は川に沿う道を歩きながら、川を眺め背景となっている都市の風景を眺め、そして同時に、そこを歩く自己の体験を意識する。とりわけて何も作られていなくても、たとえば水鳥が遊び魚が跳ねるということだけであっても、そのような風景を自己の身体を通して知覚することで、多様な体験が可能となる。それが河川空間の豊かさである、と筆者は述べる。

第二の部分（5～8）

河川空間の豊かさを、固定化された概念によって捉えると、その概念のみを実現する空間の再編となってしまう。そうすると、そこにはそれ以外のことをする可能性が排除されることになる。それは、川という本来自然のものを、概念という人工のものによって置換することであり、身体空間であるべきものを概念空間によって置換することと言ってよい。

川は、未知なる過去から流れ来たり、未知なる未来へと流れ去る現在の風景である。この風景を、既知の概念によって管理しコントロールしようとすることは、川の本質に逆らうものであって、たとえば「河川の空間デザイン」といった言い方には、危うい発想が隠れている。ここで筆者は、人間の傲慢な思い上がりを戒めているように思われる。

河川の空間に求められているのは、完全にコントロールされた概念空間ではなく、新しい体験が生まれ、新しい発想が生まれ出るような「創造的な空間」である。人生と同じく、川を概念で完全にコントロールすることはできない。未知でコントロールできないものであるがゆえに、川はそこを訪れた人びとの創造性を刺激し得るのである。

第三の部分（9～10）

都市空間は、設計、施工、竣工のプロセスで完成する。空間の創造は、人びとの生活と活動の始まりとなるが、都市計画そのものは竣工の時点が終点となる。しかし、河川空間は竣工の時点が完成時となるのではない。むしろそれを起点として、河川の空間が育っていくのである。樹木の植栽が庭の育成の起点となるのと同じ意味で、それは庭園に類似している。

だから河川を活かした都市の再構築を試みるとき、必要となるのは時間意識である。川は長い時間をかけて自然の力によって育っていくものであり、人間はその手助けをする。そこにその川らしさ、つまり川としての個性が生まれてくるのである。

第四の部分（11～13）

河川の空間は、時間の経過とともに「履歴」を積み上げていく。ここで「履歴」と言われているのは、その川にまつわるさまざまな歴史的事象を指している。その履歴が、空間に意味を与えていくのである。

概念的コントロールによる意味付与は、設計者の頭のなかにある空間の意味づけであって、強制力のある抑圧的なものになってしまう。したがって、その風景に接した人が自由な想像力で個性的な経験を積み、その人固有の履歴を積み上げることを阻害してしまう。

それに対して、河川の空間は、水の流れのように、本来、過去から未来へと流れる時間を意識させる空間として存在する。それは多くの人びとの経験の蓄積と自然の営みとを含む、独特の空間の履歴をもっている。その空間の履歴は、その風景に接する人一人ひとりが固有の履歴を構築する基盤となるものである。

私たちは風景を見るとき、目の前に広がる実景だけを見ているのではない。自分自身の過去における体験を重ね、多くの人々によって積み上げられてきたその空間の履歴をも重ねて、見ているのである。そのことを筆者は「そのひとの履歴と空間に蓄積された空間の履歴との交差」と呼んでいる。だからその風景は、人びとに共有される空間の風景であるとともに、その人固有の風景でもある。そういう意味で、風景は「自己と世界、自己と他者が出会う場」なのである。設計にかかわるひとにぎりの人々の概念の押しつけであってはならない、と筆者は述べている。

〈設問解説〉

東大入試現代文の設問は、原則として、本文の対比と段落展開に沿って設定されている。したがって、各設問に対して単発的に答えるのではなく、設問全体の構成を概観し、設問相互の関連を視野に入れながら、それぞれに答えていく姿勢が望ましい。各設問の解答は、部分的な重なりはあるとしても、ポイントの内容は必ず異なるものになっている。前もって全体を概観することで、解答内容の無意味な重複を避けるようにしたい。次に全体を概観してみよう。

(一)　川に沿って歩くことの意味が問われている。全体の導入である第一の部分に当たる。

(二)　固定化された概念による河川設計の問題点が問われている。筆者の批判の対象となっている内容で、次の(三)、(四)と対比的に位置し、第二の部分を中心としている。

(三)　河川空間と庭園の類似性で、人為を超えた時間による自然の働きが問われている。筆者の主張の側に当たり、第三の部分を中心としている。

(四)　河川空間の「履歴」についての理解が問われている。筆者の考えの主要な概念で、第四の部分の前半が中心となる。

(五)　風景についての筆者の考えを、本文全体の論旨を踏まえて一〇〇字以上一二〇字以内で説明することが求められている。第四の部分を中心にした、本文全体の構造的な理解が問われている。

(六)　漢字の書き取り。字体の正確さだけでなく、語彙力が問われている。

一行の解答枠は、25字～30字が標準である。なお、仮に全問が正解できたとすると、それら解答の全体を通読すると、それはほぼ本文の要約に重なるということも意識しておこう。

㈠　川べりの道を歩くことの意味が問われている。全体の導入となる第一の部分を把握する。

　傍線部アの意味上の主語は、「河川の体験」である。また、傍線部直前に「と同時に」があるから、解答に水の様態の体験は書く必要がない、ということがわかる。「身体的移動」とは、具体的には、川べりの道を歩くことを指す。「風景体験」とは、「風景の多様な経験」[2]「川の背景となっている都市の風景を体験し」[3]といったあたりを指すだろう。

　ただ第一の部分には、他に「そこを移動する身体に出現する風景」[2]「そこを歩く自己の体験を意識する」[3]「河川空間での自己の身体意識」[4]「風景とはじつはそれぞれの身体に出現する空間の表情にほかならない」[4]といった記述が見られる。これは、川べりを歩く自分が、単に多様な風景を知覚するということではなく、歩く自分自身も身体意識が刻々と変化し、風景に応じて変化する自己の身体意識をも体験する、ということを言っている。本文の末尾に記されている「そのひとの履歴と空間に蓄積された空間の履歴との交差」[13]「自己と他者が出会う」[13]をも視野に入れるなら、ここでの「自己」とは、不変の自分ではなく、変化しつづける自分と言ってよい。

　以上をまとめるなら、ここで書くべき内容は次のようなものになるだろう。

①人は川の流れに沿って歩くことで
②移りゆく風景の多様性を、共に変化する自己の意識の体験として
③身体で感受する

　つまり〈川べりの道を歩くことで多様な風景の変化を体験する〉ということでは極めて不十分で、〈川べりの道を歩くことで多様な風景の変化とともに、変化する自己の意識をも、身体を通して感じとる〉というふうに書かなければならない、ということである。言い換えれば、身体に意識される「自己」そのものも変化するというニュアンスが必要であるということだ。

㈡　固定化された概念によって空間を再編する河川設計に対する、筆者の批判的な立場の理解が問われている。次の㈢、㈣と対比に位置する設問で、第二の部分の把握が中心となる。

「身体空間」と「概念空間」の対比構造の理解が先決である。河川空間は、本来、人間が身体を通してかかわる「身体空間」である。川は、未知なる過去から未知なる未来へと流れ去る、現在の風景としてある。そのような自然の本来の姿が、それに接する人に新しい体験や新しい発想を刺激する豊かな「創造的な空間」となる。それに対して「概念空間」とは、「親水護岸」に見られるようなもので、固定化された概念によって空間を再編しようとするものである。「親水護岸」の場合、

その空間は「『水辺に下りる』『水辺を歩く』というコンセプトを実現する空間」([5])にすぎず、「それ以外のことをする可能性は排除されてしまう」([5])。それは同時に、風景を「既知の概念によって管理する」([7])ことに他ならない。

このような河川設計のことを、筆者は傍線部直前で「本来自然のものが概念という人工のものによって置換される」と言っている。

以上の内容をまとめればよいのであるが、二行の解答枠から考えるなら、必ずしも「河川空間」という語は必要ないだろう。問われていることの中心点は概念空間への置換というメカニズムにある。

①人間が身体によって出会うはずの未知なる自然が
②固定化された概念で人為的に管理されることで
③貧しい空間になってしまうこと

「身体空間」の内容に「創造性」を入れても構わないが、ポイントは「概念空間」への「置換」にあるので、必須ということではない。さらに言うなら、「創造性」はむしろ㈤のポイントとなるべき語である。また「固定化」は「既知」でもよいが、「排除」のニュアンスは出したい。「貧しい」は「豊か」との対比から導かれた語であり、[13]にも書かれているものである。

㈢　河川空間と庭園の類似性としての、人為を超えた時間による自然の力の働きが問われている。筆者の主張の側に当たり、第三の部分の把握が中心となる。

第三の部分の基本的構造は、都市空間と河川空間が対比され、河川空間と庭園とが同質のものとして扱われる形になっている。都市空間は竣工の時点が都市計画の終点となるのに対し、河川空間は工事の竣工の時点が完成となるのではなく、むしろ河川空間が育つ起点となる。それは、庭園において、樹木の植栽が庭の育成の起点となることと同じだ、ということである。庭園も河川空間も、竣工という人為を尽くした後に、長い時間をかけて「自然の力」によって育っていくのであり、人間はその手助けをすべきものである。そのことで初めて、その川や庭としての豊かな個性が生まれてくるのだ。

以上を理由説明の形でまとめれば、書くべき内容は次のようなものになるだろう。

①河川空間は、庭園と同様
②竣工をむしろ起点として長い時間をかけた自然の力と人間の手助けによって
③初めて豊かな風景となるから

ポイントとなるのは、「竣工がむしろ起点となる」(＝都市計画との対比)「長い時間をかけた自然の力」(＝庭園との同質)のあたりである。「人間の手助け」は「時間」「自然」の要素に比べれば軽いが、庭園には剪定等が、河川では草刈り等が、それぞれ継続的に必要とされることであり、書いておいた方がよいだろう。③の「豊かな」は「個性」としてもよいが、㈡との対比で「豊かな」とする方が、設問の流れとしては、わかりやすいように思われる。また「個性」は次の㈣で用いるべき語であろう。

㈣　**空間の「履歴」という、筆者独特の概念の理解が問われている。第四の部分の前半が中心となる。**

ここでの「履歴」とは、時間の経過とともに河川の空間に積み上げられていくものを指している。その履歴が空間に意味を与え、その川らしさ、つまりその川としての個性を作っていく。

概念的コントロールによる意味付与は、少数の人間の頭脳によっており、風景を強制力をもつ抑圧的なものにしてしまう。そこでは人は自由な想像力によって個性的な経験を積むことを阻害される。

それに対して、河川の空間は、本来、時間を意識させる空間として、多くの人びとの経験の蓄積と自然の営みの蓄積とを含む「履歴」をもっている。その履歴が、今度は逆に、そこに身を置く個々人にそれぞれ固有の履歴を積み上げさせていく基盤となる(念のため確認しておくと、本文で「履歴」という語は、「空間の履歴」と「個人の履歴」との二つの意味で用いられている)。傍線部エは「河川の空間は、時間の経過とともに履歴を積み上げていく」だから、解答すべき範囲は、第四の部分の⑪ ⑫が中心となる。

以上をまとめるなら、記述すべき内容は次のようなものになるだろう。

①河川は、自然と人間の営みの長い蓄積によって
②人々に固有の経験を与え得る
③個性的な意味をもつ風景となる

語句の重なりを避け、二行の枠内に簡潔にまとめるのは容易ではないが、設問相互の関連を大きくつかまえることで、解答としてのポイントをしぼりこむようにしたい。

㈤　**風景についての筆者の考えを、本文全体の論旨を踏まえて一〇〇字以上一二〇字以内で説明することが求められている。第四の部分の特に⑬を中心にして、本文全体を構造的に把握することが鍵となる。**

「風景」が「自己と世界、自己と他者が出会う場」であるとは、どういうことか。ここでの「自己」とは、その人自身およびその風景に関してその人が積み重ねてきた固有の経験、つまり「そのひとの履歴」(⑬)を指す。また「世界」とは、その風景が含みこむ「多くの人びとの経験の蓄積」(⑫)と「自然の営み」(⑫)の蓄積、つまり「空間に蓄積された空間の履歴」(⑬)を指すだろう。さらに「他者」とは、ここで

の「世界」とほぼ重なりつつ、風景に積み上げられた多くの人びとの経験の「多くの人びと」、および各々の履歴をかかえつつその風景と対峙する他の「人びと」を指していよう。

そのような「自己と世界」「自己と他者」が「出会う」とはどういうことか。それは、それぞれの履歴が「交差」⑬して人びとに「共有」⑬される空間となる、ということであろう。ただし、これだけでは「交差」して人びとに「共有」される空間の実体的な内容は、まだわからない。もう一歩、踏み込んで考える必要がある。それでは、その実体的な内容とは何か。それは「新しい体験が生まれ、新しい発想が生まれ出るような創造的な空間」⑧である。

以上が、解答としてのポイントである。ここまでを、とりあえずまとめてみよう。

○自然の営みの蓄積と人間による営みの蓄積とが自己の経験の蓄積と交差することで、風景が人々に共有されるとともにその人固有のものとなる

○(右のようにして)風景は、自己と他者とのかかわりによる新たな体験と発想が生まれる創造的な場である

まだまだ刈り込まなければならない表現上の重複はあるが、解答としてのポイントは、ほぼ右のようなものになるはずである。実際に書く段階では、これは解答としての末尾にくることになる。つまり、考える順序と書く順序とは逆になるのであり、右のポイントを押さえた上で、そこに付け加えるべき副次的な内容を、次に本文全体の論旨から選び出すことになる。

まず、本文を書いた筆者のモチーフは、固定化された概念による河川設計に対する批判にある。第二の部分、および本文末尾の「空間再編の設計は、ひとにぎりの人びとの概念の押しつけであってはならない」⑬からも、それは明らかである。

さらに、人間が「身体的存在」であることは落としてはならない。身体意識、身体空間…等、「身体」は筆者の認識のベースとなっている。これら二つの内容をまとめてみよう。

○風景は、限られた概念によって管理されるべきものではない

○風景は、個々人が自己の身体を通して感受するものである

以上を総合し、一二〇字という字数を目ざして、書くべき内容を整理してみよう。全体の主題は、「河川空間」でも構わないが、「風景」と一般化した方が良いだろう。

①風景とは、限られた概念によって管理されるべきものではない

②個々人が自己の身体を通して感受するものである

③自然と人間による営みの蓄積と自己の固有の経験とを交

差させて共有する
④他者とのかかわりによる新たな体験と発想が生まれる
⑤創造的な場である

(六)　漢字の書き取り。字体の正確さとともに、語彙力が問われている。一文字ごとの意味を理解していないと、同音異義語に足をすくわれかねない。

a　「跳ねる」。訓読みの漢字は、意外に書きにくいかもしれない。「跳躍」等の熟語が連想できれば、手掛かりがつかめよう。

c　「抑圧」。「抑」も「圧」も〈おさえる〉意。迎・仰との識別、卯・柳との字体の違いも確認しておきたい。

d　「阻害（碍・礙）」。「阻」は〈はばむ〉、「害」は〈そこなう・さまたげる〉意で、「阻害」で〈さまたげて、じゃまをする〉意。〈よそよそしく、のけものにする〉意の「疎外」としっかりと区別しよう。

〈自己採点のめやす〉
記号は次の意味で用いる。
☆……解答としての方向性
○……合格答案
△……基本点
×……不可

(一)
☆　「川に沿って歩く」ことで、「多様な風景」を「自己の意識の体験」として「身体」で感受する、といった内容であること。
○　右の内容がほぼ記されているもの。
△　右の内容がほぼ記されているが、「自己」に「変化」のニュアンスが全くなく、「不動・固定」した「自己」となっているもの。
×　「自己の意識」の欠けるもの。
「身体」の欠けるもの。

(二)
☆　「固定化された概念」による河川設計に対する批判の方向で書かれていること。
○　「身体空間＝未知なる自然」と「概念空間＝人為的な管理」との対比が明確で、概念空間が「貧しい空間」となっていることまで書かれているもの。
△　「身体空間」と「概念空間」の対比が不明瞭だが、「貧しい空間」も書かれているもの。
「身体空間」と「概念空間」の対比が明瞭だが、「貧しい空間」の欠けているもの。
×　「概念空間」に対する批判のニュアンスの全く欠けるもの。

☆ (三)「身体空間」と「概念空間」との内容が混乱しているもの。

○「河川空間と庭園の類似性」が、「時間」と「自然」の働きによる、といった方向性になっていること。

△「河川空間は、庭園と同様」に、「竣工を起点」として「長い時間」をかけた「自然の力」と「人間の手助け」によって、初めて「豊かな（個性的な）風景」となるから、といった内容が、ほぼ書かれていること。

×「長い時間」あるいは「自然の力」のどちらかが、内容上欠けているもの。

「庭園と同様」も「豊かな（個性的な）風景」もどちらも欠けているもの。

「長い時間」も「自然の力」もどちらも、内容上欠けているもの。

☆ (四)河川は、「人間と自然の営みの長い蓄積」によって、「人々に固有の経験を与え得る」「個性的な意味をもつ風景」となる、といった方向であること。

○右の内容がほぼ書かれているもの。

△右の内容がほぼ書かれているが、「人々に固有の経験を与え得る」の欠けているもの。

「人間と自然」のうち一方が欠けたり、「意味」がなかったりして、全体としてやや不十分なもの。

×「履歴」の内容の誤っているもの。

全体としての文意の通っていないもの。

☆ (五)「風景（河川空間）」についての筆者の考えが、本文全体の論旨を踏まえて説明されていること（全体が一〇〇字未満のものや一二〇字を超えるものは、全体0点とする）。

○①風景（河川空間）とは、限られた概念によって管理されるべきものではない

②個々人が自己の身体を通して感受するものである

③自然と人間による営みの蓄積と自己の固有の経験とを交差させて共有する

④他者とのかかわりによる新たな体験と発想が生まれる

⑤創造的な場である

右の五つの内容がほぼ書かれているもの。

△「風景（河川空間）」について、右のうち②と③の書かれているもの。

×右のうち③の書かれていないもの。

②の「身体」という語が全く書かれていないもの（あるいは、②の「身体」のみを欠いて、他の①③④⑤がほぼ書かれている場合、(五)の配点のうち、たとえば三分の一の得点とする、といった採点も考えられるかもしれない）。

㈥
× 続け字、乱雑なものは、不可。

解答

㈠ 人は川の流れに沿って歩くことで、移りゆく風景の多様性を、共に変化する自己の意識の体験として、身体で感受するということ。

㈡ 人間が身体によって出会うはずの未知なる自然が、固定化された概念で人為的に管理され、貧しい空間になるということ。

㈢ 河川空間は、庭園と同様、竣工をむしろ起点として長い時間をかけた自然の力と人の手助けで初めて豊かな風景となるから。

㈣ 河川は、自然と人間の営みの長い蓄積によって、人々に固有の経験を与え得る個性的な意味をもつ風景となるということ。

㈤ 風景とは、限られた概念によって管理されるべきものではなく、個々人が自己の身体を通して、自然と人間による営みの蓄積と自己の固有の経験とを交差させて共有することで、他者とのかかわりによる新たな体験と発想が生まれる創造的な場であるということ。（118字）

㈥ a＝跳　b＝断片　c＝抑圧　d＝阻害（碍・礙）

第四問（文科）

出典

今福龍太（いまふく・りゅうた）「風聞の身体」（岩波書店『図書』二〇一〇年六月号〈薄墨色の文法⑱――「調律」二〉）の冒頭の一節。

今福龍太は、一九五五年東京生まれ。文化人類学者・批評家。二〇〇二年より遊動型の野外学舎「奄美自由大学」主宰。著書には『荒野のロマネスク』『クレオール主義』『移り住む魂たち』『ここではない場所』『群島―世界論』他、多数がある。

なお「風聞の身体」というタイトルについては、問題文に続く本文末尾のところで、筆者は、宮沢賢治の「なめとこ山の熊」との関連で、次のように述べている。「風聞の身体――野生へと調律され、深い実在論《リアリズム》へと浸透してゆく風のように自由で非所有的な身体のありようを、ポジティヴな意味を込めてこう呼ぶことは可能であろう。」

解説

〈本文解説〉

アイヌの熊狩りについて、エカシと呼ばれる長老が「無鉄砲」という語を、近代日本文学による言説とは異なった意味合いで用いて語る。本文は、その長老の語り口を通して筆者の感じとった、人間と自然とが対称的・相互浸透的な互酬関係にあった民俗世界のあり方を述べたエッセイである。全体は七つの形式段落から成るが、前半部と後半部の二つの部分に分けて考えてみよう。

前半部（1〜5）

熊狩りについて語る、石狩アイヌの豊川重雄エカシ（長老）の冒険譚の説明を中心として、そこに「普遍経済」と呼ぶべき「統合的なコミュニケーションの世界」が示されていることを述べている。

筆者は、作業小屋の中で、エカシが壮年だった頃の熊狩りの話を聞く。熊はアイヌにとって「聖獣」であり、熊と猟師との間には「繊細な意識と肉体の消息をめぐる豊かな関係性」が打ち立てられている。「繊細な意識と肉体の消息」とは何のことを言っているのか、ここではまだ十分にはわかりにくいが、具体的には、後で「丹念に熊の足跡を探り、土や草についた獣の匂いをかぎ分け、不意に熊のテリトリーに踏み込まないよう注意した……。」（5）と述べているような種類の内容を指す。エカシにとっての熊は、人間の住むコタン（聚落）の外部に広がる、「山」という「異世界」をつかさどる「神＝異人」なのである。熊は、人間が人間を超えるものとのあいだに創り上げる「物質的・精神的交渉」すなわち「普遍経済」、と呼ぶべき「統合的なコミュニケーションの世界」を、「凝縮して示す存在」なのだ。ここで「普遍経済」と呼ばれている語は、経済学というよりもむしろ現代思想の中から出てきた語で、労働、所有、他者、贈与等について地球規模で考えるとき、自然からの贈与に対して人間からの返礼という形で人間の生の活動をとらえる、その全体的な仕組みを指す。熊は、アイヌにとって、「普遍経済」を「凝縮して示す存在」なのである。そのようなエカシの話のなかでも筆者がとりわけ興味を惹かれたのは、エカシが「無鉄砲」という日本語をたびたび援用しながら語る、「丸腰での熊狩りの冒険譚」だった。

アイヌは、古くは弓矢、近代からは鉄砲を武器として、ヒグマを狩った。〝アイヌ〟は、アイヌ語で〝人間〟を意味する。同様に〝カムイ〟は〝熊〟を意味する。アイヌ（人間）とカムイ（熊）との関係は、狩るものと狩られるものといった、単純な捕食者と獲物という一方的な搾取関係にあるのではない。それは、「互酬性の観念にもとづく純粋に贈与経済的な民俗信仰」のなかにあった。これは前の「普遍経済」を言い換えたものと考えてよい。熊狩りによって人間は熊という天（自然）からの贈与をありがたく戴き、感謝と返礼の儀礼として熊神に歌や踊りを捧げることで、熊の魂をふたたび天へと送り返すことができる、と考えられていた。そして熊をめぐるこうした信仰と丁重な儀礼の継続こそが、熊の人間界への継続的な来訪(＝人間の生存可能性)を保証するための、アイヌの日常生活の基盤であった、と筆者は述べる。

　豊川エカシもまた、アイヌの熊狩りの伝統に連なる狩人の一人として、神の化身としての熊と山のなかで対峙してきた。エカシの話を聞きながら、筆者はアイヌの熊獲りたちに「武器無しで熊と闘い、これを仕留めるという深い欲望」とも言うべき潜在的な意識が隠されていることを感じとる。エカシ自身も、意図的に鉄砲を持たずに山へ入り、しかも熊との遭遇を期待した、ことがあるという。「鉄砲を持つことで自らの生身の身体を人工的に武装し、そのことによって狩るものと狩られるもの、すなわち猟師と獲物という一方的な関係に組み込まれることを潔しとしない」、すなわち「搾取的関係から離脱して、熊にたいして自律的な対称性と相互浸透の間柄に立とうとする無意識の衝動」を、筆者はエカシの口ぶりから感じとる。ここで「自律的な対称性と相互浸透の間柄」と言っているのは、人間と熊とが優劣の力関係ではなく、いわばあるがままの対等の関係として相互に関わり合いを持つありかた、と考えてよいだろう。

　そのとき、エカシは「無鉄砲」ということばをさかんに使った。熊と諸手で格闘して仕留めたこともあるという、その「無鉄砲」に山を歩く体験は、「深く豊かな体験」なのである。この5段落は、前半部の内容を後半部の内容へとつなぐ、接続の段落に当たる。文末に「……」が多用されて、余韻を残した表現になっていることにも、注意を払っておきたい。

後半部（6・7）

　エカシの使う「無鉄砲」ということばに対する筆者の「奇妙な違和感」を手掛かりにして、鉄砲という武器の「決定的な異物性」を明らかにし、近代日本文学の言説とは異なる「無鉄砲」なあり方に、野生に身体を開くアイヌの人々の生き方の「象徴的な交感と互酬的な関係性の地平」を見る筆者の考えを述べている。

　エカシの話を聞きながら、筆者のなかに「奇妙な違和感」が湧いてくる。「無鉄砲」という語は、字義通りでは「向こう見ず」で「強引」な行為を指すはずだが、エカシの使う「無鉄砲」は、どうもそのような「無謀」さという意味とはズレており、「不思議な齟齬感」が残る。むしろエカシは「無鉄砲」という語を、「きわめて慎重」で「繊細な感覚」という正反対の意味で用いているのだ、とわかったとき、筆者の理解のなかに「あらたな光が射し込んできた」という。「あらたな光」とは、「奇妙な違和感」が解消しはじめたことを意味していよう。エカシは「無鉄砲」という和人の言葉をあえて借用しながら、「熊と人間のあいだに横たわる『鉄砲』という武器の決定的な異物性」を、諷刺的にからかう形で示唆していたのだ。アイヌの猟師は、鉄砲を放棄することで、繊細な身体感覚を通じて「熊の野生のリアリティ」により深く近づいてゆく。「無鉄砲」であることは、「人間の意識と身体を、裸のまま圧倒的な野生のなかにひとおもいに解放し、異種間に成立しうる前言語的・直覚的な関係性に自らを開いてゆくための、いわば究極の儀式」なのである。ここで「異種間に成立しうる前言語的・直覚的な関係性」と言っているのは、人間と熊との間に、言葉という媒介を通す以前の、繊細な意識と肉体とが相互に浸透し合う「統合的なコミュニケーションの世界」(2)が成立しうる、といった内容を指している。すなわち、「無鉄砲」とは、「人間が野生にたいして持ちうる、もっとも繊細で純粋な感情と思惟の統合状態」を意味しているのである。

「無鉄砲」という日本語表現は、「方法無しに、手法を持たずに」の意を表す「無点法」あるいは「無手法」という語の音変化した、一種の当て字である。それが夏目漱石の『坊っちゃん』冒頭の「親譲りの無鉄砲で小供の時から損ばかりして居る」という有名な一節によって、「その意味論を封鎖されてきた」。つまり、「無鉄砲」という語は、近代日本文学の聖典によって、「無謀」さを表わす意味に固定化されて理解されてきたのである。豊川エカシは、近代日本文学によるこの語の意味の固定化の歴史など素知らぬふりをしながら、そのような筆者の言語的先入観を粉砕したのだ。そのうえでエカシは、鉄砲を持たないという意味に転意された「無鉄砲」という言葉を濫用することによって、「武器を持たない熊狩りの繊細な昂揚感」を筆者に示したのである。「無謀」さの印象はたちまち消え、筆者の脳裡に「北海道の山野のなかに身体ごと浸透してゆく集団としての人間たちの慎重で謙虚で強靱な意識の風景」が立ち現われてくる。ここで筆者が「人間たち」と呼んでいるのは、あきらかに「アイヌの人々」のことを指している。〝アイヌ〟という語が〝人間〟を意味するという知識がなくても、「アイヌ(人間)とカムイ(熊)との関係」(3)という表現があったことを思い起こすなら、この「人間たち」という語がそのままアイヌの人々のことを指し、同時にそのアイヌの人々がそのまま「人間たち」一般を代表するといった筆者の認識の示された表現であることは、読み取るべきであろう。言い換えるなら、ここで筆者は、アイヌの人々の生き方を、単なるアイヌの人々のこととして限定して考えているのではなく、人間全体に普遍化しうるものとして一般化して考えようとしているのである。そのようにしてアイヌの人々は、熊と対峙するとき、「象徴的な交感と互酬的な関係性の地平」に参入しているにちがいないと筆者は述べる。「象徴的な交感」とは、アイヌの人たちの熊狩りが人間と人間を超える存在との主として精神的で相互浸透的なかかわりを象徴していることを指していよう。「互酬的な関係性」とは、そこに主として物質的な「普遍経済」と呼ぶべき「統合的なコミュニケーションの世界」が成立していることを意味していよう。むろん以上の二つははっきりと区別されるものではなく、「精神的交渉」と「物質的交渉」とは互いに不可分のものとして一体化しており、全体として「統合的なコミュニケーションの世界」として成立しているのである。

〈設問解説〉

第一問と同様、第四問でも、設問は本文の対比と段落展開の構造に沿ってなされるのが原則である。ところが今回の第四問は、前半部に傍線がなく、設問箇所はすべて後半部に集中している。見た目からすると、新傾向の出題か、と受け止めかねないが、内容を吟味すると、出題姿勢が格別変わったわけではない、ということがわかるはずである。後半部の傍線箇所は、当然のことながら、前半部の内容をふまえて設定されており、設問の構成は筆者の考え方の枠組みと論旨展開に沿って組み立てられている。各設問が全体としてどのように作られているか、前もって大まかな見通しを立てておこう。

㈠　エカシの語る「無鉄砲」という言葉に対する筆者の「奇妙な違和感」。導入部に位置する。

㈡　「鉄砲」という武器の決定的な「異物性」。民俗的世界と近代世界との対比が前提となる。

㈢　近代日本文学の言説が果たしてきたことの意味。前言語的世界との対比が前提となる。

㈣　人間と自然とが本来もちうる関係性。筆者の考えの中心的な内容に当たる。

右のようにして、㈠㈣が民俗的世界の側に属し、㈡㈢が近代世界の側に属するという対比になっている。また、㈠㈢が言語を契機とする設問であるのに対して、㈡㈣は人間と自然との関係についての設問になっている。

㈠　エカシの語る「無鉄砲」ということばに対する筆者の「奇妙な違和感」が問われている。直後をまとめるだけでなく、前半部との関連を捉えることが鍵となる。

「無鉄砲」ということばは、字義通りでは「向こう見ず」で「強引」な行為、「無謀」さを表すはずであるが、エカシの使う「無鉄砲」をそのような意味で理解しようとしても、「不思議な齟齬感」⑥が残る、と筆者は言う。この「不思議な齟齬感」は「奇妙な違和感」をそのままイイカエたものに近く、内容的な説明になっているとは言い難い。

さらに次の文の「『きわめて慎重』で『繊細な感覚』」については、「……とわかったとき、私の理解のなかにあらたな光が射し込んできた」となっていて、この「あらたな光」は「違和感」が解消していくことを意味しているから、「『きわめて慎重』で『繊細な感覚』」という表現は、「違和感」の説明に用いることはできない。言い換えれば、はっきりとは「わからない」段階での感覚が「違和感」なのだから、「わかった」段階での「きわめて慎重」で「繊細な感覚」あるいは「正反対」ということばは、用いてはならないということである。

筆者の「奇妙な違和感」はエカシの「無鉄砲」ということばによって引き起こされたものだから、前半のエカシの語りにさかのぼってみよう。「無鉄砲」という語は⑵に一度出てきて、さらに⑸に集中して出てくる。そして⑸には「……」が多用されている。この「……」こそが、筆者の「奇妙な違和感」に他ならないだろう。⑸の末尾は、「深く豊かな体験」ということばで締めくくられようとしている。つまり筆者は、「無謀」さを表す語とばかり思い込んでいた「無鉄砲」ということばが、まさに肯定的な意味合いで用いられており、意外にも不思議な魅力をもっているように感じたのである。言い換えるなら、ここでの「奇妙」は肯定的なニュアンスで受け止めるべきであり、しかも、無謀とは「正反対」の「慎重」で「繊細」な意味とまではっきりと書いてはならない、ということである。

記述すべき内容は、次のようなものになるはずである。

①エカシの「無鉄砲」という言葉を聞くうちに
②無謀で強引な行為という字義を超える
③不思議な魅力が感じられてくる

㈡　「鉄砲」という武器の決定的な「異物性」が問われている。「無鉄砲」という民俗的世界と、「鉄砲」という近代世界との対比が前提となる。

傍線部は「熊と人間のあいだに横たわる」鉄砲の「異物性」のことを言っているのだから、鉄砲を放棄すれば、その「異物性」はなくなるだろう。鉄砲を放棄することで、アイヌの猟師たちは、「繊細な身体感覚を通じて熊の野生のリアリティにより深く近づいてゆく」(⑹)。「無鉄砲」であることは、「人間の意識と身体を、裸のまま圧倒的な野生のなかにひとおもいに解放し、異種間に成立しうる前言語的・直覚的な関係性に自らを開いてゆくための、いわば究極の儀式」(⑹)であると述べている。また「人間が野生にたいして持ちうる、もっとも繊細で純粋な感情と思惟の統合状態」(⑹)とも言っている。

これに対して、「鉄砲」とはどういうものなのか。前半にさかのぼると、鉄砲にかかわる記述として「捕食者と獲物という一方的な搾取関係」(⑶)という表現がある。また⑷には、「鉄砲を持つことで自らの生身の身体を人工的に武装し、そのことによって狩るものと狩られるもの、すなわち猟師と獲物という一方的な関係に組み込まれることを潔しとしない、すなわち搾取的関係から離脱して、熊にたいして自律的な対称性と相互浸透の間柄に立とうとする無意識の衝動」という箇所がある。このうち「無鉄砲」の側は、「…を潔しとしない」「離脱して」「自律的な対称性と相互浸透の間柄」であり、「鉄砲」の側は、「自らの生身の身体を人工的に武装」「猟師と獲物という一方的な関係」「搾取的関係」である。

以上を総合して「鉄砲」の「異物性」を考えるなら、それは、〈人間と熊との間に介在することで、生身の身体を通した人間と熊との豊かな相互関係を断ち切って、一方的な搾取関係をもたらす〉といったものになろう。次の三つの内容を書くことになる。

①鉄砲という武器の介在は
②生身の身体を通した人間と熊との相互関係を断ち
③一方的な搾取関係をもたらす

㈢　近代日本文学の言説が、エカシの「無鉄砲」に見られるような前言語的世界を見失わせてきた経緯が問われている。

夏目漱石の『坊っちゃん』冒頭の一節は、「無鉄砲」という語の意味を、「向こう見ず」で「無謀」という内容に固定化する上で大きな力を果たしてきた。その結果、「無鉄砲」という語からは他の様々な意味、殊にエカシの用いるような「前言語的・直覚的な関係性」を表す可能性が、排除されてきたのである。そのことを、筆者は「封鎖」と呼んでいる。

言葉は、事物と人間とのあいだに介在することで、人間と事物を切り離して事物を表すと同時に、人間と事物を直接結びつける可能性を秘めているものでもある。筆者はこのような考えを前提にして、「無鉄砲」という語を考察しているように思われる。

漱石という具体的なレベルで書くか、一般化した抽象的なレベルで書くかは、かなり判断に迷うところである。しかし、ここではその違いは必ずしも大きな得点差にはつながらないだろう。記述すべき内容は、次のようなものになるはずである。

①近代日本文学の言説は「無鉄砲」という語を一つの意味に固定化してきた
②(そのことで)言語に宿る前言語的な直接性を見失わせてきた

㈣　自然と人間とが相互に浸透する野生の関係性が問われている。アイヌの人々について語りつつ、それが人間に一般化されていることにも注意を払うべきである。

傍線部は「アイヌたちが熊と対峙する」ときの場面ではあるが、「……関係性の地平」と一般化されているから、熊狩りに限定して説明するのではなく、アイヌの人々と自然との関係へと一般化して説明すべきである。

両者の関係を表す「象徴的な交感と互酬的な関係性の地平」とは、何か。それは、一言で言い換えるなら、「普遍経済」

(2)である。自然から熊という神の化身の贈与を戴き、感謝と返礼の儀式を熊神に捧げることで、熊の魂を天上界へと再び送り返す(3)。「象徴的な交感」は、人間と熊（＝カムイ・熊神・人間を超えるもの）との主として精神的交渉を指し、「互酬的な関係性」とは主として物質的交渉を指す。むろん、それらの二つは、〈本文解説〉でも触れたように、二つの別のものとして切り離されてあるのではなく、不可分のものとして一体となっている。

右のような「普遍経済」つまり「統合的なコミュニケーションの世界」(2)は、人間と熊とが「自律的な対称性と相互浸透の間柄」(4)に立つことで、可能となる。本文の後半部は、エカシの用いる「無鉄砲」ということばを手掛かりにして、その「相互浸透」について考察を深めている箇所である。傍線部の直前に「鉄砲を持とうが持つまいが」という断りを入れてあることからもわかるように、筆者は「無鉄砲」での猟師と熊との対峙にこそ、本来の「相互浸透」があると見なしている。それは、「人間の意識と身体を、裸のまま圧倒的な野生のなかにひとおもいに解放し、異種間に成立しうる前言語的・直覚的な関係性に自らを開いてゆく」(6)ことに他ならない。

さらに、傍線部の一文前にある「北海道の山野のなかに身体ごと浸透してゆく集団としての人間たちの慎重で謙虚で強靭な意識の風景」とある「人間たち」は、「アイヌの人々」と同義であり、かつ人間一般を代表している（〈本文解説〉参照）。そもそも筆者は、本文を通してアイヌの人々のことだけを述べようとしているわけではない。ネイティヴ・アメリカンにも、シベリアに住む少数民族にも、あるいはアフリカの人々にも、アイヌの人々とそう違わない生活をしている人々がいるはずである。いや少数民族だけではない。これこそが人間の本来のあり方であるということを語ろうとしているのではないか。本文を読んで、アイヌの人々の生き方について書いている文章だ、と他人事のように受け止めるのは、あまりにも不十分である。本文は、アイヌの人々の生き方を語ることで、近代以降の私たちの生き方を批判的にあぶり出そうとしている文章である、というふうに受け止めるべきである。

以上をまとめると、記述すべき内容は、次のようなものになる。

①神の化身の贈与を戴き、感謝の返礼を捧げる儀礼を通して

②人間の身体が野生に開き超越的な自然と一体となるありよう

〈アイヌの人々の生き方に見られる人間のありよう〉とするのが最も穏当であるが、二行の枠内では、これは無理だろう。

「アイヌの人々の生き方」とするのが誤りというわけではないが、右に説明したように、「人間」に一般化する方がベターである。

後で、㈠から㈣までの解答のみを通読してみてほしい。傍線部の配置に、一見偏りはあったが、第一問と同様、解答の全体がほぼ本文の要約に重なっているということが分かると思う。

〈自己採点のめやす〉記号は第一問と同様の意味で用いる。

㈠
☆「エカシの『無鉄砲』という言葉」が、「無謀」(「向こう見ず」「強引」)という字義を超えて、「不思議な魅力」(肯定的なニュアンスの表現であれば、可)が感じられてくる、といった内容であること。
○右の内容がほぼ書かれているもの。
△「不思議な齟齬感」等、肯定的なニュアンスを欠き、単なるイイカエに近いもの。
×「慎重」「繊細」あるいは、無謀と「正反対」等の語を用いて説明してあるもの。

㈡
☆「鉄砲の介在」は、「身体を通した人間と熊との相互関係」を「断ち切り」、「一方的な搾取関係」をもたらす、といった内容であること。
○右の内容がほぼ書かれているもの。
△鉄砲の「異物性」については何とか書かれているが、近代世界と民俗的世界との対比の不十分なもの。
×鉄砲の「異物性」(＝「一方的」「搾取関係」「断ち切る」他)について、全く触れられていないもの。

㈢
☆「近代日本文学の言説」は、「無鉄砲」という語の意味を「固定化」することで、「前言語的」な「直覚的な関係性」を「見失わせてきた」といった内容であること。
○右の内容がほぼ書かれているもの。
△「無鉄砲」という語の意味の「固定化」(＝「限定」他)については書かれているが、「言語」と「前言語的」な「直覚」性との対比の不十分なもの。
×「固定化」(＝「限定」他)」の内容の捉えられていないもの。

㈣
☆「普遍経済」(＝「贈与」と「返礼」)を「野生へ開く身体」とのかかわりで説明した内容であること。
○右の内容がほぼ書かれていること。
「人間」へ一般化されておらず、「アイヌの人々の生き方」といった限定した説明となっているものは、1点の減点。
△右の内容のうち、「野生へ開く身体」の内容を欠くもの。

× 右の内容のうち、「普遍経済」（＝「贈与」と「返礼」）の内容を欠くもの。

解答

(一) エカシの「無鉄砲」という言葉を聞くうちに、無謀で強引な行為という字義を超える不思議な魅力が感じられてくること。

(二) 鉄砲という武器の介在は、生身の身体を通した人間と熊との相互関係を断ち、一方的な搾取関係をもたらすということ。

(三) 近代日本文学の言説は「無鉄砲」を一つの意味に固定化し、言語に宿る前言語的な直接性を見失わせてきたということ。

(四) 神の化身の贈与を戴き、感謝の返礼を捧げる儀礼を通して、人間の身体が野生に開き超越的な自然と一体となるありよう。

二〇一〇年

第一問（文理共通）

出典

阪本俊生（さかもと・としお）『ポスト・プライバシー』（青弓社　二〇〇九年一月刊）の「第4章　内面からデータへ―生産の拠点の問題」の〈1　心の社会と内面を中心とするプライバシー観〉（内面を中心とするプライバシー観の終焉）冒頭部を除く大半から、〈2　プライバシーの変容と個人の内面の空洞化〉（プライバシーの拠点の移動と個人の内面の空洞化）冒頭部まで。

阪本俊生は、一九五八年大阪府生まれ。大阪大学大学院人間科学研究科社会学専攻博士課程修了。専攻は理論社会学。著書に『プライバシーのドラマトゥルギー』、共著に『文化社会学への招待』『組織とネットワークの社会学』『ライフロング・ソシオロジー』等がある。

『ポスト・プライバシー』は、近代において、個人の秘密や私的領域の保護を求めたプライバシー概念が、現代の情報化社会では、データベースや情報システムを聖域化するプライバシーへと移行しつつあり、それに伴って、かつては内面にあるとされた個人の本質が、今や外部に管理された個人情報によって形成されるものへと変容しつつある、という状況について考察したものである。

解説

〈本文解説〉

本文は、情報化が進んだ現代の社会において、個人のあり方とプライバシー概念がどのように変容したかについて考察した文章である。近代と現代との対比が、基本の枠組みとなっている。全体は十の形式段落から成るが、四つの部分に分けて考えてみよう。

第一の部分（1・2）

近代において、個人の本質は内面にあるとされ、内面の人格的な質が重視されただけでなく、個人の社会的位置づけや評価ともからみ、社会的自己と結びつけられることで、「内面のプライバシー」が求められるようになった。

このようなプライバシー意識は、個人の自己というものの解釈のしかたに対応している。つまり、自己の所在は内面にあり、社会的自己の本質が個人にあると見なされる社会においては、プライバシー意識は個人の内面を中心にして同心円状に広がったものとして形成される。一番中心に「個人の内面」があり、その周囲に「心」「身体」「親密な人間関係」「私生活領域」等が広がっていくというイメージである。

第二の部分（3～6）

私生活や身体のケア、感情の発露等をむやみに他人にさらすべきではないという意識は、近代以前のプライバシーにも見られたが、個人の自己がその内面からコントロールされてつくられるという考え方は、このような意識と結びつくことで、近代においていっそう強められていった。

個人の自己は主体によって統一されていなければならない。自分自身の行為や表現、あるいは過去と現在との間に矛盾があってはならない。自分自身のイメージやアイデンティティを守ることは、個人自らの責任なのである。このような「個人の自己の統一性というイデオロギー」は、近代の社会に広く行きわたっていった。このとき、個人の私生活での行動と公にしている自己表現との間に食い違いや矛盾があったら、それは個人のイメージや社会的信用を傷つけることになる。

ただし、このような自己のコントロールは、道徳的な性格のものであり、自分の社会的自己を維持していくためのものであった。したがって誰もがそのようなことを行っていたのであり、そのことから個人の隠蔽や食い違いには、多くの場合、人は寛容で協力的でさえあった。だが一方で、人に悪意がはたらくときは、その行為の矛盾や非一貫性を攻撃することで、私生活スキャンダルとなることもある。

第三の部分（7）

しかし、情報化が進んだ現代においては、個人の内面の役割は縮小しはじめ、プライバシーのあり方も変化してきている。ある個人を知るのに、必ずしもその内面を見る必要はない。その個人にまつわる履歴のデータ、つまり個人情報を知るだけで十分ではないか。他人の主観が入り交じる内面への評価よりも、個人情報による評価の方がより客観的で公平だという考え方も成り立つ。とすれば、個人情報を外部に提供して、そこで管理をしてもらうことにも、そのメリットはある。

第四の部分（8～10）

ウィリアム・ボガードは「魅惑的な秘密の空間としてのプライヴァシーは、かつてはあったとしても、もはや存在しない」と言った。それらはすべて「情報」の中に取り込まれてしまったからである。このボガードの言葉は、現在進行している「プライバシーの拠点の移行」に対応している。近代において、個人の身体の周りや私生活のなかにあったプライバシーは、現在では個人情報へと変換され、データとして用いられるようになってきた。「観察装置」が秘密のもつ魅惑をはぎとり、「観察社会」の中で「スクリーンそのものがプライヴァシーになりつつある」と言うのである。

ここで「スクリーン」というのは、ジョージ・オーウェルの小説『一九八四年』〔注〕にあるように、この作品は一九四九年に発表されたもので、すでに第二次大戦のすぐ後で、現代の全体主義的な監視社会を予告したものとして知られている）に登場する「テレスクリーン」のことである。この小説では、人々はテレスクリーンによって監視されているのだが、現在の情報化社会では、プライバシーは監視される人々の側にあるのではなく、監視するスクリーンの方にある。つまり、個人の内面や心の秘密をとりまく私生活よりも、「それを管理する情報システム」こそがプライバシー保護の対象となりつつあるのである。

現在のプライバシーはネットワークのなかにあるから、「プライバシーの終焉」という見方は誤っている、とボガードは考える。それに対して筆者は、「それでもある種のプライバシーは終わった」と述べる。筆者は、プライバシーと呼ばれるものの「中身や性格」が大きく転換したと考えるのである。現在プライバシーとかかわるとされるものは、かつての「人格」とか「自己」といったものではなく、「情報化された人格」「ヴァーチャルな領域」なのであり、それを筆者は「データ・ダブル」と呼んでいるのである。

以上、本文の概略を論旨の展開に応じてまとめたのであるが、それほど難解な文章とは思われないにもかかわらず、なんとなくスッキリしないものが後に残る。おそらくそれは、問題文の範囲内では「プライバシー」という語の明確な定義がなされていないからであろう。プライバシーという語はすでに日常語になってはいるが、改めて考えてみると、私生活や個人の内面というものとどこが違うのかが、あまりはっきりしない。なんとなく曖昧な感じにとらわれる人が多いのではなかろうか。問題文より前の部分で、筆者による定義がなされているのかもしれないが、直接的に明示されていない以上、受験する者としては、本文全体から「プライバシー」という言葉の語意をしぼっていくしかない。これを曖昧にしたまま設問に入ってしまうと、設問のポイントを取り損ねてしまうことになりかねない。

[2]に「プライバシーもまた、そこ（＝内面）が拠点になる」という表現があるから、「プライバシー」と「内面」は基本的には異なる概念であることがわかる。次に「プライバシーのためのボウヘキ（＝防壁）」[2]、「個人それ自体の周囲をとりまくようにして形づくられる」[2]、「他人の目から隠しておきたいと思う」[3]、「他人に見せてはならないもの」[4]、「個人の隠蔽」[5]、「管理を受け入れなければならない」[7]、「人に話せない心の秘密……経験」[8]、「魅惑的な秘密の空間」[8]、……といった表現が見られる。したがって、前にも述べたように、「プライバシー」と「私生活」や「内面」とは

直接的には別のものである。これらを総合して考えると、「プライバシー」という言葉は〈他人の侵入を防ぎ、他人に見られないように隠しておきたいと思う個人的な領域〉といったような語意で用いられていることがわかる。「私生活」とか「個人の内面」は近代においては「プライバシー」意識のかかわるものであったが、現代ではそれが「個人情報」へと移行しつつある、ということだ。ここをしっかりと押さえて、本文全体の構造をもう一度、図式的に捉えなおしてみよう。

第一の部分・第二の部分（1～6）
近代
（個人のあり方）社会的自己の本質とされる個人の内面が重要性をもつ→内部の矛盾は個人の責任において統括し、社会的自己としての主体性を形成しなければならない
（プライバシー）個人の内面を中心にして同心円状に広がる
↓
第三の部分・第四の部分（7～10）
現代［情報化社会］
（個人のあり方）個人の外部にデータとして取り出された個人情報　データ・ダブル
（プライバシー）個人情報を管理する情報システムにある

〈設問解説〉
東大の入試現代文では、設問は本文の対比と段落展開に対応する形で作られている。したがって設問に取り組むとき、各設問に単独で答えようとしても、良い答案にはならないだろう。各設問が全体としてどのように構成されているか、大まかな見取り図を持った上で、各設問に取り組むようにしたい。全体との関連を見失った答案は、傍線部をイイカエただけの、レベルの低いものになりがちである。
言うまでもないことだが、傍線部は単なる傍線部として試されているのではない。本文全体の読解が的確になされているかどうかを問うものである。だから、傍線部の内容を要素に分解したり、同内容の表現を他に求めてイイカエたりするやり方は、賢明な方法とは言えない。本文全体の対比と段落展開をとらえ、全体と部分を絶えず往復して読解するダイナミックな思考が求められている。
全体としての設問の構成を先に見ておこう。
㈠　近代のプライバシー（内容説明）
㈡　近代の個人のあり方（理由説明）
㈢　現代の個人のあり方（理由説明）
㈣　現代のプライバシー（内容説明）
㈤　現代の個人のあり方（内容説明　本文全体の対比と論旨展開をふまえて、現代の個人

のあり方の特徴を記述する）

㈥ 漢字の書き取り

右のような設問のポイントをおさえると、これが先の〈本文解説〉の末尾に記した本文の構造と、ぴったりと対応していることがわかるはずである。

㈠ 近代のプライバシーを問う設問。第一の部分の理解が問われている。

個人のあり方における「内面」というものの位置づけと、「プライバシー」という語の概念とを明確に区別して考えることが先決である。

近代においては、個人の本質は内面にあるとされ、やがて社会的自己と結びつけられることで、内面は社会的重要性を持つようになってきた。

一方、個人の内面は、しばしば矛盾をはらむものでもあり、むやみに他人の侵入を許してはならないものとして、心、身体、親密な人間関係、私生活領域等、内面を守る防壁が同心円状に形づくられる。この「防壁」がプライバシーである。

設問は「どういうことか」となっているから、「内面のプライバシー」そのものをイイカエようとするのではなく、近代におけるプライバシーのあり方として説明すべきである。

記述すべき内容は、

①近代

②社会的自己の本質は個人の内面にあるとされた

③個人の内面は、他から隠すべき重要なものと見なされた

である。全体における枠組みとなる①の「近代」は明記すべきである。②が個人のあり方、③がプライバシーである。これらの内容を二行枠（＝50～60字）に収まるようにしてまとめる。「プライバシー」の概念を明確化できないと、まとめるのに意外と手こずるかもしれない。設問の要求から判断するなら、③を最後にもってくるのが望ましいだろう。

㈡ 近代の個人のあり方を、理由説明の形で問う設問。第二の部分の理解が問われている。

傍線部の中に「このような」という指示語があり、その内容は前の[4]にある、「個人の自己の統一性というイデオロギー」という社会的な圧力によって、個人が自己の矛盾を統括して社会的な主体を形成するように強いられることを指す。さらに、傍線部のすぐ後にある「個人が自らの社会向けの自己をイジするためのもの」も含めて考える。設問は「なぜそのようなコントロールが求められるようになるのか」となっているから、それに対する直接的な答えは、〈社会が求める個人像は、統一的な主体でなければならなかったから〉といったものになろう。記述すべき内容は、

①（近代）社会が求める個人像は、統一的な主体でなけれ

ばならなかったから
②個人が内面によって自己の矛盾を統括する

の二つになる。①が「イデオロギー」という社会的圧力を説明したもので、②が「内面」による「矛盾」のコントロールである。なお、設問㈠で「近代」を明記しておくなら、ここでは必ずしも「近代」まで書く必要はないだろう。「…ならなかったから」という過去を示す形で、実質的に「近代」だとわかる記述であればよい。

㈢　情報化が進んだ現代における個人のあり方を、理由説明の形で問う設問。第三の部分の理解が問われている。

傍線部の中の「その人の内面を見る」は、近代のやり方である。その「必要はない」のは、現代の情報化社会では「個人の内面の役割が縮小」しはじめたからである。「個人にまつわる履歴のデータ」は「個人情報」として、当人の「外部」（この語は、設問㈤の文言の中にある）で管理されるようになったのだ。「他人の主観が入り交じった内面への評価」などよりも、「個人情報による評価の方が、より客観的で公平だ」という見方も成り立つのである。

以上の内容を、近代と対比しつつ、総合的にまとめる形で記述する。

①情報化が進んだ現代
②内面によって個人を知るよりも
③データ化された個人情報によって個人が把握できると見なすから

この設問㈢から「現代」へと移行するので、筆者の考え方の基本的な枠組みとなっている①の「情報化社会」は、明記すべきだろう。（なお、「現代」は必須ではない）②は「近代」との対比。③が「現代」のポイントとなる内容で、「個人」というものをどのようにとらえるかということだから、「評価」というやや部分的な印象を与える語よりも、「把握する」「とらえる」「理解する」といった全体的な内容を示す語が望ましい。

㈣　現代のプライバシーの特徴を、近代のそれとの対比を前提にして、拠点の移行という側面からとらえる設問。第四の部分の前半の理解が問われている。

傍線部の「ボガードのこの印象的な言葉」とは、「魅惑的な秘密の空間としてのプライヴァシーは、かつてはあったとしても、もはや存在しない」を指す。それが「現に起こっているプライバシーの拠点の移行に対応している」とは、どういうことか。「プライバシーの拠点の移行」とは、近代における個人の内面から、情報化社会においてデータとして外部に取り出された、情報システムの管理する個人情報へと変換されたことを意味している。

以上をまとめると、〈プライバシーが秘密の空間としての魅惑を失ったのは、プライバシーの拠点が個人の内面から、外部の情報システムの管理する個人情報へと変換されたことに対応している〉といったものになる。これを二行枠（＝50～60字）に収まるように仕上げていく。

①プライバシーが外部の情報システムによる個人情報へと
　変換されたことで

②個人の内面はかつての秘密の魅惑を失った

傍線部の内容をそのままイイカエようとすると、字数の上で無理がくる。段落の内容を大きくつかまえることで、簡潔な記述を心掛けたい。

このように考えると、この設問㈣は、設問㈠で隠すべき重要性を持った近代の「内面」が、現代においては秘密の魅惑を失ったということで、正に設問㈠と対比的な位置づけにあることがわかる。

㈤　現代の個人のあり方の特徴を、近代のそれとの対比を前提にして、把握し説明する設問。第四の部分の後半を中心にした、**本文全体の論旨展開となる骨格の理解**が問われている。

設問には、「個人の外部に『データが生み出す分身（ダブル）』」という、本文の範囲外の箇所にある筆者の説明が、出題者によって付け加えられている。このことをふまえて、「筆者は今日の社会における個人のあり方をどのように考えているのか」というのが、設問の要求である。求められているのは、「プライバシー」ではなく、「個人のあり方」であることを明確に意識しよう。

筆者は「ある種のプライバシーは終わった」と考えている。かつて「人格」や「自己」と結びつけて考えられていたプライバシーは、「情報化された人格」や「ヴァーチャルな領域」（ボガード）へと移行した。「プライバシー」とは〈守り、隠すべきもの〉といった意である。

その、移行したプライバシーの拠点である「情報化された人格」のことを筆者は「データ・ダブル」と名づけている。つまり、近代において自己の内面に隠されているとされた個人の拠り所は、現代においては外部にデータとして集められた個人情報へと変換されつつあるのだ。これが現代における「個人のあり方」であり、解答の骨格となるべきものである。

この骨格を効果的に表現するには、どのように記述していくべきか。〈本文解説〉の末尾に記した図式をもう一度確認してほしい。

①情報化が進んだ現代社会における個人

②近代において社会的自己の根拠とされ心身に秘匿された
　内面

③外部にある情報システムが管理するデータの集積へと外
　在化された個人情報

右の三つの要素を、どういうふうに文としてつなげていくか。近代から現代への流れをそのまま時間順に書いても構わないが、解答全体のテーマが現代の個人のあり方にあることを明確に示すためには、①を冒頭の主語に立てる方がよいだろう。次に②の近代から③の現代への変化は、「②から切り離されて、③へと変容しつつある」といった、移行、変換、転化…といった変化を示す記述が自然であろう。そして最後に、②の個人のあり方と③の個人のあり方の対比を、本文中に示された語句だけで説明することもできるだろうが、その違いをより鮮明に表現できるような修飾語が何か他に欲しいような気がする。たとえば〈実体的な⇕仮想的な〉というような語を用いれば、筆者の考えがより鮮明になるのではないか。

(六)　dの「皮膚」がやや書きづらいかもしれないが、格別難しい漢字はない。これらの語句は、ふだん読解ノートをとったり要約練習をしたりして手を動かす中で、語彙として身につけていくべきものである。

なお、設問ごとの検討を終えたら、後の解答例の全体を通読してみてほしい。ほぼ本文の要約に重なっていることがわかるはずである。

〈自己採点のめやす〉

記号は次の意味で用いる。

☆……解答としての方向性

○……合格答案

△……基本点

×……不可

(一)

☆　近代におけるプライバシーの内容説明となっていること。

○　「近代」という限定のもとで、「社会的自己」の本質とされる「個人の内面」が、「他人から隠すべき重要なものと見なされた」という内容であること。

△　右がほぼ書かれているが、「近代」の欠けるもの。「社会的自己」の欠けるもの。

×　「プライバシー」の内容（「隠された」「秘められた」「防壁」「守る」……）が全く書かれていないもの。「ふさわしくない」といった3段落の内容だけに限定したもの。「現代」「情報化社会」のこととして書かれているもの。

(二)

☆　近代における個人のあり方の理由説明となっていること。

○　「（近代）社会」の求める「個人」像は、各自が「内面」によって「自己を矛盾なく統括した」「統一的な主体」でなければならなかった、という内容が理由説明の形で記されていること。

△　右がほぼ書かれているが、「主体」の欠けるもの。

× 「矛盾」の欠けるもの。
「自己」の「形成」という内容の全く欠けるもの。
「悪意」など6段落の内容だけに限定したもの。
「現代」の「情報化社会」のこととしているもの。

㈢
☆ 現代における個人のあり方の理由説明となっていること。
○ 「情報化」が進んだ「(現代)社会」では、「個人」はその「内面」よりも、「データ化された個人情報」によって「把握できる」と「見なされるようになる」という内容が、理由説明の形で記されていること。
△ 「現代(情報化した社会)」であることが明記されていないもの。
右がほぼ書かれているが、「近代」の内容との対比のないもの。
× 「近代」との区別の全くつかない内容になっているもの。

㈣
☆ 現代のプライバシーの内容説明になっていること。
○ 「プライバシー」が外部の「情報システム」による「個人情報」へと変換されることで、「個人の内面」はかつての「秘密の魅惑」を失った、という内容であること。
△ 右がほぼ書かれているが、「プライバシー」という語だけで、「秘密の喪失」「魅惑の消失」といった内容の欠けるもの。
× 「プライバシー」という語もその内容も全く書かれていないもの。
「近代」との区別の全くつかない内容になっているもの。

㈤
☆ 現代の個人のあり方について、本文全体の骨格に沿って説明した内容であること。(全体が一〇〇字未満のものや一二〇字を超えるものは、全体0点とする)
○ ①情報化が進んだ現代社会における個人
②近代において社会的自己の根拠とされ心身に秘匿された内面
③外部にある情報システムが管理するデータの集積へと外在化された個人情報
右の三つの柱が的確に記述され、「プライバシー」ではなく「個人のあり方」に重点を置き、全体として論理のまとまっているもの。
△ ③は部分的に書かれているが、「個人のあり方」と同様に、「プライバシー」の内容が半分近く書かれているもの。
× ③はわずかに書かれていても、全体としては「個人のあり方」ではなく、「プライバシー」の内容として書かれているもの。
②と③との区別がなく、両者が混乱しているもの。

㈥　× 続け字、乱雑なものは、不可。

解答

㈠　近代において、社会的自己を形成する本質とされた個人の内面は、他から秘匿すべき重要なものと見なされたということ。

㈡　社会が求める個人像は、各個人が内面によって自己を矛盾なく統括した、統一的な主体でなければならなかったから。

㈢　情報化が進んだ社会では、個人はその内面よりも、データ化された個人情報によって把握できると見なされるようになるから。

㈣　プライバシーが外部の情報システムによる個人情報へと変換されることで、個人の内面はかつての秘密の魅惑を失ったということ。

㈤　情報化が進んだ現代社会における個人は、近代において社会的自己の根拠とされ心身に秘匿された実体的な内面から切り離されて、外部にある情報システムが管理するデータの集積としての個人情報に外在化してとらえられる仮想的表象へと変容しつつある。（116字）

㈥　a＝防壁　b＝維持　c＝攻撃　d＝皮膚　e＝保護

第四問（文科）

出典

小野十三郎（おの・とおざぶろう）『詩論＋続詩論＋想像力』（思潮社　二〇〇八年十月刊〔原本は一九六二年九月刊〕）の「想像力」冒頭部の一節。本文には、出題者による若干の改変がある。

小野十三郎（一九〇三〜一九九六）は大阪生まれ。詩人。東洋大学中退。詩集に『半分開いた窓』『大阪』他、詩論に『詩論』『続詩論』他、多数がある。反権力的立場から、短歌的抒情を「奴隷の韻律」として否定し、物質的精神を貫くものとしての詩のあり方を追求した。

解説

〈本文解説〉

本文は、詩における想像力というものが、作者の想像力だけでなく、読者の想像力もかかわるものとしてあることを、詩人としての自戒の気持ちも込めて述べた文章である。全体は三つの形式段落から成っており、論理構成が明快だから、そのまま形式段落を単位として内容を見ていこう。

第一の部分（1）

詩が他者にとって意味あるものとなるのは、作者の実感に想像力がはたらいて、それが普遍的なものになるときである。だから自分の生活体験からだけ感動をとり出して詩を書いているような詩人は、人間にとって、あってもなくてもよいつまらないものになる。

しかし、作者よりも読者の想像力が強い場合もあり、「作者と読者の中間」に「あらかじめ計画されたものではないという意味において」（これは2で「蛇行状態」「ケミカルな変化」と述べられる内容に近いものであり、それを予告的に述べているものである）「一つの純粋な詩の世界」が成り立つこともある。生なままで放り出されている作者の実感を、読者の想像力が「たしかな手ごたえ」のあるものとして受けとる場合である。このような読者の想像力は、日常の平凡な実感にさえ、積極的な詩の力を与えたりする。

またこの関係が逆になって、一見「多彩なイメージ」によって構成された詩作品が、読者の想像力によって、詩人の日常次元の平凡な感情の表現にすぎないものであることを、「看破」されることもある。筆者には、現代詩が難解だと言って、自分には詩を理解する力がないと謙虚そうに告白する人が、「まったく嘘をついている」ように思えると言う。そのように言う読者は、詩作品を自分の判断で選別しており、自分の想像力に対する自信を喪失している形跡が見られないからだ。読者の想像力は、詩作品のがっしりと構成されたイメージの中に浸透していって、それをぐらぐらに破壊してしまうようなこともあるのである。

第二の部分（2）

明白な観念や思想は直線的に目標を指示するが、想像力はときに無方向に見えたり恣意的に拡散しているように見えたりする。ただそれは方向がないのではなく、必ずある方向性を持っている。詩における想像力は、目標に直進するときよりも、目標から逆行したり、ジグザグに進んだりするときの方が、その「本来の機能を発揮する」。「蛇行状態」「ガラガラ蛇の行進」は、いずれも同じ内容の比喩表現である。現代詩はイメージによって考えるということを重視したのであり、イメージとイメージがぶつかったり屈折して進むときに目標から背馳する力が作用することで、逆に作者の想像力に一定の方向性と思想性をさえ与えることになる。これが「詩の力学」であり、詩人はこのことをしっかりと把握しておかなければならない。

たとえば、ニヒリズムに通じる暗いイメージの屈折して進行する作品が、最後に読者の精神に達するとき、「ケミカルな変化」をとげていて、逆に人間に希望と勇気を与えるものになっていることがある。このことを考えれば、詩における想像力がどのように働くものであるかがわかるであろう。しかし、このようにとらえることができるのも、詩人だけではなく、読者の想像力がかかわっているからである。現代の詩人は、この読者の想像力というものを、その方法の出発点から測りそこねているのではないか。筆者はこのようにして、詩における読者の想像力を正確に考量することの重要性を、現代の詩人たちに向けて喚起しようとしている。

第三の部分（3）

ここで再び問題になってくるのは、経験あるいは経験の質である。強烈な想像力は、直接経験したことがらを超えて、現実の次元からとび出すことが可能であるが、その現実の中での「経験の質的な核」を破壊することはできない。想像力の行動半径は、この「経験の質的な核」によって限定される。このことから、私たちは、その想像力の実体というものを正確に測ることができるのである。どのような詩人の想像力も、現実を踏まえ生活をひきずったものとしてある。したがって、想像力の実体をつきとめるということは、その詩人の踏まえている生活現実を明るみに出すということに他ならない。

以上が本文の概要であるが、詩における想像力という話題であると言っても、少なくとも問題文の範囲では、言葉あるいは言語については触れられておらず、一般によく見られる言語論ではないということを確認しておいた方がよいだろう。

〈設問解説〉

個々の設問に取り組む前に、各設問がどのような関連にもとづいて構成されているか、全体の大まかな見取り図を作っておこう。

㈠　詩人の想像力と詩の普遍性（理由説明）
㈡　詩における読者の想像力（理由説明）
㈢　詩人と読者とのかかわりによる詩の成立（内容説明）
㈣　詩の想像力の基盤となる経験の質（理由説明）

このようにして、㈠と㈡が詩人と読者との対比になっており、その論旨が展開して㈢の核心部分となり、最後に㈣で経験を問うことで、㈠㈡の想像力と対比的に照応する形になっている。

㈠　詩人の想像力と詩の普遍性についての設問。第一の部分の詩人の側に焦点が当てられている。

傍線部直前が「もし……ならば」という仮定形になっており、傍線部がその帰結節になっているから、仮定された条件のどの内容が、「つまらないものになる」という帰結を導くのかを考える。「詩人が自ら体験し、生活してきた事からだけ感動をひきだし、それを言葉に移すことに終始して」とある〈自分の生活体験からだけ感動をひきだして言葉にする〉という限定に注意しよう。

そして傍線部直後の「詩が私たちに必要なのは、そこに詩人の想像力というものがはたらいているからであって、それが無いと、……実感をも普遍的なものにすることはできない」とある〈詩人の想像力が実感を普遍的なものに変える〉とを合わせて考える。

これらを総合することで解答としての骨格はほぼできあがるが、しかし「普遍」という語が何を意味しているのか、これだけではまだ十分に明らかとは言えない。

続いて筆者は、読者の想像力について語り始める。本文全体で筆者は、読者の想像力にもっと注意を向けるべきことを、詩人たちに促しているのだ。とすれば、ここでの「普遍」という語は、〈読者あるいは他者を感動させることのできるもの〉といった意味になるはずである。

①詩人の生活体験にもとづく私的な感動を言葉にしただけでは

②想像力によって他者を感動させる詩としての普遍性を持ち得ないから

右の二つが解答の柱となる。

㈡　詩における読者の想像力についての理解を問う設問。第一の部分の読者の側に焦点が当てられて、㈠と対比的に位置づけられている。

「噓」をついているように筆者に思える理由は、傍線部の直後に「彼らがすべての作品の質を習慣的に選別し、自らの立場においてそれを受け入れたり、突き放したりしている、この彼らの中にある想像力に対する自信を喪失してしまった形跡が見えないから」と書かれている。「一見、豊富な想像力と、……看破されている場合もあるのである」は、この理由に含まれる。

右が「噓」であることを示すためには、傍線部直前の「現代詩は難解だなどと云って、詩を理解する力のないことを、さも謙虚そうに告白している」といった内容も記述しなければならないだろう。これらの内容を二行の枠に収まるように書き直していく。

①読者は、難解な現代詩は理解できないと言いながら

②実は自分の想像力で詩作品を評価し選別しているように思えるから

要するに、筆者は、自分と同じ詩人たちに向けて、読者の想像力を軽視すべきではないと、注意を喚起しようとしているのである。

㈢　詩が、詩人の想像力と読者の想像力とのかかわりにおいて成立するものである、ということの理解を問う中心的な設問。第二の部分が問われている。

「詩の力学」の内容は、基本的には、2の冒頭部から傍線部までを指していると考えてよい。それは、「詩における想

像力」が、「目標に向かって直進する時期」においてよりも、「目標から逆行する時間もふくんだ極端なジグザグコース」において、「その本来の機能を発揮する」ということである。「蛇行状態」「ガラガラ蛇の行進」という比喩、および「イメージとイメージがぶつかり、屈折して進行してゆく状態」「目標から背馳する力」も、ほぼ同じ内容を指しており、そのように進むとき、「ある方向性」「作者の想像力に一定の方向と思想性をさえあたえる」というのである。

しかし、傍線部につづく2の内容を見ていくと、「ニヒリズム」を例とした分析は、「最後的に読者の精神にそれが達するときは、ケミカルな変化をとげていて」となっていて、ここもまた「詩の力学」にかかわるものであることは、むろん言うまでもないだろう。さらに筆者は、「詩人の方だけでなく読者の側にもその想像力というものがあるからで、むしろ重大なのはこの方ではないだろうか」とまで言っている。

傍線部までの内容を単純にまとめると、そこに「読者」は入ってこず、詩を作るときの詩人の姿勢あるいは態度といった内容だけになる。しかし、「ジグザグコース」においてこそ「その本来の機能を発揮する」ということの実態的な内容を考えるなら、「ジグザグコース」において示されることになった「一定の方向」こそが「読者の精神」に届き得るものとなる、ということではないか。とすれば、「詩の力学」の内容を説明する上で、「読者」という要素は欠くべきではないだろう。言い換えるなら、この設問に的確に答えるには、2の傍線部までだけで考えるのではなく、2の全体を視野に入れなければならない、ということだ。

①詩は、イメージの背馳と衝突から作者の意図を超えて自ずと一つの方向と思想性が生まれる

②（右の一つの方向と思想性が）読者の想像力を刺激しうるものとなる

この二つが、解答の柱となる。言葉を分析的にたどるだけではなく、全体として筆者が言おうとしていることと関連づけて考えることが必要である。

㈣　想像力の基盤となる経験の質についての理解を問う設問。第三の部分だけではなく、それを冒頭部と対比的にとらえることが求められている。

本文冒頭の一行目に「体験」という言葉が出てくるが、ここでは「想像力」へと飛躍するための、どちらかと言えば重要性の低いニュアンスで用いられている。それが3では、どれほど「強烈な想像力」であっても、「その現実の中での経験の質的な核を破壊することはできない」とあり、「経験」は今度は逆に極めて重要なものとのニュアンスを帯びている。想像力の出発点へと、いわば円環構造のような形で戻り、経験の重要性が強調されることになったのである。

「想像力の行動半径は、この経験の質的な核によって限定される」のであり、そのことから、「その想像力の実体というものを正確に計量することができる」。そしてそれは、詩人が踏まえている生活現実をあからさまにすることだ、と筆者は述べる。

どの設問の場合でもそうだが、特に最後の設問に取り組むときは、本文全体を視野に入れ、筆者が言おうとしていることの中心点と関連させて考えることが求められる。筆者は、詩は詩人の想像力だけで成立するのではなく、読者の想像力もかかわっていると考えており、詩人の実感が読者へと届く普遍性を獲得するには、生活現実と向き合う経験の質が問われなければならない、と述べているのである。以上をまとめるなら、記述すべき内容は、

①詩のもつ実感のともなった普遍性に届く想像力

②生の現実と立ち向かう経験の手応えを通して獲得するしかないから

の二つの柱となろう。

ここでの「想像力」は、主として詩人の側について述べられたものではあるが、本文全体から考えるなら、読者の「想像力」も含むものと捉えるのが自然である。詩は、作る側にとっても読む側にとっても、生の現実と向き合う経験の質こそが想像力の基盤となるということだ。両者を含むことを一般化して示すために、解答例では「作者」「読者」という語をあえて入れずにまとめてある。

各設問の検討が終わったら、後の解答例の全体を通読してみてほしい。第一問と同様、ほぼ本文の要約に重なっていることがわかるはずである。このことから、現代文の試験を通して大学の出題者が、受験生に何を求めているかが理解できよう。

〈自己採点のめやす〉記号は第一問と同様の意味で用いる。

㈠

☆　詩人の想像力が詩の普遍性を生成するという内容になっていること。

○　「詩人（作者）の生活体験」にもとづく「私的（個人的）な感動」を「言葉」にした「だけ」では、「想像力によって他者（読者）を感動させる」「詩としての普遍性」をもちえないから、という内容が記されていること。

△　右の内容のうち、「詩人（作者）の生活体験」あるいは「私的（個人的）な感動」のないもの。

「他者（読者）を感動させる」という内容のないもの。

×　「想像力」も「普遍」もないもの。

㈡

☆　詩における読者の想像力の働きという内容であること。

○　「読者」は「難解な（現代）詩は理解できない」と「言

い（云い）」ながら、「想像力」で「詩（作品・現代詩）」を「評価」「選別」している、といった内容が記されていること。

△　右のうち、「難解な詩は理解できないと言いながら」という内容の欠けるもの。

×　「読者」も「想像力」も欠けるもの。

㈢
☆　詩が詩人の想像力と読者の想像力とのかかわりにおいて成立するという内容であること。

○　「詩」は、「イメージの背馳と衝突（逆行と屈折）」から「詩人（作者）の意図（目標）」を「超え」て、「一つの方向と思想性」が生まれ、「読者の想像力」を刺激しうるものとなる、という内容が記述されていること。

△　右の内容がほぼ書かれているが、「読者の想像力」の欠けるもの。

×　「イメージの背馳と衝突（逆行と屈折）」という内容の欠けるもの。

㈣
☆　詩の想像力の基盤となる経験の質という内容を一般論の形で記述してあること。

○　「詩」のもつ「普遍性」に届く「想像力」は、「生活現実（生の現実・現実経験）」の「手応え（質・確かさ）」を通してしか獲得できない、という内容が記述されていること。

△　「詩の想像力」の「詩」を欠くもの。

ほぼ右の内容であっても、「普遍」という内容の欠けるもの。

×　「生活現実（生の現実・現実経験）」という内容の欠けるもの。

解答

㈠　詩人の生活体験にもとづく私的な感動を言葉にしただけでは、想像力によって他者を動かす詩としての普遍性を持ちえないから。

㈡　読者は、難解な現代詩は理解できないと言いながら、実は自分の想像力で詩作品を評価し選別しているように思えるから。

㈢　詩は、イメージの背馳と衝突から作者の意図を超えて一つの方向と思想性が生まれ、読者の想像力を刺激しうるものとなること。

㈣　詩のもつ実感のともなった普遍性に届く想像力は、生の現実と立ち向かう経験の手応えを通して獲得するしかないから。

二〇〇九年

第一問（文理共通）

出典

原研哉（はら・けんや）『白』（中央公論新社　二〇〇八年五月刊）の「第四章　白へ」〈推敲〉〈白への跳躍〉の二節の全文。

原研哉は、一九五八年生まれ。グラフィックデザイナー。二〇〇二年より、無印良品のアートディレクションを担当。「もの」ではなく「こと」のデザインを志向する。デザインという語の意味を問い返しながら、既存の価値観を更新するコンセプトをもとに展覧会を制作し世界を巡回している。著書『デザインのデザイン』は、中国・韓国・台湾語に翻訳された後、大幅な増補を加えた英語版『DESIGNING DESIGN』が出版され、世界に多くの読者を持つ。

『白』は、色彩としての白ということではなく、「簡潔さや繊細さを生み出す美意識の原点」として白を捉え、日本の文化の中に多様に織り込まれているその概念を探ろうとした試みである。それを筆者は「白という感受性」と名づける。混沌の中から立ち上ってくる原初の生命に始まり、白い紙と文字のデザイン、長谷川等伯の水墨画、伊勢神宮の式年遷宮、日本庭園の清掃等々に目を向け、「空白」を通して世界が光を増し陰翳の度を深めることを明らかにしようと試みた文章である。

なお本書は、日本語のテクストとともに、全文が翻訳されて英語のテクストが同時に掲載されている。『White』というタイトルのもとに、問題文となった「第四章　白へ」は「Back to White」とされ、〈*Suiko* and the Irreversible Text〉〈A Leap toward White〉の二節である。

解説

〈本文解説〉

本文は、白という感受性が、完成を前にした人間の意識に、不可逆な定着という覚悟をもたらすものであることを述べ、そこに後戻りのできない一回限りの集中における表現の強さが現れてくることを考察した文章である。全体は九つの形式段落から成るが、四つの部分に分けて考えてみよう。

第一の部分（1）

白い紙を前にして文字を書こうとするとき、人は緊張を強いられる。完成へ向けて、失敗は許されない。そのことを筆者は「不可逆な定着」と呼び、紙と印刷の文化において、文字や活字、言葉そのもの等が、未成熟なもの、吟味の足らないものであってはならないという暗黙の了解をもたらしたとして、白は完成度というものに対する人間の意識に影響を及ぼしつづけてきた、と考える。

第二の部分（[2]～[5]）

中国の故事成語に「推敲」という言葉がある。唐代の詩人、賈島が「推す」にするか「敲く」にするかで迷ったことから来ており、文章の字句を練ることの意として、現在でも用いられている。言葉の違いはわずかなものにすぎないが、その微差は詩のイマジネーションに大きな変容をもたらし得る。確かにそれは大きな違いと言えるかもしれないが、一方ではそこに詩人の神経質さを見ることもできるだろう。筆者はそのような詩人の逡巡を「『定着』あるいは『完成』という状態を前にした人間の心理」と捉える。

白い紙に記されたものは、取り返しがつかず、不可逆である。押印やサインという行為が意思決定の証とされて一般に通用していることの背景には、訂正不能な出来事の固定というイマジネーションがあり、それは不可逆性の象徴となっているとも言えよう。

思索を言葉として定着させる行為もまた、白い紙に文字を書くという不可逆性、さらには書物に活字を定着させるという不可逆性を発生させる営みである。推敲とは、そうした不可逆性が生み出した営みであり、このような「達成を意識した完成度や洗練を求める気持ち」の背景に、「白という感受性」が潜んでいる、と筆者は言う。

子供の頃の習字の練習は、白い半紙の上に黒い墨で、未成熟な文字を繰り返し発露しつづけることであり、そのような取り返しのつかないつたない結末を紙の上に顕し続ける呵責の念が上達のエネルギーになったのだ、と筆者は振り返る。練習といえども、白い紙に直面することは、消し去れない過失と向かい合うことであり、そのような過失の累積を把握し続けることで、推敲という意識が推し進められ、それが紙を中心としたひとつの文化を作り上げてきたのである。無限の過失を何の代償もなく受け入れてくれるメディアがあったとしたら、推すか敲くかに迷う心理は生まれてこなかっただろう。

第三の部分（[6]・[7]）

現代にはインターネットという新たなメディアが生まれた。ネットは個人のつぶやきの集積のようにも見えるが、その本質は、不完全を前提にした個の集積の向こう側に、皆が共有できる総合知のようなものを作ろうとしていることにあるように思われる。かつて百科事典では、個々のパートは専門家としての個の書き手が担当した。しかし、現代のネット上の百科事典のようなものは、誰でもが加筆訂正できる。間違いや表現の不的確さは、世界中の人々の眼にさらされており、印刷物を世に送りだすときの意識とは異なるプレッシャーによって、情報は無限に更新を繰り返している。このような、良識も悪意も、嘲笑も批評も一緒くたになった知の圧力によって、情報は変化し続ける現実に限りなく接近していく。断定しない言説には、真偽はつけられない。それと同じように、ネット上の情報はあらゆる評価を回避しながら、文体を持たないニュートラルな言葉で「知の平均値」を示し続ける。これは明らかに、推敲がもたらす質とは異なる「新たな知の基準」である、と筆者は言う。

しかしながら、このような情報は常に途上であり、ここには完成へと向けた価値観や美意識は存在しないのである。

第四の部分（8・9）

一方、白い紙の上にインクや墨を定着させることは、後戻りできない状況へ乗り出し、完結した情報を成就させるという仕上げへの跳躍を意味する。それは、白い紙の上に「決然と明確な表現を屹立させる」ことであり、不可逆性を伴うがゆえに、その達成には感動が生まれ、切り口の鮮やかさが発現する。書や絵画、詩歌、音楽演奏、舞踊、武道のようなものに見られる、そのような営みは、未熟さを超克し、失敗への危険に臆することなく潔く発せられるところにあり、そこに示される表現の強さが、諸芸術の感動の根源となるのである。音楽や舞踊における「本番」という時間は、真っ白な紙と同様、まさに「タブラ・ラサ」なのである。

弓矢の初級者に向けた忠告にかかわる逸話が『徒然草』にある。標的に向かう時に、二本目の矢を持ってはならないというものである。二の矢があることへの「無意識の依存」が、一の矢への「切実な集中」を鈍らせるからである。矢を一本だけ持って的に向かう「集中」の中にこそ白がある、と筆者は述べる。

〈設問解説〉

設問は、原則として、本文の対比と段落展開に沿って成されている。したがって、各設問に対して単発的に答えるのではなく、それぞれの設問が全体としてどのように構成されているかということについて大まかな見通しを立て、本文の対比および段落展開と照らし合わせることで、解答内容の重複をなるべく避けるようにして記述したい。なお一行の枠は、25字から30字くらいが標準である。

㈠　「定着」を前にして逡巡する人間の心理についての理解が問われている。第一の部分および第二の部分の前半を把握するとともに、「人間の心理」という語が、設問㈡の「感受性」

という語と対比的に用いられていることをも、視野に入れておこう。

白い紙を前にして、文字あるいは言葉を書こうとするとき、人は、それが不可逆な定着であることを意識して、緊張を覚える。未成熟なもの、吟味の足らないものは、そこに発露されてはならないのだ。このことから、「推敲」という言葉が生まれた。選択する言葉のわずかな差異が、詩のイマジネーションに大きな変容を起こし得る。そのことで逡巡する詩人のデリケートな感受性にささやかな同意が寄せられるであろうし、一方では、微差に執着する詩人の神経質さといった受け止め方もあろう。いずれにしても、これは「定着」あるいは「完成」を前にしたときの、「人間の心理」に言及する問題である。

ここで筆者が「人間の心理」と呼んでいるのは、後の傍線部イの「白という感受性」と区別するため、と考えられる。「白という感受性」は、本文における中心的な内容で、白という無垢なものを前にしたときの、いわば覚悟といった美意識のようなものを指す、と考えられるが、傍線部アの「人間の心理」とは、完成を前にした状況における「逡巡」つまり、ためらい、迷いといった内容を指している。「白という感受性」が本質的な内容だとすれば、「人間の心理」はいわば表層における状況的な心の揺れとでも言うことができるだろう。

以上のことから、解答のポイントは、〈完成を前にしてためらう心の揺れ動き〉といったものになる。ここでは「白」あるいは「不可逆」という要素はかならずしも必須ではない。また「人間の心理」とされていることから、これはある程度一般的に当てはまるものと考えられよう。とすれば、〈人間は……するものだ〉といった一般化した記述が望ましい。

次に、どの程度抽象化して書くか、具体、抽象のレベルが問題になる。「推敲」は具体例ではあってもかなりの重さを持つから、「推敲」「言葉」といった具体的なレベルで書いても構わないだろう。しかし第一の部分が一般化されたレベルの記述になっており、第二の部分はその具体例としての「推敲」といった内容になっている。さらに傍線部は、「推敲」という具体性を排除したものになっているから、できることなら、「推敲」「言葉」を除いた一般化したレベルで書くのが望ましいだろう。

書くべき内容を整理すると、次のようなものになるはずである。

。人間は作品を仕上げようとする際には迷い……執着するものだ

。選択する表現のわずかな差異にも過敏になる

(二)「白という感受性」という本文における中心的な内容に

ついての理解を問う設問。本文全体を視野に入れつつ、第一の部分、第二の部分を把握することが求められている。

傍線部の「達成を意識した完成度や洗練を求める気持ち」とは、設問(一)で答えた「逡巡」の内容を前提としつつ「洗練」へと向かう積極的な方向性を指す。つまり、設問(一)が完成の前でためらう心の揺れを言っているのに対し、この(二)は完成へと向かう積極性の背景に潜む、原動力としての「感受性」を言っている。白い紙に文字を書くことは「不可逆な定着」であるからこそ、「未成熟」なものは発露されてはならないのだ。ここでは、表現行為の「不可逆性」は必須である。

次に、「白という感受性」という用語は、「白」が「感受性」という語と同格を示す「という」で結ばれており、やや不自然な日本語と言えよう。むろんそのことは筆者も十分承知のはずである。筆者はやや不自然であることを承知の上で、あえてこの表現を用いているのだ。ということは、ここにこそ筆者の考えの中心的な内容が含み込まれていると考えられる。それでは、洗練を目ざす積極性の背景に潜んでいる「白という感受性」とは、どういった内容を持つのか。

傍線部の後で、子供の頃の習字の練習のエピソードが出てくる。白い紙の上に、自分の未成熟なつたない過失を累積するという表現が繰り返し出てきて、それに直面する「呵責の念」が推敲という美意識を加速させる、とある。この「美意識」とは、完成へ向けた〈気構え〉と不可分のものである。とすれば、「白という感受性」とは、〈紙の白さが自分のつたなさを露わにし、そのことへの呵責の念が未成熟さを残すまいとする美意識いわば気構えを生む〉、という内容を簡潔に表現しようとしたものではないか。しかもそれは(一)での「人間の心理」と区別されて、「感受性」という語で表されている。ここに示された感覚的な要素を一歩踏み込んで捉えるなら、それは〈紙の白さを汚すことへの畏れ〉といったものになるだろう。むろん、ここでは、紙の〈白さ〉あるいは「白い」紙は必須である。

以上をまとめるなら、書くべき内容は次のようなものになるはずである。

- 紙の白さを汚すことへの畏れが……気構えを生む
- 表現行為の不可逆性を実感して未成熟さを残すまいとする

(三)「紙を中心としたひとつの文化」の特徴についての理解を問う設問。第一の部分および第二の部分を把握するとともに、第三の部分のインターネットというメディアの特徴をも視野に入れて考える必要がある。

設問の(一)(二)は、個のレベルにおける「心理」および「感受性」という内容であったのに対し、この(三)は、日本や中国といった全体的なレベルにおける「文化」という内容を言っている。また、第三の部分に「ネットというメディア」という言葉があることからもわかるように、筆者は紙というものを一つの「メディア」として捉えている。つまり、紙というメディアによって作られた文化とはどのような特徴を持つか、が問われているのだ。

それは、「推敲という意識をいざなう推進力のようなもの」によって作られてきた文化である。この傍線部中の言葉は、直前の「推敲という美意識を加速させる」を言い換えたものであり、「加速させる」のは、「白い紙に消し去れない過失を累積していく様を把握し続けること」である。第一の部分、第二の部分を受け止め、以上のように考えていくなら、ここで記述すべきことは、〈紙に印された自己のつたなさへの呵責の念〉が〈表現をより高い次元で完結させようとする美意識を持つ文化を育んできた〉といった内容になるだろう。

念のため、右に記した内容を、次の第三の部分のインターネットと対比して考えてみよう。インターネットは、「文体を持たないニュートラルな言葉」で「知の平均値」を示し続ける。「文体を持たないニュートラルな言葉」と直接対比させると〈個人・個性の主張〉といったものになるが、本文で筆者が言おうとしていることは必ずしも近代的な〈個人・個性〉の主張ではなく、後戻りのできない「完結」した表現へ向けた覚悟の潔さというところにある。（なお、本文を最近の思想的文脈の中に大きく位置づけた場合、構造主義以降における個のあり方を問うもの、と見なすことは可能であるが、本文そのものの主張は近代的な〈個人〉というよりも〈完結へ向けた覚悟の潔さ〉にある。）また、「知の平均値」と直接対比的な内容を考えると〈個性的な知〉ということになろうが、傍線部ウで言っている「文化」とは必ずしも「知」といった限定されたものではなく、「美意識」を中心としたまさに文化一般を指している。対比的に考えるといっても、語句を機械的に対置するのではなく、本文全体の文脈に沿って考えるべきことは、もちろん、言うまでもない。このようにしてインターネットと対比してみると、先に記した〈表現をより高い次元で完結させようとする美意識を持つ文化〉が、まさに紙というメディアによって作られた文化の特徴を示していることが理解できよう。

以上をまとめると、記述すべき内容は次のようなものになろう。

- 紙に印された自己のつたなさへの呵責の念が、……を持つ文化を作ってきた
- 表現をより高い次元で完結させようとする美意識を持つ文化

㈣　インターネットというメディアの特質についての理解を

問う設問。第三の部分を把握するとともに、設問㈢と対比的に捉えることが求められている。

現代に生まれたインターネットというメディアは、「不完全を前提にした個の集積の向こう側」で「皆が共有できる総合知のようなもの」へと向かおうとしているように思われる。誰でもが加筆訂正できる情報が無限に更新を繰り返し、変化する現実に寄り添うことで、「文体を持たないニュートラルな言葉で知の平均値を示し続け」ている。

ここで筆者がインターネットというメディアをどのように評価しているかは、やや読み取りにくい。「皆が共有できる総合知」「新たな知の基準」といった表現を見ると、積極的に評価しているといった印象を受ける。しかし、7段落は「しかしながら」という逆接でつなげられ、そこには「『清書』や『仕上がる』というような価値観や美意識が存在しない」と、筆者は否定的に捉えている。筆者がインターネットを全面的に否定しているとは読めないだろうが、少なくとも「白という感受性」に見られる完結を目ざす潔さと対比的な、「無限に更新を繰り返」すだけの「知の平均値」に対しては、批判的であることが読み取れるだろう。「ニュートラルな言葉」「知の平均値」といった表現は、個の書き手のはっきりしない、いわば〈無人称の知〉なのだ。

設問㈢が紙というメディアの作ってきた文化であるのに対し、この設問はインターネットの知に関するものだから、長い字数を要するが「インターネット」という語は明記すべきだろう。次に、無限に更新され続けることで「変化する現実」に限りなく近づいていく、という点にも触れた方がよい。そして大事なことは、「知の平均値」に対する批判的なニュアンスを示すことだ。本文全体での筆者の主張は、後戻りできない状況へ向けた覚悟の潔さに表現の強さが顕れるというところにあるのだから、それと対比的に位置づけられたインターネットの知は、個性を奪われた〈無人称の知〉であり、表現の強さのない「知の平均値」にすぎないのである。したがってこの設問については、批判的なニュアンスのはっきりしない答案は、おそらくは得点できないものと思われる。

以上をまとめるなら、書くべき内容は次のようなものになるだろう。

- ◦インターネットの知は、変化する現実に近づく
- ◦未完のまま無限に加筆訂正されるだけの無人称の知として共有される

㈤　「矢を一本だけ持って的に向かう集中」ということの「白」と関連づけられた意味を、本文全体の論旨を踏まえて説明することを求める設問。全体の理解を前提とした第四の部分の把握が問われている。

第四の部分は、前のインターネットと対比した上で、これ

まで述べてきた「白という感受性」について結論的にまとめ、文化全体へと一般化している部分である。後戻りできない状況へ向けて、失敗への危険に臆することなく、完結を目ざして決然と踏み出すこと、その潔さの中に表現の強さが顕れ、それが芸術の感動を呼ぶ。同じことを筆者は『徒然草』の逸話を引用して語る。二の矢への「無意識の依存」を排して、一の矢への「切実な集中」を図ること、そこに「白」がある、と言うのである。

それでは、記述すべき内容について考えてみよう。まず話題となる中心的なものは、〈紙の白さを意識する感受性〉が作ってきた文化である。傍線は「矢」のところに引かれているが、かならずしも「矢」自体を直接記述する必要はないだろう。その「感受性」が表現の「不可逆性」を自覚させるのである。

その「不可逆性」は、失敗の危険を引き受けて完結した表現へ向け〈一回限り〉の行為へと決然と踏み出すことのうちにある。〈一回限り〉は「不可逆性」「後戻りできない」とほぼ同内容の表現であるが、弓矢の話題に添った言い回しということで、何らかの形で取り入れたい。

そして最後に、「白」の「強さ」が来なければならないだろう。決然とした覚悟は、明確な表現の屹立へと向けられ、そこに「表現の強さ」「切り口の鮮やかさ」が発現する。それが紙の白に象徴される文化の特質なのである。

なお、「本文全体の論旨を踏まえた上で」という設問条件を考慮に入れるなら、インターネットとの対比についても簡単に触れるのがよいだろう。

以上の内容を次にまとめてみよう。

① 紙に白さを見る感受性は、表現を不可逆な行為と見なす文化を生む

② ネットというメディアと異なり、

③ 失敗の危険を引き受けて完結した表現をなそうと一回限りの行為へ決然と踏み出す

④ その覚悟の潔さのうちに、白が鮮やかな輝きを放つ

後に示した解答は、その表現だけが唯一絶対のものという意味ではない。㈠～㈣も同様であるが、それ以外にも、許容される同内容表現は、まだまだあるだろう。どこまでが許容され、どこからが不可となるかを自分で判断することは、易しいことではないかもしれないが、本文、設問、解説、および自分の解答とを読みくらべて、ねばり強く考えることは、現代文の大事な勉強の一つである。

㈥ 漢字の書き取り。単なる字体ということではなく、読解にかかわる語彙力が問われている。

a「吟味」は〈あれこれと念入りに確かめること〉。第二の部分の「推敲」へと続いていく語である。b「器量」は、〈才

能や力量のこと〉。器量が大きい、人の上に立つ器量、といった用い方をする。〈器（うつわ）が大きい〉と言うときの「器」に同じ。特に女性について用いる場合は、〈容貌・顔立ち〉の意で、器量好しといった言い回しがある。本文は前者の意。c「真偽」は、〈正しいか間違っているか・真実と虚偽〉。「断定しない言説」たとえば〈カラスは黒いか〉という疑問文について、それが正しいとか正しくないとか言うことはできない、ということである。なお、「審議」という語と区別したい。d「回避」は、〈(危険や面倒なことを)避けること〉の意。訂正されて変化しつづける情報に対して、一定の評価を下すことはできない。e「成就」は、〈願いどおりに実現すること・思いがかなうこと〉。念願が成就する、悲願成就といった用い方がある。

以上のように、設問は本文の対比と段落展開に沿って構成されている。次に示した解答を通読すると、それはほぼ本文の要約に重なる形になっている。文章を読むとはどういうことか、大学の出題者が受験生に求めている力とはどういうものなのか、ということが、このことから理解できることと思う。

解答

㈠ 人間は作品を仕上げようとする際には迷い、選択する表現のわずかな差異にも過敏なまでに執着するものだということ。

㈡ 紙の白さを汚すことへの畏れが、表現行為の不可逆性を実感させ、未成熟さを残すまいとする気構えを生むのだということ。

㈢ 紙に印された自己のつたなさへの呵責の念が、表現をより高い次元で完結させようとする美意識を持つ文化を作ってきたということ。

㈣ インターネットの知は、変化する現実に即して、未完のまま無限に加筆訂正されるだけの無人称の知として共有されるということ。

㈤ 紙に白さを見る感受性は、表現を不可逆な行為と見なす文化を生み、ネットというメディアと異なり、失敗の危険を引き受けて完結した表現をなそうと一回限りの行為へ決然と踏み出す覚悟のうちに、白が鮮やかな輝きを放つようになるのだ、ということ。（115字）

㈥ a＝吟味　b＝器量　c＝真偽　d＝回避　e＝成就

第四問（文科）

出典

馬場あき子（ばば・あきこ）「山羊小母たちの時間」（『日本経済新聞』二〇〇七年十一月十八日初出。日本文藝家協会編『ベストエッセイ2008　不機嫌の椅子』〔二〇〇八年六月　光村図書〕にわずかな加筆がなされて収載されている）の全文。

馬場あき子は、一九二八年東京生まれ。歌人、文芸評論家。日本女子専門学校国文科（現・昭和女子大学）卒業。中世文学、特に能への造詣が深く、からみ合う情念の世界を描く独自の歌風をひらいた。短歌結社「かりん」主宰。歌集に『早笛』『葡萄唐草』『月華の節』他、評論集に『鬼の研究』『黒川能の世界』他があり、『馬場あき子全集』全十三巻がある。

解説

〈本文解説〉

本文は、都市に住み個として自分だけの時間を生きる筆者が、近代化とともに私たちが代々の家で祖先の命を受け継ぐ自然と一体化した生の時間を失ってきたことを、農村共同体への感慨を込めてつづった随筆である。全体は十二の形式段落から成るが、四つの部分に分けて考えてみよう。

第一の部分（1～4）

奥会津に、百一歳になる筆者の叔母がいて、その叔母は山羊小母《めんこばんば》と呼ばれている。その叔母の住む家は藁葺屋根の農家だが、川の水を引き入れて台所からの流し水を流す溝川にしており、流れ出る米粒などは庭の池に注ぎ込まれて鯉の餌になる。土間から上がると、板敷、板の間、座敷とそれぞれ段差のある造りになっており、囲炉裏が切られ四角い火鉢が置かれ仏壇があって、かつては小作の人たちや手伝い人、若い者がそれぞれの持ち場で立ち働き、当主の老人は仏壇を背にして控え目の姿で座敷に座っていたという。つまり、家の構造自体が、農業が盛んだった頃の人々の生き生きとした暮らしぶりを彷彿させるのである。

第二の部分（5～7）

戦後六十年以上たって、農村はすっかり変わった。筆者の叔母の夫は早く亡くなり、息子たちも都会へと流出し、長男とも別居しているという。ただ家だけは残っていて、山羊小母は今もこの家に一人で住んでいる。筆者がさびしくないかと尋ねると、「なあんもさびしかないよ」と叔母は答える。家のあちこちにご先祖さまたちがいて、その祖霊たちと毎日お話ししているから、というのだ。

この山羊小母の言葉を額面通りに受け取ってよいものかど

うかには、ややためらいが残る。夫と死別し、息子たちも皆去ってしまった広い家に、年老いた女が一人で住むことを「なあんもさびしかないよ」と言うのは、にわかには信じがたい。なるほど百一歳にもなるたくましい女性だから、さまざまな思いに耐えるだけの精神的な強さは持っているのだろうが、伝来の家を守り継がなければならないといった気持ちや、過疎化していく村の様子への嘆きとかが入りまじり、それらの思いを何度も何度も反芻し、繰り返した上での「なあんもさびしかないよ」ではなかろうか。だからこそ叔母は、毎日祖霊たちとお話しをしているとは言えまいか。

ただ筆者は、そのような叔母の内面に深入りすることはしない。「何ともユニークな答え」であると受け取るばかりである。長く生きて多くの人の死を看取り、一生という「命運」を見とどけてきた山羊小母にとっては、「温《ぬく》とい思い出の影」が漂っていて、かえって安らかだというのである。

筆者は、自分のような都会育ちの人間は、「えたいのしれない時間」に追い回されて「人間がもっている時間」を忘れてしまったのではないか、と振り返る。山羊小母の意識にある人間の時間は、前代、前々代へと溯る広がりのある時間であり、祖霊たちの時間を受け継ぎ祖霊たちとともにある今の時間なのだ。

第三の部分（8～11）

叔母の家は、築百八十年になる。同じ村の他の古い家にもそれぞれの家の時間が流れている。破滅に瀕した時間もあれば、興隆の活力をみせた時間もある。それらは、そこに生きた人間の貌《かお》とともに生きた物語として伝えられてきたものであり、その物語を伝えるのは老人たちの役割だった。

冬は雪に深く埋もれる村で、春の到来は等身大の地蔵さまの首が雪の上にあらわれる頃まで待たなければならない。そんな雪の上を雪下駄を履いてすいすいと歩き、夏には蛍の青い雫を意のままに手で掬い取る山羊小母は、どこか「山姥」のような気配があった。

このような「ばっぱ」とか「おばば」と呼ばれるお年寄りたちがどの家にもいて、長い女の時間を紡いでいたのである。本家と呼ばれる家にも、越後から嫁いできた綺麗なおばばがいた。年齢不詳でおしゃれなおばばだったが、しゃもじをいまだに嫁に渡さないといううわさもあった。命を継ぐ長い時間の中に存在するからこそ安らかな人間の時間なのだということを、これまで忘れていた、と筆者は語る。

第四の部分（12）

長男でもなく二男でもない筆者の父は、このような村の時間からこぼれ落ちて、都市の片隅で一人一人がもつ一生という小さな時間を抱いて生を終えた。都市に生まれ育った筆者も、個人としての生の時間を持つだけである。だからこそと言うべきか、筆者は時折、山羊小母たちが持っている「安らかな生の時間」のことを思う。それはもはや失われた「伝説的時間」になってしまったのか、と筆者は深く息をつくのである。

〈設問解説〉

随筆の場合、筆者の心情にも注意を払うことが求められるが、設問の構成が本文の対比と段落展開に沿って成されることは、第一問と同様である。したがって、各設問に単独で答えるのではなく、各設問毎の意図を全体の中で見通した上で、それぞれのポイントをしぼっていくことが大事である。

㈠　農家の構造が、かつての人々の暮らしぶりと対応していたことについての理解を問う設問。次の設問㈡が縦の時間軸、いわば通時的な内容を指すのに対し、この設問は横の、人々や自然との、いわば共時的なつながりを言っている。第一の部分における具体的なレベルの記述を、抽象一般化することが求められている。

第一の部分は、山羊小母の家についての具体的な説明になっている。まず、山羊を飼っていたこと、川から水を土間に引き入れて流し水を流す溝川としており、そこから流れ込む米粒を庭の池の鯉が餌としていたこと。これらは一見、「家の構造」とは別のもののように思えるかもしれないが、溝川は土間を流れており、庭の池も広い意味で家の構造に含めることができる。それらは、人々の暮らしが〈自然と調和〉していたことを語っていよう。

次に、板敷、板の間、座敷など、間取りについての説明があり、そこに小作の人たち、当主である隠居の老人、手伝い人、若い者等が配されている。「段差」ということにこだわると、封建制、身分制、階級、権力等といったことが連想されるかもしれないが、本文全体から考えると、筆者がそのように受け止めていると判断できる根拠は見当たらない。したがって右のような内容に言及すべきではなく、〈人々がそれぞれの役割に応じて生き生きと働いていた〉というふうに受け止めるべきだろう。

そして、そのような人々の暮らしぶりが「家の構造自体の中に残っている」のである。

以上をまとめると、書くべき内容は次のようなものになるだろう。

- 農家の構造には、かつての……様子が窺えるということ
- 人々の暮らしと自然との調和
- 人々がそれぞれの役割に応じて生き生きと働いていた

㈡　祖霊とともに命をつないできた人々の生き方についての理解を問う設問。設問㈠の共時的な内容に対して、この設問は通時的なつながりを言っている。次の設問㈢との対比を前提としつつ、第二の部分と第三の部分の把握が求められている。

戦後六十年以上がたち、夫が亡くなり息子たちも去った築百八十年の家に、山羊小母は一人で住んでいる。「さびしくないの」という筆者の問いに、叔母は「なあんもさびしかないよ」と答える。ご先祖さまたちが家のあちこちにいて、毎日守っていてくれ、仏壇にお経は上げないが、その日にあったことはみんな話しているからだと言う。百一歳になる叔母は長い人生のうちでたくさんの人の死を看取り、一生の命運を見とどけてきた。だから叔母にとってその家は「温とい思い出の影」がいっぱい漂っており、かえって「安らか」なのである。

それは単に筆者の叔母だけのことではない。（本文末尾のタイトルが「山羊小母たちの時間」となっていることにも、注意を払っておきたい。）村の古い家にはそれぞれの時間が流れていて、その物語を伝えるのが老人たちの役割なのだ。命を継ぎ、列伝のように語り伝えられる長い時間の中に存在するからこそ「安らかな人間の時間」なのである。

次の設問㈢での筆者の父の生は、このような「村の時間」から切り離された、都市における〈個〉としての生の時間を言っている。それに対してこの㈡で問われているのは、祖霊や、かつて生をともにした人々との〈魂の交感〉とでも呼ぶべきものである。そのことでむしろ気持ちが穏やかになるというのである。

以上のことから、書くべき内容は次のようなものになるだろう。

。一人で家に居ることによって、……むしろ気持ちが穏やかになる。

。自分を見守る祖霊や生をともにした人々との交感

㈢　近代化による都市での人間の生の時間を問う設問。設問㈡での共同の生の時間に対して、都市における個の時間がその内容であり、第一の部分、第二の部分、第三の部分を前提として、第四の部分を把握することが求められている。

筆者の父は長男でも二男でもなく、「村の時間」からこぼれ落ちて、「都市の一隅に一人一人がもつ一生という小さな時間」を抱いて生を終えた。傍線部自体に二つの時間の対比が明示されており、「村の時間」とは第一の部分から第三の部分にかけて説明がなされたものであり、設問の㈠㈡で答えた内容である。㈠の共時性、㈡の通時性をまとめるなら、〈祖先の命を受け継ぎ、共に生きる安らかで広がりのある共同の時間〉とでも言うことができるだろう。それに対して

「都市の一隅に一人一人がもつ一生という小さな時間」とは、右のような「村の時間」から〈切り離された個としての孤独な生の時間〉というふうに言うことができるだろう。

以上の内容を二行の枠に収めるとすれば、書くべきことは次のようなものになる。

◦近代化とともに……から切り離され……を終えた
◦祖先の命を受け継ぐ共同の生の時間から
◦個としての生の時間を

㈣「伝説的時間」と言う筆者の思いの理由を、本文全体を踏まえて説明することを求める設問。第一の部分から第三の部分の理解を前提にした上で、筆者の立場も考慮に入れて第四の部分を把握することが求められている。本文に密着した読解から少し離れ、本文にやや距離を置いて、全体を視野に入れる必要がある。

村の時間から切り離されて、都市の一隅で一人の一生という「小さな時間」を抱いて生を終えた人間を父にもつ筆者は、したがって、都市に生まれて都市に育った人間である。そんな人間がたまに山深い村を訪ねて、古い大きな家に一人で住む山羊小母の「安らかな生の時間」のことを思う。夫を早くに亡くし息子たちも去った大きな家に一人で住む山羊小母は、「さびしくないの」という筆者の問いに、「なあんもさびしかないよ」と答える。山羊小母は祖霊たちとともに生きる「長い時間」に包まれているからだ。

けれども筆者は、「安らかな人間の時間」に思いをはせる自分の気持ちのありようが、「えたいのしれない時間に追いまわされて焦っている」（7）都会育ちの人間の甘い感傷にすぎないことを、おそらくはどこかで気づいているはずだ。「戦後六十年以上たって農村はまるで変った」（5）、「息子たちも都会に流出し」（5）、「道にも融雪器がついて交通も便利になった」（9）とあるように、農村もどんどん都市化し過疎化が進行しており、しかもそのことに筆者は気づいている。だからこそ筆者は、「安らかな生の時間」のことを、「昔語りの域に入りそうな伝説的時間」になってしまったと言っているのだ。ここにあるのは、そのような時間が単に失われたといった平静な認識ではなく、利便性を求めて都市化へと向かう動きが、もはや止めようもなく圧倒的な流れとなって、今や農村をものみ尽くしてしまっているという状況を、自らも都会育ちである人間として深く息をつきつつ見つめる感慨であろう。その流れは、都市に生まれ育った人間の甘い感傷などを、はるかに越えているのである。「文中の『私』はなぜそう思うのか」という設問の条件は、以上のような筆者の立場を明確化して答えることを求めているもの、と考えることができる。

以上のことから、書くべき内容は次のようなものになるだろう。

。利便性へと向かう都市化への流れ

。（それは）圧倒的な流れとなって、今や農村をものみ尽くしてしまっている

。（それは）都会育ちの筆者の感傷を越えている

このようにして、第四問も第一問と同様、設問は本文の対比と段落展開に沿って構成されている。次に示した解答の全体が、ほぼ本文の要約に重なっていることを確認しておこう。

解答

㈠　農家の構造には、かつて人々がそれぞれの役割に応じて自然と調和しながら生き生きと働いていた様子が窺えるということ。

㈡　一人で家に居ることによって、自分を見守る祖霊や生をともにした人々と交感し、むしろ気持ちが穏やかになるということ。

㈢　近代化とともに、祖先の命を受け継ぐ共同の生の時間から切り離され、都市の片隅で個としての生の時間を終えたということ。

㈣　利便性へと向かう都市化への圧倒的な流れは、都会育ちの筆者の感傷を越えて、今や農村をものみ尽くしてしまっているから。

二〇〇八年

第一問（文理共通）

出典

宇野邦一（うの・くにいち）『反歴史論』（せりか書房二〇〇三年五月刊）の〈第3章　歴史のカタストロフ〉「1　歴史を引き裂く時間」前半部。

宇野邦一は一九四八年松江市生まれ。京都大学文学部卒業後、パリ第8大学で学ぶ。現代フランス文学思想専攻。著書には、『意味の果てへの旅』『他者論序説』他、訳書には、ドゥルーズ『フーコー』、アルトー『神の裁きと訣別するため』他、多数の著訳書がある。

解説

〈本文解説〉

本文は、歴史とは何かについて、記憶、決定、自由をめぐって揺れ動く筆者の考察を記した文章である。全体は十の形式段落から成るが、四つの部分に分けて考えてみよう。

第一の部分（1～3）

歴史とは何か、という問いに対して、筆者は中島敦の「文字禍」を引き合いに出し、歴史とはあったことをいうのか、それとも書かれたことをいうのか、という問いへと方向を限定していく。その問いについての中島敦自身の答えは宙づりのままで、不明である。

書かれなくても記憶されていることがあり、書かれても消滅していくものもある。筆者は自身の生とナポレオンの一生を例に挙げ、結局のところ「書かれなかった事は、無かった事じゃ」と断定することもできず、「書かれた事は、有った事じゃ」と言うこともできない、とする。

さしあたって歴史は、「書かれたこと、書かれなかったこと、あったこと、ありえたこと、なかったこと」の間にまたがって「画定することのできないあいまいな霧のような領域」を広げている、と筆者は考える。歴史学は、そのようなあいまいな巨大な領域に支えられて存在しており、この巨大な領域についてのわずかな情報を与えてきたものが、神話・詩・劇・伝承・物語・フィクションなのだ。

第二の部分（4～6）

近年になって、歴史は「記憶」の問題として考えられる傾向が強くなってきた。歴史とは、単なる遺跡や史料の集積と解読ではなく、「個人と集団の記憶とその操作」のことであり、記憶する「主体性」や「主観性」と不可分に結びついている。つまり、「出来事を記憶する人間の欲望、感情、身体、経験」と切り離しては、存在し得ないのである。言い換えるなら、たとえ一つの出来事と見えることであっても、それを誰が記憶するか、その立場の違いによって、複数の歴史があり得る、ということである。

そのように歴史が記憶の問題と見なされるようになったのは、おそらく「歴史の過大な求心力から離脱しようとする別の歴史的思考の要請」であった、と筆者は考える。「歴史の過大な求心力」とは、次に出てくる、ある集団によって中心化された「代表的な価値観」の強制的な拘束力のことであろう。また「……から離脱しようとする別の歴史的思考」とは、たとえば、中心化された価値観から排除されたものから見た歴史のことである。そのようにして筆者は、歴史というものが「ある国、ある社会の代表的な価値観によって中心化され、その国あるいは社会の成員の自己像（アイデンティティ）を構成するような役割をになってきた」と見なす。そして複数の立場からする「自己像をめぐる戦い」は、「言葉とイメージの闘争」でもあったのであり、歴史における「勝者」がある以前に、歴史自体が、他の無数の言葉とイメージの間における「相対的に勝ちをおさめてきた言葉でありイメージなのだ」と筆者は言う。ここで筆者が言っていることは、たとえば東アジア地域における戦争の記憶の複数性、あるいは世界史における西洋中心主義とオリエンタリズムの問題、あるいは小さな共同体における権力をめぐる闘争、等を思い浮かべてみるなら、具体的で明確な像となって理解できるのではないか。

さらに筆者は、歴史にかかわる記憶を、人間による普通の意味での記憶だけではなく、もっと広く、物質的、生命的な記憶へと拡大する。「情報技術における記憶装置（メモリー）」とは、たとえば、書物、写真、映画、コンピューター等のことであろう。これらは、人間の記憶を補強する役割を果たしてきた。次の「熱力学的な差異としての物質の記憶」という言葉はややわかりにくいが、これは前の「情報技術における記憶装置（メモリー）」を受けると同時に、さらに意味上の広がりを与えられているように思われる。「遺伝子という記憶」という生命的な視点と並立されていること、後で「人間の歴史をはるかに上回るひろがりと深さ」へと展開していくことから考えると、たとえば大地に残された記憶といった物質的な視点のことをも指しているのではないか。このようにして、人間の歴史は、それをはるかに上回る物質的、生命的な記憶の中における、局限され、一定の中心にむけて等質化された記憶の束にすぎないのである。言い換えれば、人間の歴史はそれをはるかに上回る広がりと深さをもつ記憶によって支えられているのだ。

第三の部分（7）

歴史という概念には、どこか「強迫的な性質」が含まれている。この「強迫」という語は、合理的な根拠がないにもかかわらず、そのことに囚われてしまうようなあり方のことを指す。ここでは、歴史がさまざまな形で個人の生を「決定」してきたように思われることを意味している。男として、あるいは女として、何々人として、あるいはこれこれという職業を受け継ぐ者として生まれてきた、等々といったことが、その当人の生を決定づけてしまうように見える。そのことを筆者は、歴史というものが「個人から集団を貫通する記憶の集積」として、現存する言語、制度、慣習……等々のすべてを形成し、破壊し、再生してきた成果の集積として、個人の生を決定づける、と言う。「私」の身体、思考、感情、欲望さえもが、歴史によって決定されている。人間であること、ある場所に生まれ、存在し、死んでいくことのことごとくが、歴史の限定を受けているように思われる。

第四の部分（8～10）

それでは、歴史によってすべてが決定される個人に、自由はないのか。一見すべてが決定されているようでも、それでも人間はその決定から自由になろうとする。死ぬことは歴史の決定であると同時に、歴史から解放されることでもある。いやその前にも、人間の自由な選択や行動や抵抗がなければ、そもそも歴史自体が存在し得なかっただろう。人間は歴史によって決定される一方で、歴史から自由であることもできるのだ、と筆者は考える。

日々のささやかな行動であっても、人間はそれをするか、しないか、選択の自由をもっている。そのような様々な大小の自由は、歴史の強制力や決定力と矛盾することなく、歴史の中に含まれているのだ。歴史は、怜悧な選択であると同時に、気まぐれな偶然によっても、作られてきたのである。

筆者は、歴史が偶然であるのか必然であるのかを問題にしているのではなく、歴史の決定力に対して人間の自由があり得るのかどうかを問おうとしているのである。さらに、そのように問うこと自体に意味があるのかどうかを考えようとしているのだ。かといって筆者は、歴史からの完全な自由を求めているのではなく、また歴史を無化したいと思っているわけでもない。歴史とは、「無数の他者の行為、力、声、思考、夢想の痕跡」に他ならず、人間が生きるということは、それらとともにあることの「喜び」であり「苦しみ」であり「重さ」なのだ、と筆者は言うのである。

〈設問解説〉

設問は、傍線部を手掛かりとして、本文の内容展開を問うものである。五つの傍線部が、本文の対比と段落に沿って設定されていることに注意したい。したがって傍線部を要素に区切って分析するといった近視眼的なやり方では、十分な答えに届くとは考えにくい。あくまでも本文の対比と段落展開に沿って、筆者の言おうとしていることを把握することが肝心である。

㈠　歴史学の存在を支えている領域にかかわる設問。第一の部分の理解が問われている。

歴史とは何か、という問いを、筆者が「あったことをいうのか、それとも書かれたことをいうのか」という方向へと問い換えていることには、二つの常識的な見方いわば通念が前提とされている、と考えられよう。一つは、あったこと、つまり事実が歴史として書かれている、という素朴な通念であり、もう一つは、書かれることによって事実が成立しそれが歴史として形成される、という記述優先の考え方である。

それら二つを前提にしているからこそ、筆者は②で書かれたことと書かれなかったことについて考察し、「『書かれなかった事は、無かった事じゃ』と断定すること」はできず、「『書かれた事は、有った事じゃ』ということもできない」と述べるのである。結局、筆者は先の二つの考え方を批判して、歴史は「書かれたこと、書かれなかったこと、あったこと、ありえたこと、なかったことの間にまたがっており、画定することのできないあいまいな霧のような領域を果てしなく広げている」（③）と考える。歴史についての学問である「歴史学」は、いずれにしても記述することで歴史を画定していくことになるのであるが、その存在が支えられているのは、この「巨大な領域」によってなのである。これが傍線部アの言っていることに当たる。

このような筆者の見方は、第二の部分で複数の歴史がありうること、歴史は次々と書き換えられていく潜在的な可能性を秘めていること、という内容へと展開していくための前提となるものである。

とすれば、解答を記述するにあたっては、右の二つの通念的な考え方を批判的に捉えているというニュアンスを含めつつ、歴史学が事実や出来事を超えた膨大な領域によって支えられているということを明確に示さなければならないだろう。なお、③にある「ありえたこと、なかったこと」の理解がやや難しいが、これは次の④に出てくる「人間の欲望、感情、身体、経験」等と関連づけられたものと考えれば、納得できよう。また、神話、詩…等々は、歴史学の依拠する情報がわずかなものであったことを示すための具体例であるから、解答に記す必要はない。

中心となる内容は、

・歴史学は、事実として記述されなかった膨大な事柄を含み込んで成立している

といったものになる。さらに副次的な内容として、

・(一般に) 歴史という学問は、記述することによって歴史を画定する

ということも書いておくべきだろう。日本語としての順序は、副次的な内容を先に、中心的な内容を後にもってくるのが普通だから、右に挙げた順序を逆にして、間を逆接的なニュアンスでつなげればよい。

㈡　歴史の複数性および恣意性についての理解を問う設問。第二の部分における「自己像をめぐる戦い」の内容理解が問われている。

第二の部分で新たに出てくる言葉は「記憶」である。歴史の問題が「記憶」の問題として考えられるようになったのは、そう昔のことではない、という言い方で、ここに示されている考え方が、最近における民族対立、戦争責任、オリエンタリズム等をめぐる問題といった世界の状況を背景としたものであることが示唆されていよう。そして筆者の考え方の基本的な枠組みとなっているのは、歴史を「遺跡や史料の集積と解読」つまり事実の解釈とするような通念的な考え方と、「記憶の行為」と捉える考え方との対比であり、後者はさらに「個人とその集団の記憶とその操作」「記憶するという行為をみちびく主体性と主観性」へと言い換えられていく。その「記憶」が誰による記憶か、ということで、「主体性」「主観性」が問題とされていくのである。一つの事実と思われることであっても、誰がそれを記憶しているのかという立場の違いによって、記憶の内容は異なってくるのだ。ここに歴史が複数であり得ることの理由がある。

5では、それが、「歴史の過大な求心力」言い換えれば「ある国、ある社会の代表的な価値観によって中心化され」た歴史と、そこから「離脱しようとする別の歴史的思考」言い換えれば中心から排除された歴史との対比へと展開される。そのような複数の歴史の間における戦いは、同時に「その国あるいは社会の成員の自己像（アイデンティティ）」をめぐる戦いであり、「言葉とイメージの闘争の歴史」でもあるのだ。したがって、傍線部イの中の「他の無数の言葉とイメージ」とあるのは、歴史をめぐる言葉とイメージであって、歴史とたとえば文学とか芸術とかを対比しているのでは、もちろんない。

以上のことから、筆者は歴史というものを、複数形で考えていること、現在において歴史と見なされていることが将来において覆される潜在的な可能性を常に秘めていること、そのようにして歴史は無限に書き換えられていく終わりのない人間の営みであること、というふうに考えていることが読み

取れよう。

傍線部イで問われていることの中心となっているのは、「相対的に勝ちをおさめてきた」ということの内容理解である。右のような流れに位置づけてここを考えるなら、これは、歴史がその社会において優勢な集団の価値観によって主観的に作られてきた、といった意味になろう。とすれば、記述すべき中心的な内容は、

・歴史は、その社会の優勢な集団の価値観によって主体的に選択されて作られた記憶である

といったものになるはずである。〈事実〉という捉え方を批判している以上、「記憶」という語は重要である。「言葉とイメージ」という語句もそれなりに重いが、これは〈事実〉を批判して〈観念〉であることを言っているものであり、「記憶」という語に内容上含み込まれる。また、〈主体的〉という語がややわかりにくいということであれば、「…集団の記憶とその操作」の「操作」のニュアンスを加味して、〈恣意的に選択され〉たとすれば、よりわかりやすい表現となるだろう。さらにその記憶の直接的な内容は、

・(歴史は) その社会の成員の自己像を構成してきた

というものである。右の二つの内容を二行枠に収まるようにまとめる。

㈢　歴史を越える記憶というものの内容についての理解を問う設問。第二の部分の後半部が問われている。

筆者の考える記憶は、普通に言う人間の記憶の範囲をはるかに越えている。「情報技術における記憶装置（メモリー）」は人間の活動範囲内でのことだから、まだわかりやすいが、「熱力学的な差異としての物質の記憶」（ここは、フィルムやコンピューターの熱力学的な作用を指すとともに、大地における地層のずれや隕石の衝突といったものまでをも含み込んでいるように思われる）「遺伝子という記憶」となると、常識的な意味での人間の記憶の範囲を越えて、大地に刻み込まれた記憶、多様な生命の中に刻み込まれた記憶、といったものをも含み込んでいると考えられる。「別の微粒子」「別の運動」⑥とは、人間を越えた自然や大地のありようを指しているのではないか。それに対して人間の歴史は、「局限され、一定の中心にむけて等質化された記憶の束」にすぎない、と筆者は言う。なぜ筆者がこのように考えるのかは、ややわかりにくいが、事実を記述したものとして歴史を絶対化して捉える見方を批判し、さらにそれを拡げて、人間中心的に歴史を捉えることを少しでも相対化したいとする意図にもとづくものと言えるのではないか。

設問は「なぜか」となっているから、筆者の考える記憶が人間の歴史を越える物質的、生命的な痕跡としての記憶までをも含み込んでいることが、その理由とならなければならな

い。解答として記述すべきことは、

・歴史は人間の記憶に局限されたものにすぎない
・記憶は（歴史を越える）物質的、生命的なものの痕跡をも含めて現実の中に残されている

という二つの内容になる。これを対比的にまとめればよい。

㈣　歴史のもつ強迫的な性質についての理解を問う設問。第三の部分が問われている。

第一と第二の部分を承けて、第三の部分は、歴史が個人の生を決定づけるという側面について述べられている。歴史は「個人から集団を貫通する記憶の集積」⑦として、個人の生を決定する。その集団あるいは社会のあり方のすべてにわたって、集積された記憶としての歴史が、個人の生までをも拘束するのだ。たとえるなら、日本人として、あるいは女として、あるいは貧しい家の子どもとして、あるいは伝統を受け継ぐ旧家の子として生まれた、等々といったことが、当人の生を決定づけてしまっているのではないか。それは当人にとっては、どうすることもできない、先験的なことのように見える。日本語で考えていること、米のゴハンを食べていること……等々といったことすら、無意識のうちに、自分の感性を形成し、かつ拘束しているのではないか。もし自分が日本人に生まれていなかったら、自分にはもっと別の人生が開けていたかもしれない……、等といったことである。以上の内容をまとめることが求められており、さらにこの問いは、次の㈤の中心的な内容である「自由」へと展開する前の段階に位置づけられたものであることを確認したい。

記述すべき内容は、

・歴史は先験的なものとされることで集団を位置づける
・歴史は個人の生を呪縛する

の二つである。〈先験的〉は、〈個人の意思を超える〉等の表現でも、もちろん構わない。〈呪縛〉についても、〈決定づける〉〈強制する〉〈拘束する〉〈規制する〉等、多くの表現が許容されよう。

㈤　歴史の決定力に対する個人の自由のありかを問い、他者とともにあることの意味についての理解を問う設問。設問文で「……と歴史についてのべているが」と出題者による確認がなされていることからもわかるように、当然のことだが、傍線部のみにこだわって考えるのではなく、「歴史」という本文全体のテーマに沿って考えなければならない。第一の部分から第三の部分までを視野に入れつつ、第四の部分が深く理解できたかどうかが問われている。

第四の部分は、歴史の決定力という第三の部分を「にもかかわらず」という逆接で承けて、個人の自由のありかを考察したものである。たしかに歴史が個人を決定するとしても、個人には今直面していることをするか、しないかという最小

の自由がある。そして個人のもつ大小の自由は、歴史の強制力や決定力と何ら矛盾することなく、歴史の中に含まれている。そもそも歴史は、個人の「自由な選択や行動や抵抗」がなければ、存在し得なかったのである。

筆者は、歴史からの完全な自由を求めているのではなく、また歴史を無化しようと思っているわけでもない。歴史とは「無数の他者の行為、力、声、思考、夢想の痕跡」であり、それらと「ともにある」ことの「喜び」「苦しみ」「重さ」だ、と言う。ここで「他者」という語は重要である。第一の部分で、「排除」されようとした「あいまいな霧のような領域」とあったのは、たとえば、この「無数の他者の行為、力、声、思考、夢想」のことではなかったか。排除されかけた他者の声に耳を傾け、他者とのかかわりの中で、新たに歴史を書き換えること、そこに自由があり、困難があり、責任がある。多数派の人間の主観的な記憶にもとづいて恣意的に作られたものが歴史であるのなら、歴史を書き換える可能性は無限に残されているのである。複数の国家、複数の集団、さらにその内にある無数の個人には、その数だけの歴史が潜在している。その社会で中心化された歴史だけを歴史とするのではなく、他者とともに歴史を新たに書き換えていくこと、そこに自由と困難と責任がある。傍線部オを通して筆者はそのようなことを述べている、と読み取ることができよう。

記述すべき最も中心的な内容は、

・私たちは他者とのかかわりの中で新たな歴史を生み出す自由と困難と責任を負う（第四の部分）

である。「他者」〈新たな歴史〉「自由」〈困難〉〈責任〉という内容を的確に表現することが求められよう。次に書くべきことは、

・歴史は共同体の支配的な価値観を中心に作られ個人の生を決定する（第二の部分・第三の部分）

・歴史は個人の自由と抵抗なしには存在し得ない（第四の部分）

・歴史から排除された記憶を見直す（第一の部分・第四の部分）

である。解答としての内容を考えてしぼりこむときは、最も中心的なものを先にして、そこに付け加えるべきことを補っていく。それを文章として記述するときは、日本語としての普通の順序では、まず何についての文かという話題（主語）を提示し、副次的な内容を記述したあとで、最後のところに最も中心的な内容を記述する、というのが一般であろう。そのようにして右に挙げた内容を並べ替えるなら、解答はほぼ後に掲げたようなものになるはずである。

㈥　漢字の書き取り。単なる字体のことではなく、読解にか

かわる語彙力が問われている。

ａ「散逸」は、〈文書や書物などがばらばらになって失われること〉で、「散佚」とも書く。ｂ「超越」は、「超」も「越」も〈こえる〉意。「超」は〈飛びあがって上へこえる、度をこえる〉ニュアンスが強く、「越」は〈境をこえて遠くへこす〉ニュアンスが強い。ｃ「機会」。簡単すぎてかえって戸惑うが、まさか「機械」「奇怪」と誤ることはあるまい。ｄ「信仰」。「神」とあるから語彙上の紛れはないが、「仰」の字体に注意。ｅ「矛盾」。現代文では使用頻度の高い語である。

以上、設問が本文の内容の展開に沿ってなされていることが理解できたことと思う。それぞれの設問を考えた後で、次に掲げた解答を通読してみてほしい。ほぼ本文の要約と重なる形になっているということがわかるのではないか。そのことを確認することで、大学の出題者が受験生にどのような力を求めているのかが、理解できることと思う。

解答

(一)　歴史学は、記述することによって歴史を画定しながら、同時に事実として記述されなかった膨大な領域を前提に成立するということ。

(二)　歴史は、その社会において優勢な価値観によって恣意的に選択され、社会の成員の自己像を構成してきた記憶だということ。

(三)　人間の記憶にもとづく歴史は局限されたもので、現実の中にはそれを越える物質的、生命的な痕跡としての記憶が残存するから。

(四)　歴史は、集団を位置づけている先験的なものとみなされることによって、個人の生を呪縛する構造を持つということ。

(五)　歴史とは、共同体の支配的な価値観を中心に作られ個人の生を決定する一方で、個人の自由と抵抗なしには存在し得なかったものであり、私たちは歴史から排除された記憶を見直し他者とのかかわりの中で新たな歴史を生み出す自由と困難と責任を負う、ということ。(120字)

(六)　ａ＝散逸（佚）　ｂ＝超越　ｃ＝機会　ｄ＝信仰　ｅ＝矛盾

第四問（文科）

出典

竹内敏晴（たけうち・としはる）『思想する「からだ」』（晶文社　二〇〇一年五月刊）の〈2　定義への試み　からだ、こころ、ことば〉「1　感情とはなにか」の冒頭と末尾を除いたほぼ大半。

竹内敏晴は一九二五年、東京生まれ。東京大学文学部卒業。演出家。劇団ぶどうの会、代々木小劇場をへて竹内演劇研究所を主宰開設。からだとことばの関わりから演劇をとらえ、さらにそれが人間関係の変容へと向かうダイナミズムを追究し、障害者療育に取り組んだ。二〇〇九年没。著書には『ことばが劈かれるとき』『からだが語ることば』『「からだ」と「ことば」のレッスン』『癒える力』『からだ・演劇・教育』等、多数がある。

解説

〈本文解説〉

本文は、からだの動きを通してこそ本源的な感情が表現されることを述べた文章で、演技について語りつつ、身体によるコミュニケーションを論じたエッセイとみなすことができる。全体は九つの形式段落から成るが、四つの部分に分けて考えてみよう。

第一の部分（1・2）

二流の役者がセリフに取り組む場合、まずそのセリフ（ことば）に示された感情を推測し、その感情を自分の中にかきたてることで、それをそれらしく身振りで表そうとする。チェーホフの『三人姉妹』に例をとって、筆者はそのことを「『ウレシソウ』に振舞うというジェスチュアに跳びかかる」と批判する。それに対して筆者が重視するのは、「『嬉しい』とは、主人公が自分の状態を表現するために探し求めて、取りあえず選び出して来たことばである。その〈からだ〉のプロセス、選び出されてきた〈ことば〉の内実に身を置く」という部分に示されている。つまり、〈ことば〉の内実とは〈からだ〉からそれが選び出されてくるプロセスにある、という考え方である。ここでは、〈ことば〉は「取りあえず選び出して来た」とあっても、〈からだ〉から発せられるものとして捉えられている。一方、傍線部アは、〈ことば〉と〈からだ〉とのつながりを切り離し、セリフ（ことば）に示された感情を単なる表層の身振りで表そうとしている、として批判しているのだ。

同じことを通俗的なパターンで言うと、学校の先生たちがよく使う「もっと感情をこめて読みなさい」というきまり文句になる。これも、ことばに示された感情が、「そのことばを言いたくなった事態」と切り離されて、「こめたり外したり」することのできるものとして扱われている、と筆者は皮肉るのである。

第二の部分（3）

冒頭の「この逆の行為を取り上げて考えるともう少し問題がはっきりするかも知れない。」という一文は重要である。今から述べようとしていることが前と「逆の行為」であり、かつ「問題がはっきりする」と言うのだ。どういうことか。

舞台で本当に涙を流す女優さんの話と映画『天井桟敷の人々』の話は、同じことを言うための二つの具体例と考えられる。映画の方は人物がややこしいが、要するに毎晩同じ時刻に涙を流すパントマイム役者に向かって、年寄りが賛嘆とも皮肉ともつかない言い方をするということで、しかもその映画の中での役柄も役者も、またその映画のセリフを書いた人も「一筋縄ではいかぬ連中」だから、年寄りの言い方は、簡単には信用できない、と筆者は言っているのだ。女優さんの涙に「芝居の世界に入ったばかりの頃」は感動したが、（さらに第三の部分へと読み進めていけばわかるように）現在では筆者はそれを否定的に捉えている。とにかく傍線部イは、傍線部アと同様、筆者が批判的に見ているものであること以外ではない。アは二流の役者の場合、イはしたたかなプロの役者によるものであるが、どうしてこれが信用ならないのか。「逆の行為」ということをここに当てはめてみると、その内容が明らかになってくる。「逆」とは、一見「嬉しい」と「悲しい」との関係のようにも思われるが、そうではない。「逆の行為」なのだ。行為つまり、演技のあり方が「逆」だと言っているのである（なお、このことの内容がはっきりとわかるには、第四の部分まで待たねばならないが、ここでもほぼ推測がつくだろう）。アは感情から身振りへという方向であるのに対し、イは迫真の身振りから感情へという方向になっていて、両者は「逆の行為」と言える。しかも両者とも、演技としてマトモなものとは言えない、と筆者は言っているようである。（それがどうしてマトモではないかという明確な理由説明は、第四の部分で示される。つまり、アもイも、〈からだ〉から感情を切り離して味わおうとしている、ということである。）

第三の部分（4・5）

ここは第二の部分を承けて、実際に涙を流す演技が必ずしも良いものとは限らない、むしろ役者個人の経験へとすりかえたひとりよがりのものがある、ということを批判的に述べているところである。

演出助手をしていたときの経験から筆者は、舞台で実際に涙を流すのは、素人が考えるほど難しいことでもなんでもない、と言う。主人公が涙を流す局面に追いつめられてゆくまでには、それ相当の段階を経て来ており、リズムも呼吸も昂まっている。その頂点で役者がふっと主人公の状況から自分を切り離し、かつて自身の経験した「悲しかった」事件を思いおこすなら、実際に涙が湧いてくるのだと言う。つまり、その瞬間の涙は主人公の行動の展開による涙ではなく、役者個人の涙なのである。それを筆者は「すりかえ」と呼び、それは共演者には瞬間に響く。ワキ役が涙を流す主演女優に関して「自分ひとりでいい気になりやがって」と捨てゼリフを呟く「所以」である、となっているから、この第三の部分は、第二の部分で挙げられていた女優さんの涙も含めて、その理由説明として書かれているものと理解されよう。

要するに、迫真の身振りであっても、それが役者個人の体験にすりかえられてそれらしい感情が表出されたものは、そこに主人公の置かれた状況が的確に表現されているとは言えないのだ。そしてそのような演技は他者へと届くことはなく、他の共演者との間で芝居が成立するコミュニケーションとして生きたものになることはないのである。

第四の部分（6～9）

出だしにある「本来」という語は、これから述べようとしていることが、筆者の主張しようとする演技のあり方であることを予感させる。この第四の部分は、これまで述べてきた否定的な演技に対置して、あるべき演技について述べられるはずであり、それは1で示された「その〈からだ〉のプロセス、選び出されてきた〈ことば〉の内実に身を置く」ことの実態的な説明になるはずである。

筆者は「悲しい」ということの仕組みの核心に迫ろうとして、その人間的な行動がどのようなものであるかについて、考察を進める。ある人にとって大切な存在が突然失われたとき、その人はその現実全体を承認することができない。その承認できない現実に対する苦しみが、激しい身動きを生む。そして筆者は、もともと「悲しみ」は「怒り」と異ならず、一つのものであったのではないかと推測する。それが次第に、現実自体は動かないということを〈からだ〉が受け入れるようになる。そのプロセスが「悲しみ」と「怒り」の分岐点であるとして、筆者は、「受身になり現実を否定する闘いを少しずつ捨て始める時」に、もっとも激しく「悲しみ」が意識されてくる、と述べる。

したがって、悲劇を例に挙げるなら、その頂点で役者のやるべきことは、「現実に対する全身での闘い」である。〈からだ〉の動きによる闘いの表現こそが重要なのであって、「悲しみ」の感情とかそれらしい身振りが重要なのではない。ところが二流の役者ほど、情緒すなわち感情を自分で味わおうとする。だから「すりかえ」も起こすし、テンションもストンと落ちてしまうことになる、と筆者は言う。「『あれは三年前……』という状態に身を置」くというのは、役者の個人的な体験にすりかえるということだ。

以上のことからわかってくることは、感情の昂まりが舞台で生まれるには「感情そのもの」を演じることを捨てなければならないということだ、と筆者は言う。本源的な感情とは、外から心理学的に名づけて言うもののことであって、その実態は「激烈に行動している〈からだ〉の中を満たし溢れているなにか」に他ならない。それは「からだの動き」＝actionそのもののことであって、これに比べるなら一般に感情と呼ばれていることは、さらに低まった次元の意識状態にすぎない。

要するに筆者は、〈からだ〉の動きから切り離された単なる感情なるものを表層の身振りで表そうとする演技を否定し、〈からだ〉の動きそのものの中からその状況に合った本源的な感情がおのずから喚起されてくるような演技でなければならない、と述べているのである。

〈設問解説〉

一般にエッセイは、硬い評論文よりも読みやすいといった印象を与えるが、解答の記述となると、それほど易しいとは限らない。具体的なレベルで記述されている場合、どのレベルで答えるか一般化の水準の問題があり、さらに筆者がそのように表現する内的な意図がどこにあるかという問題がある。比喩表現だから言い換えるとか、指示語があるから指示内容を書くとか、傍線部の内容を要素に区切って考えるといった末節のことにこだわっていると、とんでもない方向にブレていきやすい。あくまでも、文章による論旨の展開を把握し、筆者がそう言おうとしている内的な意図、いわば心情の論理を把握することが大事である。

㈠　からだからことばを切り離し、それとして取り出された感情を表層の身振りで表現しようとする、筆者が否定的に捉える演技についての理解を問う設問。本文の全体を視野に入れつつ、特に第一の部分を理解できているかどうかが問われている。

冒頭部に示された「まずそのセリフを主人公に吐かせている感情の状態を推測し、その感情を自分の中にかき立て、それに浸ろうと努力する」が、傍線部アの内容にあたる。これはどういうことを言っているのか。筆者の考え方の基本的な枠組みは、「〈からだ〉のプロセス、選び出されてきた〈ことば〉の内実に身を置く」＝「そのことばを言いたくなった事態」と、「『ウレシソウ』に振舞うというジェスチュアに跳びかかる」との対比にある。「〈からだ〉のプロセス」の実態的な内容は、第四の部分に示されている。要するに、からだの動きそのものに満たされている〈なにか〉であり、そこから〈ことば〉が生まれてくるということである。一方、「ジェスチュアに跳びかかる」というのは、嬉しいという感情を〈からだ〉から切り離し、そのパターン化された身振りに走るということだ。このことは2で、感情を「こめたり外したり」できると考えている先生たちを皮肉っていることからも、理解できよう。つまり筆者は、感情を〈からだ〉から切り離して捉えるのは間違っている、と考えているのだ。また、この2からもわかるように、ここで筆者が言おうとしているのは感情一般についてである。だから「嬉しい」はその具体例の一つとして挙げられているもの、と見なすことができる。

以上の内容を考慮に入れて、記述すべきことをしぼりこむなら、次の二つのものになるだろう。

・ことばが発せられるからだの内的なプロセスを切り離す
・セリフに示された感情を単なる表層の身振りで表そうとする

「二流の役者」「嬉しい」は具体例のレベルであり、他の役者や他の感情も前提にして言われているものだから、記述すべきではないだろう。次の第二の部分の冒頭部にある「この逆の行為」をも視野に入れて、肝心なことは〈切り離された感情→単なる表層の身振り〉という方向性にあることを見抜きたい。

㈡　迫真の身振りでそれらしい感情を表出したとしても、それが役柄の上での事態の表現になっているとは限らないという類いの演技についての理解を問う設問。㈠と「逆の行為」になっていて、かつ㈠と同様に、筆者が否定的に捉える演技を問うている。傍線部を要素に分解して吟味するといったやり方では、核心へは全く届かないだろう。

まず、傍線部イは映画『天井桟敷の人々』についてのものであり、映画『天井桟敷の人々』はその直前の女優さんの涙と並立された具体例として示されたものである。この二つの具体例は、第一の部分の傍線部アと「逆の行為」になっていて、しかも演技としては両者ともマトモなものではない、と筆者は批判しているのである。この本文の構造展開をしっかりと見据える必要がある。3冒頭の一文、「この逆の行為を取り上げて考えるともう少し問題がはっきりするかも知れない。」の読み取りがカギとなる。

〈本文解説〉でも触れたことだが、この「逆」を「嬉しい」と「悲しい」とが逆になっていると誤読してはならない。「逆の行為」とは、演技における方向性が「逆」になっているということだ。涙を流す女優さんの例は、第三の部分で「すりかえ」によるものとして説明されるが、それが演技として批判される最大の理由は、さらに第四の部分まで視野を拡げなければならない。要するに、女優さんが、主人公の〈からだ〉から切り離された「感情」を、単なる「感情」として味わおうとしていることだ。このようにして、〈涙を流すという迫真の身振り→役柄の「悲しい」という感情〉という方向性が、㈠の〈切り離された感情→単なる表層の身振り〉という方向性と「逆の行為」になっているということである。そして、それら二つの演技（つまり傍線部アとイ）は、いずれも〈からだ〉から感情を切り離して捉えるものであり誤りである、と筆者は述べているのである（なお、第三の部分の「すりかえ」のところで、自身の経験を「思いおこし」⑤とあるところから、〈悲しいという感情→涙を流すという身振り〉という方向性ではないか、という疑念がかすめるかもしれない。しかし、ここはそうではなく、〈演技の頂点での［自身の経験へのすりかえによる］瞬間的な涙→役柄としての「悲しみ」の感情〉という方向性として読むべきであろう）。

傍線部の中の「賛嘆」とか「皮肉」という語句にこだわっていては、以上のような読み取りはできないのではなかろうか。「知れたものではない」に示された筆者の心情とその論理こそを読み取らなければならないのだ。ただし、ここはジャン・ルイ・バローという一流の役者について述べているところであり、涙を流す二流の役者と全く同一ということではない。「一筋縄ではいかぬ連中」による迫真の身振りは、一見それらしい感情の表出になっていても、必ずしも役柄の上での事態の表現になっているとは限らない、ということである。それが、「賛嘆と皮肉の虚実」が「どう重なりあっているのか」「知れたものではない」の意味するところであろう。

記述すべき内容は、

・迫真の身振りでそれらしい感情を表出する（としても）

・それが役柄の置かれた事態の表現になっているとは限らない

の二つである。前者が「賛嘆」に相当し、後者が「皮肉」に相当する。したがって、「賛嘆」や「皮肉」についての直接的な記述は必要ない。また「涙」や〈泣く〉も一つの具体例であるから、そのレベルで記述するべきではないだろう。

㈢　役柄での事態から、役者自身の経験へとすりかえられた演技は、他者へと届くものとはならない、ということについての理解を問う設問。第三の部分が問われている。

この傍線部ウは、基本的には傍線部イとほぼ同じ内容にかかわるものであるが、その内実である「すりかえ」が中心になっている。さらに、この傍線がワキ役の捨てゼリフに引かれていることにも注意したい。「すりかえ」については、〈本文解説〉の第三の部分で説明したように、要するに、涙を流すという一見して迫真の身振りなるものは、しばしば役者自身の個人的な体験の回想等へとすりかえることによってなされるものであり、それは役柄の行動の展開とは無縁のものである、ということである。次に、ワキ役の捨てゼリフということを、どう受け止めるべきか。主演女優の独りよがりの演技が、芝居という共同制作の行為の妨げになるということではないか。言い換えるなら、芝居という共同の表現行為、つまり広い意味でのコミュニケーションにおいて、右のような「すりかえ」による独りよがりの演技は、他者へと届くものとはならない、ということである。

以上をまとめると、

・舞台で役者自身の体験の回想等にすりかえられた演技

・（右のような演技は）役柄としての人物の行動とは無縁のものである。

・（すりかえによる演技は）他者へと届くものとはならない

ということになる。〈独りよがり〉でも間違ってはいないが、コミュニケーションという視点から、やはり〈他者〉といった語がほしいように思われる。また「主人公」「主演女優」「涙」〈泣く〉といった具体的レベルでもそれなりの解答にはなるが、ある程度は一般化する方が望ましいだろう。

㈣　演技というものは、感情を表現することではなく、身体の動きを通してこそなされるものである、という筆者の考えの核心を問う設問。㈠㈡㈢の否定的な内容に対して、筆者の考えの肯定的、積極的な内容についてであり、第一、第二、第三の部分を前提として、第四の部分を理解できたかどうかが問われている。

「『感情そのもの』を演じる」とは、㈠㈡および㈢で問題とされたものであり、第四の部分では「『悲しみ』を意識する」「『悲しい』情緒を自分で十分に味わいたがる」といった箇所にそれが示されている。筆者は、それが感情というものを〈からだ〉の動きと切り離して捉えているという点で、批判しているのである。それに対して筆者の考える演技は、たとえば悲劇の場合、「現実に対する全身での闘い」である。そのような「『からだの動き』＝ action そのもの」の中からこそ、「激烈に行動している〈からだ〉の中を満たし溢れているなにか」つまり「本源的な感情」が起ち現れてくるのだ。

記述すべき内容は、

・演技とは、役柄や役者の感情の投影ではない

・演技とは、全身の動きによって表現するものである

・本源的な感情は、全身の動きを通して喚起される

の三つになろう。悲劇は「たとえば」（8）とあって、具体例として示されているものだから、「悲しい」といったレベルで書くのではなく、一般化したレベルで書くべきだろう。ここでの話題つまり意味上の主語となるべきものは、〈演技〉

であり、もっとも肝心な内容は、〈全身の動き〉あるいは「からだの動き」である。

この第四問も第一問と同様、設問は本文の内容展開に沿ってなされている。したがって、解答するときには各設問に対してそれぞれ単独に答えるのではなく、設問どうしの関連も視野に入れて答えるようにしたい。また、解答の全体がほぼ本文の要約に重なる形になっている、ということの意味についても改めて確認しておきたいものである。

解答

㈠　ことばが発せられるからだの内的なプロセスを切り離し、セリフに示された感情を単なる表層の身振りで表そうとするということ。

㈡　たとえ迫真の身振りでそれらしい感情を表出したとしても、それが役柄の置かれた事態を表現しているとは限らないということ。

㈢　舞台で自身の体験の思いにすりかえられた演技は、芝居の中での人物の行動とは無縁で、他者へと届くものとはならないということ。

㈣　演技とは、役柄や役者の感情の投影ではなく、全身の動きを通して状況への本源的な感情を喚起するものであるということ。

二〇〇七年

第一問（文理共通）

出典

浅沼圭司（あさぬま・けいじ）『読書について』の〈序章　ことば、文字、印刷〉の冒頭部分。一部省略がある。

筆者は一九三〇年岩手県盛岡市生まれ。東京大学文学部卒業。同大学院修士課程卒業。成城大学文学部教授等を務める。専攻は、美学。

解説

〈本文解説〉

本文は、近代のさまざまな枠組みが崩れて芸術の分類が意味をなさなくなっているように見える現代においても、個々の作品を芸術の本質と関連させて考察するためには、ジャンルの区分が不可欠である、ということを論じた文章である。全体は四つの形式段落から成っており、その段落を区切りとして考えてみよう。

第一の部分（1）　近代における芸術のジャンル

近代以降、芸術作品の創作は〈個性的な作者によるかけがえのない営み〉とされ、一方で、その営みと作品は「芸術という独自の、自律的な文化領域」に包摂される、と考えられてきた。しかし、個々の作品と芸術という全体的な領域との関係は、単純な連続関係にあるのではなく、むしろ、矛盾し対立する関係にあるといってよい。したがって、近代的な芸術理解にとっては、個々の作品と全体的な芸術領域とを媒介するものとして、〈ジャンルというさまざまなレヴェルの集合体〉を想定することが不可欠であった。芸術のジャンルが、近代の美学や芸術哲学にとって、もっとも主要な問題のひとつであったのも、当然のことといえる。個々の作品と全体領域との間にジャンルを介在させ、それぞれのジャンルのあいだに「一定の法則的な関係を設定する」ことによって、芸術は「ひとつのシステム（体系）」として捉えることが可能となったのである。

第二の部分（2）　芸術領域の自律性とかかわるジャンルの働き

ジャンルは、「個々の作品からなる集合」であると当時に、「個々の作品をそのなかに包摂し、規定する全体」でもある。個々の作品は、あるジャンルに所属することで、はじめて「芸術という自律的な領域」のなかに位置づけられる。芸術の自律性こそが、芸術に特有の「文化価値」でもあるのだから、ジャンルへの所属はその作品の根拠ともなる。逆に言えば、ジャンルへの所属が曖昧な場合、その作品の価値はおとしめられることになるのである。

第三の部分〔3〕　現代における価値基準のゆらぎと芸術区分の意味

現代は、近代的な基準枠とか価値基準が「ゆらぎ」を見せ、あるいは「消滅」していく状況を呈している。かつては、芸術の本質的な特徴として、その「領域の自律性と完結性」があげられ、とくに「日常的な世界」とは別の領域にあるものと見なされていた。しかし現在では、たとえば複製技術の高度な発達などによって、「芸術の日常化」あるいは「日常の芸術化」といった現象が見られる。このようにして、芸術の全体領域が曖昧になると同時に、その内部にあるジャンルの意味も曖昧化しているように見える。

しかし、あらゆるレヴェルのジャンルがその意義を失ったわけではないだろう、とここで筆者は自らの主張へと接近しはじめる。これまでの音楽の聴き方を否定したかのように見えるグレン・グールドは、それでもピアニストという音楽家であることに変わりはないし、美の基準を破壊するかのようなデュシャンの作品は、（彼は美術展に便器を展示したりした）依然として美術館に陳列されている。変わったのは、「集合の在り方」であり「集合相互の関係とそれを支配する法則」なのだ。プラトンからヘーゲルへと続く「観念論美学」による芸術の分類が、現在のアクチュアルな芸術現象に関して意味を持たなくなったというのはその通りであるが、個々の芸術作品を理論的にとらえてそこに「普遍的な法則」を求めようとするかぎり、芸術作品を「区分」する作業は欠かすことができない、と筆者は述べる。

第四の部分〔4〕　芸術の理論的研究と歴史的研究におけるジャンル区分の意義

グールドもデュシャンも、それまでの枠組みをこえようとして尖鋭な試みをした芸術家、という点では「同類」といってよい。にもかかわらず、グールドは音楽家であり、デュシャンは美術家とされている。それは、「聞く」という「聴覚的」な性質がグールドを音楽家に分類し、「見る」という「視覚的」な性質がデュシャンを美術家に分類する、ということに誰もためらいがないからである。「社会の構造」や「思想的な枠組」がどれほど変わったとしても、「感性」にもとづき「感性」を満足させることを目的とする芸術という文化領域が、「感性」の基礎となる「感覚」の領域にしたがって区分されるのも、ごく自然なことといえる。

ところで、同じ「色彩」という視覚的性質であっても、用いる画材によって、かなりの印象の違いが生じる。「『感覚的

2007

性質』と、それを支える物質…を基準とする芸術の分類」は、「時と場所の制約をこえた、普遍的なもの」といえるのではないか。むろん、この分類を固定的に考えてはならないが、「もっとも普遍的であるとともに、歴史のなかで微妙な変動を見せるこのジャンル区分」(＝『感覚的性質』と、それを支える物質…を基準とする芸術の分類」)は、「芸術の理論的研究と歴史的研究」のいずれにとっても重要な意義をもつ、と筆者は述べる。あるいは、理論と歴史的研究を融和させる可能性をもつかもしれない。

「個別的な作家や作品」は「実証的な歴史的研究の対象」となり、「本質的ないし普遍的な性質」は「理論的探究の対象」となるが、「個別と普遍を媒介する…集合としてのジャンルの把握」には、「厳密な理論的態度とともに、微妙な変化を識別する鋭敏な歴史的なまなざしが要請される」と筆者は述べる。いずれにしても、近代的なジャンル区分に固執して、現在のアクチュアルな芸術現象を排除することが誤りであるのと同じように、芸術現象におけるジャンル研究の意義を否定しさることもまちがいである、と筆者は主張している。

本文は、——(ダッシュ)による挿入句が多く、また、グールド、デュシャン、プラトン、ヘーゲル等の固有名詞を多く含んでいて、論旨を明快につかみとるのは、なかなか難しい。挿入句は、いったんそれを無視して、文としての掛り受けを確認することで、筆者の言おうとしていることの本筋を見失わないようにしたい。また、本文に挙げられている固有名詞はそれほど特別なものではなく、その大まかな内容は知っておきたいものである。さらには、現代における実際の芸術現象にいくぶんかでも関心を払っていたなら、本文はぐっと読みやすくなったことと思われる。このような姿勢で文章を読むことが、東大の求める「自己の体験総体を媒介に考える」ことに当たる。そうすることによって、筆者がなぜこの文章を書いたのか、という執筆モチーフを感じとることができたなら、それは「主体的な国語の運用能力」が身についてきたことの証しと考えてよいだろう。

〈設問解説〉

個々の設問に取り組む前に、設問どうしが全体としてどのように構成されているか、概観してみよう。

㈠　近代の芸術におけるジャンルの働き
㈡　近代における芸術の自律性
㈢　現代の芸術理解におけるジャンル区分の必要性
㈣　芸術領域は感性の基礎となる感覚によって区分される
㈤　現代の芸術現象の把握におけるジャンル区分の意義を、本文全体の論旨に即して記述する

(六) 漢字の書き取り

個々の設問で問われていることのポイントを意識することで、解答内容の無駄な重複を避けるようにしたい。

(一) 近代の芸術におけるジャンルの働きについての理解が問われている。第一の部分。

基本となる枠組みには、二つの項目がある。一つは〈創作という個性的な営みとその作品〉であり、もう一つは〈芸術という全体領域〉である。この両者の関係は「単純な連続的関係」ではなく、むしろ「対立」し「矛盾する」関係である。なぜ「矛盾」かというと、個性的な作品は「かけがえのない存在」として絶対的なものと見なされるからである。

このような「矛盾」し「対立」する関係を解消し、両者を「連続的な関係」でつなげるためには、どうしても「ジャンル」による「媒介」が不可欠である。このことによって初めて、芸術という領域が全体として〈体系化〉される。

そして、忘れてならないのは、このような捉え方は、「近代」における芸術把握についての考え方であるということだ。本文全体は、「近代」と「現代」との対比がベースになっているから、ここで「近代」という語は欠かせない。傍線部にある語であっても、考え方の枠組みを示す語として、解答にも明記すべきである。

以上の内容をそのまままとめるなら、たとえば次のようなものになるだろう。

近代では個性の営みとその作品を絶対視することで、芸術という全体領域との間に対立や矛盾が生じたが、両者の矛盾を解消しそこに連続的な関係をもたらすためには、ジャンルの媒介による芸術の体系化が不可欠だったから。

残念ながら、これではとても二行の枠には収まらない。もっと圧縮する必要がある。その場合、文型をそのままにして圧縮するやり方と、文型自体を変形して圧縮する方法とが考えられる。たとえば、次のような形はどうか。

個性の営みを絶対視する近代→芸術という領域の体系化
ジャンルの媒介による個々の作品と全体との連続化

このように考えた場合、記述すべき内容は次の三つのようなものになるだろう。

①個性の営みを絶対視する近代では
②作品はジャンルの媒介で全体へと連続化されて初めて
③芸術という領域が体系化されるから

他にもいくつかの文型があるだろうが、記述しにくい場合は、文型そのものを変えてみるといった柔軟性も求められる。

(二) 近代における、芸術の本質としての自律性についての理解が問われている。第二の部分を中心として、第三の部分の傍線部直後および第一の部分をも視野に入れる必要がある。

　傍線部は第三の部分にあるが、「かつて」とはここでは「近代」を指しているから、当然のことだが、解答範囲は前の第二の部分にあり、さらには傍線部直後の「日常」、および「自律性と完結性」の内容については第一の部分にまでさかのぼる必要がある。

　「自律性と完結性」とは、芸術の領域が他の領域の影響を受けたりしないで、それ自体として独自の動きをする一つのまとまりを持った領域であることを意味している。他の領域とは、たとえば日常の領域であり、現在では芸術の領域が曖昧化して「芸術の日常化」あるいは「日常の芸術化」([3])といった現象が見受けられる。

　それでは、それ自体として独自の動きをする一つのまとまりとしての芸術の自律性と完結性とは、どのような内容のものか。それは、個々の芸術作品がジャンルのなかに包摂されることで、ジャンルは「規定する全体としての性質をもつ」([2])ことになり、それぞれのジャンルおよび作品は「固有の法則によって完全に統御された」([1])領域として、他の領域の影響を受けないものとなる、ということだ。そのようにして、「ジャンルへの所属」は、「作品の価値のひとつの根拠ともなる」([2])のである。

　これらの内容をまとめるなら、記述すべきことは次の三つになるだろう。

①近代において芸術は、
②作品をジャンルに包摂し固有の法則で統御され独自の価値体系をもつ
③日常とは別の領域とされていた

　ここでも「近代」という語は必要である。また、他の領域については、自然科学の領域、経済の領域、思想の領域等々さまざまなものが想定されるが、直後の「日常的な世界」が「とくに」([3])と強調されていることから、少なくとも「日常」に触れる必要はあると考えられる。

㈢　現代の芸術把握におけるジャンル区分の必要性についての理解が問われている。第三の部分および第四の部分の前半が範囲となる。

　ジャンルの「区分」([3])が「欠かすことのできない作業（操作）」だと筆者が考えるのは、「現代という時代の特徴」が「あらゆる基準枠ないし価値基準の、ゆらぎないし消滅」([3])に示されているからである。美術展に便器を作品として展示したり、ピアノを一度も弾かないピアノ作品があったり（ジョン・ケージ「四分三十三秒」）、劇場をとび出した路上での芝居があったり（寺山修司）する現象のことが少しでも思い浮かべられたなら、理解はしやすくなるだろう。もちろん次のグレン・グールドやデュシャンは、それらの音楽と美術における例の一つである。

そのような基準枠や価値基準の「ゆらぎ」ないし「消滅」に対して、筆者は「すべての、あらゆるレヴェルのジャンルが、その意味(意義)を失ったのではないだろう」(3)と述べて、依然としてジャンル区分の意義が存在することを主張しようとしている。変わったのは、「集合の在り方」であり「集合相互の関係とそれを支配する法則」(3)なのだ。たしかに、ドイツ観念論美学による「うえから」の分類は意味のないものになったと言えるが、それでも、個々の作品を「ある普遍的な法則」(3)にもとづいて理論化しようとするなら、ジャンル「区分」は不可欠な作業だと言っているのである。

以上の内容をまとめて、二行の枠内に収めようとするなら、記述すべきことは次の三つのようなものになるだろう。

①境界を越える現代の芸術現象についても

②個々の作品を普遍的な理論で位置づけるには

③何らかの集合による区分が必要だから

この設問から現代へと変わるのだから、「現代」という語は全体的な枠組みを示すうえで重要である。また、「ゆらぎ」「消滅」の内容はそのまま書くと長くなるので、たとえば〈境界を越える〉とか〈越境する〉とかいった言い回しで短縮する工夫が望まれる。さらに筆者は、近代的な「分類」に対して「区分」の方がベターだろうと言っているのだから、「分類」よりは「区分」という語を用いるほうがよいだろう。

(四)　芸術領域が感性の基礎となる感覚によって区分されるということについての理解が問われている。第四の部分。

傍線部が具体的にどのようなことを言っているのか、ということについては、まず直感的に、音楽は聴覚、絵画は視覚、彫刻は触覚や視覚、などによって区分される、といったことを連想するのが望ましいだろう。その上で文脈を忠実にたどれば、「色彩」という視覚的性質に関して述べられている『感覚的性質』と、それを支える物質を基準とする芸術の分類」(4)が「芸術のもっとも基本的な性質にもとづいた、その意味で、時と場所の制約をこえた、普遍的なもの」(4)として挙げられていることに気づく。この「感覚的性質」とそれを支える「物質」あるいは「材料」は、「時と場所の制約をこえた、普遍的なもの」だと、筆者は言っているのである。ここは「色彩」という視覚的性質に関して述べられているのであるが、当然、これは他の芸術や感覚についても当てはまるはずである。音楽は楽器によって、さらには金管か木管かといった「材料」の違いによって分類されるということは、十分納得できるだろう。

次に、筆者がなぜ「時と場所の制約をこえた、普遍的なもの」を強調するのかについて考えると、それは「社会の構造がどのように変化し、思想的な枠組みがいかに変動したとしても」（4）とあることからもわかるように、「社会の構造」や「思想的な枠組」は時代や歴史の流れによって変動しやすいからである。それに対して芸術という文化領域は、「感覚的性質」とそれを支える「物質」あるいは「材料」によって分類されるという点では、相対的に変動が少ないと言えるだろう。「『感性』にもとづき、『感性』に満足を与えることを第一の目的とする」（4）芸術といういとなみは、基本的に「感覚」の領域にしたがって区分されるのである。

以上の内容をまとめるなら、記述すべきことは次の三つになるはずである。

①感性を基盤とする文化領域は
②社会構造や思想的枠組みとは別の
③人間の感覚的性質と用いる材料によって区分される

(五)　現代の芸術現象を把握する際には、依然としてジャンル区分が大切であるということを、本文全体の論旨に即して記述することが求められている。本文全体を視野に入れて、第四の部分の後半を中心に考える。

まず、傍線部は「集合としてのジャンルの把握」について言ったものであることを確認しておこう。

次に、「厳密な理論的態度」と「微妙な変化を識別する鋭敏な歴史的なまなざし」とが、それぞれどういった内容のものかを明らかにしなければならない。「厳密な理論的態度」とは、芸術の「本質的ないし普遍的な性質」（4）について探求する際に求められる態度である。一方、「微妙な変化を識別する鋭敏な歴史的なまなざし」とは、「歴史のなかで微妙な変動をみせる」（4）芸術というジャンル区分において、「個別的な作家や作品」を「実証的な歴史的研究の対象」（4）とする際に求められるものである。

そして、そもそも筆者がなぜこの文章を書いたのかという執筆モチーフについて考える必要がある。ここが把握できていないままでは、ポイントのはっきりしない、漠然とした解答になってしまう危険がある。3の初めにあったように、筆者は、現代という時代が「あらゆる基準枠ないし価値基準の、ゆらぎないし消滅」を示してはいるが、それでも芸術という現象をその本質的なところから理論的に捉えようとする際には、依然として「ジャンル区分」の意義が失われていない、ということを主張しようとしているのである。

なぜ「ジャンル区分」が必要かというと、それは「ジャンル」というものが「個別と普遍を媒介する」ものだからである。普遍を求める論理性が「厳密」の意味するものであり、変化を捉える柔軟性が「微妙」「鋭敏」の意味するものであろう。ジャンル区分は、そのような厳密さと鋭敏さを伴うことで、個別と普遍を媒介して、芸術の本質を探究する一つの大事な手掛かりとなるのである。

さらに、その「ジャンル区分」が、感覚と材質を基礎とするものであること、また、近代的分類とは別のものであるはずだということも落とさないようにしてまとめるなら、記述すべきことは次のようなものになるだろう。

①現代の芸術現象を捉えるには
②その本質を探る理論と共に、個別の作品に対する歴史的研究が必要となるが
③両者を媒介する感覚と材質を基礎としたジャンルの区分には
④近代の分類を超えて
⑤普遍を求める論理性と変化を捉える柔軟性とが不可欠となる

全体の論旨を捉えるという点で、①→③→⑤の骨組みを押さえ、そこに②と④を肉付けするというふうに考えれば、それなりの記述になると思われる。

(六)　漢字の書き取り。

a　「ツウネン」を含む文は、次文と並立になっているから、その末尾にある「常識」とほぼ同意の語と考えられる。したがって、〈社会一般が共通にもっている考え。常識〉の意の「通念」。

b　芸術という領域が、「固有の法則によって完全にトウギョ」されている、ということだから、〈全体をまとめてコントロールすること〉の意の「統御」。「統馭」とも書く。

c　「大量にルフするイメージ」とあるから、〈世間に広く行き渡ること〉の意の「流布」。読みにも注意したい。

d　「従来ともすれば乖離しがちであった理論と歴史的研究を、新たなユウワにもたらす」とあるから、〈対立するものとの間にあったわだかまりをなくして打ちとけること〉の意の「融和」。〈相手の態度を大目に見て仲良くすること〉の意の「宥和」と区別して理解しよう。後者は「宥和策」等、外交政策などで用いられる。

e　「アクチュアルな現象をハイジョする」とあるから、〈取りのけて、そこからなくすこと〉の意の「排除」。

解答

(一)　個性の営みを絶対視する近代では、作品はジャンルの媒介で全体へと連続化されて初めて、芸術という領域が体系化されるから。

(二)　近代において芸術は、作品をジャンルに包摂し固有の法則で統御され独自の価値をもつ、日常とは別の領域とされていたということ。

(三)　境界を越える現代の芸術現象についても、個々の作品を普遍的な理論で位置づけるには、何らかの集合による区分が必要だから。

㈣ 感性を基盤とする文化領域は、社会構造や思想的枠組みとは別の、人間の感覚的性質と用いる材料によって区分されるということ。

㈤ 現代の芸術現象を捉えるには、その本質を探る理論と共に、個別の作品に対する歴史的研究が必要となるが、両者を媒介する感覚と材質を基礎としたジャンルの区分には、近代の分類を超えて、普遍を求める論理性と変化を捉える柔軟性とが不可欠となるということ。（120字）

㈥ a＝通念　b＝統御（統馭）　c＝流布　d＝融和　e＝排除

第四問（文科）

出典

清岡卓行（きよおか・たかゆき）『手の変幻』（美術出版社一九六六年刊）の「女の手の表情」の〈3　生活の年輪　レンブラント『ユダヤの花嫁』〉。問題文では、末尾の一節が省略されている。

清岡卓行（一九二二〜二〇〇六）は、当時日本の植民地であった中国の大連生まれ。東京大学文学部仏文科卒業。詩人、小説家。詩集に『氷った焔』『清岡卓行全詩集』、小説に『アカシヤの大連』『李杜の国で』『マロニエの花が言った』等がある。出典となった評論集『手の変幻』は、その中の「失われた両腕　ミロのヴィーナス」が、高校の教科書に採り上げられている。

解説

〈本文解説〉

本文は、レンブラントの絵『ユダヤの花嫁』を採り上げ、そこに描かれた新郎と新婦の手の位置と形を通して、新しい夫婦愛の高潮し均衡する姿が、純粋な相互所有の形をとって永遠的な現在のなかに表現されている、ということを述べた文章である。全体は八つの形式段落から成るが、ここでは四つの部分に分けて考えてみよう。

第一の部分（1・2）　芸術作品にこめられた作者の無量の思い

詩の中のさりげない一つの言葉や、絵画における一つのタッチに作者の「千万無量の思い」がこめられていたとしても、その思いが鑑賞者の心に伝わることは、容易なことではない。作品と鑑賞者がよほどうまく「邂逅」（＝思いがけなく出会うこと）しないかぎり、「その秘密の直観的な理解」はできない、と筆者は言う。

しかし、そのような「表現と伝達の事情」においても、「時代と個人的な作風との微妙な緊張関係がうまく永遠化されている」場合は、例外的に伝わってくることがある。たとえばレンブラントの晩年の作品に見られる「重厚な筆触の一つ一つ」は、そこにこめられている「経験の痛みのようなもの」「人生への深沈とした観照の繰返された重さ」を、見る者にひしひしと感じさせる。ボードレールは、「レンブラント、呟きに満ちあふれた悲しい病院」（詩集『悪の華』の中の「燈台」という詩の一句）と歌ったが、レンブラントの絵のタッチにこめられた「呟き」には、見る者の心の内部に谺するような「いくらか暗く、そしてはげしい人間的な哀歓」が感じられる。

第二の部分（3）　レンブラントの『ユダヤの花嫁』には、人間の本質についての永遠の現在の感慨が示されている

そうした作品の中から、筆者は『ユダヤの花嫁』を採り上げる。作品のモデルに関しては様々な説があるが、そのような予備知識はなくても構わない。いかにもレンブラント風な色調は「人間の本質についての瞑想」にふさわしく、そのタッチの裏側にはレンブラントの「特殊で個人的な感慨」が潜んでおり、それが全体的調和の中で「素晴らしい普遍性」にまで高まっていくようだ、と筆者は述べる。この絵における「永遠の現在の感慨」の中には、古代の古い情緒も未来の新しい情緒も、「ひとしく奥深いところで溶けあっているような感じがする」。筆者は、こうした作品を前にするとき、人間の歩みというものについて、ふと、「巨視的にならざるをえない一瞬の眩暈（＝めまい）」のようなものを覚えるという。

第三の部分（4〜6）　新しい夫婦愛の高潮し均衡する危うい姿

『ユダヤの花嫁』では、筆者は「新郎と新婦の手の位置と形、そしてそれを彩る筆触」に、もっとも心を惹かれるという。なぜなら、それは「夫婦愛における男と女の立場のちがい、そして性質のちがい」を端的に示しているからだ。男の方の手は、女を外側から包むようにして、「所有、保護、優しさ、誠実さ」などの「静けさ」を現わし、一方、女の方の手は、男の積極性を無心に受け容れることによって、「逆の形の所

有、信頼、優しさ、献身」などの「充実」を示している。

　そうした瞬間を選びとり、そこに多くのものを凝縮したレンブラントの眼は「透徹していてしかも慈しみに溢れ」ている。「暗くさびしい現実」を背景として、「新しい夫婦愛の高潮し均衡する、いわばこよなく危うい姿」がそこには描きだされている。

　筆者がここで「危うい」と書いたのは、このような「夫婦愛」は「苛酷な現実によって悲惨なものにまで転落する危険性が充分にある」という意味である。その「悲惨」は、「人間が大昔から何回となく繰返してきた不幸」であり、しかし一方で、この絵に示された「理想的な美しさ」は、「人間が未来にわたってさらに執拗に何回となく繰返す希望」でもあるだろう、と筆者は述べる。


第四の部分（7・8）『ユダヤの花嫁』は所有の高次な肯定によって、愛の内容と結婚という形式の一致した夫婦の愛を描こうとしている

　男女の愛について、ボードレールは『覚え書き』の中で、「恋愛は寛容の感情に源を発することができる。売春の趣味。しかし、それはやがて所有の趣味によって腐敗させられる。」と書いている。翻訳文であるためか、「売春の趣味」という言葉にちょっと驚かされるが、ここは「寛容の感情」から出発した恋愛は相手を拘束せず、相手の自由な行動を許容する、といった意味であろう。ところが、そういう恋愛でも、そこに嫉妬が作用して相手を自分ひとりで独占したくなるような「所有の趣味」がからんでくると、結局のところ、その恋愛は腐敗して堕落したものになっていく、ということである。

　いかにも『悪の花花』（多くの翻訳書は『悪の華』としているが、筆者は原語が複数形になっていることを受けてそのまま忠実に訳している）の詩人にふさわしい言い回しであり、「世俗の道徳の権威」に反抗して、「性愛における『自我の蒸発と集中』の自由をのびやかに擁護しているもの」と思われる。ボードレールのこのような考え方は「快楽主義」というよりは「一種の潔癖な独立の趣味を想像させる……アナルシー」といってよいが、筆者もまた、そこに「爽やかな近代の感触をおぼえる」と言う。世俗的な伝統的道徳に束縛されない、近代的な個人の自由なのびやかさを感じるといったことだろう。

　しかし、レンブラントの『ユダヤの花嫁』のように、「時代を超えて人間の永遠的なものを啓示している絵画」を前にするとき、筆者はそこに実現されている「所有の高次な肯定」に、より強く魅惑されるという。それは「純粋な相互所有による腐敗の消去法」とでも呼ぶべきものであり、そこには「深沈とした美しさ」が定着されてもいる。ここで「所有の高次な肯定」と言っているのは、4に記されていた「男の方の手」と「女の方の手」が「所有」と「逆の形の所有」を示す表現になっており、それが「純粋な相互所有」という高いレベルでの「結婚」の肯定になっているということである。また「腐敗の消去法」というのは、夫婦の愛が破綻して崩壊する危険を、「純粋な相互所有」がかろうじて食い止めるものとなっているということだ。

そこに示されている「美しさ」は、「危うく脆いもの」であるかもしれない。しかし、幸福とは、いずれにしても「瞬間のもの」あるいは「断続的な瞬間のもの」であろう。また、現実には「絶対的な誠実」というものはありえない。〈より多くの誠実〉といった相対的な誠実があるだけであり、さらには、自分で誠実だと思っていることが相手にも誠実として受け止められるとは限らない場合もある。したがって、「幸福と呼ばれる瞬間の継起」を願って、「可能なかぎり誠実であろうとする愛の内容」が、相互の所有という仕方を通じて、「結婚という形式」とぴったりと一致するかどうかが問題なのであり、そのようにして「内実と外形の区別ができない生の謳歌の眩ゆさ」を描こうとしたのが、レンブラントの『ユダヤの花嫁』である、と筆者は述べている。

〈設問解説〉

設問の全体的な構成を概観してみよう。

㈠　作品と鑑賞者との邂逅による、表現内容の直接的な伝達

㈡　『ユダヤの花嫁』に表現されている、普遍性にまで高められた作者の個人的な感慨

㈢　苛酷な現実を超えて繰り返される人間の希望

㈣　愛という内容と結婚という形式の一体化

部分と全体が緊密にかかわっていることを、あらかじめ意識しておきたい。

㈠　作品と鑑賞者との邂逅による、表現内容の直接的な伝達についての理解が問われている。第一の部分。

ここは本論に入る前の導入部に当たっており、レンブラントの作品に限定されることのない、芸術作品一般と鑑賞者との間における「表現と伝達の事情」（2）についての問いになっている。

「その秘密」とは、詩のさりげない一つの言葉や絵画におけるさりげない一つのタッチに「密かにこめられた」「作者の千万無量の思い」（1）である。それは「埋蔵されたものの重み」とも言い換えられ、レンブラントの場合は、「人生への深沈とした観照の繰返された重さ」（2）となっている。

レンブラントのことをことさらに含める必要はないが、「千万無量の思い」が「人生」からくる「重さ」であることは、一般的なことと見なして構わないだろう。そのような「思い」が鑑賞者の心に「直観的」に「理解」されることは容易ではなく、ふつうはなかなか望めない、という文脈にある。さらにその流れは、そのように容易ではない「直観的な理解」が、レンブラントの場合は、例外的に、起こりうる、という言い方で、本論へと続いていく。

「直観的な理解」の「直観」とは、論理的思考によらず直接的に対象の本質を把握することを意味する。したがって、ここは、〈理屈抜きで一挙に把握する〉といった意味になろう。どういう場合に、そういうことが起こりうるのか。それは、「作品と鑑賞者がなんらかの偶然によってよほどうまく邂逅する場合である。「邂逅」という言葉があえて用いられているることからもわかるように、「作品」と「鑑賞者」がうまく出会うということは、めったにない幸運の偶然なのである。

以上が「表現と伝達の事情」に当たるものであり、このことを二行の枠内に収まるように工夫をする。

①芸術作品の表現にこめられた人生への作者の無量の思いを

②幸運な出会いによって

③鑑賞者が理屈抜きで一挙に感じ取る

「作品」と「鑑賞者」との「邂逅」という、容易ではなく、めったにない幸運な出会いについて書く、という解答の方向性をしっかり意識することが、ぶれない記述へとつながる。

(二)　レンブラントの『ユダヤの花嫁』において、作者の個人的な感慨が普遍性にまで高まっていることについての理解が問われている。第二の部分。

傍線部が、レンブラントの『ユダヤの花嫁』という絵について述べているものであることをまず確認しておこう。その上で「ひとしく奥深いところで溶けあっている」の「溶けあっている」が、何について言っているのか、あるいは、どこで「溶けあっている」のかを考えなければならない。それは、この絵における「永遠の現在の感慨」[3]である。十七世紀前半に描かれた絵であるにもかかわらず、そこに漂っている「永遠の現在の感慨」とでも呼ぶべきものの中には、あるものとあるものとが「溶けあっている」と筆者は述べている。

何と何とが「溶けあっている」のか。それは「見知らぬ古代」の「古い情緒」や、「見知らぬ未来」の「新しい情緒」[3]である。それらが「永遠の現在の感慨」の中に「溶けあっている」のである。

それでは、その「永遠の現在の感慨」という表現で、筆者は何を言おうとしているのだろうか。それは「人間の本質についての瞑想」[3]を重ねたレンブラントの「特殊で個人的な感慨」([3])が、「素晴らしい普遍性」([3])にまで高められて、「永遠の現在の感慨」として表現されているということである。人間の本質についての瞑想を重ねたレンブラントの個人的な感慨、言い換えれば「人間的な哀歓」([2])が、レンブラントひとりの感慨として終わることなく、「今日のぼく(＝筆者)などにまで、……ひしひしと感じさせる……」([2])ものとなっており、古代から未来にわたる「永遠の現在の感慨」として普遍性を獲得しているということだ。「巨視的」になることによる「一瞬の眩暈」([3])と言っているのも、このような人間の本質についての「永遠の現在の感慨」に直面させられるからである。

以上をまとめるなら、記述すべきことは次の三つになるだろう。

①『ユダヤの花嫁』では
②人間の本質に触れた作者の個人的な哀歓が
③時空間を超えた普遍的な現在の情緒となっている

抽象的な表現が、具体的にはどんなことを言っているのか、抽象と具象を往復するようにして、その表現の言っていることを実態的に理解することが大事である。また「古代……古い情緒」や「オランダ」(さらには「今日のぼく」に含まれる「日本」)等の内容を、〈時空間を超えた〉のように簡潔な表現に縮約するといったことも、現代文を勉強する上での一つの大切な訓練である。

㈢　苛酷な現実を超えて繰り返される人間の希望についての理解が問われている。第三の部分。

傍線部は、「この絵画にかたどられようとしている理想的な美しさ」について言ったものであり、それは「暗くさびしい現実を背景として、新しい夫婦愛の高潮し均衡する」「理想的な美しさ」のことを言っている。さらにそれは具体的には、『ユダヤの花嫁』の新郎と新婦の手の位置と形に描かれた、男の手が「所有、保護、優しさ、誠実さなどの渾然とした静けさ」を現わし、女の手が「逆の形の所有、信頼、優しさ、献身などの……溶け合った充実」を示しているということを意味している。それが「理想的な美しさ」であるのは、「夫婦愛における男と女の立場のちがい……性質のちがい」を前提としつつ、そこに「新しい夫婦愛の高潮し均衡する……姿」が描き出されているからである。しかし、それは「危うい」美しさなのだ。むしろ実現の困難なものであるからこそ、「理想的」という語が付けられていると言ってもよい。

「人間が未来にわたってさらに執拗に何回となく繰返す希望」の「さらに」は、「人間が大昔から何回となく繰返してきた不幸」と対比して言ったものであり、「何回となく繰返してきた不幸」にもかかわらず、「さらに」「執拗に何回となく繰返す希望」ということを言っている。「繰返してきた不幸」とは、夫婦の愛が「苛酷な現実によって悲惨なものにまで転落」してきたこと、簡略化して言い換えるなら、夫婦の愛がやがてはいがみ合う関係へと転落し破局を迎えるという、結婚というものの(かなり一般的な)経過を意味している。夫婦の愛が崩壊するという現実の悲惨があるからこそ、人間は「さらに」執拗に、結婚する夫婦の愛の永続に「理想的な美しさ」を願いつづけてきたのである。

以上の内容をまとめるなら、記述すべきことは次の二つになるだろう。

①いつの時代も苛酷な現実による愛の崩壊に打ち負かされつつ

②一方で人間は夫婦の愛が結晶する瞬間を願ってやまない

〈愛が結晶する瞬間〉という言い回しは、ややムリをした表現だが、「新しい夫婦愛の高潮し均衡する」の辺りを、何とか実感的に表現しようとしたものである。本文を読み取ったということを採点者にアピールするためには、時には背伸びをした表現に挑戦するくらいの気概を持ちたい。

㈣　愛という内容と結婚という形式の一体化についての理解が問われている。全体を視野に入れて、第四の部分を中心に考える。

「純粋な相互所有」とは、直接的には『ユダヤの花嫁』の新郎の手が「所有」を表し、新婦の手が「逆の形の所有」(④)を表していることを言ったものである。つまり、男は女を外側から包むようにして所有するのに対し、女は男に所有されることを受け容れることによって、逆に男を所有するということだ。この瞬間を描いたレンブラントは、所有ということを否定してはいない。むしろ「所有の高次な肯定」を示していると言ってよい。

ボードレールは、恋愛がたとえ「寛容の感情」から出発したとしても、それは「所有の趣味」によって「腐敗させられる」(⑦)と言った。相手を独占しようとする「所有の趣味」は、嫉妬の感情とからまりあうことで、結局は男と女のいがみ合った愛の堕落となって「腐敗」していく。むしろ、相手の自由を許容する「売春の趣味」の方が、男女の愛の望ましいあり方だと考えた。

筆者はボードレールのこのような考え方に「一種の潔癖な……アナルシー」といった「爽やかな近代の感触」(⑧)を覚えるのであるが、それでもレンブラントの『ユダヤの花嫁』に描かれた「所有の高次な肯定」に「より強く魅惑」(⑧)されてしまうことを、正直に告白する。そこには「時代を超えた「永遠的なもの」」が啓示されているからである。現在のフェミニズム等の考え方からすれば、人間の関係を「所有」と被所有で捉えるなど論外の見方と言えるかもしれないが、筆者はこの絵に、所有を高次のレベルで肯定するレンブラントの「観照」(2)が示されており、そのことに「より強く魅惑」されると言っているのである。

したがって、「腐敗の消去法」という比喩的な表現は、愛の腐敗を食い止めるやり方、つまり、愛が束縛や支配へと変質して堕落することを防ぐ方法、といった意味になる。

それでは、『ユダヤの花嫁』の新郎と新婦の手の位置と形に示された「純粋な相互所有」が愛の「腐敗」を「消去」できるのは、どのようにしてなのか。世の中には永続する幸福は存在せず、また「絶対的な誠実」(8)というものもありはしない。存在し得るのは、幸福の「瞬間」、あるいは「断続的な瞬間」であり、ある一人に対する「他の人たちに対するよりも多くの誠実」という相対的な誠実である。とすれば、「幸福と呼ばれる瞬間の継起」を願うとき、可能なかぎり相手に誠実であろうとすることで、相互に対等の関係が実現できたなら、それは愛の「腐敗」を「消去」することになるのではなかろうか。このようにして、レンブラントの絵は、「愛の内容」が「結婚という形式」と一体化する人間の希望を、「生の謳歌」として眩ゆく表現している、と筆者は述べている。

以上の内容を二行の枠内に収めるのは極めて難しいが、文脈上の軽重を判断して縮約していくしかない。数回にわたる書き直しは、避けられないだろう。

① 互いに誠実であろうとする夫婦の愛によって
② 一方的な支配と束縛へと傾斜する愛の堕落を食い止めようとする

設問(四)に取り組むときは特に、全文を視野に入れて考えることと、本文の語句を切り貼りしただけの生硬なパッチワークにならないよう、抽象的な表現をかみくだいてその実態的な内容を捉えることが求められる。

解答

(一) 芸術作品の表現にこめられた人生への作者の無量の思いを、幸運な出会いによって、鑑賞者が理屈抜きで一挙に感じ取るということ。

(二) 『ユダヤの花嫁』では、人間の本質に触れた作者の個人的な哀歓が、時空間を超えた普遍的な現在の情緒となっているということ。

(三) いつの時代も苛酷な現実による愛の崩壊に打ち負かされつつ、一方で人間は夫婦の愛が結晶する瞬間を願ってやまないということ。

(四) 互いに誠実であろうとする夫婦の愛によって、一方的な支配と束縛へと傾斜する愛の堕落を食い止めようとするということ。

二〇〇六年

第一問（文理共通）

出典

宇都宮輝夫（うつのみや・てるお）「死と宗教――来世観の歴史性と不変性」（岩波講座　宗教3『宗教史の可能性』所収）の〈四　来世観の実在基盤〉のうち「先行者の世界」および「命の継承」の、末尾の一文を除くほぼ全文。

宇都宮輝夫は一九五〇年生まれ。専攻は宗教社会学。著書には『生と死の宗教社会学』『スピリチュアリティの現在』等がある。

解説

〈本文解説〉

本文は、宗教における来世観の働きについて考察したもので、先行する死者が現実社会に存続し、後続する死者が未来の社会へと存続する形で、犠牲という価値理念にもとづいて命のリレーが行われることによって、現実の社会が支えられていく、ということを述べた文章である。全体は七つの形式段落から構成されているが、ここでは四つの部分に分けて考えてみよう。

第一の部分（1～3）　先行する過去の死者は、現実の社会に実在する

人類の宗教史の中では、ほとんどの宗教が来世観を有している。どんな社会においても死者の存続が説かれているのは、なぜなのか。答えは単純で、「死者は決して消滅などしない」からである、と筆者は述べる。生物学的な遺伝や、名前、語り伝えられる記憶や伝承の中にも、死者は生きている。現在の社会はすべて過去の遺産に他ならない。「故人」という言葉の存在からもわかるように、先行する過去の死者は今も現在の社会に作用を及ぼし、われわれの現在を規定している。死者は、生物学的な実体としては存在しないが、依然として生者に働きかけ、作用を及ぼし続ける実在なのである。

このような社会の連続性が社会のアイデンティティを構成し、それは同時に個人のアイデンティティの基礎ともなっている。

人間の本質は社会性であるが、それは同時代者に相互依存しているだけではなく、幾世代にもわたる社会の存続に依存していることをも意味している。言い換えるなら、「社会」とは、「生者の中に生きている死者」と、「生きている生者」との「共同体」なのである。

第二の部分（④）人間は、死者となった後も、未来の社会に働きかける

右のような「過去から現在へという方向」は、「現在から未来へという方向」と並行している、と筆者は言う。前者が過去の死者について述べているのに対し、後者は自分が死者となるはずの未来について述べようとしているのだ。筆者は来世観の内容へと踏み込もうとしているのである。

「人間は自分が死んだあともたぶん生きている人々と社会的な相互作用を行う」。人間は、「死によって自己の存在が虚無と化し、意味を失う」とは考えずに、「死を越えてなお自分と結びついた何かが存続すると考え、それに働きかける」のである。それは単なる「虚妄」ではなく、自分が受け渡そうとしているこの社会にかかわっている。また、それは「自分の名声」のためではなく、「犠牲」という価値理念にもとづいて発動している。社会の連続性は、死者を介して過去から現在に至っているだけではなく、次の死者を介して現在から未来へと受け継がれてもいくのである。

第三の部分（⑤）社会的連続性は、表現されて象徴化されることで、その実在性が指示される

現成員相互の社会的連帯は、表現されることで、より確かなものへと強化されていく。たとえば、校歌とか制服といったものを思ってみるなら、そのことが理解できるだろう。まったく同じことが、現成員と先行する死者との連帯にも当てはまる。これは、いわば〝縦〟の連続性であり、伝統と呼ばれるものである。伝統がしっかりしているなら、その社会は安定する。それゆえ、先行する死者は、象徴を通じてその実在性がはっきりと意識される必要がある。言い換えるなら、「先行者の世界は、象徴化される必然性を持つ」のである。たとえば、墓、神社、石碑……といったものを思い浮かべるなら、そのことが納得できるだろう。

他方で、来世観がそれなりに信頼できる内容を持つものであるなら、「何らかの実在を象徴している」ことが求められる。言い換えるなら、「来世観は、実在を指示する必然性を持つ」のである。これら二つの「必然性」は、あい呼応している。

第四の部分（⑥・⑦）来世観の機能は、他者の生を尊重するがゆえの死の受容という、犠牲を価値モチーフとした命のリレーにある

人類のどの社会においても、不可避の運命としての老いや死を逃れようとする態度は、一般に非難の対象となる。むしろそれは、死ねばよいといった単純なことではなく、悲しみや無念の思いにもかかわらず、自分に与えられた運命を潔く受け容れることが期待されている、ということである。その

期待は普遍性をもつと言ってよい。そしてそこには来世観の機能が深くかかわっているように思われる、と筆者は言う。

　人間社会という集団は、年老いた個体が順次死んでいき、若い個体に道を譲ることで、その集団の存続が保たれている。その場合、死は積極的に求められるのではなく、「引き受けざるを得ないものとして納得する」だけである。それは「他者の生を尊重するがゆえの死の受容」であり、そこには、「他者の命のために自分の命を失う」という「人間の勇気と能力」が求められる。そのような「他者のために死の犠牲を払うことは評価の対象となる」と筆者は述べる。その「犠牲」が、「人間の勇気と能力」の証となるからだ。これこそが、宗教が死の本質つまり命の本質を規定する際に広く見られる「犠牲」というモチーフである、と筆者は考える。

　他の生に道を譲る「勇気」と、自らの生に対する「諦め」は、死の不安におびえ、自らの生にしがみつく執着とは、対極にある。世界の主要な宗教伝統は、そのような執着を克服し、自らの迷妄を浄化する方途こそが望むべき道であると提示する。このようにして「犠牲」に価値を置く死のとらえ方は、いわば「命のリレー」として、先行者の世界と生者の世界とをつなぐ根底的な動機になっているように思われる。

　そのように考えると、「先行者の世界に関する表象の基礎にある世俗的一般的価値理念」と「来世観の基礎にある宗教的価値理念」との間には、「通底するないし対応するところ」がある、と筆者は述べる。ここで「世俗的一般的価値理念」という語が何を意味しているのかは、ややわかりにくいが、「宗教的価値理念」と対比されていることから考えると、生者が現実の社会に生きるときに何をよしとして何をよくないことと判断するかといった一般的道徳観念を指している、と推測される。私たちは一般に、神社や墓に詣でて、死者たちがかつて生きた生に思いをはせることで、自らの生を新たなものへと仕向けようと試みるのである。一方、「宗教的価値理念」という語は、「来世観の基礎にある」ということからもわかるように、やがては誰にもやってくるはずの自らの死の受容に向けて、静まりのうちに心の準備をすることを意味していると考えられる。さらに、「通底するないし対応する」という表現は、④の冒頭にある「……パラレルになっている」、あるいは⑤の末尾にある「……あい呼応している……」という表現とほぼ同内容のものであり、二つの価値理念の根底のところにある共通性を意味していると言えるだろう。

　――以上の内容をあらためてまとめるなら、ほぼ次のようなものになるだろう。

　先行する死者は消滅せず、生者とともに現実の社会に実在する。同様に、現在の生者は死者となった後も消滅することなく、未来の社会を未来の生者とともに支えていく。このような死者と生者の連帯は象徴化されて表現されることで、社会的連続性つまり伝統として可視化されなければならない。象徴化されて実在する死者の世界は、現在に生きる生者の道徳的基盤となり、また宗教的来世観の存在は、やがてやってくる自らの死を受け容れて命を受け渡し、人間社会の存続を保っていくための機能を果たしている。

筆者は〈宗教的来世観の機能〉が、(死への不安や恐怖をやわらげるためのものといったことではなく、)あくまでも現実の人間社会の存続のためにある、という視点から考察しているのである。

〈設問解説〉

設問の全体的な構成を概観してみよう。

㈠　先行する過去の死者の現在における実在

㈡　死者となった自分と未来の社会の生者との相互作用

㈢　先行する死者の世界が、象徴化されて表現されることの必然性

㈣　他者の生に自らの生を譲る死の犠牲という価値理念

㈤　先行者の世界に関する表象の基礎にある世俗的一般的価値理念と来世観の基礎にある宗教的価値理念との間に見られる共通性

㈥　漢字の書き取り

こうして見ると、㈠〜㈣は本文の論旨展開の骨格を問うており、㈤は本文末尾の表現に収斂する形で全体をまとめる問いになっていることがわかるはずである。

㈠　先行する過去の死者が現在の社会に実在していることの理解が問われている。第一の部分。

死者は、「生物学的にはもちろん存在しない」が、「社会的には実在する」[1]。傍線部の「死者は決して消滅などしない」という表現は、この「社会的には実在する」ということを言ったものである。それでは、死者が「社会的には実在する」というのは、実態としてどういうことを言っているのか。

まず、親から子、孫へと続く遺伝的な相似というものがあり、つぎには、名、記憶、伝承などの言い伝えがある。さらには、現在の社会自体が過去の遺産と言ってよい。故人といった表現そのものも、死んだ人が今もいることを指し示している。このような、先行する過去の死者が「今のわれわれに依然として作用を及ぼし、われわれの現在を規定している」ことが「社会的には実在する」ことの意味である。他の表現を借りれば、死者が「生者に依然として働きかけ、作用を及ぼし続ける実在」[1]として「社会の連続性」[2]を保証し、「社会を強固にしてゆく」[2]ことである。

以上の内容を二行にまとめるためには、それなりの一般化が求められる。親・子・孫とか、名・記憶・伝承とかをその

まま書いていたら、解答枠をはみ出してしまうだろう。

①死者は過去からの連続として生者の世界を規定して実際にかかわり

②現実の社会を支え続ける

次の設問(二)には「未来」という語が必要であることを、あらかじめ考えに入れておくなら、この設問(一)には「過去」という語を明記すべきであることが、理解できるのではないか。

(二)　人間は、自分が死者となった後も、未来の現実社会において生者との相互作用を行う、ということについての理解が問われている。第二の部分を中心として、第一の部分、第三の部分をも視野に入れる。

直前の一文が、大事なヒントとなっている。「過去から現在へという方向」(＝第一の部分)が、「現在から未来へという方向」(＝第二の部分)と「パラレル」(＝並行)になっているというのだから、この設問の解答の骨格は(一)の内容をそのまま「現在から未来へ」という方向へとずらせばよいことになる。

ここで忘れてならないのは、「自分が死んだあとも」とあるように、自分が死者となった後の現実の社会のことを言っているということである。楽しい想像ではないかもしれないが、自分が死んだ後の現実の社会ということをしっかりとイメージしなければ、リアリティのある答案にはならない。「生者」「死者」という用語は使っていても、〈自分が死者となったとき〉のニュアンスが示されていない答案は、解答者の主体の不明瞭なものとして、良い得点にはならないだろう。自分が死後に行く世界そのものは、「来世観」の内容に当たるが、本文で筆者が論じているのは「来世観」の内容ではなく、「来世観」の現実社会における「機能」についてである。

次に、「生きている人々と社会的な相互作用を行う」という表現の実態的な内容を明確にしなければならない。人間は「死を越えてなお自分と結びついた何かが存続すると考え、それに働きかける」(4)のであり、未来の生者は私たちが死者となって引き渡す社会に支えられて生きるのである。第一の部分の3では、人間の社会性が、生者と生者の「相互依存」にあるだけでなく、「幾世代にもわたる社会の存続に依存している」ことが述べられていた。この死者と生者との相互依存というあり方を、「死者」というところに自分が死者となったときのことを当てはめ、「生者」というところに未来の生者たちのことを当てはめてイメージすればよい。未来の生者たちは、死者となった私たちの支えを求めているのである。

そのようにして私たちは、自分がいま担っている社会を、未来の生者たちに引き渡すのである。それは、第三の部分の5をも視野に入れれば、「先行者との連帯」を求める未来の生者たちに向けて、自分の生きる現在の社会を「伝統」として受け渡すことに他ならない。

以上をまとめるなら、記述すべき内容は次の三つになるだろう。

①人間は死者となることで

②死者との連帯を必要とする生者と呼応して

③自分の生きる社会を伝統として未来に受け渡す

なお、右の②で〈……必要とする生者と呼応して〉という表現を用いたのは、「相互作用」の「相互」のニュアンスをなんとか言い表そうとしたものであり、そのニュアンスが示されていれば、もちろん別の表現であっても構わない。

㈢　**先行する死者の世界が、象徴化されて表現される必然性を持つことについての理解が問われている。第三の部分。**

現成員相互の連帯が、表現されることで弱体化を防ぐことになるように、現成員と先行者との連帯も、必ず表現されなければならない。そうしないと、社会の連続性があいまいになって、安定を失ってしまう。つまり、社会がしっかりと安定したものになるためには、先行する死者の世界が「象徴」を通じてその「実在性」がはっきりと意識できるように、「表現」されなければならないのである。頭の中で、連続性が「現にある」と思っているだけでは、足りないのだ。実際に「表現」されることで、「意識可能な形」にされ、「絶えず覚醒される」ことで初めて、社会の連続性が強力なものとなり得るのである。本文にはこのことに関わる具体例が示されていないが、墓とか神社といったイメージを自分の中で思い描けるかどうかが、ポイントとなる。

①社会の安定的な存続のためには

②先行する死者が生者を支える実在として

③意識可能な形で表現される必要があるから

「先行者」は、そのまま「先行者」とするのではなく、〈先行する死者〉とすることで、「死者」と「生者」との連帯という内容がより鮮明になってくるだろう。また、死者は生物学的には存在しないのだから、あえて「実在」という語を用いることで、「意識可能な形」に「表現」されたものの「象徴化」のはたらきがより明快に説明できたことになるだろう。

㈣　**他者の生に自らの生を譲る死の犠牲という価値理念についての理解が問われている。第四の部分。**

「評価の対象」となるのは、「他者の命のために自分の命を失う」⑦ことが、人間の「勇気と能力」⑦を示しているからである。死という不可避の運命を呪ったり逃れようとする態度が非難の対象となるのに対して、死の運命に「従容として」従うことは、社会から暗黙のうちに「期待」されていることなのだ。死は、「引き受けざるを得ないものとして納得する」しかないものなのであり、それは「生を諦める」ことに他ならない。ほぼ同じことは、傍線部の後でも、「勇気」「諦め」という語で繰り返し説明されている。このことが答えとしての核心となる。

次に、「他者のために死の犠牲を払う」ことが、なぜ「評価の対象」となるのかについて、考えてみよう。集団が存続するためには、「年老いた個体が順次死んでいき、若い個体に道を譲」ることがなされなければならない。そうしないと、その集団には年老いた個体があふれ、集団の存続自体が「危殆に瀕する」ことになる。つまり、「年老いた個体が順次死んで」いくことは、社会の側から「期待」されていることなのだ。人は、「全体の命を支えるという、一時は自らが担った使命を果たし終えたとき、他の生に道を譲り退」いていかなければならない。死の受容は、集団の存続を可能にするためなのである。

以上をまとめるなら、記述すべきことは次の二つになる。

①自らの使命を果たし終えて他者の生に道を譲る死の受容は

②集団の存続を可能とさせるための勇気ある諦念を示しているから

右の②の〈諦念〉は、もちろん「諦め」でも構わない。あえて〈諦念〉としたのは、一般的に〈あきらめ〉という語が否定的なニュアンスを強く持つのに対して、本文の「諦め」は積極的、肯定的なニュアンスを強く持っており、そのことを単語のレベルでも明確にしようとしたためである。

㈤　**先行者の世界に関する表象の基礎にある世俗的一般的価値理念と来世観の基礎にある宗教的価値理念との間に見られる共通性についての理解が問われている。**本文の構造を把握しつつ、第四の部分の末尾に収斂する形で全体をまとめる。

傍線部の表現は、そのまま本文全体の骨格を要約するものになっている。したがって、「先行者の世界に関する表象の基礎にある世俗的一般的価値理念」と「来世観の基礎にある宗教的価値理念」とのそれぞれの内容をわかりやすくかみくだき、「通底するないし対応するところ」の意味する実態的な内容で両者を結びつければよいことになる。

まず前者は、〈先行する死者が、過去からの連続性によって生者の現実社会を支える〉といったふうにまとめられるだろう。「世俗的一般的価値理念」という語がややわかりにくいが、「宗教的価値理念」という語と対比して用いられていることから考えると、生者が現実社会を生きるときの規範となるような〈世俗的な道徳〉と考えてよいだろう。人間は「物質的・観念的利害」④によって動くが、ただそれだけではない。善悪の判断が求められるような場合、人は心のどこかで、先行する死者たちのかつての生き方を思い描き、そこに何らかの「価値理念」④を見出そうとするのではなかろうか。

次に後者は、〈生者が後続する現実社会の犠牲として死者となる〉というふうにまとめられよう。「来世観」の基礎にある「宗教的価値理念」となっているのは、自分が死者となるときの心構えにかかわるものだからである。その核心は、むろん「犠牲」である。生者は、後続する他者の命のために、自分の命を失う「死の受容」を納得するしかないのである。

そして最後に「通底するないし対応するところ」とは、右の二つの「価値理念」の間に、共通性が見られるということだ。その共通性とは、「命のリレー」である。それは先行者の世界と生者の世界とをつないでいる「価値モチーフ」である。自らの生に執着するのが人間であると認めつつも、「それを克服する道」[7]こそが望ましいと、人々は見なしてきた。このようにして、生者と死者は連帯を強化してきたのである。とすれば、ここは〈死後への執着を浄化し生者と死者をつなぎその社会的連帯を強化するという共通性〉といったふうにまとめられよう。

以上の三つの内容をあらためてまとめなおすと、記述すべきことは次のようになるはずである。

①先行する死者が、過去からの連続性によって生者の現実社会を支える世俗的な道徳と

②生者が後続する現実社会の犠牲として死者となる宗教的な来世観とは

③死後への執着を浄化し生者と死者をつなぎその社会的連帯を強化するという共通性を有している

ここを記述する際に重要なことは、書き手としての自分の立場をしっかりと自覚することである。特に来世観については、自分が死者となる場合のことを言っているのであり、「先行」するとか「後続」するとかの説明が不十分な場合は、内容が不明瞭なものになりがちである。筆者の関心は「来世観の機能」にあるのであり、来世観の内容そのものには全く触れられていない。筆者が主張していることの力点は、あくまでも〈命のリレーを通した現実社会の存続〉にあることを忘れないでおこう。

㈥　漢字の書き取り。

a　「沈殿」。「沈澱」も可。「澱」は〈おり・かす・どろ〉の意。本来はこの字を用いたが、現代表記では代用字を用いた「沈殿」とするのが一般化している。

b　「厳然」。「儼然」も可。〈おごそかで厳しいさま〉。先行者の世界が「実在する」ことの、動かしがたいさまを言っている。同音異義語の「現前」に注意。

c　「要請」。〈願い求める〉ことの意。人間が、自分の死後の世界に働きかけることを、「心理的要請」ではなく、「自分が担い、いま受け渡そうとしている（現実の）社会」のことだと言っている文脈にある。

d　「従容」。「縦容」も可。生命の危険がある場合でも、〈ゆったりとした落ち着いた態度〉を失わないさまを表す。〈従容として死地に赴く〉といった慣用的表現がある。本文中の同じ行に「容」も「従」も書かれている。つまり、この書き取

りは、語彙力が問われているのである。

e 「克服」。〈困難にうち勝って乗り越えること〉の意。

解答

(一) 死者は過去からの連続として生者の世界を規定して実際にかかわり、現実の社会を支え続けるということ。

(二) 人間は死者となることで、死者との連帯を必要とする生者と呼応して、自分の生きる社会を伝統として未来に受け渡すということ。

(三) 社会の安定的な存続のためには、先行する死者が生者を支える実在として、意識可能な形で表現される必要があるから。

(四) 自らの使命を果たし終えて他者の生に道を譲る死の受容は、集団の存続を可能とさせるための勇気ある諦念を示しているから。

(五) 先行する死者が、過去からの連続性によって生者の現実社会を支える世俗的な道徳と、生者が後続する現実社会の犠牲として死者となる宗教的な来世観とは、死後への執着を浄化し生者と死者をつなぎその社会的連帯を強化するという共通性を有しているということ。（120字）

(六) a＝沈殿（沈澱）　b＝厳然（儼然）　c＝要請
d＝従容（縦容）　e＝克服

第四問（文科）

出典

宮澤康人（みやざわ・やすと）「学校を糾弾するまえに――大人と子どもの関係史の視点から」（東京大学出版会『学校の再生をめざして　1　学校を問う』所収）の〈二　学校の基本構造＝教師・生徒関係〉の一節。

筆者は一九三三年生まれ。専攻は、西洋教育史。

第四問は、例年、文学的なエッセイが中心に出題されていたが、教育論の内容ということで、素材の点では大きく変化した。

解説

〈本文解説〉

本文は、近代の学校教育における教師と生徒のあり方を、中世の徒弟制度における親方と徒弟のあり方と対比して論じ、職業共有の意識が失われ見習いという学習形態が有効ではなくなった現在、学校教師が教育の困難な状況に置かれていることを述べた文章である。全体は八つの形式段落から成っているが、ここでは四つの部分に分けて考えてみよう。

第一の部分　1　見習いという学習形態を用いにくくなった近代学校の教師の役割の難しさ

産業革命以前では、子どもは親か親代わりの大人の仕事の後継者として、その仕事を「見習い」ながら、一人前の大人となった。そこには同じ仕事を共有する「先達と後輩」の関係が成立し得る。そういう現実を前提として、「大人の権威」は支えられたのである。それに対して、近代の学校ではそのような関係は期待できない。教師が職業共有の意識を子どもに求めることはできず、「見習い」という学習形態も利用しにくい。にもかかわらず、「何ごとかを教える役割を負わされている」というところに、近代学校の教師の役割の難しさがある。

第二の部分（2～4）　中世では学校でも後継者見習いの機能が生きていた

中世では、学校においても「後継者見習いの機能」は生きていた。ここでは「中世」と「産業革命以前」とは、〈近代以前〉を指す点で、ほぼ同義と見なしてよい。教師はラテン語のテクストを読み、あるいは文書を作る書記の作業をする。そのような仕事をする教師は知識人＝書記であり、生徒はその予備軍である。生徒は教師の傍でその作業を見習いながら、その技能を身につけていく。こういう事態を指して、フィリップ・アリエスは、中世には「学校《スコラ》」はあったが、「教育《パイデイア》」という観念はなかった、と言っている。それは単に教授法が未開発だったということではなく、見習いという方式が実際に機能していたということである。

これは逆に言えば、中世の教師は、同時代の徒弟制の親方に似ていたということであり、自らの職業を実施する過程の中に、後継者を養成する機能が含まれていたということである。中世の教師は「教える主体」ではなかったのであり、中世の生徒もまた「教えられる客体」ではなかった。両者は「主体と客体」に両極化する以前の、「先達と後輩」の関係にあり、そこには「一種の学習の共同体」が成立していたのである。

見習いが十分に機能している場合、教える技術といった教授法への必要性は弱い。教授学者《ディダクティカー》の出現は十七世紀まで待たなければならないことになる。

第三の部分（5～7）　近代の学校においても、先達と後輩の関係が成り立った、例外的な事例

ただし、近代の学校においても、先達と後輩という中世的な関係が成り立った、例外的な事例がないわけではない。たとえば、ラニョー、アラン、モーロワと続く師弟のつながりは、賛辞と崇拝に満ちた強固なものを示している。

しかしこの種の師弟関係は、書物を読み、書物をかくことを職業とする知識人の間でしか成り立たないものと言える。プラトンを読み、ラテン語や幾何学ばかりを重視するような教師に、将来、商社のセールスマンを志望し、ふつうの社会人になろうとする生徒が「帰依」するとは考えにくい。

ラニョーやアランのように「帰依」されることは「教師冥利」につきるが、近代の大衆的な学校では、教師が理想とする人間像を子どもが受けいれることは、ごく限られた範囲のことでしかない。

第四の部分 ⑧ 近代における教育の諸技術の発達

職業共有の意識を期待できない多くの生徒たちに、教師はそれでも教育をすることを強いられる、という難しさに対処するために、近代の教育の諸技術が工夫された、と言えるだろう。もちろん、近代人の自然に働きかけてそれを支配しようとする志向が「子どもという自然」にも向けられた、という理由も考えられる。しかし、「子どもの自発性を尊重しつつ、なお大人が意図する方向へ子どもを導こうとする誘惑術まがいの教育の技術」を発達させた動機には、「後継者見習い」の関係が成立しにくくなった近代という時代の特徴が投影しているように思われる。見習いの機能が働かなくなった近代においては、学校教師は、子どもを社会人に育てあげる能力を失ったがゆえに、子どもへの理解を無限に強いられる、と筆者は述べている。

〈設問解説〉

設問の全体としての構成を概観してみよう。

㈠　近代以前における、大人の権威を支える現実的根拠
㈡　中世の教師が、教える主体ではなかったという逆説
㈢　職業共有の意識を生徒に期待できない近代の学校における、教師と生徒の関係の難しさ
㈣　近代の学校教師の強いられる、無限の生徒理解

こうして見ると、㈠と㈡が近代以前、㈢と㈣が近代以降、というふうになっていることがわかる。

㈠　**近代以前における、大人の権威を支える現実的根拠について**の理解が問われている。第一の部分、さらには第三の部分をも視野に入れる。

「大人の権威を支える現実的根拠」が、産業革命以前の社会には存在した、ということを言っている。逆に言えば、近代以降の学校では、そのような「権威」が存在しなくなり、そのことが教育の困難という問題を引き起こしているということだ。まず、〈近代以前〉の内容であることを確認しておく必要がある。

傍線部の「それ」という指示語の内容は、〈大人の仕事の後継者として、その仕事を見習いながら一人前の大人となっていくことの中に、同じ仕事を共有する先達と後輩の関係が

成り立つ基盤があった〉ということである。ここが解答としてのポイントとなる。ただし、ここをそのまま書くだけでは、「大人の権威」「現実的根拠」といった語のニュアンスが、十分に表現されるとは言えない。「先達と後輩の関係」という語の実態的な内容を考えてみる必要がある。

見習いの段階にある後輩は、自分がやっていることが先達のしていることにどうしても届いていないことを、身にしみて感じているはずだ。自分にはどうしてもうまくいかないことが、あの人にはどうしてあんなに簡単にできるのか。そういった疑問をもちつつ、先達のやっていることを見習うなかで、後継者としての技術を身につけていく。そこには歴然とした実力の差が、目に見える形で存在しており、当然のこととして、後輩は先達に対する尊敬や敬意を抱くはずである。この〈尊敬・敬意〉といった内容を付け加える必要がある。それは第三の部分に出てくる「賛辞」「崇拝」「帰依」といった語のニュアンスからも理解できることである。

記述すべき内容は、次の三つになるだろう。

①近代以前の社会では
②子どもは一人前になるためにその仕事を見習うべき先達として
③大人に敬意を抱くことになるから

指示語があるからといって、その指示内容を書くだけで事足れりとしてはならない。指示内容を確認したうえで、その実態的な内容を考えることではじめて、十分な答えに届くのである。

㈡　中世の教師が、教える主体ではなかったという逆説についての理解が問われている。第二の部分。

「教師」が「教える主体ではなかった」という、一見、矛盾したあり方が、逆説（＝パラドックス）になっている。「逆説」とは、〈内に矛盾を含みつつ、一般的な考えに反することを述べた言説〉を指す。ことわざで言えば、「負けるが勝ち」「急がば回れ」、古代ギリシアのものでは、ゼノンの「飛んでいる矢は止まっている」「アキレスは亀に追いつけない」等が、それに当たる。ここでは、「教師」という本来教えることを仕事とするはずの人間が、「教える主体ではなかった」という、一見、矛盾したあり方が逆説になっており、そのことの内実の論理が問われているのである。

教師が「教える主体ではなかった」ということは、「後継者見習いの機能」が生きていたことを意味する。中世には「学校《スコラ》」はあったが「教育《パイディア》」はなかった、というアリエスの言葉も、ほぼ同様のことを言っており、生徒もまた「教えられる客体」ではなかったのだ。教師と生徒は「主体と客体に両極化する以前の、同じ仕事を追求する先達と後輩の関係にあり、そこには一種の学習の共同体が成立していた」[3]のである。

それでは、教師は、教えることをせずに、何をしていたのか。中世の教師は、「テクストを書き写し、解読し、注釈し、文書を作る」(3)という自分の仕事に専念していたのである。そういうふうにして自分の「職業を実施する過程」(3)に専念することが、そのまま「後継者を養成する機能」という教育の働きとなったということである。これが「見習い」ということの内実である。

以上をまとめるなら、記述すべき内容は、次の三つになるだろう。

①中世の教師は、生徒に教えるのではなく
②文書を読み書く自分の仕事に専念することが
③そのまま後継者の養成となった

「逆説」であることをはっきりさせるためには、①の〈生徒に教えるのではなく〉も明記する方がよいだろう。また②→③の〈自分の仕事に専念する→後継者の養成となった〉の関係を示すには、この場合〈そのまま〉あるいは〈かえって〉といった接続の語を用いいたい。

(三)　職業共有の意識を生徒に期待できない近代の学校における、教師と生徒の関係の難しさについての理解が問われている。第三の部分を中心にして、第一の部分、第二の部分をも視野に入れる。

傍線部は第四の部分にあるが、「この」という指示語があるため、解答箇所は第三の部分となる。

第三の部分は、ラニョー→アラン→モーロワの話を中心としているが、これは近代の学校においても先達と後輩という中世的な関係が成り立った例外的な事例であって、話の本筋は、近代の大衆的な学校では見習いという方式が機能しなくなった、というところにある。傍線部直前の一文「しかし、子どもが教師的人間像を受けいれることは、生徒の大部分が教師後継者ではなくなった近代の大衆学校では、ごく限られた範囲でしか通用しない」が、解答の骨格となる。

では、「教師的人間像を受けいれる……生徒の大部分が教師後継者ではなくなった」とは、どういうことか。教師は、知識人としての教師的人間像を「普遍的な理想的人間像」(7)であるかのように見なしているが、近代の大衆的な学校では、教師になろうとする生徒はごく一部分にすぎず、大部分は「工場の技師や商社のセールスマン、あるいはふつうの社会人」(6)になっていく。つまり、教師の思いえがく理想的人間像と、生徒の志望する多様な職業の社会人との間に乖離が生じたのである。別の言い方をすれば、教師と生徒とは「教える主体」と「教えられる客体」に「両極化」(3)することで、そこに「学習の共同体」(3)が成立しなくなったのである。

傍線部の「難しさ」が、すでに述べられていた「近代学校の教師の役割の難しさ」(1)と同じものであることを確認し、以上の内容をまとめるなら、記述すべきことは次のようなものになるだろう。

①近代の学校では教師的人間像を求める教師と多様な職業へ向かう生徒とに乖離が生じ

②先達を見習う方式が機能しなくなった

(四)　近代の学校教師の強いられる、無限の生徒理解についての理解が問われている。第四の部分を中心にして、本文全体を視野に入れて考える。

設問のポイントは「いや失ったがゆえに、子どもへの理解を無限に強いられる」にある。ここを的確に答えるためには、本文全体の構造を視野に入れなければならない。本文は、中世(＝近代以前)と近代以降とを基本的な対比の枠組みとして、前者には先達と後輩という後継者見習いの機能が生きていたのに対し、後者ではその機能が崩れ、そこに教育の困難が生じるようになった、ということを言っている。そして前者では、「子どもを理解しないままでも」(8)後継者を養成することは可能であったが、後者では「それとは対照的に」「子どもへの理解を無限に強いられる」という文脈になっている。

近代以前において、大人が「子どもを理解しないままでも」後継者を養成することができたというのは、先達と後輩の関係が、いわば絶対的な力として機能していたということである。後輩は先達を見習って技術を身につけていくしかなく、また、そうすることで実際に一人前の大人つまり社会人となっていったのである。

近代以降の学校教師が「子どもを社会人に育てあげる能力をほとんど失ったにもかかわらず」というのは、教師の求める人間像と生徒の志望する多様な社会人像との間に乖離が生じ、後継者見習いの関係が成立しなくなったことを言っているだろう。一人の教師が、多様な職業の社会人の実態的なありように通じていることは考えにくい。にもかかわらず、教師は子どもを一人前の大人(＝社会人)に育てあげなければならないという「教育」の仕事を負っているのである。それぞれの職業の実態に通じているわけでもないのに、子どもの一人一人を一人前の大人へと育てていくために、「近代の教育の諸技術」(8)が工夫され、「子どもの自発性を尊重しつつ、なお大人が意図する方向へ子どもを導こうとする誘惑術まがいの教育の技術」(8)が発達してきたと言える。

「子どもへの理解を無限に強いられる」のは、教師的人間像をめざす生徒が一部に限られるようになった結果、教師は多様な職業を志望する、自分と異なる生徒たち一人一人の個性と可能性を見究めて教育という仕事に携わらなければならない、ということであろう。教師は、「子どもを(自分の後継者として)社会人に育てあげる能力をほとんど失ったにもかかわらず(＝後継者見習いが機能しなくなった)、いや失ったがゆえに」、多様な生徒たちの個性と可能性への理解を強いられるようになった、ということである。

以上をまとめるなら、解答の骨格は次のようなものになるだろう。

①教師にとって子どもはもはや後継者ではなく
②自分と異なる多様な個性と可能性をもつ存在として指導するしかない

第一問にしろ第四問にしろ、締めくくりとなる最後の設問では、記述されている表層の内容を超えて、筆者がなぜこの文章を書いたのかという、執筆意図にまで踏み込んで考える必要がある。

解答

㈠ 近代以前の社会では、子どもは一人前になるためにその仕事を見習うべき先達として大人に敬意を抱くことになるから。

㈡ 中世の教師は、生徒に教えるのではなく、文書を読み書く自分の仕事に専念することが、そのまま後継者の養成となったということ。

㈢ 近代の学校では、教師的人間像を求める教師と多様な職業へ向かう生徒とに乖離が生じ、先達を見習う方式が機能しなくなったこと。

㈣ 教師にとって子どもはもはや後継者ではなく、自分と異なる多様な個性と可能性をもつ存在として指導するしかないということ。

二〇〇五年

第一問（文理共通）

出典

三木清（みき・きよし）『哲学入門』（岩波新書）の〈第二章　行為の問題〉の「二　徳」の冒頭部分。

三木清（一八九七～一九四五）は、兵庫県生まれの哲学者。京都大学で西田幾多郎に教えを受け、哲学科を卒業。ヨーロッパに留学してハイデッガーらに学び、帰国後に著した『唯物史観と現代の意識』は、昭和初頭のマルクス主義の運動に大きな思想的影響を与えた。太平洋戦争敗戦の半年前に治安維持法で検挙され、そのまま敗戦直後に獄中で病没。代表的著作に『人生論ノート』や今回の問題文の出典となった『哲学入門』などがある。

解説

〈本文解説〉

本文は、人間の徳というものが、意識や意志の問題ではなく、現実の環境や社会に働きかける実際上の力であることを主張した文章である。一般的に、徳は、人格ができあがり悟りを開いた奥深い人物像としてイメージされているようであるが、筆者は、そのような観念的あるいは東洋的イメージで徳をとらえるのではなく、あくまでも現実の社会に働きかける人間的な力であると見なすべきだと主張しているのである。用語や文体がやや古めかしくて固苦しいところもあるが、言っている内容は現在にも通じる極めて実際的なものなので、言葉の表層の難しさに混乱することなく、筆者の言おうとしている内容をしっかりと捉えるようにしたい。全体は五つの形式段落から成るが、ここでは四つの部分に区切って考えてみよう。

第一の部分（1）　徳のある人間

すべての道徳でいう徳のある人間とは、徳のある行為をする者のことである。徳とは、働きであり、活動である。心の中が出来上がっていたとしても、実際にそれが働きとなって実現しなければ、徳があるとは言われない。したがって徳の問題を考えるためには、人間的行為の性質を分析する必要がある。

第二の部分（2・3）　人間の行為の本質的な技術性

人間はつねに環境のうちに生活しており、環境と人間との間では能動的かつ受動的なさまざまの行為がなされている。その環境と人間（＝主体）とを媒介するものが技術であり、したがって、「人間のすべての行為は技術的である」ということになる。

人間の行為は、このようにして環境との間での実際の活動となるものであるから、徳は「有能であること、技術的に卓越していること」でなければならない。筆者はこのことを大工の例を用いて説明する。一般に道徳は「意志の問題」と考えられ、徳も「主観的に」理解されているが、ギリシア人にとっては、徳は「有能性、働きの立派さ」を意味した。行為は「意識の問題」ではなく、むしろ「身体によって意識から脱け出るところに」⑵ある（＝意識にとらわれずに、身体が実際に動きはじめる、ということ）から、「徳を有能性と考えること、それを力と考えること」にも理由があると言わなければならない。芸術の一般的原理は「美」ではなく「真理」であると言ったフィードレルは、芸術的に真であることは「意図の、意欲の問題」ではなく「才能の、能力の問題」であると見なした。同様に、道徳的に真であることは、単に「意志の問題」ではなく、「有能性の問題」である、と筆者は述べる。

もっとも、すべての行為は技術的であるとしても、物の生産にかかわる、もともとの技術は、道徳とは直接のかかわりはない。道徳とは、物という客体にではなく、人間という主体にかかわっている。しかしながら他方で、人間の行為はすべて物にかかわっているので、「人と人との行為的連関は物を媒介とするのがつねである」と述べ、筆者は「人間の徳」を考えるとき、「有能性」から離れて考えることは「抽象的」な議論だとして批判している。

第三の部分（4）**文化は技術的に形成される**

従来、技術というと、「物質的生産の技術」といった「経済的技術」を指すのが普通だった。しかしギリシアにおいて「芸術」と「技術」が区別されることのない一つのものと見なされたように、「一切の文化は技術的に形成される」。そして、人間と人間という「独立な主体と主体」は、「客観的に表現された文化を通じて結合される」のである。「主体と主体とはすべて表現を通じて行為的に関係する」のだ。このように技術というものを広く捉えるとき、「徳と有能性との密接な関係」は、一層はっきりとしてくるのではないか。

挨拶は修辞学的であり、修辞学は言葉の技術である。帽子をとるのも、礼儀作法にかかわる一つの技術である。「技術的であることによって人間の行為は表現的になる」のであり、礼儀作法に限らず、「一切の文化は技術的に作られ、主体と主体との行為的連関を媒介する」。「自然に対する技術」があるのと同様に「人間に対する技術」があり、人間は自然的、社会的環境において、「これに行為的に適応しつつ生活している」。「自然に対する技術」と「社会に対する技術」とは、相互に連関している。

歴史的に見ると、近代社会では自然に対する技術が中心的な問題であったが、それが産業革命を引き起こし、現代では社会に対する技術が中心的な問題になっていると言えるだろう。

第四の部分 ⑸ 心の技術と物の技術との調和による人間の徳の形成

しかし、道徳は外的なものでなく、心の問題だとするならば、「心の技術」というものも考えられよう。人間の心は理性的な部分と非理性的な部分とから成っているが、非理性的な部分に対する理性の調和的な支配には、技術が必要である。そのことによって「美しき魂」が作られるのである。

「心の技術」も「物の技術」も、人間（＝主体）と環境とのかかわりにあるが、「物の技術」は物において実現されるのに対し、「心の技術」は人間という主体の側において実現される。このようにして「『人間』が作られる」とき、私たちは環境の変化に動ずることのない「自己」を維持することができるようになる。そのようにして「人間を作る」ことが、修養といわれるものである。修養は、「主観と客観との媒介的統一」を「心を変化し、心の形を作る」ことで、主体（＝人間）の側で実現する。

修養は修業という形で技術的に行われるが、それは「社会から逃避するための技術」となってはならず、むしろ「社会的活動」のうちにおいて行われるものである。私たちは環境に働きかけることによって「環境を形成してゆく」のであるが、そのことによって同時に「真に自己を形成してゆく」こともしているのである。「心の技術」は「物の技術」と結びつくことによって「真に現実的に社会的意味を生じてくる」と、筆者は述べている。

〈設問解説〉

まず、設問全体の構成を概観してみよう。

㈠　人間のすべての行為が技術的である理由

㈡　徳を有能性や力と見なす考え方

㈢　人間の行為は技術的であることによって表現的になる

㈣　自己と環境とを技術的に統一する心をもつ主体の確立

㈤　自己の役割を果たす社会的人間の形成という徳についての考え方を、本文全体の論旨に即してまとめる

㈥　漢字の書き取り

このように捉えてみると、㈠～㈣は論旨の展開におけるそれぞれの段階でのポイントが問われ、㈤はそれらが本文末尾に収斂する形となっている表現に着目して、全体の論旨が問われていることがわかる。

㈠　人間のすべての行為が技術的である理由が問われてい

る。第一の部分および第二の部分の前半。

傍線部の直前にある「かくて」（＝このようにして）という指示語は、その前の「人間はつねに環境のうちに生活している」を指している。また傍線部中の「行為」という語は、第一の部分の「徳のある行為」について語ろうとする筆者のキーワードの一つで、筆者は第二の部分で「人間的行為の性質」を分析しようとしているのだ。

傍線部の表現は、前文を前提としてやや性急に明言したものであり、少しわかりにくいものであることが筆者自身わかっているから、直後で「言い換えると」という形で、その内容を詳しく説明しなおしている。したがって、ここが解答箇所となる。ポイントは「主体と環境を媒介するものが技術である」である。人間はつねに環境のうちに生活しており、環境と人間（＝主体）の間には、能動的また受動的な、あるいは主観的かつ客観的な、さまざまの行為が行き交っている。そして環境と人間とを「媒介」するものが、「技術」に他ならないのだ。人間は環境とかかわって「行為」をするとき、その両者を媒介して「行為」へと導くものは技術的なものにならざるを得ないのである。

なお「能動的」「受動的」「主観的」「客観的」といった語は、このまま書くと解答欄をはみ出してしまう。その内容を簡潔に示すとすれば、たとえば〈相互に・相互関係〉といった表現になるだろう。

以上から、記述すべき内容は次のようなものになるはずである。

①人間は常に環境のうちに生活するしかない

②環境との相互関係における人間の行為を媒介するものは技術に他ならないから

いくつか書かれている内容を、簡潔にまとめて記述する表現力あるいは語彙力は、東大現代文で求められる非常に大事な力である。

㈡　徳を有能性や力と見なす考え方についての理解が問われている。第二の部分。

筆者は、「徳」を「意識の問題」「意志の問題」として観念的に捉える考え方を批判して、そうではなくて現実に働きかける実際の力だと言おうとしている。直接的な言葉にはなっていないが、あの人は人格のできた徳のある人物だ、といった東洋的な悟りのイメージを否定して、現実にじかに働きかける技術的な有能性のことだと言おうとしているのだ。「徳」という言葉から一般に連想されがちな老僧とか老大家を例にとるのではなく、「大工」という技術的な職人を例にあげていること自体からも、そのことは理解されるだろう。簡略に図式化すれば、筆者の思考は、東洋的で観念的な悟りのイメージと、ギリシア的で現実的な実際の力との対比を前提にしている。

大工を例にとって、筆者は「徳」というものを「有能であること、技術的に卓越していること」と言い、また「有能性、働きの立派さ」「力」とも言っている。人間は環境のうちで生活するしかないのであり、そうであれば環境に対して行為的にかかわるしかなく、環境と人間を媒介する行為は有能で、そこにもたらされるものは、望ましい状態の実現でなければならない。その「有能性」のことを、「徳」と呼んでいるのだ。ギリシア人について、あるいはフィードレルについての記述は、どれも筆者のこのような考え方を援護するためのものである。

「意識の問題」「意志の問題」という語の内容が、やや不明瞭な印象を与えるかもしれないが、これは先に記したように、「徳」を観念的に捉える考え方を指している。筆者はこのような考え方を、「人間の徳を彼の仕事における有能性から離れて考えることは抽象的(＝現実的ではない・空論にすぎない)であるといわねばならぬ」③と批判しているのだから、解答には当然、この内容も含めるべきだろう。

以上から、記述すべき内容は次のようなものになるはずである。

①徳とは、意識の問題ではない

②(徳とは、)人間が環境に働きかける技術的有能性や望ましい状態を実現する力だと見なすことだ

部分の問題であっても、筆者が全体として何を主張しようとしているか、といったことは、常に意識して取り組むことが求められる。

㈢　人間の行為は技術的であることによって表現的になるという、文化に関する内容が問われている。第三の部分。

第三の部分は「文化」を中心に述べられており、「一切の文化は技術的に形成される」ものであり、「独立な主体と主体とは、客観的に表現された文化を通じて結合される」④と記されている。「主体と主体とはすべて表現を通じて行為的に関係する」のである。「挨拶」「帽子をとる」等の具体例は、礼儀作法にかかわる技術的な行為を示すものであり、そのような技術的な行為に表現されることによって、主体と主体とが媒介される「社会」が作られていくことになる。

なお、ここを考えるとき、「技術的」でなければ、人間の行為は「表現的」にならない、といったふうに、裏側から捉え直してみるのもよいかもしれない。技術的な行為は、文化によって異なっていたりする。当該する文化に属する技術的行為でない場合は、主体と主体とを良好につなぐものとならないこともあるだろう。そういう意味でも、「技術的であること」は、人間の行為を「表現的」なものにする点で必要だ、ということがわかるはずである。これらのことを記述する必

要はないが、自分の理解を深めるという点で、時には有効であろう。

以上から、記述すべき内容は次のようなものになる。

①すべての文化は技術的に形成される

②人間の行為は、技術に媒介されることで、人々相互の社会的なかかわりを表現するものとなる

本文中のキーワードを用いる場合でも、本文の言い回しをそのまま使うとうまくまとまらないことがある。そのときどのように表現するかについては、各自の読解に従うしかない。つまり解答文の記述は、表現よりも、はるかに読解が先行するのであり、その読解の確かさこそが、表現の力強さを生むのである。

㈣　自己と環境とを技術的に統一する心をもつ主体の確立についての理解が問われている。第四の部分。

ここの「人間」という語にのみカギ括弧が付いていることには、すぐ気づけるだろう。この括弧は筆者による強調の表現であり、全文の核心にある「徳」にかかわりをもつはずである。つまり、この「人間」は〈徳を備えた心をもつ主体の確立〉を意味しなければならないだろう。

傍線部の直前にある「かくして」（＝このようにして）という指示語は、その前に書かれている「心の技術」を主とした内容を指している。心の技術は、心の非理性的な部分を理性的な部分で支配することによって「調和」したものにする技術であり、環境という客観と、主体という主観との間を、技術的に媒介することで、それらを統一的に把握するものである。しかもそれは、主体の側の心を変化させて、主体の側で実現されるものであり、そのことは一般に「修養」と呼ばれる。わかりやすく言い換えるなら、みずからの心を鍛錬して心のあり方を変えることで、環境との間のさまざまな問題を乗り越え、自己と環境とを統一的に把握する、そのような心の柔軟性を獲得することである。それこそが「徳」に他ならない。（なお、物のあり方を変えることで主観と客観を統一する「物の技術」については、次の㈤で記述することになるから、この㈣では触れる必要はない。）

理性的な心が、自己と環境を統一的に把握し、「自己を平静に保ち、自己を維持する」ということを表現するためには、たとえば〈能動的に〉といった積極性を示すニュアンスの語を付け加えるとよいだろう。以上をまとめるなら、記述すべき内容は、次のようなものになる。

①非理性的なものを理性と調和させつつ

②自己と環境とを技術によって能動的に統一する

③（…能動的に統一する）心を持つ主体が確立される

どの設問においても言えることだが、内容から考えて優先度の高い表現を残すようにして、簡潔な記述を目ざすように

する。その際、設問の全体的構成を視野に入れて、後の設問で書くべき内容をあらかじめ考慮することで、解答内容の無駄な重複を避けるようにする、といったことも大切である。

㈤　**自己の役割を果たす社会的人間の形成という徳についての筆者の考え方を、本文全体の論旨に即してまとめることが求められている。全体を視野に入れつつ、第四の部分を中心に考える。**

筆者の考える「徳のある人間」①とは、あくまでも「現実的」で「社会的意味」⑤をもつ「行為」のうちに示されるものでなければならない。「徳」とは単なる「意識の問題」②ではなく、また隠遁といった「社会から逃避するための技術」⑤であってはならず、現実の社会における活動のうちに示されるべきものなのだ。自己と環境とを技術的に媒介し、自己が社会の中で働く意味を自覚しつつ、それを実際の活動を通して表現できること、それが「徳のある人間」ということだ。

それでは、自己と環境(社会)とを媒介する技術には、どのようなものがあるか。それは大きく分けると「心の技術」と「物の技術」との二つである。「心の技術」については前の㈣で触れた。「物の技術」とは、科学技術や社会制度、経済活動に見られる、一般の「技術」と考えてよい。「徳」は、主として「心の技術」にかかわるものであるが、それだけでは「個人的」なものにとどまる。それが現実に「社会的意味」をもつのは、「物の技術」と結びつくことによってなのである。

以上が、記述すべき中心的な内容であるが、それらの前提として、「人間はつねに環境のうちに生活している」②という事実も見落とすべきではないだろう。これらを総合して記述する順序についても考えてみよう。

①人間は常に社会的、自然的環境の中で相互にかかわりながら生きている

②心の技術は外部と内部とを媒介する

③物の技術は現実の社会や物との調和した関係を作り上げてゆく

④(右の心の技術は物の技術と結びつくことで初めて)自己の役割を果たす社会的人間の徳を形成するものだから

書くべき要素としての内容をしぼりこむのが第一の作業ではあるが、それらの要素をどのようにつなげていくかというところにこそ、各自の読解姿勢が示されてくる。要素をしぼりこむだけではなく、それらの論理的な関係の表現にも、十分心を配りたい。

㈥　**漢字の書き取り。**

a　「有能であること」と「技術的にタクエツしていること」とが並立しているから、「有能」と近い内容の語になる。〈非常にすぐれていること〉の意の「卓越」。卓は〈すぐれている〉

意で、他に、卓見、卓識などの語がある。

b　「ヒヤク的発達」とあるから、〈ジャンプする、とびあがる〉意の「飛躍」。

c　「ケンチョな効果」とあるから、〈目に付くようないちじるしさ〉の意の「顕著」。

d　「ボウシをとる」とあるから、頭にかぶる「帽子」。

e　「美しきタマシイ」とあるから、生命のみなもとにあると見なされている「魂」。つちくれの意の「塊」（かたまり）と字体をしっかりと区別して覚えよう。

解答

㈠　人間は常に環境のうちに生活するしかなく、環境との相互関係における人間の行為を媒介するものは、技術に他ならないから。

㈡　徳とは、意識の問題ではなく、人間が環境に働きかける技術的有能性や望ましい状態を実現する力だと見なす、ということ。

㈢　人間の行為は、その文化を形成する技術に媒介されることで、人々相互の社会的なかかわりを表現するものとなるということ。

㈣　非理性的なものを理性と調和させつつ、自己と環境とを技術によって能動的に統一する心をもつ主体が確立されるということ。

㈤　人間は常に社会的、自然的環境の中で相互にかかわりながら生きている以上、外部と内部とを媒介する心の技術は、現実の社会や物との調和した関係を作り上げてゆく物の技術と結びつくことで初めて、自己の役割を果たす社会的人間の徳を形成するものだから。（118字）

㈥　a＝卓越　b＝飛躍　c＝顕著　d＝帽子　e＝魂

第四問（文科）

出典

小池昌代（こいけ・まさよ）「背・背なか・背後」（岩波書店『図書』二〇〇四年七月号掲載）の前半部。

小池昌代は、一九五九年東京生まれ。詩人。エッセイスト。小説家。津田塾大学卒業。詩集に『永遠に来ないバス』『もっとも官能的な部屋』、短篇集に『感光生活』他がある。

解説

〈本文解説〉

本文は、待ち合わせのときに相手が向こうを向いたままである場合、声をかけづらいという具体的な事柄を話題として、人と人との強い結びつきへの筆者の思いを綴ったエッセイである。このような文章の場合、書かれた事実の具体性のレベルと筆者の思いの抽象性のレベルとの間に、大きな距離があることがある。一見、読みやすいという言葉の表層の印象にとらわれて、内容の読み取りを誤ってはならない。感性的な共感力が求められる文章であるが、言葉の流れを忠実にたどり、文脈の全体から浮かび上がってくる筆者の思いを捉えることが大事である。全体は二十七の形式段落から成っているが、四つの部分に分けて考えてみよう。

第一の部分（1～8）　ひとの無防備な背中

待ち合わせの相手が、こちらを向いてくれずに後ろ向きに立っていたような場合、一瞬どんなふうに声をかけるか、迷う。正面からだったら何でもないのに、「ヒトの無防備な背中を前にすると、なぜか言葉を失ってしまう」と筆者は言う。その人が後ろを振り向けば、すぐ合流できるのに、後ろ姿は「閉ざされた扉」だ。

ここで筆者の連想は、かなり突飛なところへと飛ぶ。自分がこのまま通り過ぎてしまったら、どうなるか？　その人と筆者は永遠に交わらないまま、「これを最後に別れてしまうかもしれない」。これは待ち合わせの約束を一方的に放棄するのだから「裏切り」だが、「出会うことは常におそろしい衝突でもある」から、「犯罪者か逃亡者」のように、人の背後を逃げ続ける生き方もある、と言うのだ。この突飛な連想は、筆者自身をも少し驚かす。筆者はそれほど「何かを恐れている」のである。

そもそも背中は、「そのひとの無意識が、あふれているように感じられる場所」だ。だから誰かの後ろ姿を見ることは、「見てはならないものを見た」ような「後ろめたい感じ」を与えもするのである。

第二の部分（⑨～⑫）　背後と呼ばれる空間

背中の周りに広がっているのが、「背後」と呼ばれる空間で、そこに自分の視線は全く届かない。だから、背後は唯一、当人だけを排除して広がっている。ただ振り返りさえすれば、そこは背後ではなくなるわけだが、今度は正面であったところが自分の背後と化している。

しかし、意識が及ぶのは常に「現前の世界」であり、背後は即座に忘れられてしまう。視線の行くところが、意識の向くところなのだ。だから、「目を開けて、背後を考えるのは、開いている目を、ただの『穴』とすることに他ならない」。その「穴」のなかを「虚しい風」が通り抜けていく。「背後を思う」とき、自分が、「がらんどうの頭蓋骨」になったような気がする、と筆者は言う。比喩表現が多くて、奇妙な印象を受ける人もいるかと思われるが、少なくとも、筆者のもどかしい空しさの感覚は、伝わってくるのではなかろうか。

第三の部分（⑬～⑳）　同時進行するもう一つの世界

人と話をしていて、その人の背後に、ふと視線が及ぶことがある。話と全く無関係な現実が、相手の背後で進行している。筆者はそのことを「不思議な感じがする」と言う。こちら側の世界と触れ合わない「もうひとつの世界が同時進行で存在している」のだ。「背後とはまるで、彼岸のようではないか」と、筆者はそのことにややおそれをも感じている。

「彼岸」は、〈向こう岸。対岸〉の意で、仏教用語では〈迷いを超えて悟りを開いた境地〉を指す。対義語は「此岸（しがん）」で、〈こちらの岸。この世。現世〉を意味する。「彼岸」は、一般的には、春分、秋分の日を中心とした前後の期間を指したり、その頃の仏事を指したりして、多くの意味を持つ語へと拡がっているが、簡略には、〈死。死後の世界〉のニュアンスを示すものとして用いられることも多い。「背後」の世界を、筆者はそのような「彼岸」にたとえているのである。

自分が見ることができるのは、「他者の背後ばかり」である。そしてこれは、自分に見えるのが「ひとの死ばかり」であるということと、まったく同じ構造になっている。「自分の死が見えない」ように、「自分の背後」は自分には見えないのだ。人は誰でも、自分の視線の向く「現前の世界」を見ているだけで、ふつうは、同時進行する「背後」というもう一つの世界のことなど、考えもせずに生きているのである。

筆者は、着物を着るときなどには、鏡を用いて自分の後ろ姿を確認することがある。そのときは「あわせ鏡」という二つの鏡を用いるのであり、そのことを、「ひとが自分の背後へ到達することの、おそろしさと困難さ」と受け止めている。鏡とは「魔境へひとを誘う道具」なのだ。

とにかく、背後は「死角」である。死角を衝かれる時、人は驚く。冒頭で筆者が、後ろから人に声をかけることを迷ったのも、相手をびっくりさせないためにはどうすればいいのか、という思いもあったのである。

第四の部分（[21]〜[27]）人と人との強い結びつき

身体に触れずに声をかけるだけで、向こうを向いている人をこちらに振り向かせるには、どうすればよいのか。簡単なのは「名前を呼ぶこと」で、そういう点で、名前とは人を呼び出す「強力な呪文」みたいなものである。普通の会話のなかでも、筆者は相手を固有名詞の名前で呼びたいし、相手にも自分を名前で呼んでほしいと思っている。それは筆者が、「何か強い結びつきで、この同じ場に、対話の相手を呼び出し、呼び出されたいと願う」からだと、自分で考えている。筆者は、名前を呼ばずに、「あのーお待たせしました」といった類の言葉だけで、相手が振り向いてくれるかどうかに、ほとんど自信がない、というのである。

このあたりが、第一の部分の「逃亡者」の連想の箇所と、深いかかわりを持っているということが、読み取れただろうか。筆者は、人と人との出会いが「常におそろしい衝突でもある」（[6]）と恐れつつ、一方では人と人との「強い結びつき」を求めてもいる。向こうを向いている人を振り返らせるにはどうすればよいか、という具体的な事実のレベルの話は、人と人との強い結びつきはどのように可能なのか、という筆者の思いの抽象的なレベルの内容を含みこんでいるのである。

だからそういうとき、筆者は相手の肩をたたくか、わざわざ正面へまわるしかないかな、などと考える。そして「背後の世界をくぐるとき」、「わたしたち」は一瞬にしろ、「言葉というものを、放棄しなければならない」のだろうかと、筆者は自問する。この最後の一文を的確に読解することは、それほど容易ではない。

まず、「わたしたち」という一人称複数形の自称が初めて用いられていること。これまで筆者の個人的な体験や性格についての話だと読んできた人は、ここで受け止め方を変えなければならない。控え目に語っている印象を与える文章ではあるが、筆者は単なる個人的な体験を語っているのではない。筆者は、自分の感覚や認識が多くの人に通じる普遍性をもつものという静かな自負を持って、この文章を書いている。それが「わたしたち」という語の表出しているニュアンスである。

次に、背後の世界をくぐるとき「言葉」を「放棄」するという内容が、相手の背中を前にすると「言葉を失ってしまう」（[3]）という表現と響き合っていること。待ち合わせとか出会いといった具体的な事柄を語りつつ、筆者の思考の一方の極には「言葉」が潜在する形で持続しており、しかもそれが、〈言葉の放棄〉の方により重きを置いて意識されている、ということである。

そして最後に、「背後の世界をくぐる」という表現が、言葉と対比される身体性を示唆していること。「くぐる」という語自体が極めて身体的な動作であるだけでなく、子供の遊びの「影踏み」をも連想させるところがある。人と人との強い結びつきへの筆者の願いは、日常の言葉を放棄する、身体的なものと深くかかわったところにある、と感じられないだろうか。

以上の内容は、感覚的な要素が極めて強いが、これらはすべて、本文の言語表現自体から読み取られてくるものである。部分と全体の関連を構造的に把握し、文脈の流れを忠実にたどるなら、納得できるのではなかろうか。本文は、待ち合わせのとき、向こうを向いている相手をこちらに振り向かせるためにはどうしたらよいか、という事実のレベルを話の手がかりとしつつ、人と人との強い結びつきは、日常の言語を放棄する身体的なかかわりによってこそ可能なのではないか、という抽象的なレベルにおける筆者の思いを語っている文章と考えられる。

〈設問解説〉
設問どうしの全体的構成を概観してみよう。
㈠　無防備な背中に露出する当人の無意識
㈡　背後を思うことの空しいからまわり
㈢　当人を排除して同時進行するもう一つの世界
㈣　身体性を帯びた人と人との強い結びつきにかかわる筆者の思い
抽象と具象とを往復して、言葉の実態的な内容に迫ること、部分と全体とを往復して、文脈を把握することが求められている、ということが感じとれるのではないだろうか。

㈠　無防備な背中に露出する当人の無意識についての理解が問われている。第一の部分。

まずこの設問は、「背中」について問われているということを確認すべきである。したがって、解答の記述に「背後」という語は、基本的に必要ではない。「背中」と「背後」は、似てはいるが、異なる内容の語であることを意識すること。また、傍線部全体を説明するのではなく、問いが「無防備な背中」にしぼりこまれていることにも注意しておこう。

人という語が「ヒト」と片仮名で表記されているのは、待ち合わせの相手が、一瞬、知人とは全く別の印象を与えるものであることの、筆者のささやかな驚きを表現するものであろう。向こうを向いている知人の背中は、これまで正面から向き合っていた相手の印象と全く異なっている。何が異なっているのか。正面については、当人の「意識」が及んでいるから、他者に対しては当然「防備」された姿になっている。ところが「背中」にはふつう本人の「意識」は及ばない。すると、どういうことになるか。「そもそも背中は、そのひとの無意識が、あふれているように感じられる場所である」⑧という一文が、その内容を示している。他人からは隠すべき、当人の「無意識」の部分までが、さらけ出されているのだ。「見てはならないものを見たようで、後ろめたい感じ」⑧を覚えるのは、そのような、当人自身にも隠された無意識が他者に向けてさらけ出されているからである。

なお、「言葉を失ってしまう」とは、驚きのあまり何も言えなくなってしまうことの慣用的な表現であるが、ここではそれと同時に、相手の無意識の部分が、身体的な感覚となって、こちらに直接的に伝わってくるということであり、筆者の思考の底にはすでに、言葉と身体との対比があることがわかる。このことは㈠には書く必要はないが、㈣を考えるときに一つの大事な手掛かりとなるはずである。

以上から、記述すべき内容は、次のようなものになるだろう。

①人の背中は、本人には見えないものでありながら
②そこには本人に隠された無意識が
③他者に向けてさらけ出されている

「無防備」のニュアンスをどう表現するかが一つのポイントではあるが、それは表現力の問題というよりも、むしろ本文をどれだけ的確に読んだかという読解力の問題と考えるべきだろう。抽象と具象を往復して、言葉の実態的な意味に迫ることが大事である。

㈡　**背後を思うことの空しいからまわりについての理解が問われている。第二の部分。**

「背後」とは「背中の周りに広がっている」⑨「空間」のことであり、「背中」そのものとは別であることを、まず確認しておきたい。背後に自分の視線は届かないから、背後は、当人だけを「唯一、排除して広がっている」⑩。振り返りさえすれば、そこに自分の背後があることはわかるのだが、今度は、正面であったところが自分の背後と化している。

設問のポイントは、「背後を思うとき、自分が、がらんどうの頭蓋骨になったような気がする」という比喩表現の理解にあるが、このことを、比喩表現を直接的な内容にイイカエればよいと、安易に考えてはならない。比喩を直接的な内容にイイカエただけで答えとなるような設問は、東大では出題されない。必ず文脈上の読解が求められていることを忘れないでおこう。

「背後」の世界から当人だけが「排除」されているのは、そこに自分の視線が及ぶことはなく、したがって意識も及ばないからである。にもかかわらず、筆者が「背後を思う」のは、「見えない」「空間」に「なぜか惹かれる」⑨からであ

り、それは、待ち合わせの相手に声をかけないまま逃げたらどうなるだろう、といった突飛な連想をする筆者の「恐れ」(7)とかかわるものと思われる。つまり、筆者は、「背後」の空間が「見えない」ままに存在していることに、何らかの不安を覚えているのではなかろうか。そういった恐れや不安が、次の「もうひとつの世界が同時進行で存在している」(15)という認識へとつながっていくのである。

「目を開けて、背後を考え」(12)てみても、背後の世界を把握することは、むろんできない。「開いている目」はただの「穴」にすぎず、その「穴」のなかを「虚しい風」(12)が通り抜けていく。「開いている目」とは、意識を働かせて、ということだ。「背後」とは「背中」の向こうに広がる世界であり、それは無意識のさらに向こうに広がっている世界、ということである。人は誰でも、そのような自分でも知り得ない世界を、自己の背後に持っている。知り得ない不安に衝き動かされて、それを捉えようとしても、それは無力な空回りに終わるしかない。「がらんどうの頭蓋骨」とは、そういった無力な徒労の感覚を表したものである。

以上をまとめるなら、記述すべきことは次のようなものになるだろう。

①視線の及ばない自己の背後の世界を捉えようとしても、
②意識で無意識をつかもうとする無力な空回りに陥るだけだ

次の㈢は「もうひとつの世界」が「彼岸」と同じであることに力点があるのに対して、この㈡は「もうひとつの世界」を捉えようとする試み自体の不可能性や徒労感が問われている。

㈢　当人を排除して同時進行するもう一つの世界についての理解が問われている。第三の部分。

「背後」とは、「同時進行で存在している」、自己の「もうひとつの世界」(15)であり、しかも、その世界を見ることは誰にもできない。筆者はそのことを「彼岸」にたとえている。自分の見ることができるのは、常に「他者の背後ばかり」であり、それは「ひとの死ばかり」が見えるということと「全く同じ構造」(16)になっている。また、同じことを、「自分の死が見えない」ように、「自分の背後は見えない」(17)とも言っている。この「彼岸」の解釈には、少しく注意を要する。

この「彼岸」は、〈死後の世界〉を意味するのだろうか、それとも「死」そのものを意味するのだろうか。死後の世界について考えるなら、すでに死者となっている他者の死後の世界は、見えると言えば見えるし、見えないと言えば見えない。それは宗教的な信仰などによるものであり、天国とか地獄とか、あるいは墓といったイメージによって形作られているものである。そしてそのことは、まだ死者とはなっていない自分、生者である自分についても、同じことが言えるのではなかろうか。自分の人生を振り返ってみるなら、自分の死後の世界は見えるとも言えるし、むろん、見えないと言えば見えない。つまり、〈死後の世界〉について考えるなら、それが見えるか見えないかは、「自分」と「他者」とでは全く違いはない。

それに対して、「死」はどうか。第一人称の死、つまり自分の死は、絶対に体験できない。体験したとしても、そのとき体験した主体であるはずの自分は、すでに存在していないのだから、それは体験とすら呼べないものなのであり、言い換えるなら、自分の死は絶対に見ることができないのである。一方、他者の死は、見ることができる。自分に近しい第二人称の死、あるいは遠い第三人称の死は、それに伴うさまざまな感情があるにしろ、とにかく自分で見ることはでき、見るという体験をすることができる。

このように考えるなら、ここでの「彼岸」が意味するのは、〈死後の世界〉ではなく、「死」そのものである。「同時進行する」「もうひとつの世界」は、常に持続して存在しているが、傍線部の「彼岸」は、自分だけが排除されていて見ることのできない「死」に似ている、と筆者は言っているのである。そういう意味で、この傍線部には、見えないままに存在しつづける持続のイメージと、見えない構造を死にたとえる瞬間的なイメージの二つが重なっていると言えるだろう。

以上から、解答の骨格は次のようなものになるはずである。

①人はみな本人に意識できない別の世界を背後に持っている

②(右の)構造は、他者の死しか見ることができない死と似ている

傍線部をイイカエようとする意識が強い場合、「彼岸」を〈死後の世界〉と受け止めがちになる。しかし、出題者が求めているのは単なるイイカエではなく、本文の読解である。

㈣　**身体性を帯びた人と人との強い結びつきにかかわる筆者の思いについての理解が問われている。全体を視野に入れつつ、第四の部分を中心に考える。**

締めくくりとなる設問に取り組むときは、傍線部や設問の条件等を意識する前に、まず、本文は全体として何を言おうとしているのか、あるいは、筆者がこの文章を書いたことの底にある核心的なモチーフは何なのか、といったことを考えるようにしたい。どういう形の設問であれ、締めくくりの設問は、必ず本文の中心的な内容に触れることになるからである。

この文章は、待ち合わせのとき向こうを向いたままの相手を、どのようにしたらこちらを向いてくれるようになるだろうか、ということを語ろうとした文章だろうか。それとも、人との出会いに何かを恐れるような感覚を持っている筆者が、一方で、人と人との強い結びつきを求めてもいるのだ、ということを語ろうとした文章なのだろうか。すこし冷静に考えるなら、出題者である東大の先生が、向こうを向いた相

手をこちらに向かせる具体的な方法について書かれた文章を、現代文読解の問題として採り上げることはないだろう、ということは、すぐわかるのではなかろうか。エッセイや随筆を読む難しさは、話題としての具体的なレベルと、筆者の思いの抽象的なレベルとの間に、大きな距離がある場合があるといったところにある。

傍線部の一文についての読解は、〈本文解説〉の第四の部分に詳しく書いたので、そこを参照してほしい。筆者は、身体と言葉とを対比的に捉えている。本文では、名前という固有名詞は「強力な呪文」にたとえられて、日常的な言葉とは区別され、むしろ身体に近いものと考えられる。「背後の世界をくぐる」という身体的なイメージは、互いの無意識の領域を感受して共有するといったことではないだろうか。第一の部分の「背中」に関して、「言葉を失ってしまう」③という表現があったことと関連づけ、さらに、自分にも直接見ることのできない「背後」が常にあることを述べた第二の部分、第三の部分との文脈上のつながりを捉えるなら、ここは、互いの無意識の領域の身体的な共有が、人と人とを結びつけるのであって、そのとき日常的な言語は放棄しなければならない、ということを言っていると思われる。人との出会いに何かを恐れ、「逃亡者」⑥といった突飛な連想をする筆者は、一方で、人と人との「何か強い結びつき」㉔を求めてもいるのである。以上をまとめるなら、記述すべき内容は次のようなものになるだろう。

①人と人との強い結びつきは

②日常言語を超えて

③互いの無意識の領域を感受することで初めて可能となる

なお、解答文の記述に関しては、他にも多様な表現が想定し得るので、本筋をはずさないようにした上で、あとは柔軟に考えるようにしたい。

解答

(一) 人の背中は、本人には見えないものでありながら、そこには本人に隠された無意識が他者に向けてさらけ出されているということ。

(二) 視線の及ばない自己の背後を捉えようとしても、意識で無意識をつかもうとする無力な空回りに陥るだけだということ。

(三) 人はみな本人に意識できない別の世界を背後に持つという構造は、他者の死しか見ることができない死と似ているということ。

(四) 人と人との強い結びつきは、日常言語を超えて、互いの無意識の領域を感受することで初めて可能となる、ということ。

二〇〇四年

第一問（文理共通）

出典

伊藤徹（いとう・とおる）『柳宗悦　手としての人間』（平凡社選書　二〇〇三年刊）の〈第五章　有用性の蝕のなかの柳宗悦〉「二　有用性の蝕――作ることの支配」の一節。

伊藤徹は、一九五七年生まれ。京都大学大学院文学研究科哲学専攻。文学博士。著書には、『歴史の現象学』他がある。

解説

〈本文解説〉

本文は、個の解体について、環境倫理や情報化する社会の問題等とからめて論じ、近代的な個人という概念が虚構にすぎないものであることを考察した文章である。

具体的な事例が多岐にわたり、それぞれの箇所で抽象的な論考が加えられているため、全体としてこの文章は何について語っているのか、といった中心的な話題が絞りにくいかもしれない。本文を、環境問題についての文章だ、あるいは情報化社会についての文章だ、と受け止めた人もいるかもしれない。しかし、そのように受け止めるのは誤りである。本文は、個の解体についての文章だ、と受け止めないと、全体の把握を誤ってしまうことになるだろう。

1の冒頭部に「個の没落」があり、2の第二文に「個が希薄化しトクメイのなにものかに解消されていく」という表現があり、3には「個の解体」という語句が出てくる。さらに5には「集団性のなかへ解体して……個は、……見出したのではなく」という表現がある。これらの内容こそが、全体を貫く中心的な話題であることをしっかりと受け止めることが先決である。

また、多くの具体的事例と抽象的論考がからみあっているため、ふだんから抽象論と具体例という言い方でパターン化した読解をしている人は、具体例を軽く扱うことで、読解の力点をはずしてしまう危険性がある。筆者の思考は、具体的事例に刺激されてそれを抽象化し、その抽象的論考を別の具体的事例に適用するといったふうに、具象と抽象の往復作業によって成り立っている。大事なのは、抽象と具象を往復することで、筆者の思考を忠実にたどることである。

全体は五つの形式段落から成るが、ここでは四つの部分に分けて考えてみよう。

第一の部分（1）　環境問題における個の没落

「個の没落」について考えている文章であることが、最初の一文から理解できる。「生命倫理」がそれとどう絡んでくるのかは、ここからだけでは分からないが、問題文に採られた前の箇所に触れられていた内容であろうということは想定できるだろう。ここでは「生命倫理」よりも「環境問題」の方が重要であることを見極めて、先へ進むしかない。（ただし、その理解ができないことを我慢しながら読み進めていくと、④の傍線部エの少し前に「生命倫理」という語が再び出てくるので、たとえば臓器移植などの場合に、個人の尊厳よりも集団の実利が優先されたりすることがある事例を指しているということが理解できるはずである。）筆者は「環境問題」について、「判断の基盤としての個人が遙かに乗り越えられてしまう」ことを「個の没落」と呼んでいる。どういうことか。

たとえば、殺虫剤や核エネルギー（＝原子力発電）が環境汚染や破壊をもたらしている状況を改変しようとするとき、未だ生まれていない「後の世代とのなんらかの共同性」を根拠にして「個人の欲望の制限」をしようとする考え方がある。このような考え方は、人間以外の生物や自然そのものにまで拡大され、「人間中心主義」を排除した、時間的空間的広がりを持つ考え方となっている。このことを筆者は、「『地球という同一の生命維持システム』を行為規範の基盤として考える」試みであると見なしている。このような考え方が広がってきたことを「自然な流れ」と言ってはいるが、筆者自身がこの考え方を肯定的に見ているのか、あるいは否定的に見ているのかは、①からだけでは判断することができない。とりあえず、ここでは、「個人の欲望の制限」といった事態を、「個の没落」と呼んでいるということを確認しておこう。

第二の部分（②）日常の生活における個の希薄化

個人というものの存在が弱まってきた「個の希薄化」は、今日の日常の生活においても見られる。「個性的でありたい」という欲望」はむろん強く行きわたっており、「他人と異なるものをもとうとする」願望も決して弱くはないが、一方で、そうした「欲望の多様化は、奇妙なことに画一化と矛盾せず進行している」と筆者は述べる。宣伝用の広告文に見られる個性の強調には、どこか「既製品」の臭いが漂っており、実際は「大量のパターンのヴェールに隠された画一的なもの」であるにすぎない。このことは大手の服飾メーカーによる宣伝を見るなら、すぐ理解できるだろう。私たちは「どこか他所《よそ》で作られ」た情報を「あたかも私たち自身の内から生じたかのように」見なし、それに刺激された新たな欲望に駆り立てられていく。むしろ「欲望のゲンセンは、相互に絡み合って生成消滅している情報であり、個人はその情報が行き交う交差点でしかない」。これらの事態は、ファッション以外にも、ヒットする音楽の変遷や、クルマのデザイン・チェンジなどをちょっと思い浮かべてみるなら、すぐ納得できることではないだろうか。
　近代思想のなかでは、「責任」が行為主体の存在を明らかにする一つの指標であった。しかし現在、情報のネットワークのなかでは、「責任」の所在どころか、その概念すらも曖昧化しており、そのことで個人の存在は「トクメイのなにものかに解消され」かかっている。このことを筆者は、「自己存在が情報の網目へと解体されていくことを示唆する現象」と呼び、「自己が情報によって組織化される」ことと捉えている。

第三の部分（3・4）　個も集団も「作りもの」の存在にすぎない

「個の解体」は現代にも続いている流れであるが、筆者は「集団からの個の救済」といった考え方には、あまり可能性を感じない、と述べる。個が解体してしまうのは、「個そのものが集団のなかで作られていく作りものにすぎない」からであり、個の「フィクショナルな存在性格」を示していると言うのだ。
　しかしながら、一方で筆者は、集団が新たな「実体」として存在しはじめた、などという考えも決して認めることはできないと言う。生命倫理などで繰り返される「社会的合意」の「社会」なるものが、いかに曖昧で捉えどころのないものであるかを考えてみるなら、「社会」が「実体」をもつなどとはとうてい認めることができない。そのような場合にしばしば明らかになるのは、「『合意した』という事実だけが、それを合意として機能させているにすぎない」ということである。（このあたりは、たとえば臓器移植に関する、ドナー（臓器提供者）の側、レシピエント（臓器受容者）の側、医療者の側などの全体的な「合意」がいかに困難であるか、といった問題を少し考えてみるなら、わかることと思われる。また、ここを参考にすれば、1の冒頭部にあった、「生命倫理」における「個の没落」ということも、理解できるはずである。）そういう意味で、集団のなかで「合意」が達成される場合があるとしても、それは「普遍的な基準」の存在を表現しているのではなく、「作りもの」としての「事実」を示しているにすぎないのである。

第四の部分（5）　作りものの個は、虚構の集団という浮き島にのって大海を漂っている

　環境倫理における未来世代との「道徳的共同体」という考え方は、「未だ存在せぬ者たち」との関わりを前提としている以上、「虚構的性格」を免れることはできない。そうした虚構性につけこんで、そういう共同体の試みを否定しようとする考え方も見られ、それを批判する手掛かりとなるのもまた「想像力」しかないようだ。もしかしたら、人間を「自然との共感と相互性」から捉えようとする努力も、明らかに一つの「創作」でしかなく、生態系を重視する考え方の「非人間中心主義であるはずのものからは、作りもの特有の人間臭さが漂ってくる」と筆者は述べる。

言うまでもなく、個という存在が希薄になり解消していくところの「情報の網の目」も、常に流動して変化する「非実体的なもの」に他ならない。

そうだとすれば、個が集団性のなかへ解体したといったとしても、そこに個がしっかりとした基盤となる「新たな別の大陸」を見出したということではなく、せいぜいのところ「波立つ大海に幻のように現われる浮き島に、ひとときの宿りをしているにすぎない」と筆者は言う。

要するに筆者は、個人を主体的な存在と見なす近代的な捉え方が虚構にすぎないことを述べ、一方で、社会と呼ばれる人間の集団も虚構性をもっている以上、存在の基盤を失った個は、現在、不確かな状況のなかを不安定なままに漂っている、と言っているのである。

〈設問解説〉

設問の全体的構成を概観しておこう。

㈠　地球を一つの生態系と見る環境倫理の考え方

㈡　情報操作による個性の多様化の背後の画一化

㈢　個の解体に示される個の虚構性

㈣　社会という集団の虚構性

㈤　非人間中心主義に見られる人間臭さについて、個の解体という全体の論旨を視野に入れて考える

㈥　漢字の書き取り

こうして捉え直してみると、㈠が環境倫理、㈡が情報化社会、㈢が個の虚構性、㈣が集団の虚構性、㈤が環境倫理、ということになるが、いずれにしても個の解体が全体を貫くテーマであることは忘れないようにしたい。とくに㈤は、他の二行解答とは異なった字数指定による長い記述の設問であることを考えるなら、環境倫理と個の解体をどのようにからませて記述するかは、しっかりと考える必要がある。

㈠　地球を一つの生態系と見る環境倫理の考え方についての理解が問われている。第一の部分および第四の部分。

環境問題における「個の没落」が、どういうふうに起こっているか、についてまず考えなければならない。環境問題を考える場合、現在では、「未だ生まれぬ」「後の世代とのなんらかの共同性」⑴や「人間以外の生物」はもちろん、「山や川など」⑴の自然との共同性も視野に入れなければならない状況にまで至っている。人間だけを中心にして考えるよ

うな「人間中心主義」(1)では、もはや現在の状況は打開できないのだ。そういう意味で、「人間中心主義を排除しつつ、個人はもちろん、時間的広がりを含み込んだ人類さえも超えて」(1)考えなければならないのである。この「個人」を「超えて」というところ、及びその前にある「個人の欲望の制限」(1)が「個の没落」に相当する。そのような「非人間中心主義」(5)の考え方に当たるのが、傍線部アの「『地球という同一の生命維持システム』を行為規範の基盤として考える」である。

「地球という同一の生命維持システム」とは、「未来世代」(5)との共同性や「自然との共感と相互性」(5)を含み込んで、地球全体を一つの生命連鎖の体系、つまり「生態系」(5)と捉えることである。

それを「行為規範の基盤として考える」ということは、地球全体の生態系が、個々の人間の欲望や考え方を超えて、個々の人間の「行為規範の基盤」とならなければならない、ということだ。これが第一の部分での「個の没落」を意味する。

傍線部は環境倫理の考え方自体を言っているが、全体の論旨が個の没落や個の解体にあることを考えるなら、〈個々の人間を超えて〉といったニュアンスをなんとか含み込ませた記述が望ましいだろう。また、直接的な解答範囲は第一の部分であるが、第四の部分にも再び「環境問題」の話題が出てくるので、ここをも参考にすれば、理解が深まるだろう。

①環境問題を考えるとき、地球全体を一つの生命連鎖の体系と捉えて

②個々の人間の行動判断の基準とする

傍線部をイイカエようとする意識が強い場合、「個の没落」の内容が忘れられてしまう恐れがある。ささやかなことに思われるかもしれないが、「個」あるいは「個人」という語はなんとか含み込んで記述することを目指したい。

(二) 情報操作による個性の多様化の背後にある画一化についての理解が問われている。第二の部分。

常識的に見れば、「欲望の多様化」は「画一化」と矛盾する。それが「矛盾せず進行している」と言うのだから、「そのようにいえる」根拠となる理由を説明するのが、この設問のポイントとなる。

第二の部分は、日常の生活において、「個が希薄化しトクメイのなにものかに解消されていく」(2)状況について語っている箇所にあたる。衣服や自動車の宣伝用広告文は、「個性的でありたい」(2)という人々の欲望を刺激して、まさに「他人と異なるものをもとうとする」(2)「欲望の多様化」を示しているかに見える。しかし、そこでの「個性」の実体は、「大量のパターンのヴェールに隠された画一的なもの」(2)でしかなく、「私たちとはちがうどこか他所で作られ」

(2)たものが、「あたかも私たち自身の内から生じたかのように」(2)して「私たちを駆り立てていく」(2)ものにすぎないのだ。そのような「欲望のゲンセン」を、筆者は「相互に絡み合って生成消滅している情報」であると言い、個人は「その情報が行き交う交差点でしかない」(2)と言っている。

このような状況を、筆者は「自己存在が情報の網目へと解体されていくことを示唆する現象」と呼び、また「自己が情報によって組織化される」(2)こととも呼んでいる。先にあった「トクメイのなにものか」とは、この「情報の網目」のことと考えてよいだろう。

以上をまとめるなら、記述すべき内容は次の二つになる。

①個性的であろうとする欲望は

②情報に操作された人々による、大量生産品の類型的な消費として組織化されたものだから

この解答自体が「個の解体」を語っているものだから、これに加えて「個の解体」といった語句を書く必要はない。

(三)　個の解体に示される個の虚構性についての理解が問われている。第二の部分の後半から第三の部分の前半。

「作りもの」とは、直後にある「フィクショナルな存在性格」(3)のことであり、5の「虚構的性格」や「非実体的なもの」も、同じ内容を指している。この「作りもの」という捉え方は、「他のなにものにも拠らず存在している」(3)「実体」(4)的な存在と対比されている。近代において個は、「主体」(2)を備えた「実体」と見なされていたのである。

そのような「個」が解体してしまうという現代の状況は、「個」がまさに「実体」ではなかったということを示していることに他ならない。「個」は「実体」ではなかったからこそ、解体したのだ。

それでは、「個」が「実体」ではなかったことは、どのようにして明らかにされたか。筆者の考えに従うなら、個人とは「情報が行き交う交差点」(2)でしかないのであり、自己とは「情報によって組織化される」(2)ものにすぎなかった。「集団のなかで作られていく」の「集団」とは、この「情報」の行き交う社会のことを指している。つまり、個は、集団によって組織化され、情報が行き交う交差点でしかなかったからこそ、解体したのである。この「交差点」という比喩的な表現を、より実態的な語で言えば、たとえば〈媒体〉といった語になるだろう。

設問は、「なぜそのようにいえるのか」となっていて、「なぜか」という直接的な問い方で理由説明を求めるものとは異なっているから、答え方には十分な注意を要する。そのような判断を言明できる根拠を答えなければならない。このことは、前の(二)も同様である。

①個の解体という状況は

②近代に実体とされた個という主体が
③情報の交差する集団の中の媒体にすぎなかったことを示
　していいるから

右の「……状況は、……を示しているから」という言い回しが、「そのようにいえる」という判断の根拠を答えた箇所に当たる。ここを欠いた場合、それは「なぜか」という問いに答えたことになってしまうだろう。

㈣　社会という集団の虚構性についての理解が問われている。第三の部分。

傍線部は、直接的には「生命倫理」についての文脈の中にある。もちろん第三の部分の全体は、集団というものの非実体性を語っており、「生命倫理」はその中に含まれる具体的な一つの事例として挙げられたものである。また本文冒頭の第一の部分にあった「生命倫理」は「個の没落」を語る文脈にあったが、この第三の部分では、「個」と対比される「集団」の虚構性について述べている箇所である。

「生命倫理」にかかわる「社会的合意」と言っているのだから、直接的に書かれているわけではないが、たとえば臓器移植の場合を考えてみれば理解しやすいのではないか。脳死判定による臓器移植であっても、ドナーの側、レシピエントの側、さらには医療者の側などの間に、さまざまな思惑の違いがあり、時にそれが露呈されたりすることがある。関係者という集団の中で「合意」が達成されたとしても、それは「普遍的な基準」④の存在を示しているのではなく、『合意した』という事実だけが、それを合意として機能させているにすぎない」と、筆者は述べる。形式としての「合意」の背後には、「多様な意見・価値観」④が一致しないままに存在していることは、たやすく想像できる。「合意」という「作りもの」④の「事実」が、それを関係者という集団のなかで、かろうじて「事実」として機能させていくのである。

ここは、集団あるいは社会の非実体性について述べているところに当たるから、解答には「集団」または「社会」という語を入れるべきだろう。記述すべき内容は、次のようなものになるはずである。

①多様な意見や価値観の統合は
②普遍性によってではなく
③合意という形をとることで何とか社会的に機能するもの
　となる

本文の語句をそのまま捉えるのではなく、抽象と具象を往復して、その語句が実態としてどのようなことを言っているのか、をしっかりと捉えるようにしたい。ドナーとかレシピエントとかを解答に書くわけではないが、そのような思考を経た解答か、そういう思考を経ないまま、本文中の語句を並べ換えただけの解答かは、採点者にはすぐ伝わるものである。

㈤　非人間中心主義に見られる人間臭さについて、個の解体という全体の論旨を視野に入れて考えることが求められている。第四の部分を中心とするが、本文全体が範囲となる。

傍線部は〈環境倫理〉にかかわるものであるが、本文全体は「個の解体」を中心的な話題としている。設問には「本文全体の論旨を踏まえた上で」という条件が付けられてはいないが、やや長い字数指定がなされていて他の設問と明らかに出題意図が異なっていると判断できるから、やはり全体を視野に入れるべきだろう。「ここで筆者は…」の「ここで」は傍線部オを指しているが、この傍線部は全文のほぼ結論部に位置しているのだ。

とはいえ、どのように書くべきかについては、かなりの迷いが生じるはずである。そういう中で最も妥当と思われる線を探るなら、〈環境倫理〉の非人間中心主義に見られる虚構的性格を中心としつつ、「個の解体」という全体を貫く内容も何とか含み込んで記述するというやり方であろう。逆の言い方をすれば、「個の解体」の内容に全く触れずに、〈環境倫理〉の内容だけで記述することは危険だ、ということである。

「環境問題」については、第一の部分と第四の部分とを総合して考える。その骨格は、人間中心主義を排除して、地球全体を一つの生態系と捉える非人間中心主義の傾向が強まっているということである。ところが、その非人間中心主義そのものも、未来世代との共生といった、想像力のからむ虚構的性格をもっている。個を基盤とした人間中心主義はすでに無効になっているが、一見、環境にやさしいと思われる非人間中心主義ですらも虚構性をもっているとすれば、そこでも人間を中心とするなんらかの恣意性は免れないのだ。

次に、「個の解体」について考えてみよう。個は情報の交差点へと解体しており、他方で、社会という集団も、実体をもたない虚構的性格が明らかになりつつある。

右の内容をなんとかまとめることができれば、解答はほぼ完成したとは言えるだろう。ただ、ここでもう一度、設問の問い方を確認してみよう。設問は、「…とあるが、どういうことか、…」ではなく、「…とあるが、ここで筆者はどのようなことを言おうとしているのか、…」となっている。「言おうとしているのか」という文言は、直接言っている内容を超えた範囲をも含み込んだ問い方である。とすれば、〈非人間中心主義も虚構的性格を免れない〉というふうに終えるとしたら、それは筆者の言っていることそのものに当たるから、どこか不十分な感覚が残って漂う。筆者は、人間中心主義の基盤となる個も虚構であり、非人間中心主義も虚構であるから、結局のところ、どちらも同じだ、ということを言おうとしているのだろうか。そうではあるまい。人間中心主義の基盤としての個の解体を強調しつつも、非人間中心主義へと傾く人々の考え方をそのまま良しとするのは危険であり、そこにも人間を中心とする虚構が潜んでいることを、少なくとも〈自覚すべきだ〉ということを言おうとしているのではないだろうか。ここで〈自覚〉という語が最も適切かどうかはわからないし、その範囲にはある程度の幅はあるだろうが、少なくともそのような内容の語が求められているように思われる。

以上をまとめるなら、記述すべき内容は次のようなものになるだろう。

①個が情報の媒体へと解体し集団もその実体をもたない以上

②地球環境問題を生態系という視点から捉えるとしても、そこには人間の想像力がかかわっているから

③倫理の基盤は、結局は人間中心的な虚構といった恣意性を免れ得ないということを

④自覚する必要がある

先にも記したように、④には〈自覚〉の他にも様々な語が入り得る。どのような語がふさわしいか、本文の内容と照らし合わせて、各自で考えてみよう。

なお、字数から考えて、「……ということ。」という形式的な締めくくりが無理な場合、そのことにこだわる必要はないだろう。形式的な言い回しよりも、内容的な充実こそを優先すべきである。常識的に考えても、少ない配点の中で、形式的な言い回しの部分で出題者が減点するなどということは、想定しにくい。

㈥　漢字の書き取り。

a　「権利をシンガイしている」とあるから、〈おかす〉意の「侵」を用いた「侵害」。他に侵略などの語がある。「浸」は〈ひたす〉意で、浸透などの熟語がある。区別して覚えよう。

b　「個が希薄化しトクメイのなにものか…」とあるから、〈名前をかくしてあらわさないこと〉の意の「匿名」。「匿」は〈かくす〉。他に隠匿・秘匿などの語がある。

c　「同一のものを巡るコウソウを回避する」とあるから、〈張り合って争うこと〉の意の「抗争」。やや難しいかもしれない。

d　「欲望のゲンセン」とあるから、〈みなもと〉の意の「源泉」。「原泉」とも書く。

e　「ますます一層ソクシンされていく」とあるから、〈物事が早く進むようにすること〉の意の「促進」。「促」は〈うながす〉意で、他に、促成・催促・督促などの語がある。〈とらえる〉意の捉と区別して覚えよう。

解答

(一) 環境問題を考えるとき、地球全体を一つの生命連鎖の体系と捉えて、個々の人間の行動判断の基準とするということ。

(二) 個性的であろうとする欲望は、情報に操作された人々による、大量生産品の類型的な消費として組織化されたものだから。

(三) 個の解体という状況は、近代に実体とされた個という主体が、情報の交差する集団の中の媒体にすぎなかったことを示しているから。

(四) 多様な意見や価値観の統合は、普遍性によってではなく、合意という形をとることで何とか社会的に機能するものとなるということ。

(五) 個が情報の媒体へと解体し集団もその実体をもたない以上、地球環境問題を生態系という視点から捉えるとしても、そこには人間の想像力がかかわっているから、倫理の基盤は、結局は人間中心的な虚構といった恣意性を免れ得ないということを自覚する必要がある。(120字)

(六) a＝侵害　b＝匿名　c＝抗争　d＝源泉（原泉）
e＝促進

第四問（文科）

出典

多木浩二（たき・こうじ）『写真論集成』（岩波現代文庫）の「第一部　写真を考える」の一節。

多木浩二（一九二八～二〇一一）は、評論家。東京大学文学部美術史学科卒業。著書には『複製時代の芸術作品』『眼の隠喩』等がある。

解説

〈本文解説〉

本文は、写真という表現芸術に対して覚える一種の無力感とその可能性について述べた文章である。全体は九つの形式段落から成るが、ここでは四つの部分に分けて考えてみよう。

第一の部分（1・2）　写真という表現芸術に覚える二通りの肉体的反応

「写真になにが可能か」という問いに対しては、「写真には何もできない」という一種の無力感と、何らかの可能性があるはずだといった認識との二通りの肉体的反応が呼び起こされる。こうした問いと二様の答えのくりかえしは、表現芸術のすべてについて言いうることだろう。

第二の部分（3〜5）　写真についての無力感と写真の与える衝撃

現在の世界の激しい変動と、鮮烈な思想の起伏を前にするとき、写真になにが可能かという問いは、われわれに無力感を与えるばかりである。しかし、その無力感も、「写真にまつわるさまざまな既成の価値を破砕し、未知の世界の中に自分を位置づける」上では有効である。写真にかぶせられたリアリズムなどの「擬制」や「虚構」をひとつずつはがして、「おのれの意識と肉体が露出するところまで下降する根源的な思考」がなければ、「透徹した精神のリアリズム」はありえない、と筆者は述べる。ここで「擬制」とは、〈そうでないものを、あたかもそうであるかのように扱うこと〉の意で、「虚構」とほぼ同義。筆者は写真に付与された誤った意味づけやイメージをはがして、写真の持つ本来の機能を明らかにしようとしているのである。

だが無力感の一方で、写真はそれを見る人に衝撃を与える力も持っている。筆者は「路上の処刑」という、ベトナム戦争の頃に撮られた写真を具体例として、写真のもつ可能性について語り始める。その写真は、南ベトナムの国警長官が、捕えた解放軍の兵士を路上で射殺する二枚の写真である。この男の死は、二つの不連続なショットのあいだに消失してしまっており、そこには「美しさも悲しみもないゼロの世界」が現前している。

この「醜悪さ」が、「言葉でも意識でも捉えられないわれわれの存在の深いところ」に衝撃を与える。その写真は、「戦争を告発する意図」によって撮られたものではない。二つのショットのあいだに消失した男の死は、それを撮ったカメラマンの「思想とか意識とかいわゆる主体を越えてしまって、何ものかになってしまっている」。われわれは「死のゼロ化」という「世界の現前」に立ち合ったのである。

第三の部分（6）　写真は世界の不気味さをとりだす

写真の可能性は、こうした「世界の不気味さをとりだす能力」にある。写真が生まれてから積み重ねられてきた無数の写真の群れは、「人間の歴史の膨大な地質を構成している」ように見える、と筆者は述べる。

第四の部分（7〜9）　写真は、自己をこえた世界の不気味さを現前させる力をもっている

写真が、カメラマンという主体の意識を表現するものと考えた場合、それは「不便」な媒体と言えるだろう。「自分の内部に思想があってそれを写真に表現するという俗流の考え方」は、いつも「写真によって裏切られる」他はない。だが一方で、言葉によって外的な世界を描写しようと試みたとしても、そ

れは「時間の中を動いている意識」にすぎないのに対し、写真は「無媒介に世界を目の前に現わす」。写真と言葉とは異質であって、「世界をつかむ方法」が違っているのだ。現代の文明は「活字文化」から「映像文化」への移行に当たると言われたりするが、写真の〈わかりやすさ〉の側面には、その「現前性、直接の機能」がある。（なお、アラン・ロブ＝グリエやミシェル・ビュトールの作品は、一般にアンチ・ロマンとかヌーヴォー・ロマンと呼ばれるもので、内面的な心理描写を排し、表層の外面をひたすら視覚的に描写することを特徴としている。）

写真家は、心のうちなる世界を表そうとしても、うつるのは外にある世界だけだから、世界と自分とがずれた関係にある。世界とは、不気味で反人間的な構造と、人間という生まの具体性とが作り上げる全体性のなかにある、と筆者は述べている。

〈設問解説〉

設問の全体がどのように構成されているか、あらかじめ概観してみよう。

㈠　写真という表現芸術への問いに対する二様の肉体的反応の繰り返し

㈡　写真に付与されたリアリズム等の俗流の意味づけという擬制

㈢　「路上の処刑」という写真がわれわれに与える衝撃

㈣　全体としての世界を無媒介に現前させる写真の力

このように捉えてみると、写真への問いから始まり、写真に関する一般通念の否定、ある写真のわれわれに与える衝撃を経て、世界を現前させる写真の力という主題に至る、本文の骨格が問われていることがわかる。

㈠　写真という表現芸術への問いに対して、二様の肉体的反応による答えが繰り返される、ということについての理解が問われている。第一の部分。

「写真になにが可能か」という問いに対しては、「『写真には何もできない』という一種の無力感」と、「『写真に可能ななにものかがある』という認識」の二様の答えが、繰り返し「肉体的な反応」として起こってくる。こうした事情は、写真に限らず、「表現芸術のすべて」について言える、と筆者は述べる。簡略に言い換えるなら、写真芸術に対して、無力感と可能性への期待とが繰り返して感じられる、ということだ。

以上の内容をまとめればよいわけだが、これを二行の枠内に収めるのは、それほどたやすくはない。

①写真を問うことには

②現実に対する無力の思いと世界を捕捉する可能性の認識との

③二様の答えが繰り返される

なお、②の後半の〈可能性〉が、第二の部分の「だが写真がわれわれに衝撃を与える機会……」(4)以降の、本文の主張の骨格を成すことになる。

(二)　写真に付与されたリアリズム等の俗流の意味づけという擬制についての理解が問われている。第二の部分と第四の部分。

「擬制」という語は、ここでは「虚構」とほぼ同義の語として用いられており、そこには「リアリズム」も含まれている、と筆者は言っている。また、それらを「はがして」根源的な思考をすることが「透徹した精神のリアリズム」だと言うのだから、筆者は、写真に関する「擬制」「虚構」「リアリズム」を否定的に捉え、「透徹した精神のリアリズム」を肯定的に捉えている、ということがわかる。

傍線部直前にある「写真にまつわるさまざまな既成の価値」は「破砕」すべきものとされているから、これが「擬制」「虚構」「リアリズム」の内容に相当することが理解できる。(なお、「未知の世界の中に自分を位置づける」は、「無力感」にもかかろうじて認められる有効性を意味しており、これは「無力感」を4以降の〈可能性〉へとつなぐ橋渡しの役割を果たしている。)

それでは、「写真にまつわるさまざまな既成の価値」とは、どういったことを指しているのか。第四の部分の傍線部エに「自分の内部に思想があってそれを写真に表現するという俗流の考え方」(8)という言い回しが出てくる。この「俗流の考え方」こそが、「擬制」に他ならない。これに「リアリズム」の内容を加味するなら、たとえば、ありのままに、といったことになろう。

関連した表現を他に探すとしたら、「彼の思想とか意識とかいわゆる主体(を越えて…)」(5)、「主体の意識(を考えた時、…)」(8)等が挙げられよう。要するに筆者は、写真は写真家の意図にもとづいて現実の一部をありのままに切り取ったものだ、という一般的通念を、「擬制」だとして批判しているのである。

①写真とは、写真家という主体の意図や思想にもとづいて
②現実の一部をありのままに切り取ったものだ
③(右のように)誤認されている

右の③の「誤認」は、「思い込まれている」「一般的通念」といった言葉で説明しても、もちろん構わない。

(三)　「路上の処刑」という写真がわれわれに与える衝撃についての理解が問われている。第二の部分の後半から第三の部分にかけて。

傍線部の「そこ」という指示語は、「路上の処刑」という二枚の写真を指している。この写真は、「写真がわれわれに衝撃を与える」(4)力をもつことの一つの例として挙げられたものである。つまり、傍線部は、第一の部分にあった「写真に可能ななにものかがある」(2)の可能性を示すものであり、そのこ

とは第三の部分の「世界の不気味さをとりだす能力がある」[6]という箇所からもわかるはずである。言い換えるなら、この傍線部ウは、写真のもつ可能性を示すものとして、筆者によって肯定的に書かれている。そのことを、まず確認しておきたい。「無力感」とは逆の、写真のもつ力への期待なのである。

「二つのショットの不連続」のあいだに男の死が消える「死の消失」を、どうして写真のもつ力として肯定的に捉えることができるのか。「胸の悪くなるような」「醜悪さ」を与える写真を、どうして写真の可能性と見なすことができるのか。それは、その「醜悪さ」が「言葉でも意識でも捉えられないわれわれの存在の深いところに衝撃を与える」[5]からである。男の死の「消失した世界」は、それを撮った写真家の「思想とか意識とかいわゆる主体を越えてしまって、何ものかになってしまっている」[5]のだ。この状態を、筆者は「死のゼロ化に立ち会った」[5]と呼んでいる。傍線部の「ゼロの世界」とは、このような「世界の現前」[4]を意味している。

「美しさも悲しみもない」というのは、「ゼロの世界」が人間的な感情を拒絶した、「世界の不気味さ」そのものとしてある、ということだろう。

以上をまとめるなら、記述すべき内容は次のようなものになるだろう。

①「路上の処刑」という写真は
②二枚の不連続の間に死が消失し
③人間的な感情を拒絶した
④存在の不気味さが露呈している

解答としての骨格をしっかりと捉えていれば、個々の語句にこだわる必要はない。同内容の表現であれば、広く許容されるはずである。

㈣　全体としての世界を無媒介に現前させる写真の力についての理解が問われている。全文を視野に入れつつ、第四の部分を中心に考える。

傍線部エは、直前の一文「主体の意識を考えた時、写真は不便なものである」を承けて、それをさらに詳しく言い換えたものである。設問としての中心は、傍線部後半の「裏切られる」にあるが、締めくくりの設問であることを考慮するなら、全文を視野に入れて丁寧に読み解く必要がある。また、この設問にだけ「わかりやすく」という条件が付されていることも、見落とすべきではないだろう。この条件を端的に言い換えるなら、本文中の語句を切り貼りしただけの〈わかりにくい〉答案には、得点を認めないということだろう。

傍線部の前半「俗流の考え方」とは、設問㈡で考察した「写真にかぶせられた擬制」とほぼ同じ内容であり、「彼の思想とか意識とかいわゆる主体」[5]、「心のうちなる世界をあらわそう」[9]等の表現からもわかるように、〈自分の内にある思想や意図といった写真家の主体を写真に表現する〉ということである。

傍線部の後半「いつも写真によって裏切られる」は、単純に言えば、写真家の思い通りにならないということであり〈ただし、その思い通りにならないことこそが、筆者にとって写真の魅力なのだ〉、それは〈自己を超えた世界が無媒介に現前する〉ということである。しかもその「世界」は、「人間という生まの具体性」⑨の世界でもあるが、同時に「反人間的」「超人間的な構造」⑨も持っている「全体」としての世界である。

以上が解答としてのあらましであるが、このように考えると設問㈢ときわめて近いものになってしまう。「路上の処刑」という具体性と写真一般という抽象性の違い、世界の不気味さと人間を含んだ全体としての世界といった違いはあるが、まだ、何かが足りないように感じられる。それは何か。「言葉」である。言葉と映像との違いをなんらかの形で含み込むことを、出題者は求めているように思われる。

ロブ＝グリエやビュトールの小説はひたすら「外的な世界を描写」⑧しようと試みたものであるが、言葉で描写する以上、それは「時間の中を動いている意識」⑧である他はない。それに対して、映像としての写真は「無媒介に世界を目の前に現わす」⑧。この「現前性、直接の機能」⑧こそが写真の特徴なのである。ただし、これらの内容のすべてを二行の枠内に含み込んで記述することは、不可能である。〈言葉と異なり〉といった程度で、軽く触れておくぐらいが限界であろう。

解答として記述すべき内容は、次のようなものになろう。

①写真は言葉と違い
②人間を含む全体として存在する世界を
③写真家という主体の意図を超えて
④無媒介に現前させる

解答

㈠ 写真表現を問うことには、現実に対する無力の思いと、世界を捕捉する可能性の認識との二様の答えが繰り返されるということ。

㈡ 写真とは、写真家という主体の意図や思想にもとづいて現実の一部をありのままに切り取ったものだ、と誤認されているということ。

㈢ 「路上の処刑」という写真は、二枚の不連続の間に死が消失し、人間的な感情を拒絶した存在の不気味さを露呈しているということ。

㈣ 写真は言葉と違い、人間を含む全体として存在する世界を、写真家という主体の意図を超えて無媒介に現前させるということ。

二〇〇三年

第一問（文理共通）

出典

小松和彦（こまつ・かずひこ）『神なき時代の民俗学』〈I　神なき時代の民俗学《祭祀のメカニズム》〉の一節。

小松和彦は、一九四七年東京生まれ。埼玉大学教養学部教養学科卒業。東京都立大学大学院社会科学研究科（社会人類学）博士課程修了。専攻は文化人類学・民俗学。著書には『異界と日本人』『呪いと日本人』『妖怪学新考』『百鬼夜行絵巻の謎』他、多数がある。

解説

〈本文解説〉

本文は、日本人の民俗的な信仰における、祟りと慰霊という「祝い祀り」の本質について論じた文章である。戦死者の遺骨収集自体を中心的な話題としたものではないことに注意したい。全体は九つの形式段落から成るが、ここでは三つの部分に分けて考えてみよう。

第一の部分（1）　日本人の民俗宗教における、祟りと慰霊という「祝い祀り」の本質

日本人は、殺されたり、人生半ばでこの世を去った人びとや、共同体の犠牲になった者に対して、その霊の呪いと祟りを恐れ、「負い目」「後ろめたさ」を感じてきた。そのため、死者たちの霊を慰める「慰霊」という行為は、怨霊を鎮めるというだけではなく、「霊に対する生者の心の内部に発生する『後ろめたさ』『負い目』を浄化する行為」でもあった。そのことを筆者は「生きている日本人は、生きているというだけで、霊に対して弱い立場に置かれていたのである」（傍線部ア）と言っている。生きている日本人は、「霊の目」を常に無意識のうちに気にしており、その霊の怨念を鎮めるためにおこなってきた「慰霊」の行為が、「祝い祀り」の本質である。

第二の部分（2〜6）　ミクロネシアでの人類学調査のあいだに、日本からやって来た遺骨収集の戦没者慰霊団と出会った筆者の体験談

筆者はミクロネシアのチューク（旧トラック）州で、人類学の調査を続けている。そこは第二次大戦中、日本軍と米軍とが激しい戦闘をくりひろげた場所である。戦後五十年を経ても、そこには日本から各種の戦没者慰霊団が訪ねてくる。

戦没者の霊を慰め鎮めようとしてお経を読み、線香をあげ、あるいは船で海上に出て、花輪を捧げる慰霊団の行動は、筆者には「十分に理解できる」(傍線部イ)ものである。しかし、海底の沈船から引き上げた遺骨を最敬礼で迎え、それを浜辺で荼毘に付し、翌日その骨を骨壺に納めるといった光景は、アメリカ人や現地人には異様なもの、不思議なものとの印象を与えるらしい。日本文化のコンテキスト(＝文脈・前後の関係やつながり)に位置づけて解釈することのできない「異文化」の人が、その姿を見て奇妙な感じを抱くのは当然のことと言える。このような受け取り方の違いに、日本人の「霊」への信仰の特徴が示されている。

この年老いた元日本海軍の兵士たちは、ここで戦死した戦友の霊を「慰めている」のである。怨霊となって祟りをなしているわけでもなく、「靖国神社」に祀ってくれと要求しているわけでもない。物言わぬ「戦友の霊の目」を背に負って生きてきた元兵士たちは、自分が「生き残って申し訳ない」という思いから、慰霊という行為を導き出したのだ。ある意味で、「戦争によってこの年老いた元日本海軍の兵士たちの人生の時間の、ある部分が止まってしまった」(傍線部ウ)と言える。その後の人生は、この「霊の目」を安らかにすることを意識し続ける人生であったと思われる。ここには「脈々と流れる日本人の民俗的な信仰伝統」が見出される。

第三の部分 (7～9) 近代の軍国主義国家が創り出した疑似宗教的行事が、以前から存在していた伝統的な民衆の宗教心に組み込まれていく過程

ところで、異郷で命を落とした者の遺骨を拾って故郷に帰すという習俗は、昔からあったものではなく、近代以降に始まったものである。山折哲雄によれば、このような遺骨収集という儀礼的行為が定着したのは、日中戦争開始以降のことだという。近代の軍国主義国家が、戦死者たちの遺骨を「英霊」として、靖国神社や護国神社に祀り上げることを始めたのであり、これはそれまでの民俗的信仰を変形させて作り出した「疑似宗教的行事」(傍線部エ)という「創造物」なのだ。

ところが、遺骨収集の儀礼行為は、軍国主義国家が敗戦によって倒れた後も消滅することなく、日本人の民衆の宗教心の中に組み込まれて残り続けたのである。戦後の新生国家もまた、遺骨の収集を開始した。これには、それを政治的に利用しようとした人々がいることも否定できないが、しかし、「その骨を依り代にして帰国する霊を迎えたいという『思い』は、国家だけではなく、民衆のなかにもあったとみるべきであろう」(傍線部オ)と筆者は述べる。遺骨の収集は、「霊の目」を意識した「後ろめたさ」という、はるか昔から日本人の中にあった民俗的信仰の伝統に由来するものであり、そのことは日航ジャンボ機の墜落事故や、阪神・淡路大震災において

も見いだされる、というのが筆者の考えである。

〈設問解説〉

各設問の全体的構成を概観してみよう。

㈠　死者の霊の祟りを恐れる、日本人の民俗的信仰
㈡　民衆の信仰心に組み込まれた、戦没者遺骨収集の儀礼
㈢　生き残った元海軍兵士たちの心の負い目
㈣　遺骨収集という、近代軍国主義国家の創造物
㈤　遺骨収集という儀礼行為の定着が、国家の政治的意図とともに、それを超えた民衆の伝統的信仰と結びついて成立したものであること
㈥　漢字の書き取り

段落の展開における、それぞれの箇所のポイントが問われていることがわかる。各設問に正解できたとすると、それらの全体は本文の要約にほぼ重なるはずである、ということも意識に入れておきたい。

㈠　死者の霊の祟りを恐れる、日本人の民俗的信仰についての理解が問われている。第一の部分を視野に入れる。

「霊に対して弱い立場に置かれていた」ということがどういうことなのかを把握することがポイントとなる。傍線部は「言いかえれば」に続く箇所だから、直前の一文が大きなヒントとなる。「霊に対する生者の心の内部に発生する『後ろめたさ』『負い目』」がそれである。日本人は「殺されたり、人生半ばでこの世を去った人びと」の呪い・祟りを恐れるだけでなく、「家族や親族、共同体のために犠牲になった者」に対しても、自分が生き残ったことの「後ろめたさ」を感じてきた。つまり、日本人は死者に対して、心の内部で「負い目」を感じてきたのである。それが、日本人の民俗宗教における「祟りの信仰」である。

次に、「生きているというだけで」という強調についても、考えてみる必要がある。これは、その死者に対して自分が特別悪事を働いたというようなことがなくても、といった意味であろう。つまり、生きている者は誰でも、死者に対して自分が生き残っていること自体が「後ろめたさ」になっているということである。

以上をまとめるなら、記述すべき内容は次の二つになるだろう。

①日本人は死者の霊や怨念を恐れる心性を持っている
②自分が生き残ったこと自体が常に負い目を伴うものだった。

㈡　戦没者の遺骨収集という儀礼的行為が、広く日本人一般に自然な行為として受け容れられているということの理解が問われている。第二の部分が中心となるが、第三の部分をも

視野に入れておく必要がある。

「慰霊団の現地での慰霊行動」が、「私」(＝筆者)には十分に理解できるものである、という記述は、「アメリカ人や現地人」などの「異文化の人」には異様に映るらしいということとの対比を前提にしてなされている。「日本文化のコンテキストに位置づけて解釈できない異文化の人」に「異様なもの、不思議なもの」と映る行動が、筆者にとっては「十分に理解できるもの」であるのは、どうしてか。それは、筆者にとっては慰霊団の行動が、日本文化の文脈においては「胸にジーンとくる」自然な行動であると感じられるからである。日本人の筆者には、日本文化の特徴としての「霊」への信仰は「異様なもの」でも「奇妙な振る舞い」でもなく、ごく自然な行為として納得できるからである。

ところで、遺骨収集という習俗は、昔から日本人のなかにあったものではなく、近代の軍国主義国家の創造物にすぎない。それがどうして筆者にもごく自然な行為と感じられるようになったのか。それは、そのような儀礼行為がわずかの間に「日本人の心性の奥に入り込み」「国民的・民衆的な文化に変質しつつあった」⑧からであり、「民衆の宗教心が戦前の国家が作り出した儀礼行為を自分たちの信仰に組み込んでしまった」⑧からである。

なぜ「十分に理解できる」のかという理由を説明するためには、以上の二点を結びつけて記述する必要がある。

①戦死者の遺骨を収集し祀る儀礼行為がごく自然なものとなっているから

②(遺骨収集の儀礼行為は)現在の日本人にとって伝統の信仰と結びついたものになっている

どの設問を解く場合でも、本文の全体を視野に入れておくことが望まれる。

㈢　生き残った元海軍兵士たちの心の負い目についての理解が問われている。第二の部分を中心として、第一の部分をも再度確認したい。

傍線部は「ある意味で」という言い方に導かれたものであり、直前の一文の元日本海軍の兵士たちの慰霊行為を、改めて解釈し、それを意味づけたものである。戦死した戦友への慰霊行為が、老いた元兵士たちの「人生の時間の、ある部分が止まってしまった」ことと、どうして言えるのか。「死んだ者が可哀想だ、生き残って申し訳ない」という「思い」を抱いて、戦死した戦友の霊を慰めようとする行為が、どうして彼らの「人生の時間の、ある部分が止まってしまった」ことと言えるのだろうか。

直後には「その後の人生はこの『霊の目』を安らかにすることを意識し続ける人生であったのだろう」という記述が来る。この文脈のつながりを考えると、「生き残って申し訳ない」

という元兵士たちの心の「負い目」(1)が、死んだ戦友への慰霊行為を導き出し、その後の彼らの人生が戦友の霊を安らかにすることを「意識し続ける」ものとなった、ということになる。「人生の時間」が「止まっ」たとは、元海軍兵士たちの生きる意識のあり方が、戦争の時点で固着したことを意味している。

ここで「ある部分が」という表現の内実について考えることが必要だろう。「ある部分」とは一部分ということであり、全体ではないという意味で、控え目な表現である。それでは、ここでの「ある部分」とは、どういう内容を指すか。人間は生きるためには、食事をしたり、眠ったり、働いたりしなければならない。つまり、全体としては動物的な生存のための行動もあれば、人生の意味を考えたりする意識的な行為もある。ここでの「ある部分」とは、「意識し続ける人生」を考慮に入れるなら、動物的な生存の側面を除いた、人間として生きるという意識の側面のすべてを指していると考えられる。表現は控え目だが、元兵士たちが人生の意味を考えるといった意識の側面のすべてが、死んだ戦友への「慰霊」に捧げられてきた、という強い表現であることを読み取らなければならない。彼らのその後の人生は、意識的にはむしろ、死んだ戦友の「慰霊」のためだけに捧げられたものだった、と受け取るべきなのである。

以上をまとめるなら、解答としてのポイントは次の二つになるだろう。

①元兵士たちは、死んだ戦友に対して、自分が生き残った申し訳なさを抱いていた

②(彼らは死んだ戦友の)慰霊だけを思い続けて、その後の人生を生きてきた

(四) 遺骨収集という儀礼行為が、近代の軍国主義国家によって創り上げられた疑似的な宗教行事であることの理解が問われている。第三の部分を考える。

「疑似宗教的行事」の「疑似」が、解答すべき内容のポイントとなる。「疑似」とは〈よく似てはいるが、ホンモノではない〉ことを意味する。ここでは、宗教的行事と非常に似てはいるが、本来の宗教的行事ではない、ということだ。遺骨収集という行為は、一見宗教的な行事のように見えるが、それは本来の宗教的行事ではなく、「国家のために命を捧げた兵士」を「英霊」(6)に祀り上げることで、国家の救心力を高めようとしたものであり、「民俗的信仰を変形させて作り出した、近代の軍国主義国家の創造物」(7)にすぎないのである。

記述すべき内容は、次の二つになる。

①遺骨収集は、近代の軍国主義国家の創り出したものにすぎない

②〈それは〉民衆の信仰心を変形させて作った、戦死者を「英霊」に祀り上げる儀礼を装うものである

「疑似」であることのニュアンスを鮮明にするためには、たとえば「装う」とか「…にすぎない」といった表現上の工夫も求められる。

㈤　**遺骨収集という儀礼行為の定着が、国家の政治的意図による側面を含みつつ、日本人の民衆の伝統的信仰にある「慰霊」によるものだという筆者の考えについての理解が問われている。全体の論旨展開の骨組みを押さえながら、傍線部の内容に収斂する形で理由説明をする。**

傍線部は、〈戦死者の遺骨収集という儀礼行為〉について言ったものである。これが、記述すべき解答の話題であることを、まず確認しておきたい。話題となる内容は、解答全体の主語として、冒頭部に来るのが一般的であろう。

次に、「国家」の内容について考えてみよう。「近代の軍国主義国家の創造物」ということだが、「戦争」の要素は落とせない。国家は、戦争を遂行する国民的救心力を高めるという〈政治的意図〉にもとづいて、戦時中に遺骨収集という事業を始めた。しかもこの事業は、敗戦によって消滅することなく、戦後にも続けられたのである。

そして最後に、「民衆のなかにもあった」という中心的内容が来なければならない。これは第一の部分の〈生者が死者への負い目を持つ、日本人の祟りの信仰〉である。

以上は、論旨の骨組みを押さえただけであるが、この作業こそが最も大事なものであることを忘れないでおこう。そのことを確認した上で、右の三つの内容をどのようにつなげていくか、あるいは筆者の主張にできるだけ接近するには、表現上のニュアンスをどう工夫するか、といったことにも配慮したい。

話題の部分については、戦死者の〈無念の思い〉、怨霊とまでなっているわけではないが、生き残った者が抱く〈霊への恐れ〉といったニュアンスを込めることが望まれる。

次に「国家」の部分については、「だけではなく」という言い回しの内容を、的確に表現する必要がある。筆者は「国家」の要素と「民衆」の要素の二つをとりあげているが、主張の中心は「民衆」の側にある。とすれば、「国家」の側は譲歩的な表現になるはずで、たとえば「たとえ…としても」「…ではあるが」といった言い回しになるだろう。

最後の「民衆」の部分については、〈霊を鎮めたい〉気持ちであり、「…もあった」というところは、国家の意図が民衆の気持ちと〈うまく合致して、自然な行為として定着した〉といった表現などが考えられよう。筆者の主張の骨組みを把握するとともに、筆者の心情にできるだけ接近して、表現上のニュアンスにも気を配りたいということである。以上をまと

めるなら、記述すべき内容は次の三つになるだろう。
①遺骨収集という異郷で横死した人々の霊を呼び戻す行為は
②たとえ戦中および戦後の日本国家の政治的意図によるものとしても
③生者が死者への負い目をもつ日本人にとって、霊を鎮めたい民衆の気持ちに合致し、自然な行為として定着したと考えられるから

㈥　**漢字の書き取り。文脈を確認して、語義をしぼりこむ。**
a　「この世にミレンを残」すとあるから、〈あきらめきれない思い〉の「未練」。
b　「軍艦もテイハクできた」とあるから、〈船が碇《いかり》を降ろして泊《と》まること〉の意の「停泊（碇泊）」。
c　「霊」「神社」に続いて「夢やタクセンで要求した」とあるから、〈神がお告げをすること〉の意の「託宣」。
d　「ジャンボ機のツイラク」とあるから、〈高い所から落ちる〉意の「墜落」。
e　「阪神・淡路大地震のヒサイ地」とあるから、〈災害を被《こうむ》る〉意の「被災」。

解答

㈠　日本人は死者の霊や怨念を恐れる心性を持っており、自分が生き残ったこと自体が常に負い目を伴うものだったということ。
㈡　戦死者の遺骨を収集して祀る儀礼行為が、現在の日本人にとって伝統の信仰と結びついたごく自然なものとなっているから。
㈢　元兵士たちは生き残った申し訳なさから、死んだ戦友の慰霊だけを思い続けて、その後の人生を生きることとなったということ。
㈣　遺骨収集は、近代の軍国主義国家が民衆の信仰心を変形させて、戦死者を「英霊」に祀り上げる儀礼を装ったものにすぎなかったから。
㈤　遺骨収集という異郷で横死した人々の霊を呼び戻す儀礼行為は、たとえ戦中および戦後の日本国家の政治的意図によるものとしても、生者が死者への負い目をもつ日本人にとって、霊を鎮めたい民衆の気持ちに合致し、自然な行為として定着したと考えられるから。（119字）
㈥　a＝未練　b＝停泊（碇泊）　c＝託宣
d＝墜落　e＝被災

第四問 （文科）

出典

篠原資明（しのはら・もとあき）『言の葉の交通論』の「I 詩的言語への交通論」〈詩と痕跡過剰性〉の前半部分。

筆者は一九五〇年香川県生まれ。元京都大学総合人間学部教授。哲学と詩作と批評の三つの領域で活躍している。物事をその「間《あいだ》」から考え直すことによって、そこに織りなされる交通を、単交通・双交通・反交通・異交通という四つの交通様態に分類し、詩的言語の世界をそれらの交通概念によって捉えようとする「交通論」を提唱している。著書には、『漂流思考』『トランスエステティーク』『心にひびく短詩の世界』他がある。

解説

〈本文解説〉

本文は、詩的言語表現において、過去の作品から引用するという技法が、危険性とともに豊かな可能性を持つことについて考察した文章である。全体を三つの部分に分けて考えてみよう。

第一の部分（「詩作しようとする者」から「示してもいるのだが。」まで）　**詩作品における引用という技法のもつ双交通**

詩作品は、当の作品の背後に、それ以前の無数の作品を控えて、成立している。そこには「痕跡の過剰」が見られると言ってよいが、それは単に過去の作品数の多さだけではなく、過去のひとつの作品においてすら、「別様でありえたかもしれないという可能性」をも漂わせている（たとえば「古池や蛙とびこむ水の音」という句が、「山吹や蛙とびこむ水の音」という初案をもつ、というようなことを指している）。「引用」とは、これらの多様な「痕跡の過剰」を、「自らのコンテクストに引き入れつつ、実際に別様に展開してみせる作業」だと、筆者は述べる。ここは詩的言語表現ということで難しい言い回しになっているが、私たちのふだんの言語活動も、それぞれの語の膨大な使用例の歴史的集積を背景として、一人ひとりの独自の言語表現がなされている、ということを考えてみるなら、理解しやすいのではないか。

詩人が過去の詩作品から引用する場合、「現在から過去へというベクトル」とともに、「過去から現在へのベクトル」という双交通のベクトルが存在する。しかし、現在の言語表現、つまり当の詩作品が「それなりに独自のもの」でない場合は、引用する過去の詩作品の「痕跡過剰のうちへと引きずり去られてしまう」という危険性をもつ。言い換えるなら、現在の当の詩作品に独自の表現としての強さがなければ、引用した過去の作品のイメージに飲み込まれてしまう、ということだ。だからこそ、藤原定家は本歌取りという引用の技法に関して、引用しすぎることの危険を戒めたのである。

第二の部分（「ともあれ、この国の」から「できたといえる。」まで）　草野心平の「古池や蛙とびこむ水の音」

「引用の技法」に関して筆者は、近代以降の日本の詩の中からいくつかを選んで、考察の対象とする。「引用認定の基準をクリアしようとすれば」という表現は、文学作品における「引用」が盗作や剽窃《ひょうせつ》といった問題と隣接していることを言ったものであるが、ここでは当然、それらの問題は「クリア」するものとして論が進められる。西脇順三郎については、その引用がほとんどの日本人にとっては認知しえないような高度な引用になっているが、だからといって盗作とかだめな引用とかになるわけではないということを、西脇順三郎の詩と同様の衒学的《ペダンティック》な姿勢で語ったものである。ただし、この段落は全体を理解する上で、ほとんど気にする必要はないだろう。

　草野心平の「古池や蛙とびこむ水の音」という詩が、まずとりあげられる。芭蕉の有名な句がそのままタイトルになっており、詩の中で「芭蕉」と名指されてもいるから、「引用認定」は明白に「クリア」している。読者は当然「過去へのベクトル」に引き込まれるが、心平の詩は、芭蕉の描く音の消えてしまった沈黙の世界から、「波紋が宇宙大に拡がる」ありさまを描いている。「芭蕉が芭蕉を見失うほどの拡がり」を措定（＝それがそうであるとして、その存在を定位すること）することで、心平は「過去へのベクトルに拮抗（＝互いに譲ることなく張り合うこと）しうるだけの今へのベクトルを、そこに重ねることができた」と筆者は述べる。要するに、心平の詩は、「現在から過去へというベクトル」と「過去から現在へのベクトル」という「双交通」のベクトルを持っているということだ。言い換えるなら、心平の詩は現在の詩として独自の表現になっており、存在することの核心に迫った芭蕉の句に負けないくらいの力強い作品になっている、ということである。

第三の部分（「最近の例からも」から「来るかのように。」まで）　南川周三の「蕪村考」

　南川周三の「蕪村考」という詩は、蕪村の句を引用しつつ、詩人が「蕪村の生きた場所と時代に身を置」く形で描かれた、現代の詩である。

「幽明の境」（＝あの世、つまり死と、この世、つまり生との境界）を
「画ごころ」を持つ「目の蕪村」が通ってゆき、
「深い闇の音」を嗅ぐ
「あるかなきかの白さは」「京洛の夜の白さ」――。

「花の香や嵯峨のともし火消ゆる時」（春）
「憂い」のこもった「ともしび」から
「絢爛の情」へと変わり
「初夏」の雷鳴の轟く雲が去ると
そこに「楊貴妃の笑み」――――。

「方百里雨雲よせぬ牡丹かな」（夏）
あでやかな牡丹の花は日暮れとともに
「盃に受けたにごり酒」へと変わり
「渋い」趣きとなって
「臈たけた想い」（＝絢爛とした気品のある女性への想い）
は消える
「蕪村はふっとうつつの世界に帰った」――――。

「月天心貧しき町を通りけり」（秋）
「天明の飢饉の町」を
「蕪村がひとり」通っていく
これは「きわどい操作」だと筆者は述べる。「過去向きのベクトル」にあまりにも引きずられてしまいかねないからだ。しかし、この詩に漂う「一種の幻想的な雰囲気」が、その過去向きのベクトルを「作者の今」でおおうことによって、かろうじてその危険を免れている。その上、ここには「蕪村自身の過去志向」もこもっている。「引用という操作が伴わずにはいない過去向きベクトル」に、「蕪村と同時代に身を置こうとする過去向きベクトル」、さらには「蕪村自身の過去向きベクトル」を、作者はあえて「その詩の今」において「重奏」させることを試みたのだ。そのことでかえって「双交通」を実現させてもいる」と、筆者はこの詩の引用における逆説的な効果を説明する。

しかも、蕪村の句の配列は、明和→安永→天明という歴史的な現実の流れと前後したものになっており、そういう意味でも、実際の蕪村を描こうとしたものというより、フィクションとして作者の構成したものになっている。

「天明の飢饉」は史実だが、蕪村の没年が天明三年であることを考えてみるなら、この詩の最終節は含みが深い。「蕪村がその死を通り抜けて、ひとり歩いていくかのような思いに、ふととらわれるからだ」と筆者は述べる。冒頭部で「幽明の境」を歩いていた蕪村が、飢饉の町を通り、「そのまま歩き続けて作者のところまで来るかのように」感じられると言うのである。

〈設問解説〉

設問は次のように構成されている。

(一)　引用の技法のもつ、過去のイメージに引きずり去られる危険性

(二)　草野心平の詩における、言語表現の確かな独自性による双交通

(三)　南川周三の詩における、逆説的な双交通の実現

(四)　南川周三の詩において、過去の蕪村が現在に蘇っていること

本文筆者の主張する論理をしっかりと読み取ることが中心となるが、引用された二つの詩の内容をも、ある程度は読解することが求められている。文学史的な知識についてはそれほどこだわる必要はないが、それでも、詩の鑑賞を全く切り捨てた解答は、実体のない、空疎なものになってしまう危険がある。

(一)　引用によって過去のイメージに引きずり去られてしまうという危険についての理解が問われている。第一の部分。

「痕跡過剰」とは、引用する過去の詩作品が圧倒的なイメージを持っている場合を指している。現在、自分の書こうとしている詩の言語表現が、「それなりに独自のもの」を持つ確かなものでない場合は、引用する過去の作品のイメージに引きずり去られて、自分の作品としての独自性を発揮できない、ということである。引用によって「双交通」が成立するためには、自分の書こうとしている「現在の言語表現」が、「それなりに独自のもの」を持つ、確かな強い表現でなければならない、ということだ。記述すべき内容は、次の二つになるだろう。

①過去の作品を引用した詩は、(……)それ自体の独自性が失われる

②現在の言語表現に強さがないと、過去のイメージに覆われてしまう

(二)　草野心平の「古池や蛙とびこむ水の音」というタイトルの詩において、言語表現の確かな独自性によって双交通が実現されている、ということについての理解が問われている。第二の部分。

心平の詩は、音の消えてしまった芭蕉の一点から寂莫の「波紋」が「暗闇の夜」を「宇宙大」に拡がる様を描いている。そのことを「芭蕉は芭蕉を見失つた」と表現し、そのような「拡がり」を措定することで、そこに「無限大虚無《ニヒル》の中心の一点である」という一行が屹立する。ここには「現在の言語表現」としての心平の独自の強さが見て取れる。このような確かな強さがあるからこそ、心平の詩は「過去へのベクトル」と、それに拮抗しうる「今へのベクトル」という双交通を実

現しえたのである。

この設問は、解答をどのレベルで記述するか、を決めるのが、極めて難しい。心平の詩を離れて抽象的な論理だけで記述することは、それなりに可能ではあるが、しかし、そのような答案は、実体のない空疎な記述になってしまう危険性が高い。心平の詩に近づいた記述をすると、具体的な内容だけでも、解答欄をはるかに超えてしまう。結局、心平の詩に即した具体性を保持しつつ、抽象性をもった記述を目指すしかないだろう。

①音の消滅する過去の芭蕉への動きに、宇宙大に拡がる波紋を対置させることで、

②現在への独自な動きが表現され得た

㈢　南川周三の詩「蕪村考」における、過去向きベクトルの重奏が、かえって双交通を実現しているという、逆説的な効果についての理解が問われている。第三の部分。

ここでの「双交通」は、「過去向きベクトルを重ねてみせることで」、「実現」されている。過去向きベクトルには三つのものがあり、一つは「引用という操作が伴わずにはいない過去向きベクトル」であり、もう一つは「蕪村と同時代に身を置こうとする過去向きベクトル」、さらには「蕪村自身の過去向きベクトル」である。これら三つの過去向きベクトルを、作者南川周三はあえて「作者の今」において「重奏」させることで、かえって「双交通」を実現させている、と筆者は述べている。「作者の今」という表現は、「その詩の今」というふうに新たに言い換えられてもいる。この「作者の今」が、現在へのベクトルに相当する。それでは、この「作者の今」とは、どのような実体を指しているのだろうか。それは、『幻月記』という詩集名も含めて、この詩に漂う「一種の幻想的な雰囲気」である。「蕪村考」という詩の全体に漂う「一種の幻想的な雰囲気」が現在へのベクトルとなって、過去向きベクトルの重奏が「かえって」双交通を実現させている、ということだ。以上が、この詩の示している逆説的な効果である。

この設問には、「『双交通』の内容が明らかになるように」という条件が付けられている。論理だけを抽象的に説明しても、「蕪村考」という詩の表現との関連がはっきりと示されていない答案には加点しないという、出題者側からの意志表示である。抽象と具象とを常に往復するようにして、言葉を、論理と実体の両方から捉えるという読解を心掛けたい。

①過去志向の蕪村を引用しつつ自身をもその時代に置くことで

②逆に幻想に包まれた現在の作品が成立している

右の二つが記述すべき内容である。

㈣　南川周三の詩「蕪村考」において、引用による双交通が

実現し、蕪村の句が別様に展開して、過去の蕪村が現在に蘇っている、ということについての理解が問われている。全体を視野に入れて、本文末尾の表現に収斂していく論理とその内容を考える。

　本文は、詩作品において、過去の作品の引用という技法が豊かな可能性をもっていることについて論じた文章である。引用とは、過去の作品の持つ、「別様でありえたかもしれないという可能性」を「実際に別様に展開してみせる作業」に外ならない。南川周三の「蕪村考」という詩では、過去へのベクトルと現在へのベクトルが双交通を実現し、蕪村の句という過去の作品が、新たな生命を付与されて現在に蘇っている、ということだ。

　傍線部は、以上の内容を、いわば象徴的に表現しているものである。そもそも蕪村は、詩の冒頭部では「幽明の境」（＝死と生の境）を歩いていた。それが最後の引用句は明和年間の作が用いられていて、詩の末尾は「天明の飢饉の町を」蕪村が「通って行く」となっている。詩人は、蕪村が天明三年に没したことを前提にして、この末尾の表現を決定したはずである。詩全体の幻想的な雰囲気に包まれ、これらのフィクションとしての経緯を考えると、〈蕪村がその時代と死を越え〉て、現在に蘇っているように感じられる、と筆者は述べているのである。これは、蕪村の句が現在において別様に展開してみせたことに外ならない。記述すべき内容は、次の二つになるはずである。

①現在と過去とを自在に行き来する引用によって
②蕪村がその時代と死を越え、新たな意味をもって現在に蘇っている

解答

(一) 過去の作品を引用した詩は、現在の言語表現に強さがないと、過去のイメージに覆われてそれ自体の独自性が失われるということ。

(二) 音の消滅する過去の芭蕉への動きに、宇宙大に拡がる波紋を対置させることで、現在への独自な動きが表現され得たということ。

(三) 過去志向の蕪村を引用しつつ自身をもその時代に置くことで、逆に幻想に包まれた現在の作品が成立しているということ。

(四) 現在と過去とを自在に往き来する引用によって、蕪村がその時代と死を越え、新たな意味をもって現在に蘇っているということ。

二〇〇二年

第一問（文理共通）

出典

村上陽一郎（むらかみ・よういちろう）『生と死への眼差し』（青土社　一九九三年刊）の〈Ⅳ　生を問い、死を想う〉の「死すべきものとしての人間」《孤絶の恐怖へ》の全文、および《孤絶性は越えられるか》の冒頭の一節。

村上陽一郎は、一九三六年東京生まれ。専門は科学史・科学哲学。東京大学名誉教授。著書には、『近代科学を超えて』『近代科学と聖俗革命』『ハイゼンベルク』他、多数がある。

解説

〈本文解説〉

本文は、死への恐怖がヒトが人間であることの明証であることを論じた文章である。全体は十五の形式段落から成っているが、ここでは三つの部分に分けて考えてみよう。

第一の部分（1～4）　第一人称の死と死への恐怖

第一人称の死は、「決して体験されたことのない、未知の何ものか」であり「論理的に知りえないもの」である。なぜ「体験されたことのない」「論理的に知りえないもの」かというと、かりに死が「体験」されたとすると、そのとき「体験」したはずの主体はすでにこの世界に存在していないのだから、それは「体験」とは言えず、「論理的」にも「知りえない」のである。死への恐怖には、苦しみへの恐怖や痛みへの恐怖が含まれているが、それはむしろ、死に臨んだときの生への恐怖である。

私という第一人称にとって、死は「完璧な未知」である。「生への盲目的な執着」が、ヒトが生物つまり動物であることの明証であるとすれば、「死への恐怖」は「ヒトが人間であることの明証」と言えるのではないか。こうして筆者は、「死への恐怖」が「ヒトが人間であることの明証」であることを論証しようとする全文の方向性を明らかにしている。ここで「ヒト」という語と「人間」という語が区別して用いられていることに注意しておきたい。

第二の部分（5～8）　死への恐怖が、ヒトが人間であることの明証であることについて、第三人称の死をとりあげ、消極的な面から考察する

右に述べたことの根拠を、筆者はまず「消極的な面から」考察する。第三人称の死は、自分にとって、万年筆やハンカチをなくしたことと大差のない、単なる「消滅」「消失」にすぎない。「第一人称の死、つねに未来形でしかありえないもの」が現実化したとき、第三人称の死は自分にとって何の役にも立たず、「私」は「絶対の孤のうちに、(死を)引き受けなければならない」のである。

このとき、「陳腐だった第三人称の死」つまり自分とほとんど関係のない遠い他者のありふれた死は、直面する自己の死に対する何の参考にもならないのである。

この「私」の死のもつ「徹底的孤絶さ」のゆえに、人は死への恐怖を「増幅された形」で感ずる。日常的世界のなかでは、人は人間として「人どうしの間の関係性」のなかで生きているが、死においては、一切の人間としての関係性を喪って、ただ一人で死を「引き受けなければならない」。このことへの恐怖こそが、「逆説的に」、「人が人間として生きてきたことへの明証となるだろう」と筆者は述べる。先に5で「消極的な面から」とあったのは、この「逆説性」のゆえなのである。

といっても、このあたりはやや分かりにくいかもしれない。直面する死を恐怖することが、逆に、これまで「人どうしの間の関係性」の中で生きてきたこと、つまり「人間」として生きてきたことを証明している、ということで、この「消極的」は、ポジティブ(積極的)に対するネガティブ(消極的)と考えれば、理解できるだろう。言い換えるなら、〈直面する死を恐怖すること〉が、逆に、〈これまでは人どうしの間の関係性の中で生きていたという生の実態〉を明らかにするということであり、〈死への恐怖〉⇒〈生の実態〉というメカニズムが「消極的」(ネガ)で「逆説的」であるということだ。なお、「人どうしの間」「人間」という傍点の打ち方にも注意しておきたい。筆者はここで「人間」という語が本来的に複数の関係的なニュアンスを帯びた語であることを言おうとしているのである。

第三の部分（9〜15）死への恐怖が、人が人間であることの明証であることを、第二人称を介在させて積極的な意味から考察する

他方、死への恐怖は、人が人間であることの明証であることを、第二人称を介在させることで、積極的な意味でも説明できる、と筆者は考える。

デカルト以来の西洋近代思想によって、個人主義という考え方が一般化してきたこともあり、自分の死に究極的孤絶性を感じることを「知性」によって理解することは、むしろたやすい。そして、現実の世界で人が人と人との関係性のなかで生きていることと、表層的に理解された観念的な人の孤絶性との「矛盾」を乗り越えるために、われわれは「さまざまな方法」を案出して、人と人との間に架橋を試みてきた。この「さまざまな方法」とは、具体的に言うなら、たとえば、

「愛」という観念、「家族」という制度、「共同体」といった集団……等々を指しているだろう。

しかし筆者は、「知性」において理解された表層的な人間の「孤絶性」は、むしろ誤りだと述べる。筆者は、人間というものは深層的には人と人とがつながったものだと言おうとしているのだ。

人間の身体すら、状況によっては拡大したものとして感じられ、自己の身体的支配も他者の模倣によって成されたりすることもある。そのことを具体例を挙げて述べたあと、筆者は、「『われわれ』が『私』を造りあげていた」と言う。どういうことか。

幼児にとっては、母親と自分との区別ははっきりしていない。母親と幼児とは、「まだ分離しない『われわれ』意識」で連なっている。幼児はそのような「前個我的な状況」から、「僕」を僕として捉えるようになり、それと反射的に母親を「第二人称的他者」として捉えるようになる。そのことを筆者は、「前個我的『われわれ』状況は、第一人称と第二人称の他者どうしに分極化する」と説明する。つまり、主体の集合体としての「われわれ」は、「前個我的『われわれ』状況のある変型《ヴァージョン》」であるというのだ。

「われわれ」という人称代名詞は、一般的には一人称複数形として扱われるが、ここで筆者は「われわれ」という語を、一人称と二人称の未分化のままの「前個我な状況」の「ある変型」として考えるべきだと言うのである。先に「『われわれ』が『私』を造りあげていた」⑫とあったのは、このことを指して言っていたのである。私たち人間は、「われわれ」という主体の集合の中で生きているが、それは一人称と二人称が未分化のままつながりあった「前個我的な状況」の「ある変型」なのであり、それこそが人間が生きている現実の姿なのである。

この観点から見るとき、「個我の孤絶性」は、生においてはむしろ観念的で抽象的に捉えられたものと言えよう。それゆえに、「第一人称が迎えんとする死」こそ、人間が第二人称的な近しい他者とつながり合って生きている現実の生から引き裂かれる、「人間にとって極限の孤絶性」「仮借なき絶望の孤在を照射する唯一つのもの」なのかもしれないのである。以上が、死への恐怖が、ヒトが人間であることの明証であることを、第二人称を介在させて論証した積極的な説明である。

〈設問解説〉

設問の全体的な構成を概観してみよう。

(一)　つねに未来形でしかありえない第一人称の死
(二)　単なる消失としての第三人称の死
(三)　死への恐怖が生の実態を示す逆説性［消極的］

(四)　第二人称的他者による自己の形成［積極的］

(五)　自己の死への恐怖こそが、人が人間として生きていることの明証であること

(六)　漢字の書き取り

段落の展開における、それぞれのポイントの箇所が問われていることが分かる。

(一)　**つねに未来形でしかありえない第一人称の死についての理解が問われている。第一の部分。**

傍線部は第二の部分にあるが、答えの根拠となるのは第一の部分の[1]にある「決して体験されたことのない」「未知の何ものか」、および「論理的に知りえないもの」である。理由説明であるならば、体験した主体の消滅ということまで記述する必要があるが、内容説明なのでそこまで記述する必要はない。「決して体験されたことのない」を肉付けして説明し、「未来形」をわかりやすくかみくだけば、解答としての骨格はできあがる。

①自分自身の死は、決して体験されたことのない絶対的な未知としてある。

②それは常に生の果てに存在している

(二)　**単なる消滅としての第三人称の死についての理解が問われている。第二の部分の前半。**

ここでの「第三人称」は単なる文法的な用語としての意味ではなく、〈自分とかかわりの薄い他者〉の意味で用いられている。そのことは「第三者」という語が[6]に出てくることからもわかる。また、「万年筆」「ハンカチ」「財布」([5])が命をもたない単なる道具として、「第三人称」の比喩になっていることからも理解できるはずである。

「第三人称の死」が「陳腐」(＝ありふれていて、つまらないこと)だった理由は、自分と関係の薄い他者の死は、道具の紛失と同様、自分にとって単なる「消滅」「消失」([5])にすぎないからである。そしてそれが未知の自分の死について何の参考にもならず、「何らの糧にもならない」([5])からである。

この設問は先の(一)と対比の関係になっていて、自己の死の孤絶を浮き彫りにしていくための、段階的な設問と言える。記述すべき内容は次の三つになるだろう。

①自分とかかわりの薄い他者の死

②(右は)未知の自己の死について何も教えてくれない

③単なる存在の消滅にすぎないから

(三)　**死への恐怖が生の実態を示すという逆説性についての理解が問われている。死への恐怖が、人が人間であることの消極的な明証になっていることを問うもので、第二の部分が範囲となる。**

「この逆説性」の内容は、直前の一文に示されているように、〈自己の死への恐怖〉こそが、逆に、〈人が人間という関係性の中で生きてきたという生の実態〉を明らかにするというメカニズムを指している。死に向かってそれを恐れていたことが、逆に、自分がこれまで生きてきた背後の生の実態を明らかにするということであり、そのしくみを筆者は「逆説」と呼んでいる。死を恐れていたことが、恐怖の直接的な対象である死そのものではなく、これまで生きてきた背後の生を明らかにするという、「ポジ（陽画）」に対する「ネガ（陰画）」の関係を指して、筆者は「消極的」と呼んでいるのだ。記述すべき内容は次の二つになるだろう。

①一人で死ぬしかない徹底した孤独への恐怖

②（右）はかえって人が他者との関係性のなかに生きていることを示している

「逆説」（＝パラドックス）であることを示すためには、〈かえって・逆に〉等の語を適切に用いたい。

㈣　第二人称的他者が介在することで、第一人称の自己が形成されることの理解が問われている。人が人間であることの「積極的な意味」の内容を問うもので、第三の部分がその範囲となる。

直前の鉄棒の蹴上りの具体例、および直後における幼児の具体例がヒントとなる。その一般化された内容である「自らの身体的支配はつねに他者のモホウによって獲得される」⑫、「前個我的『われわれ』状況は、第一人称と第二人称の他者どうしに分極化する」⑬を根拠として、これらを総合するように考えればよい。ここで「身体」という内容は不可欠の要素であるが、「他方、人間は自己によって自らの身体を支配・制御しているかのようにサッカクしているが」⑫の「自己」は精神的な内容も含んだものであるから、身体的な形成だけで記述するのではなく、「自己」の形成に第二人称的他者との身体的なかかわりがあるといったふうに、一般化して記述すべきである。

さらに、右の内容は⑫の冒頭部が「例えば」となっていることからもわかるように、⑪の「知性において理解された表層的な人間の孤絶性は、むしろある立場からすれば誤っていると言えるのかもしれない」ということの具体例として記されたものである。とすれば、〈知性による人間の孤絶性という表層的な理解〉と「ある立場」（＝人間を人と人との関係性から捉える立場）からの〈深層的な理解〉といった対比の要素にも触れるべきであろう。

これらをまとめて二行の枠に収めるなら、書くべき内容は次のようなものになるはずである。

①人間は、切り離された個としてあるのではない

②（人間は）他者との身体的なかかわりのなかで、自己が形

成される

㈤　自己の死への恐怖こそが、人が人間として生きていることの明証であることの理解が問われている。全体を視野に入れつつ、第三の部分の末尾に収斂する論旨の構造を把握する。

本文は、「死への恐怖はヒトが人間であることの明証である」[4]ことを述べた文章である。全文の核となる内容をしっかりと押さえることがまず肝腎である。それに対して傍線部オは、第一の部分で提示されたこの問いかけを正面から受け止めた解答となっている。設問は「なぜそう言えるのか」と理由説明を求める形になっているから、この設問に対する解答は、必然的に全体の骨格を把握するところにある、ということがわかるはずである。

「それゆえにこそ」という指示語は、直前の一文の「個我の孤絶性」が「抽象的構成に近いもの」（＝観念的な見方にすぎないもの）であるからこそ、ということで、ここが直接的な理由を示している。そしてそれは「この観点から見るとき」に明らかになるのであり、その「観点」とは、「前個我的『われわれ』状況のある変型《ヴァージョン》」こそが、私たちの生の実態を示しているとする「観点」である。

これらの内容を本文の骨格に沿ってまとめるなら、記述すべきことは次のようなものになるだろう。

①自己の死は決して体験されたことのないものである

②人は他者と身体性を伴った関係性の中に生きている

③（自己の死は）人々との関係性から引き裂かれる究極的な孤絶への恐怖を覚えさせる

（↔消失としての第三者の死
↔抽象的な観念としての孤絶）

㈥　漢字の書き取り。

a　「空疎」。〈からっぽで、中身のない様子〉の意。

b　「錯覚」。〈事実と違って受け止める勘違い〉の意。数学で用いる「錯角」と区別しよう。

c　「模倣」。「摸倣」とも書く。〈まねをすること〉の意。

d　「抱擁」。〈だきかかえること〉の意。〈包み込むこと・心が大きくて他人の意見を受け入れること〉の意の「包容力」の「包容」と区別して覚えよう。

解答

(一) 自分自身の死は、決して体験されたことのない絶対的な未知として、常に生の果てに存在するものであるということ。

(二) 自分とかかわりの薄い他者の死は、未知の自己の死について何も教えてくれず、単なる存在の消滅にすぎないから。

(三) 一人で死ぬしかない徹底した孤独への恐怖は、かえって人が他者との関係性のなかに生きていることを示しているということ。

(四) 人間は、切り離された個としてあるのではなく、他者との身体的かかわりのなかで、自己が形成されるものであるということ。

(五) 決して体験されたことのない自己の死に直面するときこそ、人は他者との身体性を伴った関係性のなかに生きていることを確認し、消滅としての第三者の死や観念としての孤絶を超えて、人々との関係性から引き裂かれる究極的な孤絶への恐怖を覚えさせられるから。(120字)

(六) a＝空疎　b＝錯覚　c＝模倣（摸倣）　d＝抱擁

第四問（文科）

出典

永井均（ながい・ひとし）『転校生とブラック・ジャック——独在性をめぐるセミナー』（岩波書店「双書　現代の哲学」　二〇〇一年六月刊）の〈終章　解釈学・系譜学・考古学〉の末尾の部分を除くほぼ全文。

永井均は一九五一年生まれ。慶應義塾大学大学院文学研究科博士課程単位取得。専攻は哲学・倫理学。著書には本書の他に、『〈私〉のメタフィジックス』『ウィトゲンシュタイン入門』『これがニーチェだ』等、多数がある。

解説

〈本文解説〉

本文は、現在に生きている私たちが過去や現在の自分について考えるとき、何を根拠としてどのように考えるか、その思考の仕方自体を、解釈学・系譜学・考古学を検討することで問い直した哲学の文章である。難解な文章であるが、幸福といった人間的心情にかかわる内容を切り口にしているという点では、第四問としての傾向は一貫している。

なお、解釈学・系譜学・考古学とはどういうものかということに関する知識そのものが問われているとは考えられないから、無用の混乱に陥ることなく、文脈を忠実にたどる読解に全力をあげたい。全体は八つの形式段落から成るが、ここでは三つの部分に分けて考えてみよう。

第一の部分（1・2）　解釈学的探求

幸福の青い鳥を探すチルチルとミチルの話を手掛かりにして、筆者は「自分の人生を成り立たせているといま信じられているものの探求」について語りはじめる。それは「解釈学的探求」である。

チルチルとミチルは長い旅から帰ったとき、「もともと家にいた鳥が青いことに気づく。」その鳥がもともと青かったという前提のもとで展開する以後の人生は、間違いなく「幸福」なものとなる。「自分の生を最初から肯定できるということ」こそがすべての真の幸福の根拠だからである。

だが、この物語は、同時に「それとは別のこと」も教えてくれる。つまり、「その鳥はほんとうにもともと青かったのだろうか？　それは歴史の偽造ではないか？」という問いである。この疑問は次の2の「何らかの別の視点からはそれが虚構だといえるとしても」の「虚構」へとつながり、さらには第二の部分の「系譜学的視点」へと続いていく。

ただ第一の部分では、その疑問はいったん横に措いておいて、「解釈学的な生」についての考えを深めていく。鳥がもともと青かったという観点から理解される「楽しい幼児期の記憶」は「確かな実在性」をもつ。なぜなら、それが現在の彼らの生を成り立たせているからだ。たとえ、「別の視点」からはそれが「虚構」だといえるとしても、彼ら自身にとっては「彼ら自身を成り立たせている当のものであるその記憶」が「虚構」であるはずはない。もしそれが「虚構」であるとしたら、自分自身の生そのものが「虚構」ということになってしまうからだ。だから、もし彼らに「自己解釈の変更」が起こるとしても、それは常に「記憶の変更と一体化」している。解釈学的な生においては、記憶が誤っていることは、ことの本質からして、ありえない、と筆者は述べる。

第二の部分（3～5）　系譜学的視点

だが、「外部の視点」から見れば、「記憶は後から作られたものであり、その記憶に基づく彼らの人生は虚構でありうる」。これは1の「歴史の偽造」、2の「虚構」を承けたものである。その鳥は「ほんとうはもともと青くはなかった」のかもしれない。そして「もともと青かったという記憶自体」が、「ほんとうは青くなかったというその事実」によって作り出されたものなのかもしれない。「記憶は、真実を彼らの目から隠すための工作にすぎない」のかもしれないからだ。こうして「過去に対する系譜学的な視線」に光が当てられていく。「系譜学」は、「現在の生を成り立たせていると現在信じられてはいないが、実はそうである過去を明らかにしようとする」ものである。

時間経過を単純に表わすなら、いま鳥がたしかに青いとして、「もともと青かった」か、「ある時点で青く変わった」かの、どちらかしかないだろう。しかし、解釈学と系譜学の対立が問題になるようなときは、そのような素朴な見方ではなく、「ある時点でもともと青かったということになったという視点」が導入されなければならない。これが「系譜学的視点」である。鳥がいつから青くなったかとかいつから青く見えるようになったかを探求するのは、すべて解釈学的探求の枠内にある。それに対して系譜学は、「いつから、どのようにして、鳥がもともと青かったということになったのか」を問う。それは「実在」と「解釈」の間に楔を打ち込み「解釈の成り立ちそのものを問う」ことであり、「記憶の内容として残ってはいないが、おのれ（＝記憶に残っていない過去）を内容としては残さなかったその記憶を成立させた当のものではあるような、そういう過去」を問うことである。だからそれは、「現在の自己を自明の前提として過去を問う」（＝解釈学的探求）のではなく、「現在の自己そのものを疑い、その成り立ちを問う」（＝系譜学的探索）のである。「いまそう問う自己そのもの」が自明の前提ではないかもしれないからこそ、「それを問う」のである。

だが、「ある時点でもともと青かったということになった」という表現には、「本来共存不可能なはずの二つの時間系列が強引に共存させられて」おり、「解釈学的意識と系譜学的認識」は実際の上で統合されているとは言えない。もし統合が可能だとすれば、それは「系譜学的認識の解釈学化」によってしかなされない。「系譜学的探索が、新たに納得のいく自己解釈を作り出したとき、そのとき系譜学は解釈学に転じる」と筆者は述べる。

第三の部分（6〜8）　考古学的な視線

そうであるなら、「けっして解釈学に転じないような、過去への視線」はありえないのだろうか、と筆者は問い直す。過去は、現在のためにだけ存在しているのではない。過去は、「現在との関係ぬきに、それ自体として、存在したはずではないか」。過去を考えるとき、私たちは一般に「記憶とか歴史といった概念」に頼らざるをえないが、むしろそのような概念こそが「過去の過去性」を殺しているのではないのか。このようにして、「記憶されない過去」「歴史とならない過去」を考えねばならないとき登場してくるのが、「考古学的な視点」である。

そのとき、「鳥がもともと青かったか、ある時点で青く変わったか」という「単純な時間系列」が拒否されるだけでなく、「どの時点でもともと青かったことにされたのか」という「複合的時間系列」もまた、拒否されなければならない。「過去がいま存在している視点との関係のなかで問題にされることそのもの」が否定されなければならないのだ。

そうなればもはや、鳥はある時点でもともと青かったことにされたとしても、ほんとうはもともと青くはなかった、とも言えない。もともとという言い方をするなら、「鳥は青くも青くなくもなかった」のである。「そういうことを問題にする観点そのものがなかった」のだ。「ほんとうは幸福であったか不幸であったか(あるいは中間であったか)といった問題視点そのものがなかった」。「鳥はいたが色が意識されたことは一度もなく」、したがって「当時は色はなかった」と言うべきだと、筆者はここで考古学についての一応のまとめとしている。

〈設問解説〉

全体としての設問の構成は、きわめて明快になされている。

(一)　解釈学的探求
(二)　系譜学的視点
(三)　系譜学的認識の解釈学化
(四)　考古学的な視点

本文の段落展開にぴたりと対応していることを視野に入れて、各設問に取り組んでいこう。

(一)　解釈学的探求についての理解が問われている。第一の部分が範囲となるが、第二の部分にもいくつかのヒントが示されている。

まず「ここでは」という指示語が「解釈学的探求」を指していることは明らかで、それは「自分の人生を成り立たせているといま信じられているものの探求」である。「いま信じられているもの」とは、直接的には「幼児期の記憶」といってよいだろう。それは「確かな実在性」をもつ。

次に、「ことの本質からして」という言い回しが何を言おうとしているのかが、ポイントとなる。それは、解釈学的探求における「自己解釈」と「記憶」との関係である。そこでは「彼ら自身を成り立たせている当のものであるその記憶」が「虚構」などであるはずがなく、もしそれが「虚構」であるとしたら、「自分自身の生そのもの」「自分自身」が「虚構」ということになってしまう。記憶が誤っているとしたら、現在の自分自身を否定してしまうことになるから、そんなことはありえない、と言っているのだ。

つまり、解釈学的探求では、「実在」と「解釈」は一体のものとなっており(4)の「実在と解釈の間に楔を打ち込み」とある。その「楔を打ち込」む前の状態が「解釈学的探求」

である）、「現在の自己を自明の前提として過去を問う」[4]のである。

以上の内容を理由説明の形で記述するなら、解答は次のようなものになるはずである。

①現在の自己を自明の前提とする自己解釈では

②それ（＝現在の自己）を成立させている当の記憶の否定は、自己の否定につながるから

なお、「解釈学的探求」という語は、必ずしも必要ではないだろう。それよりも重要なのは、内容としての論理である。言い換えるなら、「解釈学的探求」という語を書いたとしても、減点はされないが、加点もされないだろうということだ。

(二)　**系譜学的視点についての理解が問われている。第二の部分の前半が中心となるが、もちろん第一の部分をも視野に入れておく必要がある。**

まず、指示語の内容を確認しよう。はじめにある「そう問う」は、「現在の自己を自明の前提として過去を問う」を指しており、これは解釈学的探求に当たる。後に来る「それを問う」は、「現在の自己そのものを疑い、その成り立ちを問う」を指しており、これが系譜学的視点に当たる。両者を簡略化してつなげると、〈現在の自己を自明の前提として過去を問う、そのような現在の自己のありかたそのものを疑うからこそ、現在の自己の成り立ちを問う〉ということになる。

次に、なぜ「現在の自己」を疑うのか、その理由を明らかにしなければならない。それは、現在の自己を成り立たせているはずの「記憶」が、「後から作られたもの」[3]かもしれないからである。「記憶」は「確かな実在性」を示しているとは限らず、「真実を彼らの目から隠すための工作にすぎないのかもしれない」[3]のだ。「実在」と「解釈」の間に楔を打ち込んで、「ある時点でもともと青かったということになったという視点を導入する」[4]ことで、「解釈の成り立ちそのものを問う」[4]のである。現在の自己は、もしかしたら「虚構」[2]の記憶の上に成り立っているのかもしれず、「現在信じられてはいないが、実はそうである（＝現在の生を成り立たせている）過去」[3]を基盤にして成立しているのかもしれない。

以上をまとめるなら、記述すべき内容は次のようなものになるだろう。

①過去を問う現在の自己そのものが虚構の記憶の上に存在する可能性がある

②（右のような現在の）自己の成り立ち自体を問い直す

(三)　**系譜学的認識の解釈学化についての理解が問われている。第二の部分の後半が範囲となるが、第一の部分、第三の部分にもヒントがあることに注意したい。**

「ある時点でもともと青かったということになった」とい

う表現に示される「二つの時間系列」を、まず明らかにする必要がある。[7]にあるように、「鳥がもともと青かった」あるいは「ある時点で青く変わった」と考えるのが「単純な時間系列」である。それに対して、「ある時点でもともと青かったということになった」と考えるのが「複合的時間系列」である。つまり、「ある時点でもともと青かったということになった」という表現には、「単純な時間系列」と「複合的時間系列」とが「強引に共存させられて」おり、そのように信じる者の意識は「解釈学的意識と系譜学的認識の間に引き裂かれている」と言っているのだ。

単純な時間系列で判断する者は解釈学的であり、複合的時間系列で判断する者は系譜学的である。それでは「系譜学的認識の解釈学化」による、引き裂かれた意識の「統合」とは、どういうことか。直後の一文「系譜学的探索が、新たに納得のいく自己解釈を作り出したとき、そのとき系譜学は解釈学に転じる」が、その内容を示している。

系譜学的探索は、現在の自己が虚構であることの可能性を想定しうることから出発したはずであるが、鳥が「もともと青かったということになった」と考えることは、「ある時点」を歴史的な基点として、記憶を変更し、その新たな記憶が正しいことを自明として現在を解釈し説明することである。そのことによって、「青くない鳥とともにすごした、チルチルとミチルの悲しい幼児期の記憶は、確かな実在性をもつにいたる」（[5]）。このようにして、系譜学的認識は、納得できる新たな自己解釈を作り出すことによって、新たな記憶を実在化することへと転化する。

「青い鳥と共にすごした楽しい幼児期の記憶は、確かな実在性をもつ」（[2]）という解釈学的な記憶と全く同じように、「青くない鳥とともにすごした、チルチルとミチルの悲しい幼児期の記憶は、確かな実在性をもつにいたる」（[5]）のである。これが「解釈学化」に他ならない。

「もともと青かったということになった」とは、「現在の生を成り立たせていると現在信じられてはいないが、実はそうである過去を明らかにしよう」（[3]）としたことなのだ。「解釈学化」とは、〈実はそうであったという新たに明らかになった過去にもとづいて、現在を説明し理解すること、つまり新たな納得のいく自己解釈を作り出すこと〉である。

以上から、記述すべき内容は次のようなものになる。

①現在の自己を歴史的に成立させた過去を解明すること

②（右が）結局は新たな自己解釈を納得しその記憶の実在化に帰着する。

㈣　考古学的な視点についての理解が問われている。第三の部分。

「過去がいま存在している視点との関係のなかで問題にさ

れること」とは、解釈学的探求および系譜学的視点を指している。どちらも現在との関係において過去を理解しようとすることであり、それは「過去の過去性」を殺すことに他ならない。

それに対して、過去は「現在との関係ぬきに、それ自体として、存在したはず」であり、「記憶されない過去」「歴史とならない過去」が存在したはずなのである。「もともというなら、鳥は青くも青くなくもなかった。そんな観点はもともとはなかったのだ。そういうことを問題にする観点そのものがなかった。」「当時は色はなかった」というべきなのだ。つまり、「考古学的な視点」とは、「記憶されない過去」「歴史とならない過去」を明るみに出し、「過去の過去性」を生かすことなのである。

なお、傍線部は「否定されねばならない」という表現で終わっているが、もちろん、否定形で答えるだけでは不十分である。〈それ自体として存在した過去を明らかにする〉といった肯定形の記述が求められるのは、言うまでもない。

①過去を、記憶や歴史と結びついた現在との関係から切り離す
②存在したはずの過去自体として明らかにすべきである

解答

㈠　現在の自己を自明の前提とする自己解釈では、それを成立させている当の記憶の否定は、自己の否定につながるから。

㈡　過去を問う現在の自己そのものが虚構の記憶の上に存在する可能性を考え、そのような自己の成り立ち自体を問い直すということ。

㈢　現在の自己を歴史的に成立させた過去を解明することが、結局は新たな自己解釈を納得しその記憶の実在化に帰着するということ。

㈣　過去を、記憶や歴史と結びついた現在との関係から切り離し、存在したはずの過去自体として明らかにすべきであるということ。

二〇〇一年

第一問（文理共通）

出典

リービ英雄（りーび・ひでお）「ぼくの日本語遍歴」（『新潮』二〇〇〇年五月号）の一節。現在、『日本語を書く部屋』に所収されている。

リービ英雄は、一九五〇年、カリフォルニア生まれのアメリカ人。日本語の小説家。「英雄（ひでお）」は、父親の友人である日系二世の名前からとられたもので本名。プリンストン大学卒業。プリンストン大学、スタンフォード大学日本文学教授を務め、「万葉集」の英訳により全米図書賞受賞。一九八九年より日本に住む。日本語で書いた『星条旗の聞こえない部屋』で野間文芸新人賞受賞。作品には他に、『ヘンリたけしレウィツキーの夏の紀行』『千々にくだけて』『仮の水』等、多数がある。

解説

〈本文解説〉

本文は、西洋人の筆者が苦闘して日本語の内部へと越境し、在日韓国人作家の日本語の感性に触れ、さらに中国大陸へと渡って巨大な「公」の場所を歩いた体験を「天安門」という小説に書くうちに、英語も中国語も記憶へと化し、自分の書く日本語が世界の現実を切実に捉えるものとなった、ということについて書かれたエッセイである。これは、西洋出身の筆者が日本語を書くことの中に自分の居場所を見出す物語と言ってよいだろう。全体は二箇所の一行空きによって、三つの部分から構成されている。

第一の部分（1～4）　アメリカ人の筆者による日本語への越境

西洋出身の筆者は、母国語の英語ではなく、あえて日本語で、『星条旗の聞こえない部屋』という小説を書いた。筆者にとって日本語の声と仮名混じりの文字群は、特に美しかった。筆者は、日本語へと越境する内容を、「日本語そのもの」の体験として、小説に書きたかったのだ。もし英語で書いたならば、それは「日本語の小説の英訳」にすぎなくなる。そうではなくて、筆者は「文化の『内部』への潜戸としてのことば」に入りこむ「原作」を書きたかったのである。

「日本語の美しさ」は、筆者にとっては、多くの日本人が口にしていたものとは全く異なっている。「日本人として生まれたから自らの民族の特性として日本語を共有している、というような思いこみ」、あるいは「純然たる『内部』に、自分が当然のことのようにいるという『アイデンティティー』」は、筆者には「許されなかった」し、また「最初から与えられていなかった」のである。昭和四十年代の日本では、「生まれた時からこのことば(＝日本語)を共有しない者」は、「一生『外』から眺めて、永久の『読み手』でありつづける」しかなかったのだ。日本語を書くのはそれを母国語とする日本人だけで、外国に生まれた者は、外国語としての日本語の「読み手」にとどまるしかなかったのである。

その図式がはじめて変わったのは、筆者よりも前に、「日本の『内部』に在しながら、『日本人』という民族の特性を共有せずに日本語のもう一つ、苛酷な『美しさ』をかち取った人たち」がいたからである。(なお、ここで「在し」という語が用いられているのは、「在日(韓国人・朝鮮人)」という語からとられたものと思われる。)

第二の部分（5～9）　在日韓国人作家の李良枝《イヤンジ》の声

筆者が日本語の作家としてデビューしてまもない頃、在日韓国人作家の李良枝から電話があり、「『韓国人』の日本文学の先輩」と「『アメリカ人』の日本文学の新人」との間で話しが弾み、そのうちに、『由熙』の主題でもあった、「日本語の感性を運命のように持ったために、『母国』の言葉でありながら『母国語』にはならなかった韓国語」について、筆者がたずねてみた。

李良枝が日本の都市を離れ、韓国に留学して耳にした韓国語は、どうしても「異質なもの」として聞こえてしまったという。「日本人」として生まれなかったことで、日本の「内部」で十分な排除の歴史を背負うことになった日本語の作家は、自分の「母国」で耳にした「母国語」の響きが、むしろ違和感を与えるまでになっていたのである。

その日から一ヶ月後に、李良枝は急死した。筆者の記憶の中で彼女は「若々しい声」として残っている。それは「『日本人』として生まれなかった、日本語の感性そのものの声」といってよい。その声を思い出す度に、筆者は、「母国語」と「外国語」とは何か、一つのことばの「美しさ」とは何なのか、そのわずかの一部をかち取るために筆者自身は何を裏切ったのか、ということをよく考えさせられる、という。

そして「日本と西洋だけでは、日本語で世界を感知して日本語で世界を書いたことにはならない」という事実にも、気づきはじめたのである。

第三の部分（10～13）　中国大陸での体験を、筆者は「天安門」という小説に書きはじめる

日本から中国大陸へ渡り、天安門広場を歩いたとき、あまりにも巨大な「公」の場所の中で、筆者の想像力は逆に「私小説的な語り」へと刺激される。筆者は、「アメリカ大陸と中国大陸の二つのことばを媒体とした感情が記憶の中で響く一人の主人公の物語」を構想しはじめる(これが「私小説的な語り」だと言うのだから、この主人公は、なんらかの意味で、筆者リービ英雄の体験とつながりをもっているはずだと考えるのが自然である)。筆者は、「自らの言語(＝中国語)の『普遍性』を信じてやまない多民族的大陸の都市(＝北京)」を歩けば歩くほど、「一民族の特性であると執拗なほど主張されてきた島国の言語(＝日本語)」で、その実感をつづりたくなったのだ。

中国大陸での感触を日本語の小説で体現するという試みは、武田泰淳にも安部公房にもあった。また、在日作家李良枝が韓国で覚えた違和感とも異なるであろうが、筆者は、激変した文字の異質性を、まず受け止めざるをえなかった。天安門事件のあった歴史の場所で、「その歴史に接触して崩壊した家族の記憶が頭の中で響いている」「そうした一人の歩行者のストーリー」(これも、筆者リービ英雄の体験となんらかのつながりを持っているはずである)を思い描いているうちに、筆者の中で、母国語の英語は、もはや「そのストーリーの中の記憶の一部と化していた」のである。

北京から東京にもどり、新宿の部屋に帰った筆者は、アメリカ大陸の英語の声や中国大陸での中国語の声を思い出しながら、「天安門」という小説を日本語で書きはじめる。そのうちに、「外から眺めていた『Japanese literature』」(これは、以前の日本学研究者として「読み手」でありつづけていた、以前の筆者を指す)すら記憶に変わり、「世界がすべて今の、日本語に混じる世界となった」。この「世界」は、世界史的事件、あるいはアメリカ大陸や中国大陸という意味での「世界」であると同時に、自分の生きる身近な領域という意味での「世界」でもある。筆者は「天安門」という小説を「私小説的な語り」で書いていくうちに、自分の書いている私的でささやかな日本語が開かれた言語となって、そのまま「公的」な世界の現実をも切実に捉えはじめつつあることを、実感するようになったのだ。言うならば、筆者は日本語を書くことの中に、自分の生きる居場所を見出したのである。

〈設問解説〉

(一)　筆者が日本語へと越境した体験についての理解が問われている。第一の部分の前半が中心となる。

「原作」は、直前の「英訳」との対比になっており、その比喩的表現の実態をつかまえることが先決となる。傍線部は小説を書くことについて言っており、その作品は、直前の「西洋から日本に渡り、文化の『内部』への潜戸としてのことばに入りこむ、いわゆる『越境』の内容」②を表現するものである。その体験を、もし英語で書いたならば、それは「日本語の小説の英訳」にしかならない、という。なぜか。それは、英語で書いた場合、「壁でもあり、潜戸にもなる、日本語そのもの」の体験については、どうしてもリアリティのある表現ができないからである。逆に言えば、そのリアリティのある表現となりうるのが「原作」である。

とすれば、「壁」「潜戸」という比喩表現にこめられた筆者の思いを、可能なかぎり的確に把握することが、次の作業となる。それらの語を単に他の語にイイカエるのではなく、筆者が日本「文化」「日本語」の「内部」へと越境する体験に伴ったはずの苦闘こそを想像してみるべきだろう。李良枝と同様に日本人として生まれなかった筆者は、日本人によるさまざまな差別や排除をのりこえて、日本文化、日本語の内部へと越境したのである。

以上をまとめるなら、記述すべき内容は次の二つになるだろう。

①西洋から日本文化の内部へと越境する日本語の体験の実態は

②障害でも手段でもある日本語で書くことでのみ表現可能だから

右の〈障害〉〈手段〉が、それぞれ「壁」「潜戸」を意味しているが、大事なのは、たとえば〈……実態は、……のみ表現可能だから〉といった強調表現によって、筆者の苦闘への共感的な理解を示すことである。

㈡　日本人の思い込んでいる「美しい日本語」についての理解が問われている。第一の部分が中心となるが、後の設問㈢・㈣と対比の関係にあることは、あらかじめ見通しておくべきだろう。

傍線部は、日本人にとっての日本語の美しさであり、本文全体で筆者の主張している日本語の美しさとは、まるっきり逆のところに位置するものであることを、まず意識すべきである。このようにして本文全体の基盤となる対比の構造を把握することは、文章を読解する上での出発点といってもよい。

傍線部の内容を説明しているのは、直後の「日本人として生まれたから自らの民族の特性として日本語を共有している、というような思いこみ」「純然たる『内部』に、自分が当然のことのようにいるという『アイデンティティー』」（3）、および「『日本人』という民族の特性を共有」（4）といったところである。これらの内容を簡潔に一般化するなら、〈日本人として生まれた者だけが、おのずから共有する〉〈日本の文化や民族の特性と分かちがたく結びついている〉といったことになろう。

そして最も大事なのは、それらが「思いこみ」であり、「……当然のことのようにいる……」といったニュアンスを帯びたものであって、客観的な事実として記述してはならないということである。とすれば、〈……純粋とされる日本語〉〈……と見なされている美しさ〉〈……と思いこまれている純粋さ〉といった言い回しが必須のものとなる。

　言うまでもないことだが、日本語の美しさについて本文中に書かれているからといって、その近くにある「日本語の声」とか「仮名混じりの文字群」とかを用いて書いたものは、文脈を無視したものであるから不可である。また、本文を離れて、たとえば〈もののあわれ・優美さ・奥ゆかしさ……〉等と書いたものも、恣意的な理解であって、誤りである。

　以上をまとめるなら、記述すべきことは次の三つになるだろう。

①日本人として生まれた者だけがおのずから共有し
②日本の文化や民族の特性と不可分に結びついた
③純粋とされる日本語

(三)　日本人として日本に生まれなかった外国人にとって、日本語がどのようなものであったか、ということについての理解が問われている。前の(二)が、日本人についてのものであるのに対し、この設問は外国人についてのものである点で、対比関係にある。

　傍線部の「『外』から眺めて」「永久の『読み手』」という表現は、少し前にある「民族の特性として日本語を共有」「内部」という表現と対比になっている。この対比は、直後の「母国語として日本語を書く」日本人と、「外国語として日本語を読んで、なるべく遠くから、しかしできれば正確に、『公平』に鑑賞する」外国人との対比と同じものである。要するに、日本語の美しさは日本人にしかわからないとする日本人の「内部」意識と、それにはね返されて排除される「外部」の人間との対比である。傍線部は、この「内部」と「外部」の関係を、「外部」の立場から述べたものである。

　右のような日本人のあり方は、端的に〈共同体〉と呼ぶことができるだろう。この共同体の「外」に生まれた者は、「読み手」となることしかできず、「書き手」になることができなかったということだ。「読み手」とは受動的な享受者ということであり、「書き手」とは能動的で主体性をもつ表現者ということを意味するはずである。それは、4の「あの図式がはじめて変ったのは」以降の文脈が、在日韓国人作家の李良枝へと続いていくことからも理解できる。

　以上をまとめるなら、記述すべき内容は次の三つになるだろう。

①日本語を話す共同体の外に生まれた者は
②日本語の主体的な表現者となることができず
③外国語として享受するしかない

(四)　民族を異にする在日韓国人作家李良枝の、日本語の感性そのものである声についての理解が問われている。前の(二)が日本人の思い込んでいる日本語の美しさであるのに対し、この設問は民族を異にする者にとっての日本語の美しさという点で、(二)と対比の関係にあり、第二の部分を中心とする。

傍線部は、もちろん、在日韓国人作家李良枝の「声」のことを言っている。ただし、李良枝の声の個人的な特徴というよりは、日本語作家としてのあり方の本質的なところが問われていると受け止めなければならない。

第一の部分の最後にあった「日本の『内部』に在しながら、『日本人』という民族の特性を共有せずに日本語のもう一つ、苛酷な『美しさ』をかち取った人たち」④という表現は複数形になっているが、その代表が、第二の部分で述べられる在日韓国人作家の李良枝である。筆者は李良枝のことを「『韓国人』の日本文学の先輩」⑤と呼び、自分のことを「『アメリカ人』の日本文学の新人」⑤と呼んでいるのだから、李良枝に対する文学上の敬意を抱くと同時に、そのあり方を受け継ぐ者としての自負を持っていると考えられる。つまり、傍線部は、在日韓国人作家李良枝から在日アメリカ人作家リービ英雄へと続く、日本語表現のあり方の本質的な部分を意味している、と言い換えることができよう。

在日韓国人として日本語の中で生きてきた李良枝は、「母国」の韓国へ「留学」し、そこで耳にした韓国語の響きに、むしろ違和感を覚えてしまう。「日本人」として生まれなかったために、「日本の『内部』において十分な排除の歴史を背負うことになった日本語の作家」⑦は、「母国」の都市で聞いた「母国語」であるはずの韓国語に、「異質なもの」⑦を感じとってしまうのである。李良枝の獲得した、つまり表現する言語としての日本語の「苛酷な『美しさ』」④とは、このような体験を前提としたものなのだ。

日本人という民族の特性を共有しない李良枝は、「母国」の言葉である韓国語にむしろ違和感を覚えるまでになっており、逆に言えば、それほどまでに日本語の感性が「運命のように」⑤身にしみついてしまっているのである。それは「日本語の感性そのものの声」に他ならない。

以上をまとめるなら、記述すべき内容は次の二つになるだろう。

①民族的特性を共有せず、しかも表現する言葉として日本語を身につけた人間

②言語自体としての日本語に支えられた感覚

ここで大事なのは、②で「日本語」について書くとき、それが「民族」と切り離されたものであることを鮮明にするための「……自体」といった強調の表現を、何らかの形で示すべきだろう、ということである。

(五)「天安門」という小説を書きつづけるうちに、筆者の書く日本語が開かれた言語となって、世界の現実を捉えはじめ

たことを実感したときの、筆者の心のたかぶりについての理解が問われている。第三の部分を中心とするが、第一の部分、第二の部分にも視野を拡げる必要がある。

傍線部が、筆者の書いている「天安門」という小説の日本語について言っているものであることは、明らかである。筆者は、今自分の書いている日本語が、世界の現実を捉えはじめたことを実感し、そのことに心のたかぶりを覚えているのである。島国の、日本人にしかわからないとされてきた日本語が、英語や中国語を記憶の一部へと変え、民族を越えた開かれた言語となって、世界の現実を捉えはじめたのだ。

それでは、「天安門」という小説はどういう内容の物語か。それは、「アメリカ大陸と中国大陸の二つのことばを媒体とした感情が記憶の中で響く一人の主人公」⑩の物語で、天安門事件という「歴史に接触して崩壊した家族の記憶が頭の中で響いている」「一人の歩行者のストーリー」⑪である。これが「私小説的な語り」⑩だと言っているのだから、この主人公は本文の筆者リービ英雄と何らかのかかわりをもっている、いや、もっとはっきり言うと、基本的にはリービ英雄本人と考えるのが自然である。かみくだいて言うなら、この主人公はアメリカで英語に囲まれて育ち、また中国でも中国語に囲まれて育った経験を持っており、中国での天安門事件という歴史的な大事件と何らかの形でかかわることになり、それをきっかけとして自分の家族が崩壊した、という体験をもっているのである。第二の部分の末尾に「日本と西洋だけでは、日本語で世界を感知して日本語で世界を書いたことにはならない、という事実にも、おくればせながらあの頃気づきはじめた」⑨とあったのは、右のような筆者自身の体験と重なっているからなのだ。したがって、ここにある「世界」とは、アメリカや中国といった現在の世界そのものを指すと同時に、筆者の生きる身近な領域を指す世界でもある。筆者の体験して育った身近な世界は、そのまま世界史的な事件の起こった世界と、直接つながっているのである。

日本人だけにしかわからないとされて、島国の言葉と思い込まれてきた日本語が、西洋からやって来て、民族を異にする自分が今こうしてそれを書くことで開かれた言語となり、私的で身近な体験をつづっていくうちに、自分の中にあった英語と中国語も記憶の一部へと変わっていき、まさに世界の現実を捉える切実なものとなったのである。それは同時に、「壁」でもあり「潜戸」でもあった日本語を越境した筆者が、日本語を書くことの中に自分の居場所を見つけた、ということでもある。

以上の内容をまとめるのであるが、これを一二〇字に圧縮することは極めて難しい。これまでの㈠から㈣までの設問の配列から考えると、この㈤は第三の部分だけを対象としているようにも思われる。しかし、そうすると、筆者がなぜ日本語へと越境したのか、なぜ在日韓国人作家の李良枝に対する思いが深いのか、といった内容が省略されてしまい、傍線部での筆者の思いのたかぶりの説明ができなくなってしまう。また、設問には「文中に述べられている筆者の体験に即し」という条件も付いている。この「体験」が何を指しているのか、という判断にもかなり迷うが、第一の部分、第二の部分の内容を、筆者の体験に含められないと決めつけることも不可能である。以上のことを総合的に考えるなら、全体としては骨格のみを記述するということにならざるを得ないが、第三の部分のみを範囲として書くのではなく、最後の筆者の心のたかぶりを中心として、第一の部分、第二の部分にも触れて記述するしかないだろう。

①西洋人の筆者が日本語へと越境し

②在日韓国人作家の日本語に触れ

③さらに中国大陸での体験を小説に書くうちに

④英語も中国語も記憶と化し

⑤開かれた言語となった日本語が世界の現実を捉えて

⑥筆者は日本語を書くことの中に自分の居場所を見つけた

右の⑤で終わった人も多いことと思うが、筆者の心情の奥深くにあるものを考えるなら、やはり⑥まで書く必要があるだろう。筆者にとってのアイデンティティーの確立を意味する⑥まで書くことによって初めて、①②③④の有機的なつながりが理解されるからである。

㈥　漢字の書き取り。

a　「激励」。先輩が新人をゲキレイするという文脈から考える。

b　「排除」。在日韓国人が日本の「内部」においてハイジョの歴史を背負っているという文脈から考える。

c　「普遍」。中国人が中国語のフヘン性を信じてやまないという文脈にあるから、「中華」思想に見られるような「普遍」に決まる。「不変」と間違えないように。

d　「媒体」。英語と中国語をバイタイとした感情、とあるから、〈なかだちとなるメディア〉を意味する「媒体」となる。感情は言語から切り離された自立したものとして存在するのではなく、言語と不可分のものであることを前提とした表現である。

e　「崩壊（潰）」。ホウカイした家族、とあるから、〈くずれてこわれること〉の意の「崩壊（潰）」に決まる。

解答

(一) 西洋から日本文化の内部へと越境する日本語の体験の実態は、障害でも手段でもある日本語で書くことでのみ表現可能だから。

(二) 日本人として生まれた者だけがおのずから共有し、日本の文化や民族の特性と不可分に結びついた、純粋とされる日本語。

(三) 日本語を話す共同体の外に生まれた者は、日本語の主体的な表現者となることができず、外国語として享受するしかないということ。

(四) 民族的特性を共有せず、しかも表現する言葉として日本語を身につけた人間の、言語自体としての日本語に支えられた感覚。

(五) 西洋人の筆者が日本語へと越境し、在日韓国人作家の日本語に触れ、さらに中国大陸での体験を小説に書くうちに、英語も中国語も記憶と化し、開かれた言語となった日本語が世界の現実を捉えて、筆者は日本語を書くことの中に自分の居場所を見つけたということ。(120字)

(六) a＝激励　b＝排除　c＝普遍　d＝媒体
e＝崩壊（潰）

第四問（文科）

出典

岡部隆志（おかべ・たかし）『言葉の重力――短歌の言葉論』の「第二章　自閉的な現在」の〈5「独り言の詩形」〉。一部省略がある。

岡部隆志は、一九四九年生まれ。日本文学研究者。専攻は日本古代文学・民俗学・近現代文学。著書には本書の他に、『異類という物語　『日本霊異記』から現代を読む』『古代文学の表象と論理』等がある。

解説

〈本文解説〉

携帯電話やパソコン通信、インターネット上での会話は、独り言をとめどなくしゃべっているだけで、相手に何かを伝えようと工夫する文体というものがなく、そこにかえって、若者たちの孤独がそのままにさらけ出された現在の社会の状況がうかがえる、ということを述べた文章である。

第一の部分（1～4）　携帯電話を使った男女の会話

携帯電話を使った男女交際が流行っているらしく、そこではとりとめもない会話がとぎれることなく続いている。「独り言の掛け合い」といったようなもので、「会話の中に特に伝えたいことを強調するポイントがな」く、「ただ自分のことをとりとめなくしゃべっているだけという印象」なのである。初対面の相手に対するしゃべり方とも思えないような会話が、現在、電話を通して広く行われているらしいのだ。

それははかない関係ではあるが、しかし、「自分の繰り言をきちんと聞いてくれる互いの関係」ではある、と言えるだろう。現在の若者たちのコミュニケーション文化は、どうもそのような了解が構造的にできあがった状況にあるようだ。

第二の部分（5～7）　パソコン通信やインターネットの言葉

パソコン通信やインターネットでも、同様に、ほとんど独り言に近い饒舌があふれている。筆者は文を書くことを教え、文章を書くことを職業にしているが、文というものを「自分に向かって書くもの」と「他者への直接的な伝達」との二つに分けており、インターネットのようなところに私的な文章を載せる気にはならないという。

独り言には、「何かを伝えようというメッセージ性」はなく、「相手の反応を確かめながらの言葉」もない。言い換えれば、「文体というものがない」のだ。文体とは「相手にこちらの伝え難い何かを伝える工夫」であり、筆者は文体のない文章は苦手だという。

パソコン通信などの言葉も、携帯電話のそれと同じく、「独り言のやりとり」と言ってよい。

第三の部分（8・9）　私が他者とかかわる姿勢を示すのが文体である

筆者はこのような現在の状況にとまどいを覚えている。それは独り言の氾濫するような現在のやりとりの中に、自分が参加できないといった、何か不自由なものを感じ取るからである。筆者の文章には文体があり、それは「私が他者にかかわる態度」であり、「私自身の伝わりにくい世界を他者に伝える方法」であり、「私の思想」とでも言ってよいものである。だが、一方で文体は「私が私の固定した私の世界を他者に無理強いするもの」でもあり、「多義的で流動的なこの現在の世界から私を閉じてしまっているもの」でもあるのだ。言い換えれば、文体こそが自分を不自由なものへと縛りつけている。

かつては、文体を作らずに自分のことを聞いてくれる他人との関係を作るのは、大変なことだった。だから、誰もが自分の文体を作ろうとした。小説も詩も、そのような文体の一つである。それらは「独り言的なニュアンスを抱え込みながら他者へかかわる一つの方法」だったのである。そんな文体なしに、自分というものの存在を丸ごと聞いてくれる関係が可能なら、文体など必要はない、と言われたら、その通りだと答えてしまいそうになる。これはこまったことだ、と筆者は自分の困惑を隠さない。文体などいらないと言ってしまうことは、「私が私をいらないといっているようなもの」だからだ。

第四の部分（10）　文体をもたないゆえの、生々しく社会的な「孤独」

文体がもっている伝えがたいものとは、「孤独」と言えばほぼ当たっているだろう。小説や詩は、「孤独」をどう描くかというところに、文体の一つの目的がある。この場合、「孤独」はひとつの誉めことばになる。

一方、現在の「他愛ない独り言の群れ」「携帯電話のやりとりや、インターネット上の膨大なあのおしゃべり群」は、実に「孤独」である、と筆者は言う。それは「文体という抽象力をもたない」がゆえに、いっそう「生々しく現実的で」、しかも「社会的」な「孤独」である、と筆者は述べる。

ここには二つの「孤独」があることを、しっかりと区別する必要がある。一つは、自己が定まることで他者へと架橋しようとするところに示される「孤独」で、筆者が肯定的に認めているもの。もう一つは、自己が定まることなく外へそのまま漏れ出て漂っている、いわば「社会的」な「孤独」。筆者は後者の「孤独」を、現在の若者たちに見られる状況として、批判的にとりあげているのである。

〈設問解説〉

㈠　携帯電話を通した若者たちの会話が、「独り言の掛け合い」と判断する筆者の認識の根拠を問う設問。第一の部分と第二の部分。

携帯を通した若者たちの会話は、「他愛ないおしゃべり」（2）で、会話の中に「特に伝えたいことを強調するポイントがな」く、「ただ自分のことをとりとめなくしゃべっているだけという印象」（3）を与える。これが「独り言の掛け合い」といった判断を呼ぶ。

さらに第二の部分では、独り言について、「何かを伝えようというメッセージ性はない」「相手の反応を確かめながらの言葉でもない」（6）といった記述が見られる。これらをまとめるなら、書くべき内容は次のようなものになるだろう。

①伝達すべき内容もなく、相手の反応を確かめるでもなく

②互いに自分のことを取りとめもなくしゃべっているだけ

だから

これは筆者の拠り所とする「文体」を問う次の㈡㈢と対比の関係にあり、さらには㈣へと続く始まりに位置する設問である。そのことから、②には〈互いに〉といった語を入れるのがよいと思われる。これが㈣の「社会的」という語の内容を予告的に説明するものとなるからである。

㈡　文体の自己拘束的な側面についての理解が問われてい

る。第二の部分の後半から第三の部分。

「文体」そのものについては、「相手にこちらの伝え難い何かを伝える工夫」⑥、「私が他者にかかわる態度」「私自身の伝わりにくい世界を他者に伝える方法」「私の思想」⑧である、といった記述が見られる。

それにつづいて「だが」という逆接の接続詞によって導かれるのが、「文体」の自己拘束的な側面の内容である。それは、「私が私の固定した私の世界を他者に無理強いするもの」「多義的で流動的なこの現在の世界から私を閉じてしまっているもの」⑧という認識であり、これが文体の否定的な面についての筆者の認識である。傍線部はこの認識を言い換えたものであるから、解答はこの箇所をかみくだいてわかりやすい表現にすればよい。なお、ここで多用される「私」は、筆者個人を指すというより、一般性のニュアンスを帯びたものだから、〈自己〉といった語で記述する方がベターであろう。

①文体とは、多義的で流動的な世界から自分を切り離し

②自己の態度や思想の全体を一つに固定して初めて可能となるから

右の「多義的で流動的な」は本文のママだが、ここを無理にイイカエる必要はない。これはこれだけで十分に理解できる語であり、筆者もこれらの語に語義以上の深い意味を付与しているというふうには読みとれないからである。また、「初めて可能となる」といった言い回しは、「文体」と〈自己の固定化〉とが不可分の関係にあることを示す表現であれば、もちろん他の表現でも構わない。

㈢　文体が自己の固有性そのものであることの理解を問う設問。第二の部分と第三の部分。前の㈡が文体の否定的で消極的な側面であるのに対し、この㈢は文体の肯定的で積極的な側面を問題としている。

「文体などいらない」と言うことが「私が私をいらない」と言うこととイコールだというのだから、当然「文体」＝「私」という関係が成り立つ。そしてこの「私」は一般性のニュアンスを帯びて用いられているから、「文体」＝〈自己〉ということになる。どうしてそう言えるのか。

「文体」とは、「相手にこちらの伝え難い何かを伝える工夫」⑥であり、「私自身の伝わりにくい世界を他者に伝える方法」⑧である。電話が現在ほど普及していなかった頃は、文体を作らずに他者との関係を築くことは、極めて困難であった。「誰もが文体を作ろうとした」⑨のは、文体を作ることで初めて、自己の固有性を他者に向けて開き、他者との関係を築く手掛かりが得られたからである。

以上の内容をまとめるなら、記述すべきことは次の二つになるだろう。

①伝え難い自分の世界を他者に伝える方法としての文体が

不要ということは

②自己の固有性の放棄とつながることだから

四　文体をもたない独り言的なやりとりに見られる、生々しく現実的な「孤独」についての理解が問われている。第四の部分を中心として、本文全体に視野を拡げる。

傍線部に示されている「孤独」は、独り言的な会話に見られる若者たちの「孤独」で、筆者が肯定的に捉えている「孤独」ではないことを、まず確認する必要がある。「より生々しく」の「より」は、若者たちの「孤独」と筆者の肯定する「孤独」との比較を示したものである。筆者の肯定する「孤独」は「文体という抽象力」をもっている。それに対して若者たちの「孤独」は「文体という抽象力」をもっていない。それゆえにこそ、若者たちの「孤独」は生々しく現実的であることの度合いが深いというのである。どういうことか。

筆者の肯定する「孤独」は、「私が私の固定した私の世界を他者に無理強いするもの」⑧という表現からもわかるように、自己がしっかりしている者、あるいは確かな自己を獲得しようとしている者の「孤独」である。その「孤独」は、自己の「孤独」が他者に理解されることを求めて「文体」を作ろうとする。それは「抽象力」をもっている。とすれば、「文体という抽象力」とは、〈他者にも通じることの可能な一般性〉ということであろう。

それに対して、「文体という抽象力」をもたない若者たちの孤独は、「独り言の掛け合い」③とも言うべきもので、互いに理解されることのないまま、それぞれの「孤独」をむき出しにさらけ出しているだけなのだ。筆者の考えによれば、独り言的な会話は〈自己〉が成立していない者どうしの「孤独」だから、むしろそれは当然のことと言えるかもしれない。現在の状況としてそのような「孤独」が広く行きわたっていること、それが「社会的」⑩の意味である。そして「より生々しく現実的である」というのは、〈むき出しになって直にさらけ出されている〉状況を指していると言えるだろう。

以上の内容をまとめるなら、記述すべきことは次の二つになるだろう。

①最近の携帯電話の会話は、自己の孤独を一般化して他者に伝える文体を欠くため

②本人の孤独が直接さらけ出されているということ

解答

㈠ 伝達すべき内容もなく、相手の反応を確かめるでもなく、互いに自分のことを取りとめもなくしゃべっているだけだから。

㈡ 文体とは、多義的で流動的な世界から自分を切り離し、自己の態度や思想の全体を一つに固定して初めて可能となるから。

㈢ 伝え難い自分の世界を他者に伝える方法としての文体が不要ということは、自己の固有性の放棄とつながることだから。

㈣ 最近の携帯電話の会話は、自己の孤独を一般化して他者に伝える文体を欠くため、本人の孤独が直接さらけ出されているということ。

二〇〇〇年

第一問（文理共通）

出典

加茂直樹（かも・なおき）「環境と人間」（加茂直樹・谷本光男編『環境思想を学ぶ人のために』所収）の〈1　環境保護は何を意味するか〉の全文。

加茂直樹は、一九三六年生まれの社会哲学者。京都大学大学院文学研究科博士課程単位取得退学。著書には『生命倫理と現代社会』『社会哲学の諸問題』『社会哲学の現代的展開』他がある。

解説

〈本文解説〉

本文は、「環境の保護」という問題について、それが何を意味するかを問い直し、「自然」「生態系」「環境」といった概念を検証した上で、根本的な動機に「人類の利己主義」があることを明らかにして、そのことを直視することこそが努力すべき方向をぶれないものにする、ということを主張した文章である。

全体は十二の形式段落から成るが、ここでは三つの部分に分けて考えることにする。

第一の部分（1・2）「環境の保護」とは何を意味するか〔序論〕

環境を保護することは、当然のこととして自明視されているようであるが、それが何を意味するかは、必ずしも明らかにされてはいない。環境問題に対処する今後の方向性を明確にするためにも、「環境」「自然」「生態系」といった概念の微妙なニュアンスの違いを分析してみる必要がある。ここは本文全体の骨格を示す導入部にあたる。

第二の部分（3〜11）「自然」「生態系」「環境」という概念の分析〔本論〕

まず、「自然」という概念が、考察の対象となる（3〜5）。自然は、近代の自然科学的な見方からすると、「それ自体としては価値や目的を含まず、因果的・機械論的に把握される世界」である。人間も自然の一部分であるから、いかなる人為も自然の内部にあり、人為と自然の対立はありえず、したがって「人間による自然破壊」といったことは、論理上ありえない。自然の内部に価値としての差異はなく、「すべての事象は等しく自然的である」。

だから、「自然を守れ」というスローガンを意味あるものとするためには、「広義の自然の内部において人為だけを特別のものとして位置づけ、この人為による改変をどれだけ受けているかによって自然の価値評価をする」ことが必要である。このことを極端化すると、人為的改変をまったく受けていない原野や原生林を最善として、人類の文明を堕落と退化の過程とすることになってしまう。しかし、人間は自然に人為を加えることなしには生存できず、「人間の生存を可能にするのは、ある程度の人為の加わった自然である」。したがって「人間の守るべき自然」は、「手つかずの自然」ではなく、「人為が加えられて人間が生存しやすくなった自然」ということになる。

このように、自然は「元来は没価値的な概念であり、人間との関連づけによって初めて守るべき価値を付与される」のである。

次は「生態系《エコシステム》」という概念が採りあげられる（6～10）。生態系は、「ある地域に生息する生物群集と、その生物群集に影響を与える気象、土壌、地形などの非生物的環境を包括した系」と定義される。そして、食物連鎖が平衡状態を保っていれば、そのエコシステムは安定しているが、過度に人為が加わるといずれかの生物種の絶滅を招きかねない。また、一般に「生物種の多様性を保つ」ことが重要であるとされる。

この生態系の概念には、「価値」が含まれており、この価値が「倫理規範」の根拠となる、といった考え方がある。生態系は生物共同体の安定を中心としており、人間はその安定を維持するよう努める「義務」がある、といった考え方である。

このあたりは筆者の記述の文末に注意しよう。「…と定義される」「…重要であるとされる」「…という考え方がある」「…というのである」。これらの表現は、筆者自身の考えの直接的な表明ではなく、筆者と区別した一般的な考えの説明であることを示している。したがって、「生態系」に「価値」を認め、その概念から「倫理規範」を導くことに、筆者は否定的な考えを持っているだろう、ということが推測される。筆者は、アルド・レオポルドの発言を承認しているのではなく、批判する立場に立っているのだ。

この点に関して注意すべき点が二つある、と筆者は言う。一つは、生物共同体を構成する人間以外の生物と、人間だけの道徳共同体には違いがあるということだ。他の生物たちには権利や義務の意識がないのに対し、人間は生態系を大きく乱す可能性を持つとともに、反省し責任を感ずる能力をも持っている。二つめは、生態系の安定によって守られるのは種であって、個体ではないということだ。種のレベルでは共存関係であるとしても、個のレベルでは弱肉強食の食物連鎖によって成立している。したがって、「生態系の中で人間がどう生きるべきかを指示する倫理」を、「人間の共同体における倫理」から単純に導き出すことはできない。「個人の生命の尊重という人間社会の倫理」をそのまま「動物の個体に適用すること」が、かえって「その動物種の破滅を招く」といったことにつながりかねないからである。動物の個体の…

2000

命の無条件の尊重は、生態系の食物連鎖による安定と平衡を崩してしまう危険があるということだ。

このような考察をもとにするなら、生態系そのものに「価値」が内在すると考えることは困難である。たしかに、「生態系の概念」には「機械論的に把握された自然の概念」よりも豊かな内容が含まれてはいるだろう。しかし、そこから人間の義務といった倫理規範を導き出すこともまた容易ではない。なぜなら、生態系の安定には多様なものがあり、どの安定が良いかは単純には決められないからだ。

しかし、人間にとっては、「自らが快適に生存できる安定」こそが貴重である。したがって、人間が「生態系を守れ」と叫ぶときの生態系とは、「人間の生存にとって好都合な、生態系の特定の状態」に他ならないのである。

最後に「環境」という概念が、考察の対象となる⑪。環境は、もともと「ある主体」の存在を前提としており、ここでは「人間という主体にとっての環境」を問題としている。環境保護とは「人間が健康に生存することができる環境」のことであり、第一義的に「人間のためのもの」である。

こうして筆者は、自然、生態系そのものに価値が内在するのではなく、環境という概念を含めて、人間の生存に適しているかどうかという基準がかかわってくることで、そこに初めて価値が生じてくる、ということを述べているのである。

第三の部分　⑫　人類の利己主義を自覚すべき

以上の考察から、筆者は「地球を救え」というニュアンスを持つスローガンは、欺瞞的であ
適切」だと批判する。守るべきなのは「人類の生存
している地球環境条件」であり、「人類の利己主義」を
することこそが必要だ、と主張している。

〈設問解説〉

各設問の解答内容が不用意に重複したり、ポイントのはっきりしない解答になったりすることを避けるためには、あらかじめ各設問の全体的な構成を概観しておくことが望ましい。そうすることで、設問を通した出題者の意図も、それなりに理解されるはずである。

㈠　自然はすべての事象が没価値的である

㈡　自然の価値は人為によって付与される

㈢　人間社会の倫理をそのまま動物の個体に適用することはできない

㈣　生態系の概念が、機械論的な自然の概念よりも豊かであることの理由

㈤　本文の論旨をふまえ、人類の利己主義を核にして、筆者の主張を一〇〇字以上一二〇字以内でまとめる

㈥　漢字の書き取り

こうして全体を見てみると、㈠〜㈣および㈥はほぼ前年どおりであるのに対し、㈤が新たな傾向の出題となっている。これは、前年まで出題されていた第二問の二〇〇字作文がなくなったことに代わる設問と想定できよう。㈠〜㈣が二行の解答欄であるのに対し、㈤が一〇〇字以上一二〇字以内という比較的長い字数での解答欄となっていることからも、そこに出題者の設問意図の違いがあることは、はっきりしている。㈤で求められているのは、本文全体の骨格の簡潔な把握と、筆者の言おうとしていることの的確な受け止めと考えられる。

㈠　自然はすべての事象に価値的な差異がないということについての理解が問われている。次の㈡と対比の関係にある。第一の部分と第二の部分の前半。

筆者はまず、「環境を保護する」という表現が妥当かどうかを問い直す問題意識から出発している、ということを確認しておこう。その過程で自然という概念の分析を試みているのである。

自然は、近代科学の見方からすると、「それ自体としては価値や目的を含まず、因果的・機械論的に把握される世界」⑶である。したがって、「人為」と「自然」の対立はなく、いかなる「人為」も「自然」に含まれている。自然のどんな状態であっても、そこに他と区別された「価値」の差異があるわけではなく、あらゆる事象が、あるがままのものとして、原因が結果を引き起こす連関のなかで現象している。傍線部の「等しく自然的である」とは、以上のような内容を指している。

念のため傍線部の後を確認すると、自然に価値が付与されるのは、自然から人為だけを切り離して考え、その人為とどのようにかかわっているかによる、と述べている。したがって傍線部は、右に説明した〈自然は、人為を含めたいかなる事象にも価値的な差異がなく、原因と結果の連関であるがままに現象する〉という内容で間違ってはいないことがわかる。なお、〈価値的な差異がない〉は、傍線部イにある「没価値的」とほぼ同義だから、「没価値的」という語を用いても何ら問題はない。ただ、別の傍線部にある語をそのまま借用するのも解答姿勢としてなんとなくためらわれるから、ここでは〈価値としての差異はない〉という表現にしておく。記述すべき内容は次のようなものになる。

①自然は人間のあらゆる行為(＝人為)を含み込んでいる
②いかなる事象にも価値としての差異はない
③すべてが因果的・機械論的にあるがままに生成する

右の内容を二行の枠内に収めるように工夫する。

㈡　自然の価値は人為によって付与されるということについての理解が問われている。第一の部分と第二の部分の前半。

前問㈠を承けて、価値と無関係なはずの自然に価値が付与されるのは、どのようにしてなのか、ということが問われている。基本的には4段落の内容に相当する。

「自然を守れ」というスローガンには、そのままでは実質的な意味はない。㈠で見たように、人間の破壊行為も自然に含まれるのだから、それは何も言っていないことになる。それが実質的な意味をもつようになるのは、「広義の自然の内部において人為だけを特別のものとして位置づけ、この人為による改変をどれだけ受けているかによって自然の価値評価をする」(4)ことによってである。簡略に言い換えるなら、先のスローガンの「守るべき自然」とは、いわば狭義の自然であり、「手つかずの自然」ではなく、「人為が加えられて人間が生存しやすくなった自然」(4)である。「人間の生存を可能にする」のは、「ある程度の人為の加わった自然」(4)以外ではない。

右の内容をまとめればよいのだが、傍線部の初めにある「元来は没価値的な概念であり」は前問㈠で答えたものと同じだから、ここはなるべく簡潔にして、後半の「人間との関連づけによって……価値を付与される」の説明に力点を置くことになる。

①価値と無関係な自然は

②人為が加えられて人間が生存しやすい自然となることで

③守るべき自然としての価値が生まれてくる

解答枠に字数指定はないが、一行に25字から30字、二行で50字から60字ぐらいが標準である。あまりに小さな字で詰め込みすぎた答案は、採点者に良い印象を与えないことを覚悟すべきだろう。右の三つの要素は、さらに簡潔な表現へと工夫する必要がある。

㈢　人間社会の倫理をそのまま動物の個体に適用することが、かえって破壊的な事態を招くことになりかねない、ということの理解が問われている。第二の部分の後半。

このあたりは、生態系自体に価値が内在しており、そこから倫理規範を導き出すことができると考える現在の一般的な通念に対して、筆者が疑問を提示している文脈にある、ということをまず確認しておきたい。

筆者が指摘する二つの注意点のポイントは、人間以外の動物はたとえ異常な繁殖をしたとしても、そのことについての責任の意識がないのに対し、人間のみが責任意識を持っているということと、生態系の安定によって守られるのは種のレベルのことであって、個のレベルでは弱肉強食の食物連鎖によって成立しているということである。一つ目の人間以外の生物種が責任の意識を欠くという要素は、生態系の安定を崩しても何ら責任を感じないということだから、そのことから人間の「倫理」というものを導き出すことがいかに困難かということをそのまま説明していることになる。したがって、傍線部の内容を説明するには、二つ目の「弱肉強食を主体とする食物連鎖」こそが中心的な内容とならなければならない。

傍線部の初めにある「個人の生命の尊重という人間社会の倫理」とは、個人一人ひとりの存在をかけがえのないものとして、その生命を尊重することである。その倫理を「動物の個体に適用する」とは、動物の場合も同じように一つひとつの個体の生命をかけがえのないものとして尊重することである。そのことが「かえってその動物種の破滅を招く」とは、どういうことか。それは動物の個体の生命の尊重が、食物連鎖を崩し、生態系の安定を崩壊させるからである。食物連鎖は個の犠牲による弱肉強食の関係で、種のレベルでの共存関係を維持するものであり、そのことによって生態系の安定と平衡が保たれる。ところが個体の生命を過度に尊重することで、その動物種が異常に繁殖したりすると、今度はその動物種が食料とすべき生物種が食べ尽くされることになり、逆に「その動物種の破滅を招く」ことになる。人間社会の倫理をそのまま自然界に適用すると、このような逆説的な事態が起こりかねないということである。

記述すべき内容は、次のようなものになるだろう。

①個体の生命の尊重は

②弱肉強食でなりたつ生態系の食物連鎖の安定を崩し

③逆にその動物種の生存を脅かすことになりかねないから

㈣　**生態系の概念が、機械論的な自然の概念よりも豊かな内容をもつということの理由が問われている。第二の部分。**

この設問のポイントは、「生態系の概念」が〈機械論的な自然の概念〉よりも「豊かな内容」を含んでいるという判断の理由である。しかも、その理由は、直接的な形では述べられていない。つまり、この設問は、直接的には書かれていないが、記述の全体から読み取ることのできる、その理由の説明を求めているのである。

これを考えるためには、〈機械論的な自然の概念〉と「生態系の概念」の内容を、まず確認する必要がある。

機械論的な自然の概念とは、「それ自体としては価値や目的を含まず、因果的・機械論的に把握される世界」③である。

生態系の概念とは、「ある地域に生息する生物群集と、その生物群集に影響を与える気象、土壌、地形などの非生物的環境を包括した系」⑥である。

以上の二つについて、第二の部分の記述を総合して考えるなら、機械論的な自然の概念は、〈単純、一元的、非生命的、無機的〉といった特徴をもつ。それに対して、生態系の概念は、〈複雑、有機的、生命的、全体的関係性〉といった特徴がある。これらを比べるなら、「豊かな内容」の意味するものは、後者の〈複雑、有機的、生命的、全体的関連性〉といったことであることがわかるはずである。

本文中の語句だけで書けないわけではないが、筆者が直接的な評価を記述していない内容を書くことになるのだから、各自で読み取ったはずのこれらの語を含めて記述することが望ましいだろう。また、内容の中心は「生態系の概念」にあるのだから、「自然の概念」は思い切って簡略なものにしないと、二行に収まりきらない。

①機械論的な自然を超えて

②生態系は、生物と環境との関連性を生物共同体という視点から

③全体的に捉える概念である

なお、「価値」を解答に含めるのは誤りである。7段落の第一文には「価値が含まれており」とあるが、この文の文末は「…という考え方がある」となっていて、ここは筆者自身の考えではなく、生態系の保護を主張する人々の一般的な考え方であることがわかる。それは、傍線部エの直前の一文「以上の考察は、生態系そのものに価値があるということを必ずしも含意しない」⑩からも、わかるはずである。

㈤　人類の利己主義を自覚することの重要性についての理解が問われている。本文全体の論旨をふまえ、第三の部分を中心にしてまとめる。なお、注記にある「表記についても考慮する」は、あまりにも乱雑な文字や誤字の多いものは、減点対象となるということと考えられる。はっきりした文字で普通に書いていれば、特に気にする必要はない。

この傍線部オは本文の末尾に位置し、冒頭部第一の部分の「表現におけるビミョウな意味の差異が実践上の重大な差異になりうる」①、「場合によってはその違いが重要になる」②に呼応する記述になっている。つまり筆者は、環境の保護という問題に実践的に取り組む上で、人類の利己主義を自覚することこそが重要だ、と主張しているのである。

なぜ筆者は、人類の利己主義を自覚することの必要性を主張するのか。第三の部分が、その理由説明になっている。それは、「自然にやさしく」といった環境保護運動のスローガンには、「地球や自然のために利他的に努力する、というニュアンス」⑫が含まれており、それは環境保護運動を誤った方向に導きかねない「不適切」⑫なものだからである。「地球を救え」といった、もっともらしい「利他的」な言い方には、肝心なものを見ようとしない欺瞞がある。私たちは「人類の生存を可能にしている地球環境条件」⑫こそを守らなければならないのであり、その努力を根本的に動機づけるのは「人類の利己主義」にほかならない。

そのことを明らかにするために、筆者は第二の部分で、「自然」「生態系」「環境」の三つの概念をとりあげて、その実際上の意味を分析して検証を試みた。「自然」はそれ自体に価値があるのではなく、人為が加えられることで、初めてそこに人間の生存に適した自然という価値が付与される。「生態

系」は生物共同体という視点を持ってはいるが、それ自体に価値が内在していると断定することは難しく、人間の生存にとって好ましい安定の状態こそが望まれる。さらに「環境」はもともとある主体を前提としており、人間にとっての環境であることは、議論するまでもない。以上、「自然」「生態系」「環境」のどの概念をとりあげてみても、その根本のところに「人類の利己主義」があることは明らかである。

以上の内容をまとめればよいのであるが、これを一〇〇字以上一二〇字に収めるには、内容上の骨格を残して最後の理由説明に力を入れなければならない。そのためには、共通部分をなるべく単一の語に抽象化し、他は思い切ってカットする大胆さも必要である。記述すべき内容は、ほぼ次のようなものになるはずである。

①地球環境の保全は[話題]
②自然それ自体のためといった利他的なものではなく[批判]
③人為を加えた自然や、人間の生存を可能にする生態系の安定といった、人間を主体とする人間本位の環境という価値を[実態としての人間の利己主義]
④(右の③を)自覚することによってこそ、欺瞞のない努力の方向が明確になるから[主張]

後に掲げた解答例のみが正しいというわけでは、もちろんなく、記述の順序や文型には多様な表現の仕方があるはずである。ただ、解答例の記述が、本文のどのようなところをカットしてどのようなところを抽象一般化しているか、また、用語をどのように改変しているか、さらには本文にない語をあえて書き加えているか、等々について、各自で確認してみることも大事な勉強である。また、自分の解答と比較して、書くべき内容が書かれているかどうか、ということを研究することで、記述力を身につけていってほしいと思う。

㈥　**漢字の書き取り。**

漢字の書き取りは、字形の正確さとともに、語彙力が問われている。字形と意味とを結びつけて理解するようにしたい。

a　「微妙」。〈明確にはとらえられない細やかな味わい〉の意。「微」は〈かすか〉。〈しるし〉の意の「徴」と区別しよう。

b　「局地」。「キョクチ的なものにとどまる」とあるから、〈限られた地域〉を表す「局地」に決まる。南極・北極等の〈最果ての地〉を表す「極地」と区別しよう。他の同音異義語に「極致」がある。

c　「脅かされる」。熟語には「脅威」「脅迫」などがある。

d　「維持」。「安定をイジする」とあるから、紛れはない。

e　「犠牲」。「犠」も「牲」も〈いけにえ〉の意。いけにえのうち最も重要なものが牛であったということを理解すれば、どちらも牛へんであることを間違えることはないだろう。

解答

㈠ 自然は、人為を含めたいかなる事象にも価値としての差異はなく、あるがままに因果の連関で現象する世界であるということ。

㈡ 価値と無縁な自然は、人為が加わり人間の生存に適したものとなることで、守るべき自然としての価値が生まれてくるということ。

㈢ 個体の生命の尊重は、弱肉強食でなりたつ生態系の食物連鎖の安定を崩し、逆にその動物種の生存を脅かすことになりかねないから。

㈣ 生態系は、機械論的な自然を超えて、生物と環境との関連性を生物共同体という視点から全体的に捉える概念であるということ。

㈤ 地球環境の保全は、自然それ自体のためといった利他的なものではなく、人為を加えた自然や、人間の生存を可能にする生態系の安定といった、人間を主体とする人間本位の環境という価値を自覚することによってこそ、欺瞞のない努力の方向が明確になるから。（118字）

㈥ a＝微妙　b＝局地　c＝脅（かされる）　d＝維持　e＝犠牲

第四問（文科）

出典

三木卓（みき・たく）『海辺の博物誌』の「自然の焔」にある〈丘の四季〉全文。

三木卓は、一九三五年東京生まれ。早稲田大学第一文学部卒業。詩人、小説家。詩集に『東京午前三時』、小説に「鶸《ひわ》」『砲撃のあとで』『震える舌』『路地』他がある。

解説

〈本文解説〉

本文は、中年から初老にさしかかっていると思われる筆者が、長い時間をかけた小説を書き終え次の小説に着手する隙間の期間に、言葉と現実の関係に思いを巡らせ、新たな作品に取り組むには自分が変わらなければならないと、窓から見える緑の丘の情景の変化にことよせて、自らの変化を期待して待ち望む心境をつづった文章である。

全体は十三の形式段落から成るが、ここでは四つの部分に分けて考えてみよう。

第一の部分（1～5）　窓から見える緑の丘の情景

筆者の仕事場の窓からは、緑の丘が眺められる。今は梅雨前の時期で、新緑が光をあびてけむっている。この仕事場に越して来てから数年が経っているので、四季の変化はだいたいわかっているつもりなのだが、それでも、その時その時の新鮮な発見があったり、あらためて感銘をおぼえたりもする。緑が深く厚くなっていく変化の過程には、育っていくものの活力が感じられる。5段落にある、丘の背の「小さな孔」が何を意味するのかは、ややわかりにくいが、微妙な変化を捉えようと待ち望む気持ちが、その「孔」に仮託して表されているのかもしれない。

第二の部分（6〜8）　次の小説に着手するまでには自身の変化を待たなければならない

去年、筆者は長い時間をかけた小説を書き終え、次の作品に着手しようとしている。前作の余韻が鐘の音のように尾を曳いているが、一方で筆者は「わたし自身がすこし変化している」（6）とも感じている。

「自分をからめとるような世界」を書き、「これが自分のみえたぎりぎりの世界である」（7）と思って発表した作品は、いざそうしてしまうと、すぐ次に同じように小説を書くことがしにくくなってしまう。素材や構成や文章のスタイルをちがえたとしても、基本的には同じ傾向の作品になってしまうのだ。どんな言葉を書いても、それは先に書いた作品の二番煎じになっていて、その自分の作った殻を破って新たな領域へと越え出ることはなかなかできない。

だから筆者は、「待っているよりなかった」と言う。先に書いた小説も、いわば「おぼつかない手付きで言葉をかきあつめて、掘立小屋をひとつ建てたにすぎない」と謙遜する。それらはもとに戻して、あとは自分が変わるのを待たなければ、新たな作品に取り組むことはできないのである。

第三の部分（9〜12）　言葉と言葉のあいだにある大きな隙間

どうもわたしたちは言葉を信じすぎているようだ。言葉を現実ととりちがえたり、言葉や現実を完全に把握しているものと思い込んでいる。しかし、現実の「わたし」も「あなた」も、生身の人間として、「言葉以上の知覚体」である。また言葉は、「その限界性ゆえに表現や認識の媒体たり得る」と筆者は言う。この辺りは、どのようなことを言っているのだろうか。

次の「デジタル」↔「アナログ」の対比的な比喩を参考にするなら、この「言葉以上の知覚体」というのは、わたしたち人間の身体はアナログな存在として現実そのものなのであり、言葉で分節化して捉える認識より上位にある知覚体だということだ。たとえば、わたしたちが身体で漠然とした思いにとらわれているとき、その知覚は〈喜び〉とか〈悲しみ〉とか

〈憎しみ〉といった、言葉ではっきりと示すことのできるようなデジタルで不連続のものではなく、全体があいまいなままに連続しているアナログの状態である、ということだ。また、言葉は「その限界性ゆえに表現や認識の媒体たり得る」というのは、言葉が現実を分節して表すことで、現実と完璧な対応がありえないことになり、その限界性が逆に、現実をどう表現し認識するかということの媒体になり得るということである。限界があって不自由な媒体だからこそ、そういう言葉をどう用いるかといったところに、その人なりの個性や表現力が示されてくるということである。

原子と原子のあいだにも、隙間はあるらしい。同様に、「言葉と言葉のあいだにも大きな隙間がある」⑩。先に挙げた例を用いれば、〈喜び〉という言葉と〈悲しみ〉という言葉のあいだには大きな隙間がある。ところが身体が実際に知覚しているものは、そのようにはっきりと区別できるものではなく、〈憎しみ〉に近い感情や〈さびしさ〉に近い感情も混じり合った連続的な状態である。このことを筆者は、「デジタル」↕「アナログ」の対比にたとえている。言葉と言葉は、数字で示すデジタルの時刻と時刻との関係であり、そのあいだは不連続で隙間がある。それに対して、身体を含めた現実そのものは、切れ目なく続く連続的な状態としてある。傍線部イの「…のあいだを均質に動く保証はまったくない」という比喩が何を言おうとしているのかは、かなり理解しづらいが、連続する現実の生まの世界は、言葉で捉えられた非連続の世界の枠組みの中に、そのまま収まっているとは限らない、といったことであろう。逆の言い方をするなら、言葉で分節化して捉えた世界は、どこまでいっても現実そのものとぴったり重なることはない、ということだ。

自分なりの小説を書き終えた直後には、言葉で作り上げた世界が現実そのものであるかのように思い込んでいた。それは「言葉で疑似現実をつくり出すというトリックの呪縛」⑪に、自分自身がひっかかってしまっている、ということだと筆者は述べる。

しかし、「今のわたしはそこから脱しつつある」⑪と筆者は感じている。これは「わたし自身がすこし変化している」⑥に応じた表現である。筆者は「言葉と言葉のあいだにひろがっている闇」⑪「言葉の背後の領土」⑪を意識しはじめるようになったのだ。これは、とりもなおさず、次の小説へと取り組む兆しが、自らの内に芽生えてきたということに他ならない。

このようにして、いつも「わたしは自分が変化することをねがっていた」⑫と筆者は言う。それが筆者なりの「現実への尊敬のしかた」⑫なのだ。自分が変われば、現実はこれまで気づかなかったような深いものを見せてくれる。

一般に、言葉を専門とする詩人や小説家の中には、言葉に強い力点を置いて言葉こそがすべてだと考える傾向と、言葉の前に現実があり、その現実をどう認識するかということこそが重要だと考える、二つの傾向がある。筆者は後者に属し、自分の生きている現実をそのまま現実として謙虚に認識することが優先されるべきだと考えているようだ。それが筆者なりの「現実への尊敬のしかた」なのである。自分が変わらないまま傲慢に言葉を操っているだけでは、深いものは何も見えてこないし表れてもこないということである。

第四の部分 ⑬ 新たな作品への予感

この五月でまたひとつ年齢を重ねた筆者は、窓から眺められる「活力あふれる初夏の丘の変化」に刺激されて、「意外性ある未知の視角を体験する可能性も失われていないという予感」を覚えている。年齢を重ねてきた自分にも、まだ未知の領域はあるはずだと、筆者は、緑が厚くなっていく丘の変化に、新しい小説に取り組む自分への励ましを感じているのである。

〈設問解説〉

設問の全体としての構成を、まず概観しておこう。

㈠ 自分の認識の言語的枠組みを乗り越えることの困難さ

㈡ 連続する現実と非連続の言葉との対応関係

㈢ 自分の変化による現実の様相の深化

㈣ 未知の世界を言葉で捉える可能性への期待

擬人法や比喩表現の箇所に多く施線されているが、これらをその実態的な内容にイイカエればよいと軽く考えてはならない。むろん、結果としては言い換えることになるが、求められているのは単なる語法的なイイカエではなく、実態的な内容を把握した上での説明である。そしてそこには、言葉と現実とを基本的な対比とした、言葉に対する深い思考と認識が前提となっている。また、文系の問題として、筆者の気持ちが理解できるかどうかといった、感性的な共感力も試されていることがわかるはずである。

㈠ 自分の認識における言語的枠組みを乗り越えることの困難さについての理解が問われている。第二の部分。

擬人法による表現箇所であるが、単に語法的にイイカエるのではなく、その内容を実態的に理解することが求められている、ということをまずしっかりと意識したい。

筆者は、「長い時間をかけた小説」⑥を発表した少し後で、次の「時間のかかる小説」に着手しようとしている、その中間の時期にある。前の作品を書いた体験が筆者の中で「鐘の余韻のように尾を曳いている」が、一方で筆者は「わたし自身がすこし変化している」とも感じはじめている。

前の小説は、「自分をからめとるような世界」（⑦）、「自分のみえたぎりぎりの世界」を書いたものだ。他人が見てどうであるかは別として、筆者にとっては、自分の認識しえた限りの世界を、言葉を通して全力を尽くして書ききったのである。おそらくそこには充足感と、やりとげた後の虚脱感があると思われる。そういう気分の中で、別の作品を書こうとして素材や構成や文章のスタイルを変えたとしても、それはどうしても前の作品の基本的なあり方と同じものになってしまう。新しい言葉のつもりで書いた文章が、前に書いた小説の言葉の文章と、基本的には同じような認識を示すものになっていて、少しも新しい作品になってはいないのである。言葉とは、世界を認識する自分の姿勢をそのまま表すものであり、自分が変わらないかぎり、言語表現も変わらないのである。

傍線部アの「自分によって書かれた言葉」とは、前の小説に書いた言葉のことを指している。それが「〈おまちどおさま〉と皮肉をいうばかりだ」というのは、筆者が今、別の文章を書いたりすると、それらが皆、前の作品の二番煎じになっていて、少しも新しさがなく、前の言葉に示された認識構造と同じものになっているということだ。それが自分にもよくわかるから、筆者はやや自嘲気味に「皮肉をいう」と表現している。「その行手行手で心得顔に到着を待っていて」というのは、今自分が新しい内容の言語表現をしているつもりでも、そのどれもが、前の小説作品の言語表現の枠内にあるということである。それほど「自分のつくった網から出ることはむずかしい」のだ。これは、視点を変えれば、筆者が前の小説を書くことに全力を尽くし、「自分のみえたぎりぎりの世界」を書ききった、という自負を語っていることをも意味しているだろう。

以上の内容をまとめることになるが、これを二行に収めるにはそれなりの工夫が要るだろう。

①自分の認識しえた世界を限界まで一つの小説に表現し尽くすと

②新たな領域に越え出る言葉はなかなか獲得できない

用語や表現にはさまざまなものがあろうが、書くべきことは、前の小説作品は筆者が全力を尽くした言語表現であること、そして、新たに書こうとしても、どの言葉も前の作品の言語的認識の枠組みを抜け出ていない、ということの二つである。

㈡　連続する「現実」と、非連続の「言葉」との対応関係についての理解が問われている。第二の部分と第三の部分。

「デジタル」が「言葉」の比喩で、「アナログ」が「現実」の比喩に当たることはわかりやすいが、「この秒針（＝アナログ表示の時計の秒針）が……均質に動く保証はまったくない」

が、何を言おうしているのかは、理解するのがかなりむずかしい。筆者自身が「それになぞらえていえばやや平板化のそしりはまぬがれないが」⑩と、この比喩の不十分な点を認めてもいるのだから、文脈の流れをつかむことによって、少しは大胆に考えるのがよいだろう。

傍線部イの前では、わたしたちが言葉を信じすぎて、「言葉を現実ととりちがえる」⑨ことが記されている。しかし、わたしやあなたの現実の身体は「言葉以上の知覚体」なのだ。これは、言葉で認識されたものが、現実の身体が知覚するものだ。ののすべてを忠実に表しているのではなく、適当にピック・アップしたものを断片的にとりあげ、現実を非連続に表しているということを示している。

原子には隙間があるように、「言葉と言葉とのあいだにも大きな隙間がある」⑩。そのことを筆者は「ポイントしか示さないデジタル表示の時刻と次の時刻との関係」にたとえている。たとえば1と2の間には、現実には無限の点があって、その間は連続的に流れているが、数字で示した1と2の間は断続しており、非連続である。同じように、言葉はその典型的な内容を分節することで、それとして示すが、言葉と言葉の間は断絶していて、非連続である。先に挙げた例を用いるなら、〈喜び〉という感情と〈悲しみ〉という感情は断絶していて非連続であるが、わたしたちの身体が現実に知覚するものは、そのように明確に区切ることのできない連続的な動きや状態である。

傍線部イの直後にある「デジタル時計の表示（＝前の小説の言語表現）が、アナログ時計の表示（＝現実そのもの）のように見えてしまっていた」⑪という箇所も、「言葉」と「現実」との対比ととれば、すっきりと理解できる。言葉で作り出された「疑似現実」にすぎないものを、筆者は現実そのものと受けとっていたのだ。傍線部イの「均質に動く保証はまったくない」を文字通りに考えようとすると理解しづらいが、文脈の前後の流れをつかまえれば、それほど入り組んだことを言っているのではないということがわかるはずである。

記述すべき内容は、次のようなものになるだろう。

①連続する現実の生まの世界は

②言葉で捉えられた非連続の世界の枠組みの中に

③そのまま収まっているとは限らない

右の①と②を逆にして、③を〈とらえきれない〉といった形で説明することも可能だろう。たとえば、〈言葉で分節した表現世界は、生まの現実の連続的な世界を完全にはとらえきれない〉といったふうに。後者の方が書きやすいかもしれないが、傍線部イの発想に近いのは前者の方と思われる。というのは、言葉の世界をはみ出す現実の新たな様相が、筆者を次の小説へと仕向ける、ということなのだから。

㈢　自分の変化によって見えてくる現実の様相の深化についての理解が問われている。第二の部分と第三の部分。

この設問は、前の㈠と対比の関係に位置している。㈠が、前の小説の言語的枠組みを脱出することの困難さが問われており、次いで㈡で、現実の世界が言語に表現された世界にそのまま留まっているわけではないことを確認し、㈢の、自分が変わることによって現実の新たな姿が見えてくる、という箇所へと続くのである。

傍線部ウの直前には、「いつもわたしは自分が変化することをねがっていた」⑫とある。この、自身の変化への願望は、第二の部分の初めの方でも、すでに書かれていた。筆者は次の「時間のかかる小説」に着手しようとしているが、それは「わたし自身がすこし変化している、と感じるから」⑥だと言う。前の小説の余韻がまだ尾を曳いていて、書いても書いてもその二番煎じにしかならなかったときは、「わたしはだから待っているよりなかった」⑧と記している。しかし、今の筆者は「そこから脱しつつある」⑪状態でもあるのだ。それは「言葉と言葉のあいだにひろがっている闇がしだいに深さを増しつつある」⑪とあることからも理解できる。これは、設問㈡の解答内容と重なる部分でもある。筆者は「言葉の背後の領土をもういちどつかみなおしてみたい」⑪（＝新たな小説に取り組む意欲が高まってきた）と願うようになってきたのだ。しかも、「自分にとって自然なかたちで」⑫の「自分が変化すること」への願いである。なぜ、筆者はそのようなことを願うのか。それは、「わたしが変れば、現実はもっともっと深いものを見せてくれると思っている」⑫からである。それが「わたしなりの現実への尊敬のしかた」⑫に他ならない。

記述すべき内容は、次のようなものになるだろう。

①自分が変わることによって初めて

②それまでの言葉では見えていなかった

③現実の深い様相が現れてくるはずだと思う

言葉の力を傲慢にふりかざすのではなく、現実の奥深さを謙虚に受け止めようとする、筆者の執筆姿勢のうかがわれる箇所である。

㈣　未知の世界を言葉で捉える可能性がまだ残っていることへの期待と、初夏の丘から受ける筆者への励ましについての理解が問われている。第四の部分を中心として全文を視野に入れ、特に第一の部分との関連性を把握することが求められている。

「この五月でわたしはまたひとつ年齢を重ねた」⑬とあるから、筆者はそんなに若くはないということがわかる。むしろ、中年から初老にさしかかっているといった年齢ではなかろうか。そんな筆者が、小説家として「これからさらに意外性ある未知の視角を体験する可能性も失われていないという予感もある」と言っているのだ。力にあふれた意欲ということではないが、筆者の中には、新たな小説に取り組むことへの意欲が静かに満ちはじめている。その力は、自分が自然に変化することで得られたものではあるが、窓からながめられる「活力あふれる初夏の丘の変化」⑬から受け止めることのできたものでもある。

丘の変化はだいたいわかったつもりでいても、それでも時には新たな「発見」があったり、「感銘をおぼえたりする」②ことがある。実際に白い花を見て、「新鮮な感情」③がわき出てくることもある。筆者は、緑が深くなっていく丘の変化に「育っていくものの活力」④を感じとり、その活力は筆者自身の心にも届いて励ましを与えているのだ。丘の背にあいている「小さな孔」⑤は、向こうの空の未知の世界をのぞき見る、筆者の期待を象徴するものでもあろう。

以上をまとめるなら、記述すべき内容は次のようなものになるだろう。

①年齢を重ねる自分にも
②言葉で未知の世界を捉える可能性がまだあることを期待し
③活力のある緑の丘から励まされる気持ち

いったん段落を区切ることで、改めてその関連性を考え、特に最後の設問では、本文の末尾が本文の冒頭部とどのように照応しているかを考えることは、本文の全体としての内容を把握する上で、欠かすことのできない思考である。答案の内容の深さは、書き方の工夫よりも、読みの深さによって、ほぼ決まってくる。

解答

㈠　自分の認識しえた世界を限界まで一つの小説に表現し尽くすと、新たな領域に越え出る言葉はなかなか獲得できないということ。

㈡　連続する現実の生まの世界は、言葉で捉えられた非連続の世界の枠組みの中にそのまま収まっているとは限らないということ。

㈢　自分が変わることによって初めて、それまでの言葉では見えていなかった現実の深い様相が現れてくるはずだと思うということ。

㈣　年齢を重ねる自分にも、言葉で未知の世界を捉える可能性がまだあることを期待し、活力のある緑の丘から励まされる気持ち。

一九九九年

第一問（文理共通）

出典

鷲田清一（わしだ・きよかず）『普通をだれも教えてくれない』

解説

〈本文解説〉

身体論。普段意識することはあまりないが、心と体は人間を構成する不可欠で不即不離な存在だから、自分自身のこととして意識しながら読解していくことができたはずである。この種の身体論は過去の東大二次試験でもよく出題されている。

まず文章全体のキーワード、話題がつかめたかどうか。「身体一般のなかには見いだされない」＝「だれかの身体」（＝固有の名前を持った、実際に生きられている生身の身体）に特有の現象を考察した文章であると把握できればよい。それが次のような面から述べられている。

まず、「人称としてのわたしと身体との関係」ニツイテ、「可塑的」だと主張。（可塑的とは、ここでは本来の意味からさらに、〈自由に形が変えられる〉というほどのニュアンスで用いられていると理解してよい。つまり心と身体との関係は一定の形をとったものではなく、双方からの働きかけによって、さまざまな形を取りうるということだ。また「人称としてのわたし」という表現も、もって回った言い方だが〈一人称〉の私のことだとすれば、「わたし」を指し示す言葉という意味だから、〈自己意識〉を表していることになる。〈主体〉と理解することもできないではないが、わざわざこんな表現にしたのは「意識」のレベルでのことを強調したいためであろう。）

さて次に、「可塑的」の中身を理解しておかなければならない。この中身が全文の骨格を成している。筆者の主張する「可塑」性は、まず「身体の奇妙な現われ方」として私の意識に上ってくる。そして次に、この現れ方は二つの局面を持つ。一つは対自的と言えるし、もう一つは対他的と言える。前者は自分の身体の機能が正常に働かなくなったときに現れ、後者は自己以外の対象を自分の思いどおりに動かし支配することができないという局面で現れる。結局、筆者によれば、「わたしが事物を意のままにすることを可能にしてくれるその当のもの」（＝自分の身体）が「現実にはわたしの意のままにならない」という「逆説」的な状況に置かれているということになり、それこそが私たちのあり方だというのである。

こう述べて次に話題が転換する。「身体の占める空間」「テリトリー」あるいは「わたしたちの身体の限界」についての話になる。この部分はまとまりに欠ける感じがしないでもないが、問題文の分量の関係で、このようになったものと思われる。それはともかく、この話題について筆者は、〈私たちの身体はその皮フという限度を超えて伸びたり縮んだりする〉と述べている。人間の身体の限界、限度は、物質的に言えば確かに身体表面、五体の範囲になるが、自分の身体がどこまであるのかを認識するのは、自己意識である。この自意識は様々に拡大収縮する。たとえば一国を支配している独裁者にとって、自分の身体の限度は自分が支配する全国土だと感じられているだろう。要するに心理学で言うところの自我拡張とか自我拡大などということを、身体の方面から考察した文章だとみることもできる。

以上の理解を基盤にして、それでは設問を見てゆくことにしよう。

〈設問解説〉

(一)　設問の要求をしっかり確認する。「…（傍線部ア）とあるが、このようなことがおこるのはなぜか、その理由を説明せよ。」とよく設問される、理由説明。文脈上から傍線部の理由に該当する内容を把握する必要があるのだが、その前に、まず傍線部自体の意味をしっかり確認しておこう。「なじんでいた」（馴染んでいた）は〈物とか場所とかに慣れ親しんでいたということ〉。「よそよそしい」は〈今まで親しく付き合っていたのに、まるで見知らぬ他人に接するような冷淡な態度のこと〉。「異物」は〈ここでは医学的ニュアンスで使われていて、体内に入った、あるいは体内で出来たもので、自分の体組織に馴染まないもののこと〉。

自己意識と一体となり、ほとんどその存在を意識もしなかった自分の身体が、あるとき突然、〈親しくしていたのに、まるで見ず知らずの他人のような自分にとってしっくりこない異質なもの〉と感じられるのは、なぜかというのが問われていることだ。

問題文全体の趣旨から考えると、次のような理解が出来る。すなわち、

〈答案例1〉人間の身体と意識は、双方の状況に応じて、密着したり乖離したりする可塑的な関係にあるから。

全体に即しているのだから間違いではないが、この説明では傍線部にぴったりこない。あまりに抽象的過ぎるからだ。

そこで、もっと文脈に即してみよう。文中でこのことに関する筆者の見解を把握する作業が必要だ。すると、すぐに次のような筆者の説明が捕まえられる。

が、その同じ身体が、たとえばわたしが疲れ切っているとき、あるいは病の床に臥しているときには、にわかに、不透明なものとして、あるいは腫れぼったい厚みをもったものとして、わたしたちの日々の経験のなかに浮上し

てくる。

「わたしがなじんでいたこの身体」が「その同じ身体」に相当することはすぐ判る。それがわかればこの部分の把握から、「なぜおこるのか」という問いに対して、
　私が疲れきったり、病の床に臥していたりするから
という答えが出てきそうだが、これまたしっくりこない。原因の一つで具体的ではあるが、解答・説明として直接的でない。疲れたり、病気だったりするとどうして自分の身体が「よそよそしい異物として迫って」くるのか。考察、理解をもっと適切なものに絞り込んでいかないとだめだ。傍線部ア直前の一連の並立的表現。

　ときには、わたしと世界とのあいだにまるで壁のように立ちはだかる。

　あるいは、わたしの経験をこれまでとは別の色でソめ上げる。

　そして私の経験に一定のバイヤスをかけてくる。

同じような表現は、傍線部アの直後の段落にも出てくる。

　あるときは、わたしたちがなそうとしている行為を押しとどめようとわたしたちの前に立ちはだかる、

「よそよそしい異物と」感じられるのは、身体が疲れていたり、病気にかかっていたりすると、私と世界との関係を普段と異質なものとし、スムーズな交流を妨げるものとして、それまでは意識の中に埋没していた自分の身体が、意識に対するものとして立ち現れてくるからであるらしい。すると、次のような答案が出てくる。

〈答案例2〉疲れたり、病気になったりすると、自分がしたいと思うことを身体がしてくれなくなり、私の意思と身体が対立するから。

　ところで、表現のレベル、意味する範囲からすると、「疲れ」とか「病気」とかでは、狭すぎる。それは「たとえば」の話だ。もっと一般的にならないと、普遍性が出ない。つまり、すべてに妥当する内容にならない。筆者は、他に何か言っていないだろうか。第二段落冒頭に気付く。

　身体はそれが正常に機能しているばあいには、を使えばより広くなる。〈身体が正常に機能していないと〉、どうなる？

　ふつうは素通りされる透明なものであって、その存在はいわば消えている（＝ほとんど意識に上らない）

自分の身体が、にわかに意識されてくることになる。

なぜ意識されてくるのか？　筆者の考え、それを伝達している表現に即して考察しよう。傍線部アのずっと後（傍線部ウの直後）に、
　人称としてのわたしと身体との関係は、対立や齟齬と

いった乖離状態にあるときもあれば、一方が他方に密着
　したりマイボツしたりするときもある

と書かれている。ここまで捕まえると自己意識と身体とは、それが正常に機能しているときは互いに埋没して意識されることはないが、身体が正常に機能していないと齟齬が生じ、意識にとっては身体が自分に乖離しているものと感じられる、すなわち、よそよそしい異物とまで感じられてくるということになる。そこで、次のような答案が書ける。

〈答案例３〉身体が普段のように正常に働かず、自分がスムー
　ズに行為できない思いのうちに、身体の存在を意
　識してしまうから。

さて、このあたりだろうか。したがって、答案作成のポイントは、

①身体が正常に働いていない。
②意識が身体との乖離を感じる。
③埋没していた身体が立ち現れる。

以上の答案例のうち、どれが最も分かり易く適切であるか、あるいはもっとよい表現があるか、判断してほしい。そして自分自身の答案をもう一度作り直して、そのうえで解答例を見てみるとよい。

(二)　これは比較的易しい設問。あるいは拍子抜けした人もいたかもしれない。まず傍線部。

所有という行為＝(文脈上すぐに)ものを捕る、摑む、持
　つという行為

媒体＝(言葉の意味)仲立ち。あるものとあるものとの間
　にあって、両者の橋渡しをしているもの。

次に設問の要求の確認。「どういう意味か、説明せよ」。つまり、身体は私という主体と、私の外の対象、客体との間にあって、対象を私が捕ったり摑んだり持ったりするための手段として働いているということ。になるのだが、果たしてこの形の答案でいいのだろうか。文脈の考察をしてみる。傍線部の直前に、「そのとき」とあるのに着目。すると

　所有＝何かをじぶんのものとして、意のままにするとい
　　うこと

が摑め、さらに傍線部の直後に、

　つまり身体は、わたしが随意に使用しうる「器官」である。

とある。筆者のこの考えに即して説明する。答案作成のポイントは二つ。

①所有という行為＝外部の対象、客体を自分のものとして、
　意のままにするということ。
②媒体として働いている＝私と対象との仲立ちの役目をし
　ている。

この要素を二行の解答欄にどのように表現すれば最もわかり易い答案になるかを考える。

〈答案例1〉身体は何かを自分のものとし、意のままにするための器官であるということ。

〈答案例2〉自分のものとして、意のままにするという目的を行為として実現するための手段として身体を使用すること。

上記二例では、何かが欠けている。

〈答案例3〉自分の身体を随意につかえる器官として駆使することで、人間はものを所有することが出来るということ。

〈答案例4〉身体は私と他のものとの間にあって、思いどおりに対象を操作するための手段となっていること。

この二例は、いま一つぴったりしない。以上の例を参考に最も適切な理解、内容、表現を考えてみよう。

㈢　傍線部の前後で述べられていることが、どれだけ適切に理解されているかどうかが問題になる。傍線部の直前にある、
そのとき、痛みはわたしの痛みというより、わたしそのものとなっており、わたしの存在と痛みの経験とを区別するのはむずかしい。

という表現が、傍線部の後半「同時に『わたしは身体である』と言ったほうがぴったりくる局面もある」に対応していることはすぐに分かる。この理解を利用して傍線部の前半「身体にはたしかに『わたしは身体をもつ』と言うのが相応しい局面」を理解することが出来る。〈わたしが身体を意のままに使うことが可能となっている局面〉、あるいはその逆に〈自分の意のままにならない異物と感じられている局面〉であろう。つまり、わたしがわたしの身体を物質的なものとして対象化し、客体化している局面である。この前半と後半の理解をどのように二行の解答欄に表現すればよいかを考える。答案を作る際には「わたしは身体をもつ」を〈前者〉、「わたしは身体である」を〈後者〉とすれば字数が節約できる。答案のポイントは従って次のようになる。
①前者＝身体を物質体として、自分の「所有」物と感じている局面。これは意識と身体とが乖離しているときにのみ感じられるわけではない。その逆のときにも感じられることである。すなわち、意のままに動いてくれる自分の身体に自負や満足を感じているときも、そうである。
②後者＝身体即わたしという局面。わたしと身体が分離していない。しかもこれは傍線部の直前の具体例で説明されているような局面で起こる。
以上のポイントを押さえた上で、二行の解答欄にどう表現するかがそれぞれの実力の見せ所になる。これもいくつか答案例をあげておこう。どれがよくどれが不備かをしっかり判断してほしい。

〈答案例1〉身体を離れた意識主体があると考えて、それが身

体を意識するのが前者で、その分離を疑う立場が後者である。
〈答案例2〉「身体をもつ」は所有の手段として身体を意のままに使用できることで、「身体である」は痛みなどの現実状況とわたしとを分離できないこと。
〈答案例3〉前者は私の意識が身体を客観視できることであり、後者は逆に私が身体に埋没し完全に従属しているということ。
〈答案例4〉外界のものを操作対象とするとき行為媒体としての身体を持つことになり、感覚認知する身体は自我そのものだということ。

さてそのうえで自分の答案をもう一度吟味して、それから解答例を見てみるとよい。

㈣　問題文全体の中で捉えると、話題が変わった後半の部分に設問されたもの。したがって設問の要求「筆者の論旨にしたがって説明せよ」は、文脈理解が出来れば何とかなる。だからこれを前半の論旨、つまり意識と身体の可塑性で説明すると、適切性に欠けることになる。たとえば次の答案例。
〈答案例1〉人間の心と身体は可塑的な関係になっていて、私たちの身体の範囲は物質的な皮膚を超えて伸縮するから。

しかし一方、文脈に即しているといっても次の例のようにあまりに具体的過ぎると、これまた適切性に欠けてしまう。
〈答案例2〉外界の抵抗を感じるのが身体の範囲であり、持ちなれた杖は皮膚と同様な抵抗を感じさせ、それが身体の限界となるから。

後半の論旨をもう一度確認してみよう。身体の範囲が皮膚に包まれている肉の塊のことだというのが、どうも怪しいというのが筆者の主張。文脈では、杖があたかも自分の皮膚と同じ感覚器官の働きをしていると主張する。そこで設問、「このようなことが生ずるのはなぜか、その理由を」説明せよ。なぜ命なき杖が、命ある皮膚と同じように機能するのか？傍線部の後にいくつかの具体例をあげて説明が行われている。それをまとめたのが問題文の最後の部分。

このようにわたしたちの身体の限界は、その物体としての身体の表面にあるわけではない。わたしたちの身体は、その皮膚を超えて伸びたり縮んだりする。

この説明に即して理解すると、〈人間の身体はその物質的限界としての皮膚を超えて自在に伸縮するから〉となるが、これでは説明が不充分。なぜ自在に伸縮するのかが説明されていない。ここをどう説明するか。
〈答案例3〉身体は単なる物質を超えた意識を含むものなので、その気分により身体の限界が物にまで及ぶから。

以上を理解検討して、自分自身の答案をもう一度確認してみよう。

(五)　必ず出る漢字書き取りの問題。常に指摘しているように、文脈に即した傍線部の意味理解が肝心。aは直前の「色で」に注意。bは「痛み」が「オソう」。cは対立と並列の関係に着目。「対立や齟齬」に対して「密着したりマイボツしたり」。dは「だれもがジメイのことのように言う。が、これもどうもあやしい」だから、〈改めて証明するまでもなく、明らかなこと〉の意味。

解答

(一)　身体が正常に機能しないときには、乖離の念が生じ、その存在が自己とは別のものに意識されてくるから。

(二)　事物を意のままにしようとする私の意思は、身体を仲立ちとして対象に働きかけることで実現されるという意味。

(三)　前者が身体を自己の器官として客観視するのに対し、後者は経験を受容する自己そのものだとする違い。

(四)　身体は単なる物質を超えた意識を含む存在なので、時々の気分によってその境界が伸縮するから。

(五)　a＝染　b＝襲　c＝埋没　d＝自明

第二問（文理共通）

出典

安部公房（あべ・こうぼう）『砂漠の思想』

解説

設問の要求をまずしっかりと確認して出発しよう。特にこの二・三年、記述の仕方に関する要求が猫の目のように変わっている。一九九九年度は次のようになっている。

次の文章中の傍線部ア・イ・ウのいずれかを選び、その傍線部分に対する理解を明確に示して、それに対する意見を一六〇字以上二〇〇字以内で記せ。句読点も一字として数える。なお、解答用紙の指定欄に、選んだ傍線部の記号を記入せよ。

一九九九年度のこの要求で特に着目しなければならないのは、「傍線部分に対する理解を明確に示して」と「それに対する意見を」「記せ」という点である。この二点がしっかり記述されていなければ不合格答案になってしまう。

第一のポイントについては、答案作成の指導上で常に指摘されてきたことである。いわく、傍線部だけ見て書いてはだめだ。文章全体、文脈に即した傍線部理解をまずしなさい。実に当たり前のことだ。だが、この当たり前のことを無視して自分勝手な妄想で答案をでっち上げる受験生が実に多いということを物語る要求である。そんな答案は、即0点だと釘をさしているのである。そこで、傍線部に対する理解作業をまずしっかりとしなければならない。

問題文の読解自体は例年どおりほとんど難しくない。読んですぐに話題はつかめる。「青春」。なんだ自分たちのことだ、と大半の受験生は思ったに違いない。しめた、簡単に書ける。…で、今読んだばかりの設問要求などどこかへすっ飛ばして、勝手に書いて、ハイ出来あがり。…で、即0点。これでは泣くに泣けない。着実な読解が前提。

「青春」について、筆者はなんだと主張しているのか。最初に指摘されるのが青春に対する「固定観念」。社会常識といってもよい。「青春は美しく清純なものだ」。そしてこれをひっくり返す。社会通念の否定。「だが、本当の青春というものは、自分が青春などであることなどに決して甘んじたりはしない自己否定の精神のことなのではあるまいか」。要するに傍線部アである。そして「だから」として論が展開。「青春には、現状を否定してたえず未来に進もうとするエネルギーと同時に、すべて過渡的なものにつきまとっているあの未完成で矛盾にみちた青虫的いやったらしさが充満している」ことになる。つまり傍線部イ。筆者のイイタイコトはこの二点である。

ついでに矛先を「大人たち」に向ける。青春、青年に対する大人たちの態度について、「いたずらに清純や素直さなどをおしつけたりせずに、そのいやらしさをこそ、むしろ愛してやるべきなのではあるまいか」と主張する。要するに傍線部ウである。

この全体の見通しの上に立って、「傍線部分に対する理解」をし、さてその上で自分はどの傍線部を取り上げるのかを決断する。各傍線部のポイント、キーワードは次の点になる。

傍線部ア＝自己否定の精神。
傍線部イ＝未完成で矛盾に満ちた青臭いいやったらしさ
（傍線部の前半の内容は、むしろ傍線部アとつながっている）。
傍線部ウ＝大人の態度＝青年のいやらしさをこそ愛すべきだ。

傍線部に対する以上の理解を明確に示したうえで、自分の意見を記述するわけである。もちろん「青春」というテーマから外れてはならない。要求されているのは「意見」である。意見とは、言うまでもないことだが〈ある見解、話題に対する個人としての考え〉のことだから、いつもの「感じたこと、考えたこと」とそう大きな隔たりがあるわけではない。ただし、記述の態度内容がより明確に限定されてきたということはできる。意見を述べる対象の焦点を絞り込んでおこう。

傍線部ア＝青春の特質、本質が自己否定の精神にあるということニツイテ、自分はどんな考えを述べるのか？

傍線部イ＝青春の青臭いいやったらしさニツイテ、自分はどう感じるのか？

傍線部ウ＝青年のいやったらしさこそを大人は愛すべきであるという主張ニタイシテ、青年の自分はどう思うのか？

傍線部アを取り上げると、どうしても傍線部イの前半と絡んでしまう。このあたりをどう処理するのかが問題になる。たとえば次の答案例。

これが青春であるというイメージや型どおりの青春に甘んじるのは青春ではない。自分の現状に嫌悪感を抱くことで自己を否定し、こんな自分になりたい、新たなことがしたいという自己変革の精神こそが青春だと思う。若い頃はいろいろな刺激を受けるたびに、自分はだめだと落ち込み、不安定な精神でもっと大きな人間になりたいと願う。その不安定さこそ青春の源であり、自分に満足しきって変革を望まなくなると、青春は終わりになると思う。

傍線部アから出発したはずなのに、問題文全体が視野に入っていないと、いつのまにか傍線部イの前半で述べられていることを、自分が記述してしまっているという陥穽に落ちてしまう。

傍線部イを取り上げると、青年という受験生の立場からすると大体自己弁護調になってしまう。たとえば次のような答案例。

まだ私は発展途上なんです。だから多少の間違いや甘えは大目に見てください。モラトリアムの年代なんですから。その代わり、ほらこんなに、馬鹿がつくほど純粋じゃないですか。青虫のいやったらしさを自覚している青虫と、自覚のない青虫。前者はそこそこ立派な蝶に羽化するだろうし、後者は青虫のままいやらしく一生を終わるだろう。私は青虫だ。それを自覚しながら厭なにおいを不断に完全燃焼させる生き方を目指したい。

まるで傍線部に書かれている通りの、いやったらしい書き方。ぜんぜん意見の体裁をなしていない。感じたこと、考えたことで甘ったれて書くとひょいとするこんな答案になってしまう。

傍線部ウを取り上げると、文脈理解上どうしてもここから出発しなければならない。つまり、傍線部の直後、最後の一文。

なにも青春にかぎらず、一見いやらしくみえるものこそ、実は真に美しいものかもしれないのである。

したがって傍線部はとりあえず、末尾の一文から戻って、だから「そのいやらしさをこそ、むしろ愛してやるべきなのではあるまいか」という理屈になる。こう理解すると、青年の立場からは〈馬鹿言ってんじゃないよ〉という意見になるしかないだろう。〈それじゃあ、青年は皆美しいという、それこそあんたが否定していた固定観念じゃないか〉。反抗だけがとりえの青年の立場をちょっと離れると、また違う意見も出てくる。末文の逆説めいた表現の内容をどう理解するかで、傍線部に対してどんな見解を打ち出すのかも変わってくるからだ。

この第二問の二〇〇字作文には定石はない。以上のヒントを手がかりに、自分で試行錯誤しながら実際に書いてみることである。

解答

ア　徹底的な自己否定など、あり得ない。自己の抹殺に行き着くしかない論理が、社会全体に堂々と通用するとしたら、それはどこかにごまかしを隠していると考えるべきだ。あり得るとしたら、それは方法的自己否定か感情的自己否定であろう。しかしそんな自己否定が青春であるといったところで、たいした意味を持たないだろう。美しいものも醜いものも、端正なものも雑駁なものも、皆ひっくるめて、生命のエネルギーを肯定したい。（197字）

イ　現状とは異なる未来への幻想を与え、そこに若者のエネルギーを投入させる。青春は大人社会の構成員として認知されるまでの過渡期とされる。これはいったいどういうシステムなのか。近代社会に必須だというのか。自分という存在になるために、どうやって幻想を捨てるかが大切だ。一生が過渡期ではないか。今ここでこの身体とかかわる世界を肯定し、良き社会というありもしない幻想を垂れ流すことなく、現実を愛せる人間になりたい。（200字）

ウ　青春が清純や素直さと同義であるといわれて何の疑問も感じないような若者がいるとは、私には思えない。そのいやらしさの只中を生きている当事者にとって、そのような言葉はむしろ呪詛の対象ですらある。とにかく今を必死に生きているだけなのだ。けれども、私のようなものでも、時に天使のような子供という言葉に幻惑されることがある。おそらく人は、自らが喪うことによってしか、その事柄の切実な核心をつかめないのであろう。（199字）

第五問（文科）

出典

柳澤桂子（やなぎさわ・けいこ）『生と死が創るもの』

解説

〈本文解説〉

文科選択の第五問に頻出の、詩歌に関する評論鑑賞文。文科と言ってもいわゆる文学科に進む人だけではないのだから、この手の文章に苦手意識を持っている人もいるかもしれない。だが、心配無用。他の評論、論説文と同じように、筆者のイイタイコトをつかむことが出来れば問題はない。

この文章は、筆者のイイタイコトを述べて、次に実例に即した説明になっているので、理解しやすかったはずである。まずそれを確認してみよう。

「俳句・短歌」の逆説＝表現が切り詰められていることによって、かえって表出される世界が広がる。

←　（どうしてか）

人間の神経系の構造や機能との関係＝鮮明なイメージを持つ言葉を与えることによって特定の神経細胞が興奮

←

その言葉に関連するイメージを記憶している神経細胞が同時に興奮

←

広々とした世界が広がる

こんな説明をされると、文学に興味のない人でも、なんとなく納得できるような気になるから不思議だ。これを枕にして本題に入る。

「自然を詠った歌」＝自然観照を主とする短歌世界

人間の心身＝自然に触れることで解放される

↓自然を詠った歌の方が人々の心に訴える可能性が高い。

←〈時代の進展（近代化・都市化した社会になるといってもいいだろう）〉

「生活を詠った歌」＝土屋文明の作品

＝人間生活を通して人間そのものを詠う

＝自分の生活に直面して、そこを足場として深く広く進もうとする。

←

他人の心に深く訴える

以上のような論理骨格、展開になっている。それが最初に述べたとおり具体例をはさんで記述されているので、詩歌に苦手意識を持っている人でも読解しやすかったはずである。

〈設問解説〉

㈠ 「文中の語句を用いながら」という設問の要求に注意。東大では本来このような要求を明示することはなかったのだが、以下に説明するように、解答の方向・内容を限定するためのものと理解できる。

理由説明なので、文脈上はすぐに傍線部の直前が捕まえられる。すなわち「短い詩型は、読むひとのイマジネーションに頼る部分が大きくなるために」となって傍線部アにつながっているのだから、すぐに次のような答案を作ることが出来る。

〈答案例1〉表現が極端に切り詰められると、逆にイマジネーションが刺激され、表現以上の世界が読み手の心の中に創出されるから。

「イマジネーション」という文中の語は使われている。ところが、傍線部の二つ先の段落で、これが別の視点から説明されているのにも気付く。しかし、一見すると機械論的で、これを答案の中心にすることに躊躇した文学好きの受験生もいたかもしれない。そういう気分で答案を書くと次のように折衷的なものが出来あがる。

〈答案例2〉鮮明なイメージを持つ言葉を神経系に与えて特定の神経細胞を興奮させ、人間のイマジネーションを豊かに喚起することで。

なんとなく、中途半端。答案例1の内容は常識的に悪くはないが、「文中の語句を用いて」という要求に即してみると、いま一つしっくりしない。徹底的に文中の語句を使うとどうなるか？　次のような答案が出来あがる。解答の行数は二行である点にも注意。

〈答案例3〉鮮明なイメージを持つ言葉によって、人間の特定の神経細胞を興奮させ、その言葉に関わる記憶の世界を広げることで。

答案例1〜3をよく読んで比較検討してみよう。どれが最も分かりやすいか。どれが最も筆者の主張に即しているか。どれが最も出題者の要求に即しているか。

㈡ 傍線部イに関する表現、筆者の考えをまず確認しておこう。このいささか具体的な記述は、先行部分で述べられている短詩型文学に対する筆者の概念に対応している。つまり、傍線部アで理解したことである。そのポイントをつかんでおこう。

①小さいもの
②具体的で鮮明なイメージを持つ言葉
③表現されていない広々とした世界が開けてくる

これを傍線部イに当てはめてみると、

①②＝桜の花びらという小さいものの視覚イメージ
③＝谷の深さ

さらに、設問の要求である「歌に即して」考察する。

①②＝散る花は数限りなしことごとく光をひきて

③＝谷にゆくかも

現実に鮮明に目に見えているのは、光をひいて散ってゆく無数の、小さな桜の花びらである。その散り落ちていく先は現実に目に見えていない深い谷である。これを①～③の方向で説明すればよい。あとは表現力の勝負になる。参考のために答案例をあげておこう。

〈答案例1〉小さな桜の花の一片一片が、春の陽を浴びながら大きな光の滝となって深い谷底へ散り落ちて行く光景。

〈答案例2〉桜の花が一つ一つ谷の底に落ちて行く様を詠み、その無数の白々とした光の残像が続くうちに、谷の深さまで想像されること。

途中までは悪くないのだが、これでは深い谷も実景になってしまっている。

〈答案例3〉数限りない小さな桜の花が光をひくように散っていくという視覚イメージによって、谷の深さに形而上的な意味合いが出てくること。

前の例より良くなっているが、二行という解答欄で書ききれるかどうか不安。

谷の深さの部分が難解でちょっと首をひねってしまう。

㈢　設問で要求されているポイントをしっかりつかむ。「結句の果たす役割」ニツイテ「この文章の筆者はどのように考えているか」。解答作業はまず「時の感じなし」という結句がどんなものか、その性格、特徴をつかむことから始まる。

土屋文明の短歌「地下道を上がり来たりて雨のふる薄明の街に時の感じなし」について筆者の見解をつかむ。「時の感じなし」は〈時間感覚が全く感じられない。朝なのか昼なのか夕方なのか夜なのか、ぜんぜんわからない〉とも読めるが、筆者は「夕闇が迫り、細い雨が降っていた。…一瞬の時間感覚の落差…時が消えた」と述べているので、ここから理解する。

結句については傍線部の直後で「イメージ喚起力の弱い言葉に『時の感じなし』と突き放したような結句がつづく」と述べ、「人生のエア・ポケットに落ち込んだような底知れぬ寂寥感」さらには「無骨な『男の寂しさ』をも感じさせる」と説明している。

設問の要求に即してこの材料を考察すると、答案作成のポイントが出てくる。

①「地下道」・(「薄明」)・「街」というイメージ喚起力の弱い言葉

②突き放したような結句

③言い知れぬ寂しさが漂う＝都会の雑踏の中にいても救われることのない底知れぬ寂寥感←通奏低音として流

れている生と死、人間であることの寂しさ、孤独

この要素を、二行の解答欄にどのような内容で、どのように表現すれば良いかを考え、判断する。答案例をあげておくので、解答例と比較してどう違うのかを検討すると、要求されている解答の質、レベルが実感されるはずである。

〈答案例1〉ある人工的な世界を詠んだ言葉の後にこの句をつけることで、文明の中に生きる人間の底知れぬ寂しさを漂わした。

〈答案例2〉突き放したようなぶっきらぼうな句を置いたために、かえって都会の底知れぬ孤独と不器用な男の寂しさが感じられるという効果。

解答

㈠ 鮮明なイメージを持つ言葉で、人間の特定の細胞を興奮させ、その言葉にかかわる記憶の世界を広げることによって。

㈡ 桜の花が一つ一つ谷の底に落ちていく様を詠み、その無数の白い光の残像が続くなかに谷の深さが想像されるということ。

㈢ 都市生活を読む言葉の後に、突き放したような結句をつけることで、現代人の底知れぬ寂しさを漂わせるという効果。

◆解答・解説執筆者

駿台現代文科

稲垣　伸二

二戸　宏羲

東大入《とうだいにゅう》試《し》詳解《しょうかい》25年《ねん》　現代文《げんだいぶん》〈第《だい》３版《はん》〉

編　　　者	駿台予備学校
発　行　者	山　崎　良　子
印刷・製本	日経印刷株式会社
発　行　所	駿台文庫株式会社

〒101-0062　東京都千代田区神田駿河台1-7-4
小畑ビル内
TEL. 編集　03(5259)3302
販売　03(5259)3301
《第3版①－688pp.》

ⒸSundai preparatory school 2018
許可なく本書の一部または全部を，複製，複写，デジタル化する等の行為を禁じます。

落丁・乱丁がございましたら，送料小社負担にてお取替えいたします。

ISBN978-4-7961-2414-0　　Printed in Japan

駿台文庫 Webサイト
https://www.sundaibunko.jp